ኤርትራ፣ ቀለስቲ ሓሳባት ንሕውየት ሃገር

ሰመረ ሰሎሞን

Copyright © 2026 Semere Solomon
All rights reserved.

Hardcover ISBN: 979-8-218-90387-9

Published in January 2026.

እዛ መጽሓፍ'ዚኣ

ነቶም

ንሓርነት ክሓልሙ ብድፍረት ዝተበገሱ፡

ንዓመጽ ክብድሁ ዝጸንሑን ዝብድሁ ዘለዉን፡

ነቶም ንሃገሮም ሓንቲ መዓልቲ ካብ ዕምጸጻን ዝበኸነ መብጽዓን ሓራ ከውጽኡ ዝመነኑን

ጀጋኑ ኤርትራውያን መንእሰያት

አወፍያ።

መጻኢት ኤርትራ ናትኩም'ያ!

ሰሌዳ ትሕዝቶ

መቕድም		vii
መእተዊ		xiii
ምስጋና		xvii
ምዕራፍ 1	እዋናዊ ኩነታት ኤርትራ	1
ምዕራፍ 2	ኤርትራ፡ ቅድመን ድሕረን ለውጢ	20
ምዕራፍ 3	መሰረታት ቍጠባዊ ልምዓት ኤርትራ	47
ምዕራፍ 4	ንድሕነት ደቅሰብ ማእከል ዝገበረ ቍጠባዊ ዕብየት	59
ምዕራፍ 5	ልምዓትን ሰናይ ምሕደራን ክልተ ገጻት ናይ ሓንቲ ሳንቲም	68
ምዕራፍ 6	ንድሕንነት ህዝቢ ቅድሚት ዝሰርዕ ልኡላውነት	84
ምዕራፍ 7	ባህሊ መሰረት ዘላቒ ቍጠባዊ ዕብየት	93
ምዕራፍ 8	ዳይናሚካዊ ሓይሊ ኤርትራዊ ዲያስፖራ ተበርቢሩ ድዩ፧ንመጻኢኸ?	108
ምዕራፍ 9	ፖሊሲ ምክልኻል ሃገረ ኤርትራ፡ ግትኣት'ዩ እንኮ ኣማራጺ	124
ምዕራፍ 10	ውሕሉል ፖሊሲ ወጻኢ	140
ምዕራፍ 11	ኣህጉራዊ ልምዓት፡ ካብ ጕይትነት ናብ ሽርክነት	156
ምዕራፍ 12	ፖለቲካዊ ባህልና ምትዕርራይ ከድሊ'ዩ	167
ምዕራፍ 13	ተስፋታት ቍጠባዊ ዕብየት ኣፍሪቃን ንኤርትራ ዘመሓላልፎ ምህሮን	183
ምዕራፍ 14	ኣገዳስነት መሰጋገሪ ፍትሒ ኣብ ድሕረ ለውጢ	196

— v —

ምዕራፍ 15   ባህርያት ደምበ ተቓውሞ 207
መደምደምታ ራእይ ሓዳስ ኤርትራ 225

ማህደረ ቓላት (Glossary) 231
ENDNOTES 239
መወከሲታት 249

መቕድም

ከም መብዛሕትኦም ንሰመረ ሰሎሞን ብጽሑፋዊ ስርሓቱ ዝፈልጡዎ ሰባት፡ ኣነ'ውን ብቐዳምነት ከም ደራሲን ናይ ሓርነት ተጣባቓን ዜጋ'የ ዝፈልጦ። እንተዀነ ግን፡ ብፍላይ ነዛ መጽሓፍ እዚኣ ከንብብ እንከለኹ ዝተሰማዓኒ ፍሉይ ስምዒት ነይሩ። ኣነ ኣብ ስሳታት-ስብዓታት ኣብ ኣስመራ ገጀረት ኣብ ዝዓበኹሉ እዋን ሰመረ'ውን ምስቶም ክቡራት ስድራ ቤቱ ኣብቲ ንሸንኸ ኮለጅ ላሳለ ዘብል ከባቢ ገዛውትና ይነብሩ ነበሩ'ሞ፡ ካብ መሰቶይን መጻውቲ ኩዕሶ እግሪን ንኡሳት ኣሕዋቱ ካሌብን ስውእ ሩፋኤልን ብዛዕባ ናይ ሽዑ መንእሰይ ሰመረ ሰሎሞን ኣካደምያዊ ጸብለልነት እሰምዕ ነበርኩ። ኣብቲ ግዜ'ቲ ንሱ ኣብ ካልኣይ ደረጃ ቤት ትምህርቲ ቀዳማዊ ሃይለ ስላሰ (ቀ.ሃ.ስ) እናተማህረ ኣነ ከኣ ኣብ ቀዳማይን ማእከላይን ደረጃ ቀ.ሃ.ስ እምሃር ነበርኩ። ሰዒቡ ሰመረ ናብ ዩኒቨርስቲ ናብ ኣዲስ ኣበባ ከም ዝኸደ፡ ቀጺሉ'ውን ብኡ ኣቢሉ "ንበረኻ ወጺኡ" እናተባህለ ኣድናቖትን ፍርሒን ብዝሓተሓዋወሶ ዝና ክዕለል እዝክር። ካብዚ ሓሊፉ'ውን፡ ወላዲት ሰመረ፡ ኣደይ ማዳሊና ዮሴፍን መላዲተይ፡ ዋህድ ገብረመድህንን፡ መሓዙትን ናይ ቀረባ መማኽርቲን'የን ነይረን። ብፍላይ ድሕሪ ምምጻእ መንግስቲ ደርጊ ኣብ ኢትዮጵያ፡ ደቀን ኣብ ሓርነታዊ ቃልሲ ኤርትራ ብቐጥታ ምስ ተሳተፉ፡ ክልቲኣተን ኣዴታት ከም መሓዙትን ጎረባብትን ብዙሕ ግዜ ብሓንሳብ ጒጅም ይብላን ይደጋገፋን ምንባረን ስድራ ቤታትና ብናፍቖት ይዝከሩዎ።

እዞም ዝጠቐስኩዎም ናይ ንእስነትን መቕርብ ዝምድናታትን ኣብ ዝኽርታተይ ክቡር ቦታ ዝሓዙ ይኹኑ'ምበር፡ ነዛ ኣብ ቅድሜና ዘላ ኣገዳሲት መጽሓፍ ከንብባን ንትሕዝቶኣ ርእይቶይ ክህበሉን ምስ ሓተተኒ፡ ምንጪ ናይቶም ብቐዳምነት ዝመጹኒ ሓሳባት ምስ ናይ ንእስነት ዝኽርታት ዝተኣሳሰረ፡ ወይ'ውን ብቐዳምነት ካብኦም ዝብገስ ኣይነበረን። ማለት፡ ድርኺት ናይዞም ኣብ ታሕቲ ኣስፊረዮም ዘለኹ ርእይቶን ሓሳባትን እቶም ደራሲ ኣብ መጽሓፉ ኣስፊሩዎም ዘሎ ዓመቕቲ ነቐፌታዊ ትንተናታትን ቀለስቲ ሓሳባትን

ኣዝዮም ኣገደስቲ ኮይኖም ስለ ዝረኸብኩዎም'ዩ። ብፍላይ ኣብዚ ዘለናዮ ጽንኩርን ተኣፋፊን ታሪኻዊ ህሞት ሃገርና ድማ፡ ብዛዕባ'ታ መጽሓፍ እተልዕሎም ሕቶታትን ፍታሓትን ርእይቶይ ብምቕማጥ ንኣንበብቲ ከሕልፍን ንባዕላቶም'ውን ከምኡ ነታ ምጽሓፍ ከንብብዋ ክላቦን ስለ ዝደለኹ'ዩ።

ኣንበብቲ ናይ '*ኤርትራ፡ ቀለስቲ ሓሳባት ንሕውየት ሃገር*' ክግንዘቡዎ ከም ዝኽእሉ፡ እዛ መጽሓፍ ብዛዕባ'ቲ ኣብ ኤርትራ ኣብዞም ዝሓለፉ ናይ ዕስራ ዓመታት ኣቢሉ ዝኸውን ግዜ ዝተጋህዱ፡ ኣዝዮም ዘሻቕሉ ግድላትን ክስተታትን ኣለልያን፡ ንምርድኦም ብዝጥዕም ቴማዊ ውደባ ጸሚቓን ሰሪዓን፡ ብዛዕባኦም ድሕረ ባይታ፡ ትንተንናን፡ ንዕኦም ደራሲ መፍትሒ ዝበሎም ሓሳባትን ለበዋታትን እተቕርብ ስራሕ ኢያ።

እቶም ዝተላዕሉ ግድላትን ክስተታትን ንዘይጥጡሕ ፖለቲካዊ ኵነታት ኤርትራ ከም ልኡላዊት ሃገር ዘንጸባርቑ ዓበይቲ መሰረታውያን ሕቶታት ኮይኖም፡ ንኽብደቶም ዝምጥኑ ግቡኣት ኣተኣላልያታት ምስ ዘይግበረሎም፡ ንህልውን መጻእን ኤርትራን ህዝባን ኣብ ከቢድ ናይ ህላወ ቅልውላው (existential crisis) ከእትዉ ዝኽእሉ'ዮም። መብዛሕቲኦም እቶም ደራሲ ብውዱብን ጽፉፍን ኣገባብ ኣልዒልዎም ዘለዉ ኣርእስታትን ሽግራትን፡ ብህዝቢ ኤርትራ ዝፍለጡን ብግህዶ ዝዕለሎምን ኣብ ርእሲ ምኳኖም፡ ብፍሉጣት ሰባትን ጸሓፍትን ኤርትራ'ውን ብሰፊሑ ዝተጸሕፈሎም ብምኳኑ፡[i] ብመብዛሕትና ዛጊት ዝተፈልጡ'ዮም።

ነቶም ኣከራኻሪ'ዮም ወይ ደቀቕቲ ጉዳያት'ዮም ዝብሃሉ ገዲፍና፡ ኣብቶም ቀንዲ ዘሻቕሉን ዘዛርቡን--ሕጂ'ውን ኣብዛ መጽሓፍ ብዝርዝር ሰኒድዎም ዘሎ--ምስ እነድህብ ድማ፡ እቲ ሎሚ ዓብሊሉ ዝርኣን--ዋላ'ውን ብርትዓውያን ዝኾኑ ደገፍቲ መንግስቲ ኤርትራ ዘይከሓድ--ሓቀኛ ስእሊ ኤርትራ ከምዚ ዝስዕብ ይመስል።

ኣብ ኤርትራ ብሕገ መንግስቲ ዝግዛእ መንግስቲ የለን። ኣብ ኤርትራ ናይ ዘረባ ይኹን ጽሑፍ ናጽነት የለን። ኣብ ኤርትራ ሰባት ኣብ ሕጊ ከይቀረቡ ይእሰሩ፥ ምስ ተኣስሩ'ውን ኣብ ሕጋዊ መድረኽ ዝቐርበሎም ክሲ የልቦን።

ኣብ ኤርትራ ቀኍጽሮም ብኣሽሓት ዝግመት ናይ ፖለቲካ፡ ሃይማኖትን በብዓይነቶም ናይ ሕልና ተቓወምቲን (conscientious objectors) ብዘይ ፍርዲ ኣብ ዝተፍላለዩ ኣብያተ ማእሰርትን ስዉራት መደበራት ማሕዩርን ከም ዘለዉ ይፍለጥ። እቲ ምረቶም ብዘይ ፍርዲ ንዘይተወሰነ እዋን ምእሳሮም ጥራሕ ኣይኮነን፥ ክሳብ ብዕድል ካብ ማሕዩር ዘምልጥሉ ወይ ተፈቲሖም ዝሰናበትሉ ግዜ፡ ኣብ ኣዝዩ ዘስካክሕ ኵነታት ቤት ማእሰርቲ ክነብሩን ብጥምየት፡ ማህረምትን ሕማምን ኣካላቶም ከም ዝማስን፡ ኣእምሮኦም ከም

ኤ ር ት ራ ፡ ቀ ለ ስ ቲ ሓ ሳ ባ ት ን ሕ ው የ ት ሃ ገ ር

ዝህሰ፡ ሞራሎም ከም ዝወድቕ ኣብ ዝገብር ኣካላውን ስነ-ኣእሙራውን ኩነታት'ውን ምንባሮም'ዩ።

ኣብዚ ክጥቀስ ዝግበኦ፡ ምስ ምግፋፍ መባእታዊ ሰብኣዊ መሰላት ኣብ ኤርትራ ዝተተሓሓዘ ካልእ ኣዝዩ ዘሕዝን ተርእዮ'ውን ኣሎ። ንሱ ድማ እቶም ካብ ማእሰርቲ ዝፍትሑ ሰባት ድሕሪ ምፍትሖም ብዛዕባ ዘኽሰሶም ጉዳይ ወይ'ውን ብዛዕባ ኩነታት ማእሰርቶም ብፍጹም ዘይዛረቡ ምኻኖም ኢዩ። ጠንቂ ናይዚ ከኣ፡ እቲ ስርዓት እንተድኣ "ኣፎም ዘይሓዙ"፡ ማለት፡ ብዛዕባ ዝነበሩዎ ክውንነት ብግሉጽ መረረ ወይ'ውን ብሕሜት ኣብ ሕብረተሰብ ተሰሚዑ፡ ንድሕነቶም ከቢድ ሳዕቤናት ከም ዝህልዎ ስለ ዘፈራርሖም'ዩ። ደራሲ ሰመረ ንመጠንን ትራጂካዊ ሳዕቤናትን ናይዚ እንጠቕሶ ዘለና፡ ደረት ዘይብሉ (pervasive)፡ መንግስታዊ ራዕዲን ግህሰት ሰብኣዊ መሰልላትን፡ ብዝርዝርን ንጹር ቛንቋን ኣስፊሩዎ ኣሎ።

ንኩነታት ፖለቲካዊን ሰብኣዊን መሰላት ሰጊርና፡ ብዓይኒ ቍጠባ ምስ እንምልከት፡ ኤርትራ እቲ ኩሉ (ፍሉጥ) ናይ ተፍጥሮ ጸጋታታን ብትግሃቱ ዝውርየሉ ጻዕራምን ሓቦኛን ሰራሕተኛ ህዝቢ እንከለዋ፡ ኣብ ዓለም ካብተን ኣዝየን ድኻታትን ዘይማዕበላን ሃገራት ተባሂላ ትምደብ። ከም ሳዕቤን ድኽነታ ድማ እቲ ልዕሊ 600,000 ሽሕ ዝኸውን ናብ ርሑቕን ቀረባን ተሰዲዱ ዘሎ ህዝባ፡ ነቶም ብድሕሪት ኣብ ዓዱ ገዲፍዎም ዝኸደ ቤተ ሰቡን ኣሕዋቱን ብ"ሓዋላ" ክናቢ ፋሕተርተር ክብል ይርከብ።[ii] ብርግጽ፡ እቶም ንድኽነትን ስደትን ጠንቂ ዝኾኑ ምኽንያታት ብሓደ ወይ ክልተ ረቛሒታት ነጺልካ ዘይኮነስ፡ ከም ውጽኢት ናይ ዝተተሓሓዙን ዝተመቓርሑን ረቛሒታት (intersectionality of factors) ጌርካ ክትርድኦም ኣገዳሲ ኢዩ። ይኹን'ምበር፡ ብፍላይ'ቲ ጠንቂ ስደት መንእሰያት ዝኾነ ናይ ገደብ ኣልቦ ውተሃደራዊ ዕስክርናን፡ መንግስቲ ኤርትራ ዝኣተዎም ምኽኑያትን ዘይምኽኑያትን ዘባዊ ውግኣትን፡ ልዕሊ ኩሉም ረቛሒታት፡ ኣብ ምፍጣር ድኽነትን ድሕረትን ኤርትራ ዓቢ እጃም ከም ዝነበሮምን ዘለዎምን ምስማር ኣድላዪ ኢዩ።

ቀንዲ ብልጫ እዛ መጽሓፍ እቲ ሰፍሓትን ዕምቈትን ናይቶም ደራሲ ኣልዒሉ ዝድህሰሶም ኣርእስታት'ዩ። እዛ መጽሓፍ 15 ምዕራፋት ዝሓዘት ኮይና፡ ኣብ ነፍሲ ወከፍ ምዕራፍ ጭቡጥ ኣርእስቲ ተታሒዙ፡ ግቡእ ትኹረት ተዋሂብዎ ኣሎ። እቲ ትንተናዊ ትኹረት ናይ (መብዛሕተን) ምዕራፋት ንዘይቅድው ህልዊ ኩነታት ናይቲ ሃገር መበገሲ ብምግባር፡ እቶም ሽግራትን ሻቕሎታትን ክፍትሕሉን ክእለዩሉን ዝኽእሉ ርእይቶታት የቕርብ። ነተን ኩለን ምዕራፋት ኣንቢብካ ወዲእካ፡ ብሓንሳብ ጠርኒፍካ ክትሓስበለን እንከሎኻ ከኣ፡ ምሉእ ስእሊ ናይቶም ንሓርነትን ምዕባለን ሕብረተሰብ ኤርትራ ጸገም ዝኾኑዎ መሰረታውያን ግድላት ጥራሕ ዘይኮነስ፡ ህዝቢ ኤርትራ ጽባሕ ካብቲ ተጻዒንዎ

ዘሎ ጭቆናን ድኽነትን ክወጽእን ናብ ዘመነ ራህዋ ክኣቱን እንታይ ክግበር ከም ዘለዎ ውህሉላት “ቀለስቲ ሓሳባት” የቕርባ።

ደራሲ ኣብ “መእተዊ” ናይዛ መጽሓፍ ንዕላማ መጽሓፊኡ ክገልጽ እንከሎ፡ ኤርትራ፡ ቀለስቲ ሓሳባት ንሕውየት ሃገር ከም መቐጸልታ ናይታ ኣብ 2024 ብቛንቛታት ትግርኛን እንግሊዝን ዝተሓትመት፡ ረዚን ዋጋ ዝተኸፍሎ ናጽነት ኤርትራን ዝተጠልመ መብጽዓን ዘርእስታ ቀዳመይቲ መጽሓፉ ክትንበብ ከምዘለዋ፡ ግዳ ከኣ ነቶም ሽዑ ብደቂቕ ዘይተዳህሰሱን ሓደስትን ሕቶታት “ብዕምቈት ንምርኣይ ዘንቀደት” ምዃና ይገልጽ። ኣብተን ዝስዕባ ምዕራፋት ናይታ መጽሓፍ ድማ ነዚ ዕላማ መበገሲ ብምግባር ነቶም ኣገድስቲ’ዮም ዝበሎም ሕቶታት በብሓደ ማእከላዊ ኣድህቦ ብምሃብ ይትንትን።

ሓንቲ ካብተን ሓያልን እዋናውን ገለጻን ትንትናን ዘቕርባ ምዕራፍ 7 ኢያ። ብርእይቶይ፡ ኣብዛ ምዕራፍ’ዚኣ ደራሲ፡ ኣብ ዝሓለፈ ታሪኽ ጽሑፍ ትግርኛ ውሑድ መዋዳድርቲ ጥራሕ ብዝርከበሉ፡ ውሕሉል ገለጻ ቋንቋ ትግርኛ ገይሩ፡ ነቲ ክኽበርን ክዕቀብን ዘሎዎ ስልጣነ ሕብረተሰብ ኤርትራ ኣብ ጽሑፍ ኣስፊርዎ ኣሎ። ከምዚ ይብል፤

> ህዝቢ ኤርትራ ንእምነታት ክርስትናን ምስልምናን ቅድሚ ሰብ’ዩ ተቐቢሉ። ንመጽሓፍ ቅዱስ ምስ ትስዓቱ ቅዱሳን ብምትሕብባር ናብ ቋንቋ ግእዝ ካብ ዝትርጉም ድማ ኣማእታት ዓመታት ሓሊፍዎ’ዩ። ልዕሊ ኹሉ ድማ ሃይማኖታዊ ፍልልያቱ ብዘየገድስ ተጻዋዊሩን ተኸባቢሩን ዝነብር ህዝቢ’ዩ። መሬት ኤርትራ፡ ብኣብያተ ክርስትያናት፡ ኣድባራትን መሳጊድን ዘጌጸን ዝተወቀበን’ዩ። እዚ ድማ፡ ምልክት ናይ ልዑል ፈጣርያዊ እምነቱ’ዩ። ካልእ መለለዪ ህዝቢ ኤርትራ እቶም ብጭውነት ዝግለጹን ኣብ ፈሪሃ እግዚኣብሄር ዝተመስረቱን ስርዓተ ክብርታቱን’ዮም። ህዝቢ ኤርትራ ኣብ ነዊሕ ግዜ ዘማዕበሎም ማሕበራዊ ምርግጋእ ዝማእከሎም ልምድታትን ሕግታትን ጸኒሑምዎ’ዮም። ኣብ ግዝኣተ ሕጊ ዘለዎ ምእዙዝነት ድማ ሓደ ካብቶም ፍሉያት መለለዪ ባህርያቱ’ዩ። መንፈስ ሕድሕዳዊ ምትሕግጋዝን ምክብባርን መለለይኡ’ዩ።

ኣርእስቲ ናይዛ መጽሓፍ፡ ማለት ‘ኤርትራ ቀለስቲ ሓሳባት ንሕውየት ሃገር‘ ዝብል፡ ዓቕሩዎም ወይ ወኪሉዎም ዘሎ ሓሳባት እንታይ ኢዮም? ወይ’ውን ስለምንታይ’ዩ እዚ ኣርእስቲ’ዚ ተመሪጹ? ንዝብል ሕቶ ኣንበብቲ፡ ነዛ መጽሓፍ ንምርዳእ ኣገዳሲ ኮርናዕ ስለ ዝመስለኒ ርድኢተይ ከቕምጥ። እቲ ቀዳማይ ሓረጋዊ ክፋል ናይቲ ኣርእስቲ፡ ማለት “ቀለስቲ ሓሳባት” ዝብል ክፋል፡ ነቶም ኣብ ነፍሰ ወከፍ ምዕራፍን ኣብቲ “መደምደምታ”

ብጽማቑ ቀሪቦም ዘለዉ ትንተናታት፡ ርእይቶታት፡ ለበዋታትን፡ ናይ መቃለሲ ኣገባባትን ከም መርሖ ንኽውሰዱ፡ እንክውሕድ ድማ ክንበቡን መሕሰብን መካትዕን ክኾኑ ዘመልከት'ዩ።

ብዓይኒ ስነ-ጽሑፋዊ ክለስ ሓሳብ ክርአ እንከሎ፡ ከም ጃንዳ (genre) ከምዚ ዓይነት ጽሑፋዊ ዕዮ ብእንግሊዘኛ ማኒፌስቶ (Manifesto) ተባሂሉ ይጽዋዕ። ከም ዓበይቲ ኣብነታት ናይ ከምዚ ዝበሉ ጽሑፋዊ ጃንዳ እቲ ብካርል ማርክስን ፍረድሪክ ኤንግልስን ኣብ 1848 ዝተጻሕፈ "ኮሙኒስት ማኒፌስቶ" (The Communist Manifesto, 1848)፡ "ኣዋጅ መሰል ሰብን ዜጋን--ፈረንሳ" (Declaration of the Rights of Man and of the Citizen—National Assembly of France, 1789): "ኣዋጅ ሃገራዊ ናጽነት--ኣመሪካ" The Declaration of Independence—United States (1776): ኣብ ኤርትራ ካብ ዝወጹ ድማ "ሓውኻ ኣበይ ኣሎ?" (Where is your Brother?"-- Pastoral Letter of the Catholic Bishops of Eritrea, 2014) ምጥቃስ ይከኣል።

ብባህርያቶም፡ ማኒፌስቶታት ብዛዕባ ህጹጽን ሓድሽን መልሲ ዝጠልቡ ሕብረተሰባዊ ወይ ሃገራዊ ሕቶታት፡ ህጹጽነትን ንጹርነትን ብዘለዎ ቋንቋ ጌርካ፡ ናብ ህዝቢ ወይ ውሱናት ክፋላት ሕብረሰብ ፍታሓት እትብሎም ሓሳባት እተቕርበሎም ወይ እትእውጀሎም ጽሑፋት'ዮም። ካልእ መለለይኦም ድማ፡ ነቶም ሽግራት ኣብ ምግላጽን ምትንታንን ጥራሕ ከይተሓጽሩ፡ ንህጹጽነት ጒዳያት ብምጒላሕ፡ ኣንባቢ መርገጺ ክውስድ ዝሕግዙንን ስጒምቲ ክወስድን ዘተባብዑን ዝደፋፍኡን ምዃኖም'ዩ።

ኣብዛ መጽሓፍ፡ ደራሲ ነዚ መምዘኒ'ዚ ዝበቅዕ ጣቋን ቅዲ ኣጸሓሕፋን ብምጥቃም ኣብ ተግባር ኣውዒሉዎ ኣሎ። እቲ ካልኣይ ክፋል ኣርእስቲ ናይታ መጽሓፍ፡ ማለት "ንሕውየት ሃገር" ዝብል ተምሳለኣዊ ገለጻ፡ እታ ሃገር "ሓሚማ" ከም ዘላ የስምዕ። እቶም ኣጥቂያሙዋ ዘለዉ "ሕማማት" እቶም ደራሲ ኣብዛ መጽሓፍ ብዝርዝር ኣስፊሩዎም ዘሎ ፖለቲካዊ፡ ቍጠባውን ሕብረተሰባውን ሽግራት'ዮም። ኣብዚ ክስመረሉ ዝግባእ'ምበኣር፡ ሸሕ'ኳ እዛ መጽሓፍን እዋናዊ ግድላትን ሕቶታትን ብምምዛን ንሕኑን ለውጢ ዝጽውዑ "ቀለስቲ ሓሳባት" ኣብ ኤርትራ እትጽውዕ ትኹን፡ እቲ መጸዋዕታ ግን ካብ ሓልዮት ዝተበገሰን ን"ሕውየት ሃገር" ዝዓለመን ምዃኑ ምግንዛብ ከድሊ'ዩ።

ምስዚ ዝተተሓሓዘ፡ ኣብዚ ንእግረ መገደይ ክልዕሎ ዝደሊ ነገር'ውን ኣሎ። ቅድሚ ሕጂ፡ ናይ ኤርትራ "ሕውየት ንደሊ ኢና" ዝመንፈሶም ካልኦት ኣብ ዝተፈላልዩ እዋናት ዝወጹ ጽሑፋት ተራእዮም'ዮም። እንተኾነ፡ ገለ ካብኣቶም ዘቕርቡዎ ፍታሕ ወይ ነቲ "ሕማም" ከሕዊ'ዩ ዝብልዎ "መድሃኒት" ካብቲ ሕማም ዝኸፍአ ሳዕቤን ከውርድ ዝኽእል ምዃኑ ርኢና ኢና። እቶም ኣብ ከምዚ ዓይነት፡ "ንሕውየት ሃገር" ኣምሲሉ ነቲ ሕማማት

ዘግድድ ፖለቲካ ዝዋፈሩ ሓይልታት ብፍላይ'ቶም ንህዝቢ ኤርትራ ኣብ ሃይማኖታዊ፡ ኤትኒካዊን ዞባዊን ፖለቲካ ኣእትዮም ንሓድነቱን መጻኢኡን ክዘርጉ ዝደልዩ'ዮም።

ቅድሚ ገምጋመይ ምዝዛም፡ ናብቲ ኣብ መጀመርታ ጽሑፈይ ጠቒሰዮ ዝነበርኩ ዝኽሪ ኣስመራን ስድራ ቤት እንዳ'ቦይ ሰሎሞንን ተመሊሰ ቀኍሩብ ክዛረብ እደሊ። ኣብቲ ዝዓበናሉ ገዛውቲ፡ ቀደም ኮነ ሎሚ፡ እንዳ'ቦይ ሰሎሞን ከም ገዛ ሓርበኛታት'ዩ ዝፍለጥ። ምኽንያቱ ድማ ግደ እታ ስድራ ቤት ኣብ ቃልሲ ህዝቢ ኤርትራን ውድብ ህ.ግ.ሓ.ኤን ግዙፍ ስለ ዝነበረ'ዩ። "ግዙፍ" ዝብል ቅጽል ምጥቃም፡ ንተራን ኣበርክቶን ካልኦት ስድራ ቤታት ንምንእኣስ ዘይኮነስ፡ እታ ስድራ ቤት፡ ኣብ ልዕሊ'ቶም ኣብ ውሽጣዊ ውዳበታት ህ.ግ.ሓ.ኤ ኮይኖም ብጒልበቶምን ንብረቶምን ዝተቓለሱ ኣባላታ፡ ኣብ ዕጥቃዊ ቃልሲ ዝተሳተፉ ኣርባዕተ ኣሕዋት ዝነበሩዋ ብምዃና'ዩ።

ከምዚ ዝኣመሰለ ድሕረ ባይታ ተወፋይነትን መስዋእቲን ቤተሰብ ደራሲ ሰመረ ከኣ፡ ነዚ ጽሑፍ ዝያዳ ትሕዝቶኣውን ሞራላዊን ክብደት ክህቦ ግድን ኢዩ። "ዝዋዓለ ይንገርካ" ከም ዝብሃል፡ ኣብ ርእስ'ቶም ደራሲ ዘቐርቦም ኣብ ምርምር ዝተመርኰሱ ሃነጽቲ ትንተናታትን ቀለስቲ ሓሳባትን፡ እቲ ጽሑፉ ኣብ ዓሚቝ ታሪኽን መስዋእትን ህዝቢ ኤርትራን ግላዊ ተመኩሮን'ውን ዝተሰረተ ምዃኑ ምፍላጥ ንምርምራዊን ምስክራዊን ክብርታት ናይቲ ስራሕ ክብ የብሎ'ዩ።

ፕሮፈሰር ግርማይ ነጋሽ፡ ኦሃዮ ዩኒቨርሲቲ፡ ሕ.መ.ኣ.

መእተዊ

ከም ዝፍለጥ፡ ኣብ 2024 ዓ.ም. ብቛንቋታት ትግርኛን እንግሊዝኛን፡ ረዚን ዋጋ ዝተኸፍሎ ናጽነት ኤርትራን ዘተጠልመ መብጽዓን (Eritrea's Hard-won Independence and Unmet Expectations) ዘርእስታ መጽሓፍ ኣሕቲመ ነይረ። ሰለስተ ክፍልታት ዝሓቘፈት ነይራ። ቀዳማይ ክፍሊ ንዕጥቃዊ ቃልሲ ህዝቢ ኤርትራ ዝድህስስ ሓጺር ትንተና ታሪኽ ድሕረ መግዛእቲ፣ ካልኣይ ክፍሊ ንህልዊ ኩነታት ኤርትራን መጻኢኣን ዘተኮረ፣ ሳልሳይ ክፍሊ ድማ ጥማዕ ካብ ታሪኽ ስድራ ቤተይን ውልቃዊ ዝኽርታተይን ዘጠቓለለ ነይሩ። ድሕሪ ምዝርጋሕ ናይታ መጽሓፍን ኣብ ዝተፈላለዩ ማሕበራዊ ብዙሓን ወጺኣ ነታ መጽሓፍ ምስ ኣንበብቲ ንምልላይ ዝገበርክዎም ቃለ መሕትታትን፡ ብርክት ዝበሉ ኣንበብትን ሰማዕትን ክቡር ግዜኦም ወፍዮም ብዛዕባ'ቶም ኣብ ካልኣይ ክፍሊ ናይታ መጽሓፍ ዝተላዕሉ ኣርእስታት ብዕምቈት ንኽድህስሶምን ክጽሕፈሎምን ምሕጽንታታት ኣቕሪቦምለይ።

ካልኣይ ክፍሊ ናይታ መጽሓፍ ትሽዓተ ምዕራፋት ዝሓቘፈ ኮይኑ፡ ንፖለቲካዊ፡ ቍጠባዊ፡ ማሕበራዊ ከምኡ'ውን ጂኦፖለቲካውን ምዕባለታት ድሕረ ናጽነት ክፍትሽ ይፍትን። ንዝተፈላለዩ ሕቶታት ንምምላስ ድማ ብመርትዖታት ዝተሰነዩ ትንታነታት ከቕርብ ይህቅን። ነቲ ኣብ ኤርትራ ካብ 1991 ዓ.ም. ኣትሒዙ ዝገዝእ ዘሎ ስርዓት ንምግላጽን ኩለንተናዊ ባህርያቱ ንምፍታሽን'ውን ብመንጽር ገለ ገለ ኣብዚ ዓውዲ'ዚ ዕሙቕ ዝበሉ መጽናዕትታት ዘካየዱ ምሁራንን ክኢላታትን ንሳቶም ዝገበርዎም ዳህሳሳትን ዝበጽሕዎም መደምደምታታትን ከርኢ ይፍትን። ኣተኩሮ ናይቲ ፍተሻ፡ ንኹልና ኤርትራውያን ዘሻቕል ሕቶ ማለት ከመይ ኢልና ኢና ኣብዚ ዘለናዮ ኩነታት በጺሕና፧ እንታይ'ዮም እቶም ምኽንያታት፧ ኣበይ ኢና ተጋጊና፧ ንድሕሪት ምልስ ኢልና እንተ ርኢናዮምከ እንታይ ክንገብር ምኸኣልና ኔርና፧ ንዝብሉ ሕቶታት ንምምላስ'ዩ ነይሩ። "መንግስቲ ከያዳይ'ዩ ህዝቢ ግና ኩሉ ግዜ ኣብ መረበቱ ኣሎ፡" ዝብል ህቡብ

ብሂል ኣሎ። እዚ ኣበሃህላ'ዚ ሓቂ ካብ ኮነ'ምበኣር፡ ዝሓለፉ ጌጋታት ንኸይድገሙን እቲ ዝመጽእ ወለዶ ድማ ካብቲ ዝሓለፈ ወለዶ ተማሂሩ ሃገሩ ምእንቲ ክሃንጽን እንታይ እንተ ተገብረ'ዩ ዝሓሸ ዝብል ኣርእስቲ ምልዓል ግቡእ ኮይኑ ንረኽቦ።

ብመሰረቱ እቲ ኣብ ረዚን ዋጋ ዝተኸፍሎ ናጽነት ኤርትራን ዝተጠልመ መብጽዓን ዝቐረበ ትንተና፡ ጠቓሚ ምህሮታት ብምቕሳም ኣብ መጻኢ ተመሳሳሊ ጌጋታት ንኸይፍጸሙ ጥንቃቐ ንምዝውታር ዝዓለመ'ዩ ነይሩ።

እዛ ሕጂ 'ኤርትራ፡ ቀለስቲ ሓሳባት ንሕውየት ሃገር' ኣብ ትሕቲ ዝብል ኣርእስቲ ንኣንበብቲ ዘቕርባ ዘለኹ መጽሓፍ፡ መቐጸልታ ናይታ ቀዳመይቲ መጽሓፍ'ያ። ክንዮ'ቲ ንሃገራዊ ልኡላውነትን ግዝኣታዊ ሓድነትን ንምርግጋጽ ዝተኻየደ ቃልሲ፡ ነቶም ዛጊት ዘይተማልኡ ዕላማታት ማሕበራዊ ፍትሒ ከመይ ኢሎም ንሓዋሩ ፍታሕ ይረኽቡ ንዝብል ሰፊሕ ኣርእስቲ ብዕምቈት ንምርኣይ ድማ ትሕልን። ነቶም ዝተላዕሉ ሕቶታት ሓደ ብሓደ ብዕምቈት ንምርኣይ ዘንቀደት ኮይና፡ ንኣቀራርባ ምእንቲ ክጥዕም ንንሓድሕዶም ዝመላልኡን ኣብ ሕድሕድ ዝመረኺኾሱን ዓሰርተ ሓሙሽተ ምዕራፋት ዝሓዘት'ያ።

ኣተኵሮ ናይዘም ዓሰርተ ሓሙሽተ ምዕራፋት ድማ ኣብ ድሕረ ናጽነት ኣብ ፖለቲካዊ፡ ቍጠባዊ፡ ማሕበራዊ፡ ባህላዊ፡ ከምኡ'ውን ሓፈሻዊ ዕብየትን ጂኦፖለቲካዊ መዳያትን ንዝተራእዩ ምዕባለታት ንምብራህ'ዩ። ባህርያት ናይቲ ስርዓት ንምግላጽን ንምፍታሽን ምእንቲ ክሕግዝ'ውን ኣብዚ ዓውዲ'ዚ ብምሁራንን ከኢላታትን ንዝተኻየዱ መጽናዕትታታት ውከሳታት ተገይሩ ኣሎ።

እዞም ዝተጠቕሱ ምዕራፋት ኣብ በበይኖም ቴማታት ይዝንብዩን ብጥልቀት ክሪኡ ይፍትኑን። ነዞም ዝስዕቡ ድማ የጠቓልሉ፡- ንቕደመን ድሕረን ለውጢ ስርዓት ኣብ ኤርትራ ዝምልከቱ ኣገደስቲ ዕላማታት፡ መርሓ ሕንጻጻትን ከምኡ'ውን ቀዳምነታት እንታይ ይመስሉን፧ ዕላማ መሰጋገሪ መንግስቲ እንታይ'ዩ ንኸመይ ዝበሉ መዳያትከ የጠቓልል፧ ኤርትራ ክትረብሕን ዕብየትን ልምዓትን ከተውሕስን ኣብ በበይኖም ጽላታት እንታይ እንተ ተገብሩ'ዩ ዝሓይሽ፧ ኣበይ'ዮም ዘለዉ እቶም ፍታሓት፧ ንቝጠባዊ ዕብየት ዘውሕሱ ቅድመ ኩነታት ኣየኖት'ዮም፧ መርሓ ጕደና ቍጠባዊ ዕብየትን ልምዓትን ኤርትራ እንታይ ክመስል ኣለዎ፧ ንድሕንነት ደቅሰብ ዘማእከለ ንክኽውንከ እንታይ እንተ ተገብረ'ዩ ዝሓሸ፧ ትርጉም ልኡላውነት እንታይ'ዩ፧ እንታይን ንመንንከ ከቕድም ይግባእ፧ ግደ ባህሊ ኣብ ህንጸት ሃገር እንታይ ይመስል፧ ኣብ መንጎ ሰናይ ምሕደራን ቍጠባዊ ልምዓትን ዘሎ ተመጋጋቢ ዝምድናኽ እንታይ ይመስል፧ ኣብ ኤርትራ ሳዕሪሩ ዘሎ ኣጸያፊ ፖለቲካዊ ባህሊ እንታይ ይመስል፧ ከመይ ኢሉኸ ክእረም ይኽእል፧ ናይ ኤርትራ ናይ

ምክልኻል ወይ ድሕነት ፍልስፍና ኣብ ከመይ ዝበሉ መትከላት ዝምርኮስ ክኸውን ይግባእ፤ ፖሊሲ ወጻኢኸ፤ ኤርትራ ብቑጠባ ለሚዓ፡ ኣብ ዓለም ንጥፍቲ ተዋሳኢት ንኽትከውን እንታይ እንተ ገበረት'ዩ ዝሓይሽ፤ ናይ ኤርትራ ዕብየትን ልምዓትን ኣብ ውሽጣዊ ምርግጋእ ዝምርኮስ ስለ ዝኾነ፡ ማሕበራዊ ጥምረታ ንምርግጋጽ ኣብ እዋን መሰጋገሪ መንግስቲ፡ ግደ መሰጋገሪ ፍትሒ እንታይ ክኸውን'ዩ፤ ማለት ብኸመይ ክሰላሰል ይግባእ፤ ተመክሮታት ካልኦት ሃገራት ዓለምከ እንታይ ይምህሩና፤ ብፍላይ ብመንጽር ናይ ኣፍሪቃ ተመክሮኸ ኤርትራ እትረብሓሎም መዳያት ኣየኖት'ዮም፤ ደገፍ ወጻኢ ምስ ልምዓታዊ ምትሕብባር ብምዝማድ ብኸመይ ይርአ፤ ዝብሉ ሕቶታት ተላዒሎም ኣለዉ።

ኤርትራዊ ዲያስፖራ ኣብ ህንጻት ሃገር ዝህልዎ ተራ ዘይነዓቕ ብምዃኑ'ውን እዛ መጽሓፍ ብዛዕባ'ዚ ኣዝዩ ኣገዳሲ ክፋል ሕብረተሰብ ኤርትራ፡ ኣብ ኣቀዋውምኡ፡ ባህርያቱ፡ ከምኡ'ውን ዓቕምታቱ ብምትኳር ሕቶታትን ትንተናን ኣቕሪባ ኣላ።

ብርግጽ፡ እዞም ኣብ ላዕሊ ተዘርዚሮም ዘለዉ ሕቶታት ካብ ስፍሓቶም፡ ጥልቀቶም፡ ከምኡ'ውን ተሓላላኽነቶም ዝነቐለ ኣብ ሓደ መጽሓፍ ጠርኒፍካ ንምቕራቦም ዓቢ ብድሆ'ዩ። ክብደት ናይቶም ኣርእስታት ኣብ ግምት ኣእቲኻ'ውን ዕሙቕ ዝበሉ መጽናዕትታት ምክያድ ዝሓቱ'ዮም። ብወገነይ፡ እቲ ኣቀራርባ፡ ብሓደ ወገን፡ ኣዝዩ ኣካዳምያዊ ንኸይከውን፡ በቲ ሓደ ድማ፡ እቲ ትንተና ንኽብደትን ጽንኩርነትን ናይቶም ሕቶታት ዝምጥን ክኸውን ፈቲነ ኣለኹ።

ብተወሳኺ፡ እዚ ሃቐነ'ዚ ንኹሎም'ቶም ተላዒሎም ዘለዉ ኣርእስታት ምሉእ ብዝኾነ መገዲ ሸፊንዎም'ዩ ዝብል እምነት የብለይን። ጠቓምነት ናይቶም ዕላማታት ተገንዚቦም ካልኦት ሰብ ሞያ ኣዕሚቖም ክኣትውዎ ምእንቲ ካብ ዝብል መንፈስ ዝተበገሰ ፈተነ'ዩ። ከምዚኣም ዝኣመሰሉ ተበግሶታት ብኻልኦት ተመራመርትን ጸሓፍትን ክውሰዱ ከኣ ትምኒተይን ትጽቢተይን ልዑል'ዩ።

ነዛ ካልኣይቲ መጽሓፈይ ኣብ ምድላውን ምጽሓፍን፡ ብዝተኻእለ መጠን፡ ትንተናታተይ ወድዓዊን ሚዛናዊን ክኾኑ ጽዒረ ኣለኹ። ኣብቲ መስርሕ ድማ፡ ተመክሮ ዓለም ብሓፈሻ፡ ንናይ ኤርትራ ዝመስል ማሕበረ ቍጠባዊ ኣቀዋውማ ዘለወን ሃገራት ተመክሮ ድማ ብፍላይ ምውህሃድ ሓጋዚ ኣገባብ ኮይኑ ረኺበዮ።

ዝተፈላለዩ መጻሕፍትን ሓተታታትን ካልኦት ናይ ሓበሬታ ምንጭታትን ከም መወከሲ ኣብ ልዕሊ ምጥቃም፡ ከም ኣባል ላዕለዋይ ጽፍሒ ሲቪላዊ ኣገልግሎት ግዚያዊ መንግስቲ ኤርትራን ንጡፍ ተሳታፊ ናይቶም ናይ መጀመርያ ሽውዓተ ዓመታት ድሕረ ናጽነታዊ መድረኽ ዘኻዕበትኩዎ ፍልጠትን ተመክሮን'ውን ኣብ ትንተናታተይ ኣዝዮም ሓገዝቲ ነይሮም።

ዕስራን ኣርባዕተን ዓመት ካብ ዕድመይ ንዕላማ (ዓሰርተ ሸውዓተ ዓመት ኣብ ሜዳ፡ ሸውዓተ ዓመታት ድማ ድሕሪ ናጽነት) ወፍሪ ሃገራዊ ምስረታን ምሕብሓብን ሃገር ግዜይ ወፍየ። ድሕሪ ናጽነት ኤርትራ፡ ክሳዕ ብ1998 ዓ.ም. ካብታ ሃገር ዝወጽእ፡ ኣብ ሚኒስትሪ ትምህርቲ ኣብ ክፍሊ ውጥንን ልምዓትን ከም ዋና ዳይረክተር ኮይነ ኣገልጊለ። በቲ ዝነበረንን ዘሎንን ተመክሮን ምስ ዝተፈላለዩ ሰባት ዝነበረንን ዘሎንን ርክባትን፡ ርእይቶታተይ ኣብ ክውንነት ዝተመስረቱን ምዙናትን ከም ዝኾኑ ድማ ጥርጥር የብለይን።

ከምኡ'ውን ናይ ዕስራን ሓሙሽተን ዓመታት ተመክሮይ ኣብ ኣህጉራዊ ልምዓት ኣብ ትንተናታት ናይዚ ጽሑፍ ተጠቒመሉም።

ብትምህርታዊ ውጠናን ምሕደራን ናይ ዲፕሎማ ምስክር ወረቐት፡ ብዘላቒ ልምዓትን ኣህጉራዊ ዲፕሎማሲን ድማ ብናይ ማስተርስ ዲግሪ ድሕሪ ምምራቐይ፡ ንዝተፈላለዩ ኣህጉራውያን ትካላት፡ እንተላይ ንውድብ ሕቡራት ሃገራትን (UN) ንኤጀንሲ ኣህጉራዊ ልምዓት ሕቡራት መንግስታት ኣመሪካን (USAID) ብዝተፈላለየ ጽፍሕታት ከገልግል ዕድል ረኺበ። እዚ ንልዕሊ ዕስራን ሓሙሽተን ዓመታት ዝኣከብኩዎ ተመክሮ፡ ኣብ 1998 ዓ.ም. ነታ ዝፈትዋ ዓደይ ለቒቐ ድሕሪ ምውጻአይ'ዩ።

ሞያ ኣህጉራዊ ልምዓት፡ ናብ ዝተፈላለየ ኩርንዓት ዓለም፡ ከም ኣፍሪቃ፡ ማእከላይ ምብራቕ፡ ደቡባዊ ምብራቕን ማእከላይ ኤስያን ካልኦት ሃገራትን ከም ዝኸይድን ንኹነታተን ከም ዝቃላዕን ገይሩኒ'ዩ። እዚ ተመክሮ'ዚ ነቲ ኣብ ዝተፈላለዩ ፖለቲካውን ልምዓታውን ጉዳያት ዘሎኒ ኣህጉራዊ ኣረኣእያ ብዓቢኡ ጸልዩዎን ኣስፊሑዎን'ዩ ዝብል እምነት ኣሎኒ። ኣብዚ ከይተሓጸርኩ፡ ኣብ ልዕሊ እቶም ናብዚ ሕጂ ዘሎ ህሞት ዘምርሑ ፍጻመታትን ምርጫታትን ንዓመታት ብቐንዕና ዝገበርክዎ ምግምጋምን ምስትንታንን ኣብቲ ትንተና ተንጸባሪቑ ኣሎ።

ብቐንዱ፡ እዛ መጽሓፍ'ዚኣ፡ ነቶም ብዕምቈት ክርእዮም ዝፈተንኩ ዝተለለዩ ቴማዊ ዳህሳሳት ንምቕንባር ዝሃቀንኩላ ጽሕፍቲ'ያ። ኣንበብቲ፡ ነዞም ቴማታት መሰጥቲ ወይ ስሓብቲ ኮይኖም ክትረኽብዎም ድማ ተስፋ እገብር። እቶም ርእሶም ዝኸኣሉ ዝመስሉ ምዕራፋት፡ ከምቲ ልዕል ኢለ ዝጠቐስክዎ፡ ንንሓድሕዶም ዝመላልኡን ዝተኣሳሰሩን ምኳኖም ክትርድኡለይ ድማ ለበዋይን ምሕጽንታይን ኣቕርብ።

ኣብ መደምደምታ፡ እዛ ካልኣይቲ መጽሓፈይ ናብ ኣንበብቲ ከቕርብ እንክለኹ ዝስምዓኒ ሓጐስ ወሰን የብሉን። እዛ መጽሓፍ'ዚኣ ትጽቢት ክቡራት ናይ ቃልሲ መጓዕዝተይን ክቡራት ኣንበብተይን ዘማልአት ክትከውን ተስፋ እገብር።

ምስጋና

ነዛ መጽሓፍ ንምዝዛም ዝተጐዓዝኩዎ ጉዕዞ በይናዊ ኣይነበረን። ክንዲ ዝኾነ ድማ ኣቐዲመ፡ ንኣበርክቶታት ናይ ዝተፈላለዩ ዝደገፉኒ፡ ዝበድሁኒ፡ ከምኡ'ውን ዘተባብዑኒ ውልቀ ሰባት ምስጋና ይብጽሓዮም እብል።

ከቡር ግዜኡ ወፍዩ ነቲ ጽሑፍ ኢድ ብዕምቈት ርእዩ ነታ መጽሓፍ ንምምሕያሽ ዘኽእሉ ጠቓምቲ ሓሳባት ምልጋሱን ዓሚቝ ኣድናቖተይ ንፕሮፌሰር ግርማይ ነጋሽ (ኣብ ኦሃዮ ስተይት ዩኒቨርሲቲ - ሕ.መ.ኣ. - ፕሮፌሰር ናይ እንግሊዝኛን ናይ ኣፍሪቃ ድሕረ መግዛእታዊ ስነ ጽሑፍን) ይብጽሓዮ እብል። እዚ ኣበርክቶ'ዚ ነታ ናይ መጨረሽታ ስራሕ ዝኾነት ኣብ ኢድኩም ዘላ መጽሓፍ ምጽፋፍ ኣዝዩ ሓጋዚ'ዩ ነይሩ። ካብዚ ሓሊፉ ናይታ መጽሓፍ ጣቋ ዘንጸባርቕ መቕድም ምጽሓፉ ዝተሰምዓኒ ደስታ ወሰን ከም ዘይብሉ በዚ ኣጋጣሚ'ዚ ክገልጸሉ እፈቱ። ምሁራዊ ምኽሩን ዝገበረለይ ምትብባዕን'ውን ኣዝዩ ጠቓሚ'ዩ ነይሩ።

ንተወልደ እስቲፋኖስ፡ ዶክተር መሓመድ ኼር ዑመር፡ ሰመረ ፍስሃየ፡ ብ/ጀ ተኽስተ ሃይለ፡ ዩሱፍ ሓሰን፡ ከምኡ'ውን ክብርኣብ ይመስገን ነቲ ጽሑፍ ኢድ ኣንቢቦም ገምጋም ብምግባሮምን ጠቓምቲ ሓሳባት ብምልጋሶምን ኣመስግኖም።

ንሓደ ምስጋና ኣይግብኣንን'ዩ ዝበለ ፈታውየይ'ውን ስለቲ ኣርትዓዊ ኣበርክቶኡ ከየመስገንክዎ ክሓልፍ ኣይደልን። ንሱ ነታ መጽሓፍ ብዝርዝር ብምርኣይ ንሰዋስዋዊ ኣቀራርብኣ፡ ስርዓተ ነጥቢ፡ ከምኡ'ውን ኣንተራትራ ፊደላት ኣሐይሉን ንንጹርነት ናይ ኣቀራርባ ድማ ኣበሪኹን።

ንኹላቶም ኣባላት መደብ ዕላል መዛኑ ስለቲ ኣብ ዝተፈላለዩ እዋናትን ኣጋጣሚታትን ብዛዕባ ዝተፈላለዩ ጉዳያት ምስኦም ንኽመያየጥ ዝሃቡኒ ዕድልን ናታቶም መረዳእታታት ብዘይ ቀልዓለም ምልጋሶምን ክብረት ይሃበለይ እብል።

ነቶም ቅድሚ ሕጂ ንዘሕተምክዎም መጻሕፍቲ ኣንቢቦም ምጽሓፍ ክቕጽል፡ ኣብ በበይኖ ጉዳያት ዘለውኒ ኣረኣእያታት ክገልጽ፡ ከምኡ'ውን ተመክሮይ ንኸስንድ

ዘተባብዑኒ ፈተውቲ ምስጋና ይብጽሓዮም። ብዘይ'ዚ ደራኺ ሓይሊ'ዚ እዛ መጽሓፍ ኣይምተጻሕፈትን።

ንጓለይ - ሰብለ ሰመረ ሰሎሞን - ግዜኣ ሰዊኣ ነቲ ትሕዝቶ ወይ ጣቋ ናይዛ መጽሓፍ ተረዲኣ ምስ ሓብታ ኣይዳ ሰመረ እናተመያየጠት ናይታ መጽሓፍ ገበር ዲዛይን ምግባራ ብዙሕ ኣመስግና። ኣብዚ ጻዕሪ'ዚ ድማ ከም መሻርኽተይ ይቖጽራ።

ኣብ መጠረሽታ ንኹሎም ኣባላት ስድራ ቤተይ ብፍላይ ድማ ንብዓልቲ ቤተይ -- ፋይዛ ኣደም -- ካብ ልበይ ዝፈለፈለ ምስጋና ይብጽሓዮም እብል። እዛ መጽሓፍ'ዚኣ፡ ኣብዚ ሕጂ በጺሓቶ ዘላ ደረጃ ንኽትበጽሕ ዘኽኣለ ካብቲ ምሳኻትኩም ከጥፍኦ ዝነበረኒ ግዜ ብዙሕ ኣጕዲለ እየ'ሞ፡ ስለቲ ዘርኣኹምዎ ትዕግስትን ሓልዮትን ከየመስገንኩኹም ክሓልፍ ኣይደልን። እቲ ነቕ ዘይብል ደገፍኩምን ፍቕርኹምን መሰረት ናይዚ ተዛዚሙ ዘሎ ስራሕ ምዃኑ ክትፈልጡለይ ድማ እደሊ።

ምዕራፍ 1

እዋናዊ ኵነታት ኤርትራ

ሰላሳን ኣርባዕተን ዓመታት ድሕሪ ናጽነት፡ ድኽነት፡ ድኹም ቍጠባ፡ ዘይርጉእ ፖለቲካዊ ኵነታትን እናተዳኸመ ዝመጽእ ዘሎ ማሕበራዊ መዋቕርን ንኣብ ኤርትራ ዘሎ ክውንነት ይገልጹ። ሰላሳን ኣርባዕተን ዓመታት ድሕሪ'ቲ ንዓሰርተታት ዓመታት ዝተኻየደ ቃልሲ ንናጽነት፡ ኤርትራ ዛጊት ኣብ ከምዚ ዓይነት ኵነታት ምርካባ ዘየተሓሳስብ ኣይኮነን። ብርክት ዝበሉ ነዚ ተርእዮ'ዚ ንምድህሳስ ዝሕግዙ ሓሳባት ምቕማጥ'ምበኣር ግቡእ'ዩ።

ኤርትራ ክሳዕ ሕጂ ብውልቀ ምልኪ እትመሓደር ሃገር'ያ። ፕረሲደንት ኢስይያስ ኣፍወርቂ ካብ ዕለት ናጽነት ጀሚሩ ኣብ ስልጣን ይርከብ። ኣብ 1997 ዓ.ም. ዝጸደቐ ቅዋም ዛጊት ኣይተተግበረን። እቲ ሓጋጊ ኣካል ካብ ዘይእከብ ኣስታት ዕስራን ኣርባዕተን ዓመታት ሓሊፉ። ህዝባዊ ግንባር ንደሞክራስን ፍትሕን (ህግደፍ) እቲ እንኮ ፖለቲካዊ ሰልፊ'ዩ።

ስርዓት ፖለቲካዊ ጭፍለቓ ብመደብ ተሰሪቱ ክትግበርን ብዝተራቐቐ መገዲ ክቕጽልን ይርአ። ስወራ ናይቶም ብጕጅለ 15 ዝፍለጡ ላዕለዎት ሰበ ስልጣናት ናይቲ መንግስትን ሰልፍን፡ ብጕጅለ ፎርቶ ዝፍለጡ ናይ ፖለቲካ ተቓወምቲ፡ ጋዜጠኛታትን ካልኦት በብውልቆም ተቓውሞ ዘርኣዩ ውልቀ ሰባትን ክሳዕ ሕጂ ኣዛራቢ ኮይኑ ዘሎ ጕዳይ'ዩ። ዘይሕጋዊ ብዝኾነ መገዲ ከካብ ገዝኦም ተጨውዮም ብዘይ ፍርዲ ኣብ ኣብያተ ማእሰርቲ እቲ ስርዓት ናይ ዝበልዩ ዘለዉ ዜጋታት ቍጽሪ ካብ ግዜ ናብ ግዜ እናዓበየ ይመጽእ ኣሎ። ስግረ ዶባዊ ዓመጽ'ውን ይቕጽል ኣሎ። ኣብ ስደት ዝርከቡ ኤርትራውያን ምፍርራሕ ስርዓት ህግደፍ ወትሩ ምስ ኣጋጠሞም'ዩ።

እቲ ኣብ ኤርትራ ዘሎ ውልቀ ምልካዊ ኣገዛዝኣ ንኣብያተ እምነትን ናይ ሃይማኖት መራሕትንውን ኣይንሕፍን'ዩ። ፓትርያርክ ኦርቶዶክሳዊት ቤተ ክርስትያን ኤርትራ፡ ኣቡነ ኣንጦንዮስ፡ ኣብ መበል ተስዓን ኣርባዕተን ዓመት ዕድሚኦም ብዕለት 9 ለካቲት 2022 ዓ.ም. ኣብ ማሕዩር እንከለዉ ዓሪፎም። ብ15 ጥቅምቲ 2022 ዓ.ም. ኣቡነ ፍቕረማርያም ሓጎስ (ኣቡን ካቶሊካዊት ቤተ ክርስትያን ሰገነይቲ) ብስራሕ ናብ ኤውሮጳ በጺሖም ምስ ተመልሱ ካብ ኣህጉራዊ መዓርፎ ነፈርቲ ኣስመራ ተጨውዮም። ብዘይ ዝኾነ ክሲ ኣብ ቤት ማእሰርቲ ዓዲ ኣቤቶ ተዳጒኖም ምንባሮም ዝተፈላለዩ ምንጭታት የረጋግጹ። ኣቡነ ፍቕረማርያምን ኣባ ምሕረትኣብን (ካልእ ካቶሊካዊ ካህንን) ብ28 ታሕሳስ 2022 ካብ ማእሰርቲ ተለቒቖም። ኣቦና ሓጅ ሙሳ ኣብ ቀይዲ እንከለዉ ህይወቶም ሓሊፉ። ናይቶም መንግስታዊ "ተፈላጥነት" ዝተነፍጎም ከምኒ መሰኻኽር ጅሆቫ እተን ሉተራውያን ዘይኮና መንጌላውያን ኣብያተ እምነታትን ዝኣመሰሉ እምነታት ዝኣምኑ ዜጋታት ማእሰርቲ ቀጺሉ።[iii] ሃይማኖታዊ እምነቶም ክኸሕዱ ንምግዳድ እተኻየደ ናይ ስቅያት ኣጋጣሚታት'ውን ነይሩን ኣሎን።

ናይ ግዜ ገደብ ዘይብሉ ግድነታዊ ሃገራዊ ኣገልግሎት ንዅሎም ዜጋታት ይምልከቶም፣ ይቕጽል ድማ ኣሎ። ካብ ክቱር ጭኮና ዝመልእ ኣተሓሕዛ ዝተበገሰ፡ ብዓሰርተታት ኣሽሓት ዝቑጸሩ መንእሰያት ዓዶም ራሕሪሖም ብጃምላ ናብ ስደት ከምርሑ ጠንቂ ኮይኑ ኣሎ። ሰነዳት ሕቡራት ሃገራት ከም ዝሕብርዎ፡ ኣብ 2024 ዓ.ም. ክሳዕ 663,085 ዝግመቱ ኤርትራውያን ኣብ ስደት ይርከቡ ከም ዝነበሩ ይጠቕሱ (UNHCR, 2023)። እተን ቀንዲ ኣኣንገድቲ ሃገራት፡ ሱዳን፡ ደቡብ ሱዳን፡ ኢትዮጵያ፡ ኬንያ፡ ኣንጎላ፡ ጀርመን፡ ሽወደን፡ ስዊዘርላንድ፡ ኖርወይ፡ ሕቡራት መንግስታት ኣመሪካ፡ ሃገራት ማእከላይ ምብራቕ፡ ካናዳ፡ እስራኤል፡ ኣውስትራልያ፡ ከምኡ'ውን ኡጋንዳ'የን። ንኩነታት ሰብኣዊ መሰላት ኣመልኪቱ፡ ናይ ሕቡራት ሃገራት ባይቶ ሰብኣዊ መሰላት (UN Human Rights Council)፡ ኣብቲ ብዕለት 4 ሓምለ 2025 ዘውጽኦ መግለጺ፡ ኤርትራ ነቲ ኣብ ልዕሌኣ ዝግበር ቊጽጽር ኣብ ልዕሊ ኩነታት ሰብኣዊ መሰላት ደው ንምባል ዝገበረቶ ፈተነ ብትሪ ከም ዝነጸገ ኣፍሊጡ። ጸብጻብ ናይቲ ፍሉይ ራፖርተር ነዚ ኣመልኪቱ ኣብ ዘውጽኦ መግለጺ፡ ኣብ ኤርትራ፡ ኢሕጋውን ብመደብ ዝስርሓሉን ቀይዲ ዜጋታትን ስወራን ዛጊት ግኑን ከም ዘሎን ናይ እምነት ናጽነት ድሩት ምዃኑን ይገልጽ። ኣብ ልዕሊ'ቲ ኣብ ኤርትራ ንዘይተወሰነ እዋን ዝቕጽል ሃገራዊ ኣገልግሎት ዘለዎ ሻቕሎት'ውን ይገልጽ። "እዚ ተግባርዚ መብዛሕትኦም ኤርትራውያን ዓቢ ክፋል ናይ ህይወቶም ንመንግስቲ ኣብ ምግልጋል የጥፍእዎ፡" ኢሉ ይጠቕስ።[iv]

ኤርትራ፡ ቀለስቲ ሓሳባት ንሕውየት ሃገር

ብሓጺሩ፡ እቲ ፖለቲካዊ ኩነታት ብዘሰክፍ ደረጃ ተበላሺዩ'ዩ። ፖለቲካዊ ምርግጋእ ንማለቱ'ውን የለን። ብሰንኪ ብኩራት ተሓታትነትን ግሉጽነትን ፖለቲካዊ ተቓውሞታትን ሻቕሎትታትን ልሙዳት ኮይኖም ኣለዉ። ዜጋታት፡ መራሕቶም ነቲ መንግስቲ ብብቕዓት ክመርሑ ብዘይምኽኣሎም፡ ናይ ተስፋ ምቝራጽ ስምዒት እናወሰኸ ይኸይድ ኣሎ። ናይ ውሽጥን ደገን ጸቕጥታት ብዘየገድስ፡ ኤርትራ፡ ንፖለቲካዊ እረማ ድልውነት ዘይተርኢ ሃገር ኮይና ጸኒሓ ኣላ።

ቍጠባ ኤርትራ ብኣብዝሓ ኣብ ቃጽያ ወይ መጠነ ንኡስ ሕርሻ ዝተመስረተ'ዩ። ዘመናዊ ሕርሻ ጌና ኣይተኣታተወን ዘሎ። ምስናዕ ብኻልኣይ ደረጃ ዝስራዕ ጽላት'ዩ፣ ግንከ ከምቲ ዝድለ ዘይማዕበለ ጽላት'ዩ። ከም ቱሪዝምን ፋይናንሲያዊ ኣገልግሎታትን ዝሀብ ጽላት ጌና ኣብ እግሪ ተኸሉ'ዩ ዘሎ እንተ ተባህለ ከም ምግናን ኣይቍጸርን። ብኣጠቓላሊ ክርአ እንከሎ፡ ናይ ኤርትራ ቍጠባ ብናይ ዕንጋሎ ቍጠባ'ዩ ዝግለጽ። እቲ እንኮ ንስደድ ዝበቅዐ ናይ ምስናዕ ጽላት፡ ዕደና ወርቂ፡ ነሓስን ዚንጎን'ዮም። ኣብዚ ቀረባ ግዜ ናይ ፖታሽ ሰደድ ክጅመር ድማ ትጽቢት ይግበረሉ። እዚ ንጃምላዊ ዘቤታዊ ምህርቲ (ጂ.ዲ.ፒ.) ብተዛማዲ ንኸዕቢ ትጽቢት ከም ዝግበረሉ ድማ ዘ ኤኮኖሚክ ኢንተሊጀንስ ዩኒት (The Economic Intelligence Unit) ዝተባህለ መጽሔት ይሕብር። እዚ ምንጪ'ዚ ናይ ሓበሬታዚ ኣብ 2025 ዓ.ም. ናይ ኤርትራ ቍጠባ ብ1.4% ክዓቢ ድማ ይትንበ። ኣብዚ ዓመት'ዚ ዓለማዊ ገምጋም ዕብየት ናይ ጂ.ዲ.ፒ. 2.5% ክኸውን ትጽቢት ይግበረሉ። ዘይንዓቕ ክፋል ናይ ኤርትራ ጃምላዊ ዘቤታዊ ምህርቲ ካብ ዕደና'ዩ ዝምንጩ ዝብሉ ምንጭታት ናይ ሓበሬታታት'ውን ኣለዉ።

ሓደ ካልእ ኣገዳሲ ምንጪ ቍጠባ ናይታ ሃገር፡ እቲ ካብ ኣብ ዲያስፖራ ዝርከቡ ኤርትራውያን ብመልክዕ ክልተ ካብ ሚእቲ ብኣስገዳድ ዝውህለል ገንዘብን ዲያስፖራ ብመልክዕ ሓዋላ ናብ ኤርትራ ዝልእክዎ ሸርፊ ወጻእን'ዩ። ብሰሪ ብኩራት ግሉጽነትን ስእነት ሓበሬታን፡ ኣበርክቶ ሓዋላ ኣብ ጃምላዊ ዘቤትዊ ምህርቲ ናይታ ሃገር ንምግማት ኣሸጋሪኳ እንተኾነ፡ ዘይንዓቕ ሚእታዊ ከም ዝኾነ ግን ዘጠራጥር ኣይኮነን።

ብዘይካ'ቲ ብኮሉሊ ዝፍለጥ ናይ ፖታሽ ፕሮጀክት ናይ ቻይና ወፍሪ፡ ንኻልኦት ወፍርታት ዝዕድም ሃዋህው የለን። ውጽኢት ናይቲ ኣብዚ ቀረባ ግዜ ኣብ መንጎ መንግስታት ኤርትራን ኢጣልያን ዝተጀመረ ወፍሪ ዝዕላምኡ ዝርርብ ብሕጂ ዝርአ'ዩ።

ዩ.ኤን.ዲ.ፒ. (UNDP) ዝተባህለ ናይ ሕቡራት ሃገራት ኣካል ንHuman Dveelopment Index ኣመልኪቱ ኣብ ዘቕረቦ ዓመታዊ (2024 ዓ.ም.) ጸብጻብ፡ ናይ ኤርትራ ምድብ ካብ 195 ሃገራት ኣብ 175 ይሰርዓ። እዚ ብዝኾነ መለክዒ ዘተባብዕ ኣይኮነን። ብዝሒ ህዝቢ ኤርትራ ድማ 3,684,032 ኢሉ ይጠቕስ።[vi]

ኣብ ሓደ እዋን፡ ምንጪ ሓይሊ ዝነበረ ዓቕሚ ሰብ፡ ጠንቂ ስክፍታ ኮይኑ ኣሎ። ጃምላዊ ስደት ከኢላታትን ምሁራትን መንእሰያት ነታ ሃገር መጠነ ሰፊሕ ዝኾነ ምጽንቃቕ ወይ ጽንተተ ኣእምሮ ፈጢሩላ ኣሎ። ሳዕቤን ናይዚ ስደት'ዚ፡ ኣብ ውሽጣዊ ዕዳጋ ዕዮ ጥራይ ዘይኮነስ፡ ኣብቲ ኣብያተ ትምህርቲ ብቑዓት መምህራን ንምርካብ ኣብ ዝቃለሳሉ ዘለዋ እዋን ኣብቲ ብዓይነቱ ዝብሕጎግ ወይ'ውን ደረጅኡ እናንቈልቈለ ዝኸይድ ዘሎ ኩነታት ትምህርቲ'ውን ይረአ ኣሎ።

ናይ ኤርትራ ትሕተ ቕርጺ ጌና ኣይማዕበለን ዘሎ። ጽርግያታት ከምቲ ዝድለ ደረጃ ከም ዘይተጸገኑ፡ መንግስቲ ዓው ኢሉ ዝዛረበሉ ጒዳይ'ዩ። መስመር ባቡር ንዝተወሰነ ንኡስ መዓላ እንተ ዘይኮይኑ ዝጥቀመሉ የለን። ናይተን ክልተ ወደባት - ባጽዕን ዓሰብን - ዓቕሚ ድሩት'ዩ። ዝጥቀማሉ መሳለጥያታት ግዜኡ ዝሓለፎ'ዩ።

ኩነታት ጽዓት ኩሉ ግዜ ኣዛራቢ'ዩ። ብዘየተኣማምን ቀረብ ናይ ኤለክትሪሲትን ምቍራጽን ድማ ይልለ። ቀረብ ጽሩይ ማይን ኣገልግሎት ጥዕናን'ውን ከምኡ። ዝርጋሐ ወይ ኣገልግሎት ኢንተርነት ኣብ ኤርትራ ካብ ኣፍሪቃ እቲ ዝተሓተ'ዩ። ኣዝዩ ዝሑል ድማ'ዩ። ሓደ ካብቶም ዓበይቲ ጸገማት፡ መንግስቲ ንብሕታዊ ጽላት ዘየተባብዕ ምዃኑ'ዩ። ኤርትራ፡ ብምኽንያት'ቲ ስትራተጅያዊ ኣቀማምጣኣን ዓቕሚ ሰባ ናይ ምምዕባል ዘለዋ ተኽእሎን፡ ቍጠብኣ ከተዕቢ ዘይሕለም ኣይኮነን። ዘይማዕበለ ትሕተ ቕርጺ ግና ዓቢ ዕንቅፋት'ዩ።

ምስ ጐረባብታ ዝተኸስተን ዘሎን ኣይኩናት ኣይሰላም ኩነታትን ኣብ ልዕሊ'ታ ሃገር ዝተጻዕነ ቍጠባዊ ማዕቀብን ከም ምኽንያታት ዝጥቀሱ'ኳ እንተኾኑ፡ ንናይ ኤርትራ ዝሑል ምዕባለ ቀንዲ ምኽንያት ግን፡ እቲ መንግስቲ ኣብ ልምዓት ዘለዎ ግጉይ ኣመለኻኽታትን ግንዛበን በቲ ሓደ ወገን፡ በቲ ካልእ ድማ ኣብ ትግባረኡ ዘርእዮ ብኩራት ፖለቲካዊ ድሌትን'ዩ። እቶም ቀንዲ ሽግራት ነዞም ዝስዕቡ የጠቓልሉ፦ ንግዳማውን ውሽጣውን ወፍሪ ጥጡሕ ባይታ ዘይምፍጣር፣ ዘቤታውያን ኣውፈርቲ ሃጽ ኢሎም ናብ ካልኦት ሃገራት ከም ዝስደዱ ምግባር፣ ንብሕታዊ ጽላት ኣብ ክንዲ ምትብባዕ፡ ዕንቅፋት ምዃን፣ ዓቕሚ ሰብኣዊ ጸጋታት ናይታ ሃገር በቲ ዝድለ ደረጃ ዘይምምዝማዝ፣ ንምሁራዊ ዓቕሚ ኣፍልጦን መተባብዕን ዘይምሃብ፣ ኣብዝሓ ናይቲ ቍጠባ በቲ ስልጣን ጨቢጡ ዘሎ ፖለቲካዊ ሰልፊ'ሞ ተሓታትነትን ግሉጽነትን ብዘይብሉ ኣገባብ ምብሓት፡ ኣካል ዓለማዊ ቍጠባ ንምዃን ጻዕርታት ዘይምክያድ፡ ምስ ጐደቦ፡ ዞባን ዓለምን ኣብ መትከል ሽርክነት ዝተመስረተ ጽምዶ ዘይምእታውን ኣካል ዞባዊ ምትሕብባር ዘይምዃንን። ነዞም ረቛሒታት፡ ጃምላዊ ፍልሰት ኣፍራዩ ኣካል ናይቲ ሕብረተሰብ (መንእሰይ) እንተ ድኣ ተወሲኽዎም፡ እቲ ኩነታት ክሳዕ ክንደይ ዘተሓሳስብ ምዃኑ ንምርዳእ ኣየጸግምን።

ኵነታት ኤርትራ ዘሻቕል ካብ ዝኸውን ሓያለይ ኮይኑ ኣሎ። እቲ ብናህሪ እናተለዋወጠ ዝኸየድ ዘሎ ናይቲ ከባቢ ፖለቲካዊ ምዕባለታትን ኣሰላልፋ ሓይልታትን ነቲ ዝጸንሐ ኵነታት መመሊሱ ከም ዝተሓላለኽ ይገብሮ። ጽባሕ ንግሆ ኣብ ረጽሚ እንተ ዘይኮይኑ ናብ ካልእ ከምርሕ ከም ዘይክእል'ውን እናተጋህደ ዝመጽእ ዘሎ ይመስል።

ኤርትራውያን መንእሰያት ብዝተወደበ መልክዕ ድምጾም ከስምዑ ጀሚሮም ኣለዉ። ብሰማያዊ ማዕበል ወይ ብርጌድ ንሓመዱ ዝፍለጥ ኣብ ዝተፈላለዩ ከባቢታት ኤውሮጳ፡ ማእከላይ ምብራቕ፡ ሰሜን ኣመሪካ፡ ከምኡ'ውን ኣብ ኣፍሪቃን ጨንፈራት መስሪቱ ይነጥፍ ኣሎ። እዚ ምንቅስቓስ'ዚ ነቶም ብኹሉ ዓይነት ሽግር ዝሓለፉ ኤርትራውያን መንእሰያት ዝሓቘፈ'ዩ። ገሊኦም ካብ ሃገራዊ ኣገልግሎት ንምህዳም ናብ ሱዳንን ኢትዮጵያን ክሰግሩ እንከለዉ ብጥይት ዝተሳሕቱ፡ ካልኦት ብግዱድ ዕስክርና ተሳቕዮም መዕቈቢ ንምርካብ ምድረ በዳ ሰሃራ እናሰገሩ እንከለዉ ንግፍዕታት ከተርትን ሽፋቱን ዝተቓልዑ፡ ገሊኦም ድማ ማእከላይ ባሕሪ እናሰገሩ እንከለዉ ህይወቶም ኣብ ሓደጋ ዘእተዉ'ዮም። እዞም ደቂ ተባዕትዮን ደቂ ኣንስትዮን መንእሰያት፡ ነቲ ንእስነቶም ዘባኸነ ስርዓት ከም ሕሱም ይጸልኡዎ። ምረትን ቍጥዐን ኣለዎም፣ በቲ ስርዓት ዝተጠልሙ ኮይኑ ድማ ይስምዖም። ብልዑል ፖለቲካዊ ስምዒትን ንጥፈታትን ከኣ ተቓውምኦምን ንለውጢ ዘለዎም ድሌትን የስምዑ።

እቲ ብሰማያዊ ማዕበል ዝፍለጥ ምንቅስቓስ'ዚ ውሽጣዊ ፍልልያቱ ኣጽቢቡ ዕላምኡ ብዝበለጸ ከነጽርን ፈተውቱ ከለልን ከብዝሕን ጸላእቱ ከውሕድን ይግባእ። ስርዓት ኤርትራ ንምድኻሙ ዝገብሮ ዘሎ ተንኰለኛ ፈተነታት ንምምካት ስትራተጅኡ ምብራኽ ከድልዮ'ዩ። እቲ ስርዓት፡ ነቶም ኣብ ዲያስፖራ ዝርከቡ ኤርትራውያን ብናይ ሓሶት ናይ ጸቢብ ሃገራውነት መልእኽታት ተጠቒሙ ንምጥርናፍ ዝዓለመ መታለሊ ወፍሩ ንምብዳህ ንዝዓበየ ውዳበ ቀዳምነት ክህቦ ይግባእ። ነቲ ናይቲ ስርዓት እኩይ ሜላታት ኣፍሺሉ፡ ንመንእሰያት ብኣድማዒ መገዲ ኣብ ሃገራዊ ቃልሲ ከም ዝሳተፉ ንምግባር ዝያዳ ዝተራቐቐ ስትራተጂ ከማዕብል ይጥለብ።

ኣብዚ ሕጂ ዘለናዮ እዋን፡ ፖለቲካውን ህዝባውን ተቓውሞ ኤርትራ ብሓፈሽኡ ዝተበታተነ፡ ዘይተወደበን ዘይስጡምን ተባሂሉ ብዘየወላውል መገዲ ክግለጽ ይከኣል። ወላ'ኳ ኣብ ናይ ሓባር ፕላትፎርም ንምጥርናፍ ዝነኣዱ ጻዕርታት ዝግበሩ እንተ ኾኑ፡ እዚ ኵነታት'ዚ ንነዊሕ እዋን ለውጢ ከየርኣየ ምቕጻሉ ግን ዘተሓሳስብ'ዩ። ብዙሓት ተቓወምቲ ምንቅስቓሳት ኣለዉ፣ ቍጽሮም ከኣ ካብ ልሙድ ንላዕሊ'ዩ። እቲ ካልእ ዘሕዝን ናይ ተቓውሞ ባህሪ እቲ ኣብ መንጎ ሓድሕዶም ጸለሎ ንምቅብባእ ዘባኸነዎ

ግዜ'ዩ። ቀ·ጽሮም ዘይንዓቕ መራኸቢ ብዙሓን፡ መርዛም ናይ ፖለቲካ ሃውህው ኣብ ምፍጣርን ጽልኢ ኣብ ምዝራእን ነጢፎም ክሰርሑ ጸኒሖም'ዮም። ንስርዓት ኣስመራ ንምምካት ሓባራዊ መድረኽ ዘይምህላው፡ ንብቕዓት ናይዘን ጕጅለታት ዝዕንቅፍ ኮይኑ ጸኒሑ። ገሊአን ብዘይፍላጥ ነቲ ሰፊሕ ዕላማ ናይ ለውጢ ካብ ምትብባዕ ንላዕሊ፡ ነቲ ተቓውሞ ጕድኣት ከብጽሓሉ ይረአያ። መርበባት ስለያዊ መጋበርያታት ህግደፍ ኣብ ውሽጢ'ቶም ተቓወምቲ ውድባት ሰሊኾ ብምእታው ኣብ ውሽጦም ብዓሌት፡ ወገን፡ ሃይማኖት፡ ካብኡ ሓሊፉ'ውን ብኣውራጃ ብምክፍፋል ከዳኽሞም ፈተነታት ከም ዝገብር ናይ ኣደባባይ ምስጢር'ዩ። እዚ ስለያዊ ስልኳ'ዚ ኣብ ህሉው ይኹን ኣብ መጻኢ ንኣድማዕነትን ሓድነትን ፖለቲካዊ ተቓውሞታት ኤርትራ ዝብርዝ ዓቕሚ ክህልዎ ከም ዝኽእል ምግንዛብ ኣገዳሲ ክኸውን'ዩ።

ናይ ከባቢና ኵነታት

ኤርትራ፡ ኣብ ምዕራባዊ ወሰናስን ቀይሕ ባሕሪ ኣብ ዞባ ቀርኒ ኣፍሪቃ ትርከብ ንእሽቶ ሃገር'ያ። ብምዕራብ ምስ ሱዳን፡ ብደቡብ ምስ ኢትዮጵያ፡ ብደቡባዊ ምብራቕ ድማ ምስ ጂቡቲ ትዳወብ። ኤርትራ፡ ኣብ ወሰናስን ቀይሕ ባሕሪ ኣስታት ንሓደ ሽሕ ኪሎ ሜተር ዝዝርጋሕ ገማግም'ውን ትውንን። ስትራተጂያዊ ኣቀማምጣኣ፡ ብናይቲ ተደኲናትሉ ዘላ ዞባ (ቀርኒ ኣፍሪቃን ማእከላይ ምብራቕን) ጂኦፖለቲካ ከም ዝጽሎ ውሁብ ጕዳይ'ዩ።

ኢትዮጵያ

ኢትዮጵያ ብሰሪ ፖለቲካዊ ድኽመታት ናይ መራሕታ፡ ኣብ ዲቕ ዝበለ ቀውሲ ትርከብ። ኣብ ውሽጢ ኢ.ህ.ኣ.ደ.ግ.[vii] ዝተጀመረ ፖለቲካዊ እረማ መገዱ ስሒቱ፡ ረብሓታት ጸበብቲ ናይ ፖለቲካ ክልታት ዘአንግድ ፖለቲካዊ ሃዋህው ተፈጢሩ። ውድድር ኣብ ምምቕራሕ ስልጣን ዝመበገሲኡ (ብኣኡ ኣቢሉ ድማ ምምቕራሕ ጸጋታት) ኣብ መንጎ ብልጽግናን ህወሓትን ዝነተጕ ጕነጻዊ ምፍሕፋሕ (ኵናት 2020 ዓ.ም.) ወላኳ ብውዕል ፕሪቶርያ ግዚያዊ መፍትሒ እንተ ተገብረሉ፡ እቲ ጕዳይ ግን ጌና ፖለቲካዊ መዓልቦ ኣይረኸበን ዘሎ። ቅዋም ፈደራላዊት ኢትዮጵያ ዘፍቅዶ መሬት ክልል ትግራይ ጌና ኣብቲ ቅድመ ኵናት ዝነበሮ ኵነታት ኣይተመልሰን ዘሎ። ዝተፈናቐሉ ተጋሩ ናብ መረበቶም ዛጊት ኣይተመልሱን ዘለዉ። ኣብ ክልል ትግራይ ኣገልግሎታት ከምቲ ዝድለ ይወሃቡ የለዉን። ወከልቲ ክልል ትግራይ ናብ ሃገራዊ ባይቶ ኢትዮጵያ ጌና ኣይተመልሱን ዘለዉ። ከም

ሳዕቤን ናይዚ፡ ክልቴኦም ወገናት ዝንቡዓት ፖለቲካዊ ኣጀንዳታቶም ጋህዲ ንምግባር ሰብ ኪዳን ኣብ ምንዳይ ይርከቡ።

እዚ ኣብ መንጎ ህግደፍን ህወሓትን ብምስምስ “ፖለቲካዊ ጽምዶ” ተጀሚሩ ዘሎ ናይ ፖለቲካ ጸወታ ከም ኣብነት ክጥቀስ ይከኣል። ስትራተጅያዊ ዕላማ ስለ ዘየሳስን (ረብሓታት ናይ ክልቴኦም ህዝብታት ስለ ዘየቕድም) ኣብ ሕሽኽኒ ክሓከካ ዝተመስረተን ስለ ዝኾነ ድማ ሳዕቤኑ ሓደገኛ ከም ዝኸውን ዘጠራጥር ኣይኮነን። ልዕሊ ኹሉ ድማ ኣብ ውሽጣዊ ኩነታት ኢትዮጵያ ጣልቃ ከም ምእታው ስለ ዝቑጸር። ብዘይካ'ዚ እቲ ኣብ መንጎ ህግደፍን ፋኖን ተጀሚሩ ዘሎ ኣብ ሕሽኽኒ ክሓከካ ዝተመስረተ ግዚያዊ ኪዳን'ውን ከይተጠቕሰ ክሕለፍ ኣይግባእን።

ብፋኖን ግንባር ሓርነት ኦሮሞን ዝፍለጡ ሓይልታት ቅሬታታቶም ኣብ ልዕሊ ፈደራል መንግስቲ ይገልጹ ኣለዉ። እዚ ጐነጽ ዝመለለይኡ ተቓውሞታት ንጸጥታ ናይታ ሃገር ኣብ ዓቢ ሓደጋ ኣውዲቖዎ ይርከብ። ፖለቲካዊ ባህርያት ናይቶም ኣብዚ ቀ'ርቀ'ስ'ዚ ተጸሚዶም ዘለዉ ፖለቲካዊ ሓይልታት ኣብ ግምት ኣእቲኻ፡ ፖለቲካዊ ፍታሕ ዝርከቦ'ውን ኣይመስልን።

ኣብ መንጎ ብልጽግናን ህግደፍን ዝተኸሰተ ፖለቲካዊ ሕጽኖት ድሕሪ ምዝዛሙ፡ ዝምድንኦም እናሓሸከረ ክመጽእ ጸኒሑ። ቀንዲ ጠንቂ ናይዚ ፖለቲካዊ ምፍሕፋሕ፡ ብኩራት ግሉጽነትን ተሓታትነትን በቲ ሓደ ወገን፡ በቲ ካልእ ድማ ኣብ ግዚያዊ ረብሓታት ዝተመስረተ ዝምድና ምንባሩን'ዩ። ነዚ ብዝለዓለ ደረጃ ዘጋድድ ክስተት እቲ ሰልፊ ብልጽግና ዘሳሰዮ ዘሎ ኣፍደገ ባሕሪ ናይ ምውናን ጥሙሕ'ዩ። ኣብዚ ዘባዚ ድማ ዓቢ ሻቕሎት ፈጢሩ ኣሎ። ኣብ ሶማሊላንድ ዝተገበረ ፈተነ ድሕሪ ምፍሻሉ፡ ሰልፊ ብልጽግና ናብ ኤርትራ ብምቕ'ማት ሕልምታቱ ንምግሃድ ዘድልዩ ዘበሉ ምቅርራባት (ዲፕሎማስያዊ፡ ፖለቲካዊ፡ ከምኡ'ውን ወተሃደራዊ) ካብ ምግባር ዓዲ ኣይውዓለን። ይቕጽሎ ከኣ ኣሎ።

ነዚ ዘባ'ዚ መን ዓብለለ ዝመንቀሊኡ ኣብ መንጎ ህግደፍን ብልጽግናን ዘሎ ምፍሕፋሕ ከንዮ'ቲ ኣፍደገ ባሕሪ ናይ ምውናን ጥሙሕ ዝኸይድ ጉዳይ ኮይኑ ኣሎ። ሓደ ነቲ ሓደ ንምድ'ኻም ድማ በብዓይነቶም ፖለቲካዊ ኪዳናት ክምስረቱ ንርኢ ኣለና። ሰልፊ ብልጽግና ንህግደፍ ንምድ'ኻም ምስ ኣብ ደገ ዝነጥፉ ኤርትራዉያን ናይ ተቓውሞ ውድባት ምትሕብባር ጀሚሩ ከም ዘሎ ናይ ኣደባባይ ምስጢ'ር'ዩ።

እቲ ብናህሪ እናተለዋወጠ ዝኸየድ ዘሎ ናይዚ ከባቢ ፖለቲካዊ ምዕባለታትን ኣሰላልፋ ሓይልታትን ነቲ ዝጸንሐን እንርእዮ ዘለናን ኩነታት መመሊሱ ከም ዝተሓላለኽ ይገብሮ። ጽባሕ ንግሆ ኣብ ረጽሚ እንተ ዘይኮይኑ ናብ ካልእ ከምርሕ ከም ዘይክእል'ውን እናተጋህደ ዝመጽእ ዘሎ ይመስል። እዞም ኣብ ኣደባባይ እንሰምዖም ዘለና ድምጽታት 'ነጋሪት

ሰመረ ሰሎሞን

ኵናት ናይዚ መርኣያታት'ዮም። ውጽኢቱ ንምግማቱ ድማ ኣሸጋሪ ኣይኮነውንን'ዩ። ከመይሲ እቶም ኣብዚ ፖለቲካዊ ቀ'ርቀ'ስ ዝዋሰኡ ዘለዉ በበይኑ ረብሓታት ዘለዎም ፖለቲካውያን ሓይልታት ብዙሓትን ስለ ዝኾኑን ዘይቃደዉ ረብሓታትን ስለ ዘለዎምን። ኣብዚ ብቐዳማይ ደረጃ ዝሰርዑ ብልጽግና፡ ህግደፍን ህወሓትን'ዮም። ብኻልኣይ ደረጃ ዝሰርዑ ፋኖን (ወይ ናይ ኣምሓራ ተቓወምቲ) ግንባር ሓርነት ኦሮሞን'ዮም። ካልኦት ንእስ ንእስ ዝበሉ ብሳልሳይ ደረጃ ክሰርዑ ዝኽእሉ ውዳበታት'ውን ኣይሰኣኑን'ዮም። እዚኣቶም ዕላማታቶምን ዝውክልዎም ረብሓታትን ብዘየገድስ ተመሳሳሊ ባህርያት ኣለዎም። እዚኣቶም ነዞም ዝስዕቡ ከጠቓልሉ ይኽእሉ፡-

- እዞም ውድባት'ዚኣቶም (ወይ መብዛሕቲኦም) ንጸበብቲ ፖለቲካዊ ረብሓታት ዘቐድሙ'ዮም፣ ረብሓ ህዝብታት ዘቐድሙ'ዮም ኢልካ ምዝራብ ኣሸጋሪ'ዩ፣
- ብፖለቲካዊ ግርሳመ ወይ ሕጽረት ኣረኣእያ ዝልለ ፖለቲካዊ መርሓን ትግባረን የዘውትሩ፣
- ኣብቶም ዝነጥፉሉም በበይኖም ከባቢታት ኮይኖም፡ ነፍሲ ወከፎም ኣብ ልዕሊ ህዝብታቶም ዕምጸጻ ዘዘውትሩ ሓይልታት'ውን ኣለዉን
- ኵሎም ኣብ ፖለቲካዊ ብዙሕነት እምነት ዘይብሎም፡ ሓቛፊ ፖለቲካ ዘየዘውትሩን፡ መፍትሒ ፖለቲካዊ ፍልልያት ጐነጽ'ዩ ኢሎም ዝኣምኑን ሓይልታት'ዮም።

ኣብዞም ዝሓለፉ ስሳ ዓመታት ኣብ መንጎ ሓድሕዶም ዝተራእዩ ጕነጻዊ ኣፈታትሓ ግርጭታት ነዚ ኣብ ላዕሊ ዝተዋህበ ሓፈሻዊ ገምጋም የረጋግጹ። ብተወሳኺ እቶም ዝግበሩ ፖለቲካዊ ኪዳናት ንናይ ሓጺር እዋን ረብሓታት ተባሂሎም ዝትግበሩ'ዮም። እዞም ዝስዕቡ ኪዳናት ብኣብነት ከጥቀሱ ይኽእሉ፡- ህግደፍ-ኢህኣደግ፡ ህግደፍ-ህወሓት፡ ህግደፍ-ብልጽግና፡ ኢህኣደግ-ኤርትራውያን ተቓወምቲ ውድባት፡ ብልጽግና-ፋኖ፡ ብልጽግና-ግንባር ሓርነት ኦሮሞ፡ ህግደፍ-ጸረ ኢህኣደግ/ህወሓት ሓይልታት፡ ወዘተ:: ከምዚኦም ዝኣመሰሉ ባህርያት ዘለዉዎም ጸለውቲ ናይ ፖለቲካ ሓይልታት ኣብ በበይኖም እዋናት ዝመስረትዎም ፖለቲካዊ ኪዳናትን፡ ናይ ሰላም መሻርኸቲ ኮይኖም ኣብ ምርግጋጽን ብኣኡ ኣቢሎም ድማ ኣብ ልምዓት ናይቲ ዞባ ክነጥፉ ባህሪኦም ኣይኮነን፣ ኣይክእሉን'ዮም እውን። ሕሉፍ ታሪኾም ብግልጺ ስለ ዝምስክር። ይዕበ ይንኣስ፡ ነፍሲ ወከፎም ኣብ ናይቲ ከባቢ ጸጥታ ሓደጋታት ኮይኖም ጸኒሖምን ኣለዉን። ሕጂ እንርእዮ ዘለና ፖለቲካዊ ምውጥዋጣት ድማ ባህርያዊ ሳዕቤን ናይቶም ኣብ ዝሓለፉ ዓሰርተታት ዓመታት ዘይተፈትሑ ፖለቲካዊ ግድላትን ክኹስኵስዎም ዝጸንሑ ፖለቲካዊ ባህልታትን'ዮም።

ከምቲ ልዕል ኢሉ ዝተጠቕሰ እዚ ኣብ መንጎ ኤርትራን ኢትዮጵያን ዘሎ ምፍሕፋሕ ናብ መጠነ ሰፊሕ ኲናት ምስ ዝምዕብል ኣብ ልዕሊ ህዝብታት ክልቲኦም ሃገራት ሰፍ ዘይብል ከሳራ ከወርድ ከም ዝኽእል ርዱእ'ዩ።

ኣብዚ ክበርህ ዘለዎ ሓደ ኣገዳሲ ጉዳይ ግን ኣሎ። ኤርትራ፡ ከም ሓንቲ ልኡላዊት ሃገር፡ ኲሎም ኣማራጺታት ተጠቒማ ነብሳ ንምክልኻል ምሉእ መሰል ኣለዋ። እዚ፡ ፖለቲካዊ፡ ዲፕሎማስያዊ፡ ከምኡ'ውን ወተሃደራዊ ኣማራጺታት የጠቓልል። ነዚ ብድሆ'ዚ ንምእላይ ልዕሊ ኩሉ ክትጥቀመሉ ዘለዋ መሳርሒ ግን ካብ ዝኾነ ይኹን እዋን ንላዕሊ ንዅሉ ዜጋ ዝሓቝፍ ናይ ሃገራዊ ዕርቂ መንግስቲ ምቛም'ዩ። ነዚ ዝስዕብ ድማ ከጠቓልል ይኽእል፡-

ንሃገራዊ ዕርቂ ከም ዕርዲ ኣንጻር ኲናት ምጥቃም፡ ኣብዚ ህልውናዊ ሓደጋ ዘንጸላልወሉ ዘሎ እዋን፡ መገዲ ተነጽሎ፡ ውሽጣዊ ዕምጸጻ፡ ከምኡ'ውን ናይ ሴፍ ምንብጥባጥ ዝኣመስሉ መፍትሒታት ሃገራዊ ድሕነት ከውሕሱ ከም ዘይክእሉ ተረጋጊጹ'ዩ። ብኣንጻሩ'ኳ ድኣ ንሓደገኛነት ወይ ኣስጋእነት ናይዚ ሕጂ ተጋሂዱ ዘሎ ኲነታት ኣብ ምብኣስ ኣበርኪቶ ዝገበሩ'ዮም። ካብ ዝኾነ ይኹን እዋን ንላዕሊ'ምበኣር ሕጂ፡ ከምኡ'ውን ንህጹጽነት ናይቲ ኲነታት ኣብ ግምት ኣእቲኻ ዓሚቝ ዝኾነ ስትራተጅያዊ ለውጢ ምግባር ዝድልየሉ ሰዓት ምዃኑ ምግንዛብ ከድሊ'ዩ። ነዚ ተኸሲቱ ዘሎ ቅልውላው ብሜላ ንምእላይን ዕጫ'ታ ሃገር ንምውሓስን፡ መንግስቲ ኤርትራ ብቕጽበት ምስ ተቓወምቲ ውድባት ዘለዎ ፍልልያት ንጐኒ ኣጸጊዑ፡ ንዅሎም ኤርትራውያን መጸዋዕታ ብምግባር ሃገራዊ ዕርቅን ሓድነትን ማእከል ዝገበረ ሓቛፊ መንግስቲ ክምስርት ይግብኦ።

ወጽዓ ግለላን ኣድላይነት ሓድነትን፡ መንግስቲ ኤርትራ ንዓሰርተታት ዓመታት ኣብ ፍጹም ቊጽጽርን ግለላን ዝተመስረተ ኣገዛዝኣ ከዘውትር ጸኒሑን የዘውትር ኣሎን። ንዝጸደቐ ቅዋም ምትግባር ሓንጊዱ፡ ንፖለቲካዊ ብዙሕነት ነጺጉ፡ ናይ ሕልና እሱራት ምፍታሕ ዕጭ ሓንፊፉ፡ ኮነ ኢሉ ድማ ንፍልልያት ናይ ኣረኣእያ ልጓም ገይሩሉ። እዚ፡ ስማዊ ዝኾነ ምርግጋእ ፈጢሩ ከበሃል'ኳ እንተ ተኻእለ፡ ውሽጡ ግልህ ኣቢልካ ምስ እትርእዮ ግን፡ እታ ሃገር ብውሽጣዊ ዘይዕግበትን ብብኲራት ሃገራዊ ጥምረትን ትሳቐ ከም ዘላ ንማንም ስዉር ኣይኮነን። ኣንጻር ህዝቡ ኲናት ዝኣወጀ መንግስቲ ድማ ንግዳማዊ ሓደጋታት ክብድህ ዘይሕሰብ'ዩ። ኣብዚ ህሞት'ዚ፡ እቲ መንግስቲ ነቲ ኣብ ባይታ ዘሎ ክውንነት ክርዳእ ግዴታ ኣለዎ። ሓያል ጐድኒ ናይ ሓደ ከምዚ ዝኣመሰለ ሓደጋ ዘንጸላልዎ ዘሎ መንግስቲ ኣብ ወተሃደራዊ ቊመንኡ ወይ ሓይሉ ኣይኮነን ዝምርኰስ። እንታይ ድኣ ኣብ ስጡም ድሌት ናይ ህዝቢ። ህግደፍ ንሓደ ዘይነዓቕ ክፋል ናይ ዜጋታቱ ከም ጸላእቲ ብምስራዕ

ኣብ ክልተ ግንባራት'ዩ ዝዋጋእ ዘሎ። እቲ ሓደ ውሽጣዊ እቲ ካልእ ከኣ ግዳማዊ። ከምዚ ብምግባር ድማ ንመሳርዓቱ የዳኽሞም'ዩ ዘሎ። ኣብ ከምዚ ዝኣመሰለ ዘይርጉእ ኩነታት ፖለቲካ ናይ ግለላ ክጽወር ዘይግብእ ሓደገኛ ሕርያ'ዩ። ውጽኢቱ ድማ ርዱእ'ዩ። ከምዚ ዝኣመሰለ ዘይተርፍ ሓደጋ ኣብ ዘንጸላልወሉ ዘሎ እዋን፡ ናይ መንግስቲ ኤርትራ መልሲ ወተሃደራዊ ጥራይ ዘይኮነስ ምዕሩግን ስትራተጅያውን'ዩ ክኸውን ዝግብኦ።

ናይ ሃገራዊ ዕርቂ መንግስቲ፣ እቲ እንኮ ፍታሕ፡ እዚ መጸዋዕታ'ዚ ካብ ቦታ ድኽመት ዝግበር ዘሎ መጸዋዕታ ኣይኮነን። እንታይ ድኣ ኣብ ልዑል ሞራላዊ ሓይሊ ዝምርኰስ መጸዋዕታ'ዩ። እቲ ሓይሊ ድማ ካብ ሓድነት ህዝቢ ዝምንጩ ሓይሊ'ዩ። እቲ መንግስቲ ብስለት፡ ጭውነት፡ ከምኡ'ውን ኣብ ልዕሊ ህዝቢ ሓቀኛ ዝኾነ ሓልዮት ክርኢ ይግባእ። ነዚ ተግባራዊ ንምግባር ድማ በዞም ዝስዕቡ ተበግሶታት ክገልጾ ይግባእ፡-

(ሀ) ዘይቅድመ ኩነታዊ ተበግሶ ንምግባእ ዋዕላ ንሃገራዊ ልዝብ፡- ንኹሎም ኤርትራውያን ተቓወምቲ ሓይልታት፡ ናይ ሲቪክ ማሕበራት፡ ሃይማኖታውያንን ያታውያንን መራሕቲ፡ ምሁራት ወዘተ (ኣብ ውሽጢ ኤርትራን ኣብ ዲያስፖራን ዝርከቡ) መጸዋዕታ ብምግባር ብመገዲ ዋዕላ ንሃገራዊ ልዝብ ኣቢልካ ሓደ መሰጋገሪ ባይቶ ንሃገራዊ ድሕነት ምቛም ኣድላዪ'ዩ። እዚ ተበግሶ'ዚ ኣብዚ ጥራይ ከይተሓጽረ ናብ ምምስራት ናይ ሓደ ብሃገራዊ ዕርቂ ዝልለ መንግስቲ ክምርሕ ኣለዎ።

(ለ) ናይ ሃገራዊ ሓድነት መንግስቲ ምቛም፡- እዚ ሓቛፊ ኣካል'ዚ እዞም ዝስዕቡ ዕማማት ይህልዉዎ። ሀ) ነዚ ተኸሲቱ ዘሎ ቅልውላው ወይ ቀውሲ ምክትታል ለ) ንሓንትን ልኡላዊትን ኤርትራ ወኪሉ ዲፕሎማሲያዊ ንጥፈታት ምክያድን ሐ) ንመስርሕ ትግባረ ቅዋምን ግዝኣተ ሕግን ምብግጋስ።

(ሐ) ኩሎም ናይ ሕልና እሱራት ምፍታሕ፡- ኣብያተ ማእሰርቲ ንኹሎም ናይ ፖለቲካ እሱራት ጓሕጒሑ የውጽእ። እዚ፡ ኣብ ውሽጢ'ቲ ህዝቢ ጽቡቕ ምትእምማን ንምፍጣር ክውሰድ ዘለዎ መሰረታዊ ስጉሚ'ዩ። እዚ ተግባር'ዚ ብልሕን ሞራላዊ ዓቕምን ናይታ ሃገር ዝገልጽን ብኣኡ ኣቢሉ ድማ ንመላእ ህዝቢ ኤርትራ ኣብ ጐድኒ'ዚ ፍታሓዊ ጉዳይ ዝጥርንፍን ተግባር'ዩ።

ንኹናት ምድላው ጥራይ ዘይኮነ ዲፕሎማሲያዊ ፍታሕ ናይቲ ጉዳይ ንምንዳይ ምጽዓር፡ ንሃገራዊ ሓድነት ማእከል ዝገበረ መንግስቲ ካብ ሓደ ብተነጽሎ ዝልለ መንግስቲ

ይሕይልን የድምዕን። ከንዲ ዝኾነ ድማ እቲ ኣተኩሮ፡ እቲ ኵናት ቅድሚ ምጅማሩ ንምውጋድ ሓያልን ውሕሉልን ዲፕሎማሲያዊ ምጕስጓስ ከድሊ'ዩ።

ኣድላይነት ምምስራት ሓደ ስጡምን ውዱብን ዲፕሎማስያዊ ግንባር ንጽባሕ ዘይበሃለሉ ጉዳይ'ዩ። ብሓቛፍነት ዝልለ መንግስቲ፡ ማዕጾ ግሎባውያን ሓይልታት - ሕመኣ፡ ኤውሮጳዊ ሕብረት፡ ቻይና፡ ሩስያ ከምኡ'ውን ውድብ ሕቡራት ሃገራት - እናኳሕኰሐ ተቓዳውን ንጹርን መልእኽቲ ዘለዎን መጸዋዕታ ሰላም ክገብርን ከድምዕን ይኽእል።

ናይ ዞባውያንን ዓለም ለኻውያንን ኣካላት ደገፍ ንምኽሳብ ቅጽበታዊ ስጉምቲ ምውሳድ ይግባእ። ስጡም ዝኾነ ድምጺ ርዒማን ወኒናን፡ ኤርትራ ኣብ ልዕሊ ኢጋድን ሕብረት ኣፍሪቃን ጸቕጢ ብምግባር ንሳቶም ብግዲኦም ነቲ ኢትዮጵያ ኣልዒላቶ ዘላ ኣፍደገ ባሕሪ ናይ ምውናን ጥሙሕ ደው ከተብሎን ናብ ደንብታት ኣህጉራዊ ሕጊ ክትምለስን ጸቕጢ ክገብሩ ምጽዓር ከድሊ'ዩ።

ብዘይካ'ዚ፡ ነቲ ናብ ውክልናዊ ኵናት ንኸምርሕ ዘሎ ተኽእሎ ምምካን'ውን ዓቲብካ ክስርሓሉ ዘድልዮ ጉዳይ ክኸውን'ዩ። ንሃገራዊ ዕርቂ እተቐድምን ብግዝኣተ ሕግ እትልለን ኤርትራ ንተኽእሎታት ግዳማዊ ምትእትታው ከተበርዕን ኣብ ዝሓሸ ቦታ ክትርከብ ትኽእል። ንኢትዮጵያ ይኹን ብኻልኦት ምስምሳት ኣብዚ ጉዳይ'ዚ ጣልቃ ንኽኣትዉ ዝወጣወጡ ሓይልታት ድማ እዚ ዕድል'ዚ ትነፍጎም።

ከም ሃገር ናይ ምቕጻልን ውርሻና ናብ መጻኢ ወለዶ ናይ ምትሕልላፉን ዕድል፡ ኣብዚ ህሞት'ዚ መንግስቲ ኤርትራ ኣብ ቀራና መገዲ ይርከብ። ናብ ከምዚ ዝኣመሰለ ቅልውላው ንኸምርሕ ኣበርኪቶ ዝገበሩ ሕሉፋት ፖሊሲታቱ ዳግም ምርኣይን ንሓቅታት ከም ዘለዎም ምቕባልን ከድልዮ'ዩ። ፍሽለት ዝመለለይኦም ዓሰርተታት ዓመታት በዞም ዝስዕቡ ሓቅታት ክግለጹ ይኽእሉ፡- ንፍልልያት ኣረኣእያ ዝጻወር ቅዋማዊ መንግስቲ ዘይምምስራት፡ ክሰርሕ ዝኽእል ቍጠባ ዘይምፍጣር፡ ኣብ ግትኣት ዝተመስረተ ናይ ሃገራዊ ምክልኻል ሰረት እምነት ዘይምምዕባል፡ ከምኡ'ውን ኣብዚ ዞባን ዓለምን ንኤርትራ ከም ሓንቲ እምንቲ መሻርኽቲ ንኽትርአ ዘይምግባርን ንኤርትራ ንሓደጋ ከም እትቃላዕ ምግባርን።

እዋኑ ትዕቢት ዘይኮነ ልቦና ይሓትት፣ ግለላ ዘይኮነ ሓቛፍነት ይጠልብ፡ ውግእ ዘይኮነ መንግስታዊ ውሕሉልነት ይጥይቕ። "ለባም ሰብ ቅድሚ'ቶም ተኺሉ ምምጽኦም ሓጹር ይሰርሕ፡" ዝብል ብሂል ካብ ዝኾነ ይኹን እዋን ንላዕሊ ጠቓምነቱን ርዝነት

መልእኽቱን ሎሚ ጐሊሑ ይርአ። ኤርትራ ክትሰርሖ እትኽእል ዝሓየለ ሓጹር'ምበኣር ኣብ ሃገራዊ ሓድነትን ዕርቅን ዝተመስረተ መንግስቲ ምህናጽ'ዩ።

ንሕሎም ኤርትራውያን ኣብቲ ንመጻኢኦም ብቐጥታ ዝምልከት ዓቢ ጉዳይ ንኽሳተፉ ባይታ ብምጥጣሕ፡ መንግስቲ ኤርትራ ነዚ ናይ ሓደጋ ህሞት'ዚ ናብ ዳግመ ልደት ናይታ ሃገር ክቕይሮ ዓቢ ተኽእሎ ኣሎ። እዚ'ዩ እቲ እንኮ መገዲ ንውሕስነት ሰላምን ምክልኻል ልኡላውነት ሃገርን። እዚ'ዩ እቲ እንኮ መገዲ መጻኢቲ ወለዶታት ሓንቲ ዘይትድፈር፡ ውሕስቲ፡ ምርግጋእ ዝሰፈና፡ ብግዝኣተ ሕጊ እትምእዘዝ፡ ምስ ጐረባብታ ኣብ ሓድሕዳዊ ምኽብባር ዝተመስረተ ዝምድና ዘለዋ ኤርትራ ክወርሱ ዝኽእሉ። እቲ ግዜ ሕጂ'ዩ።

መንግስቲ ኤርትራ ንኸምዚ ዝኣመሰለ መጸዋዕታ ክሰምዕን ክተግብርን ፖለቲካዊ ድሌት ኣለዎ ድዩ የብሉን ንታሪኽ ዝግደፍ ክኸውን'ዩ። ንሃምን ቀልብን ህዝቢ ዘዳምጽ መንግስቲ ነይሩና እንተ ዝኸውን ከመይ ምጸበቐ እብል።

ሱዳን

ህዝቢ ሱዳን፡ ኣብ ትሕቲ ጭፍለቓ መራሕቱ ክሳቐን ዋጋ ክኸፍልን ካብ ዝጀምር ዓሰርተታት ዓመታት ሓሊፉ'ዩ። ኲነታት መሪርዎ፡ ዘለዓዓሎ ናዕቢ ግን ብላዕለዎት መኮንናት ሰራዊት ሱዳን ተጨውዩ። ከም ሳዕቤኑ ድማ፡ ሱዳን ኣብ ፖለቲካውን ቍጠባውን ቀውሲ ትርከብ። ናይ ሱዳን ፖለቲካዊ ቅልውላው፡ ሱዳን ኣብዞም ዝሓለፉ ዓሰርተታት ዓመታት ኣውሒሳቶ ዝነበረት ቍጠባዊ ዕብየትን ማሕበራዊ ስጥመትን ንሰላሳ ዓመታት ንድሕሪት መሊስዋ ይርአ። ኲናት ሓድሕድ ሱዳን ሰብኣዊ ጸጋታትን ቍጠባን ከባኽን ይርአ ኣሎ። መፍቶ ዘባውያን ሓይልታት ብምዃን ድማ፡ ሱዳን ኣብ ገዛእ ርእሳ ዓቢ ሃስያ ኣውሪዳ። ሎሚ ሱዳን ናይ ውክልና ኲናት ዝካየደላ ሃገር ኮይና ኣላ። ስዑድ ዓረብ፡ ኢማራት፡ ግብጺ፡ ኢትዮጵያ፡ ኤርትራ ወዘተ በብወገነን ኣብዚ ተኸሲቱ ዘሎ ቅልውላው ኣብ ምብኣስ ኣበርክቶ ይገብራ ኣለዋ። ብድሕሪ ነፍሲ ወከፈን ዘለዉ ዓበይቲ ዓለማውያን ሓይልታት'ውን ከምኡ።

ሶማልያ

ኣብ መጀመርያ ተስዓታት ዝፈረሰ መንግስቲ ሶማል ካልእ ነጥበ መቐይሮ ፈጢሩ። "ኣል ሸባብ" ዝተባህለ ጥሩፍ ጉጅለ ምስልምና ድማ ከም ክስተት ማዕቢሉ። እዚ ፖለቲካዊ ምዝንባዕ ከኣ

ጽልዋኡ ከኔው ሶማልያ ብምዝርጋሕ፡ ንሓፈሻዊ ምርግጋእ ቀርኒ ኣፍሪቃ ጸልዩዎ። ሕመረት ኣጀንዳ “ኣል ሸባብ” ብሕጊ ሸሪዓ ዝምራሕ እስላማዊ መንግስቲ ምምስራት'ዩ። ንሱ፡ ነቲ ናይ ቀርኒ ኣፍሪቃ ዘይርጉእ ኩነታት (ኣብ ኲናት ዝርካባን ብኲናት ሓድሕድ ዝሳቐያን ሃገራት ብምዃነን) ቀጻሊ ተቓላዕነት ይፈጥር። እዞም ጥሩፋት ጉጅለታት'ዚኣቶም ናብ ከም ብዓል ኤርትራ፡ ኢትዮጵያ፡ ኬንያ፡ ከምኡ'ውን ጂቡቲ ዝኣመሰላ ጐረባብቲ ሃገራት ክዝርግሑ'ውን ተኽእሎ ኣሎ። ነቲ ኣብዚ ወሳኒ ዞባ'ዚ ዘሎ ቀጻሊ ጥሩፍነት ናይ ምስፍሕፋሕ ስግኣት ንምምካት፡ ቀጻሊ ዞባውን ኣህጉራውን ጻዕርታት ይጠልብ።

ብፕረሲደንት ሓሰን ሸኽ ማሕሙድ ዝምራሕ መንግስቲ ድኹም'ዩ። ፌደራል መንግስቲ ኣብ ልዕሊ'ተን ነቲ ፌደራላዊ መንግስቲ ዘቖማ ንኡሳን ምምሕዳራውያን ኣሃዱታት (ስተይትለትስ) ኣዕጋቢ ቊጽጽር የብሉን። ፌደራላዊ መንግስቲ፡ ብመጋቢት 2024 ዓ.ም. ንቕዋም ናይታ ሃገር ንምምሕያሽ ሓደ ሕጊ ደንጊጉ። እዚ ሓድሽ ሕጊዚ ስልጣን ናይቲ ፈጻሚ ኣካል የሐይልን ኣብ ክንድ'ቲ ዘይቐጥታዊ ምርጫ ድማ ኣድማሳዊ ምርጫ ከም ዝተኣታቶን ገይሩ። እተን ነቲ ፌደራላዊ መንግስቲ ዘቑማ ልዕል ኢለን ዝተጠቕሳ ምምሕዳራዊ ኣሃዱታት፡ ነዚ ውሳኔዚ ተቓዊመንኦ። በዚ ምኽንያት'ዚ ድማ እቲ ዝምድናታቶም እናሓርፈፈ መጺኡ። ኣብዚ ሰዓት'ዚ ሕቡራት መንግስታት ኣመሪካ ከይተረፈት ካብ ምስቲ ፈደራላዊ መንግስቲ ምስ ከም ሶማሊላንድን ፑንትላንድን ዝኣመሰላ ምምሕዳራዊ ኣሃዱታት ምሽራኽ ተመራጺ ኮይኑ ዝርከበሉ ኩነታት ዘሳስያ ዘለዋ ይመስላ።

ኣብ መንጎ ፈደራላዊ መንግስትን እታ ናጽነታ ክትእውጅ እትጽዕር ዘላ ሶማሊላንድን ዛጊት ዘይተፈትሐ ፖለቲካዊ ሽግር ኣሎ። ኣብዚ ቀረባ ግዜ ኢትዮጵያ ኣፍደገ ባሕሪ ኣብ ሶማሊላንድ ንምውናን ምስኣ ዝተገብረ ውዕል ኣብ ሶማልያ ዓቢ ሻቕሎት ፈጢሩ ከም ዝነበረ ዝዝንጋዕ ኣይኮነን። ናይ ቱርኪ ኣማላድነት እንተ ዘይህሉ ነይሩ ድማ እቲ ኩነታት ክሳዕ ክንደይ ክብእስ ይኽእል ከም ዝነበረ ንምርድኡ ዝሕግዙ ሓበሬታታት ትንተናን ኣለዉ። እቲ ኣብ መንጎ ሶማልያ፡ ግብጽን ኤርትራን ዝተመስረተ ስሉሳዊ ኪዳን ድማ ናይዚ ሻቕሎት'ዚ ሳዕቤን'ዩ። እዚ ኪዳን'ዚ፡ እዘን ሰለስተ መንግስታት፡ ንኢትዮጵያ ከም ዒላማ ዝገበረ ኮይኑ ዕላምኡ ነቲ ኢትዮጵያ ብተደጋጋሚ ግዜ ዘልዓለቶ እተልዕሎ ዘላን ሕቶ ናይ ውነና ኣፍደገ ባሕሪ ንምግታእ'ዩ።

ጂቡቲ

ናይ ጂቡቲ ኣቀማምጣ (መስቀላዊ መገዲ ናይ ኣፍሪቃ፡ ማእከላይ ምብራቕን ኣስያን) ንዓውለማዊ ንግዲ ዓቢ ኣገዳስነት ኣለዎ። ልዕሊ 12% ዓውለማዊ ንግዲ

በዚ ወሽመጥ'ዚ ይፍጸም።[viii] ክንዲ ዝኾነ ድማ ሓያላት ዓለማውያን ሓይልታት ኣእጋሮም ንኽንብሩላ ብፍሉይ ስትራተጅያዊ ተገዳስነት ዝሻመውላ ሃገር'ያ። ክሳዕ ሕጂ፡ ኣመሪካ፡ ቻይና፡ ፈረንሳ፡ ጃፓን፡ ኢጣልያ፡ ጀርመን፡ ከምኡ'ውን ስዑድ ዓረብ መዋፈሪ መዓስከራት መስሪተን ይርከባ።[ix] 95% ናይ ኢትዮጵያ ንግዲ ብመገዲ ጂቡቲ ይሳለጥ።[x] ጂቡቲ ምስ ዝተፈላለዩ ዓለማውያንን ዞባውያንን ሓይልታት ዝምድና ብጥንቃቐን ሚዛን ብዘለዎ ኣገባብን እናኣለየት ተረባሒት ናይ ግዳማዊ ወፍሪ ኮይና ኣላ።

ጽላሎት ናይ ውክልና ኲናት

ኲሎም ኣብዚ ዞባ ዝዋሰኡ ዘለዉ ፖለቲካዊ ሓይልታትን ውዳበታትን፡ በብዓቕሞም ኣብ ፖለቲካ ናይዚ ዞባ ክሳተፉን ጽልዋ ከሕድሩን ጸኒሖም'ዮም። ክንዲ ዝኾነ ድማ ንናይ ውክልና ኲናት ዝተቓልዑ'ዮም። ዞባውያን ረብሓታት ዘገልግሉ'ውን ኣይሰኣኑን። ገለ ገለ ኣብነታት ንምጥቃስ ይከኣል'ዩ።

1. ኤርትራ ኣብቲ ንናይ የመን ሁቲ ንምድኻም ብሕቡራት ኢማራት ዓረብን ስዑድ ዓረብን ዝተኻየደ ወተሃደራዊ ዘመተ መሻርኸቲ ኮይና ተሳቲፋ'ያ። ብኣኡ ኣቢላ ድማ ድማ ንረብሓ ናይ ሕቡራት መንግስታት ኣመሪካን ምዕራብን ኣገልጊላ። ብተወሳኺ፡ ኤርትራ፡ ኣብቲ ኣብ 2020 ዓ.ም. ኣብ ኢትዮጵያ ዝተወልዐ ኲናት ሓድሕድ (ኣብ መንጎ ብልጽግናን ህ.ወ.ሓ.ትን)፡ ኣብ ጎድኒ ብልጽግናን መሻርኽቱን ብምኻን ኣብ ልዕሊ ህወሓት መጥቃዕቲ ፈጺማ። እዚ፡ እቲ ብሰልፊ ብልጽግና ዕድመ ተገይሩልና ዝኣተናዮ ኲናት'ዩ ኢሎም ሰበ ስልጣን ህግደፍ ብወግዒ ዝዛረቡሉ ተሳትፎ ወይ ጽምዶ'ዩ።
2. ኢትዮጵያ፡ ኣብቲ ጸጥታ ናይዚ ዞባ ንምውሓስ ዝመበገሲኡ ተባሂሉ ብሕቡራት ሃገራት ዝተመስረተ ዓቃቢ ሰላም ሰራዊት ኣባል ኮይና ንዓሰርተታት ዓመታት ኣብ ሶማልያ ጸኒሓ'ያ። ቀንዲ መዋሊት ናይዚ ፕሮጀክትዚ ሕቡራት መንግስታት ኣመሪካ'ያ።
3. ኢትዮጵያን ኤርትራን ኣብ በበይኖም እዋናት ኣብቲ ኣብ ሱዳን ዝተወልዐን ክሳዕ ሕጂ ዝቕጽል ዘሎን ሓድሕድ ኲናት ወገን ወሲደንን ብቐጥታ ይኹን ብተዘዋዋሪ መገዲ ተኻፊለን'የን።

4. ኤርትራ ነቲ ብኣል ሸባብ ዝፍለጥ ኣብ ሶማልያ ዝነጥፍ ዝነበረን ዘሎን ጥሩፍ ዕጡቕ ሓይሊ ኣብ ሓደ እዋን ፖለቲካውን ንዋታውን ደገፍ ትህብ ከምዝነበረት ዝተፈላለዩ ምንጭታት ሓበሬታ ዘረጋግጽዎ ሓቂ'ዩ። ኣል ሸባብ ኣብ ኤርትራ ቤት ጽሕፈት ከም ዝነበሮ'ውን ባዕሉ መንግስቲ ኤርትራ ዝኣመነሉ ሓቂ'ዩ። ኣብዚ ቀረባ ግዜ ድማ መንግስቲ ኤርትራ ነቲ ኣብ ስልጣን ዘሎ መንግስቲ ሶማልያ ብምድጋፍ ሶማላውያን ወተሃደራት ኣብ ውሽጢ ኤርትራ የሰልጥን ከምዝነበረ ብወግዒ ዝፍለጥ'ዩ።
5. ቱርክን ሕቡራት ኢማራት ዓረብን ኣብቲ ኣብ 2020 ዓ.ም. ኣብ ኢትዮጵያ ዝተወልዐ ኲናት ሓድሕድ (ኣብ መንጎ ብልጽግናን ህ.ወ.ሓ.ትን)፡ ኣብ ጐድኒ ብልጽግናን መሻርኽቱን ብምዃን ናይ ህወሓት ዳግመ መጥቃዕቲ ኣብ ምፍሻል ዓቢ ግደ ነይሮዎም።
6. ብኻልእ ወገን፡ ስሉሳዊ ኪዳን ኤርትራ፡ ሶማልያ፡ ግብጽን ዝተፈጥረ፡ ነቲ ኢትዮጵያ ብተደጋጋሚ ግዜ ዘልዓለቶን እተልዕሎ ዘላን ሕቶ ናይ ውነና ኣፍደገ ባሕሪ ንምግታእን ንጕዳይ ሓጽቢ ሕዳሰ ኣመልኪታ ግብጺ ኣብ ልዕሊ ኢትዮጵያ ዘለዋ ሻቕሎት ንምዝታይን ሻቕሎታ ንምእላይን'ዩ።

ተኽእሎ ለውጢ ኣብ ኤርትራ ሲናርዮታት

ናይዚ ሕጂ ኣብ ኤርትራ ዘሎ ውልቀ-ምልኪ ህላወ፡ ኣብ ዕራርቦ በጺሑ'ዩ ዝብል ገምጋም ኣሎ። መዓልትታቱ ኣኺለን'የን ዝብሉ ኣዘራርባታት'ውን በብኹርናዑ ክቃልሑ ይሰምዑ'ዮም። እዚ ብኻልእ ምኽንያት ዘይኮነስ (ወይ ድማ ናይ ተቓውሞ ሓይልታት በርቲዖሙዎ ዘይኮነስ)፡ እቲ ክኸተሎ ዝጸንሐን ዘሎን ፖለቲካ ናብ ዕጹው መገዲ ዘምርሕ ስለ ዝኾነ'ዩ። ኣብ ሓደ እዋን ቀጥ ኣቢሉ ሒዝዎን ዘታትዮን ዝነበረ ውሽጣዊ መጋበርያታቱ ነቕነቕ ካብ ዝብል ሓያለይ እዋን ሓሊፉ'ዩ። እቲ ስርዓት ብኹሉ መለክዒታቱ ኣብ ሰንኮፍ ኲነታት ይርከብ። ኣብ ስልጣን ንኽጸንሕ ኣብ ዝረባረበሉ ዘሎ ህሞት ርኡይ ምንቍልቋል የርኢ ከም ዘሎ ዘመላኽቱ ክስተታት ድማ ብርክት ዝበሉ'ዮም። ኣብ ኣእምሮ ብዙሓት ኤርትራውያን ዘሎ ሕቶ፡ ለውጢ ብኸመይ ክመጽእ'ዩ ዝብል'ዩ። ንህልዊ ሓበሬታት ምርኩስ ጌርካ ሓደ ሓደ ሲናርዮታት ምቕራብ ከኣ ይከኣል። ነዞም ዝስዕቡ ድማ ይመስሉ።

ቀዳማይ፡ ከም ካልኦት ኣብ ዓለምና ዝርከቡ ኣብ ውልቀ ምልኪ ዝተመስረቱ ስርዓታት፡ እዚ ኣብ ኤርትራ ዘሎ ስርዓት ቀንዲ መሳርሒኡ ጭፍለቓ'ዩ። ክንድ ዝኾነ፡ ንዝኾነ ብተቓውሞ ዝልለ ውልቀ ሰብ ይኹን ጉጅለ እንተላይ ሰበ ስልጣናት መንግስቲ (ካብቲ ናይ ሰራዊትን ጸጥታዊ መጋበርያታትን መሳርዕ ይኹን ካብ ሲቪልያዊ ኣገልግሎት) ናይ ምህዳን፡ ማእሰርቲ (ንኣብነት ናይ ኮሎነል መልኣከ - ኣዛዚ ሓይሊ ባሕሪ)፡ ምጭዋይ፡ ከምኡ'ውን ናይ ምቕታልን ፈተን ቅትለትን (ንኣብነት ሚኒስተር ስብሓት ኤፍሬም ኣብ መንበሪ ገዝኡ እንከሎ ዝተገበረ ፈተነ ቅትለት) ስጉምትታት ካብ ምውሳድ ኣይከዓርፍን'ዩ።

ብሰንኪ'ቲ ዓመጻዊ ዝኾነ ኣተሓሕዝኡ ንብርክት ዝበሉ ኣብ ትሕቲ ኣፍንጭኡ ዘለዉ ላዕለዎትን ማእከሎትን በሃራት/ልሂቃን ናይቲ ስርዓት ላዕለዎትን ማእከሎትን መኰንናት ሰራዊት፡ ጸጥታን ፖሊስን ከምኡ'ውን ኣብ ሲቪልያዊ ኣገልግሎት ዝነጥፉ ዜጋታትን (ብፍላይ ድማ ኣብ ማእከላይ ዕድመ ዝርከቡ ምሁራት መንእሰያት) ናይ ህግደፍ ኣባላትን ኣብ ረጽሚ ከእቱ ከም ውሁብ ክውሰድ ኣለዎ። እዚ ተርእዮ'ዚ ቅድሚ ሕጂ'ውን ተጋሂዱ'ዩ። ጉጅለ 15፡ ብጉጅለ ፎርቶ ዝፍለጥ ተቓውሞ፡ ናይ ኣባላት ቤት ትምህርት ሰውራ ሕቡእ ምንቅስቓስ ወዘተ። ኣባላት ናይዞም ምንቅስቓሳት ብምሉኦም ኣብ ቀይዲ ከም ዘለዉ ምዝካር ኣገዳሲ'ዩ።

እቲ ለውጢ'ምበኣር በቲ ኣብ ውሽጢ ክሊ እቲ ዓማጺ ጉጅለ ዝኸሰት (ንዝተፈላለዩ ረብሓታት ዘካተተ) ፖለቲካዊ ዳይናሚክ ኣብ መጠረሽታ ድማ፡ ኲሎም ናይ ፖለቲካዊ ስነ ፍልጠት ክኢላታት ከም ዝሰማምዑሉ ብጐነጽ ወይ ዓመጽ'ዩ ክመጽእ። ሚላን ስቮሊክ ዝተባህለ ተማራማሪ ፖለቲካዊ ስነ ፍልጠት ነዚ ኣመልኪቱ "ኣብ ከምዚኣቶም ዝኣመስሉ ስርዓታት፡ እቲ ዓብላሊ ፖለቲካዊ ምስሕሓብ ኣብ መንጎ መለኽትን ህዝብን ኣይኮነን፤ እንታይ ደኣ፡ ኣብ መንጎ'ቶም ዝተፈላለዩ ደቂ ውሽጠ'ዩ። ኣብ መጨረሽታ ድማ ጐነጽ ወይ ዓመጽ'ዩ መፍትሒኡ" ይብል።[xi]

ካልኣይ፡ ብምውሃህድ'ቲ ኣብ መንጎ ኣብ ዲያስፖራ ዝርከብ ደላይ ፍትሕን ኣብ ውሽጢ ዘሎ ምንቅስቓስን ክመጽእ ተስፋ ዝግበረሉ ለውጢ ሓደ ካልእ ተኽእሎ'ዩ። እቲ ኤርትራዊ ዲያስፖራ ኣብቲ ንለውጢ ንምምጻእ ዝግበር ጻዕሪ ዝህልዎ ጽልዋን ምስቲ ኣብ ውሽጢ ዘሎ ተመሳሳሊ ዕላማ ዘለዎ ምንቅስቓስን ዝገብሮ ምውህሃድን ምንባብን'ዩ ክኸውን'ዩ። እዚ ክሳለጥ ድማ ኣብ ዝወሓደ ፕሮግራም ምዕሳል ዝጠልብ ስራሕ ከድሊ'ዩ። ናይ ኲሎም ኣብ ደገ ዝነጥፉ ፖለቲካዊ ውድባት፡ ሲቪካውያን ማሕበራት፡ ኣብ ዲያስፖራ ዝርከቡ ደለይቲ ፍትሒ ዜጋታትን ቀስቀስትን ልፍንቲ ወይ

ኤርትራ፡ ቀለስቲ ሓሳባት ንሕውየት ሃገር

ስሙር ግንባር ምምስራትን ኣብዘን ዝስዕባ ሰለስተ መሰረታውያን ዕላማታት ድማ ምዕሳልን ከድሊ'ዩ።

1. ምእላይ ምልካዊ ምሕደራ፣
2. ንኹሉ ኤርትራዊ ዘሳትፍ፡ ብሓቛፍነት፡ ግዝኣተ ሕጊ፡ ተሓታትነትን ግሉጽነትን ዝልለ መሰጋገሪ መንግስትን
3. ምምስራት ቅዋማዊ መንግስቲ፡ ብኣኡ ኣቢልካ ናብ ሃገራዊ ህንጻትን ዘላቒ ልምዓትን ምስግጋር።

ኣብዘን መሰረታውያን ዝኾና ዕላማታት ዝዓሰለ ደላይ ፍትሒ ኣብ ውሽጢ ተቐባልነት ክህልዎን ምስቲ ኣብ ውሽጢ ኤርትራ ፈኺም እናበለ ዝምዕብል ዘሎ ምንቅስቓስ እናተናበበ ክሰርሕን ከም ተኽእሎ ግምት ዝወሃቦ ጉዳይ'ዩ። እዚ ውዳበ'ዚ ኣብዞም ኣብ ላዕሊ ተጠቒሶም ዘለዉ ውዓል ሕደር ዘይበሃለሎም ዕላማታት ንምጉስጓስን ቍጽጽር ትረኻታት ናይቲ ስርዓት ንምብዳህን ዝሕግዝ ስትራትጂ መራኸቢታት ምርቃቕን ምትግባርን ከድሊ'ዩ። እዚ ብቐንዱ፡ ናይ ህዝቢ ኤርትራ ሃምን ቀልብን ንምኽሳብን ከም ደለይቲ ፍትሒ ድማ ነቶም ኣብ ውሽጢ ዝንቀሳቐሱ ደለይቲ ለውጢ እሙናት ምኳኖም ንምርግጋጽን ክኸውን ኣለዎ። ከምዚ ዝኣመሰለ ውዳበ ንምዕዋት፡ ዲፕሎማስያዊ ተበግሶታት ብምውሳድ ኣብ መትከላት ሽርክነትን ኣብ ጽምዶን ዝተመስረቱ ኪዳናትን ምሕዝነታትን ምስ ዝተፈላለዩ ኣብዚ ዞባ ረብሓ ዘለዎም ዞባውያንን ኣህጉራውያንን ኣካላት ምምስራትን ምድልዳልን ከድሊ'ዩ። እቲ ጽምዶ ዝፍጠር ንዅነታት ሃገር ምግላጽ ጥራይ ዘይኮነ ካብቲ ለውጢኸ እንታይ ክረብሑ ይኽእሉ ኣብ ዝብል ቴማ ዘተኰረ ክከውን ኣለዎ። ብተወሳኺ፡ ንማሕበረሰብ ዲያስፖራ በብሞያኡን በብተገዳስነቱን ምጥርናፍ ክኽእልን ንድሕረ ለውጢ ዘገልግሉ ኣገደስቲ ናይ ፖሊሲ ንድፊ ጽሑፋት ኣብ በበይኖም ኣርእስትታት ናይ ምድላውን ዓቕሚ ከዕቢ ከድልዮ'ዩ።

ዲያስፖራ ንለውጢ ዝገብሮ ጻዕሪ ብዝሑን ድኻሙን ብዘየገድስ ግን፡ እቲ ለውጢ ኣብ መወዳእታ ኣብ ውሽጢ ሃገርን ብደቂ ውሻጠ ከም ዝረጋገጽ ምግንዛብ የድሊ። ዲያስፖራ'ምበኣር፡ እቶም ኣብ ውሽጢ ኤርትራ ኣብ ውሽጢ'ቲ ስራዊት ይኹን ሲቪልያዊ ኣገልግሎትን ካልኦትን ንፍትሒ ዝቃለሱ ዘለዉ ኤርትራውያን ኣብ ጉዳይ ለውጢ ዘተኣማምኑን መሓዙትን ሰብ ኪዳንን ክኾኑ ከም ዝኽእሉ ብቐጻሊ ክግንዘቡን ክጽዕሩን ይግባእ። ስለ'ዚ፡ እቲ ስትራተጂ ዲያስፖራ፣ ኣብ መንግኦምን ኣብ ውሽጢ ኤርትራ

ዝርከቡ ሓይልታት ለውጥን፡ ብኸመይ ድልድል ከም ዝሃንጹ ኣብ ዝብል ስትራተጂ ከተኵር ይግባእ።

ሳልሳይ፡ ኣብ ውሽጢ ኢትዮጵያ ሓደ ኣገዳስን ተኣፋፍን ዝኾነ ክስተት ካብ ዝምዕብል ሓጺር ኣይገበረን። ከምቲ ኵልና ዝርኤናዮን ዝተኸታተልናዮን፡ ሕጽኖት ቀዳማይ ሚኒስተር ኣብይን ፕረሲደንት ኢሳይያስን ኣኽቲሙ፡ ኣብ መንጎ ክልቲኤን ሃገራት ዝጸንሐ ዝምድና ካብ ዝሕርፍፍ ሓጺር ኣይገበረን። እቲ ሓደ ወገን ነቲ ሓደ ወገን ከመይ ገይሩ የዳኽሞ ኣብ ዝብል ፖለቲካዊ ጥምጥም ተሸሚሞም ከም ዘለዉ'ውን ንተራ ሰብ'ውን እንተኾነ ግልጺ እናኾነ መጺኡ'ዩ። እዞም ብግልጺ እንሰምዖም ዘለና ድምጽታት ነጋሪት ኩናት ምጥቃስ ጥራይ ኣኻሊ'ዩ። እቲ ብናህሪ እናተለዋወጠ ዝኸይድ ዘሎ ናይቲ ዞባ ኣሰላልፋ ሓይልታት (ህግደፍ፡ ብልጽግና፡ ህወሓት፡ ፋኖ፡ ግንባር ሓርነት ኦሮሞ) ጽባሕ ንግሆ ናብ ረጽሚ እንተ ዘይኮይኑ ኣብ ካልእ ከምርሕ ከም ዘይክእል ፍሉጥ'ዩ። ነዚ ረጽሚ'ዚ ዞባውያን ሰብ ብርኪ ከም ዝሳተፍዎ'ውን ዘማትእ የብሉን። ኣብዚ ቀረባ ግዜ ኣብ ከባቢና ስለ ዝተፈጸመ ግህዶ ስለ ዝኾነ። ውጽኢት ናይዚ ከምዚ ዝኣመሰለ ደማዊ ረጽሚ ንምእማቱ ኣዝዩ ኣሸጋሪ'ኳ እንተኾነ፡ ሓደ ሓቂ ክኸሰት ምኽኣሉ ግን ዘጠራጥር ኣይኮነን። ማለት እዚ ደማዊ ረጽሚ'ዚ እንተ ድኣ ተተኩሱ ኣብ ፖለቲካዊ መልክዐ መሬት ናይዚ ከባቢ መሰረታዊ ለልውጢ ከምጽእ ተኽእሎ ኣሎ።

ራብዓይ፡ ከምቲ ሓንቲ ናታሻ ኤዝሮው ዝተባህለት ናይ ታሪኽን ፖለቲካዊ ስነ ፍልጠትን ክኢላ ዝበለቶ፡ ሓደ ውልቀ መላኺ ስልጣን ምስ ሓዘ፡ ንዕኡ ንምዕቃብ ዘለዎ ደረቱ ዝሓለፈ ስምዒት ወይ ጥሙሕ ስለ ዘማዕብል፡ ኣብ ክቱር ራዕዲ ይሽመም'ዩ። ብፍላይ ናይ ምትኽኻእ ውጥን ምስ ዘይህሉ ድማ ነቲ ስምዒቱ ዝያዳ የጋድዶ (Ezrow, 2011)። ናይቲ ውልቀ መላኺ ዕድመን ኵነታት ጥዕናን ኣብ ግምት ኣእቲኻ፡ እቲ ውልቀ መላኺ ብባህርያዊ መገዲ ካብዛ ዓለም ብሞት ዝፍለየሉ ኵነታት'ውን ክፍጠር ይከኣል'ዩ። ከም ዝፍለጥ፡ ኣብ ኤርትራ ምትኽኻእ ስልጣን ዝምልከት ጉዳይ ንዓሰርተታት ዓመታት ኮነ ኢልካ ተጐስዩ ጸኒሑ'ዩ። ብሃንደበት ሕጂ ክለዓል'ውን ዘይሕሰብ'ዩ። ኣብ ዝኾነ ብቑዕ ትካል (ፖለቲካዊ ሰልፊ ይኹን፡ ሓጋጊ ኣካል፡ ፍርዳዊ ኣካል፡ ወይ ፈጻሚ ስራሕ) ኣብ ዘይብሉ ከም ኤርትራ ዝኣመሰለት ሃገር፡ ገለ ምልክታት ለውጢ ኣብ ዝረኣየሉ ግዜ ህውከት ንኽለዓል ዘሎ ተኽእሎ ዓቢ'ዩ። ከንዲ ዝኾነ ድማ፡ ኢሳይያስን ሰዓብቱን ብዝተፈላለዩ ምኽንያታት ካብቲ ፖለቲካዊ መድረኽ ምስ ተኣልዩ፡ እቲ እንኮ ኣማራጺ በቲ ኣብ መንጎ ላዕለዎት መኰንናት ሰራዊት፡ "ስልጣን መን ሓዘ" ብዝብል ሰበብ ብዝፍጠር

ኲናት ሓድሕድን ዝስዕብ ህውከትን ኣዝዮም ከም ዝሰግኡ ይሕብሩ። ክንዲ ዝኾነ ድማ ጥጡሕ ምስግጋር ስልጣን ንምርግጋጽ ኣሸጋሪ ከኸውን ከም ዝኽእል ይእምቱ። እዚ ንሓደ ሓቂ ይእምት፤ ጽልግልግ ዝበሉ ተርእዮታት ክኽሰቱ ከም ዝኽእሉ።

እዚ መታን ከይከውን ጥንቁቕ ኣተሓሕዛን ፖለቲካዊ ብስለትን ናይ ፖለቲካ ሰብ ብርክን ህዝብን ከድሊ'ዩ።

ምዕራፍ 2

ኤርትራ፡ ቅድመን ድሕረን ለውጢ

ድኽነት፡ ውሑድ ዓቕሚ ቍጠባን ዋሕዲ ህዝብን፡ ነቲ ኣብ ድሕሪ ናጽነት ዝነበረ ናይ ኤርትራ ክውንነት ዝገልጹ ባህርያት ነይሮም። እዚ ክውንነት ወይ ብድሆ ብዘየገድስ ግን፡ ኤርትራ በቲ ንመጻኢኣ ኣብ ምቕራጽ ዝኸፈለቶ ብዋጋ ዘይሽነንጸጋታት (ዘይሕለል፡ ክምህ ዘይብልን ተበላሓትን ጸዋርን ዓቕሚ ህዝባ) ንዳግመ ህንጸት ክትተሓሓዞ ዘጸግም ኣይነበረን። ህዝቢ ኤርትራ ንሰላሳ ዓመታት ዝቐጸለ ብድሆታት ኲናት ተጻዊሩ ጥራይ ዘይኮነ፡ ናጽነቱ ኣብ ምውሓስ'ውን ተዓዊቲ ኮይኑ ወጺኡ'ዩ። እዚ መዘና ዘይብሉ ዓወት'ዚ፡ ነቲ ተስፋ ዝነበሮ ልምዓታዊ ጕዕዞ መድረኽ ኣዳልዩሉ ነይሩ። ካብዚ ብምብጋስ ድማ ብዙሓት ተዓዘብቲ፡ ንኤርትራ ናይ ቀርኒ ኣፍሪቃ "መብራህቲ ተስፋ" ኢሎም ሰይሞምዋ።

ተመክሮ ናይዞም ዝሓለፉ ሰላሳን ኣርባዕተን ዓመታት ግን ነዚ ኣብ ላዕሊ ተጠቒሱ ዘሎ ሕልሚ ዘበርዕን ነበረ።

ሰላሳን ኣርባዕተን ዓመታት ድሕሪ ናጽነት፡ ኤርትራ ኣብ ዘሻቕል ኵነታት ትርከብ። ናይ ክልተ ወለዶ ዓቕሚ ባኺኑ፡ ብዲዛይን ማሕበራዊ መዋቕር ናይቲ ሕብረተሰብ ንምዕናው ለይትን መዓልትን ተሰሪሑሉ፣ ኣብ ነዊሕ ዓመታት ዝተነድቀ ብብዙሕነት ዝልለ ባህሊ ዓንዩ ወይ በሪሱ፣ ዘይግቡእ ምግፋዕን ምቍጽጻርን ሃይማኖትን ሃይማኖታዊ ትካላትን ግኑን ኮይኑ፣ ግዝኣተ ሕጊ ተረጊጹ ሕገ ኣልቦነት ሳዕሪሩ፣ ዝኾነ ተቓዋሚ ድምጺ/ታት ብሓይሊ ወይ ብጐነጽ ተዓፊኑ፣ መንእሰያት ኣብ መወዳእታ ዘይብሉ ሃገራዊ ኣገልግሎት፡ ድፋዓትን መዳጐኒ ቦታታትን ተሓዪሮም፣ ብዓሰርተታት ኣሽሓት ዝቝጸሩ መንእሰያት ደቂ ተባዕትዮን ደቂ ኣንስትዮን ብጃምላ ናብ ስደት ኣምሪሖም፣ ምግሃስ

መሰረታዊ ሰብኣዊ መሰላት ልሙድ ኮይኑ፣ ነባራት ተጋደልቲ ተዋሲኖም፣ ኣተሓሳስባ ሕብረተሰብ ሓይልን ምትላልን ብዝተሰነየ መገዲ ኣብቲ እቲ ስርዓት ዝደልዮ ብኹሉ ትረኻ ከም ዝርዕም ክግበር ጸኒሑን ይግበር ኣሎን። ኤርትራ ድማ ካብ ጐረባብታን ዓለምን ተነጺላ።

እቲ ፖለቲካዊ ኩነታት ብዘሰክፍ ደረጃ ተበላሽዩ'ዩ። ፖለቲካዊ ምርግጋእ ንማለቱ'ውን የለን። ብሰንኪ ብኹራት ግሉጽነት፡ ፖለቲካዊ ተቓውሞታትን ስክፍታታትን ልሙዳት ኮይኖም ኣለዉ። ዜጋታት፡ መራሕቶም ነቲ መንግስቲ ብብቕዓት ንምምራሕ ብዘይምኽኣሎም ናይ ተስፋ ምቍራጽ ስምዒት እናወሰኸ ይኸይድ ኣሎ።

ስርዓት ህግደፍ ኣብ ስልጣን ንምቕጻል ኣርባዕተ መሰረታውያን ኣዕኑድ ተጠቒሙ ንኤርትራ ኣብ ታኼላ ሸሚሙዋ ይርከብ።

እቲ ቀዳማይ ኣብቲ ኣብ ትሕቲ ሃገራዊ ድሕነትን ዝተወደበ መጋበርያታት ጸጥታን ካልኦት ወተሃደራዊ ውዳበታትን (ሰራዊት፡ ፖሊስን ዕቑር ሰራዊትን) ከም ቀንዲ ምርኩስ ይጥቀመሎም። ስልጣኑ ንምዕቃብ ድማ ጭፍለቓ ከም መሳርሒ የዘውትር። እዞም ናይ ጸጥታን ካልኦት ወተሃደራዊ ውዳበታት ዝተፈላለዩ ኣስማት ዘለዎም ኮይኖም፡ ኮነ ኢልካ ነንሓድሕዶም ከም ዝተፋነኑን ከም ዘይተኣማመኑን ይግበር። ኣብ መዓላ ናይቲ ብስልጣን ዝዓበደ ብዘይካ ዕንደራ ካልእ ኣጀንዳ ዘየሳሲ ጒጅለ ድማ ይውዕል።

እቲ ካልኣይ ዓንደ ስልጣን ንዋሕዚ ፋይናንስያዊ እቶት ምቍጽጻር ዝምልከት ኮይኑ፡ ብቐንዱ ድማ ኣብ ምዝመዛ ክቡር ጸጋታት ሃገር (ዕደና ወርቅን ካልኦት ማዕድናትን)፣ ካብተን ብህግደፍ ዝመሓደራ ዝተፈላለያ ንግዳውያን ትካላት (ብሕቡእን ግሁድን ኣብ ንግዳውን ፋይናንስያውን ስርሓት ዝነጥፋ) ናይቲ ስርዓት ፋይናንሲያዊ ሰረት ኣብ ምድልዳል ዝገብርአ ኣበርክቶ ይምርኰስ። እዘን ትካላት'ዚኣተን፡ ኣብዚ ጥራይ ከይተሓጽራ ኣብ ጸሊም ዕዳጋ ኣጽዋር እናነጠፉ ዘኻዕብትኦም ገንዘባዊ ጸጋታትን'ውን ኣለዉ። ካብዚ ሓሊፉ እቲ ስርዓት በቲ ኣብ ልዕሊ ዲያስፖራ ዘዘውትሮ ናይ ክልተ ካብ ሚእቲ ግብሪ ፖሊሲ ዝእከብ ወይ ዝውህለል ፋይናንሲያዊ ኣታዊታት'ውን ኣሎ። እዚ ተግባር'ዚ "ምሕላብ ዲያስፖራ" ተባሂሉ'ውን ይፍለጥ'ዩ። እዚ ሜላ'ዚ ነቲ ስርዓት በብዓመቱ ዓሰርተታት ሚልዮናት ዶላር ንከኻዕብት የኽእሎ። እዚ ድማ ነቲ መጨፍላቒ መጋበርያታቱ ንምድልዳል ይጥቀመሉ።

ኤምባሲታት ኤርትራ፡ ዘይከም'ተን ካልኦት ዲፕሎማስያውያን ኣብያተ ጽሕፈት ዓለም፡ ካብ ዲያስፖራ ገንዘብ ንምእካብን ኣብ ልዕሊ ዜጋታተን ንምስላይን ንስግረ

ዶባዊ ዓመጽ ኣብ ምትግባርን ቀዳምነት ብምሃብ፡ መብዛሕትኡ ግዜ ነቲ ልሙድ ዕማም ኤምባሲ ታሕተዋይ ደረጃ እየን ዘትሕዛኦ። ነቲ ጉዳይ ዘጋድድ ካልእ ጉዳይ ድማ፡ እቲ ስርዓት፡ ነቲ ናይ ውሽጢ ሃገር መጠነ ሸርፊ ሕጋዊ ብዘይኮነ ኣገባብ ከም ድላዩ ዘደይቦን ዘውርዶን ምዃኑዩ። ብመንጽር እቲ ዲያስፖራ ንስድራ ቤቶም ንምድጋፍ ዝልእክዎ ሓዋላ ከረአ እንከሎ ድማ ምስ ውጹእ ምትላልን ሸጠፍን ይጽብጸብ።

እቲ ሳልሳይ መዳይ ኣብ ዙርያ ምቁጽጻር ዕድላት ህይወት ዝዝንቢ ፖሊሲ እቲ ስርዓት'ዩ። ስርዓት ህግደፍ ንዝተፈላለየ መዳያት ህይወት ዜጋታት፡ ከም ዕድላት ሸቕለት፡ ትምህርቲ ወይ ስልጠና፡ ጥዕናዊ ሓልዮት፡ ኣህጉራዊ መገሻታትን ዋንነት ገዛን ንብረትን ዝኣመሰሉ፡ ዕብለላን ጽልዋን ኣረጋጊጹ'ዩ። ኣብ ትሕቲ'ዚ ስርዓት'ዚ ዜጋታት ህይወቶም ከመርሑ ይኹን ሞያዊ ምዕባለኦም ከውሕሱ ኣብ ሰናይ ድሌት ናይቲ ስርዓት ከምርኰሱ ኣለዎም። ተቓውሞ ምስ ዘርእዩ ድማ፡ እዞም ሓለፋታት'ዚኣቶም ንዕለቱ ክስረዙን ኣብ መላእ ስድራ ቤታቶም ድማ ኣሰቃቒ ሳዕቤን ከም ዝህልዎን ይግበር። ኩሉ ኣብ ኤርትራ ዘሎ ናይ ስራሕ ዕድላት፡ ብመንግስቲ ወይ ብገዛኢ ሰልፊ (ህግደፍ) ብዝውንኑ ትካላት'ዩ ዝቐርብን ዝዕደልን። ኣብ ከምዚ ዝኣመሰለ ጽኑዕ ቊጽጽር ዘለዎ ሃዋህው፡ ተቓውሞ ከስምዕ ዝደፍር ሰብ እንታይ ሳዕቤን ክህሉዎ ከም ዝኽእል ንምግማቱ ኣሸጋሪ ኣይከውንን። ካብ "ምድስካል" ዝብሃል ንብዙሓት ማእከላይን ላዕለዎትን ስራሕተኛታት መንግስቲ ዘጋጠሞም ዕጫ፡ ክሳዕ ምሕያር ዝበጽሕ ሳዕቤን ከጋጥሞም ይኽእል።

ኣብ ትሕቲ'ዚ ስርዓት'ዚ፡ ናብ ወጻኢ ሃገራት ዝግበር መገሻ ኣዝዩ ድሩት'ዩ። ብጥዕናዊ ምኽንያት ንደገ ክጓዓዙ ዝደልዩ ዜጋታት ብዝምልከት እቲ መስርሕ መርመራ ጽኑዕ ኮይኑ፡ ነቶም ፍሉይ ሓለፋታት ዘለዎም ጥራይ'ዮም ፍቓድ ዝወሃቦም። ዕደላ መንበሪ ኣባይቲ'ውን ኣብ ትሕቲ ናይቲ ስርዓት ምሉእ ቊጽጽር'ዩ። ዕደላ ገዛውቲ ንውልቀ ሰባት ብደረጃ ተኣማንነቶምን ምስቲ ገዛኢ ሰልፊ (ህግደፍ) ብዘለዎም ቅርበትን ይውሰን። ከም ሳዕቤኑ ድማ ውልቀ ሰባት ገዛውቶም ክዕቅቡ እንተ ድኣ ደልዮም ነቲ ስርዓት ተማእዚዝካ ምኻድ እንተ ዘይኮይኑ ካልእ ኣማራጺ የብሎምን። ህይወቶም ኣብ ትሕቲ ምሉእ ቊጽጽር'ዚ መላኺ ስርዓት ስለ ዝኾነ።

እቲ ራብዓይ መዳይ፡ ኣብ ልዕሊ ትረኻታት ምሉእ ብምሉእ ቊጽጽር ምግባር ወይ'ውን ካልኦት ትረኻታት ከም ዘይሳሰዩ ምግባር'ዩ። እዞም ትረኻታት'ዚኣቶም ብቐንዶም ኣብ ውሽጣውን ግዳማውን ስግኣታት ሃገር ዘተኰሩ ምስምሳት'ዮም።

እቲ ቀንዲ ስግኣት ንህላወ ኤርትራ ዝብል ትረኻ'ዩ። ብኣበሃህላ ህግደፍ፡ ሃገር ኵሉ ግዜ (ፍጥር ካብ እትብል ጀሚሩ) ኣብ ትሕቲ ስግኣት ናይ ወራርን ወተሃደራዊ ምትእትታውን ኣራግጽን'ያ እትርከብ። ርግጽ'ዩ ናይታ ሃገር ጂኦግራፊያዊ ኣቀማምጣ፡ ተደላይትን ንወራር ዝተቓልዐትን ይገብራ። ብዙሓት ሓያላት ሃገራት ይብህግዋ። ኣዝዩ ክቡር መስዋእቲ ዝተኸፍለላ ስለ ዝኾነት ድማ ከም ብሌን ዓይንና ክንሕልዋ ይግብኣና። እዚ ስለ ዝኾነ ግን ኣብ ጽልኢ ዝተመርኰሰ ሃገራውነት ክህነጽ የብሉን። ህግደፍ ግና ጸላእቲ ምስ ዝውሕዱ'ውን ካልኦት ክናደዩ ወይ ሃሰው ክበሃሉ ኣለዎም ዝብል ኣተሓሳስባ ኣለዎ፡ መታን ንዝተኸሎ ስርዓት ብናይ ፍርሒ ትረኻ ክቕጽል።

ትረኻ ህግደፍ ኣብ ዙርያ ሓያል ጸረ ወያነ ብሂላት ዝዝንቢ ኮይኑ፣ ንምዕራባውያን ብፍላይ ድማ ንኣመሪካ፡ ንኤርትራ ንምድኻም ኣብ ዝገብሩዎ ፈተነታት ምስ ወያነ ስምምዕ ከም ዘለዎም ገይሮም ብምግላጽ የጥቅዕዎምን የጸልሙዎምን ይዝልፍዎምን። “ኣመሪካን ምዕራብን ቀንዲ ጸላእቲ ህዝቢ ኤርትራ'ዮም”፣ “ንመስርሕ ዳግመ ህንጸትን ልምዓትን ኤርትራ ዓበይቲ ዕንቅፋታት'ዮም”፣ “ኤርትራ ኣብ ናይ ገዛእ ርእሳ ጸጋታታን ዓቕምን ተመርኲሳ ንእትገብሮ ልምዓታዊ ወፍርታት ተቓወምቲ'ዮም” ወዘተ ዝብሉ ዘመተታት ልሙዳትን በተን ወግዓውያን ናይ ዜና ማዕከናት ዝቃልሑን'ዮም።

እቲ ትረኻ ቀጺልን ኵሉ ሽነካውን'ዩ። ኣብ ትሕቲ ስርዓት ህግደፍ፡ ኣብ መንን መንግስትን ህግደፍን ሃገርን ፍልልይ የለን። ሕልፍ ኣብ ዝበሉ እዋናት ድማ ኣብ መንን መንግስትን ህግደፍን ሃገርን ፕረሲደንት ኢሳይያስን ፍልልያት የለዉን። ህግደፍ ማለት መንግስቲ ማለት'ዩ፣ መንግስቲ ማለት ሃገር ማለት'ዩ፣ ሃገር ማለት ህግደፍ ማለት'ዩ። ህግደፍ ማለት ኢሳይያስ ማለት'ዩ። ነዚ ስነ መጐት'ዚ እንተ ድኣ ተኸቲልና፡ ንህግደፍ ወይ ንመንግስቲ ኤርትራ ወይ'ውን ንፕረሲደንት ኢሳይያስ ዘይድግፍ ሰብ ሃገራዊ ኣይኮነን። ብተመሳሳሊ ስነ መጐት ድማ ኣብ መሳርዕ እቶም ጸላእቲ ሃገር ይስራዕ። ምስ ጸላእቲ ሃገር ክሳብ ዝተሰርዐ ድማ ወይጦ፡ ወያነ፡ ከዳዕ፡ ተምበርካኺ ወይ'ውን ሲ.ኣይ. ኣይ. ተባሂሉ ይጥመቕ።

ነዚ ኹሉ ኣብ ላዕሊ ዝተጠቕሰ ትረኻታት ኣብ ህዝቢ ንምስራጽ ወይ ሓንጎሉ ንምሕጻብ ዝዓለመ ዝተሓላለኸ ናይ ፕሮፖጋንዳ ማሽን የሰንዮ። እዚ ስርዓት'ዚ ኣብ ሳንሱርን ምቍጽጻር ሓበሬታን ብሓያል መንፈስን ክብ ብዝበለ ደረጃን ብዘደንቕ ተንኰልን ርቀትን ይነጥፍ። ማእለያ ዘይብሎም ወጻኢታት ድማ የፍስስ። ድሕሪ ሚኒስትሪ ምክልኻል፡ እቲ ካልኣይ ዝለዓለ ወጻኢታት ዝግበረሉ ዕማም ፕሮፓጋንዳ'ዩ።

ቅድመ ለውጢ ክስርሑ ዘለዎም ዕምማት

ብዛዕባ ኣወጋግና ወይ ምእላይ ናይቲ ኣብ ኤርትራ ዘሎ ስርዓት ኣብ እንዛረበሉ እዋን፡ ኩሉ ግዜ እቲ ስርዓት ውልቀ ምልካዊ ምዃኑ ዘይምርሳዕ የድሊ። ባህርያትን ኣወዳድባን ውልቀ ምልካዊ ስርዓታት ብዕምቈቶት ንምርዳእ ድማ፡ ኣብዚ ንሓደ ሓደ ብዛዕባ ምልክን ምልካውነትን ብናይ ፖለቲካዊ ስነ ፍልጠት ክኢላታትን ናይ ታሪኽ ተመራመርትን ቅድሚ ሕጂ ዝተገብሩ መጽናዕትታት ብትኹረት ክንምልከት ኢና።

ኣብ ኤስከስ ዩኒቨርሲቲ ፕሮፈሶር ዝኾነት ዶክተር ኤዝሮው[xii] "ምውዳቕ ምልካውያን ስርዓታት - ውልቀ መለኽቲ ብኸመይ ስልጣኖም የጥፍኡ" ኣብ ዝብል ኣርእስቲ ዝሃበቶ ኣስተምህሮ፡ ንምልኪ ብኸምዚ ዝስዕብ ትገልጾ፡ "ምልኪ፡ ምዝውዋር ወይ ምቅይያር ፈጻሚ ኣካል (መሪሕነት) ዘይብሉ ዓይነት መንግስቲ'ዩ።" ሓሙሽተ ዓይነት ኣብ ምልኪ ዝተመስረቱ ስርዓታት ከም ዘለዉ ድማ ተብርህ። ብናታ መልክዒታት እቲ ኣብ ሃገርና ዘሎ ስርዓት ምስ ውልቀ ምልካውነት ይጽብጸብ።

ሚላን (ዳብሊው) ስቮሊክ ዝተባህለ ካልእ ደራሲ፡ ኣብታ 'ፖለቲካ ምልካዊ ኣገዛዝኣ' (The Politics of Authoritarian Rule) ዘርእስታ መጽሓፉ ነቶም ኣብ መንጎ 1946 ዓ.ም. ክሳዕ 2008 ዓ.ም. ዝተራእዩ 303 መለኽትን ኣወዳድቓኦምን ይድህስስ'ሞ፡ ካብዚኣቶም ሰላሳን ክልተን (10.6%) ብህዝባዊ ናዕቢ ካብ ስልጣን ከምዝተባረሩ፣ ሰላሳ (9.9%) ብገዛእ ፍቓዶም (ድሕሪ'ቲ ካብ ህዝቢ ዘጋጠሞም ጸቕጢ) ካብ ስልጣን ከም ዝተሰናበቱ፣ ዕስራ (6.6%) መለኽቲ ከም ዝተቐትሉ፣ ዓሰርተ ሽድሽተ (5.3%) ድማ ብናይ ግዳም ሓይልታት ምትእትታው ካብ ስልጣን ከም ዝተኣለዩ ይገልጽ። እቶም ዝተረፉ 205 (67.7% ወይ ክልተ ሲሶ) መለኽቲ ድማ ብደቂ ውሻጠ ካብ ስልጣን ከም ዝተኣልዩ'ዩ ዝሕብር። እዞም ደቂ ውሻጠ እንብሎም ባእታታት መብዛሕትኡ ግዜ ካብ ውሽጣዊ ክሊ ናይቲ መላኺ መንግስቲ ማለት ካብቶም ዓመጽቲ መጋበርያታት ዝመንጨዉ'ዮም። መብዛሕትኡ ግዜ ድማ ነቲ ለውጢ ብዕልዋ መንግስቲ ይፍጽምዎ። "ኣብ መደምደምታ'ምበኣር" ይብል ስቮሊክ፡ "ኣብ ከምዚኣቶም ዝኣመሰሉ ስርዓታት፡ እቲ ዓብላሊ ፖለቲካዊ ምስሕሓብ ኣብ መንጎ መለኽትን ህዝብን ኣይኮነን፣ እንታይ ደኣ፡ ኣብ መንጎ'ቶም ዝተፈላለዩ ጕጅለታት ደቂ ውሻጠ'ዩ። ኣብ መጨረሽታ ድማ ጐነጽ/ዓመጽ'ዩ መፍትሒኡ (Svolik, 2012)።"

ዶክተር ኤዝሮው፡ ንውልቀ መለኽቲ እቲ ኣዝዩ ርኡይ ሓደጋታት ካብቶም ደቂ ውሻጠ ዝኾኑ ባእታታት ከም ዝመጽም፡ እዚኣቶም ከኣ እቶም ዕልዋ መንግስቲ ክካይዱ ዝያዳ ተኽእሎ ዘለዎም ምዃኖምን ተብርህ። ሓደ ውልቀ መላኺ ኣብ ስልጣን ናይ ምጽናሕ ዓቕሙ ኣብቲ ፖለቲካዊ ዳይናሚክ ናይቲ ኣብ ስልጣን ዘሎ ጕጅለ በሃራት'ዩ

ዝምርኮስ ብምባል ድማ ተወሳኺ መግለጺ ትህብ። ኣብ መንጎ 2020 - 2023 ዓ.ም. ኣብ ምዕራብ ኣፍሪቃ (ጋቦን፡ ማሊ፡ ጊኒ፡ ቻድ፡ ቡርኪና ፋሶ፡ ከምኡ'ውን ኒጀር) ዝተራእዩ ማዕበላት ናይ ዕልዋ መንግስቲ፡ ነዚ ኣብ ላዕሊ ዝተጠቕሰ ክልስ ሓሳብ ዘረጋግጹ'ዮም። ኣብ ኤርትራ ኣብ 2000ን 2013ን ዝተፈተኑ ናይ ለውጢ ምንቅስቓሳትን ካብዘም ተርእዮታት ተነጺሎ ዝርአ ኣይኮነን። ካልእ ኣብነት፡ እቲ ኣብ 1990 ዓ.ም. ብበዓል ጀነራል መርእድ ንጉስ ዝተመርሐ ኣንጻር መንግስቱ ሃይለማርያም ዝተገብረ ናይ ዕልዋ ፈተነ'ዩ።

ነዚ ኣቐዲሙ ዝተባህለ መርትዖታት ኣብ ግምት ኣእቲና ከንዛረብ እንተ'ኼና'ምበኣር እቲ ዕጫ ናይዚ ኣብ ውልቀ ምልኪ ዝተመስረተ ስርዓት ኣብቶም ኣብቲ መእተዊ ናይዚ መጽሓፍ ኣብ ትሕቲ "ህልዊ ኩነታት፡ ዝብል ምዕራፍ (ምዕራፍ 1) ዘለዉ ሲናርዮታት ክጠቓለሉ ይኽእሉ። ብሕጽር ዝበለ ኣገላልጻ፡ እቲ ቀዳማይ ነቲ ብደቂ ውሻጠ ዝመጽእ ለውጢ ዝምልከት ኮይኑ ንኣባላት ሰራዊትን ሲቪልያዊ ኣገልግሎትን ክሓቑፍ ይኽእል። እቲ ካልኣይ ብልፍንቲ ናይዞም ኣብ ላዕሊ ዝተጠቕሱ ናይ ውሽጢ ደለይቲ ለውጥን በቲ ሓደ ወገን፡ በቲ ካልእ ድማ ኣብ ወጻኢ ዝርከቡ ኤርትራውያን ደለይቲ ለውጢ ዝመጽእ ክኸውን ይኽእል። እቲ ሳልሳይ ብናይ ደገ ምትእትታው ክመጽእ ዝኽእል ለውጢ'ዩ። እቲ ራብዓይ ብሃንደበታዊ ሞት ናይቲ ውልቀ መላኺ ክመጽእ ዝኽእል ለውጢ ኮይኑ ኣብ ኤርትራ ናይ ስልጣን ምሽማው ዝመሰረቱ ኣብ መንጎ ላዕለዎት መኮንናት ናይቲ ሰራዊት ክለዓል ዝኽእል ጉነጻዊ ረጽምን ሳዕቤናቱን'ዩ።

ኣገዳስነት ድሕረ ለውጣዊ መርሓ ጐደና፡ ምምስራት መሰጋገርን ቅዋማዊ መንግስትን

ህላወ ናይዚ ሕጂ ኣብ ኤርትራ ዘሎ ስርዓት፡ ኣብ ዕራርቦ በጺሑ ኣሎ። መዓልታቱ ኣኺለን እየን ዝብሉ ቃላት በብኩርናዑ ይቃልሑ'ዮም። እቲ ሓደ እዋን ቀጥ ኣቢሉ ሒዝዎን ዘታትዮን ዝነበረ ውሽጣዊ መጋበርያታቱ ነቕነቕ ካብ ዝብል ሓያለይ ኮይኑ ኣሎ። ኣብ ስልጣን ንኽጸንሕ ኣብ ዝረባረበሉ ዘሎ ህሞት ርኡይ ምንቁልቛል የርኢ ከም ዘሎ ዘመላኽቱ ክስተታት ድማ ብርክት ዝበሉ'ዮም።

ኣብ ኤርትራ ትካላትን ትካላዊ ኣሰራርሓን ካብ ዝበርስን ውልቀ ምልኪ ሱር ካብ ዝሰደድን ሓያለይ ኮይኑ'ዩ። ብሕጽረት ተሓታትነትን ሰንኮፍ ትካላትን ብልሽውናን ብኩልነትን ዝልለ ድኹም ምሕደራ፡ ንምርግጋእ ሃገር ኣስጋኢ እናኾነ ይመጽእ ኣሎ። እዚ ብግዴኡ ኣብ ዜጋታት ተስፋ ናይ ምቕራጽ መንፈስን ዘይምትእምማንን ፈጢሩ ኣሎ። እዚ ትካላት ናይ ምብሕጓግን ምልማስን መስርሕ፡ ናብቲ ሓጋግን ፍርዳውን ጨናፍራት

መንግስቲ'ውን ልሒሙ'ዩ። ናይ መወዳእታ ኣኼባ ሓጋጊ ኣካል (ሃገራዊ ባይቶ) ካብ ዝጽዋዕ ዕስራን ክልተን ዓመታት ኮይኑ። እቲ ብሓደ ሰብ ዝተማእከለ ስልጣን ምሕደራ፡ ንትካላት ብፍላይ ድማ ንዝተነጸረ ዕማምን ፖሊሲን ዘለዎም መንግስታዊ ኣካላት የቆናጽብን ይንዕቅን። እዘን ትካላት'ዚኣተን፡ መብዛሕትኡ ግዜ ብሰበ ስልጣን ህግደፍ ይስገራ እየን። ካቢኒ ሚኒስተራት ዳርጋ ኣይእከብን'ዩ፣ ኣብ ዝተኣከበሉ እዋን'ውን እንተ ኾነ ካባ ምስጢር ተጐልቢቡ'ዩ ዝሰርሕ፣ እቲ ህዝቢ ድማ ፈጺሙ ሓበሬታ ኣይረክብን።

ህዝቢ ኤርትራ'ውን በቲ ኣብ ሃገሩ ተፈጢሩ ዘሎ ኣሻቓሊ ኲነታት ስክፍታኡ እናዓበየ ብምኻዱ፡ ንለውጢ ሃረር ይብል ኣሎ። ብፍላይ ኣብዚ እዋን'ዚ፡ ነቲ ስርዓት ዝድግፉ ውልቀ ሰባት'ውን ከይተረፉ፡ ቅዋማዊ መንግስቲ ምምስራት፡ ፖለቲካዊ እሱራት ክፍትሑ ወዘተ ዝብሉ ሓሳባት ክሳስዩ ይስማዕ። ብዙሓት፡ ለውጢ ዘይተርፍ ምዃኑ ዳርጋ ርግጸኛታት ኮይኖም ይቐርቡ። ናይ ግዜ ጉዳይ ጥራይ'ዩ ድማ ይብሉ። ብኣንጻሩ ድማ ካልኦት፡ እቲ መንግስቲ ኣብ ኣእምሮ ህዝቢ ፍርሕን ተመሳሲልካ ናይ ምንባርን ስምዒት ስለ ዘስረጸ፡ ህዝቢ ንለውጢ ጌና ኣይተዳለወን ኢሎም ይምጉቱ። ገለ'ውን ብሰንኪ እቲ ንሃገር ዝመርሐ ዘሎ ስርዓት ዝኽተሎ ጨፍላቒ ሜላ፡ ዜጋታት ተበግሶታት ወሲዶም ለውጢ ኣብ ምምጻእ ክሰርሑ ይሕርብቶም'ዩ ዝብሉ'ውን ኣሎዉ። እንተ'ቲ ናይ ለውጢ ድሌትን ባህግን ግን ኣብ ቦታኡ ኣሎ።

እቲ ቀንዲ ጉዳይ'ምበኣር፡ እዚ ህዝቢ ኤርትራ ዝጽበዮ ዘሎ ለውጢ ብኸመይ ከም ዝግለጽ ወይ'ውን ብኸመይ ክመጽእ ይኽእል ዝብል'ዩ። ነዚ ብዝምልከት ኣብ ዲያስፖራ ይኹን ኣብ ውሽጢ ሃገር፡ ኣባላት ተቓወምቲ ውድባት ይኹኑ ደገፍትን ተደናገጽትን ስርዓት ህግደፍ ሓዊስካ፡ ኣብ በበይኖም ኣጋጣሚታትን ብዝተፈላለዩ መልከዓትን ክትዓት ከካይዱ ይርአዩ'ዮም።

ኣብ ምዕራፍ 1 ከም ዝርኣናዮ፡ ድሕሪ ለውጢ፡ ዕድል ኤርትራ እንታይ ክኸውን ይኽእል ኣብ ዝብል ሕቶ ዝተፈላለዩ ሲናርዮታትን ርእይቶታት ኣለዉ። ሓደ ካብቶም ዘስግኡ፡ ሕቶ ምትኽኻእ ስልጣን ንዓሰርተታት ዓመታት ኮነ ኢልካ ዕሸሽ ስለ ዝተባህለ፡ ኢሳይያስ ብዝተፈላለየ ምኽንያታት ካብቲ ፖለቲካዊ መድረኽ ምስ ተኣልየ እቲ እንኮ ተርእዮ፡ እቲ ኣብ መንጎ ላዕለዎት መኰንናት ሰራዊት፡ "ስልጣን መን ሓዘ" ብዝብል ሰበብ ብዝፍጠር ኲናት ሓድሕድን ዝስዕብ ህውከትን ክፍጠር'ዩ ዝብል'ዩ። ከምኡ'ውን በቲ ኣብ ግዳም ኣብ መንጎ ተቓወምቲ ዘሎ ዘይምርድዳእ ዘሻቕል ምዃኑ፡ ከም ሳዕቤኑ ጥጡሕ ምስግጋር ስልጣን ንምርግጋጽ ኣሸጋሪ ክኸውን ከም ዝኽእል ይእመት። እዚ ሻቕሎት'ዚ ንሓደ ሓቂ ይእምት፡ ጽልግልግ ዝበሉ ተርእዮታት ክኽሰቱ ከም ዝኽእሉ።

መኣስን ብኸመይን ብዘየገድስ፡ ኲሉ መዳያት ህይወት መጀመርታን መወዳእታን ኣለዎ። እዚ መሰረታዊ ሓቒ'ዚ ብተፈጥሮኣዊ ይኹን ብማሕበራዊ ስነ ፍልጠት ዝተረጋገጸ'ዩ። ብዙሓት ምምሕዳራት ተንሲኦም፡ ኣብ መወዳእታ ድማ ቅሂሞም ተሪፎም። ከምዚ ኮይኑ ከብቅዕ ግን፡ እቲ ህዝቢ ኲሉ ግዜ ኣብ መሬቱ ኣሎ፡ ክህሉ ድማ'ዩ። መንግስታት ዝምእዝኑን ዘመሓድሩን ፖለቲካዊ ውድባት'ውን እንተ ኾኑ ዕጫኦም ተመሳሳሊ'ዩ። ብናይ ዕሽልነት ኣንፈት ኣቢሎም ናብ በጽሕነት፡ ብድሕር'ዚ ድማ ንፈተና እርጋን ሓሊፎም፡ ናብ ግብኣተ መሬቶም ወይ'ውን ናብ መፈጸምታኦም የምርሑ።

ዕጫ ናይቲ ኣብ ኤርትራ ዘሎ ስርዓት'ምበኣር ካብዚ ኣብ ላዕሊ ተጠቒሱ ዘሎ ዝፍለ ኣይኮነን። ነዚ ኣብ ግምት ኣእቲኻ፡ ንኽኸሰቱ ዝኽእሉ ምዕባለታት ኣብ ግምት ዘእቱ፡ ንኽርአዩ ዝኽእሉ ብድሆታት ንምግታእ ዘኽእሉን ናብ ቅዋማዊት ኤርትራ ንምስግጋር ባይታ ዘመቻችኡን ሓሳባት ምቕራብ'ምበኣር ኣገዳስነት ኣለዎ። ናይዚ ዝሰዕብ ንድፊ መርሓ ጐደና ኣድላይነትን ዕላማን'ምበኣር ካብዚ መሰረታዊ ሓቂ ዝተበገሰ'ዩ።

ኣብነታት መሰጋገሪ መንግስቲ

ድሕሪ ፖለቲካዊ ምልዕዓል - ሰውራ፡ ኲናት ሓድሕድ፡ ዕልዋ መንግስቲ፡ ወይ'ውን ብናይ ባዕሉ ምኽንያታት ምውዳቕ ናይ ሓደ ስርዓት - ዝፍጠሩ ግዚያውያን መንግስታት'ዮም። ባህርያቶም ከከም ኲነታቱ ክፈላለዩ ዝኽእሉ'ኳ እንተኾኑ ተመሳሳልነት ግን ኣለዎም። ኣብነታት ምጥቃስ ይከኣል።

ድሕረ ሰውራዊ መሰጋገሪ መንግስቲ - ናይ **ቱኒዝያ** ሃገራዊ ቅዋም ነዳፊ ባይቶ (2011 – 2014 ዓ.ም.)፡- ድሕሪ ምዕላው ፕረሲደንት ዚነ ዲን ቢን ዓሊ (ኣብቲ ብጽድያ ዓረብ (Arab Spring) ዝፍለጥ ምልዕዓል)፡ ቅዋም ንምንዳፍን ደሞክራሲያዊ ምርጫ ንምውዳብን መሰጋገሪ መንግስቲ ተመስሪቱ። እቲ መሰጋገሪ መንግስቲ ሓቛፊ ባህርይ ሃልይዎ ዕማሙ ቅውማዊ እረማ ንምግባርን ደሞክራሲያዊ ምስግጋር ንምውሓስን ነበረ።

ድሕረ ግጭታዊ መሰጋገሪ መንግስቲ - ናይ **ደቡብ ኣፍሪቃ** ናይ ሃገራዊ ሓድነት መንግስቲ (1994 ዓ.ም.)፡- ድሕሪቲ ኣፓርትሃይድ ዝፍለጥ ኣብ ዓሌትነት ዝተመስረተ ምሕደራ፡ ሓደ ብኔልሰን ማንደላ ዝምራሕ መሰጋገሪ ሽርክነት ስልጣን ዘሳሲ ተመስሪቱ። ዕማሙ ድማ ናብ ግዝኣተ ኣብዝሓ ዘምርሕ መንግስቲ ንኽምስረት ንምክትታል ነበረ።

እቲ ሸርከነት ስልጣን ዝመስረቱ ኣብ መንጎ ሃገራዊ ሰልፍን ኤይ.ኤን.ሲን ዝተመስረተ ምስግጋር ኣተኩሮኡ ኣብ ዕርቅን ደሞክራሲያዊ ምርጫ ምክያድን ነበረ።

ብሰራዊት ዝምራሕ መሰጋገሪ መንግስቲ - ናይ **ግብጺ** ላዕለዋይ ባይቶ ዕጡቓት ሓይልታት (2011 – 2012 ዓ.ም.):- ፕረሲደንት ነበር ሖስኒ ሙባራክ ድሕሪ ምስንባቱ፡ ሰራዊት ግብጺ ነታ ሃገር ክሳብ ምርጫ እተካይድ ንግዜኡ ኣብ ትሕቲ ቍጽጽሩ ኣእትይዋ። እቲ ምሕደራ ናብ ምልኪ ዝቐነነ ስለ ዝነበረ ምርግጋእ ምውሓስ ብዝብል ምስምስ ንደሞክራሲያዊ ምስግጋር ኣደናጒይዎ'ዩ።

ብሕቡራት ሃገራት ((UN) ዝተደገፈ መሰጋገሪ መንግስቲ - ናይ **ካምቦድያ** ሕቡራት ሃገራት መሰጋገሪ ብዓል መዚ (1992 – 1993 ዓ.ም.):- ድሕሪቲ ዓመታት ዝወሰደ ኲናት ሓድሕድ፡ ናጻ ምርጫ ንምክያድ ሕቡራት ሃገራት ንካምቦድያ ንግዜኡ ከመሓድር ተመዚዙ። ዕማሙ ድማ ኣህጉራዊ ክትትል ምግባር፡ ዕጡቓት-ነበር ዳግም ምጥያስን ምርጫ ምቍጽጻርን ነበረ።

ኣብ ልፍንቲ ዝተመስረተ መሰጋገሪ መንግስቲ - ናይ **ኣፍጋኒስታን** ግዚያዊ ምምሕዳር (2001 – 2004 ዓ.ም.):- ድሕሪ ወራር ሕቡራት መንግስታት ኣመሪካን ውድቀት ጣሊባንን ብኻምድ ካራዛይ ዝምራሕ መሰጋገሪ መንግስቲ ተመስሪቱ። ዕማሙ ድማ ምርጫ ንኽካየድ ምድላዋት ምግባር ነበረ። ወላኳ ሓ�féle (ንዝተፈላለዩ ኤትኒካውን ፖለቲካውን ጕጅለታትን ዝጥርንፍ) እንተነበረ ኣዝዩ ተሰባርን ኣብ ናይ ደገ ደገፍ ዝምርኰስን ነበረ።

ድሕረ ዕልዋ መሰጋገሪ መንግስቲ - 1. ናይ **ማሊ** መሰጋገሪ መግስቲ (2020 ዓ.ም. ሕጂ):- ድሕሪቲ መተሃደራዊ ዕልዋ፡ ሓደ ግዝያዊ ሲቪል ወተሃደራዊ መሰጋገሪ መንግስቲ ተመስሪቱ። እቲ መብጽዓ ድማ ምርጫ ምክያድ ነበረ። እዚ ሕዋስ ኣባላት ሰራዊትን በርጌስን ዝኾነ መሰጋገሪ መንግስቲ ናይ ሕጋውነት ብድሆታት ኣጋጢምዎ። ናብ ደሞክራሲ ንምምላስ ድማ ምድንጓያት ፈጢሩ። 2. **ሶርያ**፡ (2024-25 ዓ.ም.):- መሰጋገሪ መንግስቲ ሶርያ ብመጋቢት 29 2025 ዓ.ም. ተመስሪቱ። ኣሕመድ ኣል ሻራዕ ግዚያዊ ፕረሲደንት ናይታ ሃገር 23 ዝኣባላታ ናይ ሚኒስተራት ካቢነ ኣቝሙ። እቲ መሰጋገሪ መንግስቲ ብHTS፡ The Salvation Army፡ ተክኖክራትስ፡ ሲቪል ማሕበረሰብ፡ ከምኡ'ውን ሚኒስተራት ነበር (ካብ መንግስቲ በሽር ኣል ኣሳድ)። እቲ መንግስቲ ካብ ዓላዋይት፡ ክርስትያን፡ ኲርድ፡ ድሩዝ ዝኣመሰሉ ጕጅለታት ይሓቍፍ። እቲ ምስግጋር ሓሙሽተ ዓመታት ክወስድ ትጽቢት ይግበረሉ።

ኤርትራ፡ ቀለስቲ ሓሳባት ንሕውየት ሃገር

ባህርያት ናይ መሰጋገሪ መንግስታት ነዞም ዝስዕቡ ከጠቓልሉ ይኽእሉ፡-

- ግዚያዊ፡ ክሳብ ርጉእ ምሕደራ ዝትከል ዝጸንሕ፣
- ዝተፈላለዩ ዓይነታት መሪሕነታት፡ ብበርጌሳት፡ መተሃደራውያን መኰንናት፡ ተከኖከራትስ፡ ወይ ድማ ኣህጉራውያን ኣካላት፣
- ዕማማት፡ ቅዋማዊ እረማ፡ ምርጫታት ምክያድ፡ ዕጥቂ ምፍታሕ፡ ዳግመ ምጥያስ ዕጡቓት፡ ዕርቂ ከጠቓልሉ ይኽእሉን
- ናይ ሕጋውነት ብድሆታት፡ ብበሃራትን ናይ ደገ ሓይልታትን ዝዕብለሉ እንተ ኾይኖም ህዝቢ ከኣምኖ ኣሸጋሪ'ዩ።

ብድሆታት ድሕረ ለውጢ

ኣስጋእነት ብድሆታት ድሕረ ለውጢ ምስ መጠንን ዓይነትን (ትሕዝቶን) ናይቶም እንገብሮም ምድላዋት ዝተኣሳሰሩ ክኾኑ'ዮም። እዚ ማለት ድማ፡ ዝለዓለ ምድላው ምስ እንገብር ነቶም ክኽሰቱ ዝኽእሉ ብድሆታት ናይ ምግታእ ተኽእሎ ክህሉ'ዩ። እንተ ዘይተዳሊና ድማ ስግኣታትና ብኣኡ መጠን ክዓብዩ ዘይሕሰብ ኣይኮነን።

እቶም ቀንዲ ብድሆታት'ምበኣር ነዞም ዝስዕቡ ከጠቓልሉ ይኽእሉ'ዮም፡-

ምሽመሻ ትካላውነት፡- ኣብ ኤርትራ ዘሎ ስርዓት ንትካላት ኣዳኺምዎም'ዩ። ትካላት መሽሚሾም'ዮም እንተ ተባህለ ድማ ከም ምግናን ክቝጸር የብሉን። እዚ ብግዴኡ፡ ኣብቶም ትካላት እምነት ከም ዘይህሉ ንምግባር እኽኢሉ'ዩ። ብዘይካ'ዚ ሚኒስትሪታት መንግስቲ ኣድማዒ ብዝኾነ መገዲ ንኸይሰርሑን ዓቕሚ ንኸይድልቡን ኣስተዋጽኦ ገይሩ'ዩ። ዓቕሚ ሚኒስትሪታት ካልኦት ናይ መንግስቲ ትካላትን ምህናጽ'ምበኣር ርእሱ ዝኸኣለ ዕማም ክኸውን'ዩ።

ፖለቲካዊ ምክፍፋል፡- ድሕሪ ምእላይ ምልኪ እቲ ሕብረተሰብ ናብ ዓሚቝ ፖለቲካዊ ምክፍፋል (ኣብ ስልጣን፡ ስነ ሓሳብን ዕጫ ሃገርን ኣብ ምንቛትን) ከምርሕ ይኽእል'ዩ። እምበኣርከስ ሓደ ሕጋዊ ዝኾነ ርጉእ መንግስቲ ምትካል ጽባሕ ዘይበሃሎ ጉዳይ ክኸውን'ዩ። እዚ ብግዴኡ፡ ንዝተፈላለዩ ተራጸምቲ ዝመስሉ ኣተሓሳስባታት ምትዕራቕ፡ ንኽርአ ዝኽእል ውጥጥ ወይ ምሽማው ስልጣን ምምሕዳር ፡ ኣብ ትካላት እምነት ከም ዝህሉ ንምግባር ጻዕርታት ከሓትት'ዩ።

ቍጠባዊ ወጥሪ ምዝላቕ፡- ምልካውያን ስርዓታት መብዛሕትኡ ግዜ ንቍጠባ ሃገር ኣብ ሕንፍሽፍሽ፡ ብኩልነትን ምውሳን ናይ ኣገደስቲ ጽላታት ናይቲ ቍጠባን የምርሑ'ዮም። እዚ ክስተት'ዚ ኣብ ኤርትራ ኣዝዩ ግሁድ'ዩ። ትሕተ ቕርጺ ምህናጽን ቍጠባዊ ምርግጋእ ምርግጋጽን ሓደ ኣዝዩ ዓቢ ብድሆ ክኸውን ይኽእል'ዩ። ጉዳይ ሽቕለተ ኣልቦነትን ዝቕባበን ብዕቱብ ምፍታሕን ዋኒን ትካላት ንኽህነጸ ምጽዓርን ወፍሪ ምትብባዕን ክሓትት'ዩ። እዚ ኣዝዩ ዘገም ዝበለ መስርሕ ክኸውን ይኽእል'ዩ።

ሓድሕዳዊ ዘይምትእምማን፡- ኣብ ግዜ ምልኪ ዝተዘርአ ዘይምትእምማን ክቕጽል ተኽእሎ ኣሎ። እዚ ብግዴኡ ማሕበራዊ ስኒት ንከተውሕስን ሃገራዊ መንነት ንምስራጽን ርእሱ ዝኸኣለ ብድሆ ክኸውን'ዩ።

መሰጋገሪ ፍትሒ፡- ብዛዕባ ዝተፈጸሙ ግህሰታት ሰብኣዊ መሰላትን ካልኦት ኢፍትሓዊ ዝኾኑ ተግባራትን ግቡእ መልስታት ምርካብ ኣዝዩ ጥንቃቐ ዝሓትት ጉዳይ ክኸውን'ዩ።

ዲፕሎማስያዊ ምትፍናን፡- ብሰንኪ'ቲ ብምኽንያት'ቲ ውልቀ ምልካዊ ስርዓት ዝኽተሎም ዝነበረ ግጉያት ናይ ወጻኢ ፖሊሲታት ዝተበላሸዉ ዲፕሎማስያዊ ዝምድናታት ንምትዕርራይን ኣህጉራዊ ምትሕብባር ንምውሓስን ብድሆ ክህሉ'ዩ።

ናይ ከባቢና ዘይምርግጋእ፡- ኣብ ከባቢና ክህሉ ዝኽእል ዘይምርግጋእ ኣብ ልዕሌና ክህልዎ ዝኽእል ጽልዋ ኣብ ግምት ምእታውን ከመይ ጌርና ከም እነማሕድሮም ምሕሳብን ከድልየና'ዩ። ምስ ጐረባብቲ፡ ከባብን ዓለምን ከመይ ጌርና ከም እንዋሳእ ምፍላጥ'ውን ከድልየና'ዩ።

ምልሕላሕ ጸጥታዊ ኵነታት፡- ጸጥታ ምውሓስን ጕነጽ ምውጋድን ኣዝዩ ኣገዳሲ ዕማም ክኸውን'ዩ።

እንታይከ ክግበር ኣለዎ፧

ነዚኣቶም ብዝግባእ ንምእላይ'ምበኣር ሓቛፊ ዝኾነ ኣብ ሰናይ ምሕደራ ዝተመርኰሰ ስርዓት፡ ናይ መሰጋገሪ ፍትሒ ኣገባብ፡ ቍጠባዊ ጽገና ፡ ከምኡ ድማ ኣብ ውሽጢ ሕብረተሰብ ናይ ምትእምማን መንፈስ ምኹስኳስን ከድሊ'ዩ። እዚ ድማ ኣብ ናይ ኤርትራ ፍሉይ ታሪኽ፡ ብዙሕነታዊ ባህልን ከምኡ'ውን ኣብ እኹል ኣፍልጦ ባህሪ ናይቲ ነታ ሃገር ዘሳቐ ዝነበረ ምልካዊ ስርዓት ዝምርኰስ ክኸውን'ዩ። ብጭቡጥ ድማ፡ ካብ ሕጂ ጀሚርካ እዞም ዝስዕቡ ምቅርራባት ክግበሩ ኣለዎም፡-

- ኣብ ውሽጥን ዲያስፖራን ዘሎ ደላይ ለውጥን ፍትሕን ኣብ ዝወሓደ ፕሮግራም ተጠርኒፋ፡ መሪሕነቱ ኣለልዩን ኣቐሚሙን፡ ስትራተጅኡ (ኣገባብ ቃልሱ) ኣነጺሩ፡ ቀደምትታቱ ሰሪዑ፡ ግብራዊ ስጉምትታት ክወስድ ዝኽእለሉ ባይታ ከመቻችእ ኣለዎ። እዚ'ኣቶም ከምቲ ልዕል ኢሉ ዝተጠቕሰ ኣብዞም ዝስዕቡ ቀንዲ ዕላማታት ክተኩሩ ኣለዎም፡-
    - ምእላይ ምልካዊ ምሕደራ፣
    - ንኹሉ ኤርትራዊ ዘሳትፍ፡ ብሓቛፍነት፡ ተሓታትነትን ግሉጽነትን ዝልለ መሰጋገሪ መንግስቲ ምቛምን
    - ብምምስራት ቅዋማዊ መንግስቲ ኣቢልካ ናብ ሃገራዊ ህንጸትን ዘላቒ ልምዓትን ምስግጋር።
- ኣብ መንጎ እቲ ኣብ ደገ ኮይኑ ዝቃለስ ዘሎ ደላይ ለውጥን ፍትሕን ኣብ ውሽጢ ኤርትራ ዘሎ ንተመሳሳሊ ዕላማታት ዝቃለስ ውዳበን ድልድል ክምስረት ኣለዎ። ክልቴኡ እናተናበበ ዝሰርሓሉ ኩነታት ክፍጠር ድማ ኣገዳሲ ክኸውን'ዩ።
- ንኣብ ውሽጥን ደገን ዝርከቡ ደለይቲ ለውጥን ፍትሕን ኣብዞም ኣብ ላዕሊ ተጠቒሶም ዘለዉ ውዓል ሕደር ዘይበሃለሎም ዕላማታት ንምጉስጓስን ቀጽጽር ትረኻታት ናይቲ ስርዓት ንምብዳህን ዝሕግዝ ስትራትጂ መራኸቢታት ምርቃቕን ምትግባርን ከድሊ'ዩ። እዚ ብቐንዱ ናይ ህዝቢ ኤርትራ ሃምን ቀልብን ንምኽሳብን ከም ደለይቲ ፍትሒ ድማ እሙናት ኣካላት ምዃንና ምርግጋጽን ከድሊ'ዩ። ተኣማንነቱ ዘረጋግጸ ደላይ ፍትሒ ድማ ንሰራዊትን ናይ ጸጥታ ኣካላትን፡ ዕቑር ሰራዊት፡ ኣባላት ሃገራዊ ኣገልግሎት፡ ኣቦታት፡ ኣዴታት፡ መራሕቲ ሃይማኖት፡ ልምዳውያን መራሕቲ፡ ወዘተ መጸዋዕታ ምግባር ከድልዮ'ዩ።
- ነዞም ኣብ ላዕሊ ዝተጠቕሱ ዕላማታት ንምውሓስ ንዝውሰዱ ተበግሶታት ንምቕዳም ምስ ዞባውያንን ኣህጉራውያንን ኣካላት ኣብ መትከላት ሽርክነት ዝተመስረቱ ኪዳናትን ምሕዝነታትን ምምስራትን ምድልዳልን ከድሊ'ዩ። ነዚ ንምትግባር ድማ ንጡፍ ዝኾነ ዲፕሎማስያዊ ንጥፈታት ክካየድ ይጥለብ። እቲ ጽምዶ ዝፍጠር ንኩነታት ሃገር ምግላጽ ጥራይ ዘይኮነ ካብቲ ለውጢ እንታይ ክረብሑ ይኽእሉ ኣብ ዝብል ቴማ ዘተኰረ ክከውን ኣለዎ። ብተወሳኺ፡ ንማሕበረሰብ ዲያስፖራ በብሞያኡን በብተገዳስነቱን ምጥርናፍ ክኽእልን ንድሕሪ ለውጢ ዘገልግሉ ኣገደስቲ ናይ ፖሊሲ ንድፊ ጽሑፋት ኣብ በበይኖም ኣርእስትታት ምድላውን ዓቕሚ ክህልዎን'ዩ።
- ንድፍታት ናይ ዝተፈላለዩ ፖሊሲታት ኣቕዲምካ ምርቃቕ ከድሊ'ዩ። እዚኣቶም ነዞም ዝስዕቡ ክጠቓልሉ ይኽእሉ፡- ንድፊ ሃገራዊ ቻርተር፡ ንድፊ መደብ ምጥያስ ስደተኛታት፡

ንድፊ መሰጋገሪ ፍትሒ፡ ንድፊ ማክሮ ፖሊሲ፡ ንድፊ ምምስራት ሞያዊ ሰራዊት፡ ንድፊ ናይ ወጻኢ ፖሊሲ፡ ንድፊ ምጥያስ ዕጡቓት፡ ንድፊ ምምዕባል ዓቕሚ ሰብ፡ ወዘተ።

እዚ ኣብ ላዕሊ ዝተጠቕሰ ኩሉ ብኣቋራጭ ዘይኮነ ጻዕሪ ዝሓትትን ክስርሓሉ ዘለዎ ዕማም'ዩ። ኣብዚኣቶም ጥራይ ዝሕጸር'ውን ኣይኮነን። ዘይተጠቕሱ ካልኦት ዕማማት ክህልዉ ይኽእሉ'ዮም።

ባእታታት መርሓ ጐደና መሰጋገሪ መንግስቲ

ባእታታት መርሓ ጐደና መሰጋገሪ መንግስቲ ነዞም ዝስዕቡ ከጠቓልሉ ይኽእሉ፡-

(ሀ) እዚ መርሓ ጐደና'ዚ ነቲ ድሕረ ለውጢ ዝኸሰት ምዕባለ ከም መምርሒ ኮይኑ ንኸገልግል ዝእምት ንድፊ ሓሳብ ኮይኑ ንኣመሰራርታ መሰጋገሪ መንግስትን ናብ ቅዋማዊ መንግስቲ ንምስግጋርን ዘኽእል ባይታ ዘንጽፍ'ዩ።

(ለ) መሰጋገሪ መንግስቲ ኤርትራ ነዚ ዝስዕብ ራኢ ከሳስን ብኣኡ ክምራሕን ይእምም፡ "መሰላት ኩሎም ዜጋታት ዝረጋገጸላ፡ ተሳትፎ ህዝቢ ኣብ ኩሎም ሸነካት ህይወት እተውሕስ፡ ግዝኣተ ሕጊ፡ ማሕበራዊ ፍትሕን ሰላምን ዝሰፈና፡ ምስ ጐረባብታን ዓለምን ኣብ ምክብባርን ምትሕግጋዝን ዝተመስረተ ሃናጺ ዝምድና እትምስርት ደሞክራሲያዊትን ብልጽግትን ሃገር ምምስራት"።

(ሐ) ፖለቲካዊ ምስግጋራት ብባህሪኦም ንዝተሓላለኹ ብድሆታት ዝተጋለጹ'ዮም። ተመክሮ'ቲ ኤርትራ ዝተሰጋገረቶም ሰላሳ ዓመታት ኣብ ግምት ምስ ዝኣትዉ ድማ ነቲ ኩነታት ፍሉይ ይገብሮ። እቲ ስርዓት፡ ኣብ ስልጣን ንምጽናሕ ዘይተጠቕመሉ እከይ ሜላ ኣይነበረን። ናይ ልዝብ ሃዋህው ንኸይፍጠር ዝከኣሎ ስለ ዝገበረ፡ ንሽግራት ሃገር ብሰላማውን ደሞክራሲያውን ኣገባብ ንምእላይ ዘሎ ተኽእሎ ኣዝዩ ጸቢብ'ዩ። ኣብ ትሕቲ ከምዚኦም ዝኣመሰሉ ኩነታት ብዘይካ ካልኦት ኣማራጺታት ምድህሳስ ካልእ ሕርያ ዘሎ ኣይመስለን። እዚ ንምግባር'ምበኣር ኣዝዩ ዝተራቐቐን ለባምን ፖለቲካውን ዲፕሎማስያውን ዓቕም'ን ክእለትን ይጠልብ። ከምኡ'ውን ራእይ ዘለዎ መሰጋገሪ መሪሕነት።

ነዚ ንምትግባር፡ ከምቲ ልዕል ኢሉ ዝተጠቕሰ ኣገዳስነት ምርቃቕ ሓደ ንድሕረ ለውጢ ዘገልግል ንትግባረ መሰጋገሪ መንግስቲ ዝምእዝን መርሓ ጐደና ክህሉ ኣገዳሲ'ዩ። ከምዚ

ዝኣመሰለ መርሓ ጐደና፡ ከም ሓደ ናይ ተሓታትነት መጋበርያ ኮይኑ ከገልግል ስለ ዝኽእል።

መሰረታውያን መትከላት መሰጋገሪ መንግስቲ

መሰረታውያን መትከላት መሰጋገሪ መንግስቲ ነዞም ዝስዕቡ ከጠቓልሉ ይኽእሉ፡-

- ህዝቢ ኤርትራ ናጽነት ንምውሓስ ዝኸፈሎ ረዚን መስዋእቲ ኣፍልጦ ምሃብ፣
- ህዝቢ ኤርትራ ንሃገሩ ዘለዎ ዘይነጽፍ ፍቕርን ተወፋይነትን ኣፍልጦ ምሃብ፣
- ቅድሚ ዝኾነ ናይ ህዝቢ ኤርትራ ረብሓ ምቕዳም (ከምኡ'ውን ብዋጋ ካልኦት ህዝብታት ወይ ወገናት ከይከውን ምጥንቃቕ)፣
- ናይ ኤርትራ ኤትኒካዊ፡ ሃይማኖታዊ፡ ባህላውን ከምኡ'ውን ፖለቲካውን ብዙሕነት፡ ክጽወር ጥራይ ዘይኮነ ክጽንበል ዘለዎ ክስተት ከም ዝኾነ ምእማን፣
- መሰል ናይ ሓሳብካ ምግላጽ ምኽባርን ምትብባዕን፣
- ንውሽጣዊ ፖለቲካዊ ፍልልያት ብደሞክራስያዊ ልዝብ ምፍታሕ፣
- ኣብ ኤርትራዊ ሰብኣዊ ጸጋታት ምእማንን ምምርኳስን፣
- ሓቐፊ፡ ኩለንተናውንን ኣሳታፍን ናይ ልምዓት መርሓ ጐደና ምቕዳም፣
- ጥዑይ ሕብረተሰብ ንምምስራት ኣብ መሰርሕ ዕርቅን ሕውየትን ምትሕድዳግን ምእማንን
- ምስ ጐረባብቲ ሃገራትን ዓለምን ኣብ ሕድሕዳዊ ምክብባር፡ ምትሕግጋዝን ብሰላም ብሓባር ምንባርን።

ዕላማታትን ቀደምትታትን

ነዚ ኣብ ላዕሊ ዘሎ ዘቤታውን ግዳማውን ክውንነት ኣብ ግምት ብምእታው ድሕነት ኤርትራ ከም ሃገር መጠን ናይ ምውሓስ ጻዕሪ ንጽባሕ ዘይበሃል ጉዳይ'ዩ። ነዚ ንምርግጋጽ ድማ፡ ነዞም ዝስዕቡ ቀደምትታት ኣተኩሮ ምሃብ የድሊ፡-

- መሰጋገሪ መንግስቲ ምቛም፡ ንኹሉ ኤርትራዊ ዘሳትፍን ብሓቛፍነት ዝልለን ሃገራዊ ዋዕላ ብምውዳብ ግዝያዊ መሰጋገሪ መንግስቲ ምቛምን ነታ ሃገር ድማ ናብ ደሞክራሲያዊ ምስግጋር ምቕራብን፣

- ምምስራት ቅዋማዊ መንግስቲ፡ ምንዳፍን ምትግባርን ደሞክራሲያዊ ቅዋምን ትግባረ ናጻን ፍትሓውን ምርጫታትን።

ኣድላይነት ሓደ ዝተወደበ ኣሳላጢ ሓይሊ ንምትግባር መርሓ ጐደና ፖለቲካዊ ምስግጋር

ከምዚ ዝኣመሰለ ለውጢ ንምምእዛን ሓደ ዝተወደበ ሕጋውነት ዝለበሰ ፖለቲካዊ ውዳበ ከድሊ'ዩ። እዚ ብቐንዱ ፖለቲካዊ ሃጓፍ ንኸይፍጠር ይገትእ። ኣብ ውሽጢ ኤርትራ፡ ንለውጢ ዝዓለመ ኣገዳሲ ተበግሶ (ሽሕ'ኳ ብዛዕባ ውሽጣዊ ኣሰራርሓኡ ብዙሕ ዝፍለጥ እንተ ዘየሎ) ዝጥጀእ ዘሎ ይመስል። እዚ ድማ ተመሳሳሊ ኣተሓሳስባ ዘለዎም ኤርትራውያን (ካብ ኵሉ ኵርናዓት እቲ ሕብረተሰብ - ሰራዊት፡ ፖሊስ፡ ጸጥታ፡ ሰራሕተኛታት መንግስቲ፡ መንእሰያት፡ ደቂ ኣንስትዮን ካልኦትን) ዘጠቓልል ኮይኑ፡ እዚኣቶም ብህሉው ኵነታት ሃገሮም ኣዝዮም ዝበሳጨዉን ዘስቈርቍሩን ንፍታሕ ድማ ኣዝዮም ዝጽዕቱን ወገናት'ዮም። እዚኣቶም ንኤርትራ ካብ ኣፍደገ ምብትታን ንምድሓን ኣድላዪ መስዋእቲ ከኸፍሉ ፍቓደኛታት ኮይኖም፡ እቲ እንኮ ኣጀንዳኦም ድሕነት ሃገሮምን ሓልዮት ህዝቦምን'ዩ።

ሕጽረታቱ ብዘየገድስ፡ ኤርትራዊ ዲያስፖራ'ውን ዓቢ ግደ ኣለዎ። ስለ ዝኾነ ድማ፡ ኣብ ሓባራዊ ዕላማታት ንጹር ትኹረት ምጥራይ፡ ሃናጺ ኣተሓሳስባ ምብግጋስ፡ ሓላፍነታዊ ኣበርክቶ መራኸቢ ብዙሓን ምርግጋጽ፡ ከምኡ'ውን ኣብ ኤርትራ ቅዋማዊ መንግስቲ ንምቛም ነቒ ዘይብል መትከላዊ ድሌት ክጕስጕስ ይግባእ። ዲያስፖራ ንለውጢ ዝገብሮ ጻዕሪ ብዝሑን ድኻሙን ብዘየገድስ፡ እቲ ለውጢ ኣብ መወዳእታ ኣብ ውሽጢ ሃገርን ብደቂ ውሻጠን'ዩ ዝምንጩ ዝብል ዓብላሊ እምነት ኣሎ። ዲያስፖራ፡ ነቶም ኣብ ውሽጢ ኤርትራ (ኣብ ውሽጢ'ቲ ሰራዊትን ጸጥታዊ መጋበርያታትን ይኹን ካብኡ ወጻኢ) ንለውጥን ፍትሒ ንምውሓስን ዝቃለሱ ዘለዉ ኤርትራውያን ኣብ ጉዳይ ለውጢ ብርቱዓትን ዘተኣማምኑን መሓዙትን ሰብ ኪዳንን ክኾኑ ከም ዝኽእሉ ብቐጻሊ ክግንዘቡ ይግባእ። ስለ'ዚ፡ እቲ ስትራተጂ ዲያስፖራ፡ ኣብ መንጎኦምን ኣብ ውሽጢ ኤርትራ ዝርከቡ ሓይልታት ለውጥን ፍትሕን፡ ብኸመይ ድልድል ከም ዝሃንጹ ኣብ ዝብል ዕላማ ከተኵርን፡ በዚ ድማ ናይቲ ዘይተርፍ እወታዊ ለውጢ ሓባራዊ ሓይሊ ምምስራት መሰጋገሪ መንግስትን ብኣኡ ኣቢሎም ድማ ቅዋማዊ መንግስቲ ከውሕሱን ይግባእ።

ነዚ ተበግሶ'ዚ ዘማእዝን ናይ ውሽጢ ውዳበ'ምበኣር ወሳኒ ዕላማታት ብምሕንጻጽ ንመጻኢ ኤርትራ ዝምልከት ኵሉ መዳያዊ ራእይ ክህሉዎ ኣድላዪ'ዩ። እዚ መሪሕነት'ዚ ምስቶም ኣብ ግዳም ኮይኖም ከቃለሱ ዝጸንሑ ውዳበታት ድልዱል ልፍንቲ ይፈጥርን ምስኣታቶም እናተናባበ ንጥፈታቱ የወሃህድን። እዚ ናይ ውሽጢ ውዳበ'ዚ ኵሎም ጸጋታት ሃገር (እንተላይ ፖለቲካዊ ደገፍ) ናይቶም ኣብ ውሽጢ ኤርትራ ዝርከቡ ዜጋታት ከጕሳጕስ ኣድላዪ'ዩ። እዚ ከም ኣማራጺ ዝውሰድ ኣይኮነን፡ እንታይ ደኣ ከም ሓደ ስትራተጅያዊ ግዴታ ክውሰድ ኣለዎ።

ስለ'ዚ ናይ ፖለቲካዊ ምስግጋር መርሓ ጐደና ምሕንጻጽ፡ ንዕብየት ምርግጋእ፡ ስዒቡ ድማ ናብ ንቡርነት[xiii] ንምምላስ ዝወስድ ቀዳማይ ስጕምቲ'ዩ። እዚ ድማ ኣብ መሰረታዊ ደሞክራስያዊ መትከላት ዝምርኰስ ቅዋማዊት ኤርትራ ንምህናጽ ንጹር መገዲ ዝኸተል ሰነድ'ዩ። እዚ ትልሚ ወይ መርሓ ጐደና እዞም ዝስዕቡ ኣተኵሮታት ይህልዎ።

እቲ ትልሚ፡ ናይቲ ምስግጋር ራእይን ዕላማን ዘነጽር መርሓ ጐደና'ዩ። ስፍሓትን ጥልቀትን መስርሕን ናይቲ ፖለቲካዊ ምስግጋር ይሕንጽጽ፣ ክህልዉ ዝኽእሉ ሓደጋታት የለሊ፣ ከምኡ'ውን ኣቓልቦ ዘድልዮም መዳያት የጕልሕ።

እቲ መርሓ ጐደና ብዛዕባ ግዜ ገደብ ናይ ፖለቲካዊ ምስግጋር (ወይ መሰጋገሪ መንግስቲ)፡ ተራን ሓላፍነትን ዝተፈላለዩ ሰብ ብርክን ካልኦት ኣገደስቲ ጕዳያትን'ውን ይዝርዝር። ብተወሳኺ፡ ለውጢ ብኣድማዒ መገዲ ብምምሕዳርን ምዝንባላት ብምንካይን፡ ኣብ መስርሕ ምስግጋር እቲ ዝድለ ውጽኢት ከም ዝበጽሕ ንምርግጋጽን ወሳኒ ተራ ይጻወት። ግስጋስ ናይቲ መስርሕ ንምርግጋጽ፡ እቲ ንለውጢ ዝእምት ናይ ልፍንቲ (ውሽጥን ደገን) ምንቅስቓስ፡ ንኤርትራ ናብቲ ንስናይ ምሕደራ ዘማእከለ ስርዓት ንምስግጋር፡ ቀንዲ ከብጽሑን ክስገሩን ዘለዎም ምዕራፋትን ናይ ግዜ ገደብን ይዝርዝር። እዚ ድማ፡ እቲ ምስግጋር ኣብ ውሽጢ ርትዓዊ ግዜ ከም ዝዛዘም የረጋግጽ።

እቲ ነቲ መሰጋገሪ መንግስቲ ዘማእዝን ወይ ዘሳልጥ ሓደ ሕጋውነት ዝለበሰ ኣካል ወይ ውዳበ (ልፍንቲ ናይ ኣብ ውሽጥን ደገን ዝርከቡ ናይ ለውጥን ፍትሕን ሓይልታት)፡ ኣቃውማ ናይ ሓደ መሰጋገሪ መንግስቲ ብግልጺ ንህዝቢ ክሕብርን፡ ደኑትነታቱ ክገልጽን፡ ንረብሓ ህዝቢ ዝሰርሕን ዘቐድምን ምዃኑ ድማ ከረጋግጽን ይግባእ። እቲ መሰጋገሪ መንግስቲ፡ እቲ መስርሕ ለውጢ ኣብ ግብሪ ካብ ዝወዓለሉ ዕለት ጀሚሩ ክሳዕ ቅዋማዊ መንግስቲ ዝጣየስ ነቲ ናይ ምስግጋር መስርሕ ከመቻችእ ትጽቢት ይግበረሉ።

እቲ ነቲ መሰጋገሪ መንግስቲ ዘማእዝን ወይ ዘሳልጥ ኣካል ወይ ውዳበ፡ ዋዕላ ንሃገራዊ ልዝብ ንምግባእ ኵነታት የጣጥሕን ከም ዝትግበር ይገብርን። ንዅሉ ዘሳትፍ ቅዋም ንምንዳፍ ድማ ከም ዓቢ ዕማም ገይሩ ይወስዶን ንዕኡ ድማ ኵነታት የመቻችእን።

እዚ ኣካል'ዚ ነቲ ቅድሚ ሕጂ ዝተነድፈ ቅዋም ዳግም ብምርኣይ፡ ብኣድማሳዊ ክብርታት ናይ ማዕርነትን ፍትሕን ዝቐየድን ናይ ኤርትራ ማሕበረ ቍጠባዊ ኣከናውና ኣብ ግምት ዘእቱ፡ ኣረኣእያን ባህግን ህዝቢ ኤርትራ ዘንጸባርቐ፡ መስርሕ ምንዳፍ ደሞክራሲያዊ ቅዋም ግሉጽን ኣሳታፍን ብዝኾነ መገዲ ሓድሽ ቅዋም ንምንዳፍ ይዕልም። ናብ ቅዋማዊ መንግስቲ መስርሕ ንምስግጋር፡ ንሲቪላዊ ዘተ ዘመቻችእ ሃዋህው ምፍጣርን ንኹሉ ዝሓቍፍን ግሉጽነትን ተወፋይነትን ምርኣይ'ውን ኣገዳሲ'ዩ። እዚ ኣካል'ዚ እምበኣር ንፍልልያት ብዘተ ናይ ምፍታሕ ባህሊ የተኣታቱ። ንሓድነትን ምርድዳእን ዘተባብዕ ባህሊ ንምስፋን ድማ ይጣበቐ። ጉነጽ ከም ኣፈታትሓ ፍልልያት ብትሪ ይቃወም።

ግዝኣተ ሕግን ደሞክራሲያዊ መስርሕን ንምውሓስ ከም ናይ ምርጫ ኮሚሽን፡ ስርዓተ ፍትሒን ናይ መራኸቢ ብዙሓን መቈጻጸሪ ኣካላትን ዝኣመሰሉ ናጻ ትካላት የቕውም። ናጻን ፍትሓውን ምርጫ ንምክያድ ድማ ክውንነታውን ንጹርን ናይ ግዜ ገደብ ይህብ።

መሰጋገሪ መንግስቲ፡ ጸጋታት ምጕስጓስ፡ ፋይናንስያዊ፡ ሎጂስቲካውን ጕስጓሳውን ደገፋት ንምርካብ ናይ ኤርትራውያን ዲያስፖራ ዓቕሚ የበራብር፣ ምስ ዝተፈላለዩ ኣህጉራውያን መሻርኽቲ ብምርኻብ ተክኒካውን ፋይናንስያዊን ደገፋት ሃሰው ይብልን፣ ምስ ኣብ ወጻኢ ዝርከቡ ኤርትራውያን በብእዋኑ ርክብ ዝግበረሉ ኩነታት ብምፍጣር ናይ ምትእምማን፡ ህዝባዊ ጽምዶን ተሳታፍነትን መንፈስ ይኹስኩስ።

ኣብ መስርሕ'ቲ ምስግጋር፡ እቲ መሰጋገሪ መንግስቲ ስርዓትን ፍትሕን ንምውሓስ ንልኡላውነት ሕጊ ቀዳምነት ክህብ ይግባእ። ንምርግጋእን ድሕነትን ህዝቢ ድማ ኣብ ቅድሚት ክሰርሖ ይግባእ። ሕነ ምፍዳይ ዝመበገሲኦም ተግባራት ንኸይፍጸሙ ድማ ኵሉ ኣድላዪ ዘበለ ይገብር። ኵሎም ትካላት መንግስቲ ድማ ንጹር ተልእኾ ተዋሂብዎም ተሓታትነትን ግሉጽነትን ብዘለዎ መገዲ ከም ዝነጣጠፉ ይገብር።

መሰጋገሪ መንግስቲ ኣብ ውሽጢ ሃገር ዘሎ ምፍልላይ ንምፍዋስ መስርሕ ሕውየት፡ ሰላምን ዕርቅን የበጋግስን የተግብርን። ነዚ ንምትግባር ድማ ናይቲ ጉዳይ ፍሉይ ስትራተጂን ዓሚቝ ርድኢትን ይጠልብ። ዓወት ናይ ከምዚኦም ዝኣመሰሉ ጻዕርታት፡ መብዛሕትኡ ግዜ ኣብ ናይ ኵሎም ሰብ ብርኪ ተወፋይነትን ሰናይ ድሌትን ከምኡ'ውን ኣብ ደገፍ ሰፊሕ ማሕበረሰብ ዓለምን ይምርኰስ። ከምኡ'ውን መሰጋገሪ ፍትሒ ንምትግባር ዝኽእሉ ኣገባባት ንምምዕባል ናይ ፍትሕን ዕርቅን ቅርጻ-መቓን የርቅቕ። እዚ ንሕሉፍ እከይ ተግባራት ንምሕዋይን ንሃገራዊ ዕርቂ ንምብራኽን ይሕግዝ። ደሞክራሲያዊ ክብርታትን ዜግነታዊ ተሳትፎን ንምውሓስ ትምህርትን ህዝባዊ ከትዓትን ከም ዘተባብዑ ንምግባር ሲቪካዊ ትምህርቲ ይውድብን የተግብርን።

ኤርትራ፡ ቀለስቲ ሓሳባት ንሕውየት ሃገር

ኣብ ምኽባር ሰብኣዊ መሰላት ዘለዎ ዘይንቕነቕ እምነት ብግብሪ ንምግላጽ ኵሎም ናይ ሕልና እሱራት ንኽፍትሑ የመቻችእ። ናይ ሕልና እሱራት ሓድሽ ህይወት ንኽጅምሩ ኵለንተናዊ ደገፋት ዝረኽቡሉ ባይታ የጣጥሕ።

መሰጋገሪ መንግስቲ፡ ድሌታት ህዝቢ ኤርትራ ንምምላእ፡ ኣገደስቲ ማሕበራዊ ኣገልግሎታት (ትምህርቲ፡ ጥዕና፡ ወዘተ) ኣብ ምሃብ ትኹረት ይገብር። ስንኩላን ኲናት ናብርኦም ዝመርሑሉ ኩነታት ይፈጥር። ጉዳይ ካብ መነባብሮኦም ዝተመዛበሉን ስደተኛታት ኤርትራውያንን ብዝግባእ ንምፍታሕ ምስ ዘቤታውያንን ኣህጉራውያንን ውዳበታት ይተሓባበር።

መሰጋገሪ መንግስቲ ምስ ጐረባብቲ ሃገራትን ምስ ማሕበረሰብ ዓለምን ብመሰረት ኣህጉራዊ ቅጥዕታትን መትከላትን፡ ኣብ ሓድሕዳዊ ምክብባርን ምትሕግጋዝን ዝተመስረተ ሰናይ ዝምድና ንምርግጋጽ ብዕቱብ ይሰርሕ። ምስ ኵሎም ጐረባብቲ ሃገራትን ዓለምን እንተላይ ኢትዮጵያ ኣብ መትከላት ኣህጉራዊ ዝምድናታት ዝተመስረቱ ዲፕሎማስያዊ ዝምድናታት የጣይስ። ብሰንኪ'ቲ ጽዩፍ ተግባራት ዝሓለፈ ስርዓት ተደዊኑ ዝጸንሐ ምስሊ ኤርትራ ንምምሕያሽ ሓያል ናይ ህዝባዊ ርክባትን ዲፕሎማስን ምንቅስቓስ የካይድ። ንዝጸንሑ ክልተኣውያንን ብዝሓ ጐድናውያን ውዕላት ወይ ስምምዓት ዳግም ይርእን ሓደስቲ ድማ የርቅቕን የተግብርን።

መሰጋገሪ መንግስቲ ዘቤታዊ ምርግጋእን ሰብኣዊ ጸጥታዊ ውሕስነትን የረጋግጽን ልኡላውነት ሃገር ይከላኸልን። ድሕነት ዜጋታት ንምውሓስ፡ ሞያዊ ሰራዊትን ናይ ጸጥታ ኣካላትን ይምስርትን፣ ክጣየሱ ንዝደልዩ ኣባላት ሃገራዊ ኣገልግሎት ንዳግመ ጥየሳኦምን ዘገልግሉ መደባት የርቅቕን ማሕበረ ኮም ዝሰረቱ ጸጥታዊ ውዳበታት ይተክልን።

ግሉጽነት ዝመሰረቱ ህዝባዊ ጽምዶን ልዝብን በብእዋኑ ይውድብን የካይድን። ኣብ ከምዚኦም ዝኣመስሉ ኣጋጣሚታት ኵሎም ብኣዎንታን ኣሉታን ዝግለጹ ምዕባለታት ንህዝቢ ይገልጽ። ኤርትራውያን ዜጋታት ኣብ ሓደ ባይታ ንምምጻእ ዝግበር ቃልሲ ተኣማንነት ንምውሓስ ሓያል ስትራተጂ መራኸቢታት ይሕንጽጽ።

ናይ ኤርትራ ቍጠባን ትሕተ ቅርጽን ንምህናጽ ኵለንተናዊ ውጥን ይሕንጽጽ። መሰጋገሪ መንግስቲ፡ ቍጠባ ሃገር የረጋግእን መሰረታውያን ሃለኽቲ ኣቕሑን ኣገልግሎታትን ንህዝቢ ከም ዝቐርቡ ይገብር። ቍጠባ ሃገር ንኽሰስን ንብሕታዊ ጽላት ናይቲ ቍጠባ የበራትዕ። ደሞዝ ሰራሕተኛታት ሲቪሊያዊ ኣገልግሎት ይኽፍል። ናይ ማይ፡ ኤለክትሪክን ካልኦት ኣገልግሎታትን ቀረብ የረጋግጽ። ንዅሎም'ቶም ተገይሮም ዘለዉ ዋኒናዊ ውዕላት እንተላይ ምስ ዕደና ዝተኣሳሰሩ ከም ብሓድሽ ይርኢን ይውስንን። ኵሎም ጽላታት ናይቲ ቍጠባ (ሕርሻ፡ መስናዕን ኣገልግሎታትን) ንኽምዕብሉን

ኣበርክቶኦም ንቍጠባ ሃገር ከዕዝዙን ዘመቻችእ ባይታ ይፈጥር። ዘላቒ ዕብየት፡ ኣብ ኩሉ ጽፍሕታት ርጉእን ጥዑይን ቍጠባዊ ሰረታት ይሓትት፣ ከምኡ'ውን ኣብ ኩሉ ዓውድታት ንቕጠባዊ ወፍሪ ዘመቻችእ ሃዋህው ይጠልብ። ነዚ ንምፍጻም ድማ ብሃገራዊ ዘተን ልዝብን ዝረቐቐ፡ ድኽነት ንምንካይ ዝዓለመ ሃገራዊ ልምዓታዊ ስትራተጂ ምሕንጻጽ የድሊ።

ዋኒናውነት ዘደንፍዕ፡ ውህለላ ርእሰማልን ወፍርን ዘተባብዕ፡ ሰደድ ዘዕቢ፡ ምስ ጐረባብትን ምስ ግዳማዊ ዓለምን ድልዱል ንግዳዊ ዝምድናታት ከም ዘድሊ ዝርዳእ፡ ዘባዊ ምትሕብባር ዘቐድም ማክሮ ቍጠባዊ ፖሊሲ (ጥዑይ ፊስካላውን ገንዘባውን ፖሊሲ ሓዊሱ) ምሕንጻጽ ድማ ይሓትት። ኣብ ሓጺር እዋን ድሕሪ ምትካል መሰጋገሪ መንግስቲ፡ ናይ ዘቤታውያንን ኣህጉራውያንን መወልቲ ዋዕላ የጋብእን ቍጠባ ሃገር ዝረብሓሉ ኩነታት ይፈጥርን። እዞም ዝምድናታት'ዚኣቶም ኣብ መትከላት ሽርክነት ዝተመስረቱ ክኾውን ይግባእ። ቍጠባ ሃገር ኣብ ሓጺር እዋን ካብ ኣህጉራዊ ደገፍ ዝገላገለሉ መድረኽ ይፈጥር።

ንምጥቓላል፡ እቲ መሰጋገሪ መንግስቲ፡ ኣብ መትከላት ማሕበራዊ ፍትሒ፡ ማዕርነትን፡ ናጽነትን ዝተመስረተት ዘላቒ ዕብየት ዝረጋገጸላ ኤርትራ ኣብ ምምስራት ኩሉ መዳያዊ ጻዕሪ ይገብርን ቅሩብነቱ የረጋግጽን።

መሰጋገሪ ግዜ

እንታይነታት መሰጋገሪ መንግስቲ ነዞም ዝስዕቡ ይመስሉ:-

- መሰጋገሪ ግዜ ነቲ ድሕሪ ለውጢ ዝኽሰት ግዜ የመልክት። ምስ ምቛም ቅዋማዊ መንግስቲ ድማ የብቅዕ፣
- ዕድመ መሰጋገሪ መንግስቲ ክሳዕ ሰላሳን ሽድሽተን ኣዋርሕ ክጸንሕ ይኽእል።

ኣቀዋውማ መሰጋገሪ መንግስቲ

- ነቲ መሰጋገሪ እዋን ዘማእዝን ዘሎ ፖለቲካዊ ሓይሊ ወይ ውዳበ ግዝያዊ መሰጋገሪ መንግስቲ ናይ ምቛም ሓላፍነት ይህልዎ፣

- መሰጋገሪ መንግስቲ ኣብ እዋን ምስግጋር መንግስታዊ ጉዳያት ናይ ምምሕዳር ምሉእ ስልጣን ይህልዎ፣
- እቲ ካቢነ መሰጋገሪ መንግስቲ ብግዝያዊ ፕረሲደንት ይምራሕን
- ኣባላት ካቢነ ብቕዓቶም ዘረጋገጹ ሞያውያንን ካልኦት ካብቲ ሕብረተሰብ ዝተዋጽኡ ዜጋታትን ይኾኑ።

ዋዕላ ንሃገራዊ ልዝብ - ዕላማን ሓላፍነትን

ዋዕላ ንሃገራዊ ልዝብ እዞም ዝስዕቡ ዕላማታትን ሓላፍነታት ይህልዎ፦

(ሀ) ዋዕላ ንሃገራዊ ልዝብ ምጽዋዕ፡ ክፉትን ግሉጽን፡ ንኹሉ ዝሓቑፍን ምምኽኻር ዘመቻቕእን ቅዱስ ዕላማ ዘለዎን ተግባር'ዩ።

(ለ) እዚ፡ ብዙሓዊ ማሕበረ ቍጠባዊ፡ ፖለቲካውን ባህላውን ኣቀዋውማ ሕብረተሰብ ዝውክሉ፡ ካብ ኵሉ ማሕበራዊ ጽፍሕታት ዝመጹ ኤርትራውያን፡ እንተላይ ፖለቲካዊ ውድባት፡ ሲቪካዊ ውዳበታት፡ ሃይማኖታውን ልምዳውን ምምሕዳራዊ ትካላት፡ ፍሉጣት ውልቀ ሰባት፡ ከምኡ'ውን ወከልቲ ዲያስፖራ፡ ብሃገራዊ ዋዕላ ኣቢሎም ኣብ ምጽዳቕ ንድፊ ፖለቲካዊ ምስግጋር መርሓ ጕደና ንኽሳተፉ ክጽውዕ ይግባእ። ማዕረ ውክልና ደቂ ኣንስትዮ፡ ምርጫ ዘይኮነስ ቀዳምነት ዝወሃቦ ጉዳይ'ዩ።

(ሐ) ነዚ ንምትግባር ኣሰናዳኢት ሽማግለ የቕውም።

(መ) ዋዕላ ንሃገራዊ ልዝብ፡ ንምቛም መሰጋገሪ መንግስቲ ከም ቀንዲ ዛዕባኡ ይወስዶ። ናይ መሰጋገሪ መንግስቲ ቻርተር የጽድቕ፣ ብዛዕባ ቅጥዕታት ምምስራት መሰጋገሪ ሃገራዊ ባይቶ ይዝቲ፣ መስርሕ ምንዳፍ ቅዋም፡ መስርሕ ሃገራዊ ዕርቅን ሕውየትን፡ ምትእትታው ትካላዊ ኣሰራርሓ፡ ምርግጋጽ ግዝኣተ ሕግን ጽገና ስርዓተ ፍትሕን፡ ዝምድና ኤርትራ ምስ ጐረባብትን ዓለምን፡ ጉዳይ ጸጥታን ምርግጋእን፡ ጉዳይ ቍጠባዊ ሕውየት፡ ምዝርጋሕ ማሕበራዊ ኣገልግሎትን ወዘተ ከም ዛዕባ ኣልዒሉ ይዝትየሎም ንውሳነታት ዘመቻቕኡ መተሓሳሰቢታት ንመሰጋገሪ መንግስቲ ኤርትራ የቕርብን።

(ሰ) ዋዕላ ንሃገራዊ ልዝብ ኣብ ሓጺር እዋን (ሰለስተ-ኣርባዕተ ኣዋርሕ) ድሕሪ ለውጢ ይጋባእ።

ባይቶ መሰገጋሪ መንግስቲ

መሰጋገሪ ሃገራዊ ባይቶ ክሳብ'ቲ ቅዋማዊ መንግስቲ ዝትከል ከም ሓጋጊ ኣካል ኮይኑ የገልግል። ኣመራርጻ ኣባላት መሰጋገሪ ሃገራዊ ባይቶ፡ ኣብ ዋዕላ ንሃገራዊ ልዝብ ብዝተበጽሑ ውሳነታትን መተሓሳሰቢታትን መረዳእታታትን ይትግበር። ውክልና ናይ ብዙሓዊ ኣቀዋውማ ሕብረተሰብ ኤርትራ ድማ የረጋግጽ። ዕማማቱ ድማ ነዞም ዝስዕቡ የጠቓልሉ።

ሃገራዊ ቻርተር[xiv] ከም መርሓ ሕንጻጹ ወሲዱ የተግብር (እዚ ህያው ሃገራዊ ሰነድ'ዚ ንመትከላት፡ ክብርታት፡ ምሕደራዊ ኣገባባትን ቅጥዕታትን ናይ ሓንቲ ኣብ መሰርሕ ለውጢ እትርከብ ሃገር ከነጽር ትጽቢት ይግበረሉ። ንዝተፈላለዩ መዓላታት ድማ የገልግል። ገለ ካብዚኣቶም ንምጥቃስ ዝኣከል፡-

- ንሕጋውነት ናይ መሰጋገሪ መንግስቲ መሰረት የልብስ፡ ንሃገራዊ ፖሊሲታት ከም መምርሒ የገልግል፡ ኣብ መንጎ ህዝቢ ኤርትራ ድማ ሓድነት ንምውሓስ ይሰርሕ፣
- ግዝያውያን ሕጋጋት የርቅቕን ይእውጅን፣
- ንድፊ ቅዋም የጽድቕን ብመገዲ ረፈረንዱም ኣቢሉ ወግዓውነቱ የረጋግጽን፣
- ባጀት የጽድቕን ትግባረኡ ይከታተልን፣
- ሕጊ ፖለቲካዊ ሰልፍታት የርቅቕን የተግብርን
- ብኮሚሽን ምርጫ ዝቐርብ ሕግታት ምርጫ ተኻቲዑ የጽድቕን የተግብርን፣ ብመሰረት'ቲ ዝተዋህቦ ስልጣንን ቀደምትታት ሃገር ኣብ ግምት ብምእታውን፡ ነዞም ዝስዕቡ ኮሚሽናት ብምቛም ተልእኾኦም የነጽርን ስርሓቶም ይከታተልን፡- ኮሚሽን ሃገራዊ ዕርቅን ሕውየትን፣ ኮምሽን ምርጫ፣ ኮሚሽን ምርቃቕ ቅዋም፣ ኮሚሽን ምጥያስ ካብ መነባብሮኦም ንዝተመዛበሉ ዜጋታትን ስደተኛታትን፣ ኮሚሽን ምጥያስን ዳግመ-ምጽንባር ዕጡቓትን ኮሚሽን ምርመራ ሰብኣዊ መሰላትን።

መሰጋገሪ ፍትሒ

ብሰንኪ ብኩራት ፍትሒ፡ ማእለያ ዘይብሎም ዜጋታት ግዳያት ናይ ማእሰርቲ፡ መቕተልቲ፡ ስቓይን ስወራን ኮይኖም ክሳቐዩ ጸኒሖም'ዮም። እዚ ተግባር'ዚ ኣብ ልዕሊ'ቶም ግዳያትን ስድራ ቤታቶምን ዘኸተሎ ስቓይ ብቐሊል ዝርአ ኣይኮነን። ከምዚ ዝበለ ኣጸያፊ ባህሊ ንኸይቅጽልን ግዳያት'ቲ ጨፍላቒ ስርዓት ፍትሒ ዝረኽቡሉ ኩነታት ንምፍጣርን'ምበኣር ሓደ ኣዝዩ ዘተኣማምን ትካላዊ መስርሕ ዝኸተል ኣገባብ ምትእትታውን ምትግባርን

ከድሊ'ዩ። እዚ ኣገባብ'ዚ ግዳያት፡ ፍትሒ ዝረኸቡሉ ዝተፈላለዩ ዕድላት ዘመቻቹ ክኸውን ይግባእ።

መሰጋገሪ ፍትሒ፡ ንመስርሕን ኣገባብን ኣብ መስርሕ ምስግጋር (ካብ ግጭት፡ ጭፍለቓን ምልካዊ ኣገዛዝኣን ናብ ግዝኣተ ሰላምን ደሞክራስን) ዝርከቡ ሕብረተ ሰባት ዝምልከት ኮይኑ ንዝተፈጸሙ መጠነ ሰፊሕ ግህሰት ሰብኣዊ መሰላትን ዘይፍትሓዊ ተግባራትን ንምእላይ እትጥቀመሉ መሳርሒ'ዩ። ኣብ ኣተገባብርኡ ጥንቁቕ ኣተሓሕዛ፡ ሰፊሕ ተሳትፎ ህዝብን፡ ኣብ መንጎ ፍትሒ፡ ዕርቅን ምርግጋእን ሚዛን ምሕላው የድሊ።

መሰጋገሪ ፍትሒ፡ ንኣብ ባይታ ዘለዉ ፍሉያት ክውንነታት ኣብ ግምት ብዘእቱን ኣህጉራዊ መትከላትን ደንብታትን ብዝሰማማዕን መገዲ እንተድኣ ተተግቢሩ ድማ ውጺኢታውነቱ ዘላቒ ክኸውን ይኽእል። ነዚም ዝሰዕቡ ባእታታት ድማ የጠቓልል፡- ድልያ ሓቕን ዕርቅን፣ ተሓታትነትን ፍርድን፡ ካሕሳ ንግዳያት ዓመጽ፣ ትካላዊ ጽገናን መዘከርታትን ትምህርትን።

መስርሕ መሰጋገሪ ፍትሒ ነዚም ዝሰዕቡ ባእታታት የጠቓልል፡- ኣብ ትሕቲ ሕጋውነት ዝለበሰ ጽላል ከም ዝትግበር ይግበር፣ ግምገማ ናይቲ ፍሉይ ኩነታት፣ ጽምዶ ምስ ሰብ ብርኪ፣ ኩለንተናዊ ቅርጻ መቓን ምምዕባል፣ ንትግባረኡ ዘኽእሉ ጸጋታት ምኲስዳስን ዓቕምታት ምድላብን፣ ህዝባዊ ክትዓትን ዕርቅን ምድንፋዕን ምቍጽጻርን ምስ ግዜን ኩነታትን እናተዓጻጸፍካ ምስራሕን።

ኩሉም'ዞም ኣብ ላዕሊ ዝተጠቕሱ ዕማማት ብሰብ ሞያን ሰብ ተመክሮን ክእለዩ፡ ክሳለጡን ክትግበሩን የድሊ።

ብድሆታት ቅዋማዊት ኤርትራ

ኣብ መጻኢ፡ ዝተፈላለዩ ምዕባለታት ክኽሰቱ ዝኽእሉ'ኳ እንተኾኑ (ናይ ተፈጥሮ ሕጊ ስለ ዝኾነ)፡ ቀወምቲ ኮይኖም ክቕጽሉ ዝኽእሉን ኣብ ምርግጋእ ወይ ዘይምርግጋእ ኤርትራ ጽልዋ ዘለዎምን ባእታታት'ውን ከም ዘለዉ ምፍላጥ ኣገዳሲ'ዩ። ንሳቶም ድማ፤

(ሀ) ቀይሕ ባሕሪ ንምዕራብን ንምብራቕን፡ ከምኡ'ውን ንማሕበረሰብ ዓለም ዘለዎ ነባሪ ስትራተጂያዊ ትርጉም ክህልዎ'ዩ።

(ለ) ናይ ኢትዮጵያ ናይ ባሕሪ ኣፍደገ ናይ ምህላው ጥሙሕ። እዚ ጉዳይ'ዚ ብቐጻሊ ካብ ዝተፈላለየ ፖለቲካውያን ውዳበታት ኢትዮጵያ ዝለዓል ጉዳይ ክኸውን'ዩ።

(ሐ) ኣብቲ ዞባ፡ ሃይማኖታውን ኤትኒካውን ጥሩፍነት (ወላ'ኳ ኣብ ኤርትራ ክሳዕ ሕጂ ማሕበራዊ ሰረት እንተ ዘይብሉ) ወይ ካልእ ጥሩፍ ዝንባለታትን ከስዕቦ ዝኽእል ቀጻሊ ስግኣትን ከህሉ'ዩ።

(መ) ኣብ ቀርኒ ኣፍሪቃ ዝጸንሐ ቀጻሊ ፖለቲካዊ ዘይርጉእነት ካብ ታሪኻዊ መበገሲኡን፡ ዘይተፈትሑ ፖለቲካዊ ብድሆታትን ዝምንጬ ኮይኑ፡ ኣብ ኣሰላልፋ ሓይልታት ለውጢ ንኽመጽእ በብእዋኑ ኣበርክቶ ክገብር ይኽእል'ዩ።

(ሰ) እቲ በቶም ኣቐዲሞም ዝተጠቕሱ ረቛሒታት ዝድረኽ ንዘልኣለም ዝቐጽል ብውክልና ዝካየድ ኲናት'ውን ከንጸላሉ'ዩ።

ብኸመይ ክንሰግሮ ንኽእል፧

ምርግጋእ ኤርትራ፡ ኣብቲ ኣብ ጸጥታኣ ወይ ድሕነታ ክወርድ ዝኽእል ሓደጋ ናይ ምፍታሕን ምብርዓንን ዓቕማ'ዩ ዝምርኰስ። ነዚ ስግኣት ንምፍታሕ ዝውሰድ ናይ መጀመርታ ስጉምቲ፡ ነቲ ስግኣት ኣፍልጦ ምሃብ'ዩ። ማዕረ ማዕሪኡ ድማ ነቲ ናይ ሕንፍሽፍሽ ጠንቂ ክኸውን ዝኽእል ዘይቅኑዕ ዘቤታውን ግዳማውን ፖሊሲታት ኤርትራ ምልላይን ምእራምን'ዩ።

ኤርትራ፡ ነቲ ኣብ ዓውለማዊ ፖለቲካዊ መልክዐ መሬት ዝህሉዋ መርገጺ ክሳዕ ክንደይ ተኣፋፊ ምዃኑ ምግንዛብ'ውን ከድልያ'ዩ። ከመይሲ እቲ እትወስዶ ስጉምቲ ንረብሓ ዓለማዊ ማሕበረሰብ ዝጻረር ኮይኑ ምስ ዝርከብ፡ ንሃገራዊ ድሕነት ኤርትራ ከቢድ ሳዕቤን ከህሉዎ ስለ ዝኽእል። እዚ ድማ በቲ ሓያላት ሃገራት ኣብ ልዕሊ ኤርትራ ክወስድኦ ዝኽእላ ፖለቲካውን ዲፕሎማስያውን መጥቃዕትን ኣራግጽን ክፍጸም ይኽእል። ብሰሪ'ዚ ከመጽእ ንዝኽእል መጥቃዕቲ ንምምካት፡ ኤርትራ ሓያሎ ስትራተጂታት ክትጥቀም ትኽእል እያ።

ቀዳማይ፡ ብዓይኒ ማሕበረሰብ ዓለም፡ ኤርትራ ከም ኣረጋጋኢትን ፈታዊት ሰላምን ተቖጺራ ዝናኣን ስማን ንኽተዕቢ ክትጽዕር ይግባእ። ኤርትራ ንሰላምን ዞባዊ ምርግጋእን ዘለዋ ተወፋይነት ንምርኣይን ኣብዚ ዞባ እምንቲ መሻርኸቲ ጸጥታ ምዃና ንኽተመስክርን፡ ነቲ ወትሩ ኣካል ኢትዮጵያ እያ ዝብል ትረኻ እናተቓወመት ሓያል ዲፕሎማስያዊ ተበግሶ ክትወስድ የድሊ።

ካልኣይ፡ ኤርትራ ምርግጋጽ ኢትዮጵያ ንረብሓኣን ንረብሓ እቲ ዞባን ምዃኑን፡ ምስ ጐረባብቲ ኣብ ስኒት ዝተሞርኰሰ ዝምድና ምሕያል ድማ ኣብ ኣጀንዳኣ ልዑል ደረጃ ዝሓዘ ምዃኑን ከተስምረሉ ይግባእ። ካብዚ ሓሊፉ፡ ንጸጥታዊ ስክፍታታት ኢትዮጵያ ኣብ ምፍታሕ፡ ሰናይ ድሌት ከተርእን፡ ምስ ኣህጉራዊ ስርዓታት ዝቃዶ ንኽልቲኡ ወገን ዝጠቅም መፍትሒ ሓሳብ ከተቕርብን ይግባኣ። እቲ እንኮ ተግባራዊ ፍታሕ ብሰላማዊ ልዝብን ዲፕሎማስን'ዩ ዝፍጸም።

ሳልሳይ፡ ኤርትራ ፖለቲካዊ ቅልውላዋት ክጻወር ዝኽእል ድልዱል ቍጠባ ብምህናጽ ንነብሳ ከተጠንኽር ትኽእል እያ። እዚ ድማ ጽፉፍ ቍጠባዊ ፖሊሲታት ምሕንጻጽ፡ ንዓቕሚ ብሕታዊ ጽላት ምብርባር፡ ወፍሪ ወጻኢ ዝስሕብ ሃዋህው ምፍጣርን ዓቕሚ ሰባ ምዕባይን ምድንፋዕን ዘጠቓልል'ዩ። ኤርትራ ቍጠባዊ ሓይላ ንምድራዕ፡ ምዕቡል ተክኖሎጂ ክትጥቀም ይግባእ።

ራብዓይ፡ ዘመናውን ሞያውን ሰራዊት ምህናጽ ኣገዳሲ ክኸውን'ዩ። እዚ፡ ናይቲ ከባቢ - ኣብ ሽርክነት ዝተሞርኰሰ - ጸጥታዊ ውሕስነት ንምርግጋጽን ንዝኾነ ክመጽእ ዝኽእል ግዳማዊ ሓደጋታትን ምትእትታዋትን ከም መከላኸሊ ወይ ናይ ድረታ መካኒዝም ኮይኑ ክገልግል ይኽእል'ዩ። ምስ ዓበይቲ ግሎባውያን ሓይልታት ወተሃደራዊ ምሕዝነት ምምስራት'ውን ሓደ ካብቲ ኣብ ግምት ክኣቱ ዘለዎ ኣማራጺታት'ዩ። ምኽንያቱ እዞም ምሕዝነታት'ዚኣቶም ንናይ ደገ ስግኣታት ዓገትቲ ክኾኑ ስለ ዝኽእሉ።

ሓምሻይ፡ ኤርትራ ብዝሒ ህዝባ ንምዕባይ'ውን ብዕቱብነት ክትሓስበሉ ዘድልያ ጉዳይ'ዩ። ሓደ ሓደ ግዜ፡ መጠን ህዝቢ ነቲ ካብ ጐረባብቲ ዝመጽእ ርኡይ ስግኣታት ኣብ ምክልኻል ኣበርክቶ ክህልዎ ይኽእል'ዩ። ብመሰረት ጸብጻብ ቤት ጽሕፈት ሃገራዊ ስታቲስቲክስን ገምጋምን፡ ኣብ 2001 ዓ.ም፡ ሚኒስትሪ ዞባዊ ምምሕዳር ኤርትራ፡ ጠቕላላ ብዝሒ ህዝቢ ኤርትራ ከባቢ 3.2 ሚልዮን ከም ዝኾነ ገሚቱ[xv]። እቲ ዓመታዊ ዕብየት ብሰለስተ ሚእታዊት እንተ ድኣ ተገሚቱ፡ ብሰንኪ ጃምላዊ ስደት፡ ናይ ኤርትራ ብዝሒ ህዝቢ ከምቲ ዝድለ ኣይወሰኸን። ነቲ ብቕልጡፍ ዝዓቢ ዘሎ ናይ ጐረባብታ ብዝሒ ህዝቢ ኣብ ግምት ብምእታው፡ ኤርትራ ነዚ ጉዳይ'ዚ ብቐረባ ክትከታተሎ ይግባእ። ኣብዛ ዓለምና፡ ውሑድ ህዝቢ ተናዓቂ ዝኾነሉ እዋናት ከም ዘሎ ምግንዛብ ኣገዳሲ'ዩ።

ሻድሻይ፡ ምቕልቃል ጥሩፍ ዝንባለታት ብሓፈሻ፡ ምስቲ ኣብ ውሽጢ ሓንቲ ሃገር ዝፍጠር ፖለቲካዊ፡ ማሕበራውን ቍጠባውን ቅልውላዋት ዝተኣሳሰር'ዩ። ስግኣት ሃይማኖታውን ኤትኒካውን ካልኦትን ጥሩፍነታት ንምቅላል ወይ ምግታእ ኣብ ዝግበር ስሙር ጻዕሪ'ምበኣር፡ ቅዋማዊ መንግስቲ፡ ሃይማኖታውን ኤትኒካውን ናጽነት ምሕላው፡ መሰረታዊ ሰብኣውን ፖለቲካውን መሰላት ምርግጋጽ፡ ዘይሕጋዊ ማእሰርትን ስደትን ኣመንቲ ምውጋድ፡ ምዕቡል ህይወት ህዝቢ ንምርግጋጽ ድልዱል ቍጠባ ምምዕባል፡ ከምኡ'ውን ምስ ጐረባብቲ ሃገራት ብምትሕብባር ነዚ ብድሆታት'ዚ ብሓባር ምምካት የድሊ።

ኣብ መወዳእታ ግን፡ ኤርትራ ስነ ጥበብ ዲፕሎማስያዊ ርክብ ክትመሃርን ክተጥርን ክትመልኮን ጻዕሪ ክትገብር ኣለዋ። ፖለቲካዊ ኩነታት ዞባ ቀይሕ ባሕሪ ዝተፈላለየ ንርሑቕ ዝጠመተን ተዓጻጻፍን ኣቀራርባ ይሓትት። ኣብዚ ሃገራዊ፡ ዞባዊ፡ ኣህጉራዊ ረብሓታት ዝተቐራረበሉ ዓለም፡ ኤርትራ ንበይና ተነጺላ ክትነብር ኣይትኽእልን እያ። ኤርትራ "ኣነ ግዳይ እየ" ምባል ክተቋርጽ ይግባእ። ኣብ ዲፕሎማስያዊ ጻዕርታታ ንኹሉ ዘርብሕ ፍታሕ ምድንፋዕ ቀንዲ ባእታ ስትራተጂኣ ክኸውን ይግባእ።

ሓደ እዋን እቲ ናይ መንግስቲ ጀርመን ቻንስለር ዝነበረ ኦቶ ቮን ቢስማርክ፡ "ፖለቲካ፡ ናይቲ ዝከኣል፡ ናይቲ ክብጻሕ ዝከኣል - ናይቲ ዝሓሸ ኣማራጺ ስነ ጥበብ'ዩ፡" ኢሉ ነይሩ። ካብዚ ብሂል'ዚ ክንቀስሞ እንኽእል ብዋጋ ዘይሽነን ትምህርቲ ኣሎ።

ራእይና

ራእይ ናይ ኤርትራ፡ ካብ ጐረባብታን ማሕበረሰብ ዓለምን ክብሪ ዝረኸበት ሃገር ክትከውን'ዩ። እዚ ኣኽብሮት'ዚ ካብቲ ከቢድ መስዋእቲ እተኸፍሎ ቃልሲ ናጽነት ጥራይ ዘይኮነስ፡ ካብቲ ብዙሕ ሸነኻት ዘለዎ ስትራተጂን ዕላማን ህንጻት ሃገር ዝምንጬ'ዩ። ንሱ ድማ፡ ከም ኣብነታዊ ምሕደራ፡ ድልዱልን ዘመናውን ቍጠባ፡ ልዑልን ጠቓምን ትምህርትን ስልጠናን ዝሰነቐ ዓቕሚ ሰብ፡ ኣብ ፖሊሲታት ወጻኢ ውሕሉል ዲፕሎማሲ፡ ከምኡ'ውን ንዝሓሸ መነባብሮ ህይወት ህዝቢ ኤርትራ ሓቀኛ ሓልዮት ምርኣይ ዝኣመሰሉ ባህርያት ዘጠቓልል'ዩ።

ማእከል ናይዚ ራእይ'ዚ፡ ግዝኣተ ሕጊ ዝሰፍነሉ ኩነታት ምፍጣር'ዩ። እዚ ድማ እምነ ኩርናዕ ናይቲ ፍትሓውን ህይወቱ ብስነ ስርዓት ዝመርሕን ህዝቢ መለለዪ ባህሪ'ዩ። ኣብ መትከላት ማዕርነትን ማሕበራዊ ፍትሕን ዝተመርኰሰን፡ ኣብ ናይ ዝተፈላለዩ ከባቢታት ድሌትን ባህግን ኣብ ምምላእ ዝተሰረተን ቍጠባዊ ልምዓት

ምትኳር ኣገዳሲ'ዩ። እቲ ምሕደራ ሓባራዊ ስምምዕ ኣብ ምፍጣር የተኩር፡ ንማዕረ ውክልና ድማ የቐድም።

ኣብ ሓደ እዋን ስርዓትን ምርግጋእን ዘውሕሱ ዝነበሩ ልምዳውያን ሕግታት (ሕግታት እንዳባ) ብናይ ሓባር ስምምዕ ምምሕያሽ ይግበረሎም። ኣብ ልዕሊ ደቂ ኣንስትዮን ካልኦትን ዝረኣዩ ዝነበሩ ኣድልዎታትን ካልኦት ድሑራት ልምድታትን ዳግመ ግምት ይግበረሎም። እቲ ናብ ለውጢ ዘምርሕ መገዲ፡ ዘገምታዊ ክኸውን ይኽእል'ዩ፡ እቲ ለውጢ ግን ውሑስ'ዩ። ኣብ ክንዲ ሃንደበታዊ ምዝንባላት፡ ህድእ ዝበለ ለውጢ ከመቻችእ ተመራጺ ይኸውን። ለውጢ ከም እወታዊ ኮይኑ ዝረአ፡ ዘላቒ ወይ ውሑስ ምስ ዝኸውን ጥራይ'ዩ። ዘገምታዊ ናይ ለውጢ መስርሕ፡ ኣብ ዕድመ ወዲሰብ ነዊሕ ኮይኑ ክርአ ይኽእል'ዩ፡ ኣብ ዕድመ ሓደ ህዝቢ ግን ነዊሕ ኣይኮነን።

ምዕቃብን ምምዃስን ምጽምባልን ክብርታትን ልምድታትን ታሪኽን እምነታትን ኤርትራ ናይዚ ራእይ'ዚ ኣገደስቲ ባእታታት'ዮም። ኣብ ቅድሚ ጸገም'ውን እንተ ኾነ፡ ታሪኽ ካብቲ ዝጸልመተ ምዕራፋቱ ከይተረፈ ክቡር ትምህርቲ ዝህብ ዝተሓላለኸ መምህር ምዃኑ ብምእማን፡ ብመንነትካ ምሕባን ልዕሊ ኩሉ'ዩ። ብናይ ኣርኪዮሎጅን ታሪኽን ምርምር ዝተደገፉ ታሪኻዊ ስልጣነን ታሪኻውያን ቦታታትን ሓዊስካ፡ ሃብታም ሕሉፍን ዘመናውን ታሪኽ ኤርትራ ምድህሳስ ልዕሊ ኾሉ ኣገዳስነት ኣለዎ። ብፍላይ፡ ከም ብዓል በለው ከለው ዝኣመሰለ ያታ ሃገር ምዕቃብ፡ ነቲ ባህላዊ ትረኻ ዕምቈት ይውስኸሉ። እዚ ራእይ'ዚ፡ ንታሪኽን ልምድታትን ክብሪ ይህብ፡ ኣብቶም ኣብ ብልጽግና ሃገር ኣበርክቶ ዝገብሩ ሰባት ድማ ድርኺት ይፈጥር።

ኤርትራ ምስ ጐረባብታ ብሰላም ክትነብር፡ ምስኣታተን ምክብባር ብዝመልአ መገዲ ክትዋሳእ፡ ንናይ ሓባር ዕላማታት ዘቐድሙ ዘባዊ ምትሕብባር ከተዕቢ፡ ሰላማዊ ኣገባብ ኣፈታትሓ ግርጭታት ከተሰጉም ክንዕዘብ ንብህግ።

ሃይማኖታዊ ናጽነት ካልእ ዓንዲ ሕብረተሰብ'ዩ። እምነት ኣብ ሕብረተሰብና ከም ናይ ምርግጋእ መሳርሒ ኮይኑ ኣገልጊሉ'ዩ። ነቶም ብዕድመ ዝደፍኡ ምኽባር፡ ምህናጽ ሓባራዊ ምርድዳእ፡ ጽቡቕን ኣነዋሪ ጠባይን ምልላይ፡ ወዘተ ካብ እምነት ተነጺሎም ዘይርኣዩ ማሕበራዊ ክብርታትና'ዮም። ለውጢ ከም ተፈጥሮኣዊ ናይ ምዕባለ መስርሕ ክረአ ኣለዎ። ሓሓሊፉ ኣንፈት ወይ ድራኸ ዝሓትት'ኳ እንተኾነ፡ ከም ዕንወት ግን ፈጺሙ ክረአ የብሉን። ንእዋናዊ ኣሰራርሓታት ንምድልዳል፡ ካብ ዝሓለፉ ትካላት፡ መግዛእታዊ ይኹን ካብ ካልእ፡ ዝወረስናዮም ምህሮታት ምውካስ ኣገዳሲ ይኸውን። እቲ ዕላማ ኣብቲ "ንቡርነት" ዝሰፈነሉ ሃዋህው፡ ሰባት ሰራሑም ዝኣትዉሉ፡ እምነቶም ብዘይ

ፍርሒ ዘዘውትሩሉ፡ ሓሳባቶም ብናጽነት ዝገልጹሉ፡ ከም ዜጋታት/ደቂሰባት መሰሎም ዘስተማቕሩሉ ሕብረተሰብ ምፍጣር'ዩ።

ኣብዚ ራእይ'ዚ፡ ወለዲ ንደቆም ምስ ክብርታቶምን ባህግታቶምን ብምቅዳው፡ ፍቕርን ሓልዮትን ብምርኣይ፡ ናጽነት ዘለዎም ህጻናት ይኹስኩሱ። ስርዓተ ፍትሒ ብግሉጽነት ይሰርሕ፣ ልዕልና ሕጊ ንኹሉ ብማዕረ ዝዳኒ ምዃኑ የረጋግጽ። ኣብቲ ብሕግታትን ፖሊሲታትን ስርዓታትን ዝምራሕ ሃገር፡ ውጽኢታቱ ብኣግኡ ክግመት ይከኣል። ንዝተፈላለዩ ኣረኣእያታትን ርእይቶታትን ንምጽውዋር ከም ልምዲ ይውሰድ፣ ማሕበራዊ ፍትሒ ብርትዓዊ ምክፍፋል ጸጋታት ሃገር፡ ኣብ ከም ምዕሩይ ዝርጋሐ ዘለዎም ናይ ትምህርትን ክንክን ጥዕናን ዝኣመሰሉ ኣገደስቲ ኣገልግሎታት ብዝግበር ወፍሪ ይድገፍ።

ምዕባለ ኤርትራ ብቐንዱ ኣብ ምውህሃድን ምጒስጓስን ኣጠቓቕማን ከባብያዊ ጸጋታትን፡ ማሕበረሰብ ዝመሰረቱ መደባት ልምዓትን፡ ከምኡ'ውን ኣብ ምድንፋዕ መሰረታዊ ውልቃዊ ተበግሶታት'ዩ ዝምርኰስ። ንኹሉ ዝሓቍፍን ንጠለባት ህዝቢ ትኹረት ዝህብን ተበግሶ ልዕሊ ኩሉ'ዩ። ትካላት ትምህርትን ማእከላት ምርምርን ማእከላት ብሉጽነትን፡ ንመሃዝነትን ፈጠራን ዘደንፍዓ ትካላት ንምዃን ክተባብዓ ይግብአን።

እዚ ራእይ'ዚ፡ ብልጽግናን ምርግጋእን ባህላዊ ብዙሕነትን ዝወሃሃደላ መጻኢት ኤርትራ ዝምነ ኮይኑ፡ ንታሪኻ ጥራይ ዘይኮነስ ንኽብሪ ናይታ ተስፋ እተነብረላ ሃገር ዘረጋግጽ'ዩ።

እቲ ራእይ፡ ኣብ መንጎ ህዝቢ ፍትሓውን ምዕሩይን ምክፍፋል ሃገራዊ ጸጋታት ዘተባብዕ ኮይኑ ኣብ መንጎ ሃብታማትን ድኻታትን ሰፊሕ ጋግ ንኸይፍጠር ጥንቃቐ ክዝውተር ይግባእ።

እዚ ራእይ'ዚ ናይተን ፍርቂ ኣካል ናይቲ ሕብረተሰብ ዝኾና ደቂ ኣንስትዮ ማዕርነታዊ ተሳትፎ ዝጠልብን፡ ድሌተንን ባህገንን ዘማልእን'ዩ። ንኹለን ብሄራት ኤርትራ ድማ ብማዕረ ይርኢ፡ ንሰናይ መጻኢአን ድማ ኣበርቲዑ ይጽዕት።

ምዕራፍ 3

መሰረታት ቍጠባዊ ልምዓት ኤርትራ

ን ቍጠባዊ ልምዓታዊ መርሓ ጐደና ንምርቃቕ ዝሕግዙ ገለ ገለ መርሓ ሓሳባት ቅድሚ ምቕራብ፡ ብዛዕባ ልምዓት ከም ኣምር መጠን ምዝራብ፡ ልምዓታዊ ወፍርታት ኣብ ከመይ ዝኣመሰለ ኵነታት ከም ዝካየዱ ምርኣይ፡ ዘቤታዊ ልምዓት ካብ ዞባውን ኣህጉራውን ስርዓተ ቍጠባ ተነጻጺሉ ክርአ ከም ዘይብሉ ምግንዛብን ኣብ መጨረሽታ ድማ ዘቤታዊ ልምዓታዊ ወፍሪ ንምክያድ ኣብ ዓለም ክሳብ ሕጂ ዝተጠርዩ ተመክሮታትን ምህሮታትን ገናጺልካ ምስትምቓርን ምዅምሳዕን ዘድሊ መሲሉ ይርኣየኒ።

ልምዓት ከም ኣምር

ሕብረተ ሰባት ብባህሪኦም ኣብ ህይወቶም ኣዎንታዊ ለውጥን ምምሕያሽን ንኸምጽኡ ይጽዕሩ፣ ነዚ ንምዕዋት ድማ ራእይታቶም ንምቕራጽ ኣብ ዝካየድ ናይ ምምኽኻር መስርሕ ብንጡፍ ይሳተፉ። ነፍስ ወከፍ ሕብረተሰብ ናይ ባዕሉ ፍሉያት ባህርያት ዘለዎ ኮይኑ፡ ነቲ ዝብህጎ ለውጢ ንምግሃድ ድማ ናይ ገዛእ ርእሱ ፍሉይ መገዲ ወይ ስትራተጂ ይመርጽ። እዞም ስትራተጅታት'ዚ ኣቶም፡ ምስ ፍሉያት ኣብቲ ሃገር ዝተኸሰኩሱ ዕላማታትን ኵነታትን ዝቃደዉን ዝናበቡን'ዮም። ናህሪ ኣሰጓጉማ ናይቲ ልምዓታዊ መስርሕ ድማ ባዕሎም ይቈጻጸርዎን ይውስንዎን።

ልምዓት'ምበኣር መሰረታዊ ድሌታት ኣማሊኡ ውሑስ ህይወት ንምምራሕ ዕድል ዘቕርብ ወይ ዝህብ ዳይናሚካዊ ኣምር'ዩ። ልምዓት ናይ ፈጠራን ምህዞን ዓቕሚ

የዕቢ፡ ዝሓሸ መጻኢ ንምውሓስ ድማ ማዕጾ ይኸፍት። ብቐንዱ፡ ልምዓት ንዘቤታዊ ባህግን ጠለባትን ዘማእከለ፡ ብዘቤታዊ ተበግሶ ዝድረኸ፡ ብህዝብን፡ ባዕሉ ብዝመረጾም መራሕቱን ዝተሓቝፈ ክኸውንን'ውን ይግባእ። ልምዓታዊ ተበግሶ ዝተሓላለኸ መስርሕ ብምዃኑ፡ ብዓለምለኻዊ ደረጃ ኣብ ግብሪ ኽውዕል ዘኽእል እንኮ መፍትሐ ግድል ወይ ድማ ንኹሉ ዝመጣጠን ሓደ ዓይነት ዓቐን መፍትሒ የለን። እቶም መፍትሒታት፡ መምስቲ ኩነታት ዝዛመዱን ምስ ፍሉያት ድሌታትን ኩነታትን ነፍስ ወከፍ ሕብረተሰብ ዝሰማምዑን ክኾኑ ይግባእ።

ቍጠባዊ ዕብየት ዘላቒ ምእንቲ ክኸውን ሓቒፊ፡ ንኹሉ ብማዕረ ዘሳትፍ፡ ካብዚ ሓሊፉ ድማ ምዕሩይ ዝርጋሐ ጸጋታት ሃገር ዘውሕስን ኣከባብያዊ ጸጋታት ንኽዕቐቡን ከይበርሱን ድማ ብሓላፍነታዊ ዝኾነ መገዲ ምጥቃምን ኣገዳሲ'ዩ። ከምቲ ሓደ ሓደ ናይ ስነ ቍጠባ ክኢላታት ዝብልዎ፡ ልምዓት ከም ሓደ ንማሕበራዊ መዋቕራት፡ ህዝባዊ ኣመለኻኽታታት፡ ሃገራዊ ትካላት፡ ቅልጣፈ ቍጠባዊ ዕብየት፡ ምንካይ ዘይምዕሩይነትን ንድኽነት ካብ ሱሩ ናይ ምምሓውን ተግባራት ዘጠቓለለ ኹለንተናዊ መስርሕ'ዩ። ብቐንዱ ድማ ካብ ሓደ ዘየዕጋቢ ኩነታት መነባብሮ ህዝቢ ናብ ዝሓሸ ኩነታት ንምምራሕ ዘኽእል ናይ ለውጢ ጒዕዞ'ዩ።

ኣህጉራውያን፡ ዞባውያንን ኮኑ ናይ ጐደቦ መሻርኽትን፡ ተክኖሎጂያዊ፡ ተክኒካዊን ፋይናንስያውን ሓገዛትን ንልምዓት ደገፍ ኣብ ምሃብ ኣበርክቶ ክገብሩ ዝኽእሉ'ዮም። እዚ ደገፍ'ዚ ግን ኣብ ትሕቲ ዝኾነ ይኹን ኩነታት ነቲ ናይ ተጠቃሚ ማሕበረ ሰብ መሪሕነት፡ ውሽጣዊ ጸጋታት፡ ጻዕርታትን ተወፋይነትን ክትክእ ከም ዘይክእልን ከም ዘይብሉን ምግንዛብ ግን ግድን'ዩ። ሓንቲ ሃገር እትሰስንን እትብልጽግን፡ ናይቲ ህዝቢ ብልጫታት፡ ጻዕርን መሃዝነትን ክበራበርን ክዕንብብን ምቹእ ባይታ ምስ ዝፍጠረሉ'ዩ። ሰናይ ምሕደራ ምጥያስ'ምበኣር ኣፍራይነት ኣብ ዝለዓለ ደረጃ ንኽበጽሕ ውሕስነት ይህብ። ወፍሪ ልምዓት፡ ናይ ውልቀ ሰባት ፈጠራነትን ናይቲ ብሕታዊ ክፋል ኣበርክቶን ከም ቀንዲ ረቛሒ ይጠልብ።

እቲ ብዩ.ኤን.ዲ.ፒ. (UNDP) ዝቐረበ ጸብጻብ ሰብኣዊ ልምዓት 2011 ዓ.ም.፡ ኣብ ዝኾነ ይኹን ልምዓታዊ መስርሕ፡ ንምዕሩይነትን ዘላቕነትን ኣብ ቅድሚት ይሰርዕ። እዚ፡ ነቲ ኣብ መንጎ ዘላቕነት በቲ ሓደ ወገን ጒዳይ ምዕሩይነት ድማ በቲ ሓደ ዘሎ ዝተሓላለኸ ምትእስሳር የጕልሕ። እዚ መትከል'ዚ፡ ልዑል ደረጃ ዘለዎ ህይወት ንምስትምቓርን ማሕበራዊ ፍትሒ ንምርግጋጽን ዘማእከለ ኢዩ። ዘላቕነት ክብሃል እንከሎ ብንቕሓት፡ ህይወትና ከመይ ጌርና ክንመርሖ ከም እንመርጽን፡ ከምኡ ድማ ኩሉ'ቲ እንገብሮ ኣብቶም ከማና ዝኣመሰሉ ሸውዓተ ቢልዮን ህዝብን ኣብቶም ዝስዕቡ ካልኦት ብቢልዮናትን

ዝቕጻሩ ተካእቲ ወለዶታትን ሳዕቤን ከም ዘለዎ ምግንዛብ ከም ዝጠልብ እቲ ጸብጻብ የስምረሉ (UNDP, 2019)።

ንጠለባትን ቀዳምነታትን ሕብረተሰብ ብዝበለጸ ንምርዳእን ንምትብባዕን ዝግበር ጻዕሪ፡ መብዛሕትኡ ግዜ ኣገዳስን ጽልዋ ዘለዎን ውጽኢት ንምርካብ ዝቐለለ ከም ዝኸውን ይገብሮ። ከምኡ ብምግባር፡ መሻርኸቲ ልምዓት፡ ኣብ ዘላቕነት ዘለዎም ተበግሶታት ክነጥፉን ከም መሻርኸቲ ዘለዎም ግቡኣት ክፍጽሙን ይኽእሉ። ብመሰረቱ፡ ዕላማ ልምዓታዊ ተበግሶታት፡ ንዜጋታት ሃገር ኣብ ውሽጢ ፍሉይ ኩነታቶም፡ ናብቲ ባዕሎም ኣብ ኣእምሮኦም ዝሰኣልዎ መጻኢ ንኽበጽሑን ኣብ ፍረ ንኽብጽሑዎን ምሕያል'ዩ።

ባህሊ ኣብ ግስጋሰ ሓደ ሕብረተሰብ ጸላዊ ረቛሒ ክኸውን ይኽእል'ዩ። ባህሊ፡ መንነት ሓደ ሕብረተሰብ ይቐርጽ። ንዘቤታዊ ግስጋሰ ዝሕግዝ ናይ ሕብረተሰብኣዊ ኣባልነት ስምዒት ድማ ይፈጥር። ባህሊ ማሕበራዊ ስጥመትን ናይ ምትሕግጋዝ መንፈስን የደንፍዕ። ብባህሉ ዝንየትን ብመንነቱን ታሪኹን ዝሕበን ሕብረተሰብ ወላ'ኳ ቅልጣፈ እንተ ዘይሃለዎ፡ ውጽኢት ጻዕሩ ውሑስ ከም ዝኸውን ግን ዘጠራጥር ኣይኮነን። ከመይሲ ባህሊ ንመንኰርኮር ታሪኽ ዝደፍእ ኣገዳሲ ባእታ ስለ ዝኾነ። እዚ ድማ ሕብረተ ሰባት፡ ንመስርሕ ልምዓት ንምምራሕ፡ ያታውያንን ዘመናውያንን መዋቕራቶምን እምነታቶምን ስርዓተ ክብርታቶምን ንኽጥቀሙን ህቀናታቶም ዘላቒ ንክኸውንን ይሕግዞም።

ካብ ኣህጉራዊ ረድኤት ናብ ልምዓታዊ ምትሕብባር

ልምዓታዊ ሽርክነት፡ ኣብ መንጎ ሃገራት (ዝማዕበላን ኣብ ጐደና ልምዓት ዝርከባን) ሓቀኛ (ዝኾነ ምትሕብባር ወይ ምትሕጋግዝ ንኽድንፍዑ ዝሕግዝ ኣምር ወይ መትከል'ዩ። እዚ ኣምር'ዚ ንሓቛፍነት የተባብዕ፡ ናይ ተጠቀምቲ ሕብረተ ሰባት ድሌታት፡ ባህግታትን ቀደምትነታትን ስለ ዘቕድም ድማ ንዘላቒ ልምዓትን ኣብ ተግባር ንዝገሃዱ ብድሆታት ንምፍታሕን ድማ ዕድላት ይፈጥር። ኣብ ምቕራጽ ልምዓታዊ ኣጀንዳ ንዘቤታዊ ቀደምትነታት ኣብ ቅድሚት ምስራዕ'ምበኣር ኣብ ዋጋ ዕዳጋ ክኣቱ ዘይግብኦ ግድነታዊ ዕማም'ዩ።

ልምዓታዊ ሽርክነት፡ ኣብ ክንዲ ኣብ ናይ ሓጺር እዋን፡ ንነዊሕ ዝጠመተ ፍታሓት ንምንዳይ ዘኽእሉ ኣገባባት ሃሰው ንምባል ይሕግዝ። ከም ክኢላዊ ዓቕሚ ሰብ ምምዕባል፡ ኣብ ምውዳድ ትሕተ ቕርጺ ዘተኮረ ወፍሪ ምግባርን ንኹለንተናዊ ምዕባለ ሕብረተሰብ ኣብ ዘተባባዑ ስትራተጅታት የተኵር። ኣብዚ ጥራይ ከይተሓጽረ ንፈጠራውነትን ንኣብ ባይታ ዘለዉ ሓቅታትን ኣብ ግምት ዘእትዉ ፍታሓትን ንምውሓስ'ውን የተባብዕ። እዚ

ብግዴኡ ንኣዝዮም ዝተሓላለኹ ልምዓታውያን ብድሆታት ንምግጣምን ንምስጋርን ዘኽእል ሃዋህው ይፈጥር።

ልምዓታዊ ጻዕርታት ንምቅልጣፍን ኣብ ከብ ዝበለ ደረጃ ንምብጻሕን ምእንቲ ክከኣል፡ ልምዓታዊ ምትሕብባር ንዋኒናውነት ዘማእከለ ዝምድና ክኾስኩስ የግባእ። እዚ ድማ ኣብ ምጽወታን ጽቡቕ ድሌትን ዘይኮነ፡ ኣብ ምምልላእ ሓድሕዳዊ ረብሓ ክምርኰስ ይግባእ። እዚ ብግዴኡ፡ ኣብ መንጎ ተሻረኽቲ ኣብ ተሓታትነትን ሓባራዊ ሓላፍነትን ግዴታን ዝተሞርኰሰ ዝምድና ንኽህነጽ ድርኺት ይፈጥር። ልምዓታዊ ምትሕብባር፡ ወፍሪ ምስ ስነ መጐት ዋኒን ከም ዝናበብ ብምግባር ዘላቒ ዝኾነ ቅርጻ መቓን ንምድንፋዕ ይሕግዝ።

ቀጥታዊ ናይ ወጻኢ ወፍሪ ሓደ ኣገዳሲ መዳይ ናይዚ ምትሕግጋዝ'ዩ። ቀጥታዊ ናይ ወጻኢ ወፍሪ ብምትብባዕ፡ ልምዓታዊ ተበግሶታት ቍጠባዊ ንጥፈታትን ሸቕለትን ከዕብዩ ተኽእሎ ኣሎ። ቀጥታዊ ናይ ወጻኢ ወፍሪ፡ ርእሰማል ኣብ ዘቤታዊ ቍጠባ ምፍሳስ ጥራይ ዘይኮነ፡ ኣብ ምስጋግር ተክኖሎጂ፡ ሞያዊ ዓቕምን ተበጽሓነት ዕዳጋን ኣብ ምስላጥ'ውን ይሕግዝ'ዩ። እዚ ብግዴኡ ቍጠባዊ ዕብየት ከረጋግጽ ተኽእሎ ኣሎ።

ልምዓታዊ ምትሕግጋዝ፡ ኣብ መንጎ ምዕቡላትን ኣብ ጐደና ልምዓት ዝርከባ ሃገራትን ዝግበር ንግዳዊ ልውውጣት ንምትብባዕ ኣበርክቶ ኣለዎ። ንኣብ ጐደና ልምዓት ዝርከባ ሃገራት፡ ኣብቲ ዓውለማዊ ሰንሰለት ቀረብን ዕዳጋን ንኽወሃሃዳ ዕድላት ይኸፍት። ንግዲ ድማ ብዙሐ መዳያዊ ቍጠባ ንኽድንፍዕ፡ መነባብሮ ህዝቢ ንምምሕያሽን ሓያል ዓውለማዊ ሽርክነትን ንምውሓስን ይሕግዝ።

ክንዮ'ቲ ያታዊ ናይ ውሃብን ተቐባልን ዳይናሚክ፡ ልምዓታዊ ምትሕግጋዝ ኣብ መንጎ'ቶም ሰብ ብርኪ ማዕርነትን ሓድሕዳዊ ምክብባርን የውሕስ። እዚ ለውጢ'ዚ፡ ኵሎም ሰብ ብርኪ ኣብ ክንዲ ካብ በበይኖም፡ እናተመላልኡ ሓባራዊ ፍትሓት ንምንዳይ ዝኽእሉሉ ሃዋህው የኸስት።

ናይ "ሓባር መጓዓዝቲ" ዝብል ብሂል ንኸምዚ ዝዓይነቱ ሽርክነት ይገልጽ። ልምዓታዊ ምትሕግጋዝ'ምበኣር ምትሕብባር'ዩ ዘሳሲ። ብኣጠቓላሊ ክርአ እንከሎ ድማ ናይ ምትእምማን መንፈስ ይኾስኵስን ኣብ ነዊሕ ዝጠመተ ዝምድና የጣጥሕን። እዚእቶም ድማ እቶ ቀንዲ ቅድመ ኵነታት ናይ ዘላቒ ዕብየትን ፈጠራውነትን'ዮም።

ተወሳኺ ብልጫ ናይ ልምዓታዊ ምትሕግጋዝ፡ እቲ ንኹሎም ሰብ ብርኪ ብሓባርን ብማዕረን ንኽሰርሑ ዝፈጥሮ ምቹእ ባይታ'ዩ። ኣብ ከምዚ ዝኣመሰለ ቅርጻ መቓን ነፍሲ ወከፍ ድምጺ ንኽስማዕ ዘሎ ዕድል ዓቢ'ዩ። እዚ ብግዴኡ፡ ንኣሽቱ ወይ

ኤርትራ፡ ቀለስቲ ሓሳባት ንሕውየት ሃገር

ኣብ ጕደና ልምዓት ዝርከባ ሃገራት ኣብ ዓውለማዊ ዕዳጋ ፍትሓዊ ብዝኾነ መገዲ ንኽወዳደራን ኣብቲ ዘይሚዛናዊ ዝኾነ ዓውለማዊ ቍጠባ ኣበርክቶ ክገብራን ዕድል ይረኽባ።

እቲ ካልእ ፍታሕ፡ ዋንነት ዘቤታዊ ወፍሪ ምትብባዕ'ዩ። ዘቤታውያን ሰብ ብርኪ ዋንነት ናይቶም ዘማሕድርዎን ልምዓታዊ መደባት ከረጋግጹ እንከለዉ መብዛሕትኡ ግዜ እቶም ተበግሶታት ምስ ናታቶም ድሌታትን ቀደምትነታትን ይናበቡ'ዮም። ዋነንት ድማ ንተወፋይነትን ዘላቒ ዕብየትን የበርኽ፣ ልምዓታዊ መደባት ውጽኢታውያን ንክኾኑ ዘሎ ተኽእሎ ድማ ብዝተዓጸጸፈ መገዲ የዕቢ። እዚ ንኽረጋገጽ ግን ምስ ግዜን ኵነታትን ዝናበብ ማክሮ ቍጠባዊ ፖሊሲ ምርቃቕን ምትግባርን ይሓትት። እዚ ማክሮ ቍጠባዊ ፖሊሲ'ዚ ንዋኒናውነት፡ ውህለላን ወፍርን፡ ከምኡ ድማ ንሰደድ ዘተባብዕ ክኸውን ይጥለብ። ብዘይካ'ዚ፡ ንኣድላይነት ሓያል ንግዳዊ ዝምድናን ምስ ጐረባብትን ካልኦት ሃገራትን ንምድንፋዕ ይእምም። ከምኡ'ውን ዞባዊ ምትሕብባር።

ዘቤታዊ ጸጋታት ምምዝማዝ መሰረታዊ ባእታ ናይ ልምዓታዊ ተበግሶ'ዩ። ዘቤታዊ ዓቕምታትን ጸጋታትን እንተድኣ ብግቡእ ተኹስኵሶምን ተተባቢዖምን፡ ወፍርታት ኣድማዕቲ ክኾኑን ዜጋታት ድማ ወነንቲ ልምዓታዊ ጕዕዞኦም ዘይኾኑሉ ምኽንያት የለን። እዚ ንዘላቒ ዕብየት ምቹእ ሃዋህው ዝፈጥር ጥራይ ዘይኮነስ፡ ንኣድማዕን ትርጉም ዘለዎን ልምዓታዊ ተበግሶ መሰረት'ውን የንጽፍ'ዩ።

ሓደ ካልእ ኣገዳሲ ባእታ ናይ ልምዓት፡ ኣብ መንጎ ህዝቢ ፍትሓውን ምዕሩይን ምክፍፋል ሃገራዊ ጸጋታት ምትብባዕ ኮይኑ ኣብ መንጎ ሃብታማትን ድኻታትን ሰፊሕ ጋግ ንኸይፍጠር ጥንቃቐ ክዝውተር ይግባእ። ኣብነታት ንምጥቃስ ዝኣክል፡- ናይጀርያ ኣብ መዓልቲ 1.8 ሚልዮን በራሚል ነዳዲ ናይ ምፍራይ ዓቕሚ ዘለዋ ኣብ ምምዕባል እትርከብ ሃገር'ያ፣ ግንከ 40.1% ናይ ህዝባ ትሕቲ መስመር ድኽነት ይነብር። ኣብ መዓልቲ ትሕቲ $2.15 ዝእቶቱ ሰብ ወይ ስድራ ቤት ከም ኣብ ትሕቲ መስመር ድኽነት ከም ዝነበር ዘሎ'ዩ ይጽብጸብ። ሓንቲ ካልእ ኣፍሪቃዊት ሃገር - ጋቦን - ብባህርያዊ ጸጋታት ሃብታም ካብ ምዃን ዝተላዕለ ምስ ካልኦት ሃገራት ኣፍሪቃ ምስ እተነጻጸራ ልዑል ዝኾነ ውልቃዊ ብጽሒት ጃምላዊ ዘቤታዊ ፍርያት ($8,017) ኣለዋ። ከምዚ ኮይኑ ከብቅዕ ግን 33.4% ህዝባ ብድኽነት ይነብር። መጠን ሽቕለተ ኣልቦነት ድማ 28.8% ይበጽሕ። ኽልቲኦም ኣብነታት ንሓደ ነገር የመላኽቱ፡- ተሓታትነትን ሰናይ ምሕደራን ኣብ ዝቦኽረሎም ሃገራት፡ መጠነ ጸጋታት ብዘየገድስ፡ እቲ ህዝቢ ኣብ ዲቕ ዝበለ ድኽነት ናይ ምንባር ተኽእሎ ኣሎ።

ልምዓታዊ ጐደና ኣብ ምምዕባል ዝርከባ ሃገራት፡ ሓደ ሓደ ምህሮታት

ከምቲ ኣብ ምዕራፍ 1 ዝተገልጸ ኤርትራ ሓንቲ ካብተን ኣብዞም ዝሓለፉ ሰላሳን ኣርባዕተን ዓመታት ቀጣጠባዊ ዕብየት ዘየርኣየትን መነባብሮ ዜጋታታ ዘየመሓየሸትን ሃገር'ያ እትጽብጸብ።

ኤርትራ፡ ወይ ካልኦት ምስ ናይ ኤርትራ ዝለሳሰል ቁጠባ ዘለወን ኣብ ምምዕባል ዝርከባ ሃገራት፡ ምስ ቀዳምነታተን ወይ ድሌታተን ዘይሰማማዕ ኣገባብ ሓገዝ፡ ብመልክዕ ልቓሕ ይኹን፡ ብመልክዕ ሓገዝ፡ ወይ ካልእ፡ ኣብ ናይ ወጻኢ ረድኤት ጽግዕተኛ ክኾና ኣይጣበቕን እየ። ካብዚ ሓሊፉ፡ ኤርትራ ትኹን ካልእ ኣእንጋዲት ኣብ ጐደና ልምዓት እትርከብ ሃገር፡ ዋንነትን መሪሕነትን ናይቲ ብናይ ወጻኢ ሓገዝ ዝምወሉ መደባት ክትወስድ ኣገዳሲ'ዩ ዝብል እምነት ኣሎኒ። ዘላቒ ሓገዝ ኩሉ ግዜ ንድሌትን ባህግን ማሕበረ ሰባት ዘማእከለ ክኸውን ስለ ዝግባእ።

ኤርትራ ትኹን ካልእ ኣብ ምምዕባል እትርከብ ሃገር፡ ኣብዛ ነንሓድሕዳ ዝተጠናነገት ዓለም፡ ሓንቲ ሃገር ተነጺላ ክትነብር ከም ዘይትኽእል ክትርዳእ የድሊ። ሓንቲ ሃገር፡ ምስ ከምኣ ዝኣመሰላ ልኡላውያን ሃገራት ኣብ ጽምዶ ክትኣቱን ኩሎም ሰብ ብርኪ ዝረብሑሉ ፍታሓት ሃሰው ክትብልን ሓላፍነት ኣለዋ። እዚ ኣገባብ ጽምዶ'ዚ፡ ብኣንጻር'ቲ ጸወታ ዜሮ ድምር፡ ብመንፈስ ምትሕብባርን ልዝብን ክካየድ ከም ዘለዎን ሓባራዊ ፍታሕ ንምርካብ ድማ ጻዕሪ ከም ዝሓትትን'ዩ ዘጐልሕ። መብዛሕትኡ ግዜ ድማ ነዚ ዝተሓላለኸ ዓውለማዊ ብድሆታት ንምብዳህ ብዘይካ'ዚ ኣብ ላዕሊ ዝተጠቕሰ ሜላ'ዚ ካልእ ኣማራጺ ኣይህሉን።

ኤርትራ፡ ንረብሓታት ዘቤታዊ ዓቕማን ኣህጉራዊ ምትሕብባርን ክትጥቀም ዘይከኣለትሉ ምኽንያት፡ ብዓቢኡ ምስቲ ኣብ ልዕሊ ገዛእ ርእሳ ዝፈረደቶ ተነጽሎ ክዛመድ ይኽእል። ሽድሽተ ክሳብ ሸውዓተ ዓመታት ዝወሰደ ናይ ድሕረ ናጽነት እዋን ኤርትራ ዘቤታዊ ዓቕማን ጸጋታትን ኣብ ምብርባርን ምስ ኣህጉራውያን ትካላት ብምትሕብባር ሃገራዊ ቀዳምነታታ ንምውሓስ ዝገብረቶ ጻዕሪ ዓቢ ኣበርክቶ ከም ዝነበሮ ምስክር'ዩ።

እዚ እናወሓደን እናተጸንቀቐን ዝመጽእ ዘሎ ኣህጉራዊ ደገፍ ንኤርትራን ካልኦት ኣብ ጐደና ልምዓት ዝርከባ ሃገራትን ከም ደወል መጠንቀቕታ ክውሰድ ኣለዎ። ኣብዚ ቀረባ ግዜ ኣብ ሕቡራት መንግስታት ኣመሪካ ዝተኸስተ ምዕባለን (ምዕጻው ናይቲ ብUSAID ዝፍለጥ ናይ ረድኤት ውድብ)፡ ገለ ገለ ሃገራት ምዕራብ ኤውሮጳ (ዓባይ ብሪጣንያ፡ ፈረንሳ፡ ጀርመን) ንረድኤት ዝሰልዕዖ ዝነበራ ባጀት ምንካዩን ንኽንክይ ዘሎ ህቀናታትን (ዓባይ ብሪጣንያ ብ40%፡ ፈረንሳ ብ35%፡ ጀርመን'ውን ነዚ ዝመጣጠን ኣሃዝ) ከም ኣብነት ክጥቀስ ይከኣል'ዩ። ከምዚኣም ዝኣመሰሉ ምዕባለታት ኣብ ግምት ኣእቲኻ'ምበኣር፡ ኣብ ምምዕባል ዝርከባ ሃገራት ንኣህጉራዊ ሓገዝ ከም መመላእታ

ደኣ'ምበር ከም ቀንዲ ደፋኢ ወይ ደራኺ ሓይሊ ናይ ለውጢ ገይረን ክወስድኦ ከም ዘይብለን'ዩ ዝእምት።

ልምዓታዊ ጉዕዞአን ኣብ ምምራሽ ኣብ ዝርከባሉ እዋን፡ እዘን ሃገራት'ዚኣተን ምስ ዞባውያንን ኣህጉራውያንን መሻርኽቲ ኣብ ጽምዶ ምእታው ክሰግርኦ ዘይክእላ ግድነት'ዩ። እዚ ግን ኣብ መትከል ሽርክነት ዝተመስረተ ክኸውን ይግባእ። እዚ ኣገባብ ጽምዶ'ዚ ሓድሕዳዊ ምክብባርን ምትሕግጋዝን ይጠልብ። ልምዓታዊ ምረሻ'ምበኣር ነዞም ዝስዕቡ መተሓሳሰብታት ኣብ ግምት ምእታው ዘድልዮ'ዩ።

ሰናይ ምሕደራ ንምውሓስ ጸዕርታት ምክያድ

ሰናይ ምሕደራ፡ ንቑጠባዊ ዕብየት ወሳኒ ረቛሒ'ዩ። ንውድቀት ፖሊሲን ምርማስ ዕዳጋን ንምውጋድ ድማ ቅድመ ኩነት'ዩ። ባንኪ ዓለም ንምሕደራ ክገልጾ እንከሎ ድማ ኣብ ሓንቲ ሃገር፡ ስልጣን በቲ ዘሎ ልምድታትን ትካላትን ክትግበር እንከሎ'ዩ ይብል። እዚ ድማ መንግስታት ዝምረጹሉ፡ ዝከታተሉሉን ዝተኻኽኡሉን፡ ጥዑይ ፖሊሲታት ብኣድማዒ መገዲ ናይ ምሕንጻጽን ምትግባርን ዓቕሚ፡ ከምኡ'ውን ዜጋታትን መንግስትን ኣብ መንጎኦም ንዝካየድ ቍጠባውን ማሕበራውን ርክባትን ውዕላትን ኣብ ዘመሓድሩ ትካላት ዘለዎም ኣኽብሮት የጠቓልል። እዚኣቶም ድማ ብኣረእእያ ክኢላታት እዚ ዓውዲ'ዚ ነዞም ዝስዕቡ የጠቓልሉ፡-

ሀ) ተሓታትነት፡ እዚ ሰብ ስልጣን በቶም ዘዘውትርዎም ጠባያት (ነውራማትን ቅቡላትን) ተጠየቕቲ ምኳኖም የመልክት፣

ለ) ዘይምእኩልነት፡ እዚ ንኹሎም ሰብ ብርኪ ኣብ መስርሕ ውሳነ ንኽሳተፉ ሃዋህው ይፈጥርን

ሐ) ጥዑያት ፖሊሲታትን ሕግታትን ስርዓታትን ብጥብቂ ምኽባር ድማ ንተገማትነት የውሕስ።

ብዘይካ'ዚ፡ ሓደ ስርዓተ ምሕደራ ግሉጽነት የዘውትር'ዩ ንኽበሃል፡ ዜጋታቱ ብዛዕባ ኩሉም እቲ መንግስቲ ዝወስዶም ስጉምትታትን ፖሊሲታትን ክሕበር ከም ግዴታ ምስ ዝወስዶ'ዩ። ሓደ ኣገዳሲ ክፋል ናይዚ ዕማም'ዚ'ምበኣር ብምፍልላይ ስልጣን፡ ተሓታትነት፡ ግሉጽነት፡ ግዝኣተ ሕጊ፡ ምህናጽ ሓያላት ትካላት ዝልለ ሰናይ ምሕደራ ምኹስኳስን ምህናጽን'ዩ።

ምስ ባይታ ዝናበቡ ፖሊሲታት ምርቃቕን ምትግባርን

ኣብ ምምዕባል ዝርከባ ሃገራት፡ ናብ ምዕቡል ቀ'ጠባ ከብጽሓን ዝኽእል ዘይተጠቕማሉ ዓቕሚ ኣለወን። ነዚ ዓቕሚ'ዚ ንምምዝማዝ ድማ ምውህሃድ ዘቤታዊ ፖሊሲታት በቲ ሓደ ወገን፡ ናይ ወጻኢ ወፍርን ተክኖሎጅን ንምስሓብ ዝሕግዝ ስትራተጂን ድማ በቲ ካልእ የድሊ። እዚ ድማ ብሕታዊ ጽላት ብምሉእ ሓይሉ ንኽነጥፍ ክሕግዝ ይኽእል። እዚ፡ ብኽልተኣዊ ንግዳዊ ውዕላት ምኽታም ዝፍጸም ኮይኑ ንዝተፈላለዩ መሻርኽቲ ወገናት ዘሳትፍ፡ ንኽልቲኡ ወገናት ዝጠቅም ንግዳዊ/ዋኒናዊ ሽርክነት የማዕብል። ንባህግታት ኣህዛበን ዘዕግቡ ወይ ዝምልሱ ኣብ ሃሃገረን ዝተኾስኮሱን ዝማዕበሉን ፖሊሲታት ምርቃቕን ምትግባርን'ምበኣር ኣገዳሲ'ዩ። ከምዚ ንምግባር ንብልሽውና ወይ ግዕዝይና ካብ ሱሩ ምምሓው ከድሊ'ዩ። ንልምዓት ዝድርትን ዝገትእን ተርእዮ ምኺኑ ዝተፈልጠ ስለ ዝኾነ። እዚ ንኣድማዒ ምሕደራ ጸጋታት ኣበርኪቶ ይገብሩ ጥራይ ዘይኮነስ ንብልሽውና ንምብዳህ ይሕግዙ። በሃራት/ልሂቃን ፖለቲካ ኣፍሪቃ'ምበኣር ናይ ዜጋታቶም ባህግታት ንምምላስ ብሓድሽ ኣጠማምታ ክብገሱ ኣለዎውም።

ካብ እንኮ ሽርክነት ናብ ብዙሕነታዊ ሽርክነት

ኣብ ኣህጉራዊ ደገፍ ምሒር ምምርኳስ ንተለዋዋጢ ኩነታት ቀ'ጠባ ዓለም ከም እትቃላዕ ይገብረካ። ከምኡ ክንዲ ዝኾነ ድማ ኣብ ምምዕባል ዝርከባ ሃገራት፡ ሽርክነተን ብዙሕነታዊ ጠባይ ከም ዝህልዎ ምግባር ወይ'ውን ንዝሰፍሐ ምትሕግጋዝ ወይ ጽምዶ ምስ ዝተፈላለዩ ሰብ ብርኪ (ዞባውያን ውድባት፡ ብሕታዊ ጽላትን ሲቪካዊ ማሕበረ ሰብን) ከም ኣማራጺ ዘይኮነስ ከም ግድነታዊ ክግበር ዘለዎ ዕማም ገይረን ክወስድኦ ይግባእ። እዚ ድማ ዘቤታዊ ዓቕምታትን ከእለታትን ምዕባይ፡ ስርዓተ ትምህርቲ ንጠለባት መበል ዕስራን ሓደን ክፍለ ዘመን ከም ዝምልስ ጌርካ ምንዳፍን ሰብኣዊ ርእሰማል ምብራኽን ዝኣመሰሉ ተበግሶታት ምውሳድ ከድሊ'ዩ። እዚ ሲናርዮ'ዚ ንመንኰርኮር ልምዓት ዝደፍእ ዝሰልጠነ ዓቕሚ ሰብ ንምህናጽ ግደ ይህልዎ።

ብሕታዊ ጽላት ቀ'ጠባ ምብርባር

ናይ ሓደ ህዝቢ ምዕባለ፡ ኣብቲ ናይ ዜጋታቱ መሃዝነትን ኣብ ናይቲ ብሕታዊ ጽላት ሓይልን ዓቕምን ጽንዓትን ተበግሶን'ውን እዩ ዝምርኰስ። ኣብ ምምዕባል ዝርከባ ሃገራት፡ ንኽልቲኣን (ንመወልትን ተመወልትን) ብዝጠቅም ንግዳዊ ሽርክነት ኣቢለን

ካብ ተቐበልቲ ሓገዝ ምዃን ስጊረን ናብ ዘባውያንን ኣህጉራውያንን ተዋሳእቲ ክሰጋገራ ይኽእላ እየን። ብቑጠባ ዝማዕበላ ሃገራት፡ ኣብ ዝምዕብላ ዘለዋ ሃገራት ዘርብሕ ናይ ወፍሪ ዋኒናት ንምህናጽ ተበግሶታት ክወስዳ ይኽእላ እየን፣ ከም ኤርትራ ዝኣመሰላ ኣአንገድቲ መንግስታት ድማ ነቲ ኣብ ሽርክነት ዝተመስረተ ወፍሪ ምቹእ ሃዋህው ክፈጥራ ይኽእላ እየን። እዚ ድማ፡ ኵሎም ወገናት ዝዕወቱሉ ኩነታት ክፈጥር ይኽእል። ቍጠባዊ ግስጋሰን ዕብየትን ኣብ ምምዕባል ዝርከባ ሃገራት፡ ኣብ ጥዕና ዘለዎ፡ ዉዕዉዕን ሓያልን ብሕታዊ ጽላት ዝምርኰስ'ውን እዩ።

ሃገራት ካብ ተጸባይነት (ንኣህጉራዊ ደገፍ) ወጺአን ኣብ ዓውለማዊ ቍጠባ ተዋሳእቲ ክኾና ምእንቲ ኣብ ሓድሕዳዊ ምምልላእ ዝተመርኰሰ ንግዳዊ ሽርክነት ምስ ዝኣትዋ'ዩ። እዚ፡ ነቲ ኣብ መንጎ ብሕታውን መንግስታውን ጽላታት ዘሎ ሽርክነት ምምዕባልን ኣብ ስትራተጅያውያን ጽላታት ወፍርታት ንምግባር ደገፍ ምሃብን ይጠልብ። እዚ ብግዴኡ ንዘላቒ ዕብየት፡ ብልጽግናን ዝሓሸ መነባብሮ ህዝቢ ንምጥጣሕን ይሕግዝ።

ሽርክነት መንግስታውን ብሕታዊ ጽላታት

መንግስታውን ብሕታውን ጽላታት ንነሓድሕዶም ከም ጸላእቲ ክረኣኣዩ ኣይግባእን።። ኣብ ልምዓታዊ ወፍሪ፡ መንግስትን እቲ ብሕታዊ ጽላትን ስትራተጅያውያን ነንሓድሕዶም ዝመላልኡ መሓዙት ወይ ሰብ ኪዳን'ዮም። መንግስቲ ብሕታዊ ጽላት ንኽሰስን ምቹእን ተዓጻጻፍን ሃውህው ይፈጥር። ብሕታዊ ጽላት ብግዴኡ ኣብቲ ቍጠባ ወፍሪ ብምግባር፡ ሽቕለት ብምፍጣርን መሃዝነት ብምትእትታውን ኣብ ቍጠባ ሓደ ሃደ ሃገር ሰፍ ዘይብል ኣስተዋጽኦ ይገብር። ናይ ብሕታዊ ጽላትን ናይ መንግስትን ሽርክነት ምሕብሓብ፡ ኣብ ስትራተጂያዊ ጽላታት ንዝግበር ወፍሪ ድማ ምድጋፍ፡ ኣብ ዝምዕብላ ሃገራት ዘላቒ ቍጠባዊ ዕቤት የመቻችእን ብልጽግናን ዝሓሸ መነባብሮን ድማ የደንፍዕን። እዚ ዓይነት ናይ ምትሕብባር ኣገባብ ንረብሓታት ዝተፈላለዩ መሻርኽቲ ኣካላት ዝሰማምዕ ኮይኑ፡ ነቲ ሰፊሕ ለውጢ ዘምጽእ ዘቤታዊ ዓቕሚ ናይ ምብርባር ተራ ይህልዎ።

ገለ ገለ መድረኻት ምዝላል

ኣብ ምምዕባል ዝርከባ ሃገራት፡ ተክኖሎጅን ሰብ ሰርሖ ብልሕን ተጠቒመን ቍጠባዊ ዕብየት ንምምችቻእን ንምቅልጣፍን ዘሎ ተኽእሎ ክድህሰስኦ ይግባእ። እዚ መስርሕ'ዚ እንሓንሳእ "ዝላ እንቍርዖብ" (leapfrogging) ተባሂሉ'ውን ይጽዋዕ። ዘመናዊ ተክኖሎጂ

ተጠቒምካ ክግበር ከም ዝከኣል ድማ ዓለም ኣመስኪራ'ያ። ነዚ ተኸእሎ'ዚ ንምውሓስ፡ ዲጂታዊ ትሕተ ቕርጺ ምውዳድን ኣብ ትምህርቲ ድማ ወፍሪ ምግባርን ከድልየን'ዩ። ምስ ግሎባውያን ናይ ተክኖሎጂ ኩባንያታትን መንግስታትን ኣብ ጽምዶ ምእታው ነቲ እዚ ጽላት'ዚ ዝጠልቦ ጸጋታትን ክእለታትን (ዓቕምታትን) ንምድላብን ምውሓስን ይሕግዝ። ኣብ ምምዕባል ተንቀሳቓሲ ርኽክብን ትምህርትን (ምምዕባል ዓቕሚ ሰብ) ወፍርታት ምግባር ድማ ከድሊ'ዩ።

ዲጂታዊ ኤለክትሮኒክ ንግዲ፡ ዘቤታውያን ዋኒናት ዝሰፍሐ ዕዳጋ ንኽረኽባ ይሕግዘን። ንዋኒናውነትን ቍጠባዊ ብዙሕነትን ንምምዕባል ድማ የደነፍዕ። ተንቀሳቓሲ ስርዓተ ክፍሊትን ማይክሮ ፋይናንስን[xvi] ኣብቶም ያታውያን ፋይናንሲያውያን ስርዓታት ተበጻሕነት ንዘይብሎም ዜጋታት፡ ኣብ ሃገራዊ ቍጠባ ንኽሳተፉ የመቻችኣሎም። ከምዚኦም ዝኣመሰሉ ተበግሶታት ኣብ ልምዓታዊ ጉዕዞ ኣርባሒ ጽልዋ ክህልዎም ይኽእል'ዩ።

ዞባዊ ምትሕብባር ምድንፋዕ

ኣብ ምምዕባል ዝርከባ ሃገራት፡ ኣብዛ ዝተወሳሰበት ዓለም፡ ይትረፍዶ ክሰስና፡ ህላዌአን ከረጋግጸ'ውን እንተኾነ ብርቱዕ ምኽኑ ክግንዘባ የድሊ። ምስ ካልኦት ኣብ ጽምዶ ምእታውን ንኹሉ ዘርብሕ ፍታሕ ምንዳይን ድማ ኣገዳሲ'ዩ። እዚ ኣገባብ ጽምዶ'ዚ ንምትሕብባርን ልዝብን የተባብዕ። ንዝተወሳሰቡ ዓለማዊ ብድሆታት ንምግጣም ድማ ይሕግዝ። ዞባዊ ምትሕብባር፡ ኣብ ዝሰፍሐ ዕዳጋ ተበጻሕነት ኣብ ምርካብን ናይ ወፍሪ ክሊማ ንምምሕያሽን'ውን ይሕግዝ። ኣውፈርቲ፡ ርጉእ፡ ዝተወሃሃደ ዕዳጋ፡ ውሑዳት ሓጹራትን ዝተሓተ ቀረጽን ይጠልቡ። ኣብ ርእሲ'ዚ፡ ምውዳድ ሓያል ትሕተ ቅርጽን ተገማቲ ዝኾነ መቈጻጸሪ ሃዋህውን'ውን ይሓቱ።

ካብ እንኮ ቍጠባ ናብ ብዙሕነታዊ ቍጠባ

ቍጠባ ብዙሕነታዊ ጠባይ ከም ዝህልዎ ምግባር ንሓንቲ ኣብ ምምዕባል እትርከብ ሃገር ጠቓሚ'ዩ። ጽግዕተኛ ናይ ኣብ ሓደ ዝተወሰነ ምንጪ ናይ ኣታዊ ዝምርኰስ ቍጠባ ካብ ምኳን የገላግልን ካብ ከጋጥም ዝኽእል ቍጠባዊ ወቕዒ ንምክልኻልን ድማ ይረድእ። ከም ማውሪሸስን (ኣብ ኣፍሪቃ) ከምኡ ድማ ኣብ ደቡባዊ ምብራቕ ኤስያን ዝርከባ ሃገራትን ነዚ ብድሆ'ዚ ብውሕልነት ከም ዝገጠምኦ ምጥቃስ ኣኻሊ'ዩ። ካብዚ

ሓሊፉ፡ ሃገራት ኣብ ምውህሃድ ዕዳጋ ኽደፍኣን ክንዮ ምዀዓት ጥረ ማዕድናት (ንዋት) ሓሊፈን ድማ ኣብ ሰድደ ዝተመስርሑ ጥረ ናውቲ ከተኵራን ይግባእ። ኣብ ስነ ቍጠባ እዚ ተርእዮ'ዚ ወሰኽ ክብሪ ተባሂሉ ይግለጽ።

ምእካብ ቀረጽ ንባዕሉ ሓደ ርእሱ ዝኸኣለ ምንጪ ናይ ኣታዊ'ዩ። ምሕያል ስርዓተ ቀረጽ'ምበኣር ካልእ ውዓል ሕደር ዘይበሃሎ ጉዳይ'ዩ። ድልዱል ስርዓተ ቀረጽ ዘተኣታተዋ ሃገራት፡ መብዛሕቴኡ ግዜ ማሕበራዊ ኣገልግሎታት ንኽህባ ኣየጸግመንን። ኣብነታት ንምጥቃስ፦ ኣብ ዝማዕበላ ሃገራት፡ ኣበርክቶ ቀረጽ ንጂ.ዲ.ፒ. ኣብ መንጎ 30% - 50%፣ ኣብ ዝምዕብላ ዘለዋ ሃገራት ድማ ኣብ መንጎ 10% - 25% ይበጽሕ።

ሽቕለት ምፍጣር

እቲ ኣዝዩ ኣገዳሲ ባህሪ ናይ ከምዚ ዝኣመሰለ ማክሮ ፖሊሲ'ምበኣር ዳይናሚክ ዝኾነ ብሕታዊ ጽላት ሃኒጽካ ሽቕለት ምፍጣር ክኸውን ኣለዎ። ርእሱ ዝኽእል ቍጠባ ንምፍጥር፡፡ ሰብኣዊ ባህግታት ንምርዋይን ጠለብ ሃለኽቲ ኣቕሑ ንምምላእን ሽቕለት ምፍጣር ኣገዳሲ'ዩ። መሰረታውያን ጠንቅታት ገበን፡ ተሰባርነትን ናይ ሃገራትን ጃምላዊ ፍልሰትን ብምግታእ ድማ ዓውለማዊ ምርግጋእ ኣብ ምውሓስ ግደ ይህልዎ።

መንግስታዊ ምትእትታው ኣብ ቍጠባ

ከም ኣብ ካልኦት ሃገራት ዝዝውተር፡ መንግስቲ ምስቲ ብሕታዊ ጽላት ተሓባቢሩ ኣብ ስትራተጅያውያን ወይ ድማ ንሃገራዊ ድሕነት ረብሓታት ኣብ ዘለዎም ናይ ቍጠባ ጽላታት ምትእትታው ክገብር መሰሉ ጥራይ ዘይኮነ ግዴታኡ'ውን እዩ። እዚ ግን ብዋጋ ናይቲ ሓፈሻዊ ኣብ ልዕሊ'ቲ ብሕታዊ ጽላት ክገብሮ ዝግባእ ምትብባዕ ክኸውን የብሉን። እዚእቶም ነዞም ዝስዕቡ ከጠቓልሉ ይኽእሉ፦ ትሕተ ቕርጺ (ጽርግያታት፡ መስመር ባቡር፡ መገዲ ኣየርን ባሕርን፡ ጽዓት፡ ቀረብ ማይ፡ ወዘተ)፣ ኣገልግሎታት (ትምህርቲ፡ ጥዕና፡ ወዘተ)፣ ከምኡ'ውን ኣብ ምዝመዛ ናይ ኣገደስቲ ማዕድናት። ምንጪ ምወላ ናይ ከምዚኦም ዝኣመሰሉ ወፍርታት፡ ኣታዊታት ሃገርን ካብ ኣህጉራውያን ናይ ምወላ ትካላት ብዝርከብ ልቓሓትን ክኾኑ ይኽእሉ። ኵሎም'ቶም መንግስታዊ ወፍሪ ዝግበረሎም ፕሮጀክትታት ኣብ መጽናዕቲ ዝተመርኰሱ ክኾኑ'ውን ይግባእ።

መንግስቲ ኣብ ሃገራዊ ቍጠባ ወፍርታት ኣብ ዝገብረሉ'ውን፡ ኵሉ ግዜ ግሉጽነትን ተሓታትነትን ብዝመልአ ኣገባብ ከካይዶ ይግባእ። ብኻልእ ኣዘራርባ፡ ህዝቢ ብዛዕባ'ዞም

ዝግበሩ ወፍርታት፡ ዕላማታቶም፡ መዓስ ጀሚሮም መዓስ ከም ዝፍጸሙ፡ ምንጭታት ኣመዋውልኦም፡ ወዘተ ብወግዒ ክግለጸሉ መሰሉ'ዩ።

መጠኑ፡ ኣገባቡን ግሉጽነቱን ብዘየገድስ፡ ዳርጋ ኩሎም መንግስታት ኣብ ቍጠባ ሃገር ምትእትታው ይገብሩ'ዮም። ገለ ገለ ኣብነታት ንምጥቃስ፡-

ሲንጋፖርን ኖርወይን ብዝገብርዎ ግሉጽነት ዝመሰረቱ ናይ መንግስታዊ ርእሰማል ምትሕብባር ምስቲ ብሕታዊ ጽላት ከም ኣብነት ይጥቀሱ። ናይ ካልኦት ኩባንያታ ብርኪ ንምሓዝን ዝቖመ ትካል ሲንጋፖር ታመሰክ ሆልዲንግስ፣ ጂ.ኣይ.ሲን (Government of Sigapore Investment Corpoartion) ኣብ ጽላታት ተለኮምኒከሽን፡ ኣቭየሽን፡ ፋይናንስ፡ ከምኡ'ውን ተክኖሎጂ ዘይንዓቕ ብርኪ ይውንኑ።

መንግስቲ ፈረንሳይ ምስ ድሕነት'ታ ሃገር ዝተኣሳሰሩ ከም ኣብ ጽዓት፡ ኣይሮ ስፐይስ፡ ከምኡ'ውን መገዲ ባቡር ዝነጥፉ ኩባንያታት ዓቢ ብርኪ ይውንን።

ቻይና ንቍጠባ'ታ ሃገር ብመገዲ'ቲ ብናይ ሓሙሽተ-ዓመት ውጥንን ከምኡ ድማ ብመንግስቲ ዝውነኑ ባንክታትን ዋኒን ትካላትን ተማእዝኖ።

መንግስቲ ደቡብ ኮሪያ ምስተን ብስድራቤታት ዝውነነ ከም ሳምሱንግን ሁናዳይን ዝኣመሰላ ዓበይቲ ኩባንያታት (ቺቦል) ተሓባቢሩ'ዩ። ኣብ ኖርዋይ እቲ ብስም ግሎባዊ መንግስታዊ ምወላ ጥሮታ (Government Pension Fund Global) ዝፍለጥ ትካል ነቲ ኣታውታት ነዳዲ የመሓድሮ።

ሕ.መ.ኣ. ወላኳ ብብሕታዊ ዕዳጋ ዝምራሕ ቍጠባ ተሳሲ እንተ ኾነት፡ ኣብ ከም ምክልካልን ጥዕናን ዝኣመሰሉ ጽላታት ዝቐንዑ ስትራተጅያዊ ምርምራት ንኽካየዱ መንግታዊ ምወላ ትገብር። እዚኣቶም ንከም ኢንተርነትን ዝተፈላለዩ ክታበታት ዝኣመሰሉ ፈጠራታት መገዲ ጸሪጎም።

ምዕራፍ 4

ንድሕንነት ደቅሰብ ማእከል ዝገበረ ቍጠባዊ ዕብየት

ከም ኵሉን ሃገራት ዓለም፡ ኣብ ጐደና ዕብየት ዝርከባ ሃገራት[xvii] ናይ ዜጋታተን ዘይረዊ ወይ ከኣ ካብ ግዜ ናብ ግዜ እናዓበየ ዝኸይድ ድሌታት ናይ ምምላእ ሓላፍነት ኣለወን። እዞም ድሌታት ወይ ባህግታት'ዚኣቶም መምስ ደረጃ ምዕባለ ናይ ነፍስ ወከፍ ሃገር ማዕረ ማዕረ ዝኸዱ ኮይኖም ገሊኦም ማሕበራዊ፡ ገሊኦም ቍጠባዊ፡ ገሊኦም'ውን ፖለቲካዊ ድሌታት ክኾኑ ይኽእሉ። ነዚ ዕላማ'ዚ ንምውሓስ፡ ብርክት ዝበሉ ናይ ስነ ቍጠባ ክኢላታት ብዛዕባ'ዚ ኣርእስቲ'ዚ ንመጽናዕትታቶም ማእከል ዝገበሩ ሓሳባት፡ እማመታትን መተሓሳሰቢታትን ክልግሱልና ጸኒሖም'ዮም። ብውጽኢት ናይዞም ክትዓት ድማ ዓለም ከሲባን ተማሂራን'ያ። ጌና ዝተማልአ ፍታሕ ስለ ዘይተረኽበሉ ግን እቶም ምርምራትን መጽናዕትታትን ብዝለዓለ ርቀትን ተገዳስነትን ይቕጽሉ ኣለዉ።

ሓደ ጕጅለ ናይቶም ተመራመርቲ፡ እቲ ናይ መጠረሽታ ሸቶ ናይ ቍጠባ፡ ናይ ዜጋታተን ዘይረዊ ወይ ካብ ግዜ ናብ ግዜ እናዓበየ ዝኸይድ ድሌታት ንምምላእ ምእንቲ ኽከኣል ቀጻሊ ዕብየት ወይ'ውን መወዳእታ ዘይብሉ ዕብየት ምርግጋጽ'ዩ ይብሉ።

ሓደ ካልእ ኣብዚ ዓውዲ'ዚ ዝነጥፍ ናይ ተመራመርቲ ጕጅለ ድማ ምስዚ ኣብ ላዕሊ ዝተጠቕሰ ኣተሓሳስባ ዝሰማማዕ ኮይኑ፡ ኣብዚ ጥራይ ግን ክሕጸር የብሉን ይብል። እንታይ ደኣ፡ ነዞም ዝስዕቡ ሕቶታት'ውን ክምልስ ክኽእል ኣለዎ ብሃላይ'ዩ። እዞም ሕቶታትዚኣቶም ነዞም ዝስዕቡ ከጠቓልሉ ይኽእሉ፦ እቲ ቍጠባዊ ዕብየት ዝፍጸመሉ ዘሎ ኵነታት ከመይ ዝበለ'ዩ፡ ድረታታት ቍጠባዊ ዕብየት ኣየኖት'ዮም፡ ዕብየት ዘላቒ ምእንቲ ክኸውን ብኸመይ እንተ ተመሓደረ'ዩ ዝሓሸ፡ ጸጋታት ከመይ ኢሎም'ዮም

ዝውህለሉን ዝመቓርሑን፡ ዕብየት መነባብሮ ደቅሰብ ኣብ ምቕያር እንታይ ግደ ኣለዎ፡ ኣጠቓቕማ ጸጋታት ንኣከባብያዊ ዕቃበ ኣብ ግምት ዘእቱ ድዩስ ወይስ ናብ ኣከባብያዊ ብርሰት'ዩ ዘምርሕ፡ ናብ ጕደና ዕብየት ዝመርሕ ፖሊሲ ወይ ስትራተጂኸ እንታይ ክመስል ኣለዎ፡ እዚ ዳህሳሳዊ ሓተታ'ዚ እምበኣር ነዚኦምን ካልኦት ንዕኦም ዝመስሉ ሕቶታትን ኣፈናዊ መልሲ ንምሃብ ዘንቀደ'ዩ።

ዕብየትን ልምዓትን ፍልልያቶምን

ብኣገላልጻ ሓደ ህቡብ ናይ ስነ ቍጠባ ተመራማሪ ሀርማን ዳሊ፡ ዕብየት ከም ወሰኸ ናይ ፍርያምነት ገይሩ ክገልጾ እንከሎ ንልምዓት ድማ ከም ወሰኸ ናይ ጽፈትን ዓይነትን ናይቶም ዝፈርዩ ኣቕሑትን ኣገልግሎታትን ገይሩ ይገልጾ (Daly, 2009)። ብዘይካዚ፡ እዚ ኣብ ላዕሊ ዝጠቐስናዮ ናይ ስነ ቍጠባ ተማራማሪ ምስ ሓደ ካልእ ጆሸዋ ፋርሊ ዝተባህለ መዳርስቱ፡ ንልምዓት ከም ሓደ ንድሕንነት ደቅሰብ ንምትብባዕ ዝዓለመ ናይ ኣቕሑትን ኣገልግሎታትን ፍርያት'ዩ ኢሉ ይካታዕ (Farley, 2009)። እዚ ማለት ድማ ብኣገላልጻ ማይክል ቶዳሮን ስቲፈን ስሚስን ዝተባህሉ ናይ ስነ ቍጠባ ተመራመርቲ፡ ክኔው ኣድማዒ ኣመቓርሓ ጸጋታት ሓሊፉ ንዘላቒ ዕብየት ባይታ ምስ ዘጣጥሕ'ዩ ይብሉ። ኣብዚ ጥራይ ከይተሓጽረ፡ ኣብ ቍጠባዊ፡ ማሕበራውን ፖለቲካውን ጕዳያት ብምትኳር ኣብ ህይወት ድኻታት መሰረታዊ ለውጢ ምስ ዘምጽእ'ዩ ኢሎም የስምሩሉ።

እዞም ኣብ ላዕሊ ዝተጠቕሱ ደረስትን ተመራመርትን፡ ንልምዓት ኣመልኪቶም እዚ ዝስዕብ ይብሉ፡- “ልምዓት ከም ሓደ ንማሕበራዊ መዋቕራት፥ ህዝባዊ ኣመለኻኽታታት፡ ሃገራዊ ትካላት፡ ቅልጣፈ ቍጠባዊ ዕብየት፡ ምንካይ ዘምዕሩይነትን ንድኽነት ካብ ሱሩ ናይ ምምሓውን ተግባራት ዘጠቓለለ ኹለንተናዊ መስርሕ'ዩ። ብቐንዱ ድማ ካብ ሓደ ዘየዕጋቢ ኩነታት መነባብሮ ህዝቢ ናብ ዝሓሸ ኩነታት ንምምራሕ ዘኽእል ናይ ለውጢ ጕዕዞ'ዩ” (Todaro, 2003)። ንምጥቕላል'ምበኣር ዕብየት ብዝበለጸ ኣብ ዓቐናዊ ምስፍሕፋሕ ቍጠባ ከተኩር እንከሎ፡ ልምዓት ድማ ናይ ሓደ ሕብረተሰብ ደረጃ መነባብሮ ወይ ህይወት ንምቕያርን ሰብኣዊ ድሕንነት ንምብራኽን ዝግበር ጻዕሪ'ዩ። ብኻልእ ኣዘራርባ፡ ሰብኣውነት ማእከል ዝገበረ ቍጠባዊ ልምዓት ክኔው ቍጠባዊ ዕቤት ዝኸይድን ንርጉእን ምዕሩይን ደረጃ መነባብሮ ደቅሰብ ከውሕስ ዘንቀደን'ዩ።

ኣተዓቓቕና ዕብየትን ልምዓትን

ከምቲ ኸልቲኦም ኣምራት በበይኑ ትርጉም ዘለዎም፡ ዕብየትን ልምዓትን'ምበኣር ብበይኖም ኣገባባት'ዮም ዝዕቀኑ። ዕብየት ንኣብነት ብወሰኽ ናይ ጠቕላላ ዘቤታዊ ምህርቲ/ፍርያት (GDP)[xviii] ወይ ድማ ጠቕላላ ዕብየት ፍርያት ንሓደ ሰብ (GDP per capita) ክዕቀን እንከሎ፡ ልምዓት ድማ ብመኣዝን ወይ ኣንፈት ናይቲ ዕብየት ይዕቀን። እዚ ማለት ድማ ንከም ኣብ ምጥፋእ መሃይምነት፡ ዝርጋሐ ጥዕናዊ ኣገልግሎት፡ ከምኡ'ውን ንምምቕራሕ ገዛውቲ ዝኣመሰሉ ብዩ.ኤን.ዲ.ፒ. (UNDP) ዝተኣመሙ መዐቀኒታት የጠቓልል (Todaro, 2003)። ብዘይካ'ዚ ኣብ መፈንጠራ ድኽነት ዝርከባ ሃገራት፡ ከመይ ኢለን ናብቲ ዝቕጽል ደረጃ ቍጠባዊ ምዕባለ ክሰግራ ምኽኣለንን ዘይምኽኣለንን ከርኢ ኣለዎ ብምባል ሀርማን ዳሊ ይካታዕ። ልምዓት'ምበኣር ዘይከም ዕብየት፡ ንናይ መጻኢ ድሌታት ኣብ ዋጋ ዕዳጋ ከየእተወ ንህልዊ ጠለባት ከርዊ ዝኽእል ሰፊሕ ኣምር'ዩ (Daly, 1996)። እዚ ማለት ድማ ደቅሰብ ኣብ ከባቢኦም ዘሎ ባህሪ ዝለገሰሎም ጸጋታት ክጥቀሙ መሰል'ኳ እንተ ሃለዎም ብዋጋ ብርሰት ወይ ምብኻን ኣከባቢ ግን ክኸውን የብሉን ማለት'ዩ። ክኔው'ዚ ድማ ንመጻኢ ወለዶታት ክሓስቡ ከም ዘለዎም ምትሕስሳብ'ውን ኣድላዪ'ዩ።

መርሓ መትከላት

ከምቲ ልዕል ኢሉ ዝተጠቕሰ እቲ ንደቅሰብ ማእከል ዝገበረ ልምዓታዊ ጉዕዞ ኣብ ክንዲ ኣብ ጂ.ዲ.ፒ. ዝተመርኰሰ መዐቀኒ ዝጥቀም፡ ንምዕሩይ ናይ ተበጻሕነት ዕድላት፡ ህዝባዊ ተሳትፎ ዘተባብዕ ናይ ምውሳን መስርሕን ከምኡ ድማ ንዘላቒ ምምሕያሽ ናይ መነባብሮ የስምረሉ። እዚ ድማ ኣብዞም ዝስዕቡ መርሓ መትከላት ይምርኰስ፦

- ልምዓት ንሰብኣዊ ድሌታት ዘገልግል ድኣ'ምበር ንደቅሰብ ከም ኣገልገልቲ ቍጠባ ገይሩ ዝርኢ ኣምር ወይ መስርሕ ክኸውን የብሉን፣
- ኣብ ልምዓታዊ ጉደና ዝነጥፉ ሕብረተሰባት ናይቲ መስርሕ ንጡፋት ተሳተፍቲ ክኾኑን ፖሊሲታት ቅርጺ ኣብ ምትሓዝ ኣብ ዝግበሩ ጻዕርታት ድማ ድምጺ ክህልዎምን ይግባእ፣
- እቲ ልምዕታዊ ተበግሶ ብደቂ ሰባት ዝድፋእን ወይ ዝምራሕን ድኣ'ምበር ብትእዛዝ መልክዕ ካብ ላዕሊ ንታሕቲ ዝወርድ ክኸውን ኣይግባእን፣

- እቲ ናይ ልምዓት ስትራተጂ ብመገዲ ትምህርቲ፡ ከንክን ጥዕናን፡ ማሕበራዊ ውሕስነትን ኣቢሉ ናይ ደቅሰብ ዓቕሚ ኣብ ምዕባይ ወይ ኣብ ዝበረኸ ደረጃ ናብ ምስግጋር ዘተኰረ ክኸውን ይግባእ፣
- ዘይምዕሩይነት ንኸይስዕርር፡ ስርዓታዊ ብዝኾነ መገዲ ዝቃለስ ኣገባብ ክኸውን ይግባእ፣
- ናይዚ ሕጂ ወለዶ ጥራይ ዘይኮነ ንናይ መጻኢ ወለዶ ድሕንነት፡ ድሌት፡ ባህግን፡ ሃንቀውታን ኣብ ግምት ዘእቱ ክኸውን ይግባእ፣
- ንልምዓት ኣሳቢብካ ወይ ከም ምስምስ ተጠቒምካ ንኣከባቢኻ ምብራስ ከቶ ክፍቀድ የብሉን። ኣከባቢ ምጥቃም በቲ ሓደ ወገን፡ ምዕቃብን ምትካእን ከኣ በቲ ካልእ፡ ጐድኒ ጐድኒ ዝኸዱ ተበግሶታት ክኾኑ ይግባእ፣
- ንኣድማሳውያን መሰላት ትምህርቲ፡ ኣገልግሎት ጥዕናን ካልኦት ኣገልግሎታትን ዘውሕስ ክኸውን ይግባእን
- ውሑስ ልምዓትን ልኡላውነትን ኣብ ድሕንነት ወድሰብ ዝምርኰስ'ዩ።

ናብ ምምሕያሽ መነባብሮ ደቅሰብ ዘምርሕ ጐደና ዕብየት

ከምቲ ልዕል ኢሉ ዝተጠቕሰ'ምበኣር ሓላፍነት ናይ ፖሊሲ ሓንጻጽቲ ቀጻሊ ዕብየት ምውሓስ'ዩ። ስነ ፍልጠትን ተክኖሎጅን ኣብ ምውሓስ ዕብየት ዘይነዓቕ ግደ ስለ ዘለዎም ድማ ፍሉይ ኣተኵሮ ክግበረሎም የድሊ። እዛ እንነብረላ ዘለና ዓለም ብዘይ ኢንዱስትርያዊ ሰውራ፡ ናይ ሓበሬታ ተክኖሎጂ፡ ወይ'ውን ብዘይ ዝተራቐቐ ስርዓተ መራኸቢታት፡ ዕብየት ከተረጋግጽ ኣይትኽእልን'ያ። ዕብየት ግን ኣብዞም ዝተጠቕሱ ረቛሒታት ጥራይ ዝምርኰስ ወይ ዝሕጸር ኣይኮነን። ናብ ዕዳጋ ዝተማእዘኑ ተበግሶታት ምውሳድ፡ ውሕስነት መግቢ ምርግጋጽ፡ ብቑዓት ወይ ዝተፈተኑ ፊስካላዊ፣ ገንዘባውን ንግዳውን ፖሊሲታት ምሕንጻጽን ምትግባርን፡ ንወፍሪ ዘተባብዕ ሃዋህው ምፍጣር፡ ሰብኣዊ ርእሰማል ምፍጣር ወዘተ ንዘላቒ ዕብየት ኣገደስቲ ረቛሒታት'ዮም። እዚኣቶም ብግዴኦም ንዘይተመስርሑ ነገራት ወይ ጥረ ንዋት ናብ ዝተመስርሑ ፍርያትን ኣገልግሎታትን ብምቕያር መነባብሮ ሕብረተሰባት ኣብ ምቕያርን ድሌታቶም ኣብ ምርዋይን ግደ ኣለዎም። ኣብዚ ከም ሕቶታት ዝለዓሉ'ምበኣር እቶም በብእዋኑ ዝፈልቁ ሕብረተሰብኣዊ ድሌታት ኣየኖት'ዮም ብኸመይከ ይመቻርሑ ዝብሉ'ዮም። እቲ ምምቕራሕ ጸጋታትከ ምዕሩይ ድዩ? ፍትሓዊ ድዩኸ? እዚኦም'ውን ከምለሱ ዘለዎም ሕቶታት'ዮም። ኣብዚ'ምበኣር'ዩ ድሕንነት ደቅሰብ ከም ሕቶ ዝለዓል።

ኣብ ሓደ እዋን ሰብኣዊ ድሕንነት ምስ ዕብየት ጠቕላላ ዘቤታዊ ፍርያት ዝተኣሳሰረሉ ግዜ ነይሩ'ዩ። እዚ ማለት ድማ ጂ.ዲ.ፒ. እናወሰኸ ኣብ ዝኸደሉ እዋን ብኣኡ መጠን ድማ ናብራ ደቀሰብ ክመሓየሽ ይኽእል'ዩ ኣብ ዝብል ግምት ዝምርኰሰ'ዩ ነይሩ። እዚ ግን ንኣገባብ ኣመቓርራሓ ውህሉል ጸጋታት ኣብ ግምት ዘእቱ ኣይነበረን። እቲ ሓቂ ግን ክምዚ ዝኣመሰለ ናይ ዕብየት ኵትሞ ጸጋታት ሃገር ኣብ ኢድ ውሑዳት ንኽዓልብ ዕድል ዝኸፍትን እቲ ኣብዝሓ ክፋል ናይቲ ሕብረተሰብ ድማ ድሕሪት ዝተርፈሉ ኵነታት ዝፈጥር ምንባሩን'ዩ። ስለ'ዚ ናይ ጂ.ዲ.ፒ. ወሰኽ ዕብየቱ ብዘየገድስ ኣብ መነባብሮ ሓደ ሕብረተሰብ ምምሕያሽ የምጽእ ማለት ኣይኮነን (Daly, 2009)። ድሕንነት ደቀሰብ'በኣር ምስ ኣገባብ ምምቕራሕ ጸጋታት ሃገር ዝዛመድ ጉዳይ'ዩ።

ሰብኣዊ ድሕንነት እንታይ ማለት'ዩ?

ሰብኣዊ ድሕንነት ንሓፈሻዊ ጥዕና ሓደ ሕብረተሰብን ኵነታት መነባብሮኡን ዘጠቓልል ኣምር'ዩ። በበይኖም (ዝተፈላለዩ) መዳያት ድማ ይሓቍፍ፡- መሰረታውያን ድሌታት ከም መግቢ፡ ጽሩይ ማይ፡ ክንክን ጥዕና፡ ትምህርቲ፡ ቀዋሚ ወይ ርጉእ እቶት፡ ናይ ሸቕለት ዕድላት፡ መጽለሊ፡ ፋይናንሲያዊ ውሕስነት፡ ውልቃዊ ድሕነት፡ ማሕበራዊ ጥምረት፡ ሰብኣዊ መሰላት፡ ናጽነት ካብ ኣድልዎ፡ ጽሩይ ኣየር፡ ዘላቒ ናይ መነባብሮ ኵነታት፡ ፖለቲካዊ መሰላት፡ ስነ ኣእምሮኣዊ ጥዕና ወዘተ። ኣብዘም መዳያት ጥራይ ከይተሓጽረ፡ ሰብኣዊ ድሕንነት ንውልቃዊ ድሕነት፡ ፖለቲካዊ ምርግጋእን ግዝኣተ ሕግን፡ ማሕበራዊ ውሕስነትን'ውን የጠቓልል'ዩ። ኣብዚ ሕጂ ዓለም በጺሓቶ ዘላ ደረጃ ተክኖሎጅያዊ ምዕባለ ድማ ተጻዋርን ሰፊሕ ዝርጋሐ ዘለዎን ናይ ኢንተርነት ተበጻሕነት መሰል እንተ ጠቐስናዮ ከም ምቕት ክቝጸር ኣይግባእን።

ዕላማ ቃልሲ ህዝቢ ኤርትራ

ንድሕሪት ምልስ ኢልና እንተ ርኢናዮ፡ ምንቅስቓስ ናጽነት ህዝቢ ኤርትራ ከም ሓደ ካብቶም ቀንዲ ዕላማታቱ (ሓጐጽጐጻቱ ብዘየገድስ)፡ ማሕበራዊ ፍትሒ ምርግጋጽ ዘማእከለ ብሰፊሕ ራእይ ዝተመርሐ ወይ ዝተደረኸ ፖለቲካዊ ወፍሪ ወይ ተበግሶ'ዩ ነይሩ። እቲ ምንቅስቓስ ብመሰረቱ፡ መሰረታዊ ሰብኣዊ መሰላት ንምርግጋጽ ዝዓለመ ኮይኑ፡ መሰል ዝሓሸ ህይወት፡ መሰል (ብዘይ ፍርሕን ናጻ ብዝኾነ መገድን) ሓሳብካ ምግላጽ፡ መሰል ምውዳብን ኣብ ፖለቲካዊ ውድባት ምስታፍን፡ ፍትሓውን ምዕሩይን

ማሕበራዊ ኣገልግሎት ናይ ምርካብ መሰል፡ መሰል ቍጠባዊ ዕግበትን ዕብየትን፡ መሰል ሃይማኖታዊ ናጽነት፡ መሰል ምምዕባልን ምዕቃብን ባህልታት ሕብረተሰብ፡ መሰል ምንባርን ህይወትካ ከም ምርጫኻ ምምራሕን፡ ምዕቃብ ግዝኣተ ሕጊ፡ ከምኡ'ውን ፍልልያት ብልዝብ ኣብ ምፍታሕን ብሰላምን ስኒትን ብሓባር ዝንበረሉ መገዲ ሃሰው ኣብ ምባልን ዝሃቀነ'ዩ ነይሩ። ኣብዚ ጥራይ ከይተሓጽረ፡ ከምቲ ካልኦት ብኣኽብሮት ክቖርቡኻን ከሳስዩኻን እትምነዮ፡ ምስ ጐረባብቲ ሃገራት'ውን ኣብ ማዕርነት፡ ስኒትን ምትሕግጋዝን ዝተመስረተ ዝምድናን ሓባራዊ ህይወትን ምምዕባል ምጽዓር'ዩ ነይሩ።

እዞም ኣብ ላዕሊ ዝተጠቕሱ ዕላማታት ምስቶም ኣድማሳውያን መትከላት ሰብኣዊ ድሕንነት ዝናበቡን ንዓኣቶም ዘራጒዱን ዘደንፍዑ'ዮም።

ኤርትራዊ ዜጋ ዝነብረላ ኤርትራ'ምበኣር ነዞም ኣብ ላዕሊ ተዘርዚሮም ዘለዉ ንደቅሰብ ማእከል ዝገበሩ ባእታታት እተሳሲ ኤርትራ'ያ ክትከውን'ዩ ዘለዋ። ኲሎም ኣብ ሓደ እዋን ከማልኡ ግን ናይ ግድን ኣይኮነን። ወይ'ውን ኲሎም ምሉኣት ወይ በቃ ዘበሉ ክኾኑ ኣለዎም ማለት ኣይኮነን። እቲ ጒዕዞ ንናይ ወድሰብ ድሕንነት ክሳዕ ዘቖደመ ኣዎንታውን ዝተባባዕን'ዩ። ከመይሲ ጒዕዞ ልምዓት መብዛሕትኡ ግዜ እናወርጸጸን እንዳተመሓየሸን ስለ ዝኸይድ። እቲ ቀንም ነገር ፖለቲካዊ ድሌት ምርኣይን ነቲ ዕላማ ንምውቃዕ ዘኽእሉ ኣገባባት ምሕንጻጽን ብመቓኒ ግዜ ዝትግበሩ እምነ ምዕራፋት ምቕማጥን'ዩ። ከምዚ ክብል እንከለኹ ንገለ ገለ ሰባት ኣብዛ ካብ ቀውሲ ኣዕሪፋ ዘይትፈልጥ ዓለም ገነት ወይ ምንዮታዊት ደሴት ንምምስራት ከም ምሕላም ገይሮም ዝቼጽሩዎ ኣይስኣኑን። ዘይከኣል ግን ኣይኮነን።

ኤርትራዊ ዜጋ ህይወቱ ዝመርሓላ'ሞ ንደቅሰብ ማእከል ዝገበረት ኤርትራ፡ መሰረታውያን ድሌታት ዜጋታታ ኣማሊኣ ውሑስ ህይወት ንምምራሕ ዘኽእል ዕድል ከተቕርብ ኣለዋ። ናይ ምፍጣርን ምህዞን ዓቕሚ እተዕቢ፡ ዝሓሸ መጻኢ ንምህናጽ ማዕጾ እትኸፍት፡ ብቐንዱ ድማ ልምዓት ንናይ ከባቢ ባህግን ጠለባትን ዘማእከለ፡ ብከባቢያዊ ተበግሶ ዝድረኽ ተበግሶ ክኸውን ምስ እተተባባዕን'ዩ። እዛ ኤርትራዚኣ ህዝባን ዝመርጽዎም መራሕቱን እትሓቝፍ ናትና እንብላ ሃገር ክትከውን ኣለዋ።

እታ ሰባት ዝነብሩላ ኤርትራ፡ መሰል ደቅሰብ እትሕሉ፣ ብግዝኣተ ሕጊ እትምእዘዝ፣ ተሓታትነት ግሉጽነትን ዝሰፈና፣ ህዝባዊ ተሳትፎ እተውሕስ፣ ህዝባዊ ጽምዶ እተተባብዕን ንምምኽኻር ከም ስትራተጅያዊ ግዴታ እተሳሲ፣ ብትካላዊ ኣሰራርሓን ትካላውነትን እትመሓደር፡ ናይ ዜጋታታ ድሕነት ዘገድሳን ንኽትጣበቐሎም ሕጋጋትን ደንብታትን ሓንጺጻ እተተግብር፡ ወዘተ ክትከውን ኣለዋ።

እታ ደቂሰብ እፎይታ ክረኽቡ ትጽቢት ዝገበሩላ ኤርትራ ንጸጋታት/ዓቕሚ ሰባ ናብ ዝለዓለ ደረጃ ንምብጻሕ እትጽዕር ክትከውን ኣለዋ። ፍልጠት፡ ክብርታትን ክእለትን፡ ዜጋታት ቀኣጠባዊ ዕብየት ንኸውሕሱ ይሕግዞም። ዝያዳ ኣፍረይቲ ክኾኑን ኣብ ምዕባይ ቍጠባ ሃገር ድማ ዝያዳ ኣበርክቶ ንኽገብሩን ድርኺት ይፈጥረሎም። እታ ኣብ ትምህርቲ ወፍሪ እትገብር ኤርትራ ብመንጽር ውልቃዊ ኣታዊታት ብተዛማዲ ዓቢ ረብሓ ክትህብ ትኽእል'ያ። ናይ ምጽሓፍን ምንባብን ሕሳብን ምልከት፡ ዓይነት ናይቲ ዓያዩ ሓይሊ ንምድንፋዕ ይሕግዙ። ትምህርቲ፡ ደረጃ መነባብሮ ንምዕባይ፡ ሰባት ካብ ድኽነት ንምውጻእን ቍጠባዊ ዕብየት ንምውሓስን ኣገዳሲ ረቛሒ'ዩ። ደረጃ መነባብሮ ክመሓየሽ እንተ ኾይኑ፡ ቍጠባዊ ዕብየትን ኣፍራዪ ጕልበትን ሰብን ይሓትት። እዚ ክኸውን ዝኽእል ኣብ ዓይነት ዓያዩ ክፋል ናይቲ ሕብረተሰብ ለውጢ ምስ ዘርኢ'ዩ። ብትምህርትን ስልጠናን ጥራይ'ዩ ድማ ናብኡ ዝብጻሕ (Cypher, 2004)።

እታ ደቅሰብ ማእከል ዝገበረት ኤርትራ፡ መንእሰያታ ኣብ ክንዲ ንስደት ንኽምርሑ እትደፍእ፡ ኣፍረይቲ ምእንቲ ክኾኑ ብፍልጠት ዝሰነቑ፡ ምስቲ ዓለም በጺሓቶ ዘላ ደረጃ ምዕባለ (ስነ ፍልጠት፡ ተክኖሎጂ፡ ስነ ጥበብ፡ ስፖርት ወዘተ) ክላለዩ ጥራይ ዘይኮነስ ክመልክዎምን ክጥቀሙሎምን ከም ዝኽእሉ ምግባር ክድፍኣሉ ኣለዎ። ልዑል ስነ ምግባርን ማሕበራዊ ክብርታትን ዘሳስዩ ኣብ ዕለታዊ ህይወቶም ድማ ዘተግብሩ፡ ሃገሮምን ህዝቦምን ዘፍቕሩ፡ ብሃገሮም ዝንየቱ፡ ንመሰሎም ንምጥባቕ ድሕር ዘይብሉ፡ ንምርምርን ነቐፌታዊ ኣተሓሳስባን ዘጋልጾምን ዘላልዮምን ትምህርቲ ክቐስሙን ስልጡናትን ፍልልያት ዝጸወሩን ንክኾኑ ዘኽእሎም ሲቪካዊ ትምህርቲ ከም ዝቐስሙን ንምግባር ባይታ ክተጣጥሕ ኣለዋ።

ኣብታ ናይ ደቅሰብ ረብሓን ባህግን እተቐድም ኤርትራ፡ ትካላት ትምህርትን ማእከላት ምርምርን ማእከላት ብሉጽነትን፡ ንመሃዝነትን ፈጠራን ዘደንፍዓ ትካላት ንምኹን ክተባብዓ ይግብኣን።

እታ ናይ ደቅሰብ ኵለንተናዊ ድሌታት ከተሳሲ ፍቓደኛ ዝኾነት ኤርትራ፡ ምዕባለ ኤርትራ ብቐንዱ ኣብ ምውህሃድን ምጕስኳስን ኣጠቓቕማን ከባብያዊ ጸጋታትን ማሕበረሰብ ዝመስረቱ መደባት ልምዓት ክተተኵር ኣለዋ። ከምኡ'ውን ኣብ ምድንፋዕ መሰረታዊ ውልቃዊ ተበግሶታት። ኣብዚ ጥራይ ከተሓጽረት፡ ንኹሉ ዝሓቍፍን ንጠለባት ህዝቢ ትኹረት ዝህብን ተበግሶ ክትወስድ ኣለዋ።

ኣብታ ንደቅሰብ ማእከል ዝገበረት ኤርትራ፡ ብልጽግናን ምርግጋእን ባህላዊ ብዙሕነትን ዝወሃሃደላ ሃገር ክትከውን ኣለዋ። እዚ ኣብ ገነት ጥራይ'ዩ ክዉን ዝኸውን ዝብል ርእይቶ ከነሳሲ ንኽእል ኢና። ፖለቲካዊ ድሌት እንተለዩ ግን ዘይከኣል ኣይኮነን።

ሰመረ ሰሎሞን

ኣብታ ንደቅሰብ ማእከል ዝገበረት ኤርትራ፡ ኣብ መንጎ ህዝቢ ፍትሓውን ምዕሩይን ምምቕራሕ ሃገራዊ ጸጋታት ይተባባዕ። ኣብ መንጎ ሃብታማትን ድኻታትን ሰፊሕ ጋግ ንኸይፍጠር ድማ ጥንቃቐ ክገዝውተር ይግባእ።

እታ ልምዓታዊ ጉዕዞኣ ኣብ ደቅሰብ ማእከል ዝገበረት ኤርትራ፡ ቅዋማዊ ኣሰራርሓ፡ ግዝኣተ ሕጊ፡ ተሓታትነት፡ ምምኽኻር፡ ተገማትነት፡ ርጉጽነት፡ ስርዓተ ቍጽጽር፡ ውክልና፡ ሓቛፍነት፡ ግሉጽነትን ፍልልያት ኣብ ባይታ ኣውሪድካ ብግልጽን ሃናጺ ብዝኾነ ልዝብን ክትኣሊ ናይ ምፍታን ባህሊ እተሳሲ ኽትከውን ኣለዋ። ዝለመሱ ትካላት ዳግመ-ምጥያስ ምግባር ከድሊ'ዩ። እዚኣቶም ብግዲኦም፡ ህዝቢ ኣብ መንግስቲ ዘሎዎም እምነት ንኽዓቢ ባይታ ይፈጥሩ። ምጥርጣር፡ ሻቕሎት፡ ዘይምቕሳን፡ ሕሰም መነባብሮ፡ ፍርሒ፡ ዕፈና፡ ተስፋ ምቝራጽ (ስደት ከም እንኮ ፍታሕ ምርኣይ)፡ ጭንቀት፡ በብዓይነቶም ሕማማት፡ ዘይእዋናዊ ሞትን ንምውጋድ ድማ ይሕግዙ። ኵሉ ሕብረተሰብኣዊ ፍልልያት ብጒነጽ ዘይኮነ ብሰላማዊ መገድን ልዝብን ናይ ምፍታሕ ባህሊ ምትእትታው ከድሊ'ዩ። ኣብ ጭፍለቓ ዝመሰረቱ ኣተሓሕዛ ህዝቢ ውጽኢቱ ሰላማዊ እብያ ካብዚ ሓሊፉ'ውን ህዝባዊ ዓመጽ ጥራይ'ዩ ክኸውን ዝኽእል።

እታ ኣብ ምምሕያሽ መነባብሮ ደቅሰብ እተተኵር ኤርትራ፡ ናይ ሽቕለት ዕድላት እተቐርብ፣ ዜጋታት ብቑዕ እቶት ንኽህልዎም፡ መነባብሮኦም ንኽመሓየሽ፡ ዉዕዉዕ ብሕታዊ ጽላት ንኽህሉ ባይታ እተጣጥሕ፣ ዘቤታውን ግዳማውን ወፍሪ እተተባብዕ፣ ንውልቃዊ ተበግሶታት ድርኺት እትፈጥር፣ ዝቕባበን መንግስታዊ ዕዳን እትቈጻጸር፣ ርጉእ ባጤራ ንኽህሉ እትጽዕት፣ ኣብ ትሕተ ቕርጺ ልዑል ወፍሪ እትገብር፣ ኣብ መንጎ መንግስታውን ብሕታውን ጽላታት ሽርክነት እተውሕስ፡ ወዘተ ክትከውን ኣለዋ።

እታ ልምዓታ ኣብ ወድሰብ ማእከል ዝገበረት ኤርትራ፡ ኣብ ክንዲ ምብትታን ስድራ ቤታትን ስደት መንእሰያትን፡ ምብትታኽ ማሕበራዊ መዋቕር እተወግድ ኤርትራ'ያ ክትከውን ዘሎዋ። ማሕበራዊ ስኒት እተረጋግጽ ምዕሩይ ማሕበራዊ ኣገልግሎታት እትዝርግሕ ኤርትራ'ያ ባህጊ ህዝቢ ኤርትራ። ምድኻም ሃይማኖታውያን ትካላትን ኮነ ኢልካ ተልእኾኣን ንኸይፍጽማ ዝብገር ዘሎ ዓመጽን ልምድታትን ስርዓተ ክብርታትን ሕብረተሰብ ምድፋርን ክውገዱ ዘሎዎም ተግባራት'ዮም።

እዛ ህዝባ ዝነብረላ ዘሎ ኤርትራ፡ ኣሸንኳይዶ ኣብ ጐደና ልምዓት፡ ነቲ ዕብየት'ውን እንተኾነ ኣቓልቦ ዝገበረት ሃገር ኣይኮነትን። እዚ ብሰሪቲ ግጉይ ኣተሓሕዛ ጉዳያት'ዩ። እዛ ገሌና እንነብረላ ገሌና ድማ ብማዕዶ እንሪኣ ዘለና ውቅብቲ ሃገር፡

ኣብ ክንዲ ምዕሩይ ምምቕራሕ ሃገራዊ ጸጋታታ እተውሕስ፡ ምዕሩይ ድኹነት እተሳሲ ሃገር'ያ ኮይና ዘላ።

እብ መጠረሽታ ድማ፡ እታ ንደቅሰብ ማእከል ዝገበረት ኤርትራ፡ ማዕርነታዊ ተሳትፎ ፍርቂ ኣካል ናይቲ ሕብረተሰብ ዝኾና ደቂ ኣንስትዮ ተሳትፎ እተውሕስ፡ ቀኁጠባዊ ሓርነተን እተረጋግጽን ድሌተንን ባህገንን እተማልእን ክትከውን ኣለዋ።

ምዕራፍ 5

ልምዓትን ሰናይ ምሕደራን ክልተ ገጻት ናይ ሓንቲ ሳንቲም

ህንጸት ሃገር ዝተወሳሰበን ብዝሐ ገጻውን መስርሕ'ዩ። ኣብ ከም ኤርትራ ዝኣመሰላ ንልዕሊ ሰላሳ ዓመታት ኣብ ትሕቲ ውልቀ ምልካዊ ስርዓት ክሳቐያ ዝጸንሓ ሃገራት ድማ ነቲ ብድሆ ዝያዳ ከም ዝተሓላለኸ ይገብሮ።

ኤርትራ ሓንቲ ካብተን ኣብዞም ዝሓለፉ ሰላሳን ኣርባዕተን ዓመታት ቍጠባዊ ዕብየት ዘየርኣየትን መነባብሮ ዜጋታታ ዘየመሓየሸትን ሃገር'ያ እትጽብጸብ። ጠንቂ ድሕረታ ምስ ጐረባብታ ዝተኸስተን ዘሎን ኣይ ኲናት ኣይ ሰላም ኲነታትን ኣብ ልዕሊ'ታ ሃገር ዝተጻዕነ ቍጠባዊ ማዕቀብን ዝጥቀሱ'ኳ እንተ ኾኑ፡ ብናተይ መረዳእታ ግን እቲ ቀንዲ ምኽንያት እቲ መንግስቲ ብዛዕባ ልምዓት ዘለዎ ግጉይ ኣመለኻኽታትን ግንዛበን ኣብ ትግባረኡ ዘርእዮ ብኹራት ፖለቲካዊ ድሌትን'ዩ። ከምዚ ክበሃል እንከሎ ግን እቶም ክልተ ቀዳሞት ረቛሒታት ጽልዋ ኣይነበሮምን ማለት ኣይኮነን።

ብኹራት ፖለቲካዊ ድሌትን ጽፉፍ ፖሊሲን ነዞም ዝስዕቡ ከጠቓልሉ ይኽእሉ፡- ንቍጠባዊ ወፍሪ ጥጡሕ ባይታ ዘይምፍጣር፣ ዘቤታውያን ኣውፈርቲ ሃጽ ኢሎም ናብ ካልኦት ሃገራት ከም ዝስደዱ ምግባር (ኣብዚ ሰዓት'ዚ ዓሰርተታት ሚልዮናት ርእሰማል ዝውንኑ ዘቤታውያን ኣውፈርቲ ኣብ ጐረባብቲ ሃገራት ከም ዝርከቡ ናይ ኣደባባይ ሓቂ'ዩ)፣ ንብሕታዊ ጽላት ኣብ ክንዲ ምትብባዕ ዕንቅፋት ምዃን፣ ዓቕሚ ሰብኣዊ ጸጋታት ናይታ ሃገር በቲ ዝድለ ደረጃ ዘይምምዝማዝ፣ ንምሁራዊ ዓቕሚ ኣፍልጦን መተባብዕን ዘይምሃብ፣ ኣብዝሓ ናይቲ ቍጠባ በቲ ስልጣን ጨቢጡ ዘሎ ፖለቲካዊ ሰልፊ ተሓታትነትን ግሉጽነትን ብዘይብሉ ኣገባብ ምብሓት፣ ኣካል ዓለማዊ ቍጠባ ንምዃን ጻዕርታት ዘይምክያድ፣ ምስ ጐደቦ፡ ዘባን ዓለምን ኣብ መትከል ሽርክነት

ዝተመስረተ ጽምዶ ዘይምዀስኳስን ኣካል ዘባዊ ምትሕብባር ክትከውን ዘይምህቃን፣ ትካላዊ ኣሰራርሓ ዘይምትእትታው ወዘተ። ነዞም ረቛሒታት፡ ጃምላዊ ፍልሰት ናይቲ ኣፍራዪ ኣካል ናይቲ ሕብረተሰብ (መንእሰይ) እንተ ድኣ ተወሲኸዎ፡ እቲ ኵነታት ሕብረተሰብ ክሳብ ክንደይ ዘይርጉእ ምዃኑ ንምርዳእ ኣየጸግምን።

ንኣብ ኤርትራ ተኸሲቱ ዘሎ ዘሰክፍ ቍጠባዊ ኵነታት ኣስተዋጽኦ ዝገበሩን ዝገብሩ ዘለዉን ረቛሒታት ብርክት ዝበሉ'ዮም። ንዅሎም ሓደ ብሓደ ምርኣይ ሰፊሕ ሓተታ ዘድልዮ'ዩ። ኣብ መሰረታውያን ጉዳያት ኣተኵርካ ክዝረብ ግን ዘይከኣል ኣይኮነን።

ምዕሩይን ዘላቕን ዕብየት ኣብ ምንታይ ይምርኰስ?

ምዕሩይን ዘላቕን ዕብየት ሕመረት ቍጠባዊ ልምዓት'ዩ። እዚ ድማ ብዓቐናውን ዓይነታውን ዕብየት ፍርያምነት ጥራይ ዘይኮነስ፡ ሕብረተሰብ ኣብ መነባብሮኡ ብዘርእዮ ለውጢ'ዩ ክዕቀን ዝከኣል። ብኻልእ ኣዘራርባ፡ ደረጃ መነባብሮ ወዲ ሰብ ኣበይ ነይሩ ሕጂኸ ኣበየናይ ደረጃ በጺሑ ኣሎ ንዝብል ሕቶ መልሲ ክረክብ ምስ ዝኽእል'ዩ። ልምዓት'ምበኣር ብቐንዱ ንሰብኣዊ ድሕንነት ዘማእከለ ኣገዳሲ ኣምር'ዩ። ነዚ ንምግባር ኣብ ጐደና ልምዓት ዝርከባ ሃገራት (እንተላይ ሃገርና ኤርትራ) ክምዕብላን ክስስናን ከም ቅድመ ዅነት ከማልእኦም ዝግብኦን ነገራት ኣለዉ። ገለ ገለ ንምጥቃስ ዝኣክል፡-

- ሰናይ ምሕደራ ምርግጋጽ፣
- ኣብ ምምሕያሽ ህይወት ዘይርኹባት ወይ ነዳያት ክፋል ናይቲ ሕብረተሰብ ዘማእከለ ልምዓታዊ መደባት ምትኳር፣
- ዕቃበ ኣከባቢ ምውሓስ፣
- ንባህግታት ተራ ህዝቢ ኣብ ግምት ዘእቱን ዝምልስን ኵለንተናዊ ወይ ሓጂፊ ቍጠባዊ ፖሊሲ ምሕንጻጽን ምትግባርን፣
- ማዕርነት ደቂ ኣንስትዮ ዘረጋግጽ ፖሊሲ ልምዓት ምውዳድ፣
- ኣብ ልምዓታዊ ጉዕዞ፡ ንባህልን ስርዓተ ክብርታት ሓደ ሕብረተሰብ ከም ሓደ ኣገዳሲ መሳርሒ ምጥቃም፣
- ሃገራዊ ድሕነትን ፖለቲካውን ምርግጋእን ምውሓስ፣
- ምዕሩይ ምዕባለ ንምርግጋጽ ኣብ ገጠራዊ ልምዓት ዘማእከለ ስትራተጂ ምርቃቕ፣
- ዝተፈተነ ፖሊሲ ምምዕባል ሰብኣዊ ዓቕሚ/ጸጋታት ምርቃቕን ምትግባርን፣
- ፍትሓዊ ምቕራሕ ሃገራዊ ጸጋታት ምውሓስን

- ኣብ ሽርክነት ዝተመርኰሰ ዘባውን ኣህጉራውን ቍጠባዊ፡ ንግዳዊ፡ ጸጥታዊ፡ ዲፕሎማስያውን ባህላውን ምትሕብባራት ምጥንኻርን።

ንነፍስ ወከፍ ናይዞም ኣብ ላዕሊ ተጠቒሶም ዘለዉ ቕድመ ኵነታት ረርእሶም ዝኽእሉ ሓተታታት የድልዩዎ'ዮም። ከመይ'ሲ ነፍስ ወከፎም ኣብ ዕብየት ቍጠባ ሓደ ሃገር ዘይነዓቕ ኣበርክቶ ስለ ዘለዎምን ኣብ ነንሓድሕዶም ድማ ተመላላእቲ ስለ ዝኾኑን። እዚ ሕጂ ከነልዕሎ ደሊና ዘለና ኣርእስቲ ግን ንኣገዳስነት ሰናይ ምሕደራ ኣብ ቍጠባዊ ምዕባለ ሓንቲ ሃገር ትኹረት ዝገበረን ንተመጋጋቢ ዝምድና ናይ ኽልቲኦም ባእታታት ንምብራህን ዝዓለመ'ዩ።

ሰናይ ምሕደራን ቍጠባዊ ልምዓትን

ኣብ ጐደና ልምዓት ዝርከባ ሃገራት ከምዕብላን ክሰስናን ምእንቲ፡ ምርግጋእ የድልየን። ምርግጋእ ድማ ኣብ ሰናይ ምሕደራ ዝምርኰስ'ዩ። ብኻልእ ኣዘራርባ፡ ህዝቢ መነባብሮኡ ብሰላም ንኽመርሕ ምቹእ ባይታ ምስ ዝመቻችኣሉ ጥራይ'ዩ። ሰናይ ምሕደራ ነዞም ዝስዕቡ ከጠቓልል ይኽእል፦ ግዝኣተ ሕጊ፣ ምፍልላይ ሰለስተ ኣዕኑድ መንግስቲ፣ ተሓታትነት፣ ግሉጽነት፣ ትካላዊ ኣሰራርሓ ወይ ትካላውነት፣ ንነፍስ ወከፍ ዜጋ ዝውከሰሉ ቅዋማዊ ምሕደራ፣ ምሕላው መሰረታውያን ሰብኣዊ መሰላት፣ ተገማትነት ወይ ተተንባይነት፣ ሓቛፍነት፣ ምምኽኻር ፣ ዘቤታዊ ፖለቲካዊ ፍልልያት ብሰላማዊ መገድን ልዝብን ናይ ምፍታሕ ትካላዊ ዓቕምን ፖለቲካዊ ባህልን ምውዳድን ምኹስኳስን፣ ንሓላፍነታዊ ትግባረ ፕረስ ባይታ ምጥጣሕ፣ ኣብ መንጎ ህዝብን መንግስትን ጽምዶ ምትብባዕ ወዘተ።

እዞም ኣብ ላዕሊ ዝተጠቕሱ ረቛሒታት፡ ህዝቢ ኣብ መንግስቲ ዘለዎ እምነት ንኽዕቢ ይሕግዙ። ንፈጠራውነትን ንሃናጺ ነቐፌታን የተባብዑ። ንነዊሕ እዋን ዝጠመተ ልምዓታዊ ውጠና ንኽትግበር ዕድላት ይኸፍቱን ብኣኡ ኣቢሎም ድማ ንዘላቒ ቍጠባዊ ዕብየት ባይታ የጣጥሑን። ቍጠባዊ ዕብየት ናይ ሸቕለት ዕድላት ይኸፍት፣ ርሂጸ በላዕ ህዝቢ ብቑዕ እቶት ንኽህልዎ የውሕስን ድኽነት ኣብ ምውጋድ ኮነ መነባብሮ ህዝቢ ኣብ ምምሕያሽን ድማ ዕድላት ይኸፍት። ሰናይ ምሕደራ፡ ናይ ፖሊሲ ተገማትነት ስለ ዘውሕስ ንዘቤታውን ግዳማውን ወፍሪ ዘተባብዕ ሃዋህው የመቻችእ። ንውልቃዊ ተበግሶታት ድርኺት ይፈጥር። ኣብ መንጎ መንግስታውን ብሕታውን ትካላት ውሑስ ዝምድና ንኽፍጠር ድማ መገዲ ይጸርግ።

ሰናይ ምሕደራ ምዕሩይ ማሕበራዊ ኣገልግሎት ንኽወሃብ ናይ ህዝቢ ተበግሶታትን ኣበርክቶን ኣብ ምብራኽ ኣስተዋጽኦ ይገብር። ንምዕቡላት ያታውያን ስርዓተ ክብርታትን ባህልታትን ከም መጐሳጐሲ ተጠቒሙ ምርግጋጽ ናይ ሓደ ህዝቢ የውሕስ። ሰናይ ምሕደራ ብዝፈጥሮም ዕድላት፡ ዜጋታት ኣብ ሃሃገሮም (ኣብ መረበቶም) ህይወቶም ክመርሑ የመቻችእ። ዜጋታት ኣብ ዘቤታዊ ጸጋታት ተመርኲሶም ኣብ ዕብየት ሃገሮም ኣበርክቶ ክገብሩ ድማ ባብ የርሑን ብዝረኽብዎ ዕድላት ነጢፎም ኣብ ሃገራዊ ህንጻት ንኽሳተፉ ድማ የተባብዕ። ንስደት'ውን ይገትእ። እንተ ተሰዱ'ውን ምስ ትውልዲ ዓዶም ዘለዎም ምትእስሳር ከም ዘይበትኩን እኳ ደኣ ናይ ወፍሪ ተበግሶታት ወሲዶም ኣብ ህንጸት ሃገሮም ብዝለዓለ ደረጃ ንኽካፈሉን የተባብዕ። ቻይናውያን፡ ግብጻውያን፡ ደቂ ፊሊፒንስን ቱርካውያንን ዲያስፖራ ኣብ ቍጠባዊ ዕብየት ሃገሮም ዘለዎም ኣበርክቶ ብቐሊሉ ዝርአ ኣይኮነን።

ሰናይ ምሕደራ፡ ናይ ዝተፈላለዩ ኣካላት ናይቲ ሕብረተሰብ ውክልናዊ ተሳትፎ (ኣብ ናይ ርእሶም ጉዳያት) የተባብዕ። ንሃገራዊ ልዝብ ዕድላት ይኸፍት። ማሕበራዊ ስኒት የውሕስ። ሰናይ ምሕደራ ዋሕስን መሰረትን ጥዕይቲ ስድራ ቤት'ዩ። ማሕበራዊ ስጥመት ድማ የበርኽ።

ብኣንጻሩ፡ ብኹራት ሰናይ ምሕደራ ዘይዕግበት ይፈጥር፣ ካብ ዘይዕግበት ሓሊፉ ናብ ተቓውሞ ወይ ህዝባዊ ናዕቢ ንኽምዕብል ተኽእሎ ኣሎ። ድጉል ስምዒታት ንኽድንፍዑ'ውን ባይታ የንጽፍ። ዘየቐስን ኩነታት ድማ ይፈጥር።

ኣብ መንጎ ሓጋጊ ኣካል፡ ፈጻሚ ኣካልን ፈራድን ናይ ስልጣን ምፍልላይ፡ ልዕልና ሕጊ ምርግጋጽ፡ ምንጻር ዕማም መንግስትን ትካላዊ ኣሰራርሓን ንቑጠባዊ ዕብየት ወሰንቲ ረቛሒታት'ዮም። ንውድቀት ፖሊሲን ምርማስ ዕዳጋን ንምውጋድ ድማ ቅድመ ኹነታት'ዮም። መዝገበ ቃላት ዌብስተር፡ ንምሕደራ ክገልጾ እንከሎ፣ "ኣብ ናይ ሓንቲ ሃገር፡ ንልምዓት ዝጠመተ ቍጠባውን ማሕበራውን ጸጋታት ንምምሕዳር ወይ ንምክያድ ዝዝውተር ናይ ስልጣን ኣገባብ'ዩ፡" ይብል። ባንኪ ዓለም (World Bank) ንምሕደራ ክገልጾ እንከሎ ድማ ኣብ ሓንቲ ሃገር፡ ስልጣን በቲ ዘሎ ልምድታትን ትካላትን ክትግበር እንከሎ'ዩ ይብል። እዚ ድማ መንግስታት ዝምረጹሉ፡ ዝከታተሉሉን ዝተኻኸኡሉን፡ ጥዑይ ፖሊሲታት ብኣድማዒ መገዲ ናይ ምሕንጻጽን ምትግባርን ዓቕሚ ዝድልቡሉ፡ ከምኡ'ውን ዜጋታትን መንግስትን ኣብ መንጎኦም ንዝካየድ ቍጠባውን ማሕበራውን ርክባትን ውዕላትን ኣብ ዘመሓድሩ ትካላት ዘለዎም ኣኽብሮት የጠቓልል። ባንኪ ዓለም፡ ምሕደራ ዝዕቀነሎም ሽድሽተ መዳያት ኣቐሚጡ ኣሎ። እዚኣቶም ድማ ድምጽን ተሓታትነትን፡ ፖለቲካዊ ምርግጋእ ምርግጋጽን ጉነጽ ናይ ምግታእ ተኽእሎን

(ዘይምህላውን ኸነትን)፡ ብቕዓት መንግስቲ፡ ጽፈት ቊጽጽር፡ ልዕልና ሕግን ከምኡ'ውን ምቊጽጻር ብልሽውና'ዮም።

ፒተር ሮጀርስን መዳርስቱን ኣብታ 'መእተዊ ንዘላቒ ልምዓት' (An Introduction to Sustainable Development) እትብል መጽሓፍ፣ ድኹም ምሕደራ ንልምዓት ዕንቅፋት ምዃኑ፡ ንመስርሕ ልምዓት ዝጥምዝዝን ኣብ ድኻታት ዘይተመጣጠነ ኣሉታዊ ጽልዋ ከሕድር ዝኽእልን ምዃኑ ይሕብሩ። ሰናይ ምሕደራ፡ ተሓታትነት፡ ህዝባዊ ተሳትፎ፡ ምምሕዳራዊ ዘይምእኩልነት፡ ግሉጽነትን ተገማትነትን ወይ ተነባይነትን ከም ዝሓትት ድማ ይምጉቱ (Rogers, 2009)።

ኣብ ላዕሊ ዝተጠቕሱ ደረስቲ፡ ተሓታትነት ክብሃል እንከሎ ሰበ ስልጣን በቶም ዘዘውትርዎም ጠባያት (ነውራማትን ቅቡላትን) ተጠየቕቲ ምዃኖም የመላኽት፣ ዘይምእኩልነት፡ ንኹሎም ሰብ ብርኪ ኣብ መስርሕ ውሳነ ንኽሳተፉ ሃዋህው ይፈጥር፣ ጥዑያት ፖሊሲታት፡ ሕግታትን ስርዓታትን ብጥብቂ ምኽባር ድማ ንተገማትነት የውሕሱ ኢሎም ይዛረቡ። ብዘይካ'ዚ፡ ሓደ ስርዓተ ምሕደራ ግሉጽነት የዘውትር'ዩ ንኽበሃል፡ ዜጋታቱ ብዛዕባ ኩሎም እቲ መንግስቲ ዝወስዶም ስጉምትታትን ፖሊሲታትን ብንጹር ክሕበሩ ይግባእ ይብሉ።

ብመሰረት ካልደረሲ ዝተባህለ ናይ ስነ ቊጠባ ክኢላ፣ ቊጠባዊ ዕብየት ክረጋገጽ ዝኽእልን ናይ ወጻኢ ወፍሪ ኣድማዒ ዝኸውንን፡ መንግስታት ድሮ ኣብ ቅኑዕ መስመር ምስ ዝህሉዉ፡ ቀዳምነታቶም ምስ ዘለልዩን ዘነጽሩን፡ ዘርቀቕዎም ፖሊሲታት ምስ ዘተግብሩን፣ ከምኡ'ውን ቊልፊ ትካላት ከማዕብሉ እንከለዉን'ዩ ይብል። እዚ ድማ ኣብ ክንዲ ኣብ ናይ ወጻኢ ሃገራት ዝርከባ ርእሰ ከተማታት ንዝርከቡ መጽወትቲ ክትምስጥ ምድላይ፡ ናይ ባዕሉ ምኽንያት ዘለዎ ክኸውን ይግባእ ኢሉ ይማጐት (Calderisi, 206)። ኮሊየርን ጋኒንግን መብርሂ ንቑጠባዊ ኣፈጻጽማ ኣፍሪቃ (Explaining African Economic Performance) ብዝብል ኣርእስቲ ኣብ ዝጸሓፍዎ ዓንቀጽ፡ ኣብ መንጎ ቊጠባዊ ዕብየትን፡ መጠን ሓገዝ ልምዓት ወጻኢ ሃገራትን፡ (Overseas Development Aid – ODA) ብሰንኪ ድኹም ፖሊሲታተን፡ ኣብ መብዛሕትአን ሃገራት ኣፍሪቃ፡ ኣሉታዊ ዝምድና ከም ዘሎ ይሕብሩ (Collier, 1999)። ፖል ኮሊየ ኣብቲ ንዝወደቐት ሃገር ዳግም ንምህናጽ ዘድልዩ ሓደስቲ ሕግታት – New Rules for Rebuilding a Broken Nation – (ኣብ ክፍሊ ጒዳያት ወጻኢ ኣመሪካ እተዋህበ) ብዝብል ኣርእስቲ ዝሃቦ ፍሉጥ ኣስተምህሮኡ፡ ንመንእሰያት ስራሕ ምፍጣርን ኣወሃህባ ማሕበራዊ ኣገልግሎታት ዝድግፍን ንጹህ መንግስቲ ከም ዘድሊ'ውን ኣስሚሩሉ። "እዚ" ይብል ንሱ

"ሃገራት ካብ ናይ ስርቂ ፖለቲካ ናብ ናይ ተስፋ ፖለቲካ ክሰጋገራ ክመርሐን ይክእል'ዩ (Collier, 2009)።"

ዕማማት መንግስቲ

ሓደ ካብቶም ቀንዲ ዕማማት መንግስቲ፡ ልምዓታዊ ፖሊሲታት ምሕንጻጽን ንዕኡ ንምፍጻም ወይ ንምትግባር ዝሕግዙ ስትራተጅታት ምንጻርን'ዩ። መንግስታት ንተልእኾአም ብንጹር ክገልጹ ቅሱባት'ዮም። ነቲ ቀንዲ ክብርታቶምን ዕላማታቶምን የነጽሩን ኣብ መወዳእታ ድማ ዕጫ ናይታ ሃገር የርቅቑን። እዚ ተልእኾ'ዚ ንዜጋታት ኣገልግሎት ምሃብ፡ ልዕልና ሕጊ ምኽባር፡ ቍጠባዊ ብልጽግና ምብራኽ፡ ድሕነት ዜጋታት ካብ ውሽጣውን ግዳማውን ሓደጋታት ምውሓስ፡ ንቑጠባዊ ዕብየት ኣገዳሲ ትሕተ ቕርጺ ምውዳድ፡ ትምህርቲ፡ ክንክን ጥዕና፡ ከምኡ'ውን ዝተፈላለየ ማሕበራዊ ኣገልግሎታት ምዕሩይ ብዝኾነ ኣገባብ ምዝርጋሕን ምሃብን፡ ምስ ጐረባብትን ማሕበረሰብ ዓለምን ንሓባራዊ ረብሓን ካልእን እወታዊ ዝምድናታት ምሕብሓብ ዘጠቓልል'ዩ። ኵሎም'ዞም ልዕል ኢሎም ተጠቒሶም ዘለዉ ረቛሒታት፡ ህዝቢ ኣቐዲሙ ዘትዩሎም ኣብ ዝሰፈሩ ማሕበረ ቍጠባዊ ኣቀዋውማ ሕብረተሰብ ኣብ ግምት ዘእተዉ ናይ ፖሊሲ ሰነዳት ዝጥርንፉን ግሉጻትን ክኾኑ ይግባእ። ኣብ ኵሎም'ዞም ኣብ ላዕሊ ዝተጠቕሱ ዕማማት፡ ምዕሩይነት ልዑል ኣቓልቦ ክወሃቦ ይግባእ።

ስትራተጂያዊ ውጥን ምርቃቕ እቲ ካልእ ኣገዳሲ እምነ ኵርናዕ ናይ ዝኾነ መንግስቲ ሓላፍነት'ዩ። መንግስቲ ነዞም ኣብ ላዕሊ ዝተጠቕሱ ዕላማታትን ፖሊሲታትን ብኸመይ ከተግብሮም ከም ዝህቅን ብግልጺ ክስፍሮ ኣለዎ። እንታይ ዓይነት ኣገባብ'ዩ ክኽተል? ውሽጣውን ግዳማውን ጸጋታት ብኸመይ ከካትት ወይ ከጕሉሳጉስ'ዩ? ኣብዚ ጻዕሪ'ዚ እቲ ብሕታዊ ጽላት እንታይ ተራ ይህልዎ? ዜጋታት ነዞም ዕላማታት'ዚኣቶም ኣብ ምፍጻም እንታይ ሓላፍነት ይስከሙ? ኣብ መንጎ እቲ ብሕታውን መንግስታውን ጽላላታት እንታይ ዓይነት ሽርክነት የድሊ? ተራ ናይ ግዳም ርእሰማል እንታይ ክኸውን'ዩ? ብኸመይከ ናብ ሃገር ይፈስስ? በየናይ መገዲኸ ትጥቀመሉ? ወዘተ ዝብሉ ሕቶታት መልሲ ይጽበዩ።

እቲ ሳልሳይ መሰረታዊ ግደ መንግስቲ፡ ግሉጽነት ዝባህርያቶም ሕጋጋትን ስርዓተ ምቍጽጻርን ምውዳድ'ዩ። እዚ ንመሰላት ዋንነት ንብረት ጸረ ብልሽውና ስጕምትታትን'ውን ከጠቓልል ይኽእል። ብመሰረት ቍጠባውን ማሕበራውን ኮሚሽን ሕቡራት ሃገራት እስያ ፓሲፊክ (United Nations ESCAP)፡ እዚ ስርዓተ ምቍጽጻር ነዞም ዝስዕቡ የጠቓልል፡- ሕጋዊ መሳርሒታት፡ ሕግታት፡ ኣገባባትን ኣሰራርሓታትን፡

መስርሓትን። እዞም ኣገባባት'ዚኣቶም ንብዙሓት ዕላማታት ዘገልግሉ ኮይኖም፡ ህዝባዊ ረብሓታት ምርግጋጽ፡ ንቴክኒካውን ድሕነታውን ጽፈታውን ደረጃታት ንምሕላው፡ ከምኡ'ውን ንልሙዳት ኣገባባት ኣሰራርሓ ተማእዛዚ ምኽን ከም ኣብነታት ክጥቀሱ ይኽእሉ።

ራብዓይ ዕማም መንግስቲ ድማ ንሃገራዊ ዳግመ ህንጸትን ልምዓትን ዘድሊ ክኢላ ዓቕሚ ሰብ ንምህናጽ ዝዕላምኡ ፖሊሲ ምምዕባል ሰብኣዊ ዓቕሚ (HDR) ምሕንጻጽ'ዩ። ኣብዚ ከይተመለሹ ክሓልፉ ዘይግብኦም ነገራት ኣለዉ። ነዞም ዝስዕቡ ድማ ከጠቓልሉ ይኽእሉ፡- እንታይ ዓይነት ዓቕሚ? እንታይ ዓይነት ክእለት? እንታይ ዓይነት ስነ ምግባር? እቲ ዝውሃብ ትምህርቲ ንናይ መበል ዕስራን ሓደን ክፍለ ዘመን ጠለብ ክኢላዊ ዕዮ የማልእ ድዩ? እቲ ዝውሃብ ትምህርትን ስልጠናን ንምርምርን ነቐፌታዊ ኣተሓሳስባን ዘተባብዕ ድዩ? ምስ ፖሊሲታት ዳግመ ህንጸት ሃገር ዝሳነ ድዩ? ወዘተ።

ኩነታት ትምህርቲ ኣብ ኤርትራ ብኸምዚ ዝስዕብ ክግለጽ ይከኣል፡- ትሑት ዝርጋሐን ዘይምዕሩይን ትምህርቲ ኣብ ኩሎም ደረጃታ ትምህርቲ፣ ትሑት ደረጃ ትምህርታዊ ብቕዓት፣ ዘየዕግብ ውጽኢት መማህራን ካብ ኮለጃት፣ ትሑት ዝርጋሐን ጽሬትን ትምህርትን ኣብ ትካላት ሞያዊ ስልጠና፣ ደረጅኡ ኣዝዩ ትሑት ዝኾነ ትሕተ ቕርጽን መምሃሪ ናውትን፣ ልዑል ደረጃ መሃይመነት ኣብ ተራ ህዝቢ፣ ትሑት ናይ ምንባብ ልምዲ፣ ኣዝዩ ውሱን ቀረብ ንዘይስሩዕ ትምህርቲን ብኩራት ስርዓቱ ዝሓለወ ናይ ግምገማ ኣገባባት።[xix] ሓደ ስሙ ክጥቀስ ዘይደሊ ኤርትራዊ ናይ ትምህርቲ ብዓል ሞያ ኣብ ኤርትራ ዝርከብ ላዕለዋይ ትምህርቲ ንኣዝዩ ውሑድ ሚእታዊት ናይቶም ኣብ ላዕለዋይ ትምህርቲ ንኽሳተፉ ዕድሜኦም ዝበጽሐ መንእሰያት ጥራይ ከም ዘሳሲ፣ ሕጽረት ናይ ብቕዓት ዘለዎም መማህራንን ካልኦት ናይ ትምህርቲ መሳርሒታትን ምርምራዊ ትሕተ ቕርጽን ምወላን ከም ዘሎ፣ ብጽሬቱ ኣዝዩ ትሑት ደረጃ ትምህርቲ ከም ዝወሃብ፣ ብርክት ዝበሉ ኤርትራውያን ምሁራት ንወጻኢ ከም ዝስደዱን የገልጽ። ቀንጠባ ሃገር ንቕድሚት ንምድፋእ ዝሕግዙ ኣማራጺታት ዘይብሎም ሕርያታት ነዞም ዝስዕቡ ከጠቓልሉ ይኽእሉ፡-

ሀ) ኣብ ኤርትራ መሃይምነት ብሱሩ ክመሓው ኣለዎ። እዚ ማለት ድማ ኩሎም ኤርትራውያን ብውሑዱ መባእታን ማእከላይ ደረጃን ትምህርቲ ክጠናቐቑ፣ ምጽሓፍ፡ ምንባብን መባእታውያን ተግባራት ናይ ቍጽርን ዝቕሰሙ፣ ብሲቪካዊ ትምህርትን መባእታዊ ስነ ፍልጠትን ዝዓጠቑን ዜጋታት ምፍራይ ማለት'ዩ።

ለ) ካልኣይ ደረጃ ትምህርቲ ንዜጋታት ንላዕለዋይ ደረጃ ትምህርቲ ከም ዝዳለዉ ወይ ድማ ናብ ናይ ስራሕ ዓለም ምእንቲ ክዋፈሩ ዘኽእሎም ክእለት፡ ፍልጠትን ዓቕምን ከም ዝድልቡ ዝገብር ክኸወን ኣለዎ።

ሐ) ኣብ ላዕለዋይ ደረጃ ትምህርቲ ክቕጽሉ ዕድለ ዝረኸቡ መንእሰያት፡ ንምርምርን ነቐፌታዊ ኣተሓሳስባን ዝተቓልዑ ምስ ተክኖሎጅን ምዕባለን መበል 21 ክፍለ ዘመን ዝዳየዩን ራእይ ዘለዎምን ዜጋታት ምፍራይ ክኸውን ኣለዎ። ኣብ መጠረሽታ ድማ ምሁር ህዝብን ዝሰልጠነ ዓቕሚ ሰብን ምፍራይ'ዩ።

ሓምሻይ ዕማም መንግስቲ ስሉጥ፡ ብዓይነቱን ጽሬቱን ምስ ዓለም ዝወዳደርን ፖሊሲታት ከተግብርን ክቈጻጸርን ዝኽእል መንግስታዊ ትካል (ቢሮክራሲ) ምህናጽ'ዩ። እዚ ቢሮክራሲ'ዚ ንኻልእ ዘይኮነ ኣገልግሎት ምሃብ'ዩ ስርሑ። ምእካብ ቀረጽ ብኣድማዒ ዝኾነ መገዲ እንተ ድኣ ዝትግበር ኮይኑ፡ ሓደ ዓቢ ክፋል ናይ ሓንቲ ሃገር ጠቕላላ ዘቤታዊ ምህርቲ/ፍርያት ክኸውን ይኽእል'ዩ። ኣታዊታት መንግስቲ ንኽዓብን ኣገልግሎታት ምእንቲ ብኣድማዒ መገዲ ክትግበሩን ስሉጥነትን ግሉጽነትን ዝባህርያቱ ስርዓት ቀረጽ ምውዳድ'ምበኣር ኣገዳሲ ዕማም ናይ ሓደ መንግስታዊ መዋቕር'ዩ።

ሻድሻይ ዕማም መንግስቲ ድልዱልን ዝተራቐቐን ትሕተ ቕርጺ ምንጻፍ'ዩ። ዘቤታውን ግዳማውን ጸጋታት ኣጐሳዂሱ (እንተስ ብልቓሕ እንተስ ብኻልኦት ዓይነት ውዕላት)፡ ናይ መጐዓዝያ መስመራት (ናይ መሬት፡ ባሕርን ኣየርን)፡ መዓርፎ ነፈርትን ወደባትን ምውዳድ፣ ዘተኣማምን ጸዓታዊ ቀረብ ምምንጫውን ምዕሩይ ዝርጋሐኡ ምርግጋጽን፣ ቀረብ ዝስተ ማይ ምውሓስ፣ ስርዓተ ፍሳስ ምውዳድ፣ ምሕደራ ጐሓፍ ምርግጋጽ፣ ምስ ዓለምና ዝኸዱ ምዕቡላት ስርዓተ መራኸቢታት (ቅልጣፈ ዘለዎ ኢንተርነትን ተንቀሳቓሲ ስርዓተ መርበብ) ምንጻፍ፣ ምስ ፋይናንሲያዊ ዓቕሚ ሕብረተሰብ ዝዳረጉ ወይ መጠነኛ ዋጋ ዘለዎም መንበሪ ገዛውቲ ምህናጽ፣ ዝተራቐቑ ፋይናንስያውን (ባንክታት፡ ዕዳጋ ኣክስዮን፡ ኣሃዛዊ መድረኽ ክፍሊት – digital payment platform) ካልኦትን ኣገልግሎት ዝህቡ ትካላትን ምህናጽ ናይ መንግስቲ ሓላፍነት'ዩ። እዚኣቶም ብሕታዊ ጽላት ናይቲ ቍጠባ ንኽበራበርን ንኽዓብን ብኣኡ ኣቢሉ ድማ ኣብ ቍጠባዊ ዕብየት'ታ ሃገር ዝተዓጻጸፈ ኣበርክቶ ክገብርን ይሕግዙ።

ስርዓተ ምሕደራ ኣብ ትሕቲ ህግደፍ

ኣብ ትሕቲ ህግደፍ ዝትግበር ዘሎ ስርዓተ ምሕደራ ንንቡርነት ዘንጸባርቕ፣ ምስ ልሙዳት ስርዓተ ቅጥዕታት ዝሳነን ንመባእታውያን መትከላት ስርዓተ ምሕደራ ዝምእዘዝን ምስ ጭውነት ዝናበብን ኣይኮነን። በዞም ዝስዕቡ ምኽንያታት፡-

ምፍልላይ ስልጣን፡- ስልጣን ብሓደ ውልቀሰብ ዝተባሕተ'ዩ። ምፍልላይ ስልጣን ናይቶም ሰለስተ መሓውራት መንግስቲ (ሓጋጊ፡ ፈጻሚ፡ ፈራዲ) ዝውቱር ኣይኮነን። ሃገራዊ ባይቶ ስርሑ ካብ ዘቋርጽ ወይ ካብ ዘይእከብ ርብዒ ዘመን ኮይኑ፡ ቤት ፍርዲ ናጽነት ናይ ስራሕ የብሉን። ከም ፍሉይ ቤት ፍርድን : ካልእ ቀጸላ ናይ ኣብ ትሕቲ ቤት ጽሕፈት ፕረሲደንት ዝተደኮነ ቤት ፍርድን ኣብ ስራሓት ቤት ፍርዲ ጣልቃ ይኣትዉን ይግባይ ዘይበሃሎም ጉዳያት ይርእዩን። ፈጻሚ ኣካል በብእዋኑ ተኣኪቡ ብዛዕባ ዝተፈላለዩ ጉዳያት ካብ ዘይዝቲ መዋእል ኮይኑ። ሓደ ነቲ ሓደ ዘይቈጻጸረሉ ኩነታት ሳዕሪሩ።

ተሓታትነት፡- ስልጣን ኣብ ኢድ ሓደ ሰብ ዝተማእከለ'ዩ። ንዝኾነ ካልእ ኣካል ድማ ተሓታቲ ኣይኮነን። ብሃገራዊ ባይቶ ይኹን ብፕረስ ዘይሕተት ኣከያይዳ የዘውትር። ተግባራት መንግስቲ ምጽብጻብ ኣይግበረሉን። ኣጠቓቕማ መንግስታዊ ጸጋታት ብዕምሉግሉግ ዝበለ መገዲ ይፍጸም። ቍጠባ ተመሓይሹዶ ኣይተመሓየሸን? ማሕበራዊ ኣገልግሎት ተዋሂቡዶ ኣይተዋህበን፣ ምዕሩይዶኽ ነይሩ? ጽሬቱኽ? ህዝቢ ብመነባብሮኡ ዓጊቡዶ ኣይዓገበን? ደቁኽ ጽሬት ዘለዎ ትምህርቲ ይባጽሖምዶ ኣሎ? ዝምድናታት ሃገር ምስ ጐደቦ፡ ምስ ዞባን ዓለምን ተመሓይሹዶ ደልዲሉዶ? ኣምሳያ ናቱኽ ረብሓታት ሃገር ኣብ ምቕዳም ኣበየናይ ደረጃ ተበጺሑ? ሰበ ስልጣን መንግስቲ ንህዝቢ ዝህብዎ ኣገልግሎት ኣዕጋቢ ድዩ? ብመንፍዓቶምን ድኽመታቶምን ተሓተትቲ ድዮም? ንዝብሉ ሕቶታት ዝምልስ ኣይኮነን።

ሰብኣዊ መሰላት፡- ብኩራት ሓርነታት እምነት፡ ኣምልኾ፡ ምሕሳብ፡ ምዝራብ፡ ምውዳብ፡ ምጽሓፍ፡ ነጻ ምንቅስቓስ፡ ዋንነትን ሓሳብካ ምግላጽን፡ ብዘይ ጭቡጥ መርትዖ ምእሳር፡ ብኩራት ብኣካል ኣብ ፍርዲ ናይ ምቕራብ መሰል (ሃብየስ ኮርፐስ)፡ ንቤት ፍርዲ ተሓታትነት ዘይብለን ኣብያተ ማእሰርትን ኣብ ልዕሊ ዜጋታት ዘውርድኦ ግፍዕን ግህሰት ሰብኣዊ መሰላትን ንባህሪ ናይቲ መንግስቲ ዝገልጹ ተግባራት'ዮም።

ትካላውነትን ትካላዊ ኣሰራርሓን፡- ኣብ ኤርትራ ትካላትን ትካላዊ ኣሰራርሓን ካብ ዝበርስን ውልቀ ምልኪ ሱር ካብ ዝሰድድን ሓያለይ ኮይኑ'ዩ። ውልቀ ምልኪ፡ ቅጥዕን ኣሰራርሓን መንግስቲ ዝቦኸሮ ኣከያይዳ መለለዪ ባህርይ ናይቲ ኣብ ኤርትራ ዘሎ ስርዓት'ዩ። ብሕጽረት ተሓታትነት፡ ሰንኮፍ ትካላትን፡ ብልሽውናን ብኩልነትን ዝልለ ድኹም ምሕደራ፡ ንምርግጋእ ሃገር ኣስጋኢ እናኾነ ይመጽእ ኣሎ። እዚ ብግዴኡ ኣብ ዜጋታት ተስፋ ናይ ምቝራጽ መንፈስን ዘይምትእምማንን ፈጢሩ ኣሎ። እዚ ትካላት ናይ ምብሕጓግን ምልማስን መስርሕ፡ ናብቲ ሓጋግን ፍርዳውን ኣዕኑድ መንግስቲ'ውን ልሒሙ'ዩ። ናይ መወዳእታ ኣኼባ ሓጋጊ ኣካል (ሃገራዊ ባይቶ) ካብ ዝጽዋዕ ዕስራን ክልተን ዓመታት ኮይኑ። እቲ ኣብ ሓደ ሰብ ዝተማእከለ ምሕደራ፡ ንትካላት ብፍላይ ድማ ንዝተነጸረ ዕማምን ፖሊሲን ዘለዎም መንግስታዊ ኣካላት የቆናጽብን ይንዕቅን። እዘን ትካላት'ዚኣተን፡ መብዛሕትኡ ግዜ ብሰበ ስልጣን ህግደፍ ይስገራ እየን።

ካቢኔ ሚኒስተራት ዳርጋ ኣይእከብን'ዩ፣ ኣብ ዝተኣከበሉ እዋን'ውን እንተ ኾነ ካባ ምስጢር ተጐልቢቡ'ዩ ዝሰርሕ፣ እቲ ህዝቢ ድማ ፈጺሙ ሓበሬታ ኣይረክብን። ኣብ ኤርትራ ዘሎ ስርዓት ንትካላት ኣዳኺምዎ'ዩ። መሽሚሽም'ዮም እንተ ተባህለ ከም ምግናን ክቑጸር የብሉን። እዚ ብግዴኡ ኣብቶም ትካላት እምነት ከም ዘይህሉ ኣኽኢሉ'ዩ። ብዘይካ'ዚ ሚኒስትሪታት መንግስቲ ኣድማዒ ብዝኾነ መገዲ ንኸይሰርሑን ዓቕሚ ንኸይድልቡን ኣስተዋጽኦ ገይሩ'ዩ።

ግሉጽነት፡- ባጀት (ኣታውን ወጻእን)፡ ተደጋጋሚ/ስሩዕ ባጀት፡ ኵናት ምእዋጅ፡ ልምዓታዊ ውጥናት ምትግባር፡ ጉዳይ ሃገራዊ ድሕነት፡ እቶት ዕደና፡ ካብ ዲያስፖራ ዝእከብ 2%ን ካልእን፡ ዓመታዊ ዕብየት ቍጠባ ኣብ በበይኖም ጽላታት (ሕርሻ፡ ምስናዕ፡ ኣገልግሎታት) ሓፈሻዊ ዘቤታዊ ምህርቲ፡ ኣታዊታት ሃገር ካብ ቀረጽ፡ ግሉጽነት ኣብ ሊቾንሳ ኣውሃህባ፡ ኣታዊታት ብህግደፍ ዝመሓደራ ዋኒናት (ዋኒነ ትካላት)፡ ናይ ወጻኢ ሽርፊ ወዘተ ዝበሃሉ ነገራት ኣብ መዝገበ ቃላት ናይቲ ስርዓት ልሙዳት ኣይኮኑን።

ምምኽኻር፡- ልምዲ ናይ ምምኽኻር የለን እንተ ተባህለ ምግናን ኣይኮነን። ጉዳያት ሃገር ምስ ህዝብስ ይትረፍ ምስ ባይቶ'ውን ምውኽኻስ ዘይግበረሉ፡ ምስጢራዊ ኣሰራርሓ ሳዕሪሩ፡ ህዝቢ ክጸናጸን እንተ ዘይኮይኑ ኣብ ፍልጠት ወይ ሓበሬታ ተመርኲሱ ኣብ ዝምልከቶ ጉዳይ እንታይ ይግበር ከም ዘሎ ኣይፈልጥን። ውግእን ሰላምን ብዊንታ ሓደ ሰብ ይፍጸሙ። ዲፕሎማስያዊ ዝምድናታት'ውን ከምኡ።

ሳዕቤናት ብኩራት ሰናይ ምሕደራን ከትኩረሎም ዝግባእ ንጽባሕ ዘይበሃሉ ቀደምትታትን

ከምቲ ኣብ ምዕራፍ 2 ብሰፊሑ ተዘርዚሩ ዘሎ ሰላሳን ኣርባዕተን ዓመታት ድሕሪ ናጽነት፡ ኤርትራ ኣብ ኣዝዩ ዘተሓሳስብ ኩነታት ትርከብ።

ዕስክርና መላእ ሕብረተሰብ ሓደ ካብቶም መለለዪ ባህርያት ናይቲ ኣብ ኤርትራ ተኸሲቱ ዘሎ ኩነታት'ዩ። እቲ ኣብ ኣስመራ ዘሎ መላኺ ስርዓት ነቲ ሕብረተሰብ ንምቍጽጻር ዝጥቀሙሉ ሜላ'ዩ። ፋይዳ ድማ የብሉን። ከመይሲ ዕጫ ዝተፈላለዩ ወለዶታት ስለ ዘባኽንን ሃገር ናይ ዜጋታታ ተበግሶን ፈጠራነትን ንኸይትጥቀም ስለ ዝገትእን።

ሓደ ካልእ ኣገዳሲ ባህሪ ሕብረተሰብ ኤርትራ፡ እቲ ኣብ ሓደ እዋን ንዝተፈላለዩ ኮማት ኣሲሩ ዝሕዝ ዝነበረ መጣበቒ (ሓያል ፈትሊ) ተዳኺሙ ምህላዉ'ዩ። ኣብ ትካላት ዝነበረ እምነት ማህሚኑ፡ ኣብ መንጎ ዜጋታት ድማ ምፍልላያት ፈጢሩ። ማሕበራዊ ምፍልላይ እናዓሞቐ ብምምጽኡ፡ ናይታ ሃገር ብዙሕነት ኣብ ክንዲ ንሃገራዊ ሓበን፡ ንፖለቲካዊ መኽሰብ ህግደፍ ተመዝሚዙ።

ቍጠባዊ ዝሕታለ፡ ከም ሳዕቤን ናይዞም ኣብ ላዕሊ ተጠቒሶም ዘለዉ ብኩራታት፡ ኣብ ቍጠባዊ መዳይ ሸቐለት ዝፈጥሩ ቍጠባዊ ትካላት ይትረፍሲ ከዕምብቡ፡ እቶም ዝርካቦም'ውን እናተዳኸሙ ይመጹ ከም ዘለዉ'ዩ ዝፍለጥ። እቶም ዝርካቦም ካብ ዕደናን ኮንትሮባንድን ካልኦት ብህግደፍ ዝውነኑ ትካላትን ዝምንጮዉ ኣታዊታት ከም ወትሩ ኣብ ምሕያል ናይቲ ሰራዊት (ኣጽዋር፡ ስልጠና፡ ሎጂስቲክ ወዘተ)፡ ምድልዳል ጸጥታውን ስለያውን ትካላትን ምድንፋዕ ናይ ፕሮፓጋንዳ ትካላትን (እንተላይ ፈስቲቫላትን በዓላትን) እዮም ዝውዕሉ። ብኣጠቓላሊ ድማ ኣብ ምሕያል'ቲ ውልቀ ምልካዊ ስርዓት።

ዘይምትእምማንን ኩነታት መነባብሮን፡ ህዝቢ መነባብሮኡ ዝመሓየሸሉ ኩነታት ክፍጠረሉስ ይትረፍ ናይ ሸቐለት ዕድላቱ'ውን ዝማህመነ'ዩ። ውሕስነት ምግቢ ዛጊት ኣይተረጋገጸን ዘሎ። ውሕስነት ምግቢ ክንብል እንከለና ዝተመጣጠነ ምግቢ ማለት'ዩ። ድኹም ብሕታዊ ጽላትን ብኩራት ውሽጣውን ግዳማውን ንወፍሪ መለለዪ ባህሪ ናይቲ ቍጠባ'ዩ። ኣብ ትሕተ ቕርጺ ዝግበር ወፍሪ ኣሎ ክበሃል ኣይከኣልን። ንውልቃዊ ተበግሶ ዘዳኽም እንተ ዘይኮይኑ ዘተባብዕ ባይታ የለን። ኣብ መንጎ መንግስታውን ብሕታውን ጽላታት ዘሎ ዝምድና ኣብ ዘይምትእምማን ዝተሞርከሰ'ዩ።

ቍጠባ ኤርትራ

ከምቲ ኣብ ምዕራፍ 1 ብዝርዝር ቀሪቡ ዘሎ ናይ ኤርትራ ቍጠባ ብናይ ዕንጋሎ ቍጠባ'ዩ ዝግለጽ። ኵሎም ጽላታት ናይቲ ቍጠባ (ሕርሻ፡ ምስናዕ ከምኡ'ውን ኣገልግሎታት) ኣብ እግረ ተኸሎም'ዮም ዘለዉ።

ኤርትራ ወደባታ ከህብኦ ካብ ዝኽእሉ ኣገልግሎታት ከትረኽቦም እትኽእል ረብሓታት'ውን ነይሮም'ዮም። ንኣብነት ኣብ 1994/95 ዓ.ም. ወደብ ዓሰብ 73% ናይ ኢትዮጵያ እታውን 51.7% ሰደድን ከተእንግድ እንከላ ጂቡቲ ግን 0.8% ናይ ኢትዮጵያ ኣታዊታትን 3.2% ሰደድን ተኣንግድ ነይራ። ኣብዚ እዋን'ዚ፡ ወደብ ጂቡቲ 95% ናይ ኢትዮጵያ ሰደድን እታውን ተኣንግድ[xx]። ኢትዮጵያ ድማ ኣምሳያ ናይቲ ካብ ጂቡቲ እትረኽቦ ናይ ወደብ ኣገልግሎት ንጂቡቲ ኣብ ዓመት ኣስታት 2 ቢልዮን ዶላር ትኸፍል። እዚ ከፍሊት'ዚ ናይ ኤርትራ ኣታዊ ነይሩ እንተ ዝኸውን እታ ሃገር ክንደይ ዝኣክል ከትጥቀም ከም እትኽእል ንምግማቱ ዘሸግር ኣይኮነን (Reporter [Amharic] 14.10.2018)።

ሓደ ካልእ ዘይነዓቕ ምንጪ ቍጠባ ናይታ ሃገር እቲ ካብ ኣብ ዲያስፖራ ዝርከቡ ኤርትራውያን ብመልክዕ ክልተ ካብ ሚእቲ ብኣስገዳድ ዝእከብ ገንዘብን ኣብ ዲያስፖራ ዝርከቡ ኤርትራውያን ብመልክዕ ሓዋላ ናብ ኤርትራ ዝልእኽዎ ገንዘብን'ዩ። ቍጠባ ኤርትራ ኣብ ሓዋላ ዝምርኰስ ም'ኳኑ ጥራይ ዘይኮነስ ካብቲ እቲ ህዝቢ ዝጥቀም እቲ ስርዓት ዝጥቀሞ ይመዝን። እዚ ብሰሪ'ቲ መንግስቲ ዝጥቀመሉ ዘይፍትሓዊ ዝኾነ መጠነ ሸርፊ'ዩ። ዘይከም ካልኦት ሃገራት ግን፡ ኤርትራ ንዓቕሚ ዲያስፖራ ብዝግባእ ዘይተጠቕመትሉ ሃገር'ያ። ኣብነት ንምጥቃስ ዝኣክል፡- ሎሚ፡ ብዝሒ ናይቶም ኣብ ዝተፈላለዩ ክፍለ ዓለማት ዝነብሩ ቬትናማውያን ዲያስፖራ ሓሙሽተ ሚልዮን በጺሑ ኣሎ። እዚኣቶም ኣብ ዓመት ክሳብ ዓሰርተ ሽዱሽተ ቢልዮን ዶላር ዝግመት ብመልክዕ ሓዋላ ንሃገሮም ኣታዊ ይገብሩ። ልዕሊ'ዚ መጠን ናይ ገንዘብ'ዚ ግን ነታ ሃገር ኣብ ምልዋጥ ዓቢ ኣበርክቶ ይገብሩ ኣለዉ። ሃብቲ ጥራይ ዘይኮነ፡ ኣብ ደገ ዝቐሰምዎ ክእለትን ትምህርትን ሒዞም'ዮም ናብ ዓዶም ዝምለሱ።

ሓደ ሚልዮን ዝበጽሕ ኤርትራዊ ዲያስፖራ ኣሎ ኢልና እንተ ድኣ ንሓስብ ኴንና፡ እቲ ብመልክዕ ሓዋላ ንኤርትራ ኣታዊ ዝኸውን ዓቕን ሸርፊ ወጻኢ ክሳብ ሰለስተ ቢልዮን ዶላር ንዓመት ክኸውን ከም ዝኽእል ዘጠራጥር ኣይኮነን። እቲ ሕቶ ግን ካልእ'ዩ። መንግስቲ ኤርትራ ነዚ ጸጋ'ዚ ኣብ ልምዓት የውዕሎ ድዩ ኣየውዕሎን ዝብል'ዩ። እቲ መልሲ ንጹር'ዩ።

ኵሉም'ዞም ኣብ ላዕሊ ተጠቒሶም ዘለዉ ሓቅታት ንዘላቒ ዕብየትን ልምዓትን ዘውሕሱ ረቛሒታት ኣይኮኑን። ኣብ ኤርትራ ምዕሩይ ዝርጋሐ ድኽነት ጥራይ'ዩ ዘሎ ክበሃል ይከኣል።

ንናይ ኤርትራ ጂዲፒ ፐር ካፒታ (ናይ ኤርትራ ጠቕላላ ዘቤታዊ ምህርቲ ንውልቀሰብ) ኣመልኪቱ ብጭቡጥ ክዛረብ ዝኽእል ዓለምለኻዊ ውድብ ኣይተረኽበን። ሓበሬታ ከም ምስጢር ስለ ዝተሓዝ። ዓለማዊ ባንኪ ኣብ ናይ 2011 ጸብጻቡ፡ ናይ ኤርትራ ጂዲፒ ፐር ካፒታ $643.8 ኢሉ የቕርብ።

ኣህጉራዊ ማዕከን ገንዘብ – IMF ብዛዕባ ኤርትራ ዝኾነ ይኹን ሓበሬታ ከም ዘይብሉ ይጠቅስ። "ዘ ዎርልድ ፋክት ቡክ" (The World Fact Book) ዝተባህለ ብሲ.ኣይ. ኣይ. (CIA) ዝልቀቕ ጸብጻብ ኣብ 2017 ዓ.ም. ናይ ኤርትራ ጠቕላላ ዘቤታዊ ምህርቲ ንውልቀሰብ $1,600 ከም ዝነበረ ይጠቅስ። እዚ ጸብጻብ'ዚ ጠቕላላ ዘቤታዊ ምህርቲ ንውልቀሰብ ናይ ካልኦት ሃገራት ኣፍሪቃ ኣመልኪቱ ነዞም ዝስዕቡ ኣሃዛት ይህብ፤ ኢትዮጵያ $ 2,440 (2022 ዓ.ም.)፡ ሱዳን $ 3,600 (2022 ዓ.ም.)፡ ጂቡቲ $ 5,000 (2022 ዓ.ም.)፡ ቦትስዋና ድማ $1 5,000 (2022 ዓ .ም.)።

ብመሰረት ትረይድ ኢኮኖሚክስ (Trade Economics) ዝበሃል ናይ መጽናዕቲ ትካል፡ ኣብ 2023 ዓ.ም. ናይ ኤርትራ ጃምላዊ ዘቤታዊ ፍርያት ዕብየት 2.9% ነይሩ። ኢትዮጵያ ኣብዚ ዓመት'ዚ 7.9% ጂቡቲ ድማ 5.7% ኣመዝጊበን። ብመሰረት ጸብጻብ ናይ ኣፍሪቃ ልምዓት ባንኪ (African Development Bank) ሓቀኛ ናይ GDP ዕብየት ኣብ 2022 ናብ 2.3% ከም ዝወረደ ይእምት።

ኣብዞም ዝሓለፉ ሰላሳን ኣርባዕተን ዓመታት፡ መንግስቲ ኤርትራ ይትረፍሲ ድልዱልን ዝተራቐቐን ትሕተ ቕርጺ ክንጽፍ፡ ነቲ ካብ መግዛእቲ ዝተረከቦ ትሕተ-ቕርጺ'ውን ናይ ምዕቃብ ዓቕምን ፖለቲካዊ ድሌትን ዘይብሉ መንግስቲ ኮይኑ'ዩ ተጋሂዱ። መንግስቲ ክሳዕ ሕጂ ዘተኣማምን ጸዓታዊ ቀረብን ማይን ከቕርብ ዘይምኽኣሉ፣ ጽርግያታት ብዝግባእ ክጽግን፡ ከግፍሕ ወይ'ውን ሓደስቲ ክሰርሕ ዘይምኽኣሉ፣ እተን ዝርካበን ክልተ ወደባት ከምቲ ዝድለ ክዓብያን ጠለባት ሃገር ከማልኣን ዘይምግባሩ፣ ኢንተርነት ክዋድድ ዘይምኽኣሉ (ብመሰረት ኣህጉራዊ ሕብረት ተሌኮሙኒኬሽን፡ ኣብ 2021 ዓ.ም. ካብ 100 ነበርቲ እተገብረ ምዝገባ ተንቀሳቓስቲ ተለፎናት፡ 50 ሚእታዊት ነይሩ። ኣብ ገዛኦም ኢንተርነት ዝጥቀሙ ስድራቤታት ኤርትራ 1.92 ሚእታዊት ኮይኑ ምስ ኢትዮጵያ ምስ ዝነጻጸር (18%)፡ ጂቡቲ (52.6%)፡ ኬንያ (24.1%)፡ ሱዳን (16.2%)፡ ሩዋንዳ (18.5%) እዩ (ITU, n.d.) ነይሩ።) መንበሪ ገዛውቲ ዘይምህናጽን ንህዝቢ ዘገልግሉ ፋይናንስያዊ ትካላት ዘይምውዳድን ሓደ ካልእ ሕቶ ዘልዕል ክስተት'ዩ።

ቀዳምነታት ናይ ሓንቲ ድሕሪ ሰላሳን ኣርባዕተን ዓመታት ኣብ ጐደና ምዕባለ ምዕይ ዘይበለት ሃገር፡ ነቲ ናይ ምሕደራ ጉዳይ ትሽረት ምሃብ'ዩ። እዚ ድማ ነዞም ዝስዕቡ የጠቓልል፤ ልምዓታዊ ስትራተጅኣ ንኹሉ ዝሓቁፍ ንክኸውን ጻዕሪ ምግባር፣ ንፍሉይ ኩነታታ ዝምልሱ ሃገር ቦቀል ፖሊሲታት ምሕብሓብ፡ ድልዱላትን ግሉጽነት ዝመለለይኦም ትካላት ምህናጽ፡ ፖሊሲታታ ንምትግባር ዘኽእላ ስርዓተ ኣሰራርሓ ምምዕባል፡ ከምኡ'ውን ናይ ሕጊ ኣልቦነት ባህርያት ምውጋድ።

ዕማማት መንግስቲ ብንጹር ክቐመጡ ግዴታ'ዩ። ነቲ መነባብሮ ሕብረተሰብ ንምቕያር ክግበር ዘለዎ ኣስተዋጽኦ ድማ ግሉጽነት ብዘለዎ መገዲ ናብ ህዝቢ ዝባጻሓሉ ኩነታት ክፍጠር ይግባእ። መንግስቲ ኤርትራ፡ ብንቡር መገዲ ንምምሕዳር ዘኽእሎ ፍሉይ ተልእኾ ኣለዎ። እዚ ድማ ፍሉይ ጠመተ የድልዮ። ምኽንያቱ ድማ ናይ ሓደ መንግስቲ ዓወት ወይ ውድቀት ኣብ ናይዞም ተልእኾታት ኣተሓሕዛ፡ ምሕደራን ምምእዛንን ስለ ዝምርኰስ።

መንእሰያት ኣፍረይቲ ክኾኑ ብፍልጠት ዝሰነቑ፡ ምስቲ ዓለም በጺሓቶ ዘላ ደረጃ ምዕባለ (ስነ ፍልጠት፡ ተክኖሎጂ፡ ስነ ጥበብ፡ ስፖርት ወዘተ) ክላለዩ ጥራይ ዘይኮነስ ክመልከዎምን ክጥቀሙሎምን ከም ዝኽእሉ ምግባር፡ ልዑል ስነ ምግባርን ማሕበራዊ ክብርታትን ዘሳስዩ ኣብ ዕለታዊ ህይወቶም ድማ ዘተግብሩ፡ ሃገሮምን ህዝቦምን ዘፍቕሩ፡ ብሃገሮም ዝንየቱ፡ ንመስሎም ንምጥባቕ ድሕር ዘይብሉ፡ ንምርምርን ነቐፌታዊ ኣተሓሳስባን ዘቃልዖምን ዘላልዮምን ትምህርቲ ክቐስሙን ስልጡናትን ፍልልያት ዝጻወሩን ንክኾኑ ዘኽእሎም ትምህርቲ ከም ዝቐስሙ ምግባር ኣገዳሲ ናይ ፖሊሲ ባእታ'ዩ።

ኣብ ኤርትራ ምምዕባል ዓቕሚ ሰብ ዘይተፈተነ ኣይኮነን። ክንደይ ሰብ ሞያ ንትምህርትን ስልጠናን ንወጻኢ ዘይተላእኩ። ክንደይ ተመሃሮ ንልዑል ትምህርቲ ናብ ከም ብዓል ደቡብ ኣፍሪቃ ዝኣመሰላ ሃገራት ዘይተላእኩ። ውጽኢቱ ግን ኣዕጋቢ ኣይነበረን። ተማሂርካ መጺእካ መተባብዒ (ብመልክዕ ደሞዝ፡ ሓላፍነት፡ ናይ ስራሕ ርውየት፡ ወዘተ) ዘይትረኽበሉ እንተ ኼንካ፡ ብሞያኻ ንኽትሰርሕ ወይ'ውን ከተገልግል ዘመቻችው ትካላዊ ኣሰራርሓ እንተ ዘየልዩ፡ ወይ'ውን ከም ብዓል ሞያ መጠን ዝግበኣካ ኣኽብሮት ዘይትረክብን መተባብዒ ዘይብልካን ምስ እትኸውን፡ ሞያኻ ኣብ መዓላ ምውዓል በዳሂ'ዩ። በዞም ዝተጠቕሱ ምኽንያታት ከኣ'ዩ ውጽኢቱ ኣዕጋቢ ኣይነበረን ዝበሃል።

ሰሪ'ቲ ብኩል ስርዓተ ምሕደራ፡ ድሕሪ ምእላይ ምልኪ'ውን እንተ ኾነ፡ እቲ ሕብረተሰብ ናብ ዓሚቝ ፖለቲካዊ ምክፍፋልን (ንስልጣን፡ ስነ ሓሳብን ዕጫ ሃገርን ኣብ

ዝምልከቱ ሕቶታት) ምውጣጥን ከምርሕ ይኽእል'ዩ። እምበኣርከስ ሓደ ሕጋዊ ዝኾነ ርጉእ ስርዓተ ምሕደራ ምውዳድ፣ ጽባሕ ዘይበሃሎ ጉዳይ ክኸውን'ዩ። እዚ ብግዴኡ፡ ንዝተፈላለዩ ተራጸምቲ ዝመስሉ ኣተሓሳስባታት ምትዕራቕ፡ ውጥጥ/ምሽማው ስልጣን ምምሕዳርን ህዝቢ ኣብ ትካላት እምነት ከም ዝህልዎ ምግባር ጻዕርታት ክሓትት'ዩ።

ምልካውያን ስርዓታት መብዛሕትኡ ግዜ ንቑጠባ ሃገር ኣብ ሕንፍሽፍሽ፡ ብኩልነትን ምውሳን ናይ ኣገደስቲ ጽላታት ናይቲ ቍጠባን የምርሑ'ዮም። እዚ ኣብ ኤርትራ ኣዝዩ ግሁድ'ዩ። ትሕተ ቕርጺ ምህናጽን ቍጠባዊ ምርግጋእ ምርግጋጽን ሓደ ኣዝዩ ዓቢ ብድሆ ክኸውን ይኽእል'ዩ። ጉዳይ ሽቕለተ ኣልቦነትን ዝቕባበን ብዕቱብ ምፍታሕን ዋኒን ትካላት ንኽህነጻ ምጽዓርን ወፍሪ ምትብባዕን ክሓትት'ዩ። እዚ ኣዝዩ ዘገም ዝብል መስርሕ ክኸውን ይኽእል'ዩ።

ኣብ ግዜ ምልኪ ዝተዘርአ ዘይምትእምማን ክቕጽል ተኽእሎ'ውን ኣሎ። እዚ ብግዴኡ ማሕበራዊ ስኒት ንኸተውሕስን ሃገራዊ መንነት ንምስራጽን ርእሱ ዝኸኣለ ብድሆ ክኸውን'ዩ።

ብዛዕባ ዝተፈጸሙ ግህሰታት ሰብኣዊ መሰላትን ካልኦት ዘይፍትሓዊ ዝኾኑ ተግባራትን ግቡእ ኣቓልቦን መልስታትን ምርካብ ድማ ኣዝዩ ጥንቃቐ ዝሓትት ጉዳይ ክኸውን'ዩ።

ብሰንኪ'ቲ ውልቀ ምልኪ ዝኽተሎም ዝነበረ ግጉያት ናይ ወጻኢ ፖሊሲታት ዝተበላሸዉ ዲፕሎማስያዊ ዝምድናታት ንምዕራይን ኣህጉራዊ ምትሕብባር ንምውሓስን ብድሆታት ክህልዉ'ዮም። ኣብ ከባቢና ክህሉ ዝኽእል ዘይምርግጋእ ኣብ ልዕሌና ክህልዎ ዝኽእል ጽልዋ ኣብ ግምት ምእታውን ከመይ ጌርና ከም እነማሕድሮምን እንሰግሮምን ምሕሳብን ከድልየና'ዩ። ምስ ጐረባብቲ፡ ከባብን ዓለም ከመይ ጌርና ከም እንዋሳእ ምፍላጥ'ውን ከድለየና'ዩ።

ናይ ምጽውዋር ባህሊ ብምትእትታው ጸጥታ ምውሓስን ጐነጽ ምውጋድን'ውን ኣዝዩ ኣገዳሲ ዕማም ክኸውን'ዩ።

መደምደምታ

ከምቲ ኣብ ላዕሊ ዝርኤናዮ፡ ተመጋጋቢ ዝምድና ሰናይ ምሕደራን ቍጠባዊ ምዕባለን ዘይከሓድ ሓቂ'ዩ። ብግሉጽነት፡ ተሓታትነትን ሓያላት ትካላትን ዝልለ ኣድማዒ ምሕደራ ንዘላቒ ቍጠባዊ ዕብየት ምቹእ ሃዋህው ይፈጥር። ብተመሳሳሊ መገዲ፡ ትርኑዕ ቍጠባዊ ምዕባለ ነቲ ንምሕደራ ዘድሊ መዋቕራት ንምሕያል ዘኽእሉ ጸጋታት ከቕርብ

ዓቢ ተኸእሎ ኣሎ። ብሓባር ድማ ነንሓድሕዱ ዝመላላእ፡ ብልጽግና፡ ማሕበራዊ ምዕሩይነትን ብቐሊሉ ናብ ንቡር ዝመልስ ኵነት መነባብሮን የውሕሱ።

ነዚ ሲነርጂ ንምውሓስ ደይ መደይ ኢልካ ናይ ፖሊሲ ሕርያታት፡ ሓቋፊ መሪሕነትን ንጡፍ ህዝባዊ ተሳትፎን ምፍጣር ይሓትት። ምስ ቀኣጠባዊ ስትራተጂ ኣትሓሒዘን ምሕደራዊ እረማ ከም ቀዳምነተን ዝሰርዓ ሃገራት፡ ውሽጣዊ ዓቕመን ብዝለዓለ ደረጃ ክምዝምዛ፡ ዘይምዕሩይነት ንኽንክያን ሓባራዊ ገስጋስ ከውሕሳን ብልጫታት ኣለወን። ኣህጉራውያን ብድሆታት እናዓበዩን እናተመሓላለኹን ኣብ ዝመጹሉ ዘለዉ እዋን፡ እቲ ኣብ መንጎ ምሕደራን ቀኣጠባዊ ገስጋስን ዘሎ ዝምድና እናዓሞቐ ክኸይድ'ዩ። እዚ ብግደኡ ንሓድሕዳዊ ዝምድንኦም ጠቓሚ ጥራይ ዘይኮነስ ንርጉእን ብሩህ መጻኢን ውሕስነት'ዩ።

ምዕራፍ 6

ንድሕንነት ህዝቢ ቅድሚት ዝሰርዕ ልኡላውነት

ልኡላውነት እንታይ'ዩ፧ ረብሓታቱ እንታይ ይመስል፧ ንደቅሰብ ማእከል ምስ ዝገብርከ፧

ልኡላውነት ሃገር፡ ዜጋ ርእሱ ኣቕኒዑ ዝንቀሳቐሰሉ፡ ብመንነቱ ዝኾርዓሉ፡ ድሕነቱ ዝረጋገጸሉን ክብርታቱ ዝጽንበለሉ ኣምር'ዩ። ብራእይ ዘለዎ ኣመራርሓ፡ ውሕሉል ፖሊሲታትን ሃገራዊ ወንን ሓድነትን ምስ ዝድገፍ ድማ ንሓንቲ ሃገር ናብ ሓንቲ እናሰሰነት እትኸይድ፡ በብዓይነቶም ነውጽታት እትጻወርን ንከባቢኣ እትጸሉን ክልውጣ ዘለዎ ተኽእሎ ዓቢ'ዩ። ልዕሊ ኹሉ ድማ ንደቅሰብ ዘማእከለ ክሳዕ ዝኾነ። ኣብዚ፡ እቲ መሰረታዊ ሕቶ፡ መሰል ርእሰ ውሳነ ምውሓስ ማለት'ዩ። እዚ ማለት ድማ ብግዝያውያን ናይ ደገ ጸቕጥታት ከይተሰናኸልካ ንንውሕ ዝበለ እዋን ዝጠመቱ ሃገራዊ ረብሓታት ዘቕድሙ ውሳነታትን ፖሊሲታትን ምትግባር ማለት'ዩ።

ህዝቢ ኤርትራ ድሕሪቲ ኣስታት ሓምሳ ዓመታት ዝወሰደ ፖለቲካውን ዕጥቃውን ቃልስን ዝተኸፍለ ሰፍ ዘይብል መስዋእትን ብመገዲ ረፈረንዱም ኣቢሉ ልኡላውነት ሃገሩ ኣረጋጊጹን ኣባል ማሕበረ ሰብ ዓለምን ኮይኑን። እቲ ናይ መጠረሽታ ዕላማ ግን ከምቲ ልዕል ኢሉ ዝተጠቕሰ ንኣኡ ከም መበገሲ ወይ መሳርሒ ወሲድካ ናብ ምርግጋጽን ብቕዋም ዝምእዘዝ መንግስቲ ምትካልን ብኣኡ ኣቢልካ ድማ ናብ ጉዱና ዳግመ ህንጸትን ዘላቒ ልምዓትን ምስግጋርን'ዩ ነይሩን ዘሎን። ኣብዚ መዳይ'ዚ ክሳዕ ክንደይ ኢና ተጓዒዝና፧ እንታይ ኢና'ኸ ኣሳሊጥና፧ ከመይ ዝበሉ ብድሆታትከ ኣጋጢሞምና፧ ክስገሩ ዝኽእሉ ድዮም ነይሮም፧ እንተ ዘይተሰጊሮምከ እንታይ'ዮም እቶም ምኽንያታት፧ ከመይ

ዝበሉ ዋጋታትካ ኣኽፊሎምና፣ ካብ ሕሉፍካ እንታይ ኢና ንመሃር፣ ንብድሕሪ ሕጂኸ እንታይ'ዩም ክግበሩ ዘለዎም፣ ዝብሉ ሕቶታት ምምላስ'ምበኣር ግድነት'ዩ።

ልኡላውነት ዕብየት ሓደ ሃገር ኣብ ምውሓስ ወይ ሃገር ካብቲ ዘላቶ ደረጃ ምዕባለ ናብ ካልእ ንኽትስጋገር ልዑል ኣስተዋጽኦ ዝገብር ኲነት'ዩ። ልኡላውነት፡ ናይ ርእስ ውሳነ ዕድል ይኸፍት፡ ርግኣት የውሕስን ንህዝብኻ ዘርብሕ ፖሊሲታት ንምርቃቕን ንምትግባርን'ውን ኣኻእሎ ይህብ። ከም ሃገር፡ ብመሳቱኣ ተኸቢራን ማዕረኣን ተሰሪዓን ኣብ ዝተፈላለዩ መዳያት ግዴታኣ ንህዝባ በቲ ሓደ ወገን ግዴታኣ ንማሕበረሰብ ዓለም ድማ በቲ ካልእ ንኽትፍጽም መሰላት ዕድል ይኸፈተላ። ነዞም ዝስዕቡ ድማ ከጠቓልሉ ይኽእሉ፡-

ስርዓተ ምሕደራ

ሓንቲ ልኡዑላዊት ሃገር ብዘይ ናይ ደገ ምትእትው ናይ ገዛእ ርእሳ ሕግታት ትድንግግ፡ ናይ ባዕላ ፖሊሲታት ተርቅቕን ናይ ባዕላ ስርዓተ ምሕደራ ድማ ትመርጽን። ብዘይካ'ዚ፡ ኣብ ናታ ፍሉይ ባህሊ፡ ታሪኽን ክብርታትን ተመርኲሳ ድማ ንፖለቲካዊ መጻኢኣ ቅርጺ ተልብስ። ኣብ ናይ ኤርትራ ኲነታት፡ እቲ ዝትከል ስርዓት ንብዙሕነት ዝመለለይኡ ማሕበረ ቊጠባዊ ኣቀዋውማ ህዝቢ ኤርትራ፣ መግዛእቲ ንምምካት ዝተሰርሐ ናይ ፖለቲካውን ዕጥቃውን ቃልሲ ታሪኽ፣ ዕላማታት ናይቲ ዕጥቃዊ ቃልሲ፣ ስትራተጅያዊ ኣቀማምጣ ናይታ ሃገር ምስኡ ዝመጹ ሓደጋታትን ረብሓታትን/ዕድላትን፣ ጂኦፖለቲካዊ ኲነታት፣ ብዝሕን ዓይነትን ጸጋታት ሃገርን ኣጠቓቕምኦምን፣ ናይ ፖለቲካዊ ኣረኣእያታት ብዙሕነት፡ ወዘተ ኣብ ግምት ዘእቱ ክኸውን ይግባእ ነይሩን ኣሎን።

ልኡላውነት'ምበኣር ነዞም ረቛሒታትዚኣቶም ኣብ ግምት ዘእተወ ስርዓተ ምሕደራ ንምውሓስ ኣብ ዝግበር ጻዕሪ ዘይነዓቕ ግደ ኣለዎ። ከምዚ ዝዓይነቱ ስርዕተ ምሕደራ ሓቛፊ፡ ኣሳታፊ፡ ብቕዋም ዝምእዘዝ ምስ ዝኸውንን ንይቕረ፡ ንዕርቅን ንምትሕድዳግን ጥጡሕ ባይታ ምስ ዝፈጥርን፡ ዜጋታት ቀሲኖምን ረድዮምን ናብራኦም ክመርሑ፡ ኣብ ልዕሊ'ቲ ዘመሓድሮም ስርዓት እምነት ክሕድሩ፡ ኣብ ልምዓት ሃገሮም ድማ ነጢፎም ክሳተፉን ሃገር ናብ ዝለዓለ ደረጃ ምዕባለ ክስጋግሩን ይርአዩ። ጐደቦ፡ ዞባን ዓለምን ድማ ብኣኽብሮት ይምልከቶም። ከምዚ ዝዓይነቱ ስርዓተ ምሕደራ ንዝኸስቱ ቀውስታት'ውን ተጻዋሪ'ዩ። ርጉኣት ትካላት፡ ግሉጽነትን ኣድማዕነትን ዝመለልይኡ ስርዓተ ምሕደራ ወፍሪ ክስሕብን እምነት ክኹስኩሱን የኽእል። ንምብኻን ጸጋታት ድማ ይከላኸልን ንርትዓዊ ኣጠቓቕምኦም ድማ የተባብዕን።

ምሕደራ ቍጠባ

ሓንቲ ልዑላዊት ሃገር ቍጠባኣ ባዕላ ክትኣሊ፡ እትብህነ ዕብየት ዘውሕስ ናይ ንግድን ቀረጽን ፖሊሲታትን ሕጋጋትን ትሕንጽጽ። ብዘይካዚ፡ ናይ ንግዲ ውዕላት ትወዓዓልን ጸጋታታ ዘላቒ ብዝኾነ መገዲ ተመሓድርን። ኣብ ቍጠባዊ ፖሊሲታታ ንልዑላውነታ እተቐድምን ንዘቤታዊ ጸጋታት ብዝግባእ ህዝባ ንኽረብሓሉ ባይታ እትፈጥርን ሃገር፡ ንኽትዕወት ዘለዋ ተኽእሎ ዘይንዓቕ'ዩ።

ኤርትራ፡ ህዝባ ውሑድ ጸጋታታ ድማ ድሩት'ዩ። ቍጠባኣ ንምህናጽ ሰፍ ዘይብል ብድሆ ነይሩዋን ኣለዋን። ብኹናት ዝዓነወት ንእሽቶ ሃገር ዳግማይ ንምህናጽ ዝሕግዙ ጸጋታት ካበይ ክመጹ'ዮም፧ ካብ ስርዓት ኢትዮጵያ ዝተወርሱ ድኹማት ትካላትን ብሰሪ ግጉይ ኣተሓሕዛ ጉዳያት ስርዓት ህግደፍ ደስኪሎም ዘለዉ ትካላትን ከመይ ገይሮም ነቲ ሓድሽ ኩነታት ንምግጣም ብዘኽእሉ መገዲ ክሕይሉ ወይ ክተዓራረዩ ይኽእሉ፧ እቲ ዓቕሚ ሰብ ምስ ጠለባት ሃገራዊ ዳግመ ህንጸት ብኸመይ መገዲ ክመዓራረ ይኽእል፧ ከምኡ'ውን እቲ ኣብ ደረጃ ምብራስ በጺሑ ዝነበረን ዘሎን ናይታ ሃገር ትሕተ ቕርጺ ብኸመይ መገዲ ህይወት ክዘርእ ይኽእል፧

ኩሎምዘም ኣቐዲሞም ዝተጠቕሱ ጠለባት፡ ንሕቶታት ሃገራዊ ዳግመ ህንጸት መልሲ ዝህብ ኩለ መዳያዊ መርሓ ጐደና ዝጠልቡ'ዮም ነይሮምን ዘለዉን። ልኡላውነት፡ ከም ኣምር'ምበኣር ነዞም ብድሆታት'ዚኣቶም ንምፍታሕ ክሰርሓሉ ዝነበሮ ጉዳይ'ዩ። ዛጊት ግን ኣይተመለሱን። ዛጊት ዜጋታት ክረብሑሉ ኣይከኣሉን።

ምክልኻል ዶባት

ልኡላውነት፡ ሃገር ዶባታ ንኽትከላኸል፡ ምውጻእን ምእታውን ዜጋታትን ወጻእተኛታትን ንኽትቈጻጸርን ውሽጣዊ ስርዓት ከተውሕስን ይሕግዛ። ልኡላውነት፡ ንሓንቲ ሃገር ናይ ደገ ሓይልታት ርግኣታ ንምርባሽ ዝዕላምኡ ኣብ ልዕሌኣ ወተሃደራዊ ይኹን ፖለቲካዊ ጸቕጥታት ክገብሩ ምስ ዝፍትኑ ንምክልኻል ይሕግዛ። ልኡላውነት ኤርትራ፡ ንዝኾነ ናይ ደገ ተጻብኦ ናይ ምክልኻል ዓቕሚ ንኽትድልብ ዘኽእል ዕድል'ዩ ነይሩን ኣሎን።

ብናይ ግትኣት ምክልኻላዊ ፍልስፍና ዝምእዘዝ ሃገራዊ ናይ ምክልኻል ስትራተጂ፡ ኣብ መንጎ ልኡላውያን ሃገራት ዝፍጠር ዘይምርድዳእ ብዝተኻእለ መጠን ብሰላም ዝፍትሓሉ መገዲ የናዲ። ኣዕናዊ ባህርያት ውግእ ንማንም ስዉር ስለ ዘይኮነ። ንኸም'ዚኣም ዝዓይነቶም ግርጭታት ንምክልኻል እቲ ዝበለጸን ኣድማዕን ኣገባብ ድማ ዲፕሎማሲ'ዩ። ከም ኣማራጺ፡ ናይ ግትኣት ስትራተጂታት'ውን ክዝውተሩ

ይኽእሉ'ዮም። ሓደ ካብኣቶም ምምስራት ዘመናውን ሞያውን ሰራዊት'ዩ። ምፍጣር ሞያዊ ሰራዊት'ምበኣር፡ ተጻብኦ ንምትዀታዀ ወይ ኣንጻር ጐረባብቲ ሃገራት ውግእ ንምጽሕታር ዝዓለመ ዘይኮነስ፡ እቲ ዕላማ ከም መከላኸሊ ወይ መግትኢ መሳርሒ ኮይኑ ከገልግልን ሃገራዊ ድሕነት ንምውሓስን እውን'ዩ። ጐረባብቲ ሃገራት ኣብ ልዕሊታ ሃገር ዘለዎም ኣረኣእያ ኣብ ኣኽብሮት ዝተመስረተ ከም ዝኸውን ድማ ይገብር።

ልኡላውነት ምዕቃብ ማለት ምስ ጐረባብቲ ሃገራት ዝህልወካ ዘይምርድዳድእ ብኣፈ ሙዝ ጠበንጃ ምፍታሕ ማለት ኣይኮነን። ኩናት፡ ኩሎም ተኽእሎታት ሰላም ምስ ተጸንቀቑ እትጥቀመሉ ናይ መጠረሽታ መዋጽኦ'ዩ። ኤርትራ ኣብዞም ዝሓለፉ ሰላሳን ኣርባዕተን ዓመታት ዝተኸተለቶ ፖሊሲ ኣፈታትሓ ናይ ዶብ ይኹኑ ካልኦት ግርጭታት ንልኡላውነት ኤርትራ ዘርብሕ ኣይነበረን። ኤርትራ ብዓቕሚ ሰባ ተሃስያ፡ ቊጠብኣ ባይታ ዘቢጡ፡ ኣብ ዓለም ዘውሓሰቶ ናይ "ብርሃን ተስፋ" ዝብል ስማ ተበሊሉን ኣብ ክንዲ መሻርኸቲ ጸጥታ ናይቲ ከባቢ፡ ከም ጻሕታሪት ዘይምርግጋእ ተቈጺራ። ዜጋታት ሃገር ካብዚ ረቢሖምዶ፧ እቲ መልሲ ርዱእ'ዩ።

ህግደፍ፡ ቀጻልነት ስልጣኑ ንምርግጋጽን ምኽኑይ ንምግባርን ንናይ ፍርሒ ረቛሒ ከም ምስምስ ብተደጋጋሚ ክጥቀመሉ ይርአ። ግዳማዊ ስግኣታት ብምጒላሕ ኣብ ህዝቢ ናይ ራዕዲ ስምዒት ኣስሪጹ'ዩ። ንኣብነት፡ ህግደፍ፡ ወያነ ኣብ ጐረቤት ሃገር ኢትዮጵያ ስልጣን ሒዙ ክሳዕ ዘሎ "ህይወት ኤርትራ ናብ ንቡር ምምላስ" ሰፍ ዘይብል ዕማም'ዩ ኢሉ ይምጒት ነይሩ። በዚ ምስምስ'ዚ፡ ከም ምትግባር ቅዋም፣ ሃገራዊ ኣገልግሎት ብሕጊ ብዝተደንገገ መሰረት ከምዝትግበር ምግባር፣ መደባት ልምዓት ምጅማር፣ ንጒዳያት ሰብኣዊ መሰላት ምፍታሕ ዝኣመስሉ ወሰንቲ ሃገራዊ ተበግሶታት ንዘይተወሰነ እዋን ክመሓላለፉ ጸኒሖም'ዮም።

ውሕሉል ዲፕሎማሲ ምኽያድ

ልዑላውያን ሃገራት ኣብ ቅርዓት ዲፕሎማሲ ከም ማዕረ ሃገራት ኰይነን ንኽደራደራን ረብሓታተን ንኽቕድማን በበይኖም ዝዓይነቶም ኪዳናት ክምስርታን ይሕግዝ። ዓለም ቅድሚ ሕጂ ርእያቶ ዘትፈልጥ ምትእስሳራት ፈጢራ ኣላ። ዓውለማውነት፡ ውልቀ ሃገራት ነንበይነን ብምኺን ክስስና ይትረፍ፡ ህላውነተን ከረጋግጻ'ውን ዘየፍቅድ ሃዋህው ፈጢሩ ኣሎ። ሓንቲ ሃገር፡ ኣብዛ ዓውለማዊት ዓለም ክትህሉ፡ ሕግታት ጽምዶ ክትርዳእ ክትክእል ኣለዋ። እዚ ምስ ዘይትገብር ድማ ክትዳኸምን ካብ ዓለም ክትንጸልን ዘለዋ ተኽእሎ እናዓበየ ይመጽእ። ብዛዕባ ሕግታት ኣከያይዳ ዓለም ኩለ መዳያዊ ግንዛበ

ሰመረ ሰሎሞን

ወይ ርድኢት ምምዕባልን ኣብ ውሽጢቲ ዓውለማዊ ስርዓት ንምጕዓዝ ዘድሊ ጥበባት ምኽዕባትን ፈቲና ጸሊእና ክንሰግሮ ዘይንኽእል ሓቂ'ዩ። እቲ ልሙድ ዓውለማዊ ኣካያይዳ (ወላኳ ኵለን ሃገራት ኣየተግብርኦ)፡ ረብሓ ካልኦት ከይጠሓሰካ ወይ ንኻልኦት ከይዓመጽካ ሃገራዊ ረብሓኻ ንምቕዳም ዝዓለመ ስራሕ ምስራሕ ማለት'ዩ። ኣብ ኣህጉራዊ ዲፕሎማሲ፡ ኵሎም ተቐናቐንቲ ኣካላት መኽሰብ ዝረኽቡሉ ኵነታት ምፍጣር ማለት'ዩ።

ሓደ ሓደ ኣህጉራዊ ደንብታት ብምግንዛብን ብምኽባርን ናይ ሓባር ባይታ ብምልላይን ብምምችቻእን፡ ሃገራት፡ ዞባዊ ስኒትን ምርግጋእን ከውሕሳ፡ ዕብየትን ብልጽግናን ከበጋግሳ፣ ካብ ነንሕድሕደን ዝመሃሃራሉ መገዲ ክፈጥራን ክናበባን ይኽእላ'የን። ልኡላውነት ናብ ሓደ ቀጽሪ ምሒር ከይተጸጋዕካ ናይ ባዕልኻ ፖለቲካዊ መርገጺ ንምውሳድ'ውን ይሕግዘካ።

ከም ሃገር ጂኦግራፊኻ ክትመርጽ ኣይከኣልን'ዩ፡ ንመጻኢኻ ከተመዓራርን ከተማእዝንን ዝሕግዘካ ጕደና ቃልሲ ክትመርጽ ግን ተኽእሎ ኣሎ። ዕጫ ጐረባብቲ ሃገራት'ውን ኣብ ነንሓድሕዱ ዝተኣሳሰረ'ዩ። ኣብ ጕደቦ ዝፍጠር ቀውሲ፡ ንውልቃውያን ጐረባብቲ ሃገራት ክጸልወን ተኽእሎ ኣሎ። ብዘይካ'ዚ፡ ጐረባብቲ ሃገራት ተመሳሳሊ ብድሆታት የጋጥመን'ዩ። ክሊማዊ ለውጢ፡ ሕቶ ስደተኛታት፡ ዝተፈላለየ ቅርጽን መልክዕን ዘለዎ ግብረ ሽበራ ምቕላስ፡ ከምኡ'ውን ወፍሪ ኣንጻር ዘይሕጋዊ ምስግጋር ደቂሰባት፡ ዕጸ ፋርስን ካልኦት ዘይሕጋውያን ናይ ንግዲ ንጥፈታትን ከም ኣብነታት ክጥቀሱ ይኽእሉ።

ኣብ መትከላት ሽርክነትን ኣብ ሓድሕዳዊ ምትሕግጋዝን፡ ምኽባር ልኡላውነትን ግዝኣታዊ ሓድነትን ዝተመስረተ ምስ ጐረባብቲ ሃገራት ዝካየድ ምዉቕን ልባውን ዝምድናታት ምፍጣር ንርግኣት ዝኾነት ትኹን ሃገር ወሳኒ'ዩ። እዚ ኵነት'ዚ፡ ካብ ምውሓስ ሃገራዊ ድሕነት ሓሊፉ፡ ነተን ኣብ ሓደ ዞባ ዝርከባ ሃገራት ርጉእን ብልጹግን መጻኢ ንኽፈጥራ መሰረት ክኸውን ይኽእል'ዩ። እቲ ዞባ፡ ብዘይርጉእነት ዝልለ ምስ ዝኸውን፡ ነቲ ኵነታት ንምምእዛን፡ ንምምሕዳር፡ ንምብዳህን ንምጽዋርን ዘኽእል ዓቕሚ ንምድላብ'ምበኣር ተወሳኺ ጻዕሪ የድሊ። ልኡላውነት'ምበኣር ምስ ካልኦት ልኡላውያን ሃገራት ስትራተጅያዊ ሽርክነታት ንምምስራት ዕድል ዝፈጥር ኣገዳሲ ኣምር'ዩ።

ስለዚ፡ ኤርትራ ቀዳምነት ክትህቦ ዝነበራ፡ ናይ ርድኢት ዓቕማ ብዛዕባ ዓለማውን ዞባውን ፖለቲካ ምብራኽ፡ ምስኡ ጕድኒ ንጐድኒ ድማ ዞባዊ ስኒት ንምርግጋጽ ዝዓለመን ነቲ ክመጽእ ዝኽእል ምትፍናን ንምዝሓል ዝሕግዝ ፖሊሲ ወጻኢ ምሕንጻጽን ምትግባርን ክኸውን ነይሩዎ። "ሓደ መዓልቲ ካብ ምውጋእ ንሓደ ሽሕ መዓልቲ ዘተ

ምኽያድ ይምረጽ" ይብል ሱን ትሱ ዝተባህለ ዓቢ ቻይናዊ ናይ ወተሃደራዊ ስትራተጂ ክኢላ። ሕመረት ናይቲ ጥቕሲ ዘጕልሖ እንተልዩ፡ ዲፕሎማሲን ልዝብን ምውጋድ ግጭትን፡ ልዕሊ'ቲ ብባህሪኡ ኣዕናዊ ዝኾነ ቀጥታዊ ወተሃደራዊ ረጽሚ ዝያዳ ብልጫ ከም ዘለዎ'ዩ።

እቶም ኣብ መንጎ ኤርትራ በቲ ሓደ ወገን፡ ጐረባብታ ሃገራት (የመን፡ ጂቡቲ፡ ኢትዮጵያ ብገለ ደረጃ'ውን ሱዳን) ከኣ በቲ ካልእ፡ ዝተኸሰቱ ወተሃደራዊ ረጽምታት ብፍጹም ኣድላይነት ኣይነበሮምን። ኵሎም'ዞም ከስተታት'ዚኣቶም ነናይ ባዕሎም ጠንቅታት'ኳ እንተ ነበሮም፡ ኣብ መኣዲ ዘተ ተጀሚሮም ኣብ መኣዲ ዘተ ክፍትሑሉ ዘይክእሉሉ ምኽንያት ግን ኣይነበረን።

ኤርትራ በዚ ልዕል ኢሉ ዝተጠቕሰ መትከላት ዝኽተል ፖሊሲ ክትረብሕ ምኽኣለት ነይራ። ልዑላውነታ ተጠቒማ ናብ ረብሓኣ ከተውዕሎ'ውን ምኽኣለት ነይራ። ኤርትራ፡ ሰሪ'ቲ ምስ ዓለም ዘይናበብ ናይ ወጻኢ ፖሊሲኣ መሓዛ ወይ መሻርኽቲ ዘይብላ ጽይንቲ ሃገር ኮይና ኣላ። እዚ ኩነታት'ዚ፡ ልዑላውነታ ንኽድፈር ዓቢ ኣስተዋጽኦ ገይሩ።

ስርዓተ ሕጊ ምህላው

ልኡላውነት፡ ናይ ባዕልኻ ናጻ ስርዓተ ሕጊ ንኽተርቅቕ የኽእል። ካብ ግዳማዊ ጸቕጥታት ድማ ይከላኸል። ብዘይካ'ዚ፡ ድሌት ህዝቢ ዘንጸባርቑ ሕግታት ንኽድንገጉ'ውን ዕድል ይኸፍት። ብኣገላልጻ ውድብ ሕቡራት ሃገራት፡ ግዝኣተ ሕጊ ንመሰረታውያን መትከላት ናይ ምሕደራ ዝምልከት ኣምር'ዩ። ደቅሰብ፡ ትካላትን ካልኦት ሕጋዊ ህላወ ዘለዎም ኣካላትን (መንግስታውያን ይኹኑ ብሕታውያን) እንተላይ መንግስቲ ባዕሉ፡ ንሕጊ ተሓተትቲ'ዮም። ምስ ኣህጉራዊ ናይ ሰብኣዊ መሰላት ደንብን ስርዓትን ብዝቃዶ ኣገባብ ድማ፡ እቶም ሕግታት ብወግዒ ይእወጁ፣ ብዘይ ኣድልዎን ማዕርነትን ይትግበሩን ብናጻ ኣካል ድማ ይብየኑን። ኣብ ኤርትራ በብእዋኑ ዝእወጁ ኣዋጃትን ድንጋገታትን'ኳ እንተሃለዉ ብቕዓት ኣለዎም ድዩ ወይ ድማ ምስ ኣህጉራዊ ናይ ሰብኣዊ መሰላት ደንብን ስርዓትን ይቃደዉ ድዮም፤ ዜጋታት ኣብ ቅድሚ ሕጊ ብማዕረ ይርአዩ ድዮም፤ ወይ ድማ ናጻ ብዝኾነ ኣገባብ ድዮም ዝዳነዩ ኢልካ ንምዝራብ ግን ዝከኣል ኣይኮነን። ምኽንያቱ እቲ ክውንነት ብኣንጻሩ ስለ ዝኾነ። እዚ ኵነትዚ ብግዴኡ ዜጋታት ኣብ ልዕሊ'ቲ ስርዓተ ምሕደራ ዘለዎም እምነት ከም ዝብሕጐግ ይገብር። ዘይቅሳነት'ውን ይፈጥር።

ሰናይ ምሕደራ ምትካል

ልኡላውነት ኣገዳሲ'ኳ እንተኾነ፡ ጥዑይ ምሕደራ ግን ዋና ነገር'ዩ። ሓደ ካብቲ ናይ ሓንቲ ውልዶ ሃገር ቀንዲ ቀዳምነታት፡ ነቲ ናይ ምሕደራ ጉዳይ ትኹረት ምሃብ'ዩ ነይሩ። እዚኣቶም ድማ ነዞም ዝስዕቡ የጠቓልሉ፦ ልምዓታዊ ስትራተጅኣ ንኹሉ ዝሓቝፍ ንክኸውን ጻዕሪ ምግባር፣ ንፍሉይ ኩነታታ ዝምልሱ ኣብ ውሽጢ ሃገር ዝማዕበሉ ፖሊሲታት ምሕብሓብ፣ ድልዱላትን ግሉጽነት ዝመለለይኦምን ትካላት ምህናጽ፣ ፖሊሲታታ ንምትግባር ዘኽእል ስርዓት ኣሰራርሓ ምምዕባል፣ ከምኡ'ውን ሕጊ ኣልቦነት ምንካይ ወይ ምውጋድ። ሰናይ ምሕደራ ነዞም ዝስዕቡ የጠቓልል፦ ግዝኣተ ሕጊ፡ ምፍልላይ ሰለስተ ኣዕኑድ መንግስቲ፡ ተሓታትነት፡ ግሉጽነት፡ ትካላዊ ኣሰራርሓ ወይ ትካላውነት፡ ነፍስ ወከፍ ዜጋ ዝውከሰሉ ቅዋማዊ ምሕደራ፡ ምሕላው መሰረታውያን ሰብኣዊ መሰላት፡ ተገማትነት ወይ ተተንባይነት፡ ሓቛፍነት፡ ምምኽኻር፡ ዘቤታዊ ፖለቲካዊ ፍልልያት ብሰላማዊ መገድን ልዝብን ናይ ምፍታሕ ትካላዊ ዓቕምን ፖለቲካዊ ባህልን ምውዳድን ምኹስኳስን፡ ንሓላፍነታዊ ትግባረ ፕረስ ባይታ ምጥጣሕ፡ ኣብ መንጎ ህዝብን መንግስትን ጽምዶ ምትብባዕ ወዘተ።

ኣብ ኤርትራ ተተኺሉ ዘሎ ስርዓተ ምሕደራ ኩሎም'ዞም ኣብ ላዕሊ ተጠቒሶም ዘለዉ ባእታታት ይጐድልዎ። እዚ ማለት ድማ ድሕነት ዜጋ ውሑስ ኣይኮነን ማለት'ዩ። ድሕነት ዜጋ ውሑስ ኣብ ዘይኮነሉ እዋን ድማ እቲ ስርዓተ ምሕደራ ንደቅሰብ ማእከል ዝገብረ ኣይኮነን ማለት'ዩ።

ምሕደራ ዕጫ ሃገር

ልኡላውነት'ምበኣር፡ ሃገር ዕጫኣ ንምቊጽጻር፡ ረብሓታታ ንምሕላውን ንዘላቒ ዕብየት ዘለዋ ድሌት ንምውሓስን ከም መሰረት ኮይኑ የገልግል'ዩ። ታሪኽ፡ ልኡላውነተን ዘባኸና ሃገራት ምርግጋእ ንኽውሕሳ ከም ዘሸገራ እተን ልኡላውነተን ንምክልኻል ዝበቕዓ ድማ ከም ዝሰሰና ወይ ኣብ ጕደና ዕብየት ከም ዝስጉማ ይምህረና። ኣብ ኤርትራ ተኸሲቱ ዘሎ ማሕበራውን ፖለቲካውን ዘይምርግጋእ፡ ሃገር መጻኢኣ ንምምሕዳርን ንምምእዛንን ዘኽእል ኣይኮነን። ከምቲ ኣብ ምዕራፍ 2 ብዝርዝር ቀሪቡ ዘሎ እቲ ኩነታት ኣዝዩ ኣተሓሳሳቢ'ዩ። ብኣግኡ ድማ መፍትሒ ክርከበሉ ኣለዎ።

ዓቕሚ ሰብኣዊ ጸጋታት ምዕባይ፡ ልኡላውነት፡ ንሓንቲ ሃገር ዓቕሚ ሰብኣዊ ጸጋታት ናብ ዝለዓለ ደረጃ ምብጻሕ ይሕግዝ። ፍልጠት፡ ክብርታትን ክእለታትን ንውልቀ

ሰባትን ንማሕበረሰባትን ቍጠባዊ ምዕባለ ንምውሓስ ይሕግዞም። ዝተማህሩ ሰባት ዝያዳ ኣፍረይቲ'ዮም፣ ኣብ ምዕባይ ቍጠባ ድማ ዝያዳ ኣበርክቶ ይገብሩ። ኣብ ትምህርቲ ዝግበር ወፍሪ ብመንጽር ውልቃዊ ኣታዊታት ብተዛማዲ ዓቢ ረብሓ ይህብ። እዚ ክኸውን ዝኽእል ኣብ ዓይነት ዓያዩ ክፋል ናይቲ ሕብረተሰብ ለውጢ ምስ ዝህሉ ጥራይ'ዩ። ብትምህርትን ስልጠናን ጥራይ'ዩ ድማ ናብኡ ዝብጻሕ (Cypher, 2004)።

ፈጠራ ምትብባዕን ዓለም ከተቕርቦ እትኽእል ዕድላት ምጥቃምን'ውን ኣገዳሲ'ዩ። ምህዞ፡ መብዛሕትኡ ግዜ ምስ ዘመናዊ ተክኖሎጂ ዝተኣሳሰር ኮይኑ ንዓለም ብዕምቈት ከም ዝቐየራ ዝኸሕድ ሰብ የለን። ይኹን'ምበር፡ ትርጉሙ ክንዮ ምዕባለታት ተክኖሎጂ ዝዝርጋሕ'ዩ። እቲ ናይ ምህዞ ሕመረታዊ ትርጉም ንዕብየት ዕድላት ብምጥጣሕ ንዓቕሚ ደቂሰብ ብዝለዓለ ደረጃ ዕድላት ምርሓውን ምምዝማዝን ማለት'ዩ። ከምዚ ንምግባር ድማ ዓቕሚ ሰብ ንምምዕባል ዝዓለመ ብፍላይ ድማ ንመንእሰይ ወለዶ ኣብ ገበታ ትምህርቲ ከም ዝሳተፍን ምዕቡል ትምህርቲ ከም ዝሰንቕን ንምግባር'ዩ። ዕላማ ናይዚ ድማ ክብሪ ዘለዎ ሰብኣዊ ጸጋ ምኹስኳስ'ዩ።

ነዚ ምዕባለታት ኣብ ግምት ብምእታው፡ ኤርትራ ንልምዓታዊ ዕላማታታ ንምድጋፍ፡ ዓቕሚ መንእሰይ ወለዶኣ ብሰኳሚ ትምህርትን ተክኖሎጅን ከተበርኽ ፍሉይ ዕድል ረኺባ ነይራ። ካብዚ ሓሊፉ፡ ኤርትራ ዲጂታዊ ተክኖሎጂ ኣብ ስርዓተ ትምህርታ ብዘይ ገለ ጸገም ከተዋሃህዶ ትኽእል ነይራ። በዚ ድማ ምዕባለታት ከተባራብርን፡ ጠለባት ቍጠባን ዲፕሎማስን መበል ዕስራን ሓደን ክፍለ ዘመን ከማልእ ዝኽእል ብዲጂታል ትምህርቲ ዝሰነቐ ሓድሽ ወለዶ ክትሕብሕብን ክትኩስኩስን ምኸኣለት። ከምኡ ብምግባራ ኤርትራ ንነብሳ ኣብ ዓለም ከም ኣገዳሲት ተዋሳኢት ገይራ ክትስርዓ ምኸኣለት። እዚ'ውን ኣይተግብረን። እዚ ክስተትዚ ኣብ ልዕሊ ልኡላውነት ኤርትራ ዝህልዎ ጽልዋ ድማ ቀሊል ኣይኮነን።

ምድንፋዕ ሓርበኛነት

ልኡላውነት ሃገራውነት ንምድንፋዕ ይሕግዝ። ሃገራውነት፡ ናይ ሓንቲ ሃገር ረብሓታት፡ ባህሊ፡ መንነት ወይ'ውን ሓድነት ዘቐድም ፖለቲካዊ፡ ማሕበራዊ፡ ባህላውን ስነ ሓሳባውን ኣምር'ዩ። ህዝቢ ክንብል ከለና፡ ናይ ሓባር ውርሻ፡ ቋንቋ፡ ታሪኽ ወይ'ውን እኩብ እምነታት ዝውንን ኣሃዱ ማለትና'ዩ። ሃገራውነት ብዝተፈላለዩ መልክዓት ድማ ክግለጽ ይከኣል (Gellner, 1983)። ሃገራውነት፡ ናይ ሓንቲ ሃገር ሓባራዊ መንነትን

ሓድነትን ኣብ ውሽጢ ህዝቢ የማዕብል። ሃገራውነት፡ ንኣገዳስነት ሃገራዊ ልኡላውነትን መሰል ርእሰ ውሳነን ርእሰ ምሕደራን የስምረሉ።

ሃገራውነት፡ መብዛሕትኡ ግዜ ምስ ሓርበኛነት (ሓያል ሃገራዊ ስምዒት) ይትኣሳሰር። ንዕቃበን ምዕባለን ሃገራዊ ባህሊ፡ ታሪኽን ልምድታትን'ውን የቐድምን ይጉስጉስን። ብዘይካ'ዚ ሃገራውነት፡ ንፖለቲካዊ ምንቅስቓሳት ናብቲ ዝብህግኦ ሃገር ናይ ምምስራትን ምህናጽን ሸቶ'ውን ከም ደራኺ ረቛሒ ኮይኑ ክገልግል ይኽእል (Anderson, 1983)። ሃገራውነት፡ ኣብ መበል ዕስራ ክፍለ ዘመን፡ ነቲ ኣንጻር መግዛእቲ ኤውሮጳውያን ሓይልታት ዝግበር ዝነበረ ናይ ናጽነትን መሰል ርእሰ ውሳነ ምርግጋጽን ምንቅስቓሳት ጸልዩዎ'ዩ (Smith, 1991)። ኣብ ኤርትራ ኣብ ዝተገብረ ናይ ናጽነት ቃልሲ፡ ሃገራውነት ኣገዳሲ ግደ ነይሩዎ'ዩ።

ሃገራውነት፡ ማሕበራዊ ጥምረት፡ ሃገራዊ ሓበን፡ ከምኡ'ውን ኣባል ናይ ሓደ ህዝቢ ናይ ምዃን ስምዒት የደንፍዕ። በቲ ካልእ ወገን ድማ ሓደ ሓደ ኣሉታዊ መዳያት ክህልዉዎ ይኽእሉ'ዮም። እዚ ድማ ኣህዛብ ወይ'ውን ንዕኦም ዝመርሑ ፖለቲካዊ ምንቅስቓሳት (ወይ'ውን ሰልፍታት) ብጌጋ ክጥቀሙሎም ምስ ዝጅምሩ ዝኽሰቱ ተርእዮታት'ዮም። ሃገራውነት ናብዚ መኣዝን'ዚ ገጹ ክዘዙ እንከሎ፡ ክቱር ጽልኢ፡ ምውጋን፡ ዓሌትነት፡ ዘይተጻዋርነት፡ ረጽሚ ካልኦት ዘይተደልዩ ሳዕቤናትን ክኸትል ይኽእል። እዚ ድማ ኣሉታዊ'ዩ። ስለ'ዚ ድማ ክቱር ጥንቓቐ ክግበረሉ ዘለዎ ኣምር'ዩ።

ነዚ ኣብ ላዕሊ ዝተጠቕሰ መርሓ ሓሳብ ኣብ ግምት ብምእታው፡ ናይ ኤርትራ ልኡላውነት ከም መሳርሒ ብምጥቃም፡ ሃገራውነት ንምድንፋዕ ብርክት ዝበሉ ጥቕዋት ኣገባባት ክንጥቀም ዘይከኣል ኣይኮነን። ግንከ ብዋጋ ካልኦት ሃገራትን ህዝብታትን ክኸውን ኣይግባእን። ኣብቶም ቀንዲ ምዕቡላት መለለይታት ሕብረተሰብና ክምርኰሱ ድማ ይግባእ።

ምዕራፍ 7

ባህሊ መሰረት ዘላቒ ቍጠባዊ ዕብየት

ባህሊ ንመንነትና ዝገልጽ በብግዚኡ እናፈለቐ ዝኸይድ ዳይናሚካዊ ተርእዮ'ዩ። ብዛዕባ ከባቢናን ዓለምን ዘለና መረዳእታ ቅርጺ የልብስ። ኣብ ውሽጠናን ክኔው ገዛእ ርእስናን እንገብሮ ውስስእ ድማ የማእዝን። ባህሊ ንቛንቋ፡ ሓሳባት፡ እምነታት፡ ክብርታት፡ ልምድታት፡ ደንብታት፡ ትካላት፡ መሳርሒታት፡ ስነ ጥበባዊ ስምዒታት ወይ መግለጺታት፡ ወግዒታት ፡ ጽንብላት፡ ወዘተ ይሓቑፍ። መብዛሕትኡ ግዜ ድማ እቲ ኣብ መንጎ ባህልን ሃይማኖትን ዘሎ ኣፈላላይ ምንጻር ኣዝዩ ኣሸጋሪ'ዩ ዝብሉ ናይዚ ዓውዲ ክኢላታት'ውን ኣለዉ።

ባህሊ ንሰብኣዊ ገስጋስ ይጸሉ፡ ምስ ቍጠባዊ ምዕባለ ድማ ተመጋጋቢ ዝምድና ኣለዎ። ኣብ ታሪኽ፡ ባህሊ ኣብ ምህናጽ እምበራጦርያታት በቲ ሓደ ወገን፡ ኣብ ምዕናው ናይ ካልኦት ድማ በቲ ካልእ ዓቢ ግደ ነይርዎ። ብኻልእ ኣዘራርባ፡ ብምስምስ ባህላዊ ልኡላውነት፡ ወተሃደራዊ ወራራት ተኻይዶምን ህዝብታት'ውን ኣብ ትሕቲ መግዛእቲ ከም ዝቖረኑን ተገይሩ'ዩ። ኤውሮጳዊ መግዛእቲ ኣብ ልዕሊ ኣፍሪቃን ትንሳኤ ናዚ ጀርመንን ክጥቀሱ ካብ ዝኽእሉ ውሑዳት ኣብነታት'ዮም።

ብኣንጻር'ዚ ኣብ ላዕሊ ተጠቒሱ ዘሎ ኣበሃህላ፡ ባህሊ ናይ ሓርነትን ማሕበራዊ ለውጥን ሓይሊ ክኸውን ይኽእል'ዩ። ባህሊ ኣብ ምውዳቕ መስፍንነትን ምምስራት ረፑብሊካትን ዝገበሮ ኣበርክቶ'ምበኣር ነዚ ዘመላኽት'ዩ።

ኣብ ዓውለማዊ መዳይ፡ ባህሊ ንፍሉይነት ነፍስ ወከፍ መንነትን ንሓባራዊ ተመክሮታትን የጸንብል። ስለ ዝኾነ ድማ፡ ብዛዕባ ማሕበራዊ ቅየራ ኣብ እንዝትየሉ

እዋን፡ ካብቲ ብዛዕባ ባህሊ ዘለና መረዳእታን ግንዛበን ነጺልና ክንርእዮ ኣይግባእን። መረዳእታና ብዛዕባ ባህሊ እናበረኸ ብዝኸደ መጠን፡ ዝጠጥሐ ማሕበራውን ቍጠባውን ምስግጋር ከውሕስ ከም ዝኽእል'ምበኣር ዘጠራጥር ኣይኮነን። ብኣንጻር'ዚ ድማ፡ ሰባት ነንሓድሕዶም ብማዕረ ክሳብ ዘይተረኣኣዩ ማሕበራዊ፡ ቍጠባዊ ይኹን ፖለቲካዊ ገስጋስ ክህሉ ዘይሕሰብ'ዩ። ኣብ በበይኖም ሃገራት ዝርአዩ ኣብ ዓሌታዊ፡ ጾታዊ፡ ኤትኒካውን ሃይማኖታውን ኣድልዎ ዝተመስረቱ ባህላዊ ክብርታት ጸረ ምዕባለ ክኾኑ ይኽእሉ"ዮም። ስለዚ ድማ ብዓሚቝ ርድኢት ክተሓዙ ኣለዎም።

ኣብዛ ነንሓድሕዳ ዝተኣሳሰረት ዓለም፡ ብዙሕነት ክብሪ ንኽወሃቦ ዝተባባዕ'ኳ እንተ ኾነ፡ ብሕትውና ናይቲ ዓብላሊ ምዕራባዊ ባህሊ ከም ዘብርኽ ግን ክንዝንግዖ የብልናን። ስለዚ ከኣ'ዩ ነዚ ዕብለላ'ዚ ንምብዳህ ኣብ ምትሕልላፍ ባህላዊ ክብርታትን (ካብ ወለዶ ናብ ወለዶ) ትኹረት ክንገብር ዘለና።

ብባህሎም፡ መንነቶም፡ ታሪኾም፡ ክብርታቶምን ወግዕታቶምን ዝሕበኑ ሕብረተሰባት ወላ'ኳ ዘገምታዊ ይኹን'ምበር ዘላቒ ዕብየት ከም ዘረጋግጹ ተመስኪሩ'ዩ። ኣብ ሃገራዊ ሓበን፡ ምርድዳእ፡ ምክብባርን (ንመንነትን ብዙሕነትን) ሃናጺ ጽምዶን ዝተመስረቱ ወግዕታትን ክብርታትን ርግኣት ዝዓሰሎምን ጽኑዓትን ሕብረተሰባት ይፈጥሩ።

ባህሊ፡ ኣብ ሕብረተሰባዊ ክብርታትን ወግዕታትን ዝተመስረቱ ሰናይ ምሕደራታት ንምህናጽ ዘኽእል መሳርሒ ክኸውን'ውን ይኽእል'ዩ። ኣብ ብርክት ዝበላ ኣብ ምምዕባል ዝርከባ ሃገራት ብሓፈሻ፡ ያታውያን ናይ ኣፍሪቃ ሕብረተሰባት ድማ ብፍላይ፡ ባይቶ ልምዳውያን መራሕቲ፡ ህዝቢ ምስ ማእከላይ መንግስቲ ተናቢቡ ንኽሰርሕ ኣበርክቶ ክገብሩ ይርአዩ'ዮም። እዚ ዝምድና'ዚ ድማ ንዘላቒ ዕብየት ኣገዳሲ'ዩ።

ባህሊ፡ መንፈስ ኮማዊ ሓበን ንኸኹስኵስ የተባብዕ፣ ብዙሕነት ምሕቋፍን ምጽንባልን ድማ ቀልፊ ረቛሒ ንዘላቒ ዕብየትን ምዕባለን'ዩ። ንኹሉ ዘርብሕ ዘላቒ ዕብየት ንምውሓስ፡ ንቅየራዊ ሓይሊ ናይ ባህሊ ምርዳእ ኣገዳሲ'ዩ። ነዚ ንምዕዋት፡ ኣቀራርባና ንልምዓት ባህለ ተኣፋፊ ክኸውንን ፍሉያት ክብርታትን ልምድታትን ናይ ሓደ ሕብረተሰብ ዘኽብር ጥራይ ዘይኮነ ዝጽንብልን ኣብ ግምት ዘእቱን ክኸውን ይግባእ። ሕብረተሰባት፡ ንመስርሕ ልምዓት ንምምራሕ፡ ያታውያንን ዘመናውያንን መዋቕራቶምን እምነታቶምን ስርዓተ ክብርታቶምን ምስ ዝጥቀሙ ሃቐነታቶም ዘላቒ ንክኸውን ይሕግዞም።

መርሓ መትከላት

እዞም ዝስዕቡ ሓቅታት ምንጻር ወይ ኣብ ግምት ምእታው ከድሊ'ዩ፡-

(ሀ) ለውጢ ምድላይ፡ ምስ ሕብረተሰባት መፋጥርቲ ዝኾነ ባህርይ'ዩ። ነዚ ንምውሓስ ዝፈኹሰ ዝገብሮ ድማ ኣብቲ ናይ ለውጢ መስርሕ እሂን ምሂን እናተባህሉ እጅገኦም ሰብሲቦም ክዋስኡ እንከለዉ'ዩ። እዚ ናይ ምምኽኻር መስርሕ'ዚ፡ ባህግታቶም ኣብ መፈጸምታኡ ንኽበጽሕ ልዑል ኣበርክቶ ኣለዎ።

(ለ) ነፍስ ወከፍ ሕብረተሰብ ናይ ባዕሉ ፍሉይነታት ኣለዎ። እቲ ዝመርጾ ጐደና ምዕባለ ወይ ስትራተጂ ድማ ምስ ናቱ ባህግታትን ስጉሚን ዝናበብ'ዩ። ለውጢ ድማ ወለዶታት ዝወስድ መስርሕ'ዩ።

(ሐ) ማሕበራዊ ለውጢ ዝተወሳሳበ መስርሕ'ዩ። ንኹሉ ዘገልግል ተመሳሳሊ ፍታሕ ንምርካብ ድማ ኣሸጋሪ'ዩ። እንታይ ደኣ ንፍሉያት ድሌታትን ኵነታትን ናይ ሓደ ሕብረተሰብን ኣብ ግምት ዘእትዉ'ዮም።

(መ) ሕብረተሰባት ባዕሎም ዝውንንዎም ምሕደራዊ ቅርጽታት (እንተላይ ያታውያን)፡ ስርዓተ ክብርታትን እምነታትን ከም መርሓ ሕንጻጸት ክጥቀሙሎም እንከለው ውጽኢታት ልምዓታዊ ጻዕርታቶም ኣዕገብቲ ይኾኑ።

ግብራዊ ኣተረኳጉማ

ገስጋስ ቍጠባዊ ዕብየትን ምዕባለን ብዝተፈላለዩ ማሕበራውን ፖለቲካውን ረቛሒታት'ዩ ዝውሰን። እቶም ዝድለዩ ቅድመ ኵነታት ከማልኡ እንከለው ድማ፡ ሃገራት ብዘደንቕ ናህሪ ምዕባለአን ከውሕሳ ይርአያ። እዚኣቶም ነዞም ዝስዕቡ ከጠቓልሉ ይኽእሉ፡- ኣብ ሰናይ ምሕደራን ሓቛፍነትን ማእከል ዝገበሩ ወይ ዝተሰረቱ ቅኑዓት ቍጠባዊ ፖሊሲታት፣ ንወፍሪ ዘተባብዕ ጥጡሕ ባይታ ምፍጣር፣ ሰብኣዊ ዓቕሚ ብትምህርትን ስልጠናን ምፍጣርን ዕድል ሸቕለትን ምብርባርን፣ ከምኡ'ውን ብማሕበራዊ መዋቕር ዝግለጹ ባህላዊ ክብርታት ሓደ ሕብረተሰብ ኣፍልጦ ምሃብ። ሕብረተሰባት፡ ቀዳምነታቶም ንውሽጣዊ ድሌታትን ሃንቀውታታትን ከሳብ ዘንጸባረቑ ድማ፡ ብድሆታት ብዘየገድስ፣ ዕዉታት ንኽኾኑ ዘለዎም ተኽእሎ እናዓበየ ይመጽእ። ኣብ ምቕራጽ ሓባራዊ ትረኻ ባህሊ ኣገዳሲ መተሓውስቲ (ingredients) ምኳኑ ምእማን ከኣ ንኣብ ዘላቒ ዕብየት ዘለና ኣረኣእያ ምሉእን ዝሰፍሐን ይገብሮ።

ልምዓታዊ ተበግሶታት ምስ ኮነታት ዝዛመዱን ብቐዓትን ምስ ዝኾኑ፡ ፍሉያት ድሌታትን ባህግታትን ናይ ሓደ ሕብረተሰብ ኣብ ምምላእ ይሕግዙ። ስትራተጂና ምስ ባህልና ዝቃዶ ወይ ንዕኡ ዘካተተ ምስ ዝኸውን ድማ ጽልዋኡ ኣብ ልምዓታውያን ጻዕርታትና ዘይነዓቕ ይኸውን። እቶም ጻዕርታት ምስ ባህግታት እቲ ዝግልገለሎም ሕብረተሰብ ብዕምቈት ዝናበቡ ንኽኾኑ ድማ የውሕሱ። ኣብ መጠረሽታ፡ ንባህሊ ከም ሓደ ኣገዳሲ መሳርሒ ናይ ቀጥባዊ ምዕባለ ምውሳድ ንሓቛፍነት ምዕባይ ጥራይ ዘይኮነ ሕብረተሰባት ነቲ ልምዓታዊ ጉዕዞ ባዕሎም ወነነቲ ንኽኾኑ ይሕግዝ።

ባህሊ ኣብ ገስጋስ ሓደ ሕብረተሰብ ጸላዊ ረቛሒ ከኸውን ይኽእል'ዩ። ባህሊ፡ ንመንነት ሓደ ሕብረተሰብ ቅርጺ የትሕዝ፣ ንዘቤታዊ ገስጋስ ይሕግዝን ኣባል ናይ ሕብረተሰብ ናይ ምኧን ስምዒት ድማ ይፈጥር። ባህሊ ማሕበራዊ ስጥመትን ናይ ምትሕግጋዝ መንፈስን የደንፍዕ። ብባህሉ ዝንየትን ብመንነቱን ታሪኹን ዝሕበንን ሕብረተሰብ ወላ'ኳ ዘገምታዊ እንተኾነ፡ ውጽኢት ጻዕሩ ውሑስን ዘላቕን ከም ዝኸውን ግን ዘጠራጥር ኣይኮነን።

ባህላዊ ክብርታት ንጠባያት ደቅሰብ፡ ትካላትን ማሕበራዊ ወግዕታትን ብምጽላው ቀጥባዊ ዕብየት ቅርጺ ኣብ ምትሓዝ ልዑል ኣበርክቶ ይገብሩ። ንኣብነት ኮንፉሽያዊ ክብርታት (ብልሒ፡ ትምህርቲ፡ ነፍስ ምሕየሻ) ዘሳስዩ ከም ቻይና፡ ደቡብ ኮሪያን ሲንጋፖርን ዝኣመሰሉ ሃገራት በጺሖምዎ ዘለዉ ተክኖሎጅያዊ ምዕባለ ኣብ ዓለም መዳርግቲ የብሉን። ጃፓናውያን'ውን ዓቃባዊ ባህሎም ብዘየገድስ እቲ ዝለዓለ ምርቓቕ በጺሖምዎ'ዮም። ጉጅላዊ ሓላፍነት፣ ተኣማንነት ንኩባንያን፣ ሓድሕዳዊ ምትእምማንን ዝኣመሰሉ ምዕቡላት ክብርታት የስምሩሉ። ንሓያል ናይ ስራሕ ስነ ምግባርን ዲሲፕሊንን ዘተባብዑ ባህልታት ፍርያምነት የበርኹ። ጀርመናውያንን ናይ ኖርዲክ ሃገራትን ናይዚ ጽቡቕ ኣብነታት'የን። ንኽፉትነት፡ ፈጠራውነትን ዋኒንተኛነትን ዝኹስኵሱ ባህልታት ንተክኖሎጂ ገስጋስ ባብ የርሕዉ። ደቡብ ኮረያ ኣብነት ናይ ከምዚ ዝበለ ባህሊ እተሳሲ ሃገር'ያ። ኣብ ትምህርትን ምምዕባል ሰብኣዊ ርእሰማልን ዘውፍሩ ሃገራት ክኢላዊ ዓቕሚ ሰብ ኣብ ምፍራይ ይዕወቱ። ግዝኣተ ሕግን ትካላዊ ጭውነትን ዘቐድሙ ሃገራት ወፍሪ ይስሕቡን ኣድማዕነት የዕዝዙን። ሓባራዊ ባህሊ ምኹስኳስ ዝመለለይኦም ህዝብታት ማሕበራዊ ምርግጋእ የውሕሱ። ጾታዊ ማዕርነትን ባህሊ ሓቛፍነትን ዝኹስኵሱ ህዝብታት ተጠቀምቲ ክኢላዊ ዓቕሚ መላእ ሕብረተሰብ ይኾኑ። እቲ እንገብሮ ለውጢ'ምበኣር ኣብ ባህላውን ታሪኻውን ስረታትና ዝተነድቀ ክኸውን ክንጽዕረሉ ይግባእ። ከመይሲ ኣብ ሰንኮፍ ዝተነድቀ ምዕባለ ፋይዳ ስለ ዘይብሉ።

ብኣንጻርነዚም ኣብ ላዕሊ ተጠቒሶም ዘለዉ ምዕቡላት ባህላዊ ክብርታትነዚኣቶም፡ ብርክት ዝበሉ ንቕጠባዊ ዕብየት ዝሓልኩ ባህላዊ ክብርታት ክዝውተሩ ንርኢ ኢና። እዚኣቶም ነዞም ዝስዕቡ ከጠቓልሉ ይኽእሉ፡- ተቓውሞ ንለውጢን ፈጠራውነትን፡ ኣዝዩ ኣርከናዊ ዝኾነ ማሕበራዊ ቅርጽታት (ንኣብነት ኣብ ዓዲ ህንዲ ዝዝውተር ስርዓተ ዓጽሚ (caste system)፣ ጾታዊ ዘይምዕሩይነትን፣ ኣብ ጥንቆላን ካልኦት ማሪታዊ እምነታትን ምእማን፡ ብኹራት እምነት ኣብ ልዕሊ ትካላትን ትካላዊ ኣሰራርሓን፣ ብልሽውናን ኣድልዎን፣ ናይ ግዜ ኣምር ዘይምህላው፣ ተቓውሞ ወይ ምጥርጣር ኣብ ልዕሊ ናይ ደገ ጽልዋታት ወዘተ። እዚኣቶም ብኣጋ እንተ ዘይተኣልዮም ንማሕበራውን ቍጠባውን ገስጋስ ዓንቀፍቲ ኽኾኑ ይኽእሉነዮም።

ህዝቢ ኤርትራን ብዙሕነቱ ዝሓቑፉ ክጽንበሉ ዘለዎም ባህልታቱን

ህዝቢ ኤርትራ ዓዱ ዘፍቅር፡ ብመንነቱ ዝሕበንን ብጅግንነትን ሓርበኛነትን ዝግለጽ ሃብታም ታሪኽ ዘሎዎን ህዝቢነዩ። ህዝቢ ኤርትራ፡ ኣብ 1991 ዓ.ም. ኣብ ልዕሊነቲ ስርዓት ኢትዮጵያን መሻርኽቲ ዓለማውያን ሓይልታትን ዝረኸቦ ዓወት ብቐንዱ እቲ ንሰላሳ ዓመታት ዝኸፈሎ ክቡር መስዋእቲነዩ። ኣብቲ ዘካየዶ ዕጥቃዊ ቃልሲ (ምስ ኲሉነቲ ሓጐጽጐጽ)፡ ህዝቢ ኤርትራ ብሄር፡ ኣውራጃ፡ ሃይማኖት፡ ጾታ፡ ወዘተ ብዘየገድስ ኣብ ሓደ መኣዲ ሰጢሙ፡ ረድዩን ተናቢቡን ተቓሊሱነዩ። እዚ፡ መቐጸልታ ናይቲ ኣብ ኣርብዓታትን ሓምሳታትን መሰል ርእሰ ውሳነ ህዝቢ ኤርትራ ንምውሓስ ዝተገብረ ሰላማዊ ፖለቲካዊ ጻዕሪ ወይ ፈተነነዩ። ከም ሳዕቤን ናይዚ ድማ፡ ኣብ ታሪኹ፡ ታሪኽ ዝሰርሑ ብርክት ዝበሉ ጐብለላት ኲስኲሱን ፈጢሩንነዩ። ንታሪኾምን ኣስማቶምን ክንውርቖም፡ ብዛዕባ ሞያኦምን ቍም ነገሮምን ክንዛረብ፡ ንሰማይ ከነዕርጎን እንተ ተኻኢሉነውን ሓወልትታት ክንሰርሓሎምን ሓላፍነትናነዩ። ሓርበኛነትነምበኣር ሓደ ካብቲ መለለዪ ባህርያት ህዝብ ኤርትራነዩ።

ህዝቢ ኤርትራ ሓዳግን ብልቦና ዝምራሕን፡ ትሕትና ዝመለለይኡ፡ ጭውነት ዝቕመናኡ፡ ብያታታቱ ዘጌጸን ሰናይ ምሕደራ ዘሳስን ህዝቢነዩ። ቅድሚ ሰብ ፈደላት ዝመሃዘ፡ ምሕደራኡ ኣብ ጽሑፍ ዝወረቐን መጐተኡ ብላዛ ዘለዎም ምስላታት ዝወቀበንነዩ። ብማስ፡ ብልቓሶ፡ ብግጥሚ፡ ብደርፊ፡ ብሳዕስዒት፡ ብኣፈ ታሪኽን ጽውጽዋያትንነውን ሃብታምነዩ። ንምሕደራ መሬት፡ ንሓዳር፡ ንስድራ ቤት፡ ንእንስሳ፡ ንመጓሰ፡ ንመገሃጫ፡ ንዘራእቲ፡ ንሕዛእቲ፡ ንባእሲ፡ ንገበን፡ ንዕርቂ፡ ንምትሕድዳግ፡ ንዝምድና ምስ ከባቢኡ ወዘተ ኣብ ዝምልከቱ ጉዳያት ብዝጸንሖ ያታዊ ምሕደራዊ

ኣገባባት ከመሓደር ዝጸንሐ ህዝቢ'ዩ። ኣብ ትሕቲ ጽላል ዳዕሮ ዝምጉትን ዝዳነን፣ ንሕነ ምፍዳይ ብምትሕድዳግን ይቖረ ብምብህሃልን ዝተከአ፣ "ብህድግ ለነ ኣበሳነ" ዝምእዘዝ፣ ንማሕላ ኣብ ዋጋ ዕዳጋ ዘየእቱ፣ ኣብ ቃሉ ዝጸንዕ፣ "ኣይትጥለም ኣማኒኻ ከይጠልመካ ፈጣሪኻ" ዝመትከሉን ለዋህ ህዝቢ'ዩ። ህዝቢ ኤርትራ ምቕሉልን ተቐባል ጋሻ'ውን እዩ።

ታሪኽ ህዝቢ ኤርትራ፡ ታሪኽ ስልጣነ'ዩ። ኣብዚ ሕጂ ኤርትራን ትግራይን ተባሂሎም ዝፍለጡ ቦታታት፡ ብባህሊ፡ ተክኖሎጂን ስነ ጥበብን ዝልለ፣ ብወርቂ፡ ብሩርን ነሓስን ዝተሰርሐ ሰልዲ ከም ባጤራ ዝጥቀም ንግዳዊ ንጥፈታቱ ዘሰላስልን ዝነበረን ምስ ካልኦት ሸው ኣብቲ ከባቢና ዝነበሩ ስልጣነታት ዝምድና ዝነበሮን ዝተራቐቐ ስልጣነ ነይሩ'ዩ። እዚ ኣብ ኣኽሱምን ከበሳታት ናይ ሕጂ ኤርትራን ዝመደበሩ፣ ብኣዱሊስን ዙላን ኣቢሉ ንደገ ዘስተንፍስን ርክባቱ ዘስፋሕፍሕን ዝነበረ ስልጣነ፣ ኣብ ሓደ እዋን ድማ ክሳብ መረዌ (ናይ ሕጂ ሃገረ ሱዳን) ተዘርጊሑ ከም ዝነበረ ናይ ታሪኽ ተመራመርቲ ይገልጹ። እዚ ስልጣነ'ዚ ናይ ባዕሉ ፊደላትን ጽሑፍን ዘማዕበለ ንወተሃደራዊ ዘመተታትን ካልኦት ኣገደስቲ ፍጻመታትን ኣብ ዝተወቐሩ ኣእማንን (እምነ ጽሑፋት) ዝሰንድ ስልጣነ'ዩ ነይሩ። ኣብ ናይ ሕጂ ኤርትራ ከም መጠራ፡ ቆለው፡ ኣዱሊስን ዙላን ዝኣመሰሉ ቦታታት ትርፍራፍ ናይዚ ስልጣነ'ዚ'ዮም። ሰላም ተረኺቡ ብዘመናዊ መገዲ ኣርኪዮሎጅያዊ ኹዕታ ምስ ተጀመረ ድማ ምስጢራቶም ክግላህ'ዩ።

ከም ብዓል ኣልበርቶ ፖለራን ኮንቲ ሮሲኒን ዝኣመሰሉ ኢጣልያውያን ናይ ታሪኽ ተመራመርቲ፡ ብዛዕባ ንግስነታት ቤጃ ወይ በለው ከለው ዝፍለጥ መዋእል (ካብ ሻሙናይ ክሳዕ መበል ዓሰርተ ሰለስተ ክፍለ ዘመን)፣ ያታታት ጫሉቕ፡ ፋሉቕን ማሉቕን፡ ያታታት ዓሰርተ ክልተ ነገዳት እስራኤል፣ ኣመጻጽኣ ማርዩን ማንሹን፣ ያታታት ሃገር ናግራን (ንጅራን)፣ ያታታት ብሌንን፡ ወዘተ ዕሙቕ ዝበለ መጽናዕቲ ገይሮም'ዮም። እዞም ውርሻታትን ቅርስታትን ህዝብና ክብርበሩ ዘለዎም ናይ ታሪኽ ዕደናታት'ዮም (Pollera, 1935)።

ህዝቢ ኤርትራ ንእምነታት ክርስትናን ምስልምናን ቅድሚ ሰብ'ዩ ተቐቢሉ። ንመጽሓፍ ቅዱስ ምስ ትስዓቱ ቅዱሳን ብምትሕብባር ናብ ቋንቋ ግእዝ ካብ ዝትርጉም ድማ ኣማእታት ዓመታት ሓሊፍዎ'ዩ። ልዕሊ ኹሉ ድማ ሃይማኖታዊ ፍልልያቱ ብዘየገድስ ተጻዋዊሩን ተኸባቢሩን ዝነብር ህዝቢ'ዩ። መሬት ኤርትራ፡ ብኣብያተ ክርስትያናት፡ ኣድባራትን መሳጊድን ዘጌጸን ዝተወቀበን'ዩ። እዚ ድማ፡ ምልክት ናይ ልዑል ፈጣርያዊ እምነቱ'ዩ። ካልእ መለለዪ ህዝቢ ኤርትራ እቶም ብጭውነት ዝግለጹን ኣብ ፈሪሃ እግዚኣብሄር ዝተመስረቱን ስርዓተ ክብርታቱን'ዮም። ህዝቢ ኤርትራ ኣብ ነዊሕ ግዜ ዘማዕበሎም ማሕበራዊ ምርግጋእ ዝማእከሎም ልምድታትን ሕግታትን

ጸኒሖምዎ'ዮም። ኣብ ግዝኣተ ሕጊ ዘለዎ ምእዙዝነት ድማ ሓደ ካብቶም ፍሩያት መለለዪ ባህርያቱ'ዩ። መንፈስ ሕድሕዳዊ ምትሕግጋዝን ምኽብባርን መለለይኡ'ዩ።

ህዝቢ ኤርትራ ተጻዋዊርካ ናይ ምንባርን ምክእኣልን ምምልላእን ታሪኽን ልምድን'ውን ኣለዎ። ጉዳያት ናብ ረጽሚ ቕድሚ ምብራኾም ንምግትኦም ዘኽእሉ ልምዳውያን ኣገባባትን ደንብታትን (ሕግታት እንዳባ) ገይሩ ክነባበር ጸኒሑን ኣሎን። ግርጭታት ወይ ዘይምርድዳኣት ኣብ ዝኸስቱሉ ድማ ኲሎም ዝረብሑሉ ፍታሓት ናይ ምንዳይ ኣገባባት ክበላሓት ጸኒሑን ኣሎን።

ህዝቢ ኤርትራ ንሽግራት ወይ ብድሆታት ብትዕግስቲ ናይ ምግጣምን ምጽማምን ዓቕሚ፡ ብልሕን ልምድን ዘማዕበለ ጻዕረኛን ሓርኮትኮት በሃልን ህዝቢ'ዩ። ኣብ እግዚኣብሄሩ ስለ ዝኣምን ድማ ትስፉው፡ ተጸማምን ዓቃልን'ዩ። ናይ እሂን ምሂን ልምድን ተላዚብካ ኣብ ሓባራዊ ስምምዕ ናይ ምብጻሕ ባህልን'ውን ከዘውትር ጸኒሑን ኣሎን።

ኣብ ኤርትራ ዝሕሰብ ወይ ዝትግበር ለውጢ'ምበኣር ኣብዞም ኣብ ላዕሊ ተዘርዚሮም ዘለዉ ክብርታት ክሰረቱ ዝነበሮን ዘለዎን'ዩ። ኣብዞም ተጠቒሶም ዘለዉ ጸጋታት ክንደቑ ዝነበሮምን ዘለዎምን'ዩ። ዘላቒ ባህርይ ምእንቲ ክህልዎም። እቶም ከሳዕ ሕጂ ኣብ ካልኦት ሃገራት ዝተዓወቱ ልምዓታዊ ተበግሶታትን ስትራተጅታትን ናይ ባህሊ ሓያል ጐድኒ እናተጠቕሙን ንድሑራት ልምድታት እናኣረሙን ዝኸዱን'ዮም። ባህሊ፡ ስትራተጅያዊ ብዝኾነ መገዲ እንተድኣ ተጠቒምናሉ ናብ ረብሓናን ረብሓ ዕብየትንስ ከነውዕሎ ንኽእል ኢና።

እዞም ኣብ ላዕሊ ዝተጠቕሱ መሰረታት ዕብየት ዝኾኑ ታሪኽን ባህልታትን ዝውንን ህዝቢ ቀኒጠባዊ ዕብየት ኣብ ምውሓስ ክፈሽል ሃየንታ'ዩ። ከነፍቕድ ድማ የብልናን።

ኣብ ኤርትራ ዝዝውተሩ ዘለዉ ኣሉታዊ ባህልታት

ኣብ ውሽጢ ሕብረተሰብ ኤርትራ ብጠቕላላ፡ ልክዕ ከም ካልኦት ሕብረተሰባት፡ ጐዳእትን ጠቐምትን፣ ኣፍረስትን ሃነጽትን፣ ድሑራትን ምዕቡላትን፣ ንቕድሚት ኣስጒምትን ንድሕሪት ጐተትትን ባህልታት ክሳሰዩ ጸኒሖም'ዮም። እዚ ድማ ንቡር'ዩ። ገለ ገለ ኣብነታት ንምጥቃስ፡- ተቓውሞ ንለውጢ፡ ትሕተ ሃገራዊ ምትእኽኻብ፡ ጾታዊ ኣድልዎ፡ ኣብ ጥንቆላን ካልኦት ማሪታዊ እምነታትን ምእማን፡ ንኢደ ጥበብ (ማእለማ፡ ስርሓት ወርቂ፡ ብሩርን፡ ሓጺንን) ምስትንዓቕ፡ ብልሽውናን ኣድልዎን፡ ናይ ግዜ ኣምር ዘይምህላው፡ ምጥርጣር ኣብ ልዕሊ ናይ ደገ ጽልዋታት ወዘተ። እዚኣቶም ኣብ ማሕበራዊ

ገስጋስ ዝህልዎም ኣሉታዊ ግደ ብቐሊሉ ዝርአ ኣይኮነን። ከከም ኣመጻጽእኦም ድማ ከእለዩ ጸኒሖም'ዮም።

ካብ 1991 ዓ.ም. ንደሓር፡ ኣብ ኤርትራ ኣዝዮም ዘሰክፉ ባህልታት ከምዕብሉ ተራእዮም'ዮም። እዚኣቶም ደይ መደይ ተባሂሉ ዝተሰርሓሎምን ዝሰርሓሎም ዘሎን፡ ኣብ ታሪኽ ህዝብና ዘይነበሩን ባህልታት'ዮም። ወለዶን ፈረቓን ኣብ ዝወሰድ ግዜ ክስዕርሩን ንቡራት ኮይኖም ክዝውተሩን'ውን በቒዖም'ዮም። እዚኣቶም ኣብ ምዕንቃፍ ምዕባለ ክህልዎም ዝኽእል ተራ ዝነዓቕ ኣይኮነን። ኣብ ታሕቲ ገለ ካብዚኦም ክንጠቅስ ኢና።

ኣብ መንነ መንግስቲ፡ ህግደፍ፡ ሃገርን መራሒ ሃገርን ዘሎ ፍልልይ ኣፍልጦ ዘይምሃብ፡- ኣብ ትሕቲ ስርዓት ህግደፍ፡ ኣብ መንነ መንግስቲ፣ ገዛኢ ሰልፍን (ህግደፍ) ሃገርን ፍልልይ ከም ዘየሎ ክስርሓሉ ጸኒሑን ኣሎን። ሕልፍ ኣብ ዝበሉ እዋናት ድማ ኣብ መንነ መንግስቲ፡ ህግደፍ፡ ሃገርን ፕረሲደንት ኢሳይያስን ፍልልይ ከም ዘየለ ተጐስጕሱሉ። ህግደፍ ማለት መንግስቲ ማለት'ዩ፣ መንግስቲ ማለት ሃገር ማለት'ዩ፣ ሃገር ማለት ህግደፍ ማለት'ዩ፣ ሃገር ማለት ድማ ኢሳይያስ ማለት'ዩ ተባሂሉ ዘመተ ተኻይዱሉ። ነዚ ስነ መጐት'ዚ እንተ ድኣ ተኸቲልና፡ ንህግደፍ ወይ ንመንግስቲ ኤርትራ ወይ'ውን ንኢሳይያስ ዘይድግፍ ወይ ነቐፌታ ዘቕርብ ዜጋ ሃገራዊ ኣይኮነን። ብተመሳሳሊ ስነ መጐት ድማ ኣብ መሳርዕ'ቶም ጸላእቲ ሃገር ይስራዕ። ምስ ጸላእቲ ሃገር ክሳዕ ዝተሰርዐ ድማ ወይጦ፡ ወያነ፡ ከዳዕ፡ ተምበርካኺ ወይ'ውን ሲ.ኣይ.ኤይ. ተባሂሉ ይጥመቕ። እዚ ኣብ ሓደ ፖለቲካዊ ሰልፍን ሓደ መራሕን ዝርአ ዘሎ ዕዉር እምነት ኣዝዩ ሓደገኛ ፖለቲካዊ ባህሊ'ዩ። እዚ ነቲ "ዝነገሰ ንጉስና ዝበረቐ ጸሓይና" ዝብል ኣብቲ ሕብረተሰብ ዝጸንሐ ባህሊ ዝመዝመዘ ክኸውን ይኽእል'ዩ። ብዲዛይን ወይ ብዕላማ ከም ዝተሰርሓሉ ግን ዘጠራጥር ኣይኮነን። እዚ ተርእዮ'ዚ ተወሳኺ ምርምር ከየድለዮ ኣይክተርፍን'ዩ።

ብኩራት ተሓታትነት፡- ተሓታትነት፡ ኣብ ትካላት ዝህልወካ እምነት ይኹስኩስ፣ ኣድማዕነትን ስሉጥነት ኣሰራርሓን የዕቢ፣ ቅጥዒ ኣልቦ ዝውተራ ስልጣንን ብልሽውናን ይገትእን ስነ ምግባራዊ ኣከያይዳን ሓላፍነትን ድማ የተባብዕ። ኣብ ኤርትራ፡ ስልጣን ብሓደ ውልቀ ሰብ ዝተባሕተ'ዩ እንተ ተባህለ ምግናን ኣይኮነን። ከም ኣብ ካልኦት ሃገራት፡ ነንሓድሓዶም ዝተሓታተቱን ዝጸባጸቡን መሓውራት መንግስቲ (ሓጋጊ፡ ፈራድን ፈጻማን) የለዉን። ኣጠቓቕማ መንግስታዊ ጸጋታት ብዕምሉግሉግ ዝበለ መገዲ ይፍጸም። ፖሊሲታት መንግስቲ ብኸመይ ይረቁ፡ ይትግበሩን ይግመገሙን

ዘነጽር ኣገባብ የለን። ሰበ ስልጣን መንግስቲ ብተግባራቶም ንህዝቢ ተሓተቲ ኣይኮኑን። ንጽብጽብ (audit) ክፉታት'ውን ኣይኮኑን።

ሚኒስትሪታት ንጹር ግደን ሓላፍነትን ዘለወን ኣካላት መንግስቲ ክነሰን ብሰንኪ ኢድ ምትእትታው ህግደፍን ቤት ጽሕፈት ፕረሲደንትን በቲ ሓደ ወገን፡ ሕጽረት ባጀት ድማ በቲ ካልእ ብመንግስቲ ዝተዋህበን ሓላፍነት ክፍጽማ ኣይርአያን። እቲ መንግስቲ ብቕዋም ስለ ዘይግዛእ ንግዝእተ ሕጊ ተማእዛዚ ኣይኮነን። ንሞያዊ ጭውነትን ስነ ምግባራዊ ኣከያይዳን ዘገድድ ወይ ዘተግብር ኣገባብ ኣሰራርሓ የለን። ንሰብ ብርኪ ኣብ ጽምዶ ንምእታው ዘኽእል ኣገባብ'ውን ከምኡ። ገስጋስ ዕማም ዝግምግም መዐቀኒ ክዝውተር ኣይርአን። ቀጣባ ተመሓይሹዶ ኣይተመሓየሸን? ማሕበራዊ ኣገልግሎት ተዋሂቡዶ ኣይተዋህበን? ምዕሩይዶኸ ነይሩ? ጽሬቱኸ? ህዝቢ ብመነባብሮኡ ዓጊቡዶ ኣይዓገበን? ደቁኸ ጽሬት ወይ ጽፈት ዘለዎ ትምህርቲ ይባጽሖምዶ ኣሎ? ዝምድናታት ሃገር ምስ ጐደቦ፡ ምስ ዞባን ዓለምን ተመሓይሹዶ ደልዲሉዶ? ኣምሳያ ናቱኸ ረብሓታት ሃገር ንምቕዳም ዝተገብረ ስራሕ ኣበየናይ ደረጃ ተበጺሑ? ንዝብሉ ሕቶታት ዝምልስ ኣይኮነን። ብኹራት ተሓታትነት ዝጠንቀ ብልሽውና ሳዕሪሩ። ገበናት ብዘይ መቕጻዕቲ ይፍጸሙን ይቕጽሉን ኣለዉ።

ብኹራት ትካላውነትን ትካላዊ ኣሰራርሓን፡- ኣብ ኤርትራ ትካላትን ትካላዊ ኣሰራርሓን ካብ ዝበርስን ውልቀ ምልኪ ሱር ካብ ዝሰድድን ሓያለይ ግዜ ኮይኑ'ዩ። ውልቀ ምልክን ቅጥዒ ኣሰራርሓ መንግስትን ዝቦኽሮ ኣከያይዳን መለለዪ ባህርይ ናይቲ ኣብ ኤርትራ ዘሎ ስርዓት'ዩ። ብሕጽረት ተሓታትነት፡ ሰንኮፍ ትካላትን ብልሽውናን ዝልለ ድኹም ምሕደራ ንምርግጋእ ሃገር ኣሰጋኢ እናኾነ ይመጽእ ኣሎ። እዚ ብግዴኡ ኣብ ዜጋታት ተስፋ ናይ ምቕራጽን ዘይምትእምማንን መንፈስ ፈጢሩ ኣሎ። እዚ ትካላት ናይ ምብሕጻግን ምልማስን መስርሕ'ዚ፡ ናብቲ ሓጋግን ፍርዳውን ኣዕኑድ መንግስቲ'ውን ልሒሙ'ዩ። ኣኼባ ሓጋጊ ኣካል (ሃገራዊ ባይቶ) ካብ ዘይጽዋዕ ዕስራን ክልተን ዓመታት ኮይኑ ኣሎ። እቲ ኣብ ሓደ ሰብ ዝተማእከለ ምሕደራ፡ ንትካላት ብፍላይ ድማ ንዝተነጸረ ዕማምን ፖሊሲን ዘለዎም መንግስታዊ ኣካላት የቆናጽብን ይንዕቕን። እዘን ትካላት'ዚኣተን፡ መብዛሕትኡ ግዜ ብሰበ ስልጣን ህግደፍ ይስገራ'የን። ካቢነ ሚኒስተራት ካብ ዘይእከብ ዓመታት ሓሊፉ፣ ኣብ ዝተኣከበሉ እዋን'ውን እንተ ኾነ ካባ ምስጢር ተጐልቢቡ'ዩ ዝሰርሕ፣ እቲ ህዝቢ ድማ ፈጺሙ ሓበሬታ ኣይረክብን። ኣብ ኤርትራ ዘሎ ስርዓት ንትካላት ኣዳኺምዎ'ዩ። መሸሚሽም'ዮም እንተ ተባህለ ከም ምግናን ክቝጸር የብሉን። እዚ ብግዴኡ፡ ኣብቶም ትካላት እምነት ንኸይህሉ ኣኽኢሉ'ዩ። ብዘይካ'ዚ ሚኒስትሪታት መንግስቲ ኣድማዒ ብዝኾነ መገዲ ንኸይሰርሑን ዓቕሚ ንኸይድልቡን ኣስተዋጽኦ'ውን ገይሩ'ዩ።

ብኩራት ግሉጽነት፡- ግሉጽነት፡ ሓቀኛ፡ ጠቓሚ፡ እሙንን እዋናውን ሓበሬታ ንምዝርጋሕ ዘኽእል ምሕደራዊ መትከልን መሳርሒን'ዩ። ግሉጽነት፡ ንህዝባዊ ጽምዶ የተባብዕ፣ ተሓታትነት የውሕስ፣ ፖሊሲታት መንግስቲ ብኣግኡ ናብ ህዝቢ ከም ዝግለጹን ግብረ መልሲ ከም ዘወሃቦን ይገብር፣ ህዝቢ ንመንግስቲ ዘለዎ ሕቶታት ንኽሓትት ባይታ ይፈጥርን ምስጢራዊ ኣሰራርሓ ንኸይስዕርር ድማ ይከላኸል። ኣብ ኤርትራ፡ ባጀት (ኣታውን ወጻእን)፡ ተደጋጋሚ/ስሩዕ ባጀት፡ ኵናት ምእዋጅ፡ ልምዓታዊ ውጥናት ምትግባር፡ ጉዳይ ሃገራዊ ድሕነት እቶት ዕደና፡ ካብ ዲያስፖራ ዝእከብ 2%ን ካልእን፡ ዓመታዊ ዕብየት ቊጠባ ኣብ በበይኖም ጽላታት (ሕርሻ፡ ምስናዕ፡ ኣገልግሎታት)፡ ኣታዊታት ሃገር ካብ ቀረጽ፡ ኣታዊታት ብህግደፍ ዝመሓደራ ዋኒናት (ዋኒነ ትካላት)፡ ናይ ወጻኢ ሸርፊ ወዘተ ዝበሃሉ ነገራት ኣብ መዝገበ ቃላት ናይቲ ስርዓት ልሙዳት ኣይኮኑን። ብኩራት ግሉጽነት ዝጠንቁ ህዝቢ ዘይካፈሎ ምስጢራዊ ኣሰራርሓ ሱር ሰዲዱ'ዩ። ኲናት ብስቱር ይእወጅን ይካየድን፣ ዝምድና ኤርትራ ምስ ካልኦት ሃገራት ብዘይ እውጅ መገዲ ይሳለጥ፣ ንግዳዊ ውዕላት ኣብ ትሕቲ ጣውላ ይፍረሙ፣ ዜጋታት ብጸላም ዝሰውርን ኣበይ ኣለዉ ዘይበሃሉ ብኣሽሓት ዝቑጸሩ ናይ ሕልና እሱራት ዘሳሲን ኣሰራርሓ ማዕቢሉ።

ፖለቲካዊ ትፍንን፡- ጭውነት ዝመሰረቱ ምይይጥን ክትዓትን፡ ንፍልልያት ብሃናጺ መገዲ ናይ ምፍታሕ መድረኽን፡ ናይ ኤርትራ እምነ ኵርናዕ ፖለቲካዊ ባህሊ ክኸውን ክስርሓሉ ይግባእ ነይሩ። ተጻራሪ ርእይቶታት ክጽወር ጥራይ ዘይኮነስ ክጽንበል'ውን ይግብኦ። ከመይ'ሲ ፍልልያትና ምንጪ ሓድነትናን ሓይልናን ስለ ዝኾኑ። ንመንግስቲ ይኹን ንዲያስፖራ ዝውክላ ማዕከናት ዜና ብፍላይ ድማ ናይ ዩትዩብ ቻነላት ስርሖን ጥንቃቐን ሓላፍነታዊ ብዝኾነ ኣገባብ ክፍጽምኦ ኣይርአያን። ሓሶት ወይ ጭብጢ ዘይብሉ ዜና ካብ ምዝርጋሕን ተሪርን ስነ ስርዓት ዝጐደሎ ቋንቋ ኣብ ምጥቃምን ይነጥፋ።

ብተወሳኺ፡ ምፍልላይ ዝኣጀንዳኦን፡ ፖለቲካዊ ጽልኢ ዝዘርኣን ዝነዝሓን፡ ኣብ ክንዲ ኣብ ወሳኒ ጉዳያት ዘተኵራ፡ ሰባት ንምጥቃዕ ቀዳምነት ዝህባን ማሕበራዊ መራኸቢታት (ንመንግስቲ ዝድግፋን ዝቃወማን) ዝውቱራት'የን። ምናልባት እቲ ኣዝዩ ዘተሓሳስብ ጉዳይ፡ ማሕበረሰብ ዲያስፖራ ንሓድሕዱ ኣብ ምጽልላም ዘባኽኖ ግዜን ጻዕርን ክኸውን ይኽእል'ዩ። "ምሳና ኢኻ ወይ ኣንጻርና ኢኻ" ዝብል ኣበሃህላ ሳዕሪሩ'ዩ። እዚ'ውን እንተኾነ በቲ ሓደ ወገን ምስቲ ኣብ ኣርብዓታትን ሓምሳታትን ኣብ መንጎ ዝተፈላለያ ኤርትራውያን ፖለቲካውያን ሰልፍታት ዝተራእየ ናይ ምትፍናን ባህሊ ስዒቡ ድማ ኣብ እዋን ዕጥቃዊ ቃልሲ ኣብ መንጎ'ተን ብረት ዝዓጠቓ ውድባት ዝተኸስተ ጐነጻዊ ኣገባብ

ኣፈታትሓ ውሽጣዊ ግርጭታት ዝተበገሰ ክኸውን ይኽእል'ዩ። ከምኡ ክኸውን ነይርዎ ማለት ግን ኣይኮነን። ካብ ዝሓለፈ ብዙሕ ስለ እትምሃር።

ምዕስካር መላእ ሕብረተሰብ፡- ምዕስካር መላእ ሕብረተሰብ ኣብ ባህሊ ህዝቢ ኤርትራ ተራእዩ ብዘይፍለጥ ናህሪ ተሰሪሑሉ። ህዝቢ፡ ወተሃደራዊ ክብርታት፡ ቅርጽታትን ቀደምትነታትን ብዘርዊ መገዲ ተወዲቡ። ሲቪሊያዊ ህይወቱ፡ ምሕደራኡን ባህሉን ድማ ብኣኡ ይምእዘዝ። ብምስምስ "ሃገራዊ ድሕነት" ቊጽጽርን ድረታ ሓሳብካ ምግላጽን ዝውቱር ኮይኑ። ባጀት ምክልኻል ብዋጋ ካልኦት ማሕበራዊ ኣገልግሎታት ሰማይ ተሰቒሉ፡ ውደሳ ዃናትን ናይ ዃናት ጅግንነትን ሰማይ ዓሪጉ። እዚ ፕሮፓጋንዳዊ መስርሕ'ዚ ነቲ ኣብ እዋን ኲናት ናጽነት ዝተኸፍለ መስዋእቲ ኣብ ልቢ ሰብ ከም ዝሰርጽ ምግባር፤ ኣብ ከም ናደው፡ ውቃው፡ መብረቕ፡ ፈንቅል፡ ከምኡ'ውን ኣብ ዝተፈላለየ ግንባራት ኣንጻር ጐበጣዊ ሓይልታት ኢትዮጵያ እተኻየዱ ወሰንቲ ውግኣት ንዝተረኽቡ ዓወታት ክብሪ የልብሱዎ፣ ከም መዘና ዘብሎም ዓወታት ገይሮም ድማ የቕርብዎም።

ብዘይካ'ዚ፡ ካብ ቀዳማይ ክሳብ ሻድሻይ ዝተኻየዱ ወራራት ኢትዮጵያ፡ እንተላይ ንሰላሕታ ወራር ዘጠቓለለ መወዳእታ ዘይብሎም ዛንታታት ይደጋገሙ። ውደሳ ናይ ዓወታት መኣስ ነውሪ ኮይኑ። ደጋጊምካ ንፖለቲካዊ ሃልክን ንጸበብቲ ረብሓታትን ክትጥቀመሉ እንከለኻ ግን ኣድካሚ፡ መሰልቸውን ሓደገኛን ይኸውን።

ብዕድመ ዝደፍኡ ኣቦታት ከይተረፉ ብሓይሊ ከም ዝዓጥቁን ኣብ መሳርዕ'ቲ ሰራዊት ከም ዝኣትዉን ተጌሩ'ዩ። ካብ ፍርሒ ዝተላዕለ ዜጋታት ምስ መንግስቲ ተመሳሲሎም ክኸዱ ይቕሰቡ። "ጸላእቲ ሃገር" ከኣ ከም ዝስይጥኑ ይግበር። ከምዚ ዝበለ ባህሊ፡ ሕብረተሰብ ተማእዛዚ'ቲ ወተሃደራዊ ስርርዕ ክኸውን፡ ንሒዝዎ ዘሎ ሞያ ከንዕቅን ምስ ሰብ ግዜ ከመሳሰልን ይጅምር። ቈልዑ ከይተረፉ ኣብ ትምህርቶም ኣተኲሮ ኣብ ክንዲ ዝገብሩ፡ በዚ ወተሃደራዊ ባህሊ ይጽለዉ። ስርዓተ ትምህርቲ ኣብ ክንዲ ንነቐፌታዊ ኣተሓሳስባን ምምርማርን ዘተባብዕ ንምእዙዝነት ጸቢብ ሓርበኛነትን ይዅስኵስ። ከምዚ ዝኣመሰለ ባህሊ ኣብቲ ሕብረተሰብ ማሕበራውን ስነ ኣእምሮኣውን ጉድኣት የኸትልን ንደሞክራሲያዊ ክብርታት ድማ ይፍሕቖን። ልዕሊ ዅሉ ድማ ሞያ ኣብ ትሕቲ ውትህድርና ከም ዝምእዘዝን ንእኡ ከም ዘገልግልን ይግበር።

ምዕስካር ዓቢ ክፋል ናይቲ ሕብረተሰብ ኣብ እዋን መግዛእቲ ኢጣልያ ተራእዩ'ዩ። እቲ ዓቢ ኢጣልያዊ ናይ ታሪኽ ተመራማሪ - ኣልበርቶ ፖለራ - ኣብ ሓደ እዋን ስሳ ሽሕ ኤርትራውያን መንእሰያት ብገዛኢት ኢጣልያ ተዓስኪሮም ከምዝነበሩ ኣብታ "ደቀባት ህዝብታት ኤርትራ" ዘርእስታ መጽሓፉ ኣስፊርዎ ኣሎ። ኣብቲ ሽዑ እዋን ብዝሒ ህዝቢ

ኤርትራ ሽድሽተ ሚእቲ ሽሕ ኣቢሉ ይግመት ነይሩ። እዚ ብዝኾነ ይኹን መለከዒ ብዙሕ'ዩ። እንተ ኾነ ግን ምስዚ ሕጂ ኣብ ትሕቲ ህግደፍ ዝርአ ዘሎ ኩነታትን ፖለቲካዊ መበገሲኡን ከቶ ዝወዳደር ኣይኮነን።

ሕብረተሰብ ኣብ ሓደ ኣተሓሳስባን ትረኻን ከም ዝዓስል ምግባር :- ንብዙሕነታዊ ኣተሓሳስባ ምድቋስን ንፍልይ ዝበሉ ርእይቶታት ምጽራርን ንሕስያ ብዘይብሉ መገዲ ምህራምን ሓደ ካልእ ከይተጠቕሰ ክሓልፍ ዘይግባእ ሳዕሪሩ ዘሎ ባህሊ'ዩ። ዘቤታዊ ፖለቲካ ኤርትራ፡ ንተቓውሞ ንምጭፍላቕን ንፍልልያት ብሓይሊ ንምህዳእን፡ ብርቱዕ ጉነጽን ኣስገዳድ ሜላታትን ብምጥቃም ይልለ።

ናይ ህግደፍ ህላወ፡ ፍጹም ራዕዲ ኣብ ምስራጽን ነዚ ድማ ብዘይ ምቍራጽ ኣብ ምኹስኳስን ዝተመስረተ'ዩ። ኣብ ትሕቲ ስርዓት ህግደፍ፡ መንእሰይ ከይተረፈ ኣብ ትሕቲ ጽኑዕ ቍጽጽር ክኣቱ ተበይኑሉ'ዩ። እዚ ክፋል ሕብረተሰብ'ዚ ብመደባት ማሕበራዊ ምህንድስና ህግደፍ ኣቢሉ ከም ሓድሽ ሰብ ክቕረጽ ተፈሪዱ። እዚ ድማ ነቲ ንዓሰርተ ሸሞንተ ኣዋርሕ ዝጸንሕ መደብ “ሃገራዊ ኣገልግሎት” ግዴታዊ ተሳትፎ ዘጠቓልለ'ዩ። እቲ ዕላማ ንመንእሰያት ብምስሊ ተጋዳላይ ደጊምካ ምቕራጽን ምስራሕን'ዩ። እዚ ስብከት'ዚ፡ መንእሰያት በቲ ህግደፍ ዝደልዮ መገዲ ክሓስቡን ህግደፍ ዝደልዮ ጠባያት ከዘውትሩን ንምግዳድ ወይ'ውን ንኽኽተሉ ዝዓለመ ኮይኑ፡ ናይ መወዳእታ ዕላማኡ ድማ ንኣተሓሳስብኦምን ናጽነቶምን ኣብ ትሕቲ ፍጹም ቍጽጽር ትረኻ ህግደፍ ንምእታው'ዩ።

ህ.ግ.ደ.ፍ፡ ቀጻልነት ስልጣኑ ንምርግጋጽን ምኽኑይ ንምግባርን ንናይ ፍርሒ ረቛሒ ከም ምስምስ ብተደጋጋሚ ክጥቀመሉ ይርአ። ግዳማዊ ስግኣታት ብምጒላሕ ኣብ ህዝቢ ናይ ራዕዲ ስምዒት ኣስሪጹ'ዩ። ነዚ ምስምስ'ዚ ብምጥቃም፡ ከም ምትግባር ቅዋም፣ ሃገራዊ ኣገልግሎት፣ መደባት ልምዓት ምጅማርን ንጒዳያት ሰብኣዊ መሰላት ምፍታሕ ዝኣመሰሉ ወሰንቲ ሃገራዊ ተበግሶታት ንዘይተወሰነ እዋን ከመሓላልፎም ጸኒሑን ኣሎን። ዓውደ ኣዋርሕ ኤርትራ ብዓመታዊ በዓላት፡ ብፍላይ ድማ ብመዓልቲ ናጽነት፡ ፈንቅል፡ መዓልቲ ደቀንስትዮ፡ መዓልቲ ሸቃሎ፡ መዓልቲ ሰማእታት፡ ከምኡ'ውን ንፈላሚ ዕጥቃዊ ቃልሲ ዝዝክር ባሕቲ መስከረም የጠቓልል። ነዚኦም ምጽንባል ነውሪ ኣይኮነን። ሓሓሊፉ'ውን ዝኽሪ ምድምሳስ እዝታት ውቃው፡ ናደው፡ መብረቕ እናተባህለ በዓላት ይውደብን ይካየድን።

ካብ ሓምለ ክሳዕ መስከረም ዘሎ ግዜ'ው (ኣብ ውሽጢ ሃገር ይኹን ኣብ ወጻኢ) ንሃገራውያን ፈስቲቫላት ይውፈ። መወዳእታ ዘይብሉ ኵዳታትን ዳንኬራታትን ድማ ይግበር። እቲ ዕላማ ርዱእ'ዩ። እቲ ህዝቢ ኣብ ሕመረታውያን ጒዳያት ምእንቲ ከይሓስብ ተባሂሉ ደይ መደይ ኢልካ ዝተሃንደሰ ውዲት'ዩ።

ትሕተ ሃገራዊ ምትእኽኻባት በቲ ስርዓትን ካብቲ ስርዓት ወጻኢ ብዝኾኑ ኣካላትን ንጸበብቲ ፖለቲካዊ ረብሓታት ተባሂሎም ዝኾስኰሱ ትሕተ ሃገራዊ ምትእኽኻባት ኣብ ኤርትራውያን ክሊታት ዝውቱራት'ዮም። ገሊኦም ኣብ ኣውራጃ፡ ገሊኦም ኣብ ዓሌት፡ ገሊኦም'ውን ኣብ ሃይማኖት ዝተመስረቱ ክኾኑ ይኽእሉ'ዮም። መበገሲኦም ብዘየገድስ፡ ንጸበበቲ ረብሓታት ክሳብ ዘገልገሉ ድማ ጐዳእቲ'ዮም። ከምዚኣቶም ዝባህርያቶም ትሕተ ሃገራዊ ምትእኽኻባት ሓድነት ህዝቢ ከም ዝልሕልሕ ኣብ ምግባር፣ ጥምረቱ ኣብ ምድኻም፣ ሓርበኛዊ መንፈሱ ኣብ ምብሕጓግን ማሕበራዊ ስኒቱ ኣብ ምርባሽን ኣሉታዊ ተራ ይጻወቱ። ንዕብየቱን ገስጋሱን ድማ ይጻብኡ።

ተመሳሲልካ ምኻድ፡- ሓደ ቀንዲ ናይዚ ተመሳሲልካ ምንባር ምኽንያት፡ ካብቲ ኣብ ልዕሌኻ ክፍጸም ዝኽእል ናይ ምፍዳይ ሕነ (ወይ ጭፍለቓ) ስጉምቲ ዝነቐለ ፍርሒ'ዩ። መብዛሕትኡ ግዜ፡ ሰባት ንድሕነቶምን ንድሕነት ስድራቤቶምን ክብሉ ብፍቶት ይኹን ብግዲ ነቲ ናይቲ ስርዓት ትረኻታት ክርዕምዎ ይርአዩ። ምስ ትረኻታት ናይቲ ስርዓት ምስምማዕ ከም ናይ ርእሰ ዕቀባ ስልቲ ገይሮም ዝወስድዎ ውልቀ ሰባት'ውን ኣለዉ። ንምንታይ'ሲ፡ ቅሬታኻ ምግላጽ ከቢድ ሳዕቤን ከኸትል ኣብ ዝኽእለሉ እዋን፡ ከምዚ ዓይነት መርገጺ ምውሳድ ኣብ ባህርይ ወዲ ሰብ ሱር ዝሰደደ መሰረታዊ ናይ ነፍሰ ምድሓን ወይ ርእሰ-ዕቃብ ስልቲ'ዩ።

ካብዚ ሓሊፉ፡ ምልካውያን ስርዓታት ብተለምዶ ኣብ ልዕሊ ሓበሬታ ጽኑዕ ቍጽጽር ይገብሩን ንኣማራጺ መራኸቢ ብዙሓንን ኣረኣእያታትን ድማ ይድርቱን'ዮም። እዚ ድማ ነቲ ሰባት ዝተፈላለዩ ኣረኣእያታትን ትረኻታትን ንምርካብ ዘለዎም ተኽእሎታትን ዕድላትን ብምድራት፡ ነቲ ናይቲ ስርዓት ትረኻ ከም እንኮ ሓቂ ገይሮም ከም ዝቕበልዎ ክገብሮም ይኽእል'ዩ። እዚ'ውን እንተ ኾነ ምስቲ "ዝበሉኻ ግበረሎም ወይ ዓዶም ግደፈሎም" ዝብል ኣብቲ ሕብረተሰብ ሱር ዝሰደደ ብሂል ዝተኣሳሰር ክኸውን ይኽእል'ዩ። ተወሳኺ መጽናዕቲ ዘድልዮ ጉዳይ'ዩ።

ሕድሕዳዊ ዘይምትእምማን፡- ምልኪ ኣብቲ ሕብረተሰብ ዓሚቕ ፖለቲካዊ ምክፍፋል (ኣብ ስልጣን፡ ስነ ሓሳብን ዕጫ ሃገርን ኣብ ምንቋትን/ምውጣጥን) ከም ዝህሉ ገይሩ'ዩ። እዚ ብግዴኡ፡ ንሓዋሩ ንዝተፈላለዩ ተራጻምቲ ዝመስሉ ኣተሓሳስባታት ምትዕራቕ፡ ንኽርአ ዝኽእል ምውጣጥ ወይ ምሽማው ስልጣን ምምሕዳር፡ ኣብ ትካላት እምነት ከም ዝህሉ ንምግባር ጻዕርታት ከሓትት'ዩ። ኣብ ግዜ ምልኪ ዝተዘርአ ዘይምትእምማን ክቕጽል ተኽእሎ ኣሎ። እዚ ብግዴኡ ማሕበራዊ ስኒት ንከተውሕስን ሃገራዊ መንነት ንምስራጽን ርእሱ ዝኽኣለ ብድሆ ክኸውን'ዩ።

ኵሉ ብዓይኒ ፖለቲካ ምርኣይ፦ ኣብ ኤርትራ፡ ማሕበራዊ፡ ባህላውን ቍጠባውን ጉዳያት ፖለቲካዊ መልክዕ ስለ ዘለበሰ ማሕበራዊ ምክፍፋል ኣስዒቡ'ዩ። "ንሕናን ንስኻትኩምን" ዝብል ኣተሓሳስባ ሳዕሪሩ'ዩ። ትካላት (ንኣብነት መራኸቢ ብዙሓን) በዚ መልክዕ'ዚ ስለ ዝርአዩ ሰባት ኣብ ልዕሊኦም ዘለዎ እምነት ነኪዩ'ዩ። እዚ ተርእዮ'ዚ ናብ ኣድልዎ ካብ ዘምርሕ ሓያለይ ኮይኑ'ዩ። ከመይ'ሲ ሓደ ሓደ ጕጅለታት ናይቲ ሕብረተሰብ ብምኽንያት'ቲ ፖለቲካዊ ተኣማንነቶም ናይ ቍጠባ ተረባሕቲ ክኾኑ ስለ ዝኽእሉ።

ምብሕጓግ መበቈላውያን ኣስማት ዜጋታት፦ መበቈላውያን ኣስማት ዓሚቝ ባህላዊ፡ ታሪኻውን መንፈሳውን ትርጉም ኣለዎም። ትርጉም፡ መንነትን ኣበዋዊ ፍልጠት ይሓቝፉን ካብ ውሉድ ናብ ወለዶ ድማ የሰጋግሩን። ክንዲ ዝኾነ ድማ ሓደ ካብቶም ክዕቀቡ ዝግብኦም ባህልታትን'ዮም። ሓደ ኣብዚ እዋን'ዚ ዝርአ'ሞ ክይተጠቐሰ ክሓልፍ ዘይግብኦ ጉዳይ ግን ኣሎ። እዚ ድማ ምስዚ ኣብዚ እዋን'ዚ ወለዲ ንደቆም ዝህብዎም ዘለዉ ኣስማት ዝተኣሳሰር'ዩ። መበቈላውያን ኣስማት ምሃብ ተሪፉ ዘመነ ኣምጽኦ ኣስማት ምሃብ፡ እንሓንሳእ ድማ ክልተ ኣስማት ለቓቒብካ ሓድሽ ስም ምፍጣር ልሙድ ተርእዮ ኮይኑ ኣሎ። እዚ ኮነ ኢልካ እንተ ዘይተጻዒሩሉ፡ ታሪኽና ብኣኡ ኣቢሉ ድማ ንመንነትና ዝጸሉ ክኸውን'ዩ። ክሕሰበሉ ድማ ኣለዎ።

ኣብ ኤርትራ ተኣታቲዩን ሳዕሪሩን ዘሎ ነውራም ባህሊ ናይ ሓዋሩ ሳዕቤናቱ ቀሊል ኣይኮነን። ነቲ ዝመጽእ ወለዶ ከቢድ ዋጋ ዘኽፍል'ውን ክኸውን'ዩ።

መደምደምታ

ሃገር፡ ቍጠባዊ ዕብየታ ዘላቕነት ብዘለዎ መገዲ ክተውሕስ፣ ህዝባ መነባብሮኡ ክመሓየሽ፣ ዕጫኡ ክጽብቐን መጻእቲ ወለዶታት ክሓልፈሎምን ኣብ ባህልታቱ ዘለዎ መረዳእታ ክዓብን ንባህልታቱ ስትራተጅያዊ ብዝኾነ ኣገባብ ክጥቀመሉን ኣብ ረብሓኡ ክውዕሎምን ይጽንሓለይ ዘይበሃሎ ጉዳይ'ዩ። ነዚ ንምዕዋት ኵሎም'ቶም ደፋእቲ ቍጠባዊ ዕብየት ዝኾኑ ባህልታቱን ክብርታቱን ክለልዮምን ክስተብህለሎምን ብሓደ ወገን፡ በቲ ካልእ ድማ ነቶም ንቝጠባዊ ዕብየት ዕንቅፋት ክኾኑ ይኽእሉ'ዮም ዝብሎም ሳዕሪሮም ዘለዉ ነውራም ባህልታት ድማ ስርዓታዊ ብዝኾነ ኣገባብን ደይ መደይ ኢልካን ካብ ሰራውሮም ክምሓዉን ከድሊ'ዩ።

ዕብየት ቍጠባ ብግዴኡ ነቲ ኣቐዲምና ዝጠቐስናዮ ዳይናሚካዊ ባህሪ ናይ ባህሊ ስለ ዝጸልዎ፡ ባህሊ ናብ ዝበረኸ ባይታ ወይ ደረጃ ናይ ምስግጋር ዘለዎ ተኽእሎ እናዓበየ

ይመጽእ። እዚ ብግዴኡ ንቑጠባ ብኣዎንታ ይጸሉ። እናተመላልኡን እናተናበቡን ድማ ይጐዓዙ። ቍጠባዊ ውህደት/ጥምረት ሓደ ርእሱ ዝኸኣለ ካልእ ኣገዳሲ መሳርሒ ናይ ባህላዊ ተሃድሶ ኮይኑ ከገልግል ይኽእል'ዩ።

ባህላዊ ተሃድሶ ብዘረባ ጥራይ ኣይመጽእን'ዩ። ለይትን መዓልትን ክስርሓሉ ድማ ይግባእ። ናብ ዝለዓለ ጥርዙ ዝድይብ ድማ፡ ሃገር ብቑጠባ ኣዝያ ምስ እትምዕብል'ዩ። እዚ ንምግባር፡ ምሁር ህዝቢ፡ ዝሰልጠነ ዓቕሚ ሰብ፡ ድልዱልን ዝተራቐቐን ትሕተ ቕርጺ (ናይ መጐዓዝያ መስመራት - ናይ መሬት፡ ባሕሪን ኣየርን)፡ ምዕቡላት መራኸቢታት፡ (ዝተራቐቑ ፋይናንስያውን ካልኦት ኣገልግሎታት ዝህቡ ትካላት፡ ወዘተ)፡ ውዕዉዕ ቍጠባውን ንግዳውን ዝምድናታት ምስ ከባቢኻን ኣህጉራዊ ማሕበረሰብን፡ ወዘተ ክህልዉ ይግባእ።

ከምዚ ዝመለለይኡ ቍጠባ ዜጋታት ንኽራኸቡ፡ ውስስኦም ክሐይሉ፡ ተመክሮታቶም ንኽለዋወጡን ብቑጠባ ተረባሕቲ ንኽኾኑ ባይታ ይፈጥር። ከምዚ ዝኣመሰለ ቍጠባ፡ ናይ ባህሊ ጐብለላት፡ ሰብ ርእሰማል፡ ነጋዶ ወይ ሰብ-ዋኒንን ሰብ ምህዞን ዜጋታት ይፈጥር። ርእሰማል ዶብ የብሉን ከም ዝበሃል፡ ንዜጋታት (መበቈሎም ብዘየገድስ) ብሓባር ንኽሰርሑን ተረባሕቲ ናይ ሞያኦምን ጻዕሮምን ንኽኾኑን ድማ የኽእል።

ባህልታትና ጌና ኣይተበርበሩን ዘለዉ። ወግዕታትና ብምሉኦም ኣብ ጽሑፍ ኣይሰፈሩን። ኣፈ ታሪኽናን ያታውያን ብሂላታትንና ዛጊት መልእኽትታቶም ኣይተመሓላለፉን ዘለዉ። እምነ ጽሑፋትና'ውን ኵሎም ኣይተሰነዱን። ኣይተተርጐሙን'ውን። ስነ ጽሑፋትና ኣብቲ ዝድለ ደረጃ ኣይበጽሑን ዘለዉ። ቋንቋታትና ንምስናድ ክሳዕ ሕጂ ዝተገብረ ፈተነ ግን ዝነኣድ'ዩ። ብበይኖም ቋንቋታት ኤርትራ ዝጸሓፉ ዘለዉ መዛግብቲ ቃላት ናይዚ ህያው ምስክራት'ዮም።

ምዕራፍ 8

ዳይናሚካዊ ሓይሊ ኤርትራዊ ዲያስፖራ ተበርቢሩ ድዩ፧ንመጻኢኸ?

ብሃሳስ ለባም (HYPOTHESIS) እየ ክጅምር። እዚ ድማ ነዚ ዝሰዕብ ይመስል፡-

"ከም ኣብ ኩሉ ዓለም ዝርከቡ ዲያስፖራ፡ ኤርትራውያን ዲያስፖራ'ውን ንሓዋሩ ኣብ ዝተፈላለዩ ኩርንዓት ዓለም ክህልዉ'ዮም። እዚ ሰለስተ ወለዶታት ዝሓቘፍ ዓቢ ክፋል ናይ ኤርትራዊ ሕብረተሰብ ቀጻሊ ዘይነዓቕ'ዩ። ብግቡእ እንተ ድኣ ተኣልዩ ድማ ኣብ ህንጸት ሃገር ዓቢ ኣበርክቶ ክገብር ተኽእሎ ኣሎ።"

እዚ ምዕራፍ'ዚ እምበኣር ኤርትራዊ ዲያስፖራ ኣብ ቅድመ ለውጢ ይኹን ድሕሪ ለውጢ ምስ ኣብ ሃገሩ ዘሎ ምዕባለታት እናተናበበ ኣብ ህንጸት ሃገር ከመይ ዝበለ ኣበርክቶ ይገብር ንዝብል ሕቶ ንምምላስ ዝዓለመ'ዩ።

መእተዊ፡ ዝምድና ዲያስፖራ ምስ ትውልዲ ሃገሮም

ብኣማኢት ሚልዮናት ዝቖጸሩ ዜጋታት ዝተፈላለያ ሃገራት፡ ብበይኖም ምኽንያታት ሃገሮም ገዲፎም ተሰዲዶም ይነብሩ። ገለ ካብቶም ፍርይ ፍርይ ዝበሉ ማሕበረሰባት ዲያስፖራ ንምጥቃስ፤ ህንዳውያን (32 ሚልዮን)፡ ደቂ መክሲኮ (22 ሚልዮን)፡ ቻይናውያን (20 ሚልዮን)፡ ሩስያውያን (15 ሚልዮን)፡ ሶርያውያን (13 ሚልዮን)፡ ግብጻውያን (5 ሚልዮን)፡ ናይጀርያውያን (4 ሚልዮን) ወዘተ።

ኤርትራ፡ ቀለስቲ ሓሳባት ንሕውየት ሃገር

ኣበየ ኵርንዑ ዝርከቡ ናይ ዲይስፖራ ማሕበረሰባት ኣብ ስደት ዝጸንሕዎም ዓመታት ብዘየገድስ መብዛሕቴኡ ግዜ ምስ ትውልዲ ሃገሮም ዝጸንሖም ርክብ ኣይበትኩን'ዮም። እዚ ድማ ብርክት ዝበሉ መኽሰባት ኣለዎ። ሓደ ካብኣቶም፡ ዲያስፖራ ብመልክዕ ሓዋላ ናብ ትውልዲ ዓዶም ዝልእክዎ ገንዘብ'ዩ። እዚ፡ ነተን ሃገራት ቀንዲ ምንጪ ናይ ወጻኢ ሸርፊ ኮይኑ የገልግልን ንቍጠባዊ ምርግጋእ ድማ ኣበርክቶ ይገብርን። ኣብ ዝተፈላለዩ ኵርንዓት ዓለም ተሰዲዶም ዘለዉ ህንዳውያን፡ ደቂ ፊሊፒንስ፡ ናይጀርያውያን፡ ግብጻውያን፡ ኢትዮጵያውያን ወዘተ ከም ኣብነታት ክጥቀሱ ይኽእሉ።

ብኻልኣይ ደረጃ፡ ማሕበረሰባት ዲያስፖራ ኣብ ዘቤታዊ ዋኒን፡ ህንጸት ኣባይቲ፡ ምምዕባል ትሕተ ቕርጺ፡ ኣብ ምብግጋስ ሓድሽ ዋኒን ወዘተ ወፍሪ ክገብሩ ይርአዩ'ዮም። ንሓገዝ ዘድልዮም ቤተ ሰቦም ድማ ብፋይናንስያዊ መገዲ ይድግፉ። ዲያስፖራ ኣብዚ ጥራይ ከይተሓጽሩ ኣብ ስደት ዝሰነቕዎም ዓቕምታት (ክእለት፡ ፍልጠት ወዘተ) ናብ ሃገሮም ኣብ ምስግጋር'ውን ይነጥፉ'ዮም።

ኣብ በበይኖም ኵርንዓት ዓለም ከም ዝርአ፡ ሓካይም፡ መሃንድሳት፡ ኣብ ዋኒን ዝነጥፉ ኣባላት ዲያስፖራ ናብ ትውልዲ ሃገሮም ተመሊሶም፡ በብሞያኦም ምስ ዝተፈላለያ ዘቤታውያን ትካላት ትውልዲ ሃገሮም ሽርክነት ክምስርቱን ኣብ ዕብየት ሃገሮም ክሳተፉን ይርአዩ'ዮም። ኣማስይኡ ድማ ኣብ ቍጠባዊ ዕብየት'ታ ትውልዲ ሃገር ኣስተዋጽኦ ክገብሩ ይርአዩ።

ማሕበረሰብ ዲያስፖራ፡ ፖሊሲታት ናይ ዘአንገድኦም ሃገራት ክጸልዉን ናብ ናይ ትውልዲ ሃገሮም ረብሓ ክቕይሩን ዕድላት'ውን ኣለዎም'ዩ። ይጥቀሙሉ'ውን እዮም። እዚ ክልተኣዊ ዝምድናታት ንምጥንኻር ዝዓለመ ተበግሶ ብመገዲ ኣማላድነት ይፍጸም። ኣይሁዳውያን ዲያስፖራ ንኣብነት ኣብዚ መዳይዚ ኣዝዮም ሓያላት ምዃኖም ይንገሮም።

ማሕበረሰብ ዲያስፖራ መንነቶም፡ ልምድታቶምን ባህሎምን ንምዕቃብ ፌስቲቫላት ይውድቡ፣ ናይ ቋንቋ መምሃሪ ማእከላት ይምስርቱን መራኸቢ ብዙሓን የዋድዱን። እዞም ንጥፈታት'ዚኣቶም፡ ማሕበረሰብ ዲያስፖራ ምስ ናይ ትውልዲ ዓዱ ዘለዎ ርክባት ንምድልዳል ይሕግዙ። ስም ናይ ትውልዲ ሃገሮም ኣብ ኣህጉራዊ መድረኻት ከላልዩ ድማ የኽእሎም። ማሕበረሰብ ዲያስፖራ፡ ባህርያዊ ሓደጋታት ኣብ ዘጋጥሙሉ እዋን'ውን ሓገዝ ኣብ ምውፋይ ልዑል ኣበርክቶ ክገብሩ ተራእዮም'ዮም።

ገለ ገለ ኣብነታት ንምጥቃስ ዝኣክል፣ ኣብ ዝተፈላለዩ ኵርንዓት ዓለም ዝርከቡ ሰላሳን ክልተን ሚልዮን ዝግመቱ ህንዳዉያን ናይ ወጻኢ ሸርፊ ብመልክዕ ሓዋላ ናብ ትውልዲ ሃገሮም ብምልኣኽ፡ ኣብ ዕብየት ተክኖሎጂ ኢንዱስትሪ ትውልዲ ሃገሮም

ክነጥፉን ኣብ ፖለቲካዊ ኣማላድነትን ድማ ተጊሆም ክሰርሑን ይርአዩ። ኣይሁዳውያን ዲያስፖራ ንትውልዲ ሃገሮም ኣብ ምሕላቕን ወፍሪ ኣብ ምግባርን ፍሉጣት'ዮም። ካብ ሃገሮም ወጻኢ ዝርከቡ ደቂ ፊሊፒንስ ንትውልዲ ሃገሮም ብመልክዕ ሓዋላ ኣዝዩ ግዙፍ ዝኾነ ናይ ወጻኢ ሸርፊ ይልእኩ። ብመሰረት ጸብጻብ ዓለም ባንክ፡ ደቂ ፊሊፒንስ ኣብ 2023፡ 39 ቢልዮን ዶላር ብመልክዕ ሓዋላ ንሃገሮም ከም ዝልእኩ ይንገረሎም። እዚ መጠነ ገንዘብ'ዚ፡ ክሳዕ ዓሰርተ ሚእታዊት (10%) ናይታ ሃገር ጃምላዊ ዘቤታዊ ፍርያት ይግመት (Word Bank Group, 2023)።

ዝተፈላለዩ ካልኦት ዜጋታት ኣብዚ ኣብ ላዕሊ ዝተጠቕሰ ዓመት (2023) ብመልክዕ ሓዋላ ነናብ ሃገሮም ዝልእክዎ መጠን ገንዘብ ነዚ ዝስዕብ ይመስል፦ ታይላንድ - 9.6 ቢሊዮን ዶላር፡ ግብጺ - 19.5 ቢሊዮን፡ ሞሮኮ - 11.8 ቢሊዮን፡ ባንግላደሽ - 22.2 ቢሊዮን፡ ፓኪስታን - 26.6 ቢሊዮን፡ ናይጀርያ - 19.5 ቢሊዮን፡ ኬንያ - 4.2 ቢሊዮን፡ ሰነጋል ድማ 2.9 ቢሊዮን ዶላር።

ንምጥቕላል'ምበኣር ዝምድና ዲያስፖራን ትውልዲ ዓዶምን ምስ ግዜ ዝቀያየርን ዕድላትን ብድሆታትን ዝሓቑፍ'ውን እዩ። ብርክት ዝበላ መንግስታት'ምበኣር፡ ምስ ኣብ ደገ ዝርከቡ ዜጋታተን ንምሽራኽን ኣብ ዕብየት ቀጥጣባ ትውልዲ ሃገሮም ኣስተዋጽኦ ከም ዝህልዎም ንምግባርን ዝተፈላለዩ ፖሊሲታት የርቅቓን የተግብራን'የን። ናይ ዲያስፖራ ቦንድ ሓደ'ዩ። ንጉዳያት ዲያስፖራ ዝከታተል ሚኒስትሪ ወይ ኮሚሽን ምቛም ካልእ ኣገባብ'ዩ። ኣብነት፡ ኮምሽን ናይጀርያውያን ኣብ ዲያስፖራ።

ጠንቅታት ስደት ኤርትራውያን

ኤርትራውያን ዲያስፖራ ካብቶም ብብዝሖምን ድምጾምን ኣዝዮም ዝለለዩ ኣፍሪቃውያን ማሕበረሰብ ዲያስፖራ ሓደ'ዮም። ኣመጻጽኦኦም ካብ ካልኦት ናይ ዲያስፖራ ማሕበረሰባት ፍልይ ይብል። ኣብ ሃገሮም ዘጋጠሞም ዝተናውሐ ኩናት ማለት ኢትዮጵያ ንኤርትራ ብሓይሊ ንምልሓቕ ዝገበረቶ ፈተነን ከም መልሰ ተግባር ዝቖጸለ ዕጥቃዊ ቃልስን ሓደ ካብቶም ምኽንያታት ስደት ኤርትራውያን'ዩ። ኣብ እዋን መግዛእቲ ኢትዮጵያ ይኹን ብድሕሪኡ ኣብት ትሕቲ ስርዓት ህግደፍ ዝሰዓበ ንኣስታት ሰላሳ ዓመታት ዝቖጸለ ፖለቲካዊ ጭፍለቓ'ነ መጽቀጥትን ከም ካልኣይ ረቛሒ ክጥቀስ ይከኣል። ኩናት ምስ ጐረባብቲ ሃገራትን ፖለቲካዊ ዕምጸጻን ዝጠንቑ ቁጠባዊ ሕሰም'ውን ናይ ብኣማእታት ኣሽሓት ዝቑጸሩ ኤርትራውያን ፍልሰት (ብፍላይ ድማ ናይ መንእሰያት) ናብ ካልኦት ሃገራት ኣሰዒቡ'ዩ።

ኣብ ግዜ መግዛእቲ ኢጣልያ'ውን ውሑዳት ኤርትራውያን - ተመሃሮ፡ ሰራሕተኛታትን ኣብ መሳርዕ ሰራዊት ኢጣልያ ተዋፊሮም ዝነበሩ ኤርትራውያንን - ንኢጣልያ የምርሑ ከም ዝነበሩ ታሪኽ ይስንድ'ዩ። ቅድሚ ስሳታት'ውን እንተኾነ ናብ ሱዳን፡ ኢትዮጵያ፡ ግብጺ ከምኡ'ውን ናብ ዝተፈላለያ ሃገራት ማእከላይ ምብራቕ ብቑጽሮም ውሑዳት ኤርትራውያን ብዝተፈላለዩ ምኽንያታት ናብ ስደት ከም ዘምርሑ ይፍለጥ'ዩ።

እቲ ንሰላሳ ዓመታት ዝቐጸለ ናይ ናጽነት ኵናት ጃምላዊ ምፍንቓል ህዝቢ ኣስዒቡ'ዩ። ብኣማእታት ኣሽሓት ዝቑጸሩ ኤርትራውያን ንስደት ናብ ሱዳን ኣምሪሖም። ገሊኦም ብኡኡ ኣቢሎም ኣብ ኤውሮጳ (ጀርመን፡ ሽወደን፡ ኢጣልያ፡ ዓባይ ብሪጣንያ)፡ ሰሜን ኣመሪካን ማእከላይ ምብራቕን ሰፊሮም። ኣብኡ ድማ ተዋሊዶም። ከንዲ ዝኾነ ድማ ኤርትራዊ ዲያስፖራ ናብ ሳልሳይ ወለዶ ተሰጋጊሩ ይርከብ።

ድሕሪ ናጽነት ዝተራእየ ፖለቲካዊ ምዕባለ ንስደት ኤርትራውያን ዘተባብዕ'ዩ ነይሩ። ህዝቢ ከም ትጽቢቱ ዘይኮነ፡ ኣደዳ መግፋዕቲ ወይ ዕምጸጻ ናይቲ ኣብ ስልጣን ዘሎ ፖለቲካዊ ውድብ - ህግደፍ - ኮይኑ። መንእሰያት ኣብ መወዳእታ ዘይብሉ ሃገራዊ ኣገልግሎትን ድፋዓትን መዳጕኒ በታታትን ተሓዪሮም። ብዓሰርተታት ኣሽሓት ዝቑጸሩ መንእሰያት ዓዶም ራሕሪሖም ንስደት ንኽምርሑ ምኽንያት ኮይኑ። ምግሃስ መሰረታዊ ሰብኣዊ መሰላት ልሙድ ኮይኑን ነባራት ተጋደልቲ ድማ ተዋሲኖም። ብዘይካ'ዚ፡ ኣተሓሳስባ ሕብረተሰብ ሓይልን ምትላልን ብዝተሰነየ መገዲ ኣብቲ እቲ ስርዓት ዝደልዮ ብኵል ትረኻ ከም ዝርዕም ክግበር ጸኒሑን ኣሎን። እቲ ኣብ መንጎ መንግስታት ኤርትራ ኢትዮጵያን ዝተወልዐ ናይ 1998 ዓ.ም. ኵናት፡ ነቲ ኵነታት ከም ዝብእስ ገይርዎ።

ኤርትራዊ ዲያስፖራን ባህርያቱን ንጥፈታቱን

ውድባዊ ጸግዖምን ካልኦት ፍልልያቶምን ብዘየገድስ፡ ኣብ ዲያስፖራ ዝርከቡ ኤርትራውያን ካብቲ ናጽነት ንምውሓስ ዝተገብረ ሃገራዊ ቃልሲ ተፈንቲቶም ኣይፈልጡን። ኤርትራውያን ዲያስፖራ ንሰላሳ ዓመታት (ካብ ስሳታት ክሳዕ መጀመርያ ተስዓታት) ብዘይ ምቍራጽ ነተን ቃልሲ ንናጽነት ዝመርሓ ዝነበራ ምንቅስቓሳት (ተጋድሎ ሓርነት ኤርትራን ህዝባዊ ግንባር ሓርነት ኤርትራን) ደገፎም ሂቦም። ዲያስፖራ፡ ናይተን ዝተጠቕሳ ግንባራት ዓቢ ምንጪ እቶት ካብ ምዃን ሓሊፉ፡ ነቲ ንናጽነት ዝግበር ምንቅስቓስ'ውን ዘይተኣደነ ፖለቲካዊ ደገፍ ይገብር ነይሩ'ዩ። ብህዝባዊ ዲፕሎማሲ ገይሩ ኣብ ዝተፈላለዩ ኣህጉራውያንን ዘባውያንን ፖለቲካዊ መድረኻት

ድምጺ ውጹዕ ህዝቢ ኤርትራ ኮይኑ ኣገልጊሉ'ዩ። እዚ ድማ ኣብ ቃልሲ ንናጽነት ኤርትራ ዓቢ ኣስተዋጽኦ'ዩ ነይሩ።

ሰነዳት ሕቡራት ሃገራት ከም ዝሕብርዎ፡ ኣብ 2024 ዓ.ም. ከሳብ 663,085 ዝግመቱ ኤርትራውያን ኣብ ስደት ይርከቡ ከም ዝነበሩ ይጠቕሱ (UNHCR, 2023)። እተን ቀንዲ ኣእንገድቲ ሃገራት፡ ሱዳን፡ ደቡብ ሱዳን፡ ኢትዮጵያ፡ ጀርመን፡ ሽወደን፡ ስዊዘርላንድ፡ ኖርወይ፡ ሕቡራት መንግስታት ኣመሪካ፡ ሃገራት ማእከላይ ምብራቕ፡ ካናዳ፡ እስራኤል፡ ኣውስትራልያ፡ ኡጋንዳ'የን።

ብሰንኪ ዕምጸጻን ቍጠባዊ ውድቀትን ናይታ ሃገር፡ ብዝሒ ዲያስፖራ ኤርትራውያን እናወሰኸ ይኸይድ ኣሎ። መንእሰይ ወለዶ፡ ኣብ ዝተፈላለዩ ኩርንዓት ዓለም ኮይኑ ኣብቲ ነቲ ስርዓት ንምልዋጥ ዝግበር ጠለብ ብዓውታ ድምጹ የስምዕ ኣሎ።

ኤርትራዊ ዲያስፖራ ኣብ ዝተፈላለዩ ቍጠባዊ ንጥፈታት ይነጥፍ። እዚ ነዞም ዝስዕቡ ከጠቓልል ይኽእል፦ ሞያዊ ስርሓት፡ ንግዲ፡ ኣካደምያ፡ ካልኦት ንዕለታዊ እንጀርኦም ንምምእራር ዝነጥፉሎም ቍጠባዊ ንጥፈታትን። ኣብ መዓስከር ስደተኛታት ናይ ዝነብሩ ኤርትራውያን ብዝሒ'ውን ውሑድ ኣይኮነን። ቍጠባ ኤርትራ ኣብ ናይ ዲያስፖራ ገንዘብ ዝምርኰስ'ዩ። ሓዋላ ቀንዲ ገንዘባዊ ምንጪ ናይ መብዛሕትኦም ኤርትራውያን ስድራ ቤታት'ዩ። ብዘይካዚ እቲ ብ2% ዝፍለጥ ኣብ ኤርትራውያን ዲያስፖራ ብግዲ ዝተኣታተወ ቀረጽ ናይቲ መንግስቲ ቀንዲ ምንጪ ሸርፊ ወጻኢ።

ድሕሪ ናጽነት፡ ኣብ ወጻኢ ዝርከባ ኤምባሲታት ኤርትራ ካብ ኤርትራውያን ዲያስፖራ ብመገዲ 2%፡ ሓዋላ ፡ ከምኡ ድማ ብምስምስ ናይ ዝተፈላለዩ ኣጋጣሚታት (ንመኸተ ኣንጻር ወያነ፡ ድራር ተጋደልቲ፡ ስንኩላን ኲናት፡ ደበስ ስድራ ቤት ተጋደልቲ፡ ሕክምናዊ መሳርሒታት፡ መስርሒ ቤት ትምህርቲ፡ መስርሒ ሆስፒታል ወይ ማእከል ጥዕና፡ ወዘተ)፡ ገንዘባዊ ኣስተዋጽኦታት ከም ዝካየድ ብምግባር ማእለያ ዘይብሉ ገንዘብ ኣብ ምእካብ ንጡፋት ኮይነን ጸኒሐን እየን። ኣምሳያ ናቱ ድማ ኣባላት ዲያስፖራ መንግስታዊ ኣገልግሎታት ክረኽቡ ዘኽእሎም ፍቓድ ክረኽቡ ጸኒሖም። እዚ ድማ ናይ ልደትን መርዓን ምስክር ወረቐትን፡ ኣብ ኤርትራ መሬት ናይ ምግዛእ መሰልን ናይ ንግዲ ስራሕ ዕድልን ንምርካብ፡ ከምኡ'ውን ናይ ብዕድመ ዝደፍኡ ኣዝማድ መውጽኢ ቪዛ ናይ ምርካብ ዕድላት ምእንቲ ክወሃቦም።

እዚ ተግባር'ዚ "ምሕላብ ዲያስፖራ" ተባሂሉ'ውን ይፍለጥ'ዩ። እዚ ሜላ'ዚ፡ ነቲ ስርዓት በብዓመቱ ብኣማእታት ሚልዮናት ዶላራት ንኽግሕጥ የኽእሎ። እዚ ድማ ነቲ መጨፍለቒ መጋበርያታቱ ንምድልዳል ይጥቀሙሉ። ኤምባሲታት ኤርትራ፡ ዘይከም'ተን ብዙሓት ካልኦት ዲፕሎማስያውያን ትካላት ዓለም፡ ካብ ዲያስፖራ ገንዘብ

ንምእካብን ኣብ ልዕሊ ዜጋታተን ንምስላይን ንስግረ ዶባዊ ዓመጽ ቀዳምነት ብምሃብ፡ መብዛሕትኡ ግዜ ነቲ ልሙድ ዕማም ኤምባሲ ታሕተዋይ ደረጃ እየን ዘትሕዛኦ። ነቲ ጉዳይ ዘጋድድ ድማ፡ እቲ ስርዓት፡ ነቲ ናይ ውሽጢ ሃገር መጠነ ሸርፊ ሕጋዊ ብዘይኮነ ኣገባብ ከም ድላዩ ዘደይቦን ዘውርዶን ምኳኑ'ዩ። ብመንጽር እቲ ዲያስፖራ ንስድራ ቤቶም ንምድጋፍ ዝልእክዎ ሓዋላ ክረአ እንከሎ ድማ ምስ ውጹእ ምትላልን ሸጠፍን ይጽብጸብ።

ገለ ካብ ዲያስፖራ፡ ኣብ ኤርትራ ንብረት ስለ ዘለዎምን፡ ንሓደጋ ምህጋር ከቃልዑ ስለ ዝኽእሉን ኣብ ልዕሊ'ቲ ስርዓት ፍርሒ የርእዩ። ካልኦት ድማ ሓሓሊፎም ናብ ዓዲ ብምኻድ ብዕድመ ንዝደፍኡ ወለዶምን ኣሕዋቶምን ናይ ቀረባ ኣዝማዶምን ክበጽሑ ድሌት ስለ ዘለዎም'ሞ እዚ ዕድልዚ ከይንፈጎም ምእንቲ ተመሳሲሎም ክኸዱ ይመርጹ።

ብዙሓት ኣባላት ማሕበረሰብ ዲያስፖራ፡ ከም ከዳዓት፡ ደገፍቲ ወያነ ተባሂሎም ከይጽውዑ'ሞ ብማሕበረሰቦም ናይ ምግላል ሓደጋ ከየጋጥሞም'ውን ስግኣት የሕድሩ። ብህግደፍ ኣብ ዝዳሎ ዓመታዊ በዓላት ዝኸዱሉ ምኽንያቱ ድማ ምስ ደቂ ሃገሮም ምኧን ንዓዲ ስለ ዘዘኻኽሮም'ዩ። ናፍቖቶም ንምውጻእ ድማ። ከምኡ'ውን ኣብ ጓይላ ክስዕስዑ፡ ክራኸቡ፡ እንጀራ ክበልዑ፡ ባህላዊ ክዳን ክኸደኑ፡ ክዕልሉ ስለ ዘኽእሎም። በበይኖም ወለዶታት ንክራኸቡ'ውን ዓቢ ኣጋጣሚ'ዩ።

ኤርትራዊ ዲያስፖራን መጻኢኡን - ዓቕሚ ዲያስፖራ ምምዝማዝ፡ ንዲያስፖራ ኣብ ሃገራዊ ዳግመ ህንጻት ምውህሃድ

ዲያስፖራ ከም ዓቢ ሓይሊ ተወዲቡ ልዑል ኣበርክቶ ከም ዝገበረን ኣብ ቃልሲ ንናጽነት ኤርትራ ብዙሕ መስዋእቲ ከም ዝኸፈለን ክዝከር ዘለዎ ጉዳይ'ዩ። ህዝባዊ ግንባር ሓርነት ኤርትራ ይኹን ተጋድሎ ሓርነት ኤርትራ፡ ካብቶም ዓበይቲ ዓለማውያን ፖለቲካውያን ተዋሳእቲ (ምዕራባውያን ኣብ ዙርያ ኣመሪካ፡ እቲ ማሕበርነታዊ ደምበ ከኣ ኣብ ዙርያ ሕብረት ሶቭየት ነበር) ምስ ተነጸሉ፡ ኣብ ወጻኢ ሃገራት ብዝተወደበ ሓፋሽ ውዳበታቶም ኣቢሎም፡ ንዲያስፖራ ከም ሓደ ዓቢ ፖለቲካዊ ዓንዲ ሕቖን ከም ሓደ ናይ ገንዘብ ኣታዊ ምንጭን ተጠቒሞሙሉ'ዮም።

ንድሕሪት ምልስ ኢልና እንተርኢናዮ፡ ኣብ ድሕሪ ናጽነት ኣብ ዝነበረ ኩነታት፡ መንግስቲ ኤርትራ ካልእ ኣገባብ ብምኽታል ንዲያስፖራ ብዝበለጸ ክጥቀመሉ ዝኽእል መገዲ ነይሩ'ዩ። ኣብ ክንዲ ካብ ደሞዞም ክልተ ሚእታዊት ግብሪ ዘስገድድ፡ ኣብ

ዓዶም ወፍሪ ንኽገብሩ ከኈሳኊሶምን ከተባብዖምን ይኽእል ነይሩ። በዚ ድማ ሰፊሕ ናይ ወጻኢ ባጤራ ኣታዊታት ናብታ ሃገር ክስሕብ ምኸኣለ። እዚ ድማ ብግዴኡ ነታ ሃገር ኣብ ጥዑይ ናይ ዕብየት መስመር ከቕምጣ ይኽእል ነይሩ። ከምኡ'ውን መንግስቲ ኤርትራ፡ ብዝተፈላለዩ ፖለቲካዊ ኣካላት፡ ሲቪካዊ ውዳበታት፡ ሃይማኖታዊ ትካላትን ብዲያስፖራን ዝቖመ ስሙር ግንባር፡ ንዅሉ ዝሓቝፍ ኣብ ሃገራዊ ዕርቂ ዝተመስረተ መንግስቲ ንምህናጽ መገዲ ክጸርግ ይኽእል ነይሩ።

ብኣንጻር'ዚ ግን፡ እቲ ድሕሪ ናጽነት ዘጋጠመ ዝኸፍአ ነገር፡ ብስርዓት ህግደፍ ኣብ ውሽጢ ዲያስፖራ ዝተበገሰን ኮነ ኢሉ ዝተዀስኰሰን ናይ ፖለቲካ ምምቕቓልን ምርሕሓቕን መንፈስን ሃዋህውን'ዩ ነይሩ። ኣብዚ እዋን'ዚ፡ ቅድሚ ሕጂ ርኢናዮ ዘይንፈልጥ ዅነታት ንዕዘብ ኣለና።

ኤርትራውያን መንእሰያት ዝተወደበ መልክዕ ድምጾም ከስምዑ ጀሚሮም ኣለዉ። ኣብ ዝተፈላለየ ከባቢታት ኤውሮጳ፡ ማእከላይ ምብራቕ፡ ሰሜን ኣመሪካን ኣፍሪቃን ጨንፈራት ኣለዎም። እዚ ምንቅስቓስ'ዚ ነቶም ብዅሉ ዓይነት ሽግር ዝሓለፉ ኤርትራውያን መንእሰያት ዝሓቈፈ'ዩ። ገሊኦም ካብ ሃገራዊ ኣገልግሎት ንምህዳም ናብ ሱዳንን ኢትዮጵያን ክሰግሩ እንከለዉ ብጥይት ዝተሳሕቱ፡ ካልኦት ብግዱድ ዕስክርና ተሳቒዮም መዕቈቢ ንምርካብ ምድረ በዳ ሰሃራ እናሰገሩ እንከለዉ ንግፍዕታት በደዊን ዝተቓልዑ፡ ገሊኦም ድማ ማእከላይ ባሕሪ እናሰገሩ እንከለዉ ህይወቶም ኣብ ሓደጋ ዘእተዉ ወዘተ። እዞም ደቂ ተባዕትዮን ደቂ ኣንስትዮን መንእሰያት፡ ነቲ ንእስነቶም ዘባኸነ ስርዓት ከም ሕሱም ይጸልእዎ። ምረትን ቍጥዐን ኣለዎም፡ በቲ ስርዓት ዝተጠልሙ ኮይኑ ድማ ይስምዖም። ልዑል ፖለቲካዊ ስምዒት ዘለዎም ኮይኖም፡ ምዑታት'ውን እዮም።

እዚ ምንቅስቓስ'ዚ ዕላምኡ ብዝበለጸ ከነጽርን ፈተውቱ ከለልን ከብዝሕን ጸላእቱ ከውሕድን ይግባእ። ስርዓት ኤርትራ ንምድኻሙ ዝገብሮ ዘሎ ተንኰለኛ ፈተነታት ንምምካት ስትራተጅኡ ምብራኽ ከድልዮ'ዩ። ነቲ በቲ ስርዓት ነቶም ኣብ ዲያስፖራ ዝርከቡ ኤርትራውያን ብናይ ሓሶት ሃገራውነት ውዲታት ተጠቒሙ (ፍርሒ ከም መሳርሒ ተጠቒሙ) ንምጥርናፍ ዝዓለመ መታለሊ ወፍሩ ንምብዳህ ንዝዓበየ ውዳበ ቀዳምነት ክህቦ ይግባእ። ነቲ ናይቲ ስርዓት ናይ ቀደም ሜላታት ኣፍሺሉ፡ ንመንእሰያት ብኣድማዒ መገዲ ከም ዝሳተፉ ንምግባር ዝያዳ ዝተራቐቐ ስትራተጂ ከማዕብል ይጥለብ።

እንታይ እንተ ተገበረኸ'ዩ ዝሓይሽ፡ ሓደ ሓደ ምሕጽንታታት

1. ቅድመ ለውጢ፡

ንኣድላይነት ለውጢ ብዝምልከት፡ ኣብ ህዝቢ ኤርትራ ናይ ሓባር መረዳእታን ግንዛበን ዝረአ ዘሎ ይመስል። ብተወሳኺ፡ ድሕሪ'ቲ ለውጢ፡ ብቕጽበት ብመገዲ መሰጋገሪ መንግስቲ ኣቢልካ ቅዋማዊ መንግስቲ ንምምስራት ሰፊሕ ደገፍ ኣሎ ክንብል ንደፍር። ከምኡ'ውን ብተሓታትነት፡ ግሉጽነትን ልኡላውነት ሕግን ዝልለ መንግስቲ ምምስራት። ብዛዕባ ናይ መሰጋገሪ መንግስቲ መለለዪ ባህርያት'ውን ኣብ ውሽጢ ዝተፈላለዩ ናይ ተቓወምቲ ጕጅለታት ክዝረበሉ ካብ ዝጅምር እዋናት ኮይኑ ኣሎ።

ፍትሒ ዝብህግ ኤርትራዊ ዲያስፖራ'ምበኣር ኣብዚ ጉዳይ'ዚ መርገጺኡ ብንጹር ክሕብር ግድን'ዩ። ንተልእኾኡ፡ ስትራተጂኡን ኣቀራርባኡን ብዝምልከት ግና ሓደ ናይ ሓባር መረዳእታ ክህሉ'ውን መሰረታዊ'ዩ። ነዚ ዕማምዚ ንምውሓስ እወታዊ ለውጢ ንምድራኽ ከም መበገሲ ከገልግል ዝኽእል፡ ናይ ሓባር ፖለቲካዊ መድረኽ ወይ ባይታ ምምስራት'ዩ። እዚ ብመልክዕ ስሙር ግንባር'ውን ክግለጽ ይኽእል'ዩ። ኣብ ሓደ ፖለቲካዊ ውዳበ ምጥርናፍ ግን ናይ ግድን ኣይኮነን። ኣብ ክልተ ወይ ሰለስተ ተበግሶታት'ውን ክኸውን ይኽእል'ዩ። ዕማማቱ ድማ ነዞም ዝስዕቡ ክጠቓልል ይኽእል፡-

ቀዳማይ፥ ኤርትራዊ ዲያስፖራ ኣብቲ ለውጢ ንምምጻእ ዝግበር ጻዕሪ ዝህልዎ ጽልዋን ምስቲ ኣብ ውሽጢ ዘሎ ተመሳሳሊ ዕላማ ዘለዎ ምንቅስቓስን ዝገብሮ ምውህሃድን ምንባብን ዝምርኮስ'ዩ። እዚ ክሳለጥ ድማ ኣብ ዝወሓደ ፕሮግራም ምዕሳል ዝጠልብ ስራሕ ክኸውን'ዩ። ናይ ኩሎም ኣብ ደገ ዝነጥፉ ፖለቲካዊ ውዳበታት፡ ሲቪካውያን ማሕበራት፡ ኣብ ዲያስፖራ ዝርከቡ ደለይቲ ፍትሕን፡ ካልኦት ንለውጢ ዝመነኑ ናይ ፖለቲካ ቀስቀስትን ልፍንቲ ወይ ስሙር ግንባር ምምስራትን ኣብዘን ዝስዕባ ሰለስተ መሰረታውያን ዕላማታት ክዓስሉ ተጠላቢ'ዩ፡-

- ምእላይ ምልካዊ ምሕደራ፣
- ንኹሉ ኤርትራዊ ዘሳትፍ፡ ብሓቛፍነት፡ ግዝኣተ ሕጊ፡ ተሓታትነትን ግሉጽነትን ዝልለ መሰጋገሪ መንግስቲ ምቛምን
- ብምምስራት ቅዋማዊ መንግስቲ ኣቢልካ ናብ ሃገራዊ ህንጻትን ዘላቒ ልምዓትን ምስግጋር።

ኣብዞም ዝስዕቡ ዕማማት ከተኩር ድማ ይኽእል፦

ሀ. መራኸቢ ስትራተጂ ምሕንጻጽን ምትግባርን

ኣብዞም ኣብ ላዕሊ ተጠቒሶም ዘለዉ ዕላማታት መሰረት ብምግባርን ቍጽጽር ትረኻታት ናይቲ ስርዓት ንምብዳህን ዝሕግዝ ስትራተጂ መራኸቢታት ምርቃቕን ምትግባርን ከድሊ'ዩ። እዚ ብቐንዱ ናይ ህዝቢ ኤርትራ ሃምን ቀልብን ንምኽሳብን ከም ደለይቲ ፍትሒ ድማ እሙናት ሰብ ኪዳን ናይቲ ለውጢ ንምውሓስ ዝገበረ ምንቅስቓስን ምዃኑ ምርግጋጽን ከኸውን ኣለዎ። ተኣማንነቱ ዘረጋገጸ ደላይ ፍትሒ ኣብ ዝህልወሉ እዋን ድማ ንሰራዊትን ናይ ጸጥታ ኣካላትን፡ ዕቑር ሰራዊት፡ ኣባላት ሃገራዊ ኣገልግሎት፡ ኣቦታት፡ ኣዴታት፡ መራሕቲ ሃይማኖት፡ ልምዳውያን መራሕቲ፡ ወዘተ ኣብቲ ናይ ለውጢ ዕማም ንኽሳተፉ መጸዋዕታ ንምግባር የኽእሎ።

ለ. ውሕሉል ዲፕሎማሲ ምክያድ

ብመገዲ ዲፕሎማሲ፡ ምስ ዘእንግድኦም መንግስታት፡ ከምኡ'ውን ዘባውያንን ኣህጉራውያንን ኣካላት ኣብ መትከላት ሽርክነት ዝተመስረተ ጽምዶ ብምእታው ተበግሶታት ምውሳድ ከድሊ'ዩ። እቲ ጽምዶ ዝፍጠር ንኩነታት ሃገርን ስቓይ ህዝብን ንምግላጽ ጥራይ ዘይኮነ ካባናን ካብቲ ለውጥንከ እንታይ ክረብሑ ይኽእሉ ኣብ ዝብል ቴማ ዘተኰረን ክኸውን ኣለዎ። ዲፕሎማሲ መብዛሕትኡ ግዜ ረብሓታትካ ንምምዕርራይ እትወስዶ ተበግሶ'ዩ። ነቲ ኣብ ኣስመራ ዘሎ ስርዓት ብዲፕሎማስያዊ ኣገባብ ምንጻልን ኣብ ልዕሊ ገዛእ ህዝቡ ንዝፍጽሞ ግፍዒ ምቅላዕን ብዲያስፖራ ክውሰድ ዘለዎ ወሳኒ ስጉምቲ'ዩ። ሕሰም ህዝብና ብማሕበረሰብ ዓለም ከም ዝሰማዕ ንምግባር ልዑል ኣስተዋጽኦ ክግበር ይከኣል'ዩ። ቅሬታታቶምን ስክፍታታቶምን ናብ ናይ ወጻኢ መንግስታት፡ ኣህጉራውያን ትካላትን መራኸቢ ብዙሓንን ብኣድማዒ መገዲ ከም ዝበጽሕ ንምግባር ክበላሓቱ ድማ ይግባእ። ብተወሳኺ፡ በዚ ጻዕሪ'ዚ፡ ስርዓት ህግደፍ ንዜጋታቱ ምግፋዕ ደው ከብል፡ ልዕልና ሕጊ ከረጋግጽ፡ ሰብኣዊ መሰላት ከኽብር፡ ናይ ሕልና እሱራት ክፈትሕ፡ እንተ ተኻኢሉ ድማ ኣብ ኣካይዳኡ ለውጢ ንኽገብር (ወዮ ድኣ ኣይውዕሎን'ዩ እምበር) ጸቕጢ ምግባር ይከኣል'ዩ።

ኤርትራዊ ዲያስፖራ ዘካይዶ ዲፕሎማስያዊ ተበግሶታት፡ ነቶም ኣብ መላእ ዓለም ፋሕ ኢሎም ዝርከቡ ኤርትራውያን ስደተኛታት ወሳኒ ደገፍ ከህብን መሰላቶም ዝሕሉ ኣህጉራዊ ሕጋዊ ቅርጽታት ንምድልዳል ክሕግዝን ይኽእል። እዞም ጻዕርታት'ዚኣቶም

ዲፕሎማስያዊ መግለጺታት፡ መደረታት፡ ብመራኸቢ ብዙሓን ዝሸፈኑ ሓበሬታታትን ከጠቓልል ይኽእል። እዚ ብግዴኡ፡ ብዛዕባቲ ንህዝቢ ኤርትራ ዘጋጥሞ ዘሎ መከራ ንንቕሓት ማሕበረሰብ ዓለም ኣብ ምዕባይ ግደ ይህሉዎ። ንቕሓት ዓለማዊ ማሕበረሰብ ምስ ዝዓቢ፡ ኣብ ልዕሊ'ቲ ምልካዊ ስርዓት ተወሳኺ ጸቕጢ ንኽገበር ኣስተዋጽኦ ይህሉዎ። እዞም ጻዕርታት'ዚኣቶም ኣድማዕነቶም ናብ ዝለዓለ ደረጃ ንምብጻሕ ብጥንቃቕ ክውጠኑን ክፍጸሙን ግድን'ዩ።

ሐ. ንማሕበረሰብ ዲያስፖራ በብሞያኡ ምጥርናፍ

ንማሕበረሰብ ዲያስፖራ በብሞያኡን በብተገዳስነቱን ምጥርናፍን ኣብቲ ንለውጢ ኣብ ዝግበር ጻዕሪ ኣስተዋጽኦ ንምግባርን ረብሓታቱ (ፖለቲካዊ፡ ቍጠባውን ማሕበራውን) ኣበየ ቦትኡ ኮይኑ ንምውሓስን ይሕግዞ።

መ. ኣብ ድሕሪ ለውጢ ዘገልግሉ ንድፊ ጽሑፋት ምድላው

ንድሕሪ ለውጢ ዘገልግሉ ንድፊ ጽሑፋት ኣብ በበይኖም ኣርእስትታት ምድላው'ውን ሓደ ካልእ ኣገዳሲ ዕማም'ዩ። እዞም ንድፍታት'ዚኣቶም ነቲ እንብህጎ መሰጋገሪ መንግስቲ ኣብ ምምእዛን ዓቢ ግደ ክህልዎም ከም ዝኽእል ዘማትእ ኣይኮነን። ነዞም ዝስዕቡ ድማ ከጠቓልሉ ይኽእሉ፡- ንድፊ ሃገራዊ ቻርተር፡ ንድፊ ሃገራዊ ልምዓታዊ ስትራተጂ፡ ንድፊ መደብ ምጥያስ ስደተኛታት፡ ንድፊ መሰጋገሪ ፍትሒ፡ ንድፊ ምምስራት ሞያዊ ሰራዊት፡ ንድፊ ናይ ወጻኢ ፖሊሲ፡ ንድፊ ዳግመ ምጥያስ ዕጡቓት፡ ወዘተ።

ዲያስፖራ፡ ንለውጢ ዝገብሮ ጻዕሪ ብዝሑን ድኻሙን ብዘየገድስ ግን፡ እቲ ለውጢ ኣብ መወዳእታ ኣብ ውሽጢ ሃገርን ብደቂ ውሻጠን'ዩ ክረጋገጽ። ዲያስፖራ'ምበኣር፡ እቶም ኣብ ውሽጢ ኤርትራ (ኣብ ውሽጢ'ቲ ሰራዊት ይኹን ጸጥታዊ ትካላት ናይቲ ስርዓት፡ ኣብ ሲቪልያዊ ኣገልግሎት ዝነጥፉ ዘለዉ ይኹኑ ኣባላት ህግደፍ) ንፍትሒ ዝቃለሱ ዘለዉ ኤርትራውያን ኣብ ጉዳይ ለውጢ እሙናት መሓዙትን ሰብ ኪዳንን ክኾኑ ከምዝኽእሉ ብቐጻሊ ክግንዘቡን ክጽዕሩን ይግባእ። <u>ስለዚ፡ እቲ ስትራተጂ ዲያስፖራ፡ ኣብ መንነኦምን ኣብ ውሽጢ ኤርትራ ዝርከቡ ሓይልታት ለውጥን፡ ብኸመይ ድልድል ከም ዝሃንጹ ኣብ ዝብል ስትራተጂ ክተኵሩን ይግባእ።</u> ንለውጢ ዝዓለመ ሓባራዊ ጻዕሪ ብምሕያል፡ ነቲ ኣብ ውሽጢ ኤርትራ ዘሎ ለውጢ ዝዕላማኡ ምንቅስቓስን ፍሕሒታን ልባዊ ደገፍ ክግበረሉ ይግባእ።

ካልኣይ፦ ዲያስፖራ ነቲ መንእሰይ ወለዶ ስልጡን ፖለቲካዊ ባህሊ፡ ምጽውዋር ፍልልያት፡ ኣብ ዝኣምኑሉ ዕላማ ንምንጣፍ ከርእይዎ ዘለዎም ናይ ተወፋይነት ባህሊ ንኸማዕብሉ ክሕግዞም ይግባእ። ጭውነት ዝመሰረቱ ምይይጥን ክትዓትን ንፍልልያት ብሃናጺ መገዲ ናይ ምፍታሕ ፖለቲካዊ ልምድን ናይ ዲያስፖራ እምነ ኩርናዕ ፖለቲካዊ ባህሊ ንክኸውን ክስርሓሉ ይግባእ።

ተጻራሪ ርእይቶታት ክጽወር ጥራይ ዘይኮነስ ክምስገንን ክውደስን'ውን ይግባእ። ከመይሲ ፍልልያትና ምንጪ ሓድነትናን ሓይልናን ስለ ዝኾኑ። እቲ ቁም ነገር፡ ንሓባራዊ ጸዕርታት መበገሲ ዝኸውን ናይ ሓባር ባይታ ምልላይ'ዩ። እዚ፡ በዳህን ጻዕሪ ዝሓትትን'ኳ እንተኾነ፡ ክብጻሕ ዘይክኣል ግን ኣይኮነን። ኣብቲ ጻዕሪ ድማ ኣእዳዎም ብምዝርጋሕ ከተሓባበሩ ፍቓደኛታት ዝኾኑ ብዙሓት ወጻእተኛታት ደገፍቲ ህዝቢ ኤርትራ ከም ዘለዉ ክንርስዕ ኣይግባእን።

ሳልሳይ፦ ንዲያስፖራ ዝውክላ ማዕከናት ዜና ስራሓተን ጥንቃቐን ሓላፍነታዊ ብዝኾነ ኣገባብን ክፍጽምኦ ግዴታ ኣለወን። ምፍልላይ ዝኣጀንድኣን፡ ፖለቲካዊ ጽልኢ ዝዘርኣን ዝነዝሓን፡ ኣብ ከንዲ ኣብ ወሳኒ ጒዳያት ዘተኩራ፡ ሰባት ንምጥቃዕ ቀዳምነት ዝህባን ማሕበራዊ መራኸቢታት ኣለዋና። እዚ ደው ክብል ኣለዎ። ስነ ስርዓት ዝጐደሎ ቋንቋ ካብ ምጥቃምን ምቐኣጣብ'ውን ኣገዳሲ'ዩ።

ራብዓይ፦ መንእሰይ ነቲ ስርዓት ኣብ ምድኻምን ኣብቲ ንለውጢ ዝግበር ስራሕ ኣጃሙ ከበርክትን ክውደብን ዕላማታቱን ስትራተጅኡን ከነጽርን ክስገር ዘይግብኦ ዕማም'ዩ። ብዘይካ'ዞም ኣብ ላዕሊ ዝተጠቕሱን ኣብ ታሕቲ ተዘርዚሮም ዘለዉ ናይ ደለይቲ ፍትሒ ዕማማት ድማ ነቲ ክልተ ሚእታዊት ግብሪ ምኽፋል ምእባይ፡ ኣብቲ በቲ ስርዓት ዝውደብ በዓላት ዘይምስታፍን ንኻልኦት ኣብቲ ዕላማ ንኸይጽንበሩ ምጒስጓስን ዝኣመሰሉ ተግባራት የጠቓልል። ኣብ ዲያስፖራ ዝርከብ ደላይ ፍትሒ መንእሰይ፡ መሪሕነት'ቲ ቃልሲ ኣብ ኣእዳዉ ከእቱ ይግባእ።

ሓምሻይ፦ ናይ መንነትን ምውህሃድን ሽግር ዘጋጥሞም ኣባላት ኤርትራዊ ዲያስፖራ ውሑዳት ኣይኮኑን። ማሕበረኮማት ኤርትራውያን ነዞም ብድሆታት ኣብ ምእላይ ግደ ኣለዎም። ጸቕጢ፡ ተነጽሎ ወይ ኣድልዎ ንዘጋጠሞም ኣባላት ዲያስፖራ ምኽሪ ወይ ደገፍ ክህቡ፣ ከምኡ'ውን ዝተፈላለዩ ማሕበራዊ ኣጋጣሚታት ብምጥቃም፡

ስምዒት መንነት ከስርጹሎምን፡ ኣብ ውሽጢ እታ ኣኣንጋዲት ሃገር ንመሰላትን ረብሓታትን ዲያስፖራ ክጣበቑን ይኽእሉ። ዲያስፖራ ኣብ ፖለቲካ ኣኣንጋዲት ሃገር ክሳተፉን ምስ መንግስታዊ ትካላት ብምትሕብባር ድሌታቶም ክገልጹን ከተባብዑ'ውን ይኽእሉ።

ማሕበረሰባት ዲያስፖራ ኣብዚ ጥራይ ከይተሓጽሩ፡ ንሓደስቲ ስደተኛታት ናይ ደገፍ ኣገልግሎት ናይ ምሃብ ዓቕሚ'ውን ኣለዎም። እዚ ድማ መንበሪ ገዛን ስራሕን ምርካብ ረድኤት ኣብ ምውፋይ፣ ከምኡ'ውን ናይታ ኣኣንጋዲት ሃገር ንሕግን ንኢሚግሬሽንን ዝምልከቱ ጉዳያት ልዑል ርድኢት ከም ዝህሉዎም ኣብ ምግባር ክዋስኡ ይኽእሉ'ዮም። ኣባላት ዲያስፖራ ምስቲ ናይታ ኣኣንጋዲት ሃገር ሕብረተሰብ ንኽወሃሃዱ ዝሕግዙ መደባት ወይ ዓውደ መጽናዕትታት ንምድላው'ውን ተኽእሎ ኣለዎም።

ሻድሻይ፡- ማእከላት ኤርትራውያን ማሕበረኮማት፡ ኤርትራውያን ኣብ ንግድን ካልእ ዋኒንን ንኽነጥፉን ካብቶም ኣብ ከባቢኦም ዘለዉ ጸጋታት ተጠቀምቲ ንክኾኑን ብማለት ናይ መርበብን ካልኦት ደገፋትን ክህባ ይኽእላ። ከምኡ'ውን ቍጠባዊ ረብሓታት ንኽረኽቡ ኣብ ዝግበር ጻዕሪ ንምድጋፍን ንኣባላት ዲያስፖራ ንምትብባዕን መደባት ፋይናንስያዊ ትምህርቲ ክህባ ይኽእላ። ነቶም ዘኣንግድዎም ማሕበረሰባት ንምኽሓስ ብማለት ድማ ኣብ ወለንታዊ ንጥፈታትን ንኽዋፈሩ ከተባብዓ ይኽእላ።

ብዘይካ'ዚ ቋንቋ ኣደ ናብ መጻኢ ወለዶታት ንኽመሓላለፍ ዘኽእሉ ኣገልግሎት ክህቡ ይኽእሉ። ከም መጻሕፍቲ፡ ዌብሳይታትን ኣፕሊከሽናትን ዝኣመሰሉ መሳለጥያታት ብምፍጣር ናይታ ኣኣንጋዲት ሃገር ቋንቋ ከም ዝመልኩ ንምግባር ከመቻችኡ ይኽእሉ። ከምኡ'ውን ባህላዊ ፍጻመታት፡ በዓላትን ዓውደ መጽናዕትታትን ብምድላው ባህላዊ ልምድታቶም ከዕቅቡን ናብ መንእሰያት ወለዶታት ከመሓላልፉን፡ ታሪኽ፡ ስነ ጥበብን ልምድታትን ዘኣንግዱ ባህላዊ ማእከላት ንምቛም ክሕግዙን ይኽእሉ።

ሻብዓይ፡- ማሕበረሰባት ዲያስፖራ ኣብ ዲያስፖራ ማእከል ዝገበራ ማዕከናት ዜና (እንተላይ ማሕበራዊ መራኸቢታት) ተጠቒመን ኣብ መላእ ዓለም ምስ ዝርከቡ ኣባላት ዲያስፖራ ክራኸባ ይኽእላ። ንኢሚግሬሽን ንዜግነትን ካልእ ሕጋዊ ጉዳያትን ዝምልከት ሕጋዊ ሓገዝን ሓበሬታን ክህባን ንፍትሓዊ ፖሊሲታት ኢሚግሬሽን ክጣበቓን ሕጋዊ ብድሆታት ንዘጋጥሞም ክድግፋን ይኽእላ።

2. ድሕረ ለውጢኸ?

ኣብቲ መጀመርያ ከድህስሶ ኢለ ዝቐረብክዎ ሃሳስ ለባም'ምበኣር ክምለስ።

> "ከም ኣብ ኵሉ ዓለም ዝርከቡ ዲያስፖራ፡ ኤርትራውያን ዲያስፖራ'ውን ንሓዋሩ ኣብ ዝተፈላለዩ ኵርንዓት ዓለም ክህልዉ'ዮም። እዚ ሰለስተ ወለዶታት ዝሓቘፍ ዓቢ ክፋል ናይ ኤርትራዊ ሕብረተሰብ ቀጻሊ ዘይነዓቕ'ዩ። ብግቡእ እንተድኣ ተኣልዩ ድማ ኣብ ህንጸት ሃገር ዓቢ ኣበርክቶ ክገብር ተኽእሎ ኣሎ።"

ናይ ማሕበረሰብ ዲያስፖራ ልዑል ዓቕሚ ኣብ ግምት ብምእታው፡ ዲያስፖራ ኣብ ህንጸት ሃገር ክህልዎ ዝኽእል ግደ ንምግማት ኣሸጋሪ ኣይኮነን። ነዚ ዓቕሚ'ዚ ኣብ ኣገልግሎት ህንጸት ሃገር ከም ዝውዕል ንምግባር፡ ድሕሪ ለውጢ፡ ኣብ መጽናዕቲ ዝተመርኮሰ ውርጹጽ ፖሊሲን ንኣተገባብራኡ ዘገልግል ስትራተጅን ከድሊ'ዩ።

ምቛም ኮምሽን ምክትታል ዲያስፖራ

እቲ ቀዳማይ ዕማም ንጉዳይ ዲያስፖራ ዝከታተል ኣካል (ወይ ኮሚሽን) ምቛም'ዩ። እዚ ኣካል'ዚ ኣብ መንጎ ዲያስፖራን መንግስትን ንዝህሉ ርኽክብ ከም መላግቦ ኮይኑ የገልግል። ንናይ ዲያስፖራ ኵነታት ኣመልኪቱ ጥልቕ ዝበሉ መጽናዕትታት ይገብር። ዲያስፖራ፡ ኣብ ህንጸት ሃገር ክገብሮ ንዝኽእል ኣስተዋጽኦ ባይታ የጣጥሕ። ዲያስፖራ፡ ኣብ በበይኖም ጽላታት ናይቲ ቍጠባ ወፍሪ ንኽገብሩ የተባባዕን ምኽሪ ይልግስን።

ኣስተዋጽኦ ዲያስፖራ፡ መንበሪ ኣባይቲ ይኹን ትሕተ ቕርጺ ኣብ ምዝርጋሕ ተታሒዞም ኣብ ዘለዉ መደባት የዕቢ። ዋኒናት ንኽጅምር ዘኽእሎ ሃዋህው የመቻችእ። ኣብ ንግዲ'ውን ከምኡ። ብዓቢኡ ድማ ማሕበረሰብ ዲያስፖራ ምስ ትውልዲ ዓዶም ዘለዎም ምትእስሳር ከም ዘይበትኩን እኳ ደኣ ናይ ወፍሪ ተበግሶታት ወሲዶም ኣብ ህንጸት ሃገሮም ብዝለዓለ ደረጃ ንኽካፈሉን የተባብዕ። ኣብ ዲያስፖራ ዝርከቡ ቻይናውያን፡ ግብጻውያን፡ ደቂ ፊሊፒንስ፡ ቱርካውያን፡ ናይጀርያውያን፡ ፓኪስታናውያን ወዘተ ኣብ ቍጠባዊ ዕብየት ሃገሮም ዘለዎም ኣበርክቶ ከም ኣብነት ክጥቀሱ ይኽእሉ። ኣብ ኤርትራ ድሕረ ለውጢ ዝትከል መሰጋገሪ መንግስቲ'ምበኣር፡ ተሳትፎ ዲያስፖራ ከዕዝዝ ሓላፍነቱ'ዩ። ማሕበረሰብ ዲያስፖራ ኣብ ምንዳፍ ቅዋም ይኹን ካልኦት ፖሊሲታት'ውን ዓቢ ግደ ክህልዎ ኣለዎ።

ፋይናንስያዊ ዓቕሚ ዲያስፖራ ኣብ ዕብየትን ልምዓትን ቍጠባ ሃገር ምውዓል

ሓደ ካልእ ዘይነዓቕ ምንጪ ቍጠባ ናይታ ሃገር እቲ ካብ ኣብ ዲያስፖራ ዝርከቡ ኤርትራውያን ብመገዲ ሓዋላ ናብ ኤርትራ ዝልእኽዎ ገንዘብን'ዩ። እዚ፡ ብዝኾነ ይኹን መለክዒ ዓቢ'ዩ። ንኣብነት ብዝሒ ናይቶም ኣብ ዝተፈላለዩ ክፍለ ዓለማት ዝነብሩ ቬትናማውያን ዲያስፖራ ሓሙሽተ ሚልዮን በጺሑ ኣሎ። እዚኣቶም ኣብ ዓመት ክሳብ ዓሰርተ ሽዱሽተ ቢልዮን ዶላር ዝግመት ብመልክዕ ሓዋላ ንሃገሮም ኣታዊ ይገብሩ። ብተመሳሳሊ፡ ሓደ ሚልዮን ዝበጽሕ ኤርትራዊ ዲያስፖራ ኣሎ ኢልና እንተ ድኣ ንሓስብ ኳንና፡ እቲ ብመልክዕ ሓዋላ ንኤርትራ ኣታዊ ዝኸውን ዓቕን ሽርፊ ወጻኢ ክሳብ ሰለስተ ቢልዮን ዶላር ንዓመት ክኸውን ከም ዝኽእል ዘጠራጥር ኣይኮነን። ድሕሪ ለውጢ ዝምስረት መንግስቲ ኤርትራ፡ ነዚ ጸጋዚ ኣብ ልምዓት ከውዕሎ ዓቢ ትጽቢት ኣሎ።

ምስግጋር ተክኖሎጂ

ብዘይካ'ዚ ኣብ ላዕሊ ዝተጠቕሰ መጠን ናይቲ ካብ ዲያስፖራ ዝርከብ ኣታዊ፡ ኣባላት ኤርትራዊ ዲያስፖራ ኣብ ደገ ዝቐሰምዎ ክእለትን ትምህርትን ሒዞም ናብ ዓዶም ተመሊሶም ዝገብርዎ ኣስተዋጽኦ'ውን ክህሉዩ። ኣብ ምስግጋር ተክኖሎጂ'ውን ኣበርክቶ ክገብሩ ዓቢ ተኽእሎ ኣሎ።

ናይ ኣማላድነት ዓቕሙ ምዕባይ

ኣባላት ማሕበረሰብ ዲያስፖራ ሓያል ናይ ኣማላድነት ኣካላት ኣቕሚሞም፡ ንትውልዲ ሃገሮም ምስ ዓለም ከላልዩ፡ ባህላዊ ልውውጣት ኣብ መንጎ ናይ ትውልዲ ዓዶምን ኣአንጋዲት ሃገርን ከበጋግሱን ከተግብሩን፡ ትውልዲ ሃገሮም እትረብሓሉ ዝምድናታት ምስ ሞያውያን ትካላት ክምስርቱን ከደልድሉን፡ ብኣኡ ኣቢሎም ድማ ህዝባዊ ዲፕሎማሲ ከካይዱን ዓቕሚ ኣለዎም። እዚ፡ ኣብ ዕብየት'ታ ሃገር ልዑል ኣበርክቶ ክገብር ትጽቢት ይግበረሉ።

ዘቤታዊ ቱሪዝም ንምዕባይ ምብልሓት

ቱሪዝም ሓደ ካልእ ምንጪ ሸርፊ ወጻኢ'ዩ። ብኣማእታት ኣሽሓት ዝቝጸር ኤርትራዊ ማሕበረሰብ ዲያስፖራ ናብ ትውልዲ ዓዱ ክመላለስ እንተ ድኣ ጀሚሩ፡ ናይ ኤርትራ

ናይ ቱሪዝም ኢንዱስትሪ ዓቢ ድፍኢት ክረክብ'ዩ። እዚ ብግዴኡ ንኤርትራውያን ናይ ሸቕለት ዕድላት ይፈጥር። ኣብ ምርግጋእ ፋይናንስያዊ ኩነታት ናይታ ሃገር'ውን ኣበርክቶ ይገብር።

ማሕበራዊ ኣጋጣሚታት ምውዳብ

እዚ ሕጂ እቲ መንግስቲ ኤርትራ ዝጥቀመሉ ዘሎ ውዳበታት ንሓዋሩ ክንጥቀመሉ ዘይንኽእለሉ ምኽንያት'ውን የለን። እዚኣቶም ንፈስቲቫላት፡ ሃገራዊ በዓላትን ካልኦት ኣጋጣሚታትን ከጠቓልሉ ይኽእሉ። እዚ ግን መአከቢ ገንዘብ ወይ ንዲያስፖራ ንምሕላብ ዝዓለመ ዘይኮነስ፡ ኣብ ትሕቲ ፍልይ ዝበለ ንዅሎም ኤርትራውያን ዝሓቑፍ ጥርናፈ፡ መንፈስ፡ ሃዋህውን ዕላማን ይግበር።

ሰብ ሞያ ምጥርናፍ

ማሕበረሰብ ዲያስፖራ ኣብ በበይኖም ናይ ሞያ ማሕበራት ተጠርኒፉ ኣብ ምስግጋር ተክኖሎጂ ይኹን ኣብ ምትሕብባር ምስ ዝተፈላለያ ትምህርታውያን ትካላት ክነጥፍ ተኽእሎ ኣሎ። እዚ ብግዴኡ፡ ሃገር ካብ ተክኖሎጂ ክትረብሕ፡ ኣብቲ ዓለም በጺሓቶ ዘላ ደረጃ ምዕባለ ክተሰጕም ይሕግዝ።

ናይ ቋንቋ ማእከላት ምምስራት

ማሕበረሰብ ዲያስፖራ ደቁ ምስ ናይ ኣዴኦም ቋንቋታት ዘላልዩ ማእከላት ትምህርቲ ክምስርትን ከካይድን ተኽእሎ ኣሎ። እዚ ድማ እቲ ኣብ ደገ ዝውለድ ወለዶ ምስ ትውልዲ ሃገሩ ንዘለዎ ርክብ ንኽዕቅብ ይሕግዞ።

መደምደምታ

ዓሰርተታት ዓመታት ዝቐጸለ ኵናትን ብድሕሬኡ ዝስዓቡ ብግዕዙይ ኣመራርሓ ህግደፍ ዝልለዩ ካልኦት ዓሰርተታት ዓመታትን ንጠንቂ ስደት ኤርትራውያን ጠንቅታት'ዮም ነይሮም። እዞም ብኣማእታት ኣሽሓት ዝቑጸሩ ዜጋታት ምስ ምንዋሕ ግዜ ኣብ ኣእንገድቲ ሃገራት ሓድሽ ህይወት ጀሚሮም። ገሊኦም ኣብ ገበታታት ላዕለዋይ ትምህርቲ

ብምጽንባር ኣካዳምያዊ ደረጃታቶም ኣብ ከብ ዝበለ ደረጃ ኣሰጋጊሮም። ገሊኦም ብቐጥታ ኣብ ናይ ስራሕ ዓለም ብምጽንባር ህይወቶም ከመርሑ ጀሚሮም። ምስ ምንዋሕ ግዜ ስድራ ቤታት ከምስርቱ፡ ንብረት ከውንኑን ኣብ በበይኖም ዋኒናት ተዋፊሮም ርእሰማል ከዋህልሉን በቒዖም። ኣብዚ ሰዓት'ዚ ድማ ሰለስተ ወለዶታት ዝሓቑፍ ኤርትራዊ ናይ ዲያስፖራ ማሕበረሰብ ተፈጢሩ ኣሎ።

ልክዕ ከም ካልኦት ማሕበረሰባት ዲያስፖራ፡ ኤርትራዊ ማሕበረሰብ ዲያስፖራ'ውን ምስ ግዜ ናይተን ዘአንግድአ ዘለዋ ሃገራት ባህሊ፡ ስርዓተ ክብርታትን፡ ኣካይዳን እናተላለዩን እናረዓሙን ከመጹ ጸኒሖም። መቐረት ናይ ህይወት'ውን እናተቐያየረ ከይዱ። ሓንሳእ መነባብሮኦም ምስ ኣጣጥሑ፡ ንብረትን ርእሰማልን ምስ ኣጥረዩን ደቆም ኣብ ስርዓተ ትምህርቲ ናይተን ዘአንግድኦም ሃገራት ክሰዱ ምስ ጀመሩን ድማ ናብ ትውልዲ ዓዶም ናይ ምምላስ ዘሎ ተኽእሎ እናጸበበ መጺኡ። ምስ ትውልዲ ዓዶም ዘለዎም ርክብ ግን ኣይበተኹን። መብዛሕትኦም'ውን ናብ ትውልዲ ዓዶም ምምልላስ ኣየቋርጹን።

መንግስቲ ኤርትራ ነዚ ዕቑር ዓቕሚ'ዚ ንረብሓ ዕብየት ሃገር ብዘይካ ምጥቃም ካልእ ኣማራጺ የብሉን። ከመይሲ እዚ ዓቕሚዚ ብግቡእ እንተ ድኣ ተመዝሚዙ ኵሎም'ቶም ኣብ ላዕሊ ዝጠቐስናዮም ረብሓታት ስለ ዘለዉ። ነዚ ንምግባር'ምበኣር፡ መሰጋገሪ መንግስቲ ኤርትራ ይኹን ብኣኡ ኣቢሉ ዝትከል ቅዋማዊ መንግስቲ፡ ብዝተጸንዐ መገዲ ንሃገር ዘርብሑ ፖሊሲታትን ንትግባረኦም ዝሕግዙ ስትራተጅታትን ክሕንጽጽ ግዴታ ኣለዎ።

ምዕራፍ 9

ፖሊሲ ምክልኻል ሃገረ ኤርትራ፡ ግትኣት'ዩ እንኮ ኣማራጺ

ኤርትራ ኣብ ወሰናስን ቀይሕ ባሕሪ ኣብ ዞባ ቀርኒ ኣፍሪቃ እትርከብ፡ ምስ ሱዳን፡ ኢትዮጵያን ጂቡትን እትዳወብ ንእሽቶ ሃገር እያ። እዚ ስትራተጂያዊ ኣገዳስነት ዘለዎ ጂኦግራፍያዊ ኣቀማምጣ፡ ብጂኦፖለቲካ ናይ ዓለምን ዞባን ብቐጥታ ንኽጽሎ ዘሎ ተኽእሎ ዓቢ'ዩ።

ኣቐዲመ ኣብቲ "ረዚን ዋጋ ዝተኸፍሎ ናጽነት ኤርትራን ዝተጠልመ መብጽዓን" ዝብል መጽሓፈይ ቀይሕ ባሕሪ፡ ካብ ባብ ኤል መንዳብ፡ ኣብ ደቡባዊ ኣፍደገ፡ ክሳብ'ቲ ብሰሜን ግብጺ እትቈጻጸሮ ካናል ሱወጽ ዝዝርጋሕ ኮይኑ፡ ከም መስመር ባሕራዊ ንግዲ፡ ዓቢ ቍጠባዊ ኣገዳስነት ከም ዘለዎን እዚ ኣገዳስነት'ዚ ንሓዋሩ ከም ዝቕጽልን ገሊጸ ኣለኹ። ንኣገዳስነት ቀይሕ ባሕሪ ኣመልኪተ ዓሰርተ ሚእታዊት ንግዲ ዓለም ዝመሓላለፈሉ መገዲ ምዃኑ እጠቅስ'ሞ፡ ብስትራተጂያዊ መዳይ፡ ኤርትራ ኣብ ኣገዳሲ ዝኾነ ቦታ ተደኵና ከም ዘላ ኣስሚረሉ። ቀጺለ፡ ንኤርትራ ከም ሃገር ንንውሕ ዝበለ እዋን ከንጸላልውዋ ካብ ዝኽእሉ ሓደጋታት ኣብ ምዕራፍ 2 ብዝርዝር ተገሊጾም ኣለዉ፡ እዚኣቶም ንስትራተጂያዊ ኣቀማምጣ ኤርትራ፡ ናይ ኢትዮጵያ ናይ ባሕሪ ኣፍደገ ናይ ምህላው ጥሙሕ፡ ኣብ ቀርኒ ኣፍሪቃ ከርአ ዝጸንሐን ዘሎን ንመጻኢ'ውን ከርአ ትጽቢት ዝግበረሉን ፖለቲካዊ ዘይርጉእነት፡ ከምኡ'ውን ብውክልና ክካየዱ ዝኽእሉ ኵናታትን የጠቓልሉ።

ካብዞም ኣብ ላዕሊ ዝተጠቕሱ ረቛሒታት ተለልዩ ዝርአ ዘሎ ጉዳይ፡ እቲ ብሸነኽ ደቡብ ወይ ኢትዮጵያ ብተጋጋሚ ዝተላዕለን ዝለዓል ዘሎን ኣፍደገ ባሕሪ ናይ ምውናን ጥሙሕ ወይ ባህጊ'ዩ። ካብዚ ሓሊፉ ኤርትራ ብምልእታ ብታሪኻዊ ምኽንያታት ኣካል

ናይ ኢትዮጵያ ስለ ዝኾነት ናብታ ሕጋዊት ኣዲኣ ክትምለስ ኣለዋ ዝብሉ መጉተታት'ውን ኣበየ ኵርንዑ ይስምዑ'ዮም። እዚ ድማ ካብ ግዜ ሃጸይ ሃይለ ስላስ ጀሚሩ ብዙሕ ተሰሪሑሉ'ዩ። እቲ ኣብ 1952 ዓ.ም. ብማሕበረሰብ ዓለም ኣብ ልዕሊ ኤርትራ ዝተወሰነ ፈደራላዊ ስርርዕ ነዚ ዘመላኽት'ዩ። ክሳዕ'ቲ ህዝቢ ኤርትራ ብቓልሱ ናጽነቱ ዘውሓሰሉ ዕለት ድማ፡ ኤርትራ፡ ኣንጻር ድሌት ህዝባ፡ ኣብ ትሕቲ ክልተ ስርዓታት ኢትዮጵያ ጸኒሓ'ያ። እዚ፡ ኣብዚ እዋንዚ ብሓድሽ መልክዕ እንሰምዖም ዘለና ፖለቲካዊ ባህግታት ናይዚ ኣብ ኢትዮጵያ ስልጣን ጨቢጢ ዘሎ ፖለቲካዊ ውድብ'ምበኣር መቐጸልታታት ናይዞም ስምዒታት'ዮም። ግን ከኣ ክዉን'ዩ። መግትኢ እንተ ዘይተገይሩሎም ድማ ምቕጻሉ ዘይተርፍ'ዩ።

እዚ ክስተት'ዚ ኣብ ከባቢና ዓቢ ሻቕሎት ፈጢሩ ኣሎ። እዚ ፖለቲካዊ ቅልውላውዚ በዚ ጀሚርዎ ዘሎ ናህሪ እንተ ድኣ ቀጺሉ ድማ ኣብ ጸጥታ ናይዚ ከባቢ ሳዕቤኑ ሓደገኛ ክኸውን ከም ዝኽእል ዘጠራጥር ኣይኮነን። ነዚ፡ እቲ ናይ ዞባና ጂኦፖለቲካዊ ዳይናሚክ እንተ ተወሲኽዎን ከም ውጽኢቱ ድማ ብውክልና ዝካየዱ ኲናታት እንተ ድኣ ተኸሲቶም፡ ኣብ ዝቕጽሉ ዓሰርተታት ዓመታት ብኸመይ ክምዕብሉ ምኽኖምን ገና ዘይተጻሕፈ ዛንታ'ዩ ክኸውን።

ኣብ ከምዚ ዝኣመሰለ ፖለቲካዊ ሃዋህው እትርከብ'ሞ ድሩት ዝዓቕማ ሃገር፡ ህላዌኣ ምርግጋጽ ጥራይ ዘይኮነ፡ ንዕኡ ሰጊራ ኣብ ፖለቲካውን ቍጠባውን ቅርዓታት ዓለም ከም ኣገዳሲት መሻርኽቲ ኮይና ክትዋሳእ እንታይ ክትገብር ኣለዋ ዝብል ሕቶ ምልዓል'ምበኣር ኣገዳሲ ይኸውን።

ምርግጋጽ ኤርትራ ኣብ ምንታይ ይምርኰስ፧

ምርግጋጽ ኤርትራ፡ ኣብቲ ኣብ ጸጥታኣ ወይ ድሕነታ ክወርድ ንዝኽእል ሓደጋ/ታት ናይ ምእላይን ምብርዓንን ዓቕማ'ዩ ዝምርኮስ። ነዚ ስግኣት ንምፍታሕ ዝውሰድ ናይ መጀመርታ ስጉምቲ፡ ነቲ ስግኣት ኣፍልጦ ምሃብ'ዩ። ማዕረ ማዕሪኡ ድማ ነቲ ናይ ዘይምርግጋጽን ቀውስን ጠንቅታት ክኾኑ ዝኽእሉ ዘቤታውያንን ናይ ወጻኢ ፖሊሲታትን ኤርትራ ምልላይን ምእራምን'ዩ።

ኤርትራ፡ ኣብ ውሽጣዊ ጸጥታዊ ውሕስነታ ጥራይ ዘይኮነ፡ ኣብቲ ኣብ ዓውለማዊ ፖለቲካዊ መልክዐ መሬት ዘሎ ውስስእ እንታይ ዓይነት መርገጺ ትወስድ ንዓለም የገድስ'ዩ። ኣዝዩ ተኣፋፊ ጉዳይ ስለ ዝኾነን በቲ ሓደ ወገን፡ በቲ ካልእ ድማ እቲ እትወስዶ ስጉምቲ ንረብሓ ዓለማዊ ማሕበረሰብ ዝጻረር ኮይኑ ምስ ዝርከብ፡ ንሃገራዊ

ድሕነት ኤርትራ ኣብ ከቢድ ሓደጋ ከእቱ ስለ ዝኽእልን። እዚ ድማ በቲ ሓያላት ሃገራት ኣብ ልዕሊ ኤርትራ ክወስድኦ ዝኽእላ ፖለቲካዊ፡ ዲፕሎማስያዊ ከምኡ'ውን ቍጠባዊ መጥቃዕትታት ኣራግጽን ከፍጸም ይኽእል።

ብዓይኒ ማሕበረሰብ ዓለም፡ ኤርትራ፡ ከም ኣረጋጋኢትን ፈታዊት ሰላምን ተጸብጺባ፡ ዝናኣን ስማን ንኸተዕቢ ክትጽዕር ይግባእ። ኤርትራ ንሰላምን ዞባዊ ምርግጋእን ዘለዋ ተወፋይነት ንምርኣይን ኣብዚ ዘባ እምንቲ መሻርኽቲ ጸጥታ ምዃና ንኸተመስክርን፡ ነቲ ወትሩ ኣካል ኢትዮጵያ እያ ዝብል ትረኻ እናተቓወመት ሓያል ዲፕሎማስያዊ ተበግሶ ክትወስድ የድሊ።

ናይ ምክልኻል ፖሊሲ ኤርትራ'ምበኣር በዚ ኣጠማምታ'ዚ ክርአ ኣለዎ።

ግትኣት ወይ ድረታ እንታይ ማለት'ዩ፧

ንኣሽቱ ሃገራት ብሰንኪ'ቲ ዋሕዲ ጸጋታተን፡ ገዘፍቲ ቀወምቲ ሰራዊታት ንምምስራትን ንምምዋልን ዘለወን ተኽእሎ ኣሸጋሪ ክኸውን ይኽእል'ዩ። ከንዲ ዝኾነ ድማ ምስ ወተሃደራውን ቍጠባውን ዓቕመን ዘይመጣጠን ሓደጋታት ኩናት ከጋጥመን ይኽእል'ዩ። እዚ፡ ንኹላተን ዓቢ ብድሆ'ዩ። እቲ እንኮ ኣማራጺ ድማ ንኽውንነታተን ኣብ ግምት ዘእቱ ውሕሉል ሜላ ምድህሳስ'ዩ። ሓደ ካብኣቶም ንግትኣት ከም ፖሊሲ ወይ ሜላ ምጥቃም'ዩ። ነዚ ሜላ'ዚ ብዕምቈት ምርኣዩን ንኣተገባብርኡ ዝምልከቱ ስጉምትታት ምዝርዛርን'ምበኣር ኣገዳሲ'ዩ።

ግትኣት እንታይ ማለት'ዩ፧ ግትኣት፡ ናይ ክመጻካ ዝኽእል ሓደጋታት ኣዕጋቢ ግንዛበ ድሕሪ ምጥራይ፡ ብኣግኡ ንኸተበርዕኖ ዘኽእለካ ሜላ ወይ መሳርሒ'ዩ። ግትኣት፡ ብተጻባእቲ ወተሃደራዊ ሓይልታት ንኽፍኖ ትጽቢት ዝግበረሉ ወተሃደራዊ ዓመጽ ንምክልኻል እትጥቀመሉ መሳርሒ'ዩ።

ግትኣት ኣብ ምክልኻላዊ ስትራተጂ ናይ ንኣሽቱ ሃገር ከም ፖሊሲ ምጥቃም ካብ ዝጅመሩ ኣማእታት ዓመታት ሓሊፉ'ዩ። መብዛሕትኡ ግዜ ድማ ተጻባእቲ ኣብ ልዕሌኻ ንኽወስድዎ ዝሕልኑ መጥቃዕቲ ኣብ ክንዲ ተሃንዲድካ ምእታው፡ ረብሓታት ናይ ሰላማዊ መፍትሒታት ከም ዝመዝን ከም ዝርድኡ ብምግባር ይፍጸም። ኣብዚ ጥራይ ከይተሓጽረ፡ ንግትኣት ከም ፖሊሲ ዝኽተላ ሃገራት፡ ኣብ ልዑል ጽልዋ ዘለዎ ስትራተጂ ናይ ምክልኻል የተኵራ። ፍሉያት ሓይልታት ምምልማል ወይ ድማ ናይ ሚሳይል ምክልኻል ስትራተጂ ምምዕባል'ውን ከም ኣብነታት ክጥቀሱ ይኽእሉ። ኣብ

ከም ናይ ድሮን ተክኖሎጂ ምትኳር'ውን ከም ኣማራጺ ይወስድኦ። ሲንጋፖር ንኣብነት ብተክኖሎጂ ዝሰጐመ ግን ቅርጡው ሰራዊት ትውንን።

ኣብ ውሽጢ ሓያላት ወተሃደራዊ ኪዳናት ናይ ምጥርናፍ ተኽእሎ ምድህሳሳ ጸጥታዊ ውሕስነት ከረጋግጽ ዝኽእል ካልእ ናይ ግትኣት ሜላ'ዩ። ንኣሽቱ ሃገራት፡ ኣብ ወግዓውያን ናይ ምክልኻል ውዕላት ኣባል ምዃን ከም ተኽእሎ ክጥቀማሉ ዝኽእላሉ ረቛሒ'ውን ኣሎ። ሃገራት ባልቲክ፡ ኣባላት ኔቶ ብምዃን ዝረኽብኦ ጸጥታዊ ውሕስነት ከም ኣብነት ክጥቀስ ይከኣል። ኣስተዋጽኦኡ ንድሕነተን ድማ ብቐሊሉ ዝርአ ኣይኮነን። ኣብ መንጎ ሕቡራት መግስታት ኣመሪካን ፊሊፒንስን ዘሎ ሓድሕዳዊ ናይ ምክልኻል ውዕል'ውን ካልእ ኣብነት'ዩ። እቲ ካልእ ናይ ግትኣት ስትራተጂ፡ ንኣሽቱ ሃገራት ምክልኻላዊ ዓቕመን ዘመናዊ ንምግባር ዝሃቀነ ሽርክነታት ሃሰው ክብላን ብመገዲ'ዚ ሽርክነት ኣቢለን ድማ ዕድጊ ኣጽዋር ውሑስ ከም ዝኸውን ምግባርን ምስ መሓዙት ሓይልታት ወይ ሰብ ኪዳን ሓባራዊ ምሕዝነታዊ ወተሃደራዊ ልምምዳት ምግባርን'ዩ።

ምስ ዓበይቲ ዓለማውያን ሓይልታት ኣብ ስትራተጅያዊ ሽርክነት ምእታው'ውን ካልእ ኣማራጺ'ዩ። እዚ፡ ስልታዊ ረብሓታት ካብ ምሃብ ሓሊፉ፡ ነታ ንእሽተይ ሃገር ጸጥታዊ ውሕስነታ የረጋግጸላ። እዚ ሜላዚ፡ ካብዘን ዝጥቀሳ ዘለዋ ዓበይቲ ዓለማውያን ሓይልታት ሓበሬታ ብቐሊሉ ንምርካብ ይሕግዘን። ሕቡራት መንግስታት ኣመሪካ ንደቡብ ኮረያ እትህቦ ዝተመጠ ናይ ግትኣት ደገፍ ከም ኣብነት ክጥቀስ ይከኣል። ከም ቐጠርን ኲወይትን ዝኣመሰላ ሃገራት ወሽመጥ ዓረብ ምስ ሕቡራት መንግስታት ኣመሪካ ዘለወን ዝምድና'ውን ካልእ ኣብነት'ዩ።

ንግትኣት ከም ምክልኻላዊ ሰረተ እምነት ዝጥቀማ ንኣሽቱ ሃገራት፡ ዘተኣማምን ወይ ብቑዕ ግንከ ድሩት ናይ ምክልኻል ሓይሊ ወይ ዓቕሚ ኣብ ምምስራት'ውን የተኵራ። ነዚ ድማ ብዘየቋርጽ ወተሃደራዊ ልምምዳት ከሰንይኦ እንከለዋ፡ ጽንዓተን ሓይለንን ንኽመስክራ ዓቢ ተኽእሎ ይፈጥረለን። ቍጠባዊ ዓቕመን ምስ ዘፍቅድ'ውን ንግትኣት ዝሕግዙ ስትራተጅያውያን ኣጽዋራትን (ሚሳይላት፡ ድሮናት፡ ሳይበር ምክልኻል) ወፍሪ ምግባርን ብርቀት ዝተመልመሉ ፍሉያት ሓይልታት ኣብ ምምስራትን ትኹረት ይገብራ።

ተጻዋሪ ሃገራዊ ትሕተ-ቕርጺ ምውዳድን ሲቪላዊ ምክልኻላዊ ዓቕሚ ምድላብን (ንኣብነት ስዊዘርላንድን ፊንላንድን) ካልኦት ኣብ ግትኣታዊ ፖሊሲኦን ዝሕግዝወን ባእታታት ክኾኑ ይኽእሉ'ዮም። ተነቀፍቲ ትሕተ ቕርጽታትን (ጽዓት፡ መራኸቢታት) ንሓደጋታት ከም ዘይቃልዑ ምግባር ሓደ ርእሱ ዝኽኣለ ብድሆ'ዩ። ኣብዛ ብተክኖሎጂ

ዝተራቐቐት ዓለም'ሞ ናይ ሳይበር መጥቃዕቲ ሓደገኛ ኮይኑሉ ኣብ ዘለወሉ እዋን፡ ንሳይበራዊ ጸጥታ ዓቢ ትኹረት ምሃብ'ውን ክስገር ዘይከኣል ዕማም'ዩ።

ናይ ግትኣት ስትራተጂ፡ ንጹርን ወለም ዘለም ዘይብልን ናይ መራኸቢ.ታት ስትራተጅ'ውን ክስነ ኣለዎ። ተጻባእትኻ፡ እቶም ንስኻ ክስገሩ ዘይብሎም ወይ ድማ ቀያሕቲ መስመራት ኢልካ እትኣመነሎም መርገጽታት ወይ ሃገራዊ ውሕስነት ዘረጋግጹልካ መትከላት ብግልጺ ከም ዝፈልጡ ምግባር ከድልየካ'ዩ። ኣብ ከም ናይ ኤርትራ ዝኣመሰለ ኵነታት፡ ጉዳይ ሃገራዊ ልኡላውነትን መሬታዊ ሓድነትን ኣብ ዋጋ ዕዳጋ ከኣቱ ኣይክእልን።

ግትኣት ፖለቲካውን ቍጠባውን ጽንዓት ይጠልብ። ኣብ ተጻባእቲ ሃገራት ክህልወካ ዝኽእል ጽግዕተኛነት ምንካይ (ንኣብነት ጽዓት፡ ንግዲ ወዘተ) እውን ይሓትት። ንዓመጽ ንምቅዋም፡ ድልዱል ስርዓተ ምሕደራ ብምትካል ውሽጣዊ ምርግጋእ ምሕያልን ምውሓስን ብኣኡ ኣቢሉ ድማ ድልዱል ማሕበራዊ ሰረት ምርካብን ትኹረት ክወሃቦ ይግባእ። እዚ ድማ ወንን ቀልብን ናይ ህዝብኻ ንምኽሳብ እትጥቀመሉ ኣድማዒ ሜላ ህዝባዊ ርክባት ይጠልብ።

ግትኣት፡ ሓያልን ዝተራቐቐን ናይ ክትትልን ስለያን ዓቕሚ ምዕባይ'ውን ይሓትት። ከምኡ'ውን ድልዱል ናይ ሓበሬታ መሻረኺ. መርበባት። ግትኣት፡ ነዚ ስርዓተ ሓበሬታ ብምጥቃም ብቕዕ ናይ ምትንታን ዓቕሚ ዘለዎ ትካል ምምስራት ይሓትት። እዚ፡ ንዘይተርፉ ሓደጋታት ኣበርዓኒ ስጉምትታት ንምውሳድን ንዝምቡዕ ሓበሬታን ፖለቲካዊ ሽርሕታትን ንምግጣምን ይሕግዝ።

ግትኣት ንኣገዳስነት ምትዕጽጻፍ የስምረሉ። ነቲ ብቐጻሊ ዝለዋወጥ (ዘይርጉእ) ጸጥታዊ መልክዐ መሬት ብዕምቈት ምንባብ፡ ምትንታትንን ብኣኡ ኣቢሉ ድማ ገታእቲ ስጉምትታን ንምውሳድ ባይታ የጣጥሕ። ብኻልእ ኣዘራርባ ናይ ግትኣት ስትራትጂ ምስ ተክኖሎጅያውን ጂኦፖለቲካውን ምቅይያራት ክፈልቕ ኣለዎ።

ዲፕሎማሲ ሓደ ካልእ ኣገዳሲ ባእታ ናይ ግትኣት'ዩ። ዲፕሎማሲ ብዝለዓለ ርቀት ዝጥቀማ ንኣሽቱ ሃገራት ኣብ እዋን ቀውሲ መሓዙት ወይ ሰብ ኪዳን ናይ ምኽሳብ ዘለወን ዕድል ዓቢ'ዩ። ንዲፕሎማሲ ከም ለቨረጅ (leverage) ተጠቒመን ድማ ንዘንጸላልወን ሓደጋታት ኣብ ምብርዓን ረብሓታት ኣለወን። ክንዲ ዝኾነ ድማ ኣብ መንጎ ግትኣትን ዲፕሎማስን ዘሎ ሚዛን ምሕላው ከድሊ'ዩ። ግትኣት ኣድማዒ ዝኸውን፡ ረጽሚ ከም ተኽእሎ እናተጸበካ ብሰላምን ልዝብን ናይ ምፍታሕ ጻዕርታት ምስ ዝስነ'ዩ።

ኤርትራ፡ ቀለስቲ ሓሳባት ንሕውየት ሃገር

ገለ ገለ ንግትኣት ከም ስትራተጂ ዝጥቀማ ሃገራት ንምጥቃስ፦

- ሲንጋፖር፡ "መርዛ ሽሪምፕ ስትራተጂ" ዝብል ፖሊሲ ናይ ግትኣት ተዘውትር። እዚ ንእሽቶ ግንከ ዘይምሕር ሓይሊ ተደመሮ ድልዱል ኪዳናት ኣብ ዝብል ፍልስፍና ማእከል ዝገበረ'ዩ።
- ስዊዘርላንድ፡ ዕጡቕ ዘይሻራነት፡ ሲቪልያዊ ምክልኻልን ናይ ኅቦታት ዕርድን ከም ባእታታት ናይ ግትኣት ትጥቀመሉ።
- እስራኤል፡ ዝተረብረበ ግትኣት፡ ኣበርዓኒ መጥቃዕትን ናይ ሳይበር ቅዲ ኵናት ተዘውትር።

ስርዓት ኤርትራ ዝኽተሎ ሰረተ እምነት ሃገራዊ ምክልኻል

ምምስራት ሓያልን ሞያውን ናይ ምክልኻል ዓቕሚ ናይ ሓንቲ ሃገር፡ ንናይ ሓንቲ ሃገር ልኡላውነትን መሬታዊ ሓድነትን ዋሕስ'ዩ። ምቛም ሞያዊ ሰራዊት፡ ተጻብኦ ንምጽሕታር ወይ'ውን ምስ ጐረባብቲ ንዝፍጠር ዘይምርድዳእ ብጐነጻዊ መገዲ ንምፍታሕ ዝዓለመ ክኸውን ኣይግባእን። እንታይ ደኣ፡ ከም መከላኸሊ ወይ ናይ ግትኣት መሳርሒ ኮይኑ ከገልግልን ሃገራዊ ድሕነት ንምውሓስን'ዩ። ህላወ ሓደ ልዑል ክእለት ዘለዎን ሞያውን ሰራዊት'ምበኣር፡ ሃገር ንኸይትድፈርን ብኣኡ ኣቢሉ ድማ ኣኽብሮትን ኣድናቖትን ጐረባብቲ ሃገራት ንኽትረክብ'ውን ይሕግዝ።

ኣብ መንጎ ልኡላውያን ሃገራት ዝፍጠር ጐነጻዊ ረጽምታት ብዝተኻእለ መጠን ብሰላምን ብዲፕሎማስን ክውገድ ይግባእ። እቲ ኣዕናዊ ባህርያት ውግእ ንማንም ኣይምሕርን'ዩ። ሳዕቤናቱ ድማ ንኹሉ ብኣሉታ ዝለኪ ስለ ዝኾነ። ንኸም'ዚኣም ዓይነታት ግርጭታት ንምክልኻል እቲ ዝበለጸ ኣድማዒ ኣገባብ፡ ዲፕሎማስያዊ ዘተን ብልዝብ ፍታሕ ምንዳይን'ዩ። ዲፕሎማሲ ብቐንዱ ናይ ግትኣት መሳርሒ ዝኾነሉ ድማ በዚ ዝተጠቕሰ ምኽንያት'ዩ።

መንግስቲ ኤርትራ ዝኽተሎ ምክልኻላዊ ሰረት እምነት ንግትኣት ዘማእከለ ኮይኑ ኣይንርእዮን። ናይቲ ስርዓት ናይ ሃገራዊ ጸጥታ ሰረተ እምነት ኣብቲ ህቡብ "ኣብ ባይታ ሓቅታት ፍጠር ደሓር ተላዘብ" ዝብል ፍልስፍና ዝምርኰስ'ዩ። እቲ ሰረት እምነት፡ ንኵናት ከም ናይ መጠረሽታ መዋጽኦ ወይ ድማ ኵሎም ኣማራጽታት ሰላም ምስ ተጸንቀቑ ዝውሰድ ናይ መጠረሽታት ስጕምቲ ገይሩ ዝርኢ ሰረት እምነት ኣይኮነን። ናይ መንግስቲ ኤርትራ ምክልኻላዊ ሰረት እምነት ኣብ ዲፕሎማስን ልዝብን ዝዘዘወ ኣይኮነን። ከምኡ ክንዲ ዝኾነ ድማ ኤርትራ ልዑላውነታ ካብ እተውሕስ ጀሚራ ክሳዕ ሕጂ ኣብ ዘየቋርጹ፡

ሰብን ቍጠባን ዝበልዑን ዘባኸኑን ጉነጻዊ ረጽሚታት ተሸሚማ ትርከብ። ከም ሳዕቤኑ ድማ፡ ኤርትራ ብቝጠባ ተረሚሳን ካብ ዓለም ተነጺላን ንርእያ ኣለና። ስለዚ ድማ ሃገራዊ ምክልኻላዊ ፍልስፍና መንግስቲ ኤርትራ ክቕየር ኣለዎ።

እንታይከ ክግበር ኣለዎ፧

ምርግጋእ ኤርትራ፡ ኣብቲ ኣብ ጸጥታኣ ወይ ድሕነታ ክወርድ ዝኽእል ሓደጋ ናይ ምፍታሕን ምብርዓንን ዓቕማ'ዩ ዝምርኮስ። ነዚ ስግኣት ንምፍታሕ ዝውሰድ ናይ መጀመርታ ስጉምቲ፡ ነቲ ስግኣት ኣፍልጦ ምሃብ'ዩ። ማዕረ ማዕሪኡ ድማ ነቲ ናይ ሕንፍሽፍሽ ጠንቂ ክኾኑ ዝኽእሉ ዘይቅኑዓት ዘቤታውያንን ግዳማውያንን ፖሊሲታት ኤርትራ ምልላይን ምእራምን'ዩ። ግደ ሰራዊት ኤርትራ ኣብ ምውሓስ ጸጥታ'ምበኣር በዚ ኣጠማምታ'ዚ እዩ ክርአ ዘለዎ። ስትራተጅታት ግትኣት መንግስቲ ኤርትራ ነዞም ዝስዕቡ ክጠቓልሉ ይኽእሉ፡-

ቀዳማይ፡- ናይ ሰላምን ምርግጋእን ጉብለል ምኳን

ኤርትራ፡ ነቲ ኣብ ዓውለማዊ ፖለቲካዊ መልከዐ መሬት ዝህሉዋ መርገጺ ክሳዕ ክንደይ ተኣፋፊ ምኳኑ ምግንዛብ ከድልያ'ዩ። ከመይሲ ዝኾነ እትወስዶ ስጉምቲ ወይ ሕርያ ናይ ፖሊሲ፡ ንረብሓ ዓለማዊ ማሕበረሰብ ዝጻረር ኮይኑ ምስ ዝርከብ፡ ንሃገራዊ ድሕነት ኤርትራ ከቢድ ሳዕቤን ከስዕበሉ ተኽእሎ ኣሎ። እዚ ድማ በቲ ሓያላት ሃገራት ኣብ ልዕሊ ኤርትራ ክወስድኦ ዝኽእላ ፖለቲካውን ዲፕሎማስያውን መጥቃዕትታትን ኣራግጽን ክፍጸም ይኽእል። ብሰሪ'ዚ ከመጽእ ንዝኽእል መጥቃዕቲ ንምምካት፡ ኤርትራ ሓያሎ ስትራተጂታት ክትጥቀም ትኽእል እያ።

ኤርትራ፡ ብዓይኒ ማሕበረሰብ ዓለም፡ ከም ኣረጋጋኢትን ፈታዊት ሰላምን ተጸብጺባ ዝናኣን ስማን ንኸተዕቢ ክትጽዕር ይግባእ። ኤርትራ፡ ንሰላምን ዘባዊ ምርግጋእን ዘለዋ ተወፋይነት ንምርኣይን ኣብዚ ዘባ እምንቲ መሻርኽቲ ጸጥታ ምኳና ንኸተመስክርን፡ ነቲ ወትሩ ኣካል ኢትዮጵያ እያ ዝብል ትረኻን ካልኦት ስግኣታትን እናተቓወመት ሓያል ዲፕሎማስያዊ ተበግሶ ክትወስድ ከድልያ'ዩ። ኤርትራ፡ ምርግጋእ ኢትዮጵያን ከባቢኣን ንረብሓኣን ንረብሓ እቲ ዘባን ምኳኑን፡ ምስ ጉረባብታ ከኣ ኣብ ስኒትን ሓድሕዳዊ ምክብባርን ዝተሞርኰሰ ዝምድና ምሕያል ኣብ ኣጀንዳኣ ልዑል ደረጃ ዝሓዘ ምኳኑን ክተስምረሉ ይግባእ። ካብዚ ሓሊፉ፡ ንጸጥታዊ ስክፍታታት ኢትዮጵያ ኣብ ምፍታሕ

ሰናይ ድሌት ከተርእን ምስ ኣህጉራዊ ዝምድናታትን ደንብታትን ዝቃደዉ ንኽልቲኦም ወገናት ዝጠቕሙ መፍትሒታት ሓሳብ ከተቕርብን ይግባኣ። እቲ እንኮ ተግባራዊ ፍታሕ ድማ ብሰላማዊ መገዲ ዝፍጸም ልዝብን ዲፕሎማስን'ዩ።

ካልኣይ፡- ምህናጽ ዘመናውን ሞያውን ሰራዊት ከም ናይ ድረታ መካኒዝም

ቅርጡው፡ ምልምልን ብዘመናዊ ኣጽዋር ዝዓጠቐን ሰራዊት ምህናጽ፡ ቀንዲ ባእታ ናይቲ ኤርትራ ክትክተሎ ዘለዋ ናይ ግትኣት ስትራተጂ'ዩ። ኣብዚ ሰዓት'ዚ፡ ኣብ ኤርትራ ዘሎ ሰራዊት ሞያውነት ይጐድሎ'ዩ ኢልካ ምዝራብ ከም ምግናን ኣይቀኣጸርን። እዚ ኣገላልጻዚ፡ ንሰራዊት ከም ምቅንጻብ መሲሉ ክርአ ይኽእል'ዩ። ከምኡ ኣይኮነን። ብዛዕባ ብዝሒ፡ ጅግንነት ወይ'ውን ወተሃደራዊ ባህሊ ናይቲ ሰራዊት'ውን ኣይኮናን ንዛረብ ዘለና። ንሱ ኣብ ቦትኡ ኣሎ። ኣብ ርእሲ'ዚ፡ ካልእ ከይተጠቕስ ክሕለፍ ዘይግብኦ ጕዳይ'ውን ኣሎ። ገለ ካብዞም ስዒቦም ዝቐርቡ ሓሳብት (ንብዛዕባ ባህርያት ናይ ሰራዊት ኤርትራ ዝምልከቱ) ንገለ ክፋላት ናይቲ ሰራዊት - ሓይሊ ባሕሪ፡ ሓይሊ ኣየር፡ ከምኡ'ውን መካናይዝድ ኣሃዱ - ዘይምልከቶም ክኾኑ ይኽእሉ'ዮም።

ሞያዊ ሰራዊት ብልዑል ደረጃ ዲሲፕሊን፡ ስልጠና፡ ከምኡ'ውን ውደባዊ ኣድማዕነት'ዩ ዝልለ። እዞም ባህርያት'ዚኣቶም፡ ካብ ዕቑር ሰራዊት ወይ ብሓይሊ ዝተዓስከረ/ዝተመልመለ ሰራዊት ዝፈልይዎ ቀንድን ኣገደስትን ባህርያት'ዮም። ሰራዊት ኤርትራ ነዚ ረቛሒ'ዚ የማልእ'ዩ ኢልካ ክዝረብ ኣሸጋሪ'ዩ።

ሞያዊ ሰራዊት ብዝለዓለ ደረጃ ዝግለጽ ስልጠናን ክእለትን ሞያን ይልለ። እቲ ሰራዊት፡ ኣብ ጽዑቕ ኣካላውን ታክቲካውን ስልጠና ብቐጻሊ ይጽመድ። ከምኡ'ውን ፍልጠቱ ብዛዕባ ኣጽዋር ንምብራኽ ዓቲቡ ይሰርሕ። ዘየቛርጽ ሞያዊ ስልጠናታት ይወሃብዎ። በብእዋኑ ልምምዳት ይገብር። ክብ ዝበለ መደባት ትምህርቲ ከምኡ'ውን ፍሉይ ስልጠናን ይወስድ። እዚኣቶም ንናይ ኣየር ወለድ፡ ኮማንዶን፡ ናይ ከተማ ውግእ ከጠቓልሉ ይኽእሉ። ሓባራዊ ስርሒታትን ልምምዳትን ምስ ሰብ ኪዳን'ውን ከም ካልኦት ኣብነታት ክጥቀሱ ይከኣሉ'ዮም። ሰራዊት ኤርትራ፡ ካብ ከምዚእቶም ዝኣመሰሉ ስልጠናታት ዝተሓረመ'ዩ። ሓሓሊፉ ዝወሃብ እንተኾነ'ውን ኣዕጋቢ'ዩ ኢልካ ክዝረብ ኣጸጋሚ'ዩ።

ሞያዊ ሰራዊት ብጽኑዕ ዲሲፕሊንን ሰንሰለት እዝን ይልለ። ሞያዊ ሰራዊት ብንጹራት ጽፍሒታት መዓርግን ብንጹራት ግደን ሓላፍነትን ዘለዎም መኮንናትን ይልለ። ንዝብጽሑ ውሳነታትን ትግባረኦምን ኣዝዩ ጠቓሚ ኣወዳድባ ስለ ዝኾነ። ኣብ ኤርትራ ብሰንሰለት

እዚ ዝምእዘዝ ሰራዊት ኣሎ ኢልካ ክትዛረብ ኣሸጋሪ'ዩ። እቲ ሰራዊት፡ ትካላዊ ኣሰራርሓ ካብ ዝጐድሎ ሓያለይ ኮይኑ'ዩ። ኵለን ኣሃዱታት ናይቲ ሰራዊት ቀጥታዊ ርክበን ምስ ፕረሲደንት'ታ ሃገር'ዩ። እዘን ኣሃዱታት'ዚኣተን መብዛሕትኡ ግዜ ኮነ ኢልካ ብሓባር ከም ዘይሰርሓ ይግበር። ኣብ ልዕሊ'ቲ ምልካዊ ስርዓት ዝኾነ ይኹን ስሙር ተቓውሞ ንኸይፈጥራ ተባሂሉ ድማ ኣብ ነንሓድሕደን ስኒት ከም ዘይህልወን ይግበር።

እቲ ስርዓት ፈተነታት ዕልዋ መንግስቲ ንኸየጋጥም ስለ ዝሰግእ፡ ብኣግኡ ነቲ ወተሃደራዊ ሓይሊ ዘዳኽም ስጕምትታት ወሲዱ'ዩ። ምድኻም'ቲ ሰራዊት፡ ብኣገላልጻ ኣዛዚ'ቲ ሰራዊት ዝነበረ ሚኒስተር ምክልኻል ነበር መስፍን ሓጎስ፡ በዞም ዝስዕቡ ኣገባባት ተተግቢሩ'ዩ፦ ኣዕጋቢ ስልጠና ዘይምሃብ፡ ኣዝዩ ድሩት ቀረብ ኣጽዋር፡ ወይ ድማ ነቲ ናይቲ ምዱብ ሰራዊት ጽልዋ ንምዕጋት ዝዓለመ ካልእ ኣማራጺ ወተሃደራዊ ትካል (ዕቑር ሰራዊት፡ ወዘተ) ከም ዝቐውም ምግባር። ፕረሲደንት'ታ ሃገር፡ ነቲ ሰራዊት ካብ መጀመርታ ኣትሒዙ ከም ዘዳኽሞ ምንጭታት ካብ ውሽጢ ኤርትራ ይሕብሩ። ፕረሲደንት'ታ ሃገር፡ ሞያዊ ሰራዊት ንምቛም ፖለቲካዊ ድሌት ኣይነበሮን። ነቲ ተበግሶ፡ ብግስ ከይበለ ቆጽይዎ። ዋላ'ውን ቊጽሮም ዘይነዓቕ ተጋደልቲ ምስ ተጣየሱ፡ ነቲ ሰራዊት ንምድልዳል ይኹን ዳግም ንምውዳብ፡ ወይ'ውን ናብ ሓደ ሞያዊ ሰራዊት ንምስግጋሩ ዝተሓንጸጸን ዝተተግበረን ውጥን ኣይነበረን (Hagos, 2023)።

ሞያዊ ሰራዊት ንወተሃደራዊ ሕጊ ተማእዛዚ'ዩ፡ ኣብ ኵሉ ጽፍሕታት ድማ ተሓታትነት ኣሎ። ኣብ ኵነታት ኤርትራ፡ እዚ ብዝተማልአ መገዲ ይትግበር'ዩ ክበሃል ኣይከኣልን።

ሞያዊ ሰራዊት ዘመናዊ ዕጥቂ ወይ ኣጽዋር፡ መካይን፡ ድሮናት፡ ከምኡ'ውን ናይ መራኸቢ መሳርሒታት ዝዓጠቐ'ዩ። ሓደ ሞያዊ ሰራዊት ዘተኣማምን መስመራት ቀረብ - ተተኳሲ፡ ነዳዲ፡ ምግቢ፡ ሕክምናዊ ቀረባትን - ይህልዎ። ሰራዊት ኤርትራ ወላ'ኳ ዝዓጠቐ እንተ ኾነ፡ ነዞም ዝተጠቐሱ ነገራት ብዝግባእ ንኸማልኡሉ ዘኽእል ቊጠባ ኣብ ኤርትራ ኣሎ ኢልካ ንምዝራብ ኣሸጋሪ'ዩ።

ሓደ ሞያዊ ሰራዊት ኣብ ብቕዓት ዝተመስረተ ናይ መዓርግ ምስግጋር ቅጥዒ ኣለዎ። እዚ፡ ኣባላት ሰራዊት ኣብቲ ሞያ ንነውሕ ዝበለ እዋን ንኽጸንሑ የበረታትዖም። ንውትህድርና ከም ሞያ ክወስድዎ'ውን ከም ደራኺ ረቛሒ ኮይኑ የገልግል። ኣብ ኵነታት ኤርትራ፡ ዝተፈላለዩ ምንጭታት ናይ ሓበሬታ ከም ዘረጋግጽዎ። መዓርጋት ካብ ዝመቻርሑ ዳርጋ ሰላሳ ዓመታት ሓሊፉ'ዩ። ድሕሬኡ ዝተገብሩ ምምዕርራያት ኣዝዮም ውሑዳት'ዮም። ነቲ መንእሰይ ክፋል ናይቲ ሰራዊት ኣብ ዝለዓለ ጥርዚ ናይ ሓላፍነት ንምምጻእ ዝተገብረ ሃቐነ'ውን ኣዝዩ ድሩት'ዩ።

ሞያዊ ሰራዊት ሓያል ስነ ምግባር ይውንን። ብሕግታት ኵናት ድማ ይምእዘዝ። ህላወ ሞያዊ ሰራዊት፡ ኣብ መንጎ ኣባላት ሰራዊት ሓያል/ጽኑዕ ብጻይነትን ምትእምማንን የስርጽ። ኣብ ተልእኾ ናይቲ ሰራዊት ንዝህልዎ እምነት ድማ የበርኽ። እዚ ባህሪ'ዚ ኣብ ሰራዊት ኤርትራ ብዝተማልአ መገዲ ይገሃድ'ዩ ክዝረብ ኣይክእልን። ኣብ መወዳእታ ዘይብሉ ሃገራዊ ኣገልግሎት ዝተጸምደ ሰራዊት፡ ሞራሉ ክሳብ ክንደይ ክትንከፍ ከም ዝኽእል ንምርድኡ ኣሸጋሪ ኣይከውንን።

ሓደ ካልእ ኣዝዩ ኣገዳሲ ጉዳይ፡ ሞያዊ ሰራዊት ንሕጋውነት ዘለዎ ብህዝቢ ዝተመርጸ ሲቪልያዊ መንግስቲ ተሓታቲ ምዃኑ'ዩ። ብቐዋም ይግዛእ። ንእኡ ከኣ የገልግል። ሞያዊ ሰራዊት ኣብ ዘቤታዊ ፖለቲካ'ውን ሻርነት ክርኢ ኣይግባእን። ሰራዊት ኤርትራ ንሓደ ብቐዋም ዝምእዘዝ ሲቪልያዊ መንግስቲ ተሓታቲ ኣይኮነን። እቲ ሰራዊት ንጥሙሕ ሓደ ውልቀ ሰብ ዘገልግል'ዩ። እቲ ሰራዊት፡ ኣብ ዘቤታዊ ፖለቲካ ሻራነት/ወገን የርኢ። መብዛሕትኦም ማእከሎትን ላዕለዎትን መኰንናት እቲ ሰራዊት ኣባላት ህግደፍ'ዮም።

ኣመላምላ ሞያዊ ሰራዊት ንጹራት ቅጥዕታት ይህልዎ። ንኣካላውን ስነ ኣእምሮኣውን ብቕዓት ዘማእከለ ድማ'ዩ። ኣባላት ሞያዊ ሰራዊት ካብ ኵሎም መልዕሎታት - ሓልዮት ጥዕና፡ ዕረፍቲ፡ ጥሮታ፡ ወዘተ'ውን ተረባሕቲ'ዮም። ኣብ ኤርትራ፡ ኣመላምላ ሞያዊ ሰራዊት ንጹራት ቅጥዕታት የብሉን። ሰራዊት ኤርትራ ብኣባላት ሃገራዊ ኣገልግሎትን ዕቍር ሰራዊትን ዝቖመ'ዩ። ኣባላት ሰራዊት ደሞዝተኛታት ኣይኮኑን ናይ መልዕሎታት መሰል ድማ የብሎምን። ክንዲ ዝኾነ ድማ ውትህድርና ከም ሞያ ኣይርአን። ነዞም ኣቐዲሞ ዝተጠቐሱ ረቛሒታት ኣብ ግምት ኣእቲኻ፡ ሰራዊት ኤርትራ ሞያዊ'ዩ ኢልካ ንምዝራብ ኣሸጋሪ'ዩ።

ኤርትራ'ምበኣር፡ ሓደ ዘተኣማምን ወይ ብቕዑዕ ግንከ ድሩት ናይ ምክልኻል ሓይሊ ወይ ዓቕሚ ኣብ ምምስራት'ውን ከተተኵር ኣለዋ። ነዚ፡ ብዘየቛርጽ ወተሃደራዊ ልምምዳት ከተሰንዮ እንከላ ድማ ምስላ ኣብቲ ከባቢ ይብርኽ። ኣብ ዝለዓለ ቀኣጠባዊ ደረጃ ምስ በጽሐት ድማ ንግትኣት ዝሕግዙ ስትራተጅያውያን ኣጽዋራትን (ሚሳይላት፡ ድሮናት፡ ሳያበር ምክልኻል) ወፍሪ ምግባርን ብርቀት ዝተመልመሉ ፍሉያት ሓይልታት ብምምስራትን ትኾረት ክትህብ ይግባእ።

ትሕተ ቕርጺ ምውዳድን ሲቪላዊ ምክልኻላዊ ዓቕሚ ምድላብን ካልእ ኣብ ግትኣታዊ ፖሊሲኣ ዝሕግዝ ባእታ ክኸውን ይኽእል'ዩ። ተነቀፍቲ ትሕተ ቕርጽታትን ንሓደጋታት ከም ዘይቃልዑ ምግባርን ሓደ ርእሱ ዝኸኣለ ዕማም'ዩ። ኣብዛ ብተክኖሎጂ ዝተራቐቐት ዓለም'ሞ ናይ ሳይበር መጥቃዕቲ ሓደገኛ ኮይኑሉ ኣብ ዘለወሉ እዋን ንሳይበራዊ ጸጥታ ዓቢ ትኾረት ክወሃብ ይግባእ።

ሓደ ካብቶም ቀንዲ ዕማማት መንግስቲ ኤርትራ'ምበኣር ዘቤታዊ ምርግጋእ፡ ልኡላውነት ሃገር ምክልኻልን ድሕነት ዜጋታት ምውሓስን'ዩ። እዚ ድማ ነቶም ኣብዞም ዝሓለፉ ዓሰርተታት ዓመታት ዝተዋህለሉ ሃብታም ተመክሮታት (እወታውን ኣሉታውን ተመክሮታት) መሰረት ብምግባር፡ ተወፋይነትን ሰናይ ድሌትን ኣባላቱን ህዝቡን ኣብ ግምት ዘእተወ፡ ንሃገራዊ ድሕነት ከውሕስ ዝኽእል፡ ምልምል፡ ዘመናውን ብቕዓት ዘለዎን ሞያዊ ሰራዊት ክሃንጽ ውዓል ሕደር ዘይበሃለሉ ጉዳይ'ዩ።

ሳልሳይ፡- ምቛም ወተሃደራዊ ኣካዳሚ

ኣብ ውሽጢ ዓሰርተታት ዓመታት ዝተዋህለለ ሃብታም ተመክሮ መሰረት ብምግባር፡ ተወፋይነትን ሰናይ ድሌትን ኣባላቱን ህዝቡን ብምጥቃም፡ መንግስቲ ኤርትራ፡ ንሃገራዊ ድሕነት ከውሕስ ዝኽእል፡ ምልምል፡ ዘመናውን ብቕዓት ዘለዎን ሞያዊ ወተሃደራዊ ሓይሊ ንኽሃንጽ ፍሉይ ዕድል ነይርዎ። ምስ ኩነታት ኤርትራ ዝቃዶ ወተሃደራዊ ክልሰ-ሓሳብን ግብራዊ ፍልጠትን ንምትሕልላፍ ዝተወፈየ ወተሃደራዊ ኣካዳሚ ምምስራት፡ ንኤርትራ ዘገልግሉ፡ ንዕድመ ልክዕ ዝጸንሕ ሞያዊ ብሉጽነት ንምዕቃብ ዝተዳለዉ ወተሃደራዊ መኰንናት መሰልጠንን ምፈጠረን ነይሩ።

ብተወሳኺ፡ እቲ ወተሃደራዊ ኣካዳሚ፡ ክንዮ'ቲ ኣብ ምምልማል ሞያውያን መኰንናት ዘለዎ እጃም፡ ንወተሃደራዊ ታሪኽ ሰራዊት ሓርነት ኤርትራን (ELA) ህዝባዊ ሰራዊት ሓርነት ኤርትራን (EPLA) ከም ኣገዳሲ ማእከል ምርምርን ስነዳን ኮይኑ ከገልግል ይኽእል ነይሩ። እዚ ድማ ነቲ ናይ'ዘን ውዳበታት ሃብታም ሕድሪ ዓቂቡ ካብ ሓደ ወለዶ ናብ ካልእ ከመሓላልፍ ምኽኣለ ነይሩ።

ሞያዊ ሰራዊት ንምቛም ዝዓለመ ወተሃደራዊ ኣካዳሚ ንምምስራት ዓቢ ዕድል ነይሩ'ዩ። ይኹን'ምበር፡ እቲ ውልቀ መላኺ፡ ኣብ ክንድኡ፡ ነቲ "ሃገራዊ ኣገልግሎት" ዝብል መደብ ተግባራዊ ብምግባር፡ ነቲ ምዱብ ሰራዊት ከም ዝዳኸም ገይሩዎ። እዚ ድማ ነቲ ሰራዊት ከም ሓደ ትካል ኮይኑ ንኸይሰርሕ ኮነ ተባሂሉ ዝተኣልመ ውጥን'ዩ ነይሩ። እቲ ሰራዊት ከመይ ገይሩ ናብ ናይ ሓደ ውልቀ መላኺ ብሕታዊ ንብረት ከም ዝተቐየረ ካብ መስፍን ሓጎስ ንላዕሊ ክገልጾ ዝኽእል ሰብ ዘሎ ኮይኑ ኣይስምዓንን። ኣባል ጉጅለ 15 ዝኾነ መስፍን ሓጎስ፡ ከም ሓለቓ ስታፍን ከም ሚኒስተር ምክልኻልን ኮይኑ ኣብ ስርዓት ኢሳይያስ ዘገልገለ'ዩ። ኣብታ The African Revolution Reclaimed ዝተባህለት ኣብ 2023 ዓ.ም. ዝተዘርግሐት መጽሓፉ፡ ኢሳይያስ ከመይ ገይሩ ነቲ ሰራዊት ኣዳኺሙ ናብ ናይ ገዛእ ርእሱ ጕልቲ ከም ዝቐየሮ ይጠቅስ። ብኣበሃህላ ተጋዳላይ

መስፍን ሓጎስ፡ ኢሳይያስ ነቲ ሰራዊት ከም ናይ ብሕቲ ንብረቱ'ዩ ዝቈጽሮ ነይሩ። ባጀት ስሊዑ ነቲ ሚኒስተር ወይ ንሓለቓ ስታፍ ገለ ናይ ትግበራ ናጽነት ኣብ ክንዲ ዝህብ፡ ንነገራት ባዕሉ የካይዶም ከም ዝነበረ ይጠቅስ። ወይ ድማ ምስኦም ከይተማኸረ እንታይ ከገብሩ ከም ዘለዎም ይሕብሮም ከምዝነበረ የስምረሉ።

መስፍን ብምቕጻል፡ ከምዚ ዝበለ ውድቀት - ድኹም ትካላውነትን ሞያውነትን፡ ከምኡ'ውን ካብ መጠን ንላዕሊ ዝኸደ ፕረሲደንታዊ ጣልቃ ምትእትታው - ነቲ ወተሃደራዊ ሓይሊ ከም ትካል ከዳኽሞ ከም ዝኸኣለን ንሃገር ድማ ከም ዝጐድኣን ይገልጽ። መስፍን ኣብዚ ጥራይ'ውን ኣይሕጸርን። መስፍን፡ ፕረሲደንት ሃገረ ኤርትራ ከመይ ኢሉ ናይ ሚኒስተርነት ቦታኡን ነቲ ሚኒስትሪ ድማ ከም ትካልን ከም ዘማህመኖ "ከም ሳዕቤኑ" ይብል መስፍን፡ "ናይቲ ሚኒስትሪ ኣገደስቲ ጨናፍር በብሓደ ተዳኺሞም፣ እዚ ድማ ኣብ መንጎኦም ምትፍናን ፈጢሩን ንዝምድናኦም ብውልቃውን ሞያውን ደረጃ ድማ ሃሰዩዎ። እቲ መከራ ኣብ ሓሙሽተ ትካላት፡ ማለት ኣብ ሓይሊ ኣየር፡ ሓይሊ ባሕሪ፡ ሃገራዊ ኣገልግሎት፡ ሓይሊ ምድሪ፡ ከምኡ'ውን ኣብ ቤት ጽሕፈት ወይ'ውን ኣብቲ ናይቲ ሚኒስተር ስራሕን ተራን ኣንጸባሪቑ (Hagos, 2023)።"

እዚ ኣገባብ ኣሰራርሓዚ ንሰራዊት ኤርትራ ሃሰይዎ'ዩ። ሓደ ካብቶም ኤርትራ ንኽትድፈር ኣበርክቶ ዝገበረ ረቛሒ ምኳኑ'ውን ክንግዘብ ኣድላዪ'ዩ።

ራብዓይ፡- ድልዱል ስርዓተ ምሕደራ ምትካል

ንዓመጽ ንምቅዋም፡ ስርዓት ኤርትራ ድልዱልን ስጡምን ማሕበራዊ ሰረት ክህልዋ ይግባእ። እዚ ድማ ብግዝኣተ ሕግን ተሓታትነትን ዝልለን ናይ ህዝቢ ተቐባልነት ዘለዎን ሰናይ ስርዓተ ምሕደራ ምትካል ይሓትት። ድኹምን ሰንኮፍን ስርዓተ ምሕደራ ናይ ህዝቢ ተቐባልነት ኣይረክብን። ህዝቢ ኣብ ልዕሊ መንግስቱ ዘለዎ እምነት ይብሕጐግ። ኣብ መጠረሽታ ድማ ዝምድና ህዝብን መንግስትን ይዳኸም። እዚ ክስተት'ዚ፡ ንሃገራዊ ድሕነት ኣብ ሓደጋ ከውድቕ ተኽእሎ ኣሎ።

ሓምሻይ፡- ኣባል ወተሃደራዊ ውዕላት ወይ ኪዳናት ምዃን

ኤርትራ፡ እቲ ብተዛማዲ ንእሽቶ ስፍሓታን ድሩት ጸጋታታን ምስቲ ብሰንኪ ጂኦፖለቲካዊ ኰነታት ከመጽእ ዝኽእል ግዳማዊ ስግኣታት ክነጻጸር እንከሎ፡ እቲ መንግስቲ ከጋጥም ዝኽእል ወተሃደራዊ ምትኹታኹን ንምምካትን ምስ ዓበይትን ሓያላትን ሃገራት

ወተሃደራዊ ምሕዝነት ንምምስራትን ዘኽእል ሜላታት ክድህስስ ክኽእል ኣለዎ። ምኽንያቱ ድማ እዞም ምሕዝነታት'ዚኦቶም ንናይ ደገ ስግኣታት ዓገትቲ ረቛሒታት ክኾኑ ስለ ዝኽእሉ።

ኤርትራ'ምበኣር፡ ምስ ዓበይቲ ዓለማውያን ሓይልታት ኣብ ስትራተጅያዊ ሽርክነት ምእታው'ውን ከም ካልእ ኣማራጺ ክትርእዮ ይግባእ። እዚ፡ ስልታዊ ረብሓታት ካብ ምሃብ ሓሊፉ፡ ጸጥታኣ ንኸተውሕስ የኽእላ። እዚ ሽርክነት'ዚ ኣብ ሕርያ ናይታ ሃገር ክምስረት ይግባእ። ዕላምኡ ድማ ጸጥታኣን ናይቲ ከባቢ ጸጥታ ኣብ ምውሓስ ዘተኰረ ክኸውን ይግባእ።

ሻድሻይ፡- ውሕሉል ዲፕሎማሲ ምኽታል

ልኡላውያን ሃገራት ኣብ ቅርዓት ዲፕሎማሲ ከም ማዕረ ሃገራት ኰይነን ንኽደራደራን ረብሓታተን ንኸቐድማን በበይኑ ዝዓይነቶም ኪዳናት ክምስርታን ይርአያ። ዓለም ቅድሚ ሕጂ ርእያቶ ዘትፈልጥ ምትእስሳራት ፈጢራ ኣላ። ግሎባውነት፡ ውልቀ ሃገራት ነንበይነን ብምኧን ክስስናስ ይትረፍ፡ ህላውነተን ከረጋግጻ'ውን ዘየፍቅድ ሃዋህው ፈጢሩ ኣሎ። ሓንቲ ሃገር፡ ኣብዛ ግሎባላዊት ዓለም ክትህሉ፡ ሕግታት ጽምዶ ክትርዳእ ክትክእል ኣለዋ። እዚ ምስ ዘይትገብር ድማ ክትዳኸምን ካብ ዓለም ክትንጸልን ዘለዋ ተኽእሎ እናዓበየ ይመጽእ።

ብተወሳኺ፡ ብዛዕባ ሕግታት ኣከያይዳ ዓለም ኵለ መዳያዊ ግንዛበ ወይ ርድኢት ምምዕባልን ኣብ ውሽጢ'ቲ ዓለማዊ ስርዓት ንምጒዓዝ ዘድሊ ጥበባት ምኽዕባትን ፈቲና ጸሊእና ክንሰግሮ ዘይንኽእል ሓቂ'ዩ። እቲ ልሙድ ዓውለማዊ ኣካያይዳ (ወላ'ኳ ኵለን ሃገራት ኣየተግብርኦ)፡ ረብሓ ካልኦት ከይጠሓስካ ወይ ንኻልኦት ከይዓመጽካ ሃገራዊ ረብሓኻ ንምቕዳም ዝዓለመ ስራሕ ምስራሕ ማለት'ዩ። ኣብ ኣህጉራዊ ዲፕሎማሲ፡ ኵሎም ተቐናቐንቲ ኣካላት መኸሰብ ዝረኽቡሉ ኩነታት ምፍጣር ማለት'ዩ።

ሓደ ሓደ ኣህጉራዊ ደንብታት ብምግንዛብን ብምኽባርን ናይ ሓባር ባይታ ብምልላይን ብምምሽሻእን፡ ሃገራት፡ ዘባዊ ስኒትን ምርግጋእን ከውሕሳ፡ ዕብየትን ብልጽግና ከበጋግሳ፡ ከምኡ'ውን ካብ ነንሕድሕደን ዝመሃሃራሉ መገዲ ክፈጥራን ክናበባን ይኽእላ'የን። ልኡላውነት፡ ናብ ሓደ ቀጽሪ ምሒር ከይተጸጋዕካ ናይ ባዕልኻ ፖለቲካዊ መርገጺ ንምውሳድ'ውን ክሕግዘካ ዘኽእል መሳርሒ'ዩ።

ኣብ መትከላት ሽርክነት፡ ኣብ ሓድሕዳዊ ምትሕግጋዝ፡ ከምኡ'ውን ኣብ ምኽባር ልኡላውነትን ግዝኣታዊ ሓድነትን ዝተመስረተ ምስ ጐረባብቲ ሃገራት ዝካየድ ምዉቕን

ልባውን ዝምድናታት ምፍጣር ንርግኣት ዝኾነት ትኹን ሃገር ወሳኒ'ዩ። እዚ ኾነት'ዚ፡ ካብ ምውሓስ ሃገራዊ ድሕነት ሓሊፉ፡ ነተን ኣብ ሓደ ዞባ ዝርከባ ሃገራት፡ ርጉእን ብልጹግን መጻኢ ንኽፈጥራ መሰረት ክኸውን ይኽእል። እቲ ዞባ፡ ብዘይርጉእነት ዝልለ ምስ ዝኸውን፡ ነቲ ኾነታት ንምምእዛን፡ ንምምሕዳር፡ ንምብዳህ፡ ከምኡ'ውን ንምጽዋር ዘኽእል ዓቕሚ ምድላብ'ምበኣር ተወሳኺ ጻዕሪ የድሊ። ልኡላውነት'ምበኣር ምስ ካልኦት ልኡላውያን ሃገራት ስትራተጅያዊ ሽርክነታት ንምምስራት ዕድል ዝፈጥር ኣገዳሲ ኣምር'ዩ።

ስለዚ፡ ኤርትራ ቀዳምነት ክትህቦ ዝነበራ ጉዳይ፡ ብዛዕባ ዓለማውን ዞባውን ኾነታት ዘለዋ ርድኢት ዓቕማ ምብራኽ፡ ምስኡ ጐድኒ ንጐድኒ ድማ ዞባዊ ስኒት ንምርግጋጽ ዝዓለመን ነቲ ከመጽእ ዝኽእል ምትፍናን ንምዝሓል ዝሕግዝ ፖሊሲ ወጻኢ ምሕንጻጽን ምትግባርን ክኸውን ነይሩዎ።

እቶም ኣብ መንጎ ኤርትራ በቲ ሓደ ወገን፡ ጐረባብታ ሃገራት (የመን፡ ጂቡቲ፡ ኢትዮጵያ ብገለ ደረጃ'ውን ሱዳን) ከኣ በቲ ካልእ፡ ዝተኸስቱ ወተሃደራዊ ረጽምታት ብፍጹም ኣድላይነት ኣይነበሮምን። ኩሎም'ዞም ክስተታት'ዚኣቶም ነናይ ባዕሎም ጠንቅታት'ኳ እንተ ነበሮም፡ ኣብ መኣዲ ዘተ ተጀሚሮም ኣብ መኣዲ ዘተ ክፍጸሙሉ ዘይኽእሉሉ ምኽንያት ግን ኣይነበረን።

ኤርትራ በዚ ልዕል ኢሉ ዝተጠቕሰ መትከላት ዝኽተል ፖሊሲ ክትረብሕ ምኽኣለት ነይራ። ልዑላውነታ ተጠቒማ ናብ ረብሓኣ ከተውዕሎ'ውን ዕድል ነይሩ። ኤርትራ፡ ሰሪ እቲ ምስ ዓለም ዘይናበብ ናይ ወጻኢ ፖሊሲኣ መሓዛ ወይ መሻርኽቲ ዘይብላ ጽይንቲ ሃገር ኮይና ኣላ። እዚ ኾነታት'ዚ፡ ልዑላውነታ ንኽድፈር ዓቢ ኣስተዋጽኦ ገይሩ'ዩ።

ናይ ኤርትራ ናይ መራኸቢታት ስትራተጂ፡ ምስሊ ኤርትራ፡ ምስሊ ሰላምን ምርግጋእን ከም ዝኾነ ከም ዘንጸባርቕ ኮይኑ ክቐርብ ይግባእ። ከምዚ ኮይኑ ግን፡ ከም ልኡላዊት ሃገር፡ እቶም ክስገሩ ዘይብሎም ቀያሕቲ መስመራት ብዘየወላውል መገዲ ከተንጽር ግዴታ ኣለዋ።

ሻብዓይ፡- ምክልኻል ሃገር ኣብ ውሑስ ቍጠባ ይምርኰስ

ኣብ ናይ ዕንጋሎ ቍጠባ ተመርኲስካ፡ ሰራዊት ብናይ መበል ዕስራን ሓደን ክፍለ ዘመን ዕጥቂ ከተዕጥቕ፡ ሰራዊት ከተሰልጥንን ምዕቡል ናይ ሎጂስቲክስ ሰንሰለት ቀረብ ክህልወካን ዘይሕሰብ'ዩ። ኣብ ሓዋላ ጽግዕተኛ ዝኾነ ቍጠባ ተመርኲስካ ናይ ግትኣት ስትራተጅኻ ከተውሕስ ኣጸጋሚ'ዩ። ምኽንያቱ ኩናት ቍጠባ ዝበልዕ ክስተት'ዩ። ኩናት

ብርሰት'ዩ ዘምጽእ። እዚ ኣብ ኩነታት ኤርትራ እኹል ኣቓልቦ ዝተዋህቦ ኮይኑ ኣይርአን። ኤርትራ'ምበኣር ንፖለቲካዊ ቅልውላዋት ክጻወር ዝኽእል ድልዱል ቍጠባ ክትሃንጽ ኣለዋ። ድልዱል ቍጠባ ምህላው፡ ዘመናዊ ሰራዊት ንምህናጽ ኣብ እትገብሮ ወፍሪ ይሕግዝ። እዚ ድማ ጽፉፍ ቍጠባዊ ፖሊሲታት ምሕንጻጽ፡ ንዓቕሚ ብሕታዊ ጽላት ምብርባር፡ ወፍሪ ወጻኢ ዝስሕብ ሃዋህው ምፍጣር፡ ከምኡ'ውን ዓቕሚ ሰብ ምዕባይን ምድንፋዕን ዘጠቓልል'ዩ። ኤርትራ ቍጠባዊ ሓይላ ንምድራዕ፡ ምዕቡል ተክኖሎጂን ምህዞታትን ክትጥቀም ይግባእ።

ኤርትራ፡ ናብ ምዕቡል ቍጠባ ክሰጋገራ ዝኽእል ዘይተጠቕመትሉ ዓቕሚ ኣለዋ። ነዚ ዓቕሚ'ዚ ንምምዝማዝ ድማ ምውህሃድ ዘቤታዊ ፖሊሲታት በቲ ሓደ ወገን፡ ናይ ወጻኢ ወፍርን ተክኖሎጅን ንምስሓብ ዝሕግዝ ስትራተጂን ድማ በቲ ካልእ ኣቓልቦ ምሃብ ከድልያ'ዩ። እዚ ድማ ብሕታዊ ጽላት ብምሉእ ሓይሉ ንኽነጥፍ ክሕግዝ ይኽእል። እዚ፡ ብኽልተኣዊ ንግዳዊ ውዕላት ምኽታም ዝፍጸም ኮይኑ ንዝተፈላለዩ መሻርኽቲ ወገናት ዘሳትፍ፡ ንኽልቲኡ ወገናት ዝጠቅም ንግዳዊ/ዋኒናዊ ሽርክነት የማዕብል። ንባህግታት ኣህዛበን ዘዕግቡ ወይ ዝምልሱ ኣብ ሃገርካ ዝተኹስኮሱን ዝማዕበሉን ፖሊሲታት ምርቃቕን ምትግባርን'ምበኣር ኣገዳሲ'ዩ። ሓደ ካልእ ጸጋ ናይ ኤርትራ፡ ዓቕሚ ናይቲ ኣብ ስደት ዝርከብ ኤርትራዊ ዲያስፖራ'ዩ። ብዝግባእ እንተ ተመዝሚዙ ድማ ኣብ ቍጠባዊ ዕብየትን ድሕነት ሃገርን ዓቢ ኣበርክቶ ክገብር ተኽእሎ ኣሎ።

ሻሙናይ፡- ሓያልን ዝተራቐቐን ናይ ክትትልን ስለያን ዓቕሚ ምድላብ

ኤርትራ ሓያልን ዝተራቐቐን ናይ ክትትልን ስለያን ዓቕሚ ምዕባይ የድልያ። ከምኡ'ውን ድልዱል ናይ ሓበሬታ መሻረኺ መርበባት። ግትኣት፡ ነዚ ስርዓተ ሓበሬታ ብምጥቃም ብቑዕ ናይ ምትንታን ዓቕሚ ዘለዎ ትካል ምምስራት ይሓትት። እዚ፡ ንዘይተርፉ ሓደጋታት ኣበርዓኒ ስጕምትታት ንምውሳድን ንዝምቡዕ ሓብሬታን ፖለቲካዊ ሽርሕታትን ንምግጣም ይሕግዝ። ብተወሳኺ፡ ነቲ ብቐጻሊ ዝለዋወጥ (ዘይርጉእ) ጸጥታዊ መልከዐ መሬት ብዕምቈት ምንባብ፡ ምትንታንን ብኣኡ ኣቢሉ ድማ ገታእቲ ስጕምትታን ንምውሳድ ባይታ የጣጥሕ። ናይ ኤርትራ ናይ ግትኣት ስትራትጂ'ምበኣር ምስ ተክኖሎጅያውን ጂኦፖለቲካውን ምቅይያራት ክፈልቕ'ውን ኣለዎ።

ብ30 መጋቢት 2025 ኣብ ሙዛ TV ምስ ኮሎነል (ኢንጂነር) ቢኒያም ተወልደ - ሽው ኣባል ናይ Ethiopia National Intelligence and Security Service (NISS)

ወይ ድማ የብሔራዊ መረጃና ደህንነት አገልግሎት - ኣብ ዝተገብረ ቃለ መሕትት፡ መንግስቲ ኤርትራ ክሳዕ ክንደይ ንዲጂታዊ መጥቃዕቲ ዝተቓልዐ ምንባሩ ይገልጽ። እቲ ኣብ ኢትዮጵያ ብሃገራዊ ሓበሬታን ጸጥታን ኣገልግሎት ዝፍለጥ ትካል፡ ናይ ሓጎስ ገብረህይወት - ክሻ (ሓላፊ ቍጠባዊ ጕዳያት ህግደፍ) ኢመይል ምሉእ ብምሉእ ቍጽጽር ከም ዝነበሮም'ሞ ኵሉ'ቲ ኤርትራ ምስ ቻይና እትገብሮ ዝነበረ ርክብ ሓበሬታ ከም ዝነበሮም ይጠቅስ። ኣብዚ ከይተሓጽረ፡ እዚ ኢትዮጵያዊ ትካል'ዚ፡ ኣብ ናይ ሚኒስትሪ ምክልኻል ኤርትራ ሳይበር ኣትዩ፡ ኤርትራ ካብ ሩስያ ናይ እትሸምቶም ዝነበረት ኣጽዋር ሓበሬታ ከም ዝነበሮ ይጠቅስ። ብተመሳሳሊ መገዲ፡ ቤት ጽሕፈት ፕረሲደንት ኤርትራ ምስ ቐጠርን ስዑድ ዓረብን ዝገብሮ ዝነበረ ርክብ ይከታተልዎ ከም ዝነበሩ ይገልጽ። ንኸም'ዚኦም ዝኣመስሉ ሓደጋታት ንምብዳህን ተቓላዕነታ ንሳይበራዊ መጥቃዕቲ ንምንካይን፡ ኤርትራ ክተገብሮም ዝግብኣ ነገራት ብዙሓት'ዮም።

መደምደምታ

ኣብ ጕዳይ ግትኣት፡ ዓይነት ካብ ብዝሒ የምዝን። ብኻልእ ኣዘራርባ፡ ካብ ኣብ ብዝሒ፡ ኣብ ዓይነት ትኹረት ምግባር የዋጽእ። ኪዳናት፡ ጸጥታኻ ኣብ ምውሓስ ኣራባሒ ጽልዋ ይህልዎም። ድልዱል ቍጠባን ማሕበራዊ ስረትን ዘለወን ንኣሽቱ ሃገራት ከተፈራርሀን ብርቱዕ'ዩ። ከንዲ ዝኾነ ድማ፡ ድልዱል ቍጠባ ናይ ምምስራት ጥሙሕ ጽባሕ ዘይብሃለሉ ጕዳይ ይኸውን። ተጻባእትኻ ኵሉ ግዜ ከም ዘኽብሩኻ ክትገብር ክትክእል ኣለካ ወይ ድማ ዘይትድፈር ምዃንካ ከተእምኖም ኣለካ። ምኽንያቱ ርድኢት ኣገዳሲ ባእታ ናይ ግትኣት'ዩ። ድሩት ጸጋታት ንቐጥታዊ ምክልኻል ኣሸጋሪ ይገብሮ'ዩ። ስለ'ዚ ኸኣ'ዩ ግትኣት የዋጽእ'ዩ ንብሎ። ንቍጠባኻ ካብ እንኮ ቍጠባ ናብ ብዝሓ ቍጠባ ከተሰጋግሮ ክትክእል ኣለካ፡ ተሳጣሕነትካ ንጽግዕተኛነት ምእንቲ ክትንኪ።

ንእሽቶ ሃገር እተካይዶ ስነ ኣእምሮኣዊ ዘመተ፡ ተጻባኢኣ ብዛዕባኣ ንዝህልዎ መረዳእታ ቅርጺ ከተትሕዞ ኣብ ምፍታን ዘተኰረ ክኸውን ይግባእ። ብመገዲ መራኸቢ ብዙሓን፡ ፕሮፓጋንዳን ናይ ሳይበር ስርሒታትን ተጠቒምካ ናይ ተጻባኢኻ ኣተሓሳስባ ብሜላ ክትዝውሮ ክትፍትን ኣገዳሲ ይኸውን። ንተጻይ ፕሮፓጋንዳ ብዓጸፉ ምምላስ ዘቤታዊ ሞራል ምእንቲ ከይትንከፍ ወይ ከይጽሎ'ውን ይሕግዝ'ዩ።

ምዕራፍ 10

ውሕሉል ፖሊሲ ወጻኢ

ዲፕሎማሲ ሓደ ካብቶም ልኡላውያን ሃገራት ዘካይድኦም ፖለቲካዊ ንጥፈታት'ዩ። ዕላምኡ ድማ ኣብ መንጎ ልዑላውያን ሃገራት ዘሎ ሓድሕዳዊ ዝምድናን ርክብን ንምጥጣሕን ካልኦት ሕጋውያን ንጥፈታት ንምስልሳልን'ዩ። ኣብ መበል ዓሰተር ሸውዓተ ክፍለ ዘመን ዝተሓንጸጹ ዌስተፋልያዊ መትከላት ልኡላውነትን መሬታዊ መንግስትን ናይ ሎሚ ብዙሕ ጐድናዊ ስርዓተ ዲፕሎማሲ መሰረት'ዮም። እዚ ኣብዚ ቀረባ ግዜ ተፈጢሩ ዘሎ ሓድሽ ስርዓተ ዓለም ወይ ድማ ብዓውለማዊ ጥርናፈ ዝፍለጥ ክስተት፡ ንዝተፈላለያ ኣብ በበይኖም ቍጠባዊ ደረጃ ምዕባለታት ዝርከባ ሃገራት ብዝበለጸ ከም ዝቀራረባ ገይሩ።

ዓውለማዊ ጥርናፈ፡ ካብ ንሃገራዊ ጠባያት ብዝበለጸ ንኣህጉራዊ ጠባያት ዘእንድግ/ ዘሳሲ፡ ንዋኒናውነት፡ መስርሓት ምፍራይ ምህርቲ ከምኡ'ውን ዕዳጋ ዘጠቓልል መስርሕ'ዩ። እዚ ተርእዮ'ዚ ካብ ዝቕልቀል ጀሚሩ፡ ዝተፈላለዩ ቅድሚ ሕጂ ዘይነበሩ መዋቕራዊ ጽገናታት ኣተኣታትዩን ኣማዕቢሉን። እዚኣቶም ነዞም ዝስዕቡ የጠቓልሉ፡- ስሉጥ ዋሕዚ ሃለኽቲ ኣቕሑትን ሰባትን፡ ዓይነታውን ዓቐናውን ምስፍሕፋሕ ፋይናንሲያዊ ንጥፈታት፡ ምምዕባል ናይ መራኸቢ መርበባት፡ ቅልጡፍ ምዝርጋሕ ፍልጠት፡ ሓደሕዳዊ ዝመድናታት፡ ከምኡ ድማ ኣብ መንጎ ሃገራት ዝርአ ዘይምዕሩይነት። ሓደ ክፍለጥ ዘለዎ ካልእ ባህሪ ናይ ዓውለማዊ ጥርናፈ፡ ጸጋታት ወይ ምህርቲ ዓለም ምሒር ንምውሳኽ ዘይነዓቕ ኣበርክቶ ምግባር'ዩ። ግሎባውነት ኣብዚ ዘለዎ ደረጃ ንኽበጽሕ ዘመናት ዝወሰደ መስርሕ'ዩ። ብቍጠባዊ መነጽር ክርአ እንከሎ ድማ ምስ ግዜ እናወሰኸ ዝኸይድ ቍጠባዊ ጥምረት ምውሓሱ'ዩ። እዚኣቶም ነቶም ብኣህጉራዊ ደረጃ ዝተራእዩ ስሉጣት

ልውውጣት ኣቕሑት፡ ኣገልግሎታት፡ ተክኖሎጂ፡ ከምኡ'ውን ሰብኣዊ ዕዮ የጠቓልሉ። ብዘይካ'ዚ፡ ዕዳጋታት ናጻ ኮይኖም ንኽምዕብሉ ምግዳፍን ናይ መራኸቢ ተክኖሎጂ ከም ዝምዕብል ምግባርን ንመስርሕ ዓውለማዊ ጥርናፈ ከም ዝቀላጠፍ ገይርዎ'ዩ።

ዓውለማዊ ጥርናፈ፡ ንዝማዕበላ ሃገራት ዕድላት ከም ዝፈጠረ ይንገረሉ'ዩ። እዚ ማለት ድማ፡ ዝማዕበላ ሃገራት ንቑጠባውን ተክኖሎጅያውን ጸብለልትነተን ተጠቒመን ዓውለማዊ ጥርናፈ ንዝፈጠሮም ዕድላት ክምዝምዝአ ክኢለን። በቲ ካልእ ወገን ድማ፡ ዝምዕብላ ዘለዋ ሃገራት ንረብሓታት ዓውለማዊ ጥርናፈ ዛጊት ብዝግባእ ከም ዘይተጠቕማሉ ዘረድኡ ሓበሬታታት ብርክት ዝበሉ'ዮም። ትሑት ትምህርታዊ ደረጃ፡ ዘይተዓለመ ዓቕሚ ሰብ፡ ከምኡ'ውን ዘየዕጋቢ ተክኖሎጅያዊ ዓቕምታት ከም ምኽንያታት ይቐርቡ'ዮም። ብዘይካ'ዚ ህላወ ዘይማዕበሉ ትካላት'ውን ከም ረቛሒ ይጥቀስ'ዩ።

ዲፕሎማሲን ኣንፈታት ምዕባለኡን

ዲፕሎማሲ'ውን እንተኾነ ምስ ምምጻእ ብዙሐ ጐድናዊ ውዳበታት ማዕቢሉ'ዩ። ብዘይካ ሃገረ መንግስታት፡ ካልኦት ብዙሐ ጐድናዊ ወድባት፡ ኣህጉራውያን ዘይመንግስታውያን ውድባትን ካልኦት ሰብ ብርክን (ወይ'ውን ተዋሳእቲ) እውን ምስቲ ኣብ ዓለም ብቕልጡፍ እናተለዋወጠ ዝመጽእ ዘሎ ፖለቲካዊ፡ ቍጠባዊ ከምኡ'ውን ማሕበራዊ ፍጻመታት ብዝናበብ መገዲ ኣብ ዲፕሎማሲ ክሳተፉን ብግዴኦም ድማ ንዲፕሎማሲ ቅርጺ ከትሕዙን ጀሚሮም'ዮም። እዚ ድማ ንብዙሐ ጐድናዊ ዲፕሎማሲ (ብብዙሓት ረቛሒታትን ተዋሳእትን ዝጽሎ ዲፕሎማሲ) መገዲ ጸሪጉ። ሮናልድ ፒ ባርስተን ኣብታ ዘመናዊ ዲፕሎማሲ (Modern Diplomacy) ዘርእስታ መጽሓፉ "ሓድሽ ዲፕሎማሲ" ኢሉ ዝጽውዖ ዲፕሎማሲ ብኸምዚ ዝስዕብ ይገልጾ፦

> ኣብ ሕቡራት ሃገራት ዝዝውተር ዲፕሎማሲ ንናይ ሓደ ዲፖሎማት ሓላፍነት እዞም ዝስዕቡ ዕማማት ከም ዝሓቍፍ ገይሩ'ዩ። ወግዓዊ ውክልና ሃገሩ፡ ምእካብ ሓበሬታ፡ ንፖሊሲ ወይ ካልኦት ተበግሶታት መሰረት ዝኸውን ምቕርራብ ወይ መጽናዕትታት ምግባር፡ ኣብ መንጎ ሃገራት ዝህሉ ምፍሕፉሕ ምህዳእ፡ ከምኡ'ውን ኣብ ምንዳፍ ምሕየሻ ናይ መቈጻጸሪ ሕግታት ምስታፍ (Barston, 2006)።

ሃገረ መንግስታት ከመይ ገይረን ዲፕሎማሲ ከም ዘካይዳ ካብ ሃገር ናብ ሃገር ይፈላለ'ዩ። ገለ ገለ ሃገራት ንኣሽቱ፡ ገሊኣን ድማ ዓበይቲ'የን። ገሊኣን ንብርክት ዝበሉ ዘመናት

ዲፕሎማሲ ናይ ምኽያድ ተመክሮ ዘለወን'የን። ገሊአን ድማ ሓደስቲ ምጻኣት'የን። ገለ ገለ ሃገራት ኣብ ጐደና ምዕባለ ዝርከባ ኮይነን፡ ገሊአን ድማ ብቝጠባ ኣዝየን ዝማዕበላ'የን። ስርዓተ ፖለቲካ ናይተን ሃገራት'ውን ይፈላለ'ዩ። ወላኳ መብዛሕቴኡ ግዜ ዲፕሎማሲ ኣብ ቃልዕ ዝፍጸም እንተኾነ፡ ዓለም ግን ንምስጢራዊ ዲፕሎማሲ ወይ'ውን ጽንበራ ናይ ክልቲኦም ኣገባባት ክዝውተር ርእያ'ያ። እቲ ደረጃ ርቀት ናይ ዲፕሎማሲ'ውን መምስ ኩነታት'ተን ሃገራት ይፈላለ'ዩ። ከምዚ ኮይኑ ከብቅዕ፡ ሓደ ሓቂ ግን ኣሎ፣ ቅርጺ ወይ ዓይነት ናይቲ ዝካየድ ዲፕሎማሲ ብዘየገድስ፡ ኣብ መወዳእታ ግን ሃገራዊ ረብሓ ምቅዳም'ዩ። ብኻልእ ኣዘራርባ፡ ዲፕሎማሲ መቐጸልታ ናይቲ ሓንቲ ሃገር እትኽተሎ ዘቤታዊ ፖሊሲ'ሞ ኣብ ወጻኢ ናታ ስትራተጅያዊ ረብሓ ንምቕዳም እትገብሮ ሜላ'ዩ። ሕቡራት መንግስታት ኣመሪካን ካልኦት ብቝጠባ ዝማዕበላ ዝኸተልኦ ዲፕሎማሲ ብዝሒ መዳያዊ (diversified) እዩ። ዲፕሎማስያዊ ትካላት ናይዘም ሃገራት ዝሓቝፍኦም ክኢላታት ብዓይነት ክብ ዝበሉ'ዮም። ትኹረተን ናብ ንግድን ካልኦት ንግዳዊ ንጥፈታትን ድማ ሓያል'ዩ።

ኣብዚ እዋን'ዚ ኩሎም ዲፕሎማሲያዊ ሚሽናትን ናይ ረብሓ ኣካላትን (interest sections)፡ ንቝጠባውን ፖለቲካውን ንጥፈታት ማዕረ ኣቓልቦ ይህብኦ። ብኻልእ ኣዘራርባ፡ ስነ ጥበብ ዲፕሎማሲ ንኹሎም'ቶም ኣብ ላዕሊ ዝተጠቐሱ ረቛሒታት ኣብ ግምት ዘእተወ ኮይኑ ኣሎ። ቍጠባዊ ዲፕሎማሲ ከኣ ሓደ ካብኣቶም'ዩ።

ሓድሕዳዊ ምምርኹኳስ ዓለም

ኣብ ሓንቲ ተመረኳኺሲት ዓለም ኢና እንነብር ዘለና። ምስ ዝሓለፈ ዘመን ክነጻጸር እንከሎ፡ ተክኖለጅያዊ ለውጥታት ኣብ መንጎ መንግስታት ዝያዳ ምቅርራብ ፈጢሩ'ዩ። ዓውለማዊ ጥርናፈ'ውን እዩ። ዋሕዝን ቅልጣፈን ሓበሬታ፡ ናይ ደቂሰባት ርእይቶ ዓለም ኣበርቲዑ ይጸሉ ኣሎ። ደቅሰብ ንመጻኢኦም ብዝምልከት ኣብ ሓበሬታ ወይ መርትዖ ዝተመርኮሰ ውሳነታት ንኽገብሩ ይሕግዞም ኣሎ። ብግቡእ እንተ ድኣ ተጠቒሞምሉ ድማ ንምዕባለ ዘቀላጥፉ ዕድላት'ውን ኣለዉ። በቲ ካልእ ወገን ድማ፡ ዓለምና ኣከባብያዊ ሓደጋታት የንጸላልዋ ኣሎ። ኣብ መንጎ ሰሜን ደቡብን ዘሎ ጋግ እናዓበየ ይመጽእ ኣሎ። ኑክለራዊ ሓደጋታት ኣብ ቦትኦም ኣለዉ። ለውጢ ዝዕላምኦም ዘቤታውያን ምልዕዓላት'ውን ኣብ ፈቐድኡ ይርአዩ ኣለዉ። እንሓንሳእ ድማ ብኣዝዩ ጥሩፍ ኣተሓሳስባ ዘለዎ ፖለቲካዊ ባህርይ ዘለዎም ኣካላት ዝምርሑ።

ዲፕሎማሲ ንዘተን ልዝብን ባይታ ፈጢሩ'ዩ። ከምኡ ክንዲ ዝኾነ ድማ ዝተፈላለዩ ንዓለም ዘንጸላልውዋ ጸጥታዊ ሓደጋታት (ኑክለራዊ ሓደጋታት፡ ኣብ መንጎ ሃገራት ንዝርአዩ ረጽምታት፡ ከምኡ'ውን ንልምዓት ዝመልከቱ ጉዳያት) ኣብ ምፍታሕ ሓጊዙ'ዩ። ኩሉ ሸነኻዊ ባህርይ ናይ ዲፕሎማሲ፡ ኣብ ዓለም ኣህጉራዊ ስርርዕ ንኽህሉ'ውን ምኽንያት ኮይኑ'ዩ። ኣብ ምሕደራ ዓለማዊ ለውጢ'ውን ግደ ኣለዎ።

ኣብ ዓለምና ኩለንተናዊ ጸጥታ ምውሓስ፡ ናይ ዲፕሎማሲ ሕመረታዊ መትከል'ዩ። እዚ ንፖለቲካዊ ጥራይ ዘይኮነስ ንቑጠባዊ ድሕነት'ውን ይሓቑፍ። ከመይሲ ቑጠባዊ ውሕስነተ መሰረታዊ መሰል ደቅሰብ ስለ ዝኾነ። እዚ ብግዲኡ፡ ህዝቢ ዓለም ብስኒትን ሰላምን እናነበሩ ብናይ ሓባር ጻዕሪ ብልጽግቲ ዓለም ንምህናጽ ይሕግዞም። ንኹሎም ቀጸላታት ዓለማዊ ማሕበረሰብ፡ ፖለቲከኛታት፡ ሰብ ዋኒን፡ ዘይመንግስታውያን ውዳበታት፡ ሃይማኖታውያን ትካላት፡ ስነ ጥበባውያን፡ ሰብ ዝና፡ ኣብ ኣካዳሚ ዝነጥፉ ምሁርትን ናይ ምርምር ትካላትን፡ ሰበ ስልጣን መንግስቲ፡ ተራ ዜጋታት፡ ደቂ ኣንስትዮን ካልኦት ዝተዋሰኑ ኣካላት ህዝብን፡ ከምኡ'ውን ማሕበር ሰራሕተኛታት ዝሓቑፍ ዲፕሎማሲ ምክያድ'ምበኣር ንኣብ መንጎ መንግስታውያንን ዘይመንግስታውያንን ተዋሳእቲ ዘሎ ምትሕብባር የደንፍዕ።

ናይ ንኣሽቱ ሃገራት ናይ ወጻኢ ፖሊሲ ዝምርኩሱሎም መሰረታውያን መትከላት

ብዙሕ ጐድናውነት ዲፕሎማሲ ከም ሕመረታዊ ስትራተጂ፦ ንኣሽቱ ሃገራት ምስ ኣህጉራውያን ትካላት ንጡፍ ጽምዶ ከቕድማ ይምረጽ። እዚ ድማ ንጽልዋአን ኣብ ዓለም ንምዂላሕ ይሕግዝ። ንኣህጉራዊ ሕጊ ምጥባቕ ካልእ ኣገዳሲ እምነተን ክኸውን ኣለዎ። ንዕብለላ ሓያላን ሃገራት ንምብዳህ ብዘይ ምቕራጽ ኣብ ሕቡራት ሃገራት ጽገና ንኽግበር ክጣበቓ ይግብአን። ንሓይሊ ዲፕሎማሲ ተጠቒመን፡ ንምስረታ ልፍንትን ብኣኡ ኣቢለን ድማ ፖለቲካዊ ጽልዋአን ንምዕባይ ክግልገላሉ ስራሕና ኢለን ክተሓሓዝኦ'ውን ይግባእ። እቶም ዝቖሙ ልፍንትታት ኣብ ዝተፈላለዩ ቴማታት ዝዓስሉ ክኾኑ ይኽእሉ። ቃልሲ ኣንጻር ክሊማዊ ለውጢ ከም ኣብነት ክጥቀስ ይከኣል።

(ንጡፍ) ገለልተኛነት ሓደ ካልእ ከዘውትርኦ ዝግባእ ሜላ'ዩ። ግንከ ተዓጻጻፍነት ዘለዎን ምስ ግዜ እናወርጸጸ ዝኸይድን ዝናበብን ክኸውን ይምረጽ። ካብ ቀወምቲ ዝኾኑ ኪዳናት ምግላል ከም ሓደ ናይ ገለልተኛነት ሜላ ክርአ ይኽእል። ዑቕባ ናይ ክረኽባሎም ዝኽእላ መዋቕራት ኣባል ምዃን'ውን ንድሕነተን ኣገዳሲ'ዩ። ላትቪያ ኣባል ናይ ሰሜን

ኣትላንቲክ ውዕል ውድብ (NATO) ምኳና ረቢሓ'ያ። ከምኡ'ውን ካልኦት ናይ ባልቲክን ኖርዲክን ሃገራት።

ኣብ ሃገርካ ዘየሎ ጸጋታት ንምጥቃም ዞባዊ ጥምረት ምቕዳም ካልእ ኣገዳሲ ሜላ'ዩ። ተመላሊእካ ንምስራሕን ብሓባር ንምድርዳርን ድማ ይሕግዝ። ሓደ ሓደ ግዜ፡ ብርክት ዝበላ ጐረባብቲ ሃገራት ብሓባር ዲፕሎማስያዊ ስልጠና ክወስዳሉ ዝኽእላሉን ተመክሮ ዝለዋወጣሉን ዕድላት'ውን ይፈጥር። ከምኡ'ውን ኣብ ኢድካ ንዘሎ ሓበሬታ ኣብ ምትንታን። ኢጋድ ከም ሓደ ኣብነት ክውሰድ ይከኣል'ዩ። ግንከ ኣባላት ሃገራት ብግቡእ ምስ ዝጥቀማሉ።

ተራኣይነት ንምዕባይ ኣህጉራዊ ኣጋጣምታት ምእንጋድን ካልኦት ሜላታት ሃሰው ምባልን ከድሊ'ዩ። ዲፕሎማሰኛታት ሓንቲ ሃገር ካብ ግዜ ናብ ግዜ ካብ ሓደ ሃገር ናብ ካልእ ከም ዝዘዋወሩ ምግባር'ውን ተመክሮኦም ንኸዕብዩ ይሕግዝ። ገለልተኛነት ንባዕሉ ሓጋዚ'ዩ። ናይ ማሕበራዊ ብዙሓን ዲፕሎማሲ ምክያድ ተፈቲኑ'ዩ። ሩዋንዳ ንኣብነት፡ ዓለም ኣብ ልዕሌኣ ዘለዋ መረዳእታ ንምቕያር ናይ ኣርሰናል ዝተባህለት እንግሊዛዊት ናይ ኵዕሶ እግሪ ክበብ ስፖንሰር ከም እትኸውን ገይራ'ያ። ከምቲ ኣብ ምዕራፍ 8 ብዝርዝር ተጠቒሱ ዘሎ ጽምዶ ዲያስፖራ ሓደ ካልእ ንሃገርካ ምስ ኣእንገድቲ ሃገራት ንምልላይ ኢልካ እትገብሮ ዲፕሎማስያዊ ሜላ'ዩ።

ንእሽቶ ሃገር ምኳን ከም ብድሆ ክቑጸር ይከኣል'ዩ። ካብ ፈጠራነት ግን ክድርተካ ኣይከእልን'ዩ። ብኻልእ ኣዘራርባ፡ ተበላሕቲ ንኽትከውን ይሕግዘካ'ዩ። ንኣሽቱ ሃገራት፡ ንብድሆታተን ናብ ዕድላት ክቕይራ ክበልሓታ ይግደዳ። ሃገራት ባልቲክ፡ ኣውስትርያ፡ ስዊዘርላንድ፡ ሲንጋፖር፡ ሃገራት ኖርዲክ፡ ወዘተ ንኣሽቱ ሃገራት'የን፡ ንዓቕመን ኣራባሒ ረቛሒታት ብምውሳኽ ግን ኵነታት ዓለም ኣብ ረብሓአን ንኸውዕላ ይፍትና'የን። ናይ ሲንጋፖር ግትኣታዊ ፖሊሲን ብመገዲ ዲፕሎማሲ ኣቢላ ዝተሓወሰቶም ሓያላት ኪዳናት'ውን ጠቒሞምዋ'ዮም። እዚ'ውን ካልእ ኣብነት'ዩ።

ብድሆታት ንኣሽቱ ሃገራት

ንኣሽቱ ሃገራት፡ ፖሊሲ ወጻኢ ክሰላስላ እንከለዋ ከጋጥምወን ዝኽእሉ ፍሉያት ብድሆታት ኣለዉ። ድሩት ጸጋታት፡ ጂኦፖለቲካዊ ተቓላዕነት፡ ከምኡ'ውን ዘይምዕሩይ ኣወቓቕራ ዓለማዊ ስርዓት ከም ኣብነታት ክጥቀሱ ይኽእሉ። እቲ ብናህሪ እንተለዋወጠ ዝመጽእ ዘሎ ዓለማዊ ኵነታትን ናቱ ጽልዋታትን ንባዕሉ ነቶም ብድሆታት ብዝበለጸ

እናተወሳሳቡ ከም ዝኸዱ'ውን ይገብር'ዩ። ከምዚ ኮይኑ ግን ነዞም ድሩትነታት ንምእላይ ስትራጅያዊ ሜላታት የለውን ማለት ኣይኮነን። ገለ ካብኣቶም ንምጥቃስ፦

ዕብለላ ዓበይቲ ዓውለማውያን ሓይልታት (ብፍላይ ድማ ኣብ ኣህጉራዊ መጋባእያታት) ንንኣሽቱ ሃገራት የዋስን። ዓብለልቲ ግሎባውያን ሓይልታት ቊጠባውን ካልኦት ናይ ጽልዋ ሓይልን ብምጥቃም (እንሓንሳእ'ውን ንናይ ቬቶ ሓይሊ) ናጻ ፖለቲካዊ መርገጺ ንኸይወስዳ ወይ'ውን ናይ ገለልተኛነት መትከለን ኣብ ዋጋ ዕዳጋ ንኸእትዋ ጸቕጢ ክግበረለን ዘይልሙድ ኣይኮነን። ነዚ ንምፍዋስ ምስ ከምኣን ዝኣመሰላ ንኣሽቱ ሃገራት ልፍንቲ መስሪተን ናይ ምውጋይ ዓቕመን ከዕብያሉ ዝኽእላሉ ኵነት ምፍጣር ኣገዳሲ'ዩ። ከምዚ ዝኣመሰለ ሜላ ንጽልዋኣን ኣብ ዓለም ከዕብዮ ተኽእሎ ኣሎ።

ስሪ ዋሕዲ ጸጋታት፡ ዓውለማዊ ህላወኣን ንምርግጋጽ ጸገም ክህሉ ዘይሕሰብ ኣይኮነን። ነዚ ንምፍዋስ፡ ቊጽሪ ኤምባሲታተን ምንካይ፡ ንብርክት ዝበላ ንኣሽቱ ሃገራት ዝውክላ ኤምባሲታት ምኽፋት፡ ከምኡ'ውን ሓደ ዲፕሎማት ንብርክት ዝበላ ሃገራት ከም ዝውክል ምግባር ከም ሜላ ምጥቃም ይከኣል። ካብዚ ሓሊፉ፡ ገለ ገለ ሃገራት ኤምባሲታተን ኣብ ናይ ካልኦት ኣዕሩኽ ሃገራት ኤምባሲታት ምድኳን ብልሙድ ዝዝውተር ተግባር'ዩ። ጸጋታተን ብኣድማዒ መገዲ ንኸጥቀማሉ ድማ ይሕግዘን።

ንኣሽቱ ሃገራት ኣብ መዳይ ንግዲ ጽግዕተኛ ናይ ሓያላት ሃገራት ክኾና ይኽእላ'የን። እዚ፡ ብታሪኻዊ ምኽንያታት (ንኣብነት መግዛእቲ) እንሓንሳእ ድማ ጂኦፖለቲካ ዝፈጠሮ ኵነታት ክኸውን ይኽእል። ናይ ንግዲ መሻርኽተን ከም ዝበዝሓ ምግባር ሓደ ካብቶም ፍታሓት ክኸውን የኽእል'ዩ። እዚ ሜላ'ዚ ንኻልኦት ኣማራጺታት ዕድል ይኸፍት። ኣብ መዋጥር ኣብ ዝኣተዋሉ እዋን መስተንፈሲ ንኽረኽባ ድማ ተኽእሎ ይፈጥር።

ከምቲ ኣብ ምዕራፍ 9 ዝተገልጸ፡ ንኣሽቱ ሃገራት ካብ ዋሕዲ ጸጋታተን ዝመንጨወ፡ ገዘፍቲ ቀወምቲ ሰራዊታት ንምምስራትን ንምምዋልን ዘለወን ተኽእሎ ኣሸጋሪ ክኸውን ይኽእል'ዩ። ከንዲ ዝኾነ ድማ ምስ ወተሃደራውን ቊጠባውን ዓቕመን ዘይመጣጠን ሓደጋታት ኲናት ከጋጥመን ይኽእል'ዩ። ንዓኣተን፡ እቲ እንኮ ኣማራጺ ንግትኣት ከም ሜላ ብዝግባእ ከም ዝጥቀማሉ ምግባር'ዩ። ነዚ ንምውሓስ ሰብ ኪዳን ምድላይን ኣብ ሓባራዊ ወተሃደራዊ ውዕላት ምእታውን ከም ኣማራጺ ክርእይኦ ዝግባእ ጕዳይ'ዩ። ቐጠር፡ ኢማራት፡ ጂቡቲ፡ ሃገራት ባልቲክ ወዘተ ከም ኣብነታት ክጥቀሳ ይኽእላ። ኣብ ውሽጢ ሓያላት ወተሃደራዊ ኪዳናት ኣባል ናይ ምዃን ተኽእሎ ምድህሳሳ ጸጥታዊ ውሕስነት ከረጋግጽ ዝኽእል ካልእ ናይ ግትኣት ሜላ'ዩ። ናይ ግጭት ኣፈታትሓ ሜላ ምምላኽ'ውን ካልእ ኣገዳሲ ዲፕሎማስያዊ ሜላ'ዩ።

ወገን ንኽትወስድ ዘገድደካ ጂኦፖለቲካ ናይ ሓያላት ሃገራት የጋጥም'ዩ። ኣብ ከምዚኦም ዝኣመሰሉ ኵነታት፡ ገለልተኛነት ከም ሜላ ምጥቃም የርብሕ'ዩ። እዚ ድማ ብድምጺ ካብ ምሃብ ናይ ምቍጣብ ስጕምቲ ይረጋገጽ። ብርክት ዝበላ ንኣሽቱ ሃገራት ኣብ ፖለቲካዊ ወጥሪ ኣብ ዝኣትዋሉ እዋን ከምዚኦም ዝኣመሰሉ መርገጽታት ምውሳድ ኣብ ዲፕሎማስያዊ ዓለም ይዝውተር'ዩ። ገለ ገለ ኣብነታት ንምጥቃስ፡-

ሲንጋፖር፡- ካብ ሓንቲ ድኻ ደሴት ናብ ዓውለማዊት ማእከል ዝተቐየረት ሃገር'ያ። ሓደ ካብቶም ዝተኸተለቶም ናይ ወጻኢ ሜላ ነቲ ምስ ሕቡራት መንግስታት ኣመሪካን ቻይናን ዘለዋ ዝምድና ሚዛን ምሕላው'ዩ። ሲንጋፖር፡ ምስ ሕ.መ.ኣ. ይኹን ቻይና ምዉቕ ዝምድና ኣለዋ። ንኽልቲኦም ከከም ገጾም ትኣልዮም። ምስ ኽልቲኦም ድማ፡ ንኣኣ ዘርብሕዎ ውዕላት ኣለዋ። እዚ ሜላ'ዚ ነቲ ንነዊሕ ዓመታት ዝተኸተለቶ ሜላ ገለልተኛነት ይሕግዞ።

ሩዋንዳ፡- ኣብ 1994 ዓ.ም. ኣብ ሩዋናዳ ኣብ ልዕሊ ሓደ ኤትኒካዊ ጕጅለ ዝተፈጸመ ጽንተት ንዓለም ኣሰንቢዱ'ዩ። ሩዋንዳ ኣብ ጐደና ድሕረ ጽንተታዊ ሕውየት ብምእታው ነቲ ዝተበላሸወ ዝናኣ ንምሕዋይ ብዕቱብ ሰሪሓትሉ። "ኣፍሪቃዊት ሲንጋፖር" ክንፈጥር ኢና ብዝብል ቴም ስማ ኣብ ቅድሚ ዓለም ኣማዕሪጋ። ሩዋንዳ ንእሽቶ ሃገር ክነሳ፡ ሓንቲ ካብተን ናይ ዲፕሎማሲ ኣካዳሚ ዝመስረታ ሃገራት'ሞ ንፉዓት ዲፕሎማሰኛታት ኣብ ምፍራይ እትርከብ ሃገር'ያ። እዚ ድማ መርኣያ ናይቲ ንዲፕሎማሲ ዝወሃቦ ዓቢ ኣቓልቦ'ዩ።

ብኣጠቓላሊ ክርእ እንከሎ፡ ንኣሽቱ ሃገራት ንብድሆታት ናብ ጸጋታት ንምልዋጥ ተዓጻጻፍነት ምርኣይ፡ ሰብኣዊ ዓቕመን ንምምዕባል ወፍሪ ምግባር፡ ከምኡ'ውን ፖለቲካኣን ኣብ ኣህጉራዊ ሕጊ ከም ዝድኰን ምግባር ኣገዳሲ'ዩ። ንኣሽቱ ሃገራት፡ ህላወአን ዘረጋግጻሉ፡ ሓያላት ንምኺን ብዝገብርኦ ጻዕሪ ዘይኮነስ ውሕሉል ዲፕሎማሲ ብምኽያድ'ዩ።

ፖሊሲ ወጻኢ ኤርትራ

ፖሊሲ ወጻኢ ኤርትራ ከም ሓደ ዝተሓላለኸ ሕንፍጽፉጽ ናይቲ ዞባ ዳይናሚክ፡ ኣብ ልዕልታ ሃገር ዝተፈጸመ ታሪኻዊ በደል፡ ከምኡ'ውን ባህርያት ውሽጣዊ ኵነታት ናይታ ሃገር ኮይኑ ክግለጽ ይከኣል። ፖሊሲ ወጻኢ ኤርትራ ንምርዳእ'ምበኣር ንዝምድናታት'ታ ሃገር ምስ ጐረባብታ፡ ኣረዳድኣኣ ንግዳማዊ ሓደጋታት፡ ከምኡ'ውን ባህሪ ናይቲ ንሃገር ዝመርሕ ዘሎ ፖለቲካዊ ስርዓት ምምርማር የድሊ።

ኤርትራ፡ ቀለስቲ ሓሳባት ንሕውየት ሃገር

ኣብ ታሪኽ ምልስ ኢልና እንተ ርኢና፡ እዛ ሃገር ንሓምሳ ዓመታት መመላእታ ኣብ ፖለቲካውን ዕጥቃውን ቃልሲ ተጸሚዳ ነይራ። እዚ ካብ 1941 ክሳዕ 1991 ዓ.ም. ዝዝርጋሕ ግዜ'ዩ። ንልዕሊ ሰላሳ ዓመታት ድሕሪ ናጽነት ድማ ኣብ ዲቕ ዝበለ ፖለቲካውን ዲፕሎማስያን ረጽምታት ተሸሚማ ጸኒሓ። ነዚ እቲ ኣብ መንጎ 1998 -2000 ዓ.ም. ኣብ መንጎ ኤርትራን ኢትዮጵያን ዝተኻየደ ኲናትን ብድሕሪኡ ዝሰዓበ ኣይሰላም ኣይኲናት ኲነታት ይድመሮ'ሞ፡ ፖለቲካዊ መልክዐ መሬት ናይዚ ዞባ ኣዝዩ ኣሻቃሊ ከም ዝኾነ ንምርዳእ ኣሸጋሪ ኣይከውንን።

ኣብ ኣርብዓታት፡ ሕቶ መሰል ርእሰ ውሳነ ኤርትራ ኣብ ዝተላዕለሉ እዋን ዘይከም'ተን ካልኦት ኣብ ትሕቲ መግዛእቲ ኢጣልያ ዝነበራ ሃገራት፡ ኤርትራ ምስ ኢትዮጵያ ኣብ ትሕቲ ፌደራላዊ ስርርዕ ከም እትጸንሕን ብኣኡ ኣቢላ ድማ ምስ ኢትዮጵያ ከም እትቍረንን ተገይሩ። እዚ ድማ ስትራተጅያዊ ረብሓታት ምዕራባውያን ሃገራት ንምምላእ ተባሂሉ ዝተወሰደ ውሳነ'ዩ ነይሩ። እዚ ክስተት'ዚ ኣብ ልዕሊ ደገፍቲ ናጽነት ዝኾኑ ኤርትራውያን ዜጋታት ዓቢ ቅሬታ ፈጢሩ።

ኣብቲ ኣብ መንጎ 1961 ክሳዕ 1991 ዓ.ም. ዝተኻየደ ዕጥቃዊ ቃልሲ፡ ኲነታት ፖለቲካ ዓለም ንኤርትራ ዘርብሕ ኣይነበረን። ኤርትራ ብዘይ ዝኾነ ደጋፊ ኣብ መንጎ ክልተ ደምበታት ተቐርቂራ ንጐበጣ ኣብ ምምካት ኣሕሊፋቶ። ድሕሪ ብዙሕ መስዋእቲ ዝተኸፍሎ ናይ ናጽነት ተጋድሎ ድማ ኣብ ዓለም መዳርግቲ ዘይብሉ ዓወት ተጐናጺፉ። ምዕራብ ብሰሪ'ቲ ኣብ ኣርብዓታት ኣብ ልዕሊ ኤርትራ ዝቐየሶ ፖለቲካ፡ ያታዊ መሻርኽቲ ኢትዮጵያ ኮይኑ ጸኒሑን ቀጺሉን።

ኣብ 1974-75 ዓ.ም. ኣብ ኢትዮጵያ ብዝተፈጥረ ሓድሽ ፖለቲካዊ ምዕባለ፡ እቲ ብሕብረት ሶቭየት ዝምራሕ ዝነበረ ማሕበርነታዊ ደምበ፡ ምስ ስርዓት ደርግ ወገን ወሲዱ ንፖለቲካዊ ጥሙሕ ስርዓት ደርግ ንምዕዋት ድማ ፖለቲካዊ፡ ዲፕሎማስያዊ፡ ቍጠባዊ፡ ከምኡ'ውን ወተሃደራዊ ደገፍ ሂቡ። ውድብ ሓድነት ኣፍሪቃ (ናይ ሕጂ ሕብረት ኣፍሪቃ) እውን ኣብ ልዕሊ ጉዳይ ኤርትራ ተጻባኢ መርገጺ ከም ዝነበሮ'ውን ክፍለጥ ይግባእ። ኣብ ከምዚ ዝኣመሰለ ኲነታት፡ ኤርትራ ብዘይካ ኣብ ናይ ገዛእ ርእሳ ዓቕሚ ምምርኳስ ካልእ ኣማራጺ ኣይነበራን። እቲ ርእሰ ምርኮሳ ዝብል ኣተሓሳስባ'ምበኣር ሽው ዝጀመረ'ዩ።

ካብ ናይ ገዛእ ርእሳ ዓቕሚ ሓሊፉ፡ ኤርትራ ወላ'ኳ ኣዝዩ ዘተኣማምን ኣይኹን'ምበር፡ ካብ ደገፍ ሃገራት ዓረብ ረቢሓ'ያ። ደገፍቲ ጉዳይ ኤርትራ ብደረጃታት ደገፎምን ምኽንያታቶምን ዝፈላለዩ ነይሮም። ንከም ግብጺ፡ ሱዳን፡ ዒራቕ፡ ሶርያ፡ የመን፡ ኣልጀርያ፡ ስዑድ ዓረብ፡ ክወይት፡ ቐጠር ወዘተ ዘጠቓለሉ ድማ ነይሮም።

ሓደ ካልእ ስትራተጅያዊ ምርጫ ኤርትራ፡ እቲ ምስ ኣብ ኢትዮጵያ ዝነበሩ ተቓወምቲ ሓይልታት ዝተገብረ ሽርክነታዊ ዝምድና'ዩ። ኣብቲ ጉዕዞ ዘጋጠመ ሓላፍ ዘላፍ ብዘየገድስ ድማ፡ እዚ ሜላ'ዚ ሽቶኡ ሃሪሙ'ዩ። ስርዓት ደርግ ፈሪሱ ህዝባዊ ግንባር ሓርነት ኤርትራ ኣብ ኤርትራ፡ ኢህኣደግ ድማ ኣብ ኢትዮጵያ ሓደስቲ ስርዓታት ምትካሎም እኹል ምስክር ናይቲ ኣብ ምሕዝነት'ዞም ክልተ ሓይልታት ዝተመስረተ ዓወት'ዩ።

ሓርነታውያን ምንቅስቓሳት ኤርትራ (ተ.ሓ.ኤን ህ.ግ.ሓ.ኤን) ምስተን ኣብ ምዕራባዊ ዓለም ነጢፈን ዝንቀሳቐሳ ዝነበራ ናይ ጸጋም ምንቅስቓሳት ድልዱል ናይ ስራሕ ዝምድና መስሪተን ተንቀሳቒሰን'የን። ነቲ ቃልሲ ምስቶም ዝውክልኦም ህዝብታት ብምልላይን ካብኡ ሓሊፈን ድማ ፖለቲካዊ፡ ሞራላዊ፡ ከምኡ'ውን ንዋታዊ ደገፋት ከም ዝረኽባ ኣብ ምግባርን ተጠቐቒመናሉ'የን።

ከምቲ ኣብ ምዕራፍ 8 ዝተጠቐሰ፡ ኤርትራዊ ዲያስፖራ ከም ዓቢ ሓይሊ ተወዲቡ ልዑል ኣበርክቶ ከም ዝገበረን ኣብ ቃልሲ ንናጽነት ኤርትራ ብዙሕ መስዋእቲ ከም ዝኸፈለን ክዝከር ዘለዎ ጉዳይ'ዩ። ህዝባዊ ግንባር ሓርነት ኤርትራ ይኹን ተጋድሎ ሓርነት ኤርትራ፡ ካብቶም ዓበይቲ ዓለማውያን ፖለቲካውያን ተዋሳእቲ (ምዕራባውያን ኣብ ዞርያ ኣመሪካ፡ እቲ ማሕበርነታዊ ደምበ ከኣ ኣብ ዞርያ ሕብረት ሶቭየት ነበር) ምስ ተነጸሉ፡ ኣብ ወጻኢ ሃገራት ብዝተወደበ ሓፋሽ ውዳበታቱ ኣቢሎም፡ ንዲያስፖራ ከም ሓደ ዓቢ ፖለቲካዊ ዓንዲ ሕቖን ናይ ገንዘብ ኣታዊ ምንጭን ተጠቒሞሙሉ'ዮም። ኣባላት ማሕበረሰብ ዲያስፖራ፡ ንፍትሓዊ ቃልሲ ህዝቢ ኤርትራ ምስ ዓለም ንምልላይ ሓያል ህዝባዊ ዲፕሎማሲ ኣካይዶም'ዮም። እዚ፡ ኣብ ምሕያልን ምውሓስ ዓወት ናይቲ ቃልስን ድማ ልዑል ኣበርክቶ ገይሮም'ዮም።

ድሕሪ ናጽነት

ከምቲ ልዕል ኢሉ ዝተጠቐሰ፡ ፖሊሲ ወጻኢ ኤርትራ ብናይታ ሃገር ታሪኽ ቃልሲ ንናጽነትን ዞባዊ ፖለቲካን ቅርጺ ዝለበሰ'ዩ። ፖሊሲ ወጻኢ ኤርትራ፡ ንርእሰ ምርኮሳ፡ ዘይሻራነት፡ ከምኡ'ውን ስትራተጅያዊ ጽምዶን ብዝብሉ ኣምራት ይልለ ዝብሉ ናይዚ ዞባ ክኢላታት ኣለዉ። ካልኦት ናይዚ ዞባ ክኢላታት'ውን፡ ኤርትራ ኣብ ናይ ወጻኢ ፖሊሲኣ ንዘይሻርነት ትመርጽ፣ ካብ ዓበይቲ ፖለቲካዊ ቀጽርታት ክትግለል ትህቅን፣ ንምዕራባውያን ሃገራት ድማ ብዓይኒ ጥርጣረ ትርኢ ዝብሉ ኣለዉ። እዞም ክኢላታት'ዚኣቶም፡ ኤርትራ፡ ምዕራባውያን ሃገራት ልዑላውነታ ንምግሃስ'ዩ ዝዕላምኦም ኢላ ትኣምን ይብሉ።

መንግስቲ ኤርትራን ኢትዮጵያን - ኣብ ሓደ እዋን ዝተኸስተ ምዉቕ ዝመስል ዝምድና ብዘየገድስ - ኣብ ተጻባእነት ዝተመስረተ ዝምድና ከሳስዩ ጸኒሖም'ዮም። ኤርትራን ጂቡቲን ብምስምስ ዶብ ኣብ ወጥሪ ጸኒሐን'የን። ኤርትራ ምስ ናይ ወሽመጥ ሃገራት ደሓን ዝምድና ጸኒሕዋ'ዩ። ገለ ገለ ተመራመርቲ ፖለቲካ፡ ክልቲኦም ወገናት (ማለት ሃገራት ወሽመጥ ዓረብን ኤርትራን) ንሃይማኖታዊ ጥሩፍነት ስለ ዘኹንኑ'ዮም ደሓን ዝምድና ዘለዎም ድማ ይብሉ።

ኤርትራ ምስ ቻይና ይኹን ሩስያ ኣብ ወፍርን ዲፕሎማስያዊ ደገፍን ዝተመርኰሰ ዝምድና ከተማዕብል ጸኒሓ'ያ። ኣብ ማእከላይ ምብራቕ'ውን እንተኾነ፡ ዝምድናኣ ምስ ሃገራት ዓረብ በቲ ሓደ ወገን፡ በቲ ካልእ ድማ ምስ ኢራን ሚዛኑ ዝሓለወ ኮይኑ ጸኒሑ'ዩ።

ኤርትራ ብሰንኪ'ቲ እተሳሰዮ ኣብ ውልቀ ምልኪ ዝተመስረተ ስርዓተ ምሕደራን ኣብ ዘይምርግጋእ ቀርኒ ኣፍሪቃ ዝገበረቶ ኣስተዋጽኦን፡ ካብ ማሕበረሰብ ዓለም ተነጺላ ጸኒሓን ኣላን። ሕቡራት ሃገራት፡ ኣብ መንጎ 2009 – 2018 ዓ.ም. ኣብ ልዕሊ ኤርትራ ዝገበሮ እገዳ ምጥቃስ ጥራይ ኣኻሊ'ዩ። እዚ፡ ኤርትራ ንብኣልሸባብ ዝፍለጥ ሶማላዊ ጥሩፍ ፖለቲካዊ ምንቅስቓስ እትህቦ ብዝነበረት ደገፍ ዝብገስ'ዩ ነይሩ።

ኤርትራ ምስ ጐረባብታ ኣብ ሓድሕዳዊ ማዕርነትን ሓድሕዳዊ ምክብባርን ዝተመስረተ ምውቕ ዝምድና ኣይጸንሓን። ምውቕ ዝምድና ንኽትኵስኵስ'ውን ኣብ ኣጀንዳ ፖሊሲ ወጻኢኣ ዝነበረ ኣይመስልን። እቶም ኣብ መንጎ ኤርትራ በቲ ሓደ ወገን፡ ጐረባብታን (የመን፡ ጂቡቲ፡ ኢትዮጵያ ብገለ ደረጃ'ውን ሱዳን) ከኣ በቲ ካልእ፡ ዝተኸስቱ ወተሃደራዊ ረጽምታት ናይዚ መርኣያ'ዮ። ብፍጹም ኣድላይነት ድማ ኣይነበሮምን። ኵሎም'ዞም ክስተታት'ዚኣቶም ነናይ ባዕሎም ጠንቅታት'ኳ እንተ ነበሮም፡ ኣብ መኣዲ ዘተ ክፍትሑሉ ዘይክእሉሉ ምኽንያት ግን ኣይነበረን።

ኤርትራ፡ ኣብ ልዕሊ ከም ኢጋድን ሕብረት ኣፍሪቃን ዝኣመሰላ ዞባውያን ኣካላት፡ ከምኡ'ውን ኣብ ከም ብዓል ሕቡራት ሃገራት ዝኣመሰላ ኣህጉራዊ ውድባት ብዝጸንሓ ዝሑል ዝምድና፡ ካብ ማሕበረሰብ ዓለም ንኽትርሕቕ ኣኽኢሉዋ'ዩ። ንወራር ሩስያ ኣብ ዩክሬን ብምድጋፍ ምስ ከም ብዓል ሰሜን ኮረያን ቤላሩስን ዝኣመሰላ ሃገራት ምትእስሳራ፡ ነቲ ኣብ ውሽጢ'ቲ መንግስቲ ኤርትራ ሰፊኑ ዘሎ ርኹስ ኣተሓሳስባ ዘንጸባርቕ'ዩ። ኤርትራ ኣብዚ ቀረባ ግዜ ኣብ ልዕሊ ፍልስጤም ዝወሰደቶ መርገጺ'ውን ንዓለም ኣገሪሙ'ዩ።

ናይ ኤርትራ ፍርሒ ንኻልኦት ሓይልታት፡ ብዝበለጸ በቲ ባዕላ ዝፈጠረቶ ተነጽሎ ዝመንጨወ'ዩ። ከምኡ'ውን በቲ "መጁኒ" ዝብል ናይ ራዕዲ ባህሪ'ውን ይግለጽ።

ፖሊሲ ወጻኢ ኤርትራ መኸተኣዊ (defensive)፡ ፕራግማቲክ፡ ከምኡ'ውን ንልኡላውነት ማእከል ዝገበረ'ዩ ዝብሉ ተንተንቲ ፖለቲካ ኣለዉ። እቲ ስርዓት ካብ

ምስ ከባቢኡ ተወሃሂዱ ክኸይድ፡ ኣብ ህላወኡ ዝያዳ ዝግደስ ይመስል። ወላ'ኳ ምስ ከም ቻይና ዝኣመሰላ ሃገራት ስትራተጅያዊ ሽርክነት ክምስርት ዝህቅን እንተኾነ፡ ምሉእ ብምሉእ ወገን ክወስድ ዝደሊ ግን ኣይመስልን። ተርኡ ኣብቲ ዞባ ኣካታዒ'ዩ። ኣብ መንጎ ግጭትን ዲፕሎማስን ዘንሳፍፍ ዘሎ ድማ ይመስል ድማ ይብሉ።

ከምቲ ኣብ ምዕራፍ 9 ዝተጠቕሰ፡ መንግስቲ ኤርትራ ዝኽተሎ ዲፕሎማሲ ኣብ ሰረተ እምነት ግትኣት ማእከል ዝገበረ ኮይኑ ኣይንርእዮን። ናይቲ ስርዓት ናይ ሃገራዊ ጸጥታ ሰረተ እምነት ኣብቲ ህቡብ "ኣብ ባይታ ሓቅታት ፍጠር ደሓር ተላዘብ" ዝብል ፍልስፍና ዝምርኰሰ'ዩ። እቲ ሰረተ እምነት፡ ንኹናት ከም ናይ መጠረሽታ መዋጽኦ ወይ ድማ ኩሉም ኣማራጺታት ሰላም ምስ ተጸንቀቑ ዝውሰድ ናይ መጠረሽታት ስጉምቲ ገይሩ ዝርኢ ሰረተ እምነት ኣይኮነን። ናይ መንግስቲ ኤርትራ ሰረተ እምነት ህላወ ኣብ ዲፕሎማስን ልዝብን ዝዘዘወ ኣይኮነን። ከምኡ ክንዲ ዝኾነ ድማ ኤርትራ ልዑላውነታ ካብ እተውሕስ ጀሚራ ክሳዕ ሕጂ ኣብ ዘየቋርጹ፡ ሰብን ቍጠባን ዝበልዑን ዘባኽኑን ጐነጻዊ ረጽምታት ተሸሚማ ትርከብ። ከም ሳዕቤኑ ድማ፡ ኤርትራ ብቍጠባ ተረሚሳን ካብ ዓለም ተነጺላን ንርእያ ኣለና።

ጠንቅታት ሰረተ እምነት ፖሊሲ ወጻኢ ኤርትራ

እዞም ኣብ ላዕሊ ዝተጠቕሱ ክሳዕ ሕጂ ኤርትራ ክትከተሎ ዝጸንሐት ፖሊሲ ወጻኢ ብርክት ዝበሉ ጠንቅታት'ኳ እንተለዎም፡ ብኣጠቓላሊ ግን ኣብዞም ዝስዕቡ ክጠቓለሉ ይኽእሉ፦

እቲ ቀዳማይ ምኽንያት እቲ ኤርትራ ንኣከያይዳ ዓለም ኣብ ዝምልከቱ ሕቶታት ኣዕጋቢ ዝኾነ መረዳእታ ዘይምህላዋ ዝብገስ'ዩ። ዓለም ካብ ዝኾነ ይኹን እዋን ንላዕሊ ኣብ መንጎ ሓድሕዳ ምትእስሳር ፈጢራ ኣላ። ዓውለማዊ ጥርናፌ፡ ውልቀ ሃገራት ነንበይነን ብምኽንያ ክስሰናስ ይትረፍ፡ ህላወአን ከረጋግጻ'ውን ዘየፍቅድ ሃዋህው'ዩ ፈጢሩ ዘሎ። ሓንቲ ሃገር፡ ኣብዛ ብዓውለማዊት ጥርናፌ ኣትልለ ዓለም ህላወኣ ከተውሕስ፡ ሕግታት ጽምዶ ክትርዳእ ኣለዋ። ነዚ ምስ ዘይትርዳእ ድማ ክትዳኸምን ካብ ዓለም ክትንጸልን ዘለዋ ተኽእሎ እናዓበየ ይመጽእ። ብዛዕባ ሕግታት ኣከያይዳ ዓለም ኩሉ መዳያዊ ግንዛበ ወይ ርድኢት ምምዕባልን ምስቲ <u>ብዝሓ ቀጽራዊ</u> ዓለማዊ ስርዓት ንምጕዓዝ ዘድሊ ጥበባት ምኽዕባትን'ምበኣር ፈቲያ ጸሊኣ ዝኾነ ልኡላዊት ሃገር ክትስግሮ ዘይትኽእል ሓቂ'ዩ።

ዓለም ብዝሓ ቀጽራዊት ንኽትከውን ዝደረኹ ረቛሒታት ብርክት ዝበሉ'ኳ እንተኾኑ፡ እቶም ቀንዲ ግን ነዞም ዝስዕቡ ክጠቓልሉ ይኽእሉ፦

(ሀ) ብሰንኪ ማኣለያ ዘይብሎም ወጻኢታት ዝሓቱ ኩናታትን ውሽጣዊ ምግምማዕን ዝጠንቁ ናይ ሕ.ሃ.አ ተዛማዲ ምንቍልቛል፣

(ለ) ትንሳኤ ናይ ቻይና ከም ሓንቲ ተወዳዳሪት ቍጠባውን ወተሃደራውን ሓይሊ፣

(ሐ) ዳግመ ምብርባር ሩስያ ከም ሓንቲ ዘራጊት ቍጠባውን ጽዓታውን ሓይሊ፣

(መ) ቍጠባዊ ዕብየት ህንዲ፡ ኢንዶንዥያ፡ ብራዚል ከምኡ'ውን ካልኦት ዓበይቲ ዝቖልቀላ ዘለዋ ቍጠባታትን

(ሰ) ንዝርግሐ ተክኖሎጅን ርእሰማልን በቲ ሓደ ወገን፡ በቲ ካልእ ድማ ንትንሳኣኤ ሓደስቲ ሓይልታት ዘቀላጠፈ ስርዓታዊ ጽልዋ ዓውለማውንት

እቲ ልሙድ ዓውለማዊ ኣካይዳ (ወላ'ኳ ኩለን ልዑላውያን ሃገራት ከዘውትርኦ ዘይርአያ እንተኾና)፡ ንረብሓ ካልኦት ኣብ ሓደጋ ከየእተኻ፡ ሃገራዊ ረብሓኻ ንምድንፋዕ ዝዓለመ ስራሕ ምስራሕ ማለት'ዩ። ኣብ ኣህጉራዊ ዲፕሎማሲ፡ ኩሎም ተቓናቕንቲ ኣካላት መኽሰብ ዝረኽቡሉ ኩነታት ምፍጣር ማለት'ዩ። ሓደ ሓደ ኣህጉራዊ ደምብታት ብምግንዛብን ብምኽባርን ናይ ሓባር ባይታ ብምልላይን ብምጥጣሕን፡ ሃገራት፡ ዞባዊ ስኒት፡ ምርግጋእ፡ ከምኡ'ውን ዕብየትን ብልጽግናን ከበጋግሳን ካብ ነንሕድሕደን ዝመሃሃራሉ መገዲ ክፈጥራን ክናበባን ይኽእላ እየን። መንግስቲ ኤርትራ ነዞም ልዕል ኢሎም ዝተጠቕሱ መርሓ ሕንጻጻት ፖሊሲ ወጻኢ ክሳዕ ሕጂ ዝተረድኦ ኣይመስለን።

እቲ ካልኣይ፡ እቲ ስርዓት ኣስመራ፡ ኣብ ኣብ ልዕሊ ካልኦት ሓያላት ምዕራባውያን ሃገራት ዘለዎ ናይ ምጥርጣራ መንፈስ'ዩ። ከምቲ ልዕል ኢሉ ዝተጠቕሰ፡ ኤርትራ፡ ናይ ምዕራብ ፖሊሲ ኣብ ልዕሊ ኤርትራ ንልኡላውነት ንምግሃስ'ዩ ዝዕላምኡ፡ ክንዲ ዝኾነ ድማ ኣብ ልዕሊ ኤርትራ ተጻባኢ ፖሊሲ'ዮም ዝኽተሉ ዝብል እምነት ኣለዋ። ዓመት መጸ ዓመት ከደ (መዓልቲ ናጽነት ከምኡ ድማ ኣብቶም ልሙዳት ኣብ ኤሪቲቪ ወጺኡ ዝገብሮም ኣሰልቸውቲ ቃለ መሕትታት)፡ ፕረሲደንት ሃገረ ኤርትራ ኣብ ደገ ወጺኡ ንምዕራባውያን ሃገራት ዝገብሮ ዘለፋታት እኹል መረዳእታ ናይቲ ኤርትራ ኣብ ልዕሊ ምዕራብ ዘለዋ ፖሊሲ ወጻኢ'ዩ። እናሻዕ ድማ፡ ኤርትራ ምስ ምዕራብ ዘለዋ ዝምድና ንምምሕያሽ ሓደ ሓደ ተበግሶታት ክትወስድ ትርአ'ያ። ግንከ ቀዋምነት የብሉን። ገለ ገለ ኣብነታት ንምጥቃስ ዝኣክል፡-

(ሀ) ኣብ 2003 ዓ.ም. ኣብ እዋን ኲናት ዒራቕ፡ ኤርትራ፡ ኣብ ዓለማዊ መድረኽ ኣስተዋጽኦ ንምግባር ዘለዋ ድሌት ብምርኣይ፡ ናብቲ ብኣመሪካ ዝተመልመለ

ብጐጅለ ልፍንቲ ፍቓደኛታት (Coalition of the Willing) ዝፍለጥ ሰራዊት ክትጽንበር ድሌታ ገሊጻ ነይራ።

(ለ) ኤርትራ፡ ኣመሪካ ኣብ ደሴታት ዳህላክ ወተሃደራዊ መዓስከር ንኽትሃንጽ'ውን ፍቓደኛ እያ ነይራ። ኣብ 2002 ዓ.ም. ዘ ዋሽንግተን ፖስት እተባህለ ጋዜጣ፡ ነቲ ኣብ መንጎ ኣመሪካን ኤርትራን ብሎቢስት (ኣማለድቲ ወይ ደለልቲ) ዝድገፍ ዝነበረ ቀጻሊ ልዝብ ኣቃሊዓቶ ነይራ።

(ሐ) ወላ'ኳ ዝርዝራቱ ንህዝቢ ኣይገለጽ'ምበር፡ ኤርትራ ምስ ኢጣልያ ኣብዚ ቀረባ ግዜ ዝተፈራረመቶ ውዕል ሓደ ካልእ ኣብነት'ዩ።

ኣብዚ ቀረባ እዋን፡ ኣብ ዝተፈላለዩ ዞባውያን መድረኻት (ከም ኣብ ቻይና፡ ሩስያ፡ ደቡብ ኣፍሪቃ፡ ኬንያን ስዑዲ ዓረብን ብፕረሲደንት ኢሳይያስ ዝቐረቡ መደረታት) ናይቲ ፕረሲደንት ዘይርጉእ ኵነተ ኣእምሮ ብዘየወላውል መገዲ ይሕብሩ። ንዜጋታቱ መባእታዊ ናይ መነባብሮ ኵነታት ከመቻችእ ዘይከኣለ መራሒ፡ ብዛዕባ ዓበይቲ ዓለማዊ ስትራተጂታት ክትንትን ክፍትን እንከሎ ንዝዕዘብ ሰብ ኣዝዩ ዘገርም'ዩ።

ኣብዚ ቀረባ ግዜ፡ መንግስቲ ኤርትራ ብዘይ ኣፍልጦ ሃገራዊ ባይቶን ካቢነ ሚኒስተራትን ኣባልነቱ ካብ ኢጋድ ከም ዝሰሓበ ዘውጻኦ መግለጺ ሓደ ርእሱ ዝኸኣለ መግለጺ ናይቲ ዕንደራውን ግጉይን ፖሊሲ ወጻኢ'ዩ።

ኤርትራ ናብ ኢጋድ ብ1993 ዓ.ም. ተጸንቢራ። ክልተ ግዜ (ሓንሳብ ኣብ 2007 ዓ.ም. እንደገና ድማ ኣብ ታሕሳስ 2025 ዓ.ም.) ድማ ስሒባ። እቲ ዳሕረዋይ፡ ድሕሪ'ቲ ኣብ 2023 ዓ.ም. ኣብ ኢጋድ ንዝነበራ ኣባልነት ድሕሪ ምብርባራ'ዩ። ምኽንያት መስሓቢኡ እቲ መንግስቲ ዝተፈላለዩ ምስምሳት ዘቕርብ'ኳ ኣንተኾነ፡ እቲ ቀንዲ ምኽንያት ግን ፕረሲደንት ኢሳይያስ ንዝኾነ ንሱ ክቈጻጸሮ ዘይክእል ውድብ ዘይጻወር ምዃኑ'ዩ።

እቲ ሳልሳይ ምኽንያት እቲ መንግስቲ ኤርትራ - ፕረሲደንት ኢሳይያስ ድማ ብፍላይ - ብዛዕባ ነብሱ ዘለዎ ዕብደተ ኣንነትን (ego) ኣብ ልዕሊ ዓለም ዘለዎ ርኡይ ንዕቀትን'ዩ። ነዚ ኣመልኪተ ኣብቲ ብ2001 ዓ.ም. ቴድሮስ ተስፋይ ብዝብል ብርዒ ስም ዝጸሓፍክዎ ሓተታ ምጥቃስ ኣካሊ'ዩ፡-

> እቲ ሰልፊ (ህዝባዊ ግንባር ንደሞክራስን ፍትሕን)፡ ንኢትዮጵያ፡ ኡጋንዳ፡ ሱዳን፡ ኮንጎ፡ ከምኡ'ውን ነቲ ዞባን ዓለም ብሓፈሻን እንታይ'ዩ ዝጠቕሞም ንሱ ጥራይ'ዩ ዝፈልጥ። ከምኡ'ውን ንኣህጉራውያን ዘይመንግስታውያን ውድባት ዝጠቕሞምን

> ዘይጠቕሞምን ነገራት። እቲ ሰልፊ፡ ካልኦት ኣካላት ናይ ገዛእ ርእሶም ረብሓታት ከከላኸሉ ከም ዝብህጉ፡ ዝኣምኑሎም ክብርታትን ከምኡ'ውን ዘሰኹምዎም ሓሳባትን ከም ዘለዎም ኣይርዳእን። እቲ ሰልፊ፡ ካልኦት ብኸመይ ከም ዝሓስቡ ኣፍልጦ የብሉን። ክርድኦ ኣይፍትንን'ውን። (ቴድሮስ ተስፋይ፣ 2001)

ኣብ ካልእ ዘይነብ ዓሊ ብዝብል ብርዒ ኣብ ዝተጻሕፈ ሓተታ፡ ንባህሪ ናይቲ ስርዓት ብኸምዚ ዝስዕብ ገሊጸዮ ኣለኹ፡-

> እቲ መንግስቲ ተንኳዩ ዝኾነ ፖሊሲ ወጻኢ የሰላስል። ብድዐ፡ እምነ ኩርናዕ ፖሊሲ ወጻኢኡ'ዩ። ንኻልኦት ምሽዳድ (bullying) ስርሀይ ኢሉ ይተሓሓዞ። ናይቲ ፕረሲደንት ጠባይ ናይ ሓደ ምኩር መራሒ ጠባይ ኣይኮነን። ኣፈታትሓ ሽግራት ምስ ካልኦት ሃገር ብዝምልከት፡ እቲ ስርዓት፡ ንኣህጉራዊ ደንብታት ኣይክተልን። ዘይምርድዳኣት ወይ ረጽምታት ንምፍታሕ ዲፕሎማስያዊ መስመራት ኣይጥቀምን። ንቛንቋ ዲፕሎማሲ ብሓይሊ ተኪእዎ። ዝምድናታቱ ምስ የመን፡ ሱዳን፡ ኢትዮጵያ፡ ከምኡ'ውን ጂቡቲ ከም ኣብነታት ክጥቀሱ ይኽእሉ። ቂምተኛን ናይ ሕነ ምፍዳይ ጠባይን ኣለዎ። ሕንግድንኡ ኣብቲ መጀመርያ መድረኽ ናይቲ ምስ ኢትዮጵያ ዝተኸስተ ናይ ዶብ ዘይምርድዳእ ብሰላማዊ መገዲ ንምፍታሕ ዝተወሰደ ተበግሶ ተራእዩ። ዕንደራዊ ናይ ወጻኢ ፖሊሲኡ ኣብቲ ደሞክራሲያዊት ረፑብሊክ ኮንጎን ሶማልያን ተጋሂዱ። እቲ ስርዓት፡ ሃገራዊ ረብሓታቱ ኣብ ትሕቲ ዝኾነ ይኹን ኩነታት እንተላይ ብዋጋ ረብሓታት ካልኦት ሃገራት ከውሕስ ይህቅን። (ዘይነብ ዓሊ፣ 2021)

እቲ ራብዓይ፡ እቲ ዘይላገብ ወይ ተጋራጫዊ ፖሊሲ ወጻኢ ናይቲ ስርዓት'ዩ። እዚ ድማ ፖሊሲ ወጻኢ መንግስቲ ኤርትራ ኣብ መጽናዕቲ ዘይተመርኰሰ ምኺኑ ወይ ድማ ሃገራዊ ራእይ ወይ ፕሮግራም ከም ዘይብሉ'ዩ ዘግህድ። ሓደ ሓደ ግዜ እቲ ኣብ ኣስመራ ዘሎ ውልቀ መላኺ ሓደ ነገር ክሳሲ ጸኒሑ፡ ግልብጥ ኢሉ ካብ ደገ ንዝመጹ ዕቱባት መጠንቀቕታታት ረድዩ ክቕበሎም ይርአ'ዩ። እዚ ማለት ድማ እንሓሳእ እቲ ድርቅንኡ ውሒጡ ንጸቐጢ ናይ ግዳም ሓይልታት ተማእዚዙ ክኸይድ ይርአ'ዩ። ንድሕነቱ ክብል ስሙ ክጥቀሰሉ ዘይደሊ ብዓል ስልጣን፡ ነዚ ኣመልኪቱ ነዞም ዝስዕቡ ኣብነታት የቕርብ፡-

ቀዳማይ፡ ኤርትራ ምስ ጂቡቲ ዝነበራ ምፍሕፋሕ ኣብ ባይቶ ጸጥታ ሕቡራት ሃገራት ምስ ቀረበ፡ ብዘይ ሓደ ወግዓዊ ውሳነ፡ ዝኾነት ኣብቲ ከባቢ እትርከብ ዓውለማዊት

ሓይሊ ናይ መኣረምታ ስጉምቲ ክትወስድ ኣብ ዕጹው ማዕጾ ኣብ ስምምዕ ተበጺሑ። እቲ ኣብ ኣስመራ ዘሎ ውልቀ መላኺ፡ ነዚ መጠንቀቕታ ምስ ሰምዐ ተቐላጢፉ ንኣሚር ናይ ቐጠር ደዊሉ ንናይ ግሎባውያን ሓይልታት ጠለባት ብቕጽበት ከማልእ ድሉው ምዃኑ ገሊጹሉ። ቐጠር ከይወዓለት ከይሓደረት ተበግሶ ብምውሳድ ዓቃቢ ሰላም ሰራዊት ልኢኻ። እዚ ኣብ ውሑዳት መዓልታት'ዩ ተፈጺሙ።

ካልኣይ፡ እቲ ካልኣይ ኣብነት ናይ ምእዙዝነት፡ ኢማራት ኣብ ወደብ ዓሰብ ወተሃደራዊ ነቑጣ ንምርካብ ንዝገበረቶ ፈተነ ዝምልከት'ዩ። ኤርትራ ንናይ የመን ሁቲ ሚልሻ ትድግፍ ዝብል ክሲ ብወግዒ'ኳ እንተ ዘይቀረበላ፡ ሓደ ንግሆ፡ ኣብ ማይ ዕዳጋን ዕደና ወርቂ ቢሻን ደብዳብ ነፈርቲ/ሚሳይል ምስ ተፈጸመ፡ ንዕለቱ ኢማራት ኣብ ወደብ ዓሰብ ወተሃደራዊ ነቑጣ ክትምስርትን ኣንጻር የመን ክትጥቀመሉን ክኢላ። እቲ ክሲ ሓቂ እንተ ነይሩ፡ እዚ ፍጻመ'ዚ ኣብ ኣሰላልፋ ሓይልታት ለውጢ ዝገበረ እምነ ምዕራፍ (mile-stone) እዩ ነይሩ።

ሳልሳይ፡ እቲ ሳልሳይ ፍጻመ ነቲ ኣብ መንጎ ኤርትራን ኢትዮጵያን ዝተኸስተ መራሕቲ ክልቲኤን ሃገራት ኣብ በበይኖም ኣጋጣሚታት "ትርጉመ ኣልቦ" ኢሎም ዝጸውዕዎ ኲናት ዝምልከት'ዩ። እዚ ኤርትራ ብኣህጉራዊ ማሕበረ ሰብ ዝተጀመረ ናይ ሰላም ተበግሶ ተሓሲማ ድሕሪ ምጽናሕ፡ ንኸተተግብሮ ዝተቐበለቶ ናይ ሰላም እማመ'ዩ። እዚ ድማ ድሕሪ'ቲ ሰራዊት ኢትዮጵያ ዓቢ ክፋል መሬት ኤርትራ ምሓዙ ዝተኸስተ ጉዳይ'ዩ።

መደመደምታ

ሃገራት፡ ጐረባብተን ክመርጻ ኣይክእላን እየን። ዕጫ ጐረባብቲ ሃገራት ድማ ኣብ ነንሓድሕዱ ዝተኣሳሰረ'ዩ። ኣብ ጐረቤት ዝፍጠር ለውጢ፡ ንውልቃውያን ሃገራት ክጸልወን ተኽእሎ ኣሎ። ብዘይካ'ዚ፡ ጐረባብቲ ሃገራት ተመሳሳሊ ብድሆታት የጋጥመን'ዩ። ክሊማዊ ለውጢ፡ ሕቶ ስደተኛታት፡ ዝተፈላለየ ቅርጽን መልክዕን ዘለዎ ፖለቲካዊ ጥሩፍነት ምቕላስ፡ ከምኡ'ውን ወፍሪ ኣንጻር ዘይሕጋዊ ምስግጋር ደቂሰባት፡ ዕጸ ፋርስን ካልኦት ዘይሕጋውያን ናይ ንግዲ ንጥፈታትን ከም ኣብነታት ክጥቀሱ ይኽእሉ።

ኣብ መንጎ ጐረባብቲ ሃገራት እንተስ ዶብ፡ እንተስ ካልኦት ረቛሒታት ዝድርኾዎም ምስሕሓባት ክህልዉ ታሪኽ ናይ ዓለምና ዝምስክሮ ጉዳይ'ዩ። ንምፍትሒሑ ድማ ኣብ

ኣህጉራዊ ሕግን ደንብን ካብ ምምርኳስ ሓሊፉ ካልእ ኣማራጺ የለን። ውግእ እቲ ናይ መጨረሽታ ኣማራጺ'ዩ ክኸውን ዝግብኦ። ንዓሰርተታት ዓመታት ዝቐጸለ ናይ ዶብ ምስሕሓብ ዘለወን ሃገራት ውሑዳት ኣይኮናን። ልዝብን መንጎኛነት ሳልሳይ ኣካላት እናቐጸለ ግን ካብ ጐደና ልምዓት ኣይተኣልያን። መስርሕ ዕብየተን ድማ ኣይጐሰይአን።

ኣብ መትከላት ሽርክነትን ኣብ ሓድሕዳዊ ምትሕግጋዝን፡ ምኽባር ልኡላውነትን ግዝኣታዊ ሓድነትን ዝተሰረተ ምስ ጐረባብቲ ሃገራት ዝካየድ ምዉቕን ልባውን ዝምድናታት ምፍጣር ንርግኣት ዝኾነት ትኹን ሃገር ወሳኒ'ዩ። እዚ ኾነት'ዚ፡ ካብ ምውሓስ ሃገራዊ ድሕነት ሓሊፉ፡ ነተን ኣብ ሓደ ዞባ ዝርከባ ሃገራት ርጉእን ብልጹግን መጻኢ ንኽፈጥራ መሰረት ክኸውን ይኽእል። እቲ ዞባ፡ ብዘይ ምርግጋእ ዝልለ ምስ ዝኸውን፡ ነቲ ኰነታት ንምምእዛንን ንምምራሕን ንምብዳህን ንምጽዋርን ዘኽእል ዓቕሚ ንምድላብ'ውን ተወሳኺ ጻዕሪ የድሊ።

ስለዚ፡ ኤርትራ ቀዳምነት ክትህቦ ዘለዋ ጉዳይ ብዛዕባ ዓለማውን ዞባውን ፖለቲካ ናይ ርድኢት ዓቕማ ምኽዕባት፡ ምስኡ ጐኒንጐኒ ድማ ዞባዊ ስኒት ንምርግጋጽ ዝዓለመን ነቲ ክመጽእ ዝኽእል ምትፍናን ንምዝሓል ዝሕግዝ ፖሊሲ ወጻኢ ምሕንጻጽን ምትግባርን'ዩ።

እቲ ኣብ መንጎ ኤርትራን ኢትዮጵያን ዝተኸፈተ'ሞ እዚ ዘይበሃል ዕንወት ዘብጽሐ ኲናት፡ ብመሰረቱ ክኸውን'ውን ኣይነበሮን። ከምቲ መራሕቲ ክልቲኤን ሃገራት ኣብ በበይኖም ኣጋጣሚታት ዝገለጽዎ እቲ ኲናት "ትርጉመ ኣልቦ ኲናት" እዩ ነይሩ። ከም ብርክት ዝበሉ ተንተንቲ ፖለቲካ ዝብልዎ፡ እቲ ጉዳይ፡ ኣብ ናይ ዶብ ምስሕሓብ ጥራይ ዝተሓጽረ ግን ኣይነበረን። ካብ ዶብ ሓሊፉ ኣብቲ ጂኦፖለቲካ መን ዓብለለ፡ መን ዝያዳ ጸለወ፡ ብፖለቲካን ቍጠባን ወተሃደራውን መን ሓያል ኮይኑ ወጸ ኣብ ዝብሉ ምስምሳት ዝተመርኰሰ'ዩ ነይሩ። ከም ናይ ንግዲ ልውውጣት፡ ባጤራ፡ ካልኦት ንዕኦም ዝመስሉ ረቛሒታት'ውን ኣብቲ ምስሕሓብ ኣበርክቶ ገይሮም'ዮም።

ኣብ መጨረሽታ ድማ ኣብ ጠረጴዛ ክጅመርን ኣብ ጠረጴዛ ክዛዘምን'ዩ ነይርዎ። ክልቲኦም ስርዓታት ነዚ ብድሆ'ዚ ብሜላን ውሕልነትን ክኣልዩ ዘምፍታኖምን ዘይምኽኣሎምን ነጸብራቕ ናይ ፖለቲካዊ ዘይብስለቶም'ዩ። ስርዓት ኢትዮጵያ ነቲ ይግባይ ዘይበሃሎ ብይን ዶብ ሕቡራት ሃገራት ዘይምቕባሉ ይቕረ ዘይበሃሎ ፖለቲካዊ ጌጋ'ዩ ፈጺሙ። እቲ ኰነታት ከም ዝብእስ ኣብ ምግባር ድማ ዓቢ ተራ ነይርዎ። ዓለም ነዚ ምዕባለ'ዚ (ናይ ስርዓት ኢትዮጵያ እምቢታ) እናረኣየት ምጽቃጣ ድማ ብዝለዓለ ደረጃ ዝግለጽ ምስሉይነት ኣንጸባሪቓ። ብኸውሉ መለከዒታት ድማ ክኹነን ዝግብኦ ተግባር'ዩ።

ምዕራፍ 11

ኣህጉራዊ ልምዓት፡ ካብ ጒይትነት ናብ ሽርክነት

ረድኤት ኣብዚ እዋን'ዚ

ኣብዚ ቀረባ እዋን ኣብ ትሕቲ ምምሕዳር ትራምፕ ብዩ.ኤስ.ኣይ.ኣይ.ዲ. (USAID) ዝመሓደር ዝነበረ ናይ ወጻኢ ሓገዝ ደው ምባሉ ኣብ ዝተፈላለዩ ኵርንዓት ዓለም ሰፊሕ ዘተን ስክፍታን ፈጢሩ ኣሎ። እዚ ሃንደበታዊ ምቍራጽ ልምዓታውን ሰብኣውን ረድኤት፡ ንዋሕዚ'ቶም ብመልክዕ ረድኤት ንተጠቀምቲ ሃገራት ዝወሃቡ ዝነበሩ ሓደሓደ ኣድለይቲ ነገራት ዝምልከት'ዩ። ኣብ ከም መሰረታዊ ጥዕና፡ ትምህርትን ካልኦት ህጹጻት ማሕበራዊ ኣገልግሎታትን ዝኣመሰሉ ኣገደስቲ ጽላታት ድማ ጽልዋ ገይሩ ኣሎ። ናይዚ ውሳነ'ዚ ጽልዋ ኣብ ውሽጢ ማሕበረሰብ ዓለም ጫቝጫቕ ፈጢሩ ጥራይ ዘይኮነስ፡ ንሓያሎ ኣብ ከምዚ ዝኣመሰለ ምጽወታ ዝምርኰሱ ዝነበሩ መንግስታት'ውን ኣዳህሊሉዎም'ዩ። ከምዚ ዝበለ ናይ ፖሊሲ ለውጢ፡ ንኣመሪካ ኣብ ዓለማዊ መድረኽ ከም ኣገዳሲት ተዋሳኢት ዘቍጽራ ዝነበረ ስእሊ ኣህሲሱዎ ኣሎ። ካልኣዊ ሳዕቤናት ናይዚ ስጒምቲ'ዚ እቲ ብሰንኪ እቲ ሃንደበታዊ ደውታ ምወላ፡ ኣብ ውሽጢ ሕቡራት መንግስታት ኣመሪካን ይኹን ወጻኢ ካብ ኣመሪካ፡ ብዓሰርተታት ኣሽሓት ዝቝጸሩ ናይ ረድኤት ሰራሕተኛታት ካብ ስራሕ ደው ምባሎም'ዩ። እዚ ንባዕሉ ኣብ መነባብሮኦም ዓቢ ምምዝባል ፈጢሩሎም። ምምሕዳር ትራምፕ፡ ነቲ ትካል (USAID) ከም ብ"ውድብ ዕቡዳት ኣኽረርቲ" ዝምራሕ "ገበነኛ ትካል" ኢሉ ምስማዩ ድማ ኣዝዩ ዘተሓሳስብ ኮይኑ።

ካልኦት ምዕራባውያን መወልቲ ልምዓታውን ሰብኣውን ተበግሶታት'ውን ሓገዝ ወጻኢ ደው ከብላ ንዕዘብ ኣለና። ዓባይ ብሪጣንያ ንናይ ምክልኻል ባጀታ ንምዕባይ፡

ንረድኤት ወጻኢ እትስልፖ ዝነበረት ባጀታ ብ40% ትቕንሶ ኣላ። ድሕሪ ኣመሪካ ኣዚያ ለጋስ ዝኾነት ፈረንሳ፡ ሎሚ ዓመት ንናይ ወጻኢ ረድኤት ብ35% ክትቕንሶ'ያ። ጀርመን'ውን ተመሳሳሊ ምንካይ ክትገብር መደብ ኣለዋ።

እዚ ኩነታት'ዚ ነቲ ኣብ መንጎ ረድኤት ወጻእን ልምዓታዊ ምትሕብባርን ዘሎ ዝምድና ብዕምቈት ንምድህሳስ ዝዕድም'ዩ። እዚ ህሞት'ዚ ረድኤት ወጻኢ ንሓዋሩ ብኸመይ ክትሓዝ ከም ዘለዎን ብዛዕብኡ ንዝህልወና ርድኢት'ውን ዕቱብ ኣስተንትኖ ዘድልዮን'ዩ።

ኣብ ምምዕባል ዝርከባ ሃገራት ንረድኤት ወጻኢ ብኸመይ ከም ዝርእያ ኣገደስቲ ሕቶታት የልዕል። ረድኤት ወጻኢ ከም ሓደ ንዘልኣለም ዝነብር መስኖ ህይወት ድዩ ክውሰድ ዘለዎ፧ ወይስ ሃገራት ከምዚ ዓይነት ደገፍ ኣብ መወዳእታ ደው ክብል ከም ዝኽእል ተገንዚበን ከመይ ገይረን ንዝያዳ ዘላቒ ኣሰራርሓ ንምውሓስ ክሰርሓ ኣለወን፧ እዚ ብድሆ'ዚ ነተን ንነዊሕ እዋን ኣብ ግዳማዊ ሓገዝ ዝምርኮሳ ሃገራት'ውን ከም መነቓቕሒ ኮይኑ ከገልግል ይኽእል'ዩ። እዘን ሃገራት ብዓቢኡ፡ ኣብ ሓገዝ ወጻኢ ኣብ ክንዲ ምምርኳስ፡ ጸጋታተንን ጻዕርታተንን ብምውህሃድ ድልዱልን ዘላቕን ብዝኾነ ኣገባብ ኣብ ጐደና ልምዓት ንምግስጋስ ሕርያ ክገብራ ኣለወን፧ ተሪር ምርጫታት ክግበር ግዜኡዶ ኣይኮነን፧ እዚኣቶም ተወሰኺ ምይይጥ ዘድልዮም ጉዳያት'ዮም።

ብመንጽር'ዞም ምዕባለታት'ዚኣቶም፡ እዚ ናይ ፓራዳይም ለውጢ እንታይ ከም ዘጠቓልልን ኣብ ምምዕባል ዝርከባ ሃገራት ነዚ ኩነታት'ዚ ብኸመይ ናብ ዕብየትን ርእሰ ምርኮሳን ክጥቀማሉ ከም ዝኽእላን ምሕሳብ ወሳኒ'ዩ።

ልምዓት እንታይ ማለት'ዩ፧

ልምዓት፡ ውልቀ ሰባት መሰረታዊ ድሌታቶም ኣማሊኦም ናብ ዝሓሸ ህይወት ንኽሰጋገሩ ዘኽእሎም ተበግሶታት ዝወስዱሉ (እንተላይ ምህዞታት) ንብሩህ መጻኢ ዕድላት ዝፈጥሩሉን ዳይናሚካዊ መስርሕ'ዩ። ልምዓት ብቐንዱ፡ ንማሕበረ ቍጠባዊ ኣቀዋውማ ሕብረተሰባት ኣብ ግምት ዘእቱ፡ ብኣብ መጽናዕቲ ዝተመርኮሰ ጽፉፍ ፖሊሲ ዝምራሕን ብግሩም ስትራተጂታት ዝድገፍን ክኸውን ይግባእ። ከምኡ'ውን ንባህግታትን ድሌታትን ማሕበረሰብ ማእከል ዝገበረን ብኣኡ ዝምእዘንን ተበግሶ ክኸውን ይግባእ። ልምዓት ኣድማዒ ዝኸውን፡ ድልዱላት ትካላትን ንግዝኣተ ሕጊ ማእከል ዝገበረ ሰናይ ምሕደራን ኣብ ቦትኡም ምስ ዝህልዉ'ዩ።

ዘቤታውያን ጸጋታት፡ ቀንዲ ደረኽቲ ረጃሒታት ልምዓታዊ ተበግሶታት'ዮም። ኣብዚ ጥራይ ግን ክሕጸሩ የብሎምን። ተክኖሎጅን ፋይናንሲያዊ ምወላን ምስ ክገብሩ ዝኽእሉ ናይ ደገ መሻርኽቲ ኣብ ጽምዶ ምእታው'ውን ኣገዳሲ ባእታ ናይዚ ተበግሶ'ዩ። ይኹን እምበር፡ እዚ ናይ ደገ ደገፍ፡ ንጸዕርታትን ኣተኩሮን ናይታ ኣእንጋዲት ሃገር ልምዓታዊ ስትራተጂታት፡ ባህግታትን ቀዳምነትን ክትክእ የብሉን። ቍጠባዊ ዕብየት ክረጋገጽን ናይ ወጻኢ ሓገዝ ድማ ብዝበለጸ ዘድምዕን፡ መንግስታት ድሮ ኣድማዕቲ ትካላት ምስ ዝምስርቱ፡ ቀዳምነታቶም ምስ ዝሰርዑን ፖሊሲታቶም ድማ ብዘይ ገለ ተጽዕኖ ከተግብሩ ዓቕሚ ምስ ዘኻዕብቱን ጥራይ'ዩ።

ናይ ወጻኢ ረድኤት ብተግባር

ናይ ወጻኢ ረድኤት ንፕሮጀክትታት ትሕተ ቕርጺ፡ ክንክን ጥዕና፡ ትምህርትን ካልኦት ኣድለይቲ ዝበሃሉ ኣገልግሎታትን፡ ፋይናንስያውን ሞያውን ደገፍ ክህብ ይኽእል። ሕማማት ንምምካት፡ ስርዓታት ክንክን ጥዕና ንምምሕያሽ፡ ክምኡ'ውን ኣገደስቲ መድሃኒታትን ክታበታትን ብምሃብ ሕማማት ንምክልኻል ክሕግዝ ይኽእል'ዩ። እዚ ድማ ብዓለም ደረጃ ጥዕና ህዝቢ ንኽመሓየሽ ኣበርክቶ ይገብር። ንመደባት ትምህርትን ተበግሶታት ስልጠናን ዒላማ ዝገበረ ሓገዝ፡ ንውልቀሰባት ንዕዳጋ ሸቕለት ዘድልዮም ክእለታት ንኸጥርዩ ዝቐንዑ ተበግሶታትን ክረድእ'ውን ይኽእል። ዓውለማዊ ልምዓት ንምውሓስ፡ ኣህጉራዊ ምትሕብባር ንምዕባይን ከም ክሊማዊ ለውጢ ዝኣመሰሉ ተኣፈፍቲ ዓውለማውያን ብድሆታት ንምፍታሕን ድማ መሳርሒ ክኸውን ይኽእል'ዩ።

ብተወሳኺ፡ ናይ ወጻኢ ሓገዝ፡ ብግጭታት፡ ተፈጥሮኣዊ ሓደጋታትን ካልኦት ህጹጻት ኲነታትን ንዝተሃስዩ ማሕበረሰባት - ስደተኛታትን ውሽጣዊ ተመዛበልትን - ህይወት ኣብ ምድሓንን ንዝኽሰቱ ሰብኣዊ ቅልውላዋት ኣብ ምቕላልን ኣበርክቶ ይገብር። ናይ ወጻኢ ሓገዝ ብስትራተጂያዊ ኣገባብ ዝጥቀማን ዝትግብራን ሃገራት መብዝሕትኡ ግዜ ርኡይ ረብሓታት ይረኽባሉ። ምጕዳል መጠን ሞት፡ ምምሕያሽ ውጽኢት ጥዕናን ምስፍሕፋሕ ትምህርትን ገለ ካብቶም ጥቕምታቱ'ዮም። ከም ጽግዕተኛነት ዝኣመሰሉ ብድሆታት እኳ እንተ ሃለዉ፡ ሓገዝ ወጻኢ ምስ ፍሉይ ድሌታት ናይቲ ተጠቃሚ ህዝቢ ምስ ዝናበብን ብጥንቃቐ ምስ ዝመሓደርን- ኣብ ምቕላል ስቓይ፡ ምምሕያሽ መነባብሮን ዘላቒ ዕብየት ኣብ ምውሓስን ግደ ኣለዎ።

ካብ ናይ ወጻኢ ሓገዝ ናብ ልምዓታዊ ምትሕብባር

ልምዓታዊ ሽርክነት ኣብ መንጎ ኣኣንገድቲ መንግስታት ወይ ውድባት በቲ ሓደ ወገን፡ በቲ ካልእ ድማ፡ ኣህጉራውያን ትካላትን መንግስታትን ሓቀኛ ምትሕብባር ክዕቢ ተኽእሎ ኣለዎ። እዚ፡ ኣብ ሓባራዊ ክብርታት ዝምርኰስን ንፍሉያት ኩነታት ናይተን ተጠቀምቲ ሃገራት ኣብ ግምት ዘእቱን ምስ ባህግታቶምን ድሌታቶምን ዝናበብን ምስ ዝኸውን'ዩ። ብተወሳኺ፡ ኣብ ምቕራጽ ልምዓታዊ ኣጀንዳታት ቀዳምነታት ተጠቀምቲ ህዝብታት ብምጉላሕ፡ እቶም ተበግሶታት ኣገደስትን ኣድማዕትን ምዃኖም ከረጋግጽ ይኽእል። ልምዓታዊ ጻዕርታት ዝያዳ ዕዉት ውጽኢት ዝህቡን እቶም ተጠቀምቲ ባዕላቶም ነቲ መስርሕ ምስ ዝውንንዎን ነቶም መደባት ብተመሳሳሊ መገዲ ምስ ዘተግብርዎምን'ዩ። ልዕሊ ዝኾነ ይኹን ኣካል፡ እቲ ተጠቃሚ'ዩ ክረብሕ ዘለዎ።

ልምዓታዊ ሽርክነት ካብ ናይ ሓጺር እዋን ረድኤት ንላዕሊ፡ ነቶም ኣብ ነዊሕ እዋን ውጽኢት ዝህቡ ልምዓታዊ ተበግሶታት ቀዳምነት ይህብ። እዚ ንነዊሕ እዋን ዝጠመተ ተበግሶ፡ ኣብ ከም ምምዕባል ዓቕምታት ሰብ፡ ወፍሪ ትሕተ ቕርጺ፡ ከምኡ'ውን ኣብ ኩለንተናዊ መነባብሮ ሕብረተሰብ ኣብ ምምሕያሽ ዝኣመስሉ ስትራተጂታት ብምትኳር፡ ንዝተሓላለኹ ልምዓታውያን ብድሆታት ፈጠራውን እዋናውን መፍትሒታት የቕርብ።

ልምዓታዊ ተበግሶታት ንምዕባይ፡ እቲ ዓይነት ምትሕብባር ኣብ ምጽወታ ዘይኮነ ኣብ ውጹኣት ንግዳዊ ውዕላት ዝተመስረቱ ክኾኑ ይጥለብ። እዚ ኣገባብ'ዚ ኣብ ክንዲ ኣብ ግብረ ሰናይ፡ ኣብ ሓባራዊ ረብሓታት ዝተሃንጸ ኮይኑ፡ ኣብ መንጎ መሻርኽቲ ናይ ሓባር ሓላፍነትን ተሓታትነትን ዘዕቢ'ዩ። ውሳነታት ወፍሪ፡ ምስ ስነ መጕት ዋኒን ብዝናበብ መገዲ ምቕያስ ድማ ልምዓታዊ ምትሕብባር ዝያዳ ዘላቒ ንክኸውንን ናይ ዝትግበሩ ፕሮጀክትታት ኣድማዕነት ርኡያት ክኾኑን ይሕግዙ።

ሓደ ናይዚ ምትሕብባር'ዚ ኣገዳሲ መዳይ ኣብ ቀጥታዊ ወፍሪ ወጻኢ ትኹረት ምግባር'ዩ። ኣብ ምምዕባል ዝርከባ ሃገራት፡ ቀጥታዊ ወፍሪ ወጻኢ ብምትብባዕ፡ ቊጠባዊ ንጥፈታትን ከነሃህራን ሽቕለት ክፈጥራን ዓቢ ተኽእሎ ኣሎ። ቀጥታዊ ወፍሪ ወጻኢ፡ ምስ ዘቤታዊ ርእሰማል ብምሽራኽ፡ ተክኖሎጅን ሞያዊ ክእለትን ኣብ ምስግጋር፡ ተበጻሕነት ዕዳጋን ኣብ ምውሓስን'ውን የመቻችእ ኢዩ። እዚ ድማ ንቊጠባዊ ዕብየት ኣበርክቶ ይገብር።

ልምዓታዊ ምትሕብባር፡ ኣብ መንጎ ዝምዕብላ ዘለዋን ምዕቡላት ሃገራትን ንዝህሉ ንግዲ ኣብ ምድንፋዕ ልዑል ግደ ኣለዎ። ነተን ኣብ ምምዕባል ዝርከባ ሃገራት ኣብ ዓለማዊ ቀረብ ሰንሰለታትን ዕዳጋታትን ከም ዝውሃሃድ ድማ ይገብር። ምስፍሕፋሕ ንግዲ

ብግዴኡ፡ ምምሕያሽ ደረጃ መነባብሮን ዝሓየለ ዓውለማዊ ሽርክነትን ንኽድንፍዕን ይረድእ።

ከንዮ'ቲ ልሙድ ናይ ወሃብን ተቐባልን ዳይናሚክ ከይዱ፡ ልምዓታዊ ምትሕብባር ኣብ መንጎ ኵሎም ሰብ ብርኪ ማዕርነታውን ኣብ ሓድሕዳዊ ምኽብባር ዝተመስረተ ዝምድናን የዕቢ። እዚ ክስተት'ዚ፡ ሓደ ወገን ኣብ ልዕሊ ካልእ ወገን ጽግዕተኛነት ዝፈጥር ዘይኮነስ፡ ክልቲኦም ወገናት ኣብ ናይ ሓባር ዕላማታት ዓሲሎም ናይ ሓባር ረብሓታቶም ዘውሕሱሉ ኩነታት ንኽፈጥሩ ይሕግዞም።

"ናይ መገሻ ብጾት ወይ መጓዕዝቲ" ዝብል ብሂል ነዚ ናይ ሽርክነት ኣገባብ ብግቡእ ክገልጾ ይኽእል። ልምዓታዊ ምትሕብባር ኣብ ሓድሕዳዊ ምትሕጋግዝ ይምርኰስ። ልምዓታዊ ምትሕብባር ማለት ምትእምማን ምዅስኳስን ንዘላቒ ዕብየትን ምህዞን ዝዓለመ ጽምዶ ምምስራትን'ዩ።

ካብዚ ሓሊፉ፡ ልምዓታዊ ምትሕብባር ኵሉ ብሓባርን ብማዕርነትን ዝዋሳኣሉ ዓውለማዊ ሽርክነት ንምፍጣር ኣስተዋጽኦ ይገብር። ኣብዚ ሃዋህው'ዚ ነፍሲ ወከፍ ድምጺ ዋጋ ይወሃቦ። ንኣሽቱ ሃገራት ከይተረፋ፡ ብፍትሓዊ መገዲ ከም ዝወዳደራ ብምግባር ድማ ንዝያዳ ሚዛናዊ ዓለማዊ ቍጠባ ኣበርክቶ ይገብር።

ምውሓስ ዘቤታዊ ዋንነት ናይ እትገብሮም ወፍርታት ከም ሓደ ካልእ ወሳኒ ረቛሒ ክውሰድ ይኽእል'ዩ። ሕብረተሰባት፡ ዋንነት ናይቶም ዝትግበሩ መደባት ልምዓት ከረጋግጹ እንከለዉ፡ ነቶም ተበግሶታት ምስ ድሌታቶምን ባህግታቶምን ብዝበለጸ ከም ዝናበቡ ምግባር ይኽእሉ። እዚ ናይ ዋንነት መንፈስ'ዚ፡ ተወፋይነት የዕቢ፡ ዘላቕነት የውሕስን ንኽዕወት ዘለዎ ተኽእሎ ድማ የበርኾን። ነዚ ንምትግባር ድማ፡ ንዋኒናውነት ዘተባብዕ፡ ንውህለላን ወፍርን ዘደንፍዕን፡ ሰደድ ዘዕብን ማክሮ ፖሊሲ ምሕንጻጽን ምትግባርን ይጠልብ። እዚ፡ ምስ ጐረባብቲ ሃገራትን ግዳማዊ ዓለምን ድልዱል ንግዳዊ ርክብ ከም ዘድሊ ዝግንዘብን ዘባዊ ምትሕብባር ዘሰፋሕፍሕን ክኸውን ይግባእ።

ኣብ መወዳእታ፡ ኣጠቓቕማ ዘቤታዊ ጸጋታት ሃገር ምርዳእን ምዕባይን ኣገዳሲ መዳይ ናይ ሓደ ኣድማዒ ልምዓታዊ ምትሕብባር መርኣያ'ዩ። ናይ ውሽጢ ዓዲ ዓቕምታትን ጸጋታትን ብምጥቃም፡ ወፍርታት ሕብረተሰባት ናይ ገዛእ ርእሶም ልምዓታዊ ጐዕዞታት ከበጋግሱ ይሕግዝ። እዚ ድማ ንዝያዳ ዘላቕነት ዘውሕስ ጥራይ ዘይኮነስ፡ ኣብ ውሽጢ'ቲ ህዝቢ ዝዓሞቐ ናይ ዋንነትን ወኪልነትን (agency) ስምዒት የዕቢ። እዞም ኣብ ላዕሊ ዝተጠቕሱ ስትራተጂታት፡ ንዝያዳ ኣድማዕን ትርጉም ዘለዎን ልምዓታዊ ተበግሶታት ድልዱል መሰረት ይኾኑ።

ኤርትራ፡ ቀለስቲ ሓሳባት ንሕውየት ሃገር

ኣብ ኣሰራርሓ ኣህጉራዊ ልምዓት ዝያዳ ኣስተንትኖ ዝሓቱ ጉዳያት

ብርክት ዝበሉ ኣእንገድቲ መንግስታት ሓሓሊፎም ምስ ኣህጉራውያን ናይ ምወላ ትካላት ንምትሕብባር ድሌት ከም ዘይብሎም ምርኣይ ዘገርም ኣይኮነን። እዚ ድማ ብወገን እተን ዝምውላ ትካላት ኣስተንትኖን ምሕሳብን ዘድልዮ ጉዳይ'ዩ። ከመይሲ፡ ሓያሎ ዘሰክፉ ሓቅታት ስለ ዘለዉ። ካብ ብዙሓት ገለ ንምጥቃስ፡-

ብኽልተኣውያን ብዙሕነታውያን ናይ ምወላ ትካላት ዝምወሉ ተበግሶታት፡ ሓደሓደ ግዜ ምስተን ኣእንገድቲ ሃገራት ኣዕጋቢ ዝኾነ ምምኽኻር ከይተገብረሎም ይንደፉን፡ ጸቕጢ ብዝተሓወሶ መገዲ ድማ ተቐባልነት ከም ዝረኽቡ ይግበርን። ኣብ ከምዚኦም ዝኣመሰሉ ኣጋጣሚታት፡ ኣእንገድቲ መንግስታት መብዛሕትኡ ግዜ ብዛዕባ ናይቶም ፕሮጀክትታት ሓቀኛ ትሕዝቶን ዕላማን ብዝምልከት ሓበሬታ ስለ ዘይብለን፡ ውጽኢቶም ከምቲ ዝድለ ኣይከውንን። ምስሕሓብ፡ ንግስጋስ ፕሮጀክትታት የደናጉዮም። ንጽሬት ትግባረኦም ድማ ሃሳዪ ይኸውን።

ምስ ናይተን ኣእንገድቲ መንግስታት ቀዳምነታት ዘይሰማምዑ ፕሮጀክትታት ምትግባር'ውን ዘይተለምዱ ኣይኮኑን። እዚ'ውን መበገሲኡ ሕጽረት ምምኽኻር'ዩ። እዚኣቶም፡ ቀዳምነታት ናይ ኣእንገድቲ መንግስታት ካብ ዘይምፍላጥን (ወይ'ውን ምጉሳይ)፡ ሓደ ሓደ ግዜ ድማ ነቲ ማሕበረ ቍጠባዊ ኣቀዋውማ ናይቲ ሕብረተሰብ ካብ ዘይምርዳእን ዝነቐለ ኽኸውን ይኽእልዩ። ሓሓሊፉ'ውን ምስ ግትርነት ዝተኣሳሰር ኮይኑ፡ ካብቲ "ንዓኻ ዝጠቅም ንሕና ኢና ንፈልጦ" ዝብል እምነት ዝምንጩ'ውን ክኸውን ይኽእል'ዩ። እዚ ጠባይ'ዚ መበገሲኡ ምስቲ ኣብ ጉይትነት ዝተመስረተ መግዛእታዊ ኣተሓሳስባ ዝመሳሰል ናይ ዝተወሰኑ መወልቲ ኣካላት ባህሪ'ዩ።

እቲ ኣብ ፕሮጀክት ዝተመስረተ ኣገባብ ትግባረ ልምዓታዊ ተበግሶታት ሓደሓደ ረብሓታት'ኳ እንተ ሃለዎ፡ ባህርያዊ ድኽመታት'ውን ኣለዎ። ገለ ገለ ተበግሶታት ዝጭበጥ ውጽኢት ንምሃብ ልዕሊ ሰለስተ ወይ ሓሙሽተ ዓመት ይሓቱ። ሓደ ፕሮጀክት፡ ኣብ ሓደ ሕብረተሰብ ነባሪ ወይ ዘላቒ ጽልዋ ንኽህልዎ፡ ናይ ጽግዕተኛነት ባህርያት ኣብ ክንዲ ምኹስኳስ ወይ ምድንፋዕ፡ ንዘላቒ ዕብየት ዘምርሕን ዘገልግልን ንርእሰ ምርኮሳ ማእከል ዝገበረን ክኸውን'ውን ኣለዎ። ካብዚ ሓሊፉ፡ ኣብቲ ከባቢ ዝርከብ ጸጋታት ንምጥቃም ትኹረት ክወሃቦን፡ ንከባብያዊ ጸገማት ከባብያዊ መፍትሒታት ንምርካብ መገዲ ዝኸፍት ክኸውንን'ውን ይግባእ። እዚ ድማ፡ ንመሃዝነት ዘተባብዕ ኩነት ብምፍጣር'ዩ ክትግበር ዝከኣል። ኣብ ክንዲ ከምኡ ዝኸውን ግን፡ ንጽግዕተኛነት ዝኹስኩሱን ንርእሰ ምርኮሳ ዝሃስዩን ፕሮጀክትታት ሓሓሊፎም ይርአዩ'ዮም።

ፕሮጀክትታት፡ ንኣኣንገድቲ መንግስታትን ማሕበረሰባትን ካብ ሓገዝ ንኽላቐቑን ከም ልምዲ ንኸይወስዱዎን ክሕግዙዎም ይግባእ። ዕላማ ናይቲ ብማርሻል ፕላን ዝፍለጥ ድሕሪ ካልኣይ ኲናት ዓለም ዝተገብረ ናይ ሕመኣ ልምዓታዊ ምወላ፡ ንኤውሮጳውያን ሃገራት ካብ ጽግዕተኛነት ንምግልጋል'ዩ ነይሩ። ሰሪሑ ድማ። ኣብ ትሕቲ ፍጹም ዝተፈላለየ ኹውነታት ከም ዝተፈጸመ ምዝካር ግን ኣገዳሲ'ዩ። ዘዐወቶ ቀንዲ ምኽንያት ኣብተን ተረባሒቲ ሃገራት፡ ትካላትን ትካላዊ ኣሰራርሓን ድሮ ሱር ሰዲዶም ስለ ዝነበሩ'ዩ። ከምዚኦም ዝኣመሰሉ ልምዓታዊ ወፍርታት ኣብ ምምዕባል ዝርከባ ሃገራት ክትግብራ እንክለዋ'ምበኣር፡ (ተረባሒቲ ሃገራት) ናይ ትግበራ ዓቕመን ኣብ ምዕባይ ከመይ ዝበሉ ተበግሶታት ክወስዳ ከም ዘለወን ብኣግኡ ክግንዘባ ከድሊ'ዩ።

ሓደ ካልእ ብድሆ፡ እቲ ፕሮጀክትታት ንምትግባር ብኣኣንገድቲ መንግስታትን ከማልኡ ዘለዎም ኣገባባት ቅጥዕታትን ኣዝዮም ዝተሓላለኹን ጵንኩራትን ምዃኖም'ዩ። ክንዲ ዝኾኑ ድማ፡ ናይ ምትሕብባር ባይታ ንኽፍጠር ኣየተባብዑን። ብተወሳኺ፡ እቲ ናይ ጸብጻብ ቅጥዕታትን ጠለባትን ዝተራቐቐን ኣዝዩ ኣድካምን'ዩ። ኣኣንገድቲ ሃገራት ነዚ ኣሰራርሓ'ዚ ንምእንጋድን ንምጵዋርን ጸገማት ከም ዘጓንፈን ደጋጊመን'ኳ እንተ ተማሕጸና፡ ነዚ ጉዳይ'ዚ መልሲ ንምሃብ ዝውሰድ ተበግሶ ግን ክሳዕ ሕጂ ኣዕጋቢ ኣይኮነን።

ካልእ ዘሕዝን ግን ጌና ዘይተዓረየ ጉዳይ'ውን ኣሎ። ኣኣንገድቲ ሃገራት ከም ንኣሽቱ መሻርኽቲ'የን ዝቝጸራ። ነቲ ምወላ ንኸይተርፈን ስግኣት ስለ ዘሕድራ ድማ መምርሒታት መወልቲ ኣካላት ክኽተላ ይግደዳ። እቲ ትኽ'ሹረት፡ ናይቲ ተጠቃሚ ህዝቢ ህይወት ኣብ ምምሕያሽ ዘተኰረ ኣብ ክንዲ ዝኸውን፡ ነቲ ኣብ ወረቐት ዝሰፈረ ውዕላትን ዓንቀጻቱን ተተግቢሮምዶ ኣይተተግበሩን ኣብ ዝብል ሕቶ ዘድሃበ ይኸውን። እዚ ድማ ጸረ'ቲ መንፈስ ወፍሪ ኣህጉራዊ ልምዓትን ምትሕብባርን'ዩ።

ሓሳባት ወይ ርእይቶታት ናይ ኣኣንገድቲ መንግስታትን ማሕበረሰባትን መዛኑን ብምጉሳይ፡ እቲ ፕሮጀክትታት ምሉእ ብምሉእ ኣብ ናይ ኤውሮጳን ሕ.መ.ኣ.ን ርእሲ ከተማታት ዝመሓደሩሉ ኣጋጣሚታት'ውን ኣሎ። ናይ ኣኣንገድቲ መንግስታት ተሳትፎ ዘይብሉ ናይ ስራሕ ውጥንን ንጥፈታትን ብድሕሪ ዕጹው ማዕጾ ዝውሰኑሉ ኣጋጣምታት'ውን ኣለዉ። ክንዲ ዝኾነ ድማ፡ ኣኣንገድቲ መንግስታት፡ ነቶም ኣብ ሃገራቶም ዝትግበሩ ፕሮጀክትታት ክከታተሉን፡ እንታይ ይካየድ ከም ዘሎ ክፈልጡን፡ ገስጋስ ስራሕ ብኸመይ ክዕቀን ከም ዘለዎን ክርድኡን ይሕርብቶም። ኣንፈቶም ክጠፍኦም እንከሎ ምርኣይ ድማ ልሙድ'ዩ።

ብዕድመ ንኡሳት ዝኾኑ ወጻእተኛታት ክኢላታት፡ ሓደሓደ ግዜውን ሓደስቲ ምሩቓት ከም ክኢላታት ተቜጺሮም ኣብ ልዕሊ ምኩራት ክኢላታት ደቂ'ታ ኣኣንጋዲት ሃገር ከይሓፈሩ ኣስተምህሮታትን መምርሒታትን ዝህቡሉ ኵነታት ምርኣይ ዘተሓሳስብ ጉዳይ'ዩ። መንእሰያት ኣተግበርቲ ልምዓት፡ ቅድሚ መምርሒታት ክህቡ ምፍታኖም፡ ክሰምዑን ብዛዕባ'ቲ ዘቤታዊ ፖለቲካዊ ቍጠባ ክፈልጡን ክርድኡን ጻዕርታት ክካይዱ ይግብኦም።

ባጀት ፕሮጀክትታት፡ ብልዕለ ዋጋን ክፍሊትን ዝተጻዕነ ምዃኑ ሓደ ካልእ ስክፍታ ዝፈጥር ጉዳይ'ዩ። ብዘይካ'ዚ፡ ክኢላታት ደቂ ሃገር ክገብርዎ ንዝኽእሉ፡ ካብ መጠን ንላዕሊ ኣብ ናይ ወጻእተኛታት ክኢላታት ዓቕሚ ምምርኳስ ከም ሓደ ዓቢ ጸገም ክጥቀስ ይከኣል።

ካብዚ ሓሊፉ፡ ወከልቲ መወልቲ ትካላት ኣብ ምቾት መዝሓሊ ኣየር ዘለዎ ኣብያተ ጽሕፈት ኮይኖም ፕሮጀክትታት ክካይዱ፡ ኣእጋሮም ፈጺመን ኣብ ሜዳ ዘይረግጻ ምዃነን ምርኣይ ዘይንቡር ኣይኮነን።

ሓደ ሓደ ግዜ እቲ ኣሰራርሓ፡ ካብ ቁም ነገር ንላዕሊ ንረኣዩለይ ዝያዳ ቀዳምነት ይህብ። ኣብ ምምዳብ ኣካየድቲ ፕሮጀክት ድማ ካብ ደቂ ዓዲ ንላዕሊ ወጻእተኛታት ዝያዳ ይምረጹ። ካብ ኣብ ምምዕባል ዝርከባ ሃገራት ዝመጹ ክኢላታት ምስ ምዕራባውያን መዛኑኦም ክነጻጸሩ ከለዉ፡ ብመንጽር ደሞዝን ጥቕምታትን ዝተፈላለየ ኣተሓሕዛ ከም ዝግበረሎም ምርኣይ'ውን ተስፋ ዘቕርጽ'ዩ።

ኣብ ሓቂ እንተ ደኣ መጺእና፡ ሓላፍነት ትግባረ ፕሮጀክትታት ናብተን ኣኣንገድቲ መንግስታት ክግደፍ ኣለዎ። ኣብ መትከላት ሽርክነትን ዘቤታዊ ዋንነትን ዝተመስረተ ምትሕብባር ክቕንዕ ድማ ይግባእ። ብዘይካ'ዚ፡ ኣብ ክልተኣዊ ዝምድናታትን ዝተመስረቱ ምወላታት ኣብ ጽሩይ ዋኒናዊ መትከላት ክምርኰሱን ኣብ እንኮኣዊ ረብሓ ዘይኮነ ኣብ ሓባራዊ ረብሓታት ከተኵሩን ኣማራጺ ዘይብሉ መገዲ'ዩ።

እዞም ክውንነታት'ዚኣቶም፡ ኣብ ውሽጢ ዓውዲ ኣህጉራዊ ልምዓታዊ ኣሰራርሓታት፡ ህጹጽ ፍተሻን እረማን ከም ዘድልዮም እናጕልሐ ክመጽእ ጸኒሑ'ዩ።

ምሕጽንታታት ንኣብ ጕደና ልምዓት ዝርከባ ሃገራት

እዚ ኣብዚ ቀረባ እዋን ዝተራእየ ደውታ ሓገዝ ወጻኢ ንኣብ ምምዕባል ዝርከባ ሃገራት፡ ከም ኣበራባሪ ወይ ኣነቓቓሒ ኣጋጣሚ ኮይኑ ክረአ ይግባእ። እዘን ሃገራት'ዚኣተን፡ ናይ ወጻኢ ሓገዝ፡ ንናይ ውሽጢ ዓዲ ተበግሶታት ከም መመላእታ ኮይኑ ክገልግል ዝኽእል'ኳ

እንተኾነ፡ ንዘላቒ ለውጢ ከም ቀዳማዊ ደፋኢ ረቛሒ ኮይኑ ከገልግል ከም ዘይክእል ግን ክግንዘባ ኣለወን።

ምስ ዞባውያንን ኣህጉራውያንን ቀጥባዊ ሓይልታት ዘለወን ዝምድናታት ዓቂበን እናተጓዕዛ እንከለዋ፡ እተን ኣብ ምምዕባል ዝርከባ ሃገራት፡ ኣብ መትከላት ሽርክነት ተመርኲሰን ምስ ኣህጉራውያን መሻርኽቲ ክዋስኣ ይኽእላ'የን። እዚ ኣገባብ'ዚ ሓባራዊ ዕላማታት ንምዕዋት ምእንቲ ክኽእል መንፈስሓድሕዳዊ ምክብባርን ምትሕብባርን ዝዓሰሎ ክኸውን ይጥለብ።

ብተወሳኺ ኣብ ምምዕባል ዝርከባ ሃገራት፡ ንጠለባት ህዝብታተን ብኣድማዒ መገዲ ዝምልሽ ኣብ ውሽጢ ዓዲ ዝተሓንጸጹ ፖሊሲታት ክጻፍፋን ክተግብራን ኣዝዩ ኣገዳሲ'ዩ። ከምኡ ንምግባር ድማ ብልሽውና ካብ ሱሩ ምምንቃስን ግሉጽነት ናይ ኣሰራርሓ ምትእትታውን ንጽባሕ ዘይበሃሎ ጉዳይ ይኸውን። ሰናይ ምሕደራ ምምስራት ምስዚ ዚሳነ ዓቢ ዕማም'ዩ። ምፍልላይ ስልጣን፡ ተሓታትነት፡ ግሉጽነት፡ ልዕልና ሕጊ፡ ምምስራት ድልዱላት ትካላትን ከምኡ'ውን ንጸጋታት ብኣድማዒ መገዲ ናይ ምምሕዳር ዓቕሞም ምዕባይን ቀንዲ መለለዪ ባህርያት ናይ ሰናይ ምሕደራ'ዮም። እዚ ማለት ድማ ኣፍሪቃውያን በሃራት/ልሂቃን ኣብ ዜጋታቶም ኣቓልቦ ንኽገብሩ ሓላፍነት ክስምዖም ኣለዎ ማለት'ዩ።

ኣብ ሓገዝ ወጻኢ ምጽጋዕ፡ ሃገራት ኣብ ኣህጉራዊ ፖሊሲታት ንዝፍጠር ለውጢ ተቓላዕቲ ክገብርን ዓቢ ተኽእሎ ኣሎ። ኣብ ምምዕባል ዝርከባ ሃገራት፡ ሽርክነተን ክግፍሓን ክዕሙቓን፡ ምስ ዝተፈላለዩ ሰብ ብርኪ፡ እንተላይ ምስ ዞባውያን ትካላትን ናብ ብሕቲ ጽላታትን ዝሰፍሐ ምትሕብባር ብዘይካ ምግባር ካልእ ኣማራጺ የብለንን። ብተወሳኺ፡ ሰብኣዊ ዓቕምታት ዜጋታትን ንምዕባይን ዘተኣማምን ክኢላዊ ዓቕሚ ሰብ ንምፍራይን ምእንቲ ክኽእላ ስርዓተ ትምህርተን ንጠለባት መበል ዕስራን ሓደን ክፍለ ዘመን ከም ዘርዊ ምግባር ከድልየን'ዩ።

ስሉጥ ልምዓት ናይተን ኣብ ምምዕባል ዝርከባ ሃገራት፡ ኣብ ድልዱል ብሕታዊ ጽላት'ዩ ዝምርኮስ። ኣብ ምምዕባል ዝርከባ ሃገራት፡ ንኹለን ብዘርብሕ ንግዳዊ ሽርክነት ኣቢለን ተቐበልቲ ሓገዝ ካብ ምኳን ናጻ ኮይነን ናብ ዓለማውያን ተዋሳእቲ ቀጠባ ክሰጋገራ ተኽእሎ ኣሎ። ብተወሳኺ፡ ናይ ብሕታዊ ጽላትን መንግስትን ሽርክነት ምሕብሓብን ኣብ ስትራተጅያዊ ጽላታት ንዝግበር ወፍሪ ምድግጋፍን ከጠቓልል ኣለዎ። እዚ ድማ ዘላቒ ቀጠባዊ ዕብየት ከጣጥሕን ብልጽግናን ዝሓሸ መነባብሮ ሕብረተሰብ ክውሕስን ይኽእል። እዚ ዓይነት ናይ ምትሕብባር ኣገባብ ምስ ረብሓታት ዝተፈላለዩ ሰብ ብርኪ ዝናበብ'ዩ። ኣማስይኡ ድማ፡ ዘይተኣደነ ለውጢ ናይ ምምጻእ ዕድላት ይኸፍት።

ኣብ ምምዕባል ዝርከባ ሃገራት ዲጂታዊ ተክኖሎጅን ሰብ ሰርሖ ብልሕን ብምጥቃም ካብቲ ግዜኡ ዝሓለፎ ስርዓተ ኣከያይዳ ብቕልጡፍ ከኳልማ ይኽእላ'የን። ነዚም ረብሓታት'ዚ ኣቶም ናብ ዝለዓለ ደረጃ ንምብጻሕ፡ ኣብ ዲጂታዊ ትሕተ ቕርጺ፡ ትምህርትን ንተጠቕምቲ ዝከላኸል ፖሊሲታት ወፍሪ ምግባር ወሳኒ'ዩ። ምስ ዓውለማውያን ናይ ተክኖሎጂ ኩባንያታትን መንግስታትን ምትሕብባር'ምበኣር ኣድላዪ ጸጋታት ንኸዋህልላን ክእለት ክድልባን የኽእለን። ኣገደስቲ ናይ ወፍሪ መዳያት ንምምሕያሽ ተንቀሳቓሲ ተክኖሎጅን ምምዕባል ክኢላዊ ዓቕሚ ሰብን ከጠቓልሉ ይኽእሉ።

ብተወሳኺ፡ ዲጂታዊ መድረኻት ኢ-ኮሜርስ ንናይ ውሽጢ ዓዲ ትካላት ንግዲ ናብ ሰፊሕ ዕዳጋታት ንኽበጽሑ ይሕግዙን ንዋኒንነትን ድማ የተባብዑን። ተንቀሳቓሲ ኣገባብ ኣከፋፍላን መድረኻት ማይክሮ ፋይናንስን'ውን ነቲ ልሙድ ፋይናንሳዊ ስርዓት ተበጻሕነት ዘይብሎም ውልቀሰባት ኣብቲ ፋይናንሳዊ ህይወት ክሳተፉ የኽእሎም።

ኣብዛ ንሓድሕዳ ዝተኣሳሰረት ዓለም፡ ሓንቲ ሃገር ይትረፍዶ ክትስስን፡ ነዛ ንኽትነብር'ውን ኣጸጋሚ ከም ዝኾነ ኣብ ምምዕባል ዝርከባ ሃገራት ክግንዘባ ይግባእ። ሃገራት ምስ ካልኦት ክዋስኣን ንኹለን ዘርብሕ ፍታሓት ከናድያን ተጠላቢ'ዩ። እዚ ኣገባብ'ዚ፡ ብኣንጻር'ቲ ናይ ዜሮ ድምር ጸወታ፡ ምትሕብባርን ልዝብን ዘተባብዕ'ዩ። ፍታሓት ንምርካብ ብሓባር ምስራሕ ከም ዘድሊ ንጹር ኮይኑ፡ መብዛሕትኡ ግዜ ድማ ኣብ ውሽጢ ዝተሓላለኸ ዓለምለኻዊ ብድሆታት ንምጉዓዝ እቲ ዝበለጸን ኣድማዕን ኣማራጺ'ዩ። ዘባዊ ቍጠባዊ ምትሕግጋዝ፡ ተበጻሕነት ዕዳጋ ክውስኽን ናይ ወፍሪ ሃዋህው ከመሓይሽን ይኽእል'ዩ። ከመይሲ ኣውፈርቲ፡ መብዛሕትኡ ግዜ፡ ውሑድ መሰናኽላት፡ ዝተቐነሰ ቀረጽ፡ ርጉእን ዝተዋሃሃደን ዕዳጋታት'ዮም ዝደልዩ።

ከም ምንጪ ቍጠባዊ እቶት፡ ኣብ ክንዲ ኣብ ሓደ ዝተወሰነ ጽላት ናይ ቍጠባ ጥራይ ምድሃብ፡ ኣብ በበይኖም ቍጠባዊ ጽላታት ምስፍሕፋሕ ተመራጺ'ዩ። ኣብ ጐደና ልምዓት ዝርከባ ሃገራት፡ ነዚ ኣገባብ'ዚ ምስ ዝኽተላ፡ ንቕቍጠባዊ ቀውሲ ድሉዋት ይገብረን። ንኣብነት፡ ሞሪሸስ ካብ ኣብ ምፍራይ ሽኮር ጥራይ ዝተመርኰሰ ቍጠባ ናብ ዝያዳ ዝተፈላለየን ናብ ሰደድ ዝቐንዐን ቍጠባ ምስግጋራ ኣዝዩ ጠቒምዋ'ዩ። ብዘይካ'ዚ፡ ኣፍሪቃ፡ ዕብየታ ንምቅልጣፍ ካብ ሰደድ ጥረ ንዋት ወጺኣ ናብ ሰደድ ዝተመስርሑ ኣቕሑት ዕዳጋ ክትሰጋገር ኣሎዋ።

ከም ብዓል ናይጀርያ ዝኣመሰላ ኣብ መዓልቲ 1.8 ሚልዮን በርሚል ነዳዲ ናይ ምፍራይ ዓቕሚ ዘለወን ሃገራት፡ ኣስታት 40.1% ካብ ህዝበን ትሕቲ መስመር ድኽነት ከነብር ከፍቕዳ የብለንን። ብተመሳሳሊ መገዲ፡ ጋቦን ተፈጥሮኣዊ ጸጋታታ ብዘየገድስ

(ኣብ 2021 ዓ.ም. ጃምላዊ ዘቤትዊ ምህርቲ ኣብ ነፍስ ወከፍ ዜጋ እንተ ድኣ ተመቒሉ 8,017 ዶላርን እኳ ዝበጽሕ እንተኾነ) ኣብታ ዓመት'ቲኣ፡ ኣብ ትሕቲ መስመር ድኽነት ዝነብር ህዝባ 33.4%፡ ሸቕለት ኣልቦነት ድማ 28.8% ብምኻኑ ርኡይ ማሕበራዊ ብድሆታት ኣጋጢምዋ። እዚ ሓቂ'ዚ ዘብርሆ ነገር እንተ ሃልዩ፡ ጸጋታት ሃገር ንኹሎም ዜጋታታ ምእንቲ ከገልግል ብፍትሓዊ መገዲ ዘመቓርሕ፡ ተሓታትነትን ኣድማዒ ምሕደራን ዘሳሲ ሃዋህው ምፍጣር ኣድላዪ'ዩ። ነዚም ኣብነታት'ዚ ብምኽታል፡ ከምቲ ኣብ ቀኈጠባታት ደቡባዊ ምብራቕ ኤስያ ዝረአ ዘሎ፡ ዝማዕበላ ሃገራት ንዘላቒ ልምዓት መገዲ ክጸርጋን ኵነታት መነባብሮ ህዝበን ከመሓይሻን ይኽእላ'የን። እዞም ኣብ ላዕሊ ዝተጠቕሱ ኣብነታትን መትከላትን ምቕባል፡ ኣብ ምምዕባል ዝርከባ ሃገራት ናብ ዘላቒ ልምዓትን ምዕቡል ህይወት ዜጋታተንን ዝወስድ መገዲ ንኽፈጥራ ዘኽእል'ዩ።

ንምጥቕላል'ምበኣር፡ ኣብ ምምዕባል ዝርከባ ሃገራት፡ ኣብ ግዳማዊ ሓገዝ ዝወሓደ ጽግዕተኛነት ዘለዎ ዘላቒ ቀኈጠባ ንምፍጣር ቀዳምነት ክህባ ይግባእ። እዚ ድማ ኣብ ውሽጢ ዓዲ ኣብ ኢንዱስትሪታት ወፍሪ ብምግባር፣ ንዋኒንነት ብምድንፋዕን ምህዞ ብምዕባይን ክረጋገጽ ይኽእል።

ምዕራፍ 12

ፖለቲካዊ ባህልና ምትዕርራይ ከድሊ'ዩ

ፖለቲካዊ ትፍንን፡ ምስራዕ ናይ ኣተሓሳስባን ብሕትውና ሓቅን ኣብ ሃገርና ኤርትራ ከም ፖለቲካዊ ባህልታት እናሳዕረሩ ካብ ዝመጹ ሓያለይ ኮይኑ ኣሎ። ነዚ ተርእዮዚ ከሳስዩ ዝርአዩ ብዙሓት ናይ ፖለቲካ ተዋሳእቲ (ውልቀ ሰባት፡ ጉጅለታት፡ ውድባት፡ ሲቪክ ማሕበራት፡ ወዘተ) እኳ እንተ ሃለዉ፡ ናይዚ ክስተት'ዚ ቀንዲ መሃንድስ ግን እቲ ኣብ ኤርትራ ስልጣን ገቢቱ ዘሎ ብህግደፍ ዝምራሕ ስርዓት'ዩ። ስረተ እምነት ናይዚ ውዳበዚ ድማ ካልእ ዘይኮነ ኣብ ትሕቲ ዝኾነ ይኹን ኩነታት ስልጣን ምብሓት ዝብል'ዩ። ንራዕድን ዕፈናን ድማ ከም ቀንዲ መሳርሒ ይጥቀመሉ።

ኣብዚ ስረት እምነትዚ ተጠርኒፉ ወይ ዓሲሉ ሃገር ዘመሓድር ዘሎ ጉጅለ፡ ንውሑዳት ላዕለዎት ሰበ ስልጣን መንግስቲ፡ ናይ ሰልፊ ሓለፍትን ናይቲ ሰራዊትን ጸጥታዊ መጋበርያታትን ኣዘዝትን የጠቓልል። ናይ መወዳእታ ሸቶ ናይዚ ምትእኽኻብዚ ድማ ናይዚ ጸቢብ ክሊ ረብሓ ንምውሓስ ዘንቀደ'ዩ። ብርግጽ ኣብ ስልጣን ክሳብ ዘሎ ህሞት፡ እቲ ምስ ስልጣን ዝመጽእ ፖለቲካውን ፋይናንስያውን ሓለፉታት ከጥቀመሎም ግድን'ዩ። እቲ ሓቂ ከምዚ እንከሎ ግን፡ እቲ ዘገርም፡ እቲ ጉጅለ ኣብ ስልጣን ንምጽናሕ ዝጥቀመሎም ብርቀት ዝተባዕጡ ምስምሳትን ካልኦት ኣገባባትን (ትረኻ፡ ሓቂ ምብሓት፡ ዕምጸጸ፡ ጸላእቲ ምፍጣር፡ ወዘተ) ክቕጽሉ'ዮም።

ነዚ ንምርዳእ ምልስ ኢለ ብ21 ጥሪ 2001 ዓ.ም. ቴድሮስ ተስፋይ ብዝብል ናይ ብርዒ ስም ዝጸሓፍኩዎ ሓተታ ምጥቃስ ከድልየኒ'ዩ። እዚ ሓተታ'ዚ ኣብቲ እዋን'ቲ

ንባህሪ ናይዚ ጕድለ ከብርህ ዝተገብረ ሃቐነ'ዩ ነይሩ። ብኸምዚ ዝስዕብ ድማ ገሊጸ'ዮ ኣለኹ፡-

> ኣብዚ እዋን'ዚ፡ ንህግደፍ ክጠቕስ ከለኹ እንታይ ማለተይ ምዃኑ ብግልጺ ክዛረብ እየ። ኣነ ብዛዕባ እቲ ሓደ ሰብ - ኢሳይያስ ኣፈወርቂን ከምኡ'ውን ብዛዕባቶም ውሑዳት እሙናት ሰዓብቱን - እየ ዝዛረብ ዘለኹ። ብዛዕባ እታ ቀንዲ ዕማማ ንህግደፍ መጽያ ጥርሓ ንምትራፍን ነታ ሃገር ድማ ነፍሲ ኣልቦ ንምግባርን ብኣኡ እተፈጥረት ማሺን። እታ ኣነ ዝዛረበላ ዘለኹ መሳርሒት፡ ንኹሎም መሓውራት እንተላይ ንኤርትራዊ ሕብረተሰብ "ከም ገዛእ ጥሪትካ ጌርካ ምብሓት" ሕጋውነት ንምልባስ ባዕሉ ዝፈጠራ መሳርሒት'ያ። ዝተረፈ ኵሉ፡ ከም ንታሪኻውያን ውልቀ ሰባት ምሕቃቕ (ወይ ካብ ገጽ መሬት ምእላይ)፡ ነጸብራቕ ናይዚ ዓሚቕ ናይ ምጽራይ ተግባር'ዩ። ንኽብሪ ሓደ ሰብ ኢልካ ንዓሰርተታት ዓመታት ዝቐጸለ ሓባራዊ ጻዕሪ ብምምንጣል፡ ናብ ጅግና ህዝቢ ኤርትራ ዝቐንዐ ናይ መወዳእታ ዝርፍያ'ዩ ነይሩ (Tesfai, 2001)።

ኣስዒበ'ውን ዘይነብ ዓሊ ብዝብል ናይ ብርዒ ስም ገይረ ነዚ ጕዳይ'ዚ ኣመልኪተ ኣብ 2002 ዓ.ም. ብዝርዝር ዝጸሓፍኩዎ ሓተታ ነዚ ዝስዕብ ይመስል። እዚ ሓተታ'ዚ፡ ህግደፍ ዝኾነ ይኹን ስነ ሓሳብ የብሉን ካብ ዝብል መረዳእታ ዝተበገሰ'ዩ ነይሩ። እጠቕስ፡

> **እቲ ምስምስ፡** ኮነ ኢለ እየ ካብ ከም ፍልስፍና፡ ስነ ሓሳብ ወዘተ ዝኣመሰሉ ኣምራት ዝርሐቕ ዘለኹ። ህግደፍ፡ ናይ ገዛእ ርእሱ ፍልስፍና ይኹን ስነ-ሓሳብ ከም ዘይብሉ ብምእማነይ፡ ነታ "ምስምስ" እትብል ቃል ተጠንቂቐ መሪጸያ ኣሎኹ። ህግደፍ፡ ብጸጋማዊ/ሃገራዊ ዝመስል ኣተሓሳስባ ጀሚሩ ኣብ መወዳእታ ብዘይ ሓዲኡ ተሪፉ። እምበኣር ሕጂ፡ ስለምንታይ ነዚ ባህርይ'ዚ ሒዙ ይቕጽል ከም ዘሎ ክገልጸልኩም ኣፍቅዱለይ።
>
> ኵሉ ካብ ነፍሰ ምትሓት ዝመንጨወ'ዩ፤ ንኵነታት ዓለም ካብ ዘይምፍላጥ ዝፈልፈለ'ዩ፤ ሱሩ ካብ ግትርነት፡ ቅንእን ጽልእን ዝነቐለ'ዩ። ጽልኢ ኣብ ልዕሊ ህዝቢ። ጽልኢ ኣብ ልዕሊ ዝኾነ ሓድሽን ህግደፍን ዘይኮነ። ጽልኢ ኣብ ልዕሊ ዝተወደቡ ትካላት። ጽልኢ ኣብ ልዕሊ ደሞክራስን ብዙሕነትን። ኵሉ ካብ ጥርጣረ፡ ዘይምርግጋእን ንዕቀትን ዝምንጩ'ዩ። ካብ ጽልኢ ኣብ ልዕሊ ኣማራጺ ፍታሓት ምድላይ ዝብገስ'ዩ። ኵሉ ምስቲ ኣዝዩ ተኸላኺልን ዕጹውን ባህርያቱ ዝተኣሳሰር'ዩ። ከምኡ'ውን ብድሆ ምስ

ዘጋጥሞን ብስነ መጐት ነብሱ ዝከላኸለሉ መገዲ ምስ ዝስእንን፡ ናብቲ ''ግኑን'' ምስምስ "ፍሉይነት" ይምለስ። ኣብ ኤርትራ ኲሉ ነገር ፍሉይ'ዩ ድማ ይብል። ሃገራዊ ባይቶ ብስሩዕ ኣይእከብን ምኽንያቱ ድማ ኰነታት ኤርትራ ፍሉይ ስለ ዝኾነ። ሰልፍታት ኣየድልዩን'ዮም ምኽንያቱ ኣንጻር ረብሓ ናይቲ ኣብ ኤርትራ ዘሎ ፍሉይ ኲነታት ስለ ዝኾነ። እቲ ኣብዚ እዋንዚ ኣብ ኤርትራ ሰፊኑ ዘሎ ፍሉይነት፡ ንናጻ ፕረስ፡ ደሞክራሲ፡ ብዙሕነት ወዘተ መሰላት ኣይፈቅድን'ዩ። ኤርትራ ብዝሐ ብሄር፡ ብዝሐ ቋንቋ ስለ ዝኾነት፡ ህዝባ ድማ ካብ ክልተ ንላዕሊ ሃይማኖታት ስለ ዘለዎ፡ ንፍሉይነታ ምኽንያት'ዮም። ሓደ ረፍዲ፡ ህግደፍ ብዝሒ ህዝብን ዝተፈላለየ መልክዓ ምድርን ክሊማን መሬትን ኣመሳሚሉ፡ ንዝኾነ ዝወስዶ እከይ ስጉምቲ መመኽነይታ ገይሩ እንተ ቆጺሩዎ ኣይትገረሙ። ኲሉ "ፍሉይ" ብምኳኑ፡ ህግደፍ ንጸገማት ዝምልከት ፍሉይ መፍትሒ ናይ ምምራጽ መሰል ኣለዎ። ኣብ ዘመናዊ ታሪኽ ወድሰብ ተግባራዊ ኮይኖም ዘይፈልጡ መፍትሒታት።

ልዕሊ ኲሉ ድማ፡ ዕጫ ኤርትራ ኣብ ኢድ ሓደ ሰብ፡ ማለት ኣብ ኢድ "ክቡር" ፕረሲደንት ኢሳይያስ ኣፍወርቂ ክወድቕ እንከሎ፡ "ፍሉይነት" ኤርትራ ኣጸቢቑ ይጎልሕ። እዚ፡ ንመሬት ዓበይቲ ጀጋኑ ዓቢ ጸርፊ'ዩ!

ነዚ ኣብ ላዕሊ ተጠቒሱ ዘሎ ኣዝዩ ጊንጢ ዝኾነ ባህሪ ምዝውታር፡ ሓደ ካብቶም ጠባያት ህግደፍ ኢዩ። ህግደፍ ራእይ ስለ ዘይብሉ፡ ዝኾነ ዘይስነ መጐታዊ፡ ኣሰቃቒ፡ ብሉይ፡ ተንኮለኛን ውዲታውን ተግባራት ከዘውትር ኣለዎ። ራእይ እንተ'ለዎ ከኣ፡ ዕንወት፡ ዕንወትን ደጋጊምካ ዕንወትን'ዩ። ዕንወት ናይ ህዝቢ ኤርትራ ብዙሕነት፡ ዕንወት ናይቲ ታሪኻውን ብጽኑዕ ዝተኣሳሰረን ማሕበራዊ መዋቕር፡ ዕንወት ናይ ቍጠባ፡ ዕንወት ናይቲ ሱር ዝሰደደ ባህሊ። ህግደፍ ንህላወኡ ኣብ ሓደጋ ዘእቱ ዝኾነ ነገር ምዕናው'ዩ ዕላማኡ። ኣድላዪ ኮይኑ ምስ ዝርከብ፡ ንሓደ ካብዞም ኣብ ላዕሊ ዝተጠቕሱ ክቡራት መትከላት ንምዕናው፡ ናብ "ፍሉይነት" ዝብል 'ምስምስ' ይጎዩ (Ali, 2002)።

ከምዚ ልዕል ኢሉ ዝተጠቕሰ'ምበኣር፡ ናይ ህግደፍ ህላወ፡ ፍጹም ራዕዲ ኣብ ምስራጽን ነዚ ድማ ብዘይ ምቍራጽ ኣብ ምዅስዂስን ምቕናይን ዝተመስረተ'ዩ። ዝኾነ ይኹን ኣብ ልዕሊ ስልጣኑን ህላወኡን ክወርድ ይኽእል'ዩ ኢሉ ንዝሓስቦ ተቓውሞ ወይ ሓደጋ፡ ብዘይ ንሕስያ ምድቋስ'ዩ። ኣብዚ ጥራይ ከይተሓጽረ፡ ኣብ ፖለቲካ ኤርትራ ትፍንን

ከም ዝምዕብል፡ ናይ ኣተሓሳስባ ምስራዐ መሰረት ከም ዝንጸፍ፡ ልዕሊ ኵሉ ድማ ንሓቂ ንምውናን ወይ ንምብሓት ተሰሪሑሉን ጌና ይስርሓሉ ኣሎን። ከም ሳዕቤን ናይዚ ተግባርዚ ኣብ ውሽጢ ሕብረተሰብ ኤርትራ ናይ ፍርሒ፡ ተማእዛዝነት (ተመሳሲልካ ምንባር)፡ ምውልዋል፡ ነሓድሕድካ ዘይምትእምማን፡ ወዘተ ዝኣመሰሉ ጠባያት ካብ ዝሰርጹ ሓጺር ኣይገበረን። እዞም ጠባያትዚኣቶም ካብ ማእከል ሃገር ሓሊፎም ኣብ ዲያስፖራ ብዝርከቡ ኤርትራውያን'ውን ከይተረፈ ዝዝውተሩ ጠባያት ኮይኖም ኣለዉ። ሳዕቤን ናይዚ ሳዕሪሩ ዘሎ ፖለቲካዊ ባህሊ ኣዝዩ ሓደገኛ ካብ ምዃኑ ዝተላዕለ ንምውጋዱ ልዑል ጻዕሪ ዝሓትት ጥራይ ዘይኮነስ ግዜ ዝወስድ'ውን ከይኮነ ኣይተርፍን።

እዚ ዳህሳሳዊ ጽሑፍ'ምበኣር ነዞም ኣብ ላዕሊ ተጠቂሶም ዘለዉ ባህርያት ኣብ ምግዳድ እቲ ስርዓት ዝሹስኵሶም ዘሎ ሜላታት ጥልቕ ኢልካ ንምርኣይን ኣብ መጻወድያ ናይቲ ስርዓት ካብ ምእታው ንኽንድሕንን ከሕግዝ ይኽእል'ዩ ካብ ዝብል ዕላማ ዝተበገሰ'ዩ። ኣብ ዝተናውሐ እዋን ድማ ምእንቲ ከሕሸና'ሞ ጥዑይ ሕብረተሰብ ክንሃንጽን ወለዶታት በዞም ሕማማት'ዚኣቶም ከይልከፉ ክንገትእን'ውን ኣገዳሲ'ዩ።

ትርጉም ፖለቲካዊ ትፍንንን ሳዕቤናቱን

ኣብ ፖለቲካዊ ርእይቶታትን ስነ ሓሳብን ዝርአ ምፍልላይ ናብ ጠገለ ዘይብሉ ተጻራሪ መርገጺታት ከምርሕ እንከሎ ፖለቲካዊ ትፍንን ኢልና ንገልጾ። እዚ ክስተት'ዚ መብዛሕቴኡ ግዜ ናብ ዕጹው ማዕጾ (ዘይምርድዳእ) ወይ እናዛየደ ዝኸይድ ተጻብኦን እናተጻንቀቐ ዝኸይድ ናይ ምትሕብባር መንፈስን የምርሕ። ብዝተፈላለዩ ኣገባባት ድማ ክንጸባርቕ ይርአ። ገለ ካብቶም ኣገባባት ነዞም ዝስዕቡ ከጠቓልሉ ይኽእሉ፡-

እቲ ቀዳማይ ኣብ ስነ ሓሳብ ዝተመርኮሰ ጕዝዝይ/ዘይምቅዳው'ዩ። ኣብ መንጎ ክልተ ጕጅለታት ጕሉሕ ዝኾነ ናይ ኣረኣእያ ፍልልያት ክርአ እንከሎ'ሞ ነቶም ኣተሓሳስባታት ናይ ምትዕራቕ ዘሎ ተኽእሎ ባይታ ይዘብጥ። ናብ ጐነጽ ናይ ምምራሕ ዘለዎ ተኽእሎ ድማ እናዓበየ ይመጽእ።

እቲ ካልኣይ ባህርይ ናይዚ ክስተት ኣብ ሻርነት ዝተመርኮሰ ተጻብኦ'ዩ። እዚ ተግባርዚ ናብ እናገደደ ዝኸይድ ጽልእን ቅርሕንትን የምርሕ። ኣብ ዝኸፍአ ሲናርዮ ድማ ናይ ፖለቲካ ተቐናቐንቲ ከም መወዳድርቲ ዘይኮነስ ከም ሓድሕዳውያን ጸላእቲ ክርኣኣዩ ይጅምሩ። ሓደ ኣብ ልዕሊቲ ሓደ ድማ ከፍክር፡ ንጥፍኣቱ ክምነን ንእኡ ዘተግብሩ

ውዲታት ከኣልምን ስርሐይ ኢሉ ይተሓሓዞ። "ኣብ ልዕሊ መቓብርካ ክሰፍር'የ" ናብ ዝብል ኣጸያፊ ወይ ጭውነት ዝጐደሎ ረጽሚ ድማ የምርሕ። ካብዚ ክስተትዚ ዝረብሕ እንተሎ ድማ እቲ ህዝቢ ዘይኮነስ እቶም ንጸቢብ ረብሓኦም ዘቓድሙ ናይ ፖለቲካ ልሂቃን'ዮም።

እቲ ሳልሳይ፡ መራኸቢ ብዙሃን ናብ ሓደ ወገን ክዘዙ ወይ ክቐንን ኣብ ዝጅምሩሉ ግዜ ዝርአ ጉዳይ'ዩ። ኣብ ከምዚ ዝኣመሰለ ኩነታት፡ ሰባት ንእምነታቶም ጥራይ ዘጋውሑን ዘጠናኽሩን ሓበሬታታት ጥራይ ክህልኹ ይብህጉ ወይ ይሃርፉ። ከም ሳዕቤን ድማ እቲ ድሮ ተፈጢሩ ዘሎ ምምቕቓል መሊሱ ይዓሙቕ። ኣብ ዘመነ ማሕበራዊ መራኸቢታት፡ ከም ፈይስቡክ ትዊተር (ሕጂ "ኤክስ") ዝኣመሰሉ ባይታታት ሰባት ምስ ፖለቲካዊ እምነታቶም ዝሳነዩ ሓበሬታታት ጥራይ ከም ዝቃልዑ ንምግባር ዘኽእሉ ኩነታት ይፈጥሩ። እዚ፡ ህዝቢ ኣብ በበይኖም ጉዳያት ዘለዎ ኣረኣእያታት ቅርጺ ኣብ ምትሓዝ ይሕግዙ። ኣማረጽቲ ኣመለኻኽታታት ስለ ዝጐስዩ ድማ ትፍንን ዝምዕብለሉ ኩነታት ይፍጠር። ኣብ ከም ናይ ኤርትራ ፖለቲካዊ ኩነታት፡ እቲ ዝበዝሐን ብዛዕባ'ዚ ጉዳይ ርእይቶ ዘለዎን ኣብ ውሽጢ ሃገር ዝቕመጥ ህዝቢ ድማ ካብዚ ጸጋ'ዚ ከምዝሕረም ይግበር። ሓበሬታ ኣልቦ ከም ዝኸውንን በቲ ሓደን መለሳ ዘይብሉን ሓበሬታ ጥራይ ከም ዝምእዘንን ድማ ይግበር።

ከም ራብዓይ ክንጠቕሶ እንኽእል ረቛሒ እቲ ናይ መንነት ፖለቲካ ኢልና እንጽውዖ ኣምር'ዩ። እዚ ድማ፡ ፖለቲካዊ ጸግዒ፡ ምስ ባህላዊ፡ ኤትኒካዊ ወይ ሃይማኖታዊ መንነት ብጽኑዕ ክተኣሳሰር እንከሎ ዝገሃድ ተርእዮ'ዩ። ጉጅለታት ፖለቲካ ኣብ ከምዚኦም ዝኣመሰለኡ ተግባራት ክጽመዱ እንከለዉ ኣብ ፖለቲካዊ ግድድፍ ንምብጻሕ ዝግበር ጻዕሪ ብርቱዕ ይገብሮ። ገስጋስ ንኽርአ ዘሎ ተኽእሎ ድማ እናጸበበ ይመጽእ።

ፖለቲካዊ ትፍንንን ሳዕቤናቱ ኣብ ሰናይ ምሕደራን ንምፍዋሶም ክውሰዱ ዘለዎም ስጉምትታትን

ሰናይ ምሕደራ ኣብ ልዝብ/ምይይጥ'ዩ ዝምርኮስ። ትፍንን፡ ናብ ክልተኣዊ ወይ ጽምደ ሰልፋዊ ስምምዕ ወይ ግድድፍ ንምብጻሕ ዝተሓላለኸ ይገብሮ። ሓደ ስልጡን ፖለቲካዊ ባህሊ ንኸይህነጽ፡ ተሃኒጹ እንተ ነይሩ ድማ ናብ ምብሕጓግ ናይ ሓደ ስልጡን ፖለቲካዊ ባህሊ የምርሕ። ከም ሳዕቤን ናይዚ ጭውነት ዝጐደሎ ፖለቲካዊ ባህሊ ድማ ህዝቢ፡

ኣብ ምርጫ፡ ኣብያተ ፍርዲ፡ መራኸቢ ብዙሃንን ትካላትን ዝጸንሖ እምነት እናነከየ ይኸይድ። ነፍስ ወከፍ ወገን ነቲ እቲ ካልእ ወገን ዝብሎ ምንጻግን ወይ'ውን ከም ዘይሕጋዊ ገይሩ ምቕራብን ስርሐይ ኢሉ ይተሓሓዞ። እዚ ብግዴኡ ኣብ ውሽጢ ህዝቢ ናይ ዘይምትእምማን መንፈስ ንኽፍጠር ምቹእ ባይታ ይፈጥር።

ፖለቲካዊ ትፍንን፡ ንምምቕቓል ዝምዝምዙ (ወይ ናብ ረብሓኦም ክቕይሩ ዝፍትኑ) ፖለቲከኛታት ንኽፍጠሩ ጥጡሕ ባይታ የመቻቹ። ንረብሓ ዜጋታት ከም ዝቐመ ገይሩ ዝሰብኽ ዓይነት ፖለቲካን ጥሩፍነትን እናዓበዩ ንኽመጹ ድማ ምኽንያት ይኸውን። ትፍንን ማሕበራዊ ምፍንጭጫል የስዕብን ኣብ መንጎ ዜጋታት ተጻባእነት ከም ዝስዕርር ይገብርን። ናብ ጐነጽ ንኸምርሕ ድማ ተኽእሎ ኣሎ። ፖለቲካ፡ ናይ ዜሮ ድምር ጸወታ ኣብ ዝኾነሉ ወቕቲ፡ ደሞክራሲ፡ እሂን ምሂንን ምይይጥን ይዳኸሙ። እዚ ብግዴኡ ናይ ቅጭ ምምጻእ ስምዒትን ወይ'ውን ናብ ምልኪ ናይ ምቕናን ክስተትን ይፈጥር። ጥሩፍ ትፍንን ንምሕደራ የልምስ፡ ንዘይምርግጋእን ቀውስን ምኽንያት ይኸውን፡ ሰናይ ምሕደራ ንምውሓስ ንዝግበር ጻዕሪ ድማ ንድሕሪት ይጐትት።

ነዞም ኣብ ላዕሊ ተጠቒሶም ዘለዉ ሽግራት ፍታሕ ንምንዳይ'ምበኣር ሓያልን ናጻን መራኸቢ ብዙሃን፡ ንነቐፌታዊ ኣተሓሳስባን ባህሊ ናይ ምጽውዋርን ዘተባብዕ ሲቪካዊ ትምህርትን ኣብ መንጎ መራሕቲ ምትእምማን ንምስራጽ ድማ ስግረ ሰልፋዊ ምይይጣት ምኹስኳስን ይጥለብ። ኣብ መንጎ ድልዱል ፖለቲካዊ ውድድርን ሃናጺ ምትሕግጋዝን ዘሎ ሚዛን ምሕላው'ምበኣር ኣድማዒ ስርዓተ ምሕደራ ንምውሓስ ኣማራጺ ዘይርከቦ ፍታሕ'ዩ።

ምስራዕ ኣተሓሳስባ

ሃይማኖታውያን ይኹና ካልኦት ኣብ ክሊ ስነ ሓሳብ ዝነጥፉ ትካላት (እንተላይ ፖለቲካዊ ሰልፍታት) ደይመደይ ኢለን ናይ ሰዓብተን ኣተሓሳስባ ንምቑጽጻር ውዱብን ስርዓታውን ስርሓት ክካይዳ እንከለዋ ናብ ምስራዐ ናይ ኣተሓሳስባ የምርሓ። እዚ ክስተት'ዚ በቲ ጥሩፍ መልክዑ ንናጽነት ኣተሓሳስባ ይድርትን ይቐትልን። ዕላምኡ ድማ ንኣተሓሳስባታት፡ ስምዒታትን ጠባያትን ውልቀሰባት ንምጽላውን ንምቑጽጻርን'ዩ። ብኣኡ ኣቢሉ ድማ ጸቢብ ፖለቲካዊ ረብሓታቱ ንምውሓስ።

ኣብ ዓለምና በዚ ተርእዮ'ዚ ዝሳቐዩ ህዝብታት ውሑዳት ኣይኮኑን። ኣብ ስልጣን ዘለዉ ሓይልታት፡ በቲ ሓደ ወገን ተማእዛዝነት ንምኹስኳስን ተቓውሞ ምጭፍላቕን፡ በቲ ካልእ ድማ ዓብላሊ ትረኻ ንምስግዳድን፡ ንቑጽጽርን ወይ ድማ "ስነ ሓሳባዊ ጽሬት"

ንምጕላሕን ዝጥቀሙሉ መሳርሒ'ዩ። እዚ ኣብ ፖለቲካዊ፡ ኣካዳምያዊ፡ ሃይማኖታውን ባህላውን ክልታት ክዝውተር ይርአ። ኣብ ልዕሊ ምሕደራ ድማ እንተስ እወታዊ እንተስ ኣሉታዊ ጽልዋ ክህልዎ ይኽእል'ዩ።

ኣማረጽቲ ሓሳባት ከዕፈኑ እንከለዉ፡ ምሕደራ ብተዓጻጽፍነት ዕማማቱ ንምስላጥን ንጉዳያት ፍታሕ ናይ ምርካብ ዘሎዎ ዓቕምን እናተዳኸመን ይመጽእ። ንኣብነት ሕብረት ሶቭየት ዘተኣታተወቶ ማርክስ ለኒናዊ ስነ ሓሳብ ንቕቕጠባውን ፖለቲካውን እረማ ስለ ዝዓፈነ ንውድቀት ናይቲ ስርዓት ምኽንያት ኮይኑ። "ናይ ደገ ጸቕጢ'ዩ" ኣብ ሕብረት ሶቭየት ለውጢ ንኸመጽእ ዝደረኸ ዝብሉ ኣመለኻኽታታት ይጋውሑ'ዮም። ብናተይ ኣረኣእያ ግን፡ እቲ ውሽጣዊ ዳይናሚክ'ዩ ዓቢ ግደ ዝነበሮ በሃላይ'የ። ብቐንዱ ድማ እቲ ውሽጣዊ ምሽመሻ ናይቲ ስርዓት።

ክቱር ቍጽጽር ዝገብር ስነ ሓሳባዊ ሃዋህው፡ ቀውሲ ኣብ ምግታእ ግደ ክህልዎ ይኽእል'ዩ። ነቐፌታዊ ኣተሓሳስባ ንኽምዕብል ግን ዓጋቲ'ዩ። ንኣብነት ናይ ቻይና "ማሕበርነታዊ ሕመረታውያን ክብርታት" ንሓርበኛነትን ንተኣማንነት ሰልፊ ዴስነት ይጕስጕስ። እዚ ንናይ ቻይና ፖለቲካዊ ምርግጋእ ሓጊዙ ክኸውን ይኽእል'ዩ። ግንከ፡ ብዋጋ ናጻ ክትዕ ወይ ዘተ'ዩ ዝፍጸም። እዚ ክስተትዚ ክሳብ ክንደይ ክኸይድ ከም ዝኽእል ግን ንታሪኽን ግዜን ጥራይ'ዩ ዝግደፍ።

ክቱር ምስራዐ ናይ ኣተሓሳስባ ናብ ሳንሱር፡ ፕሮፓጋንዳን ህድና (ናይ ተቓወምትን ከምርሕ ይርአ'ዩ። ንኣብነት ናይ ሰሜን ኮረያ ጁሽ (Juche) ዝተባህለ ስነ ሓሳብ፡ ብጽዑቕ መንግስታዊ ፕሮፓጋንዳ ናብ ህዝቢ ይዝርጋሕ። ካብዚ ኣተሓሳስባ'ዚ ምግላስ ከም ገበን ስለ ዝቝጸር፡ ብርቱዕ መቕጻዕቲ የስዕብ። መንግስቲ ኣብ ልዕሊ መራኸቢ ብዙሃን ጥብቂ ቍጽጽር ይገብር። እቲ በዞም መራኸቢ ብዙሃን ዝዝርጋሕ ትረኻ ንመንግስትን መራሕቲ'ታ ሃገር ብዘይ ምቍራጽ ይውድስ ንናይ ደገ ጽልዋታት የሰይጥን።

ኣብ ሕቡራት መንግስታት ኣመሪካ፡ ኣብ ከባቢ ፍልሰት፡ ክሊማዊ ለውጢ ዝኣመሰሉ ትረኻታት ብገለ ገለ ፖለቲካዊ ሰልፍታት ጥራይ ክበሓቱ ንርኢ። ገሊኦም ንሓደገኛነት ክሊማዊ ለውጢ ከስምሩሉ እንከለዎ ገሊኦም ድማ ትርጕሙ ብምንእኣስ ከም ፖለቲካዊ ውዲት ገይሮም ክቕርብዎ ይርአዩ። እዚ ድማ ንህዝባዊ ርእይቶን ናይ ፖሊሲ ውሳነታትን ኣዝዩ ይጸሉ።

ብዘይካዚ ክቱር ምስራዕ ናይ ኣተሓሳስባ ናይ ቍጠባን ፖሊሲን ደረቕነት ወይ ዘይምትዕጽጻፍ የስዕብ። ንዕብየት ቍጠባ ድማ ዕንቅፋት ክኸውን ይኽእል'ዩ። ንኣብነት ቨነዝወላ ዝተኸተለቶ ደረቕ ፍልስፍና ናይ ሻቪዝሞ (Chavismo) ንተቐያያሪ ኵነታት ዓለም ኣብ ግምት ስለ ዘየእተወ ናብ ቍጠባዊ ኢምሕደራ ኣምሪሑ።

ሓሓሊፉ ምስራዐ ንመስርሕ ኣወሳስዳ ውሳነ ከሳልጥ ወይ ከቀላጥፍ ይርእ'ዩ። ንኣብነት ኣብ ካልእ ከይከድና፡ እቲ ወተሃደራዊ ቀመና ዝነበሮ ውድብ ህዝባዊ ግንባር ሓርነት ኤርትራ ኣብ ልዕሊ ተጋድሎ ሓርነት ኤርትራ ዝነበሮ ብልጫ እቲ ኣብቲ ውድብ ዝኾስኮሶ ናይ ኣተሓሳስባ ምስራዐ'ዩ። ከም ሓደ ጥርኑፍ ውዳበ ዘለዎ ውድብ ኮይኑ ኣብ ወተሃደራዊ ስርሓት ንኽነጥፍን ክድምዕን ድማ ሓጊዝዎ'ዩ። ግንከ ብዋጋ ፖለቲካዊ ናጽነት። ሲንጋፖር'ውን ከም ካልእ ኣብነት ክትጥቀስ ትኽእል። ናይ ሲንጋፖር ምሕደራዊ ሞደል ንፕራግማቲዝምን ጽኑዕ ዲሲፕሊንን የስምረሉ። እዚ ብግዴኡ ንቕልጡፍ ቍጠባዊ ዕብየት ዘተባብዕ'ኳ እንተኾነ ንፖለቲካዊ ተቓውሞ ግን ይድርት።

ብተወሳኺ፡ ምስራዕ፡ ንሕጽር ዝበለ እዋን ምርግጋእን ሓድነትን ከውሕስ ዝኽእል'ኳ እንተኾነ፡ ምሒር ቍጽጽር ኣብ ልዕሊ ኣተሓሳስባ ናይ ሰባት ግን ኣብ ዝተናውሐ እዋን ንፈጠራውነት፡ ምትዕጽጻፍን ህዝባዊ እምነትን ይሃሲ'ዩ።

እቶም ኣዝዮም ኣድማዕቲ ምሕደራዊ ኣገባባት'ምበኣር ኣብ መንጎ ስርዓት ምሕላውን ናጽነት ምፍቃድን ዘሎ ሚዛን ዝሕልዉ'ዮም።

ምብሓት ሓቅን ሳዕቤናቱ ኣብ ኣተሓሳስባን ህይወትን ሰባት

ምብሓት ሓቂ ከም መድቈሲ ኣማራጺታት

ንኣማራጺ ኣረኣእያታት እናጕሰየ (ወይ እናደቈሰ) ኣብ ዓለምና ሓደ ሓቂ ጥራይ'ዩ ዘሎ ካልእ ዓይነት ኣተረጓጕማ ናይ ኵነታት ወይ ርእይቶ ክህሉ ኣይክእልን'ዩ ኢሎም ዝጕስጕሱ ኣካላት ልሙዳት ኮይኖም ኣለዉ። እዚ'ዩ እቲ ምብሓት ሓቂ ኢልና እንጽውዖ ኣምር። እዚ ኣብ ዝተፈላለዩ መዳያት ህይወት (ፖለቲካ፡ መራኸቢ ብዙሃን፡ ሃይማኖት፡ ኣካዳምያ) የንጸባርቕ። መብዛሕቱኡ ግዜ ድማ ሓደ ፖለቲካዊ ሰልፊ ፍጹም ምብሓት ናይ ስልጣን ኣብ ዘረጋግጸሉ እዋን'ዩ ሱር ዝሰድድ። ምንጭታት ሓበሬታ ብምቍጽጻር ወይ'ውን ማሕበራዊ ቅጥዕታትን ትካላዊ መዋቕራቱ ብምጥቃም ድማ የተግብሮ።

ሓደ ስልጣን ዝበሓተ ሓይሊ ናተይ ኣጠማምታ ጥራይ'ዩ ቅኑዕ ኢሉ ክጕስጕስ እንተ ፈቲኑ፡ ውልቀ ሰባት ካልኦት ኣማረጽቲ ኣረኣእያታት ከእንግዱ ወይ ድማ ንእምነታቶም ብነቐፌታዊ ዓይኒ ንኽሪኡ የጸግሞም'ዩ። እዚ ብግዴኡ ንጕዳያት ካብ በበይኖም ኵርንዓት መጺኣካ ንኽትሪኦም ዘሎካ ናጽነትን ተኽእሎን ይድርት። ሳዕቤኑ ድማ ድሩት ኣጠማምታ ጕዳያት ይኸውን። ብሕትውና ሓቂ ዘቐድሙ ጕጅለታት፡ ህዝቢ ካልኦት ኣማረጽቲ ኣረኣእያታት ከይረክብ ይኽልክልዎ'ሞ ናይ ሓደ ዝንቡዕ ትረኻ ተኸታሊ ከም ዝኾውን ክገብርዎ ይፍትኑ።

ምብሓት ሓቂ ከም መንገሲ ፍርሒ

ብሕትውና ሓቂ ናይ ፍርሒ ሃዋህው ይፈጥር። ሰባት ርእይቶታቶም ብናጻ ንኸይገልጹ ስክፍታታት ይፈጥረሎም። ሳንሱር'ውን እንተኾነ ናጻ ኣተሓሳስባ ንኸይስስን ዕንቅፋት ይኸውን። ናጻ ምይይጥ ንኸይዕምብብ ድማ ይገትእ። ብዙሕነት ዘለዎም ኣረኣእያታት ምስ ዝግትኡ ናብ ፖለቲካዊ ትፍንን የምርሕ። ዝተፈላለዩ ፖለቲካዊ ጕጅለታት ኣብ ናይ ገዛእ ርእሶም እምነታት ጥራይ ንኽዕቈቡን ኣብ እምነታቶም ከደርቀኑን ይግደዱ። እዚ ብግዴኡ ማሕበራዊ ምፍንጫል የኸትል።

ምብሓት ሓቂ ከም መንገሲ ዓብላሊ ትረኻ

ከም ኤርትራ ዝኣመሰሉ፡ ብሕትውና ሓቂ ዝብል ኣምር ኣብ ዝሳዕረሩሎም ሃገራት፡ እቶም ኣብ ስልጣን ዘለዉ ጕጅለታት ነቲ ትረኻ ኣብ ናይ ገዛእ ርእሶም ጸቢብ ረብሓ ከም ዝናበብ ንምግባር ከም ድላዮም ገይሮም ክጥምዝዝዎ ተኽእሎ ኣሎ። ነቲ እንኮ "ሓቂ" ኢሎም ዝኣምኑሉ ትረኻ ብምቍጽጻር ድማ ናይቲ ተራ ህዝቢ ርእይቶን ጠባይን ክጸልውዎ ይርአዩ። ነቲ ዓብላሊ ትረኻ ተማእዛዚ ንክኸውን ኣብ ልዕሊ ህዝቢ ዝግበር ጸቕጢ፡ ኣብ ልዕሊ'ቶም ፍልይ ዝበለ ኣረኣእያ ዘለዎም ውልቀ ሰባት ናይ ጭንቀትን ናይ ምጥርጣርን መንፈስን ይፈጥር። እዚ ድማ ንነቓፌታዊ ኣተሓሳስባን ናይ ሰባት ናይ ኣተሓሳስባ ናጽነትን ይቐትል።

አብቲ ልዕል ኢሉ ብ21 ጥሪ 2001 ዓ.ም. ቴድሮስ ተስፋይ ብዝብል ናይ ብርዒ ስም ዝጸሓፍኩዎ ሓተታ ነዚ ጕዳይ'ዚ ኣመልኪተ እዚ ዝስዕብ ኣስፊረ ነይረ። እዚ ጌና ሓቅነት ዘለዎ ኣበሃህላ'ዩ።

> ፍልስፍናዊ መሰረት ናይ ህግደፍ ብኣጠቓላሊ ክርአ እንከሎ ጸረ ደሞክራሲ'ዩ። ምልኪ ዝጕስጕስ ፍልስፍና'ዩ። ህግደፍ ኩሉ'ዩ ካብ ዝብል ኣረኣእያ ይብገስ። ህግደፍ ፖለቲካ'ዩ፡ ቍጠባ'ዩ፡ ሃገር'ዩ፡ ህዝቢ'ውን እዩ። ህግደፍ መግለጺ ወይ መርኣያ ናይ ኩሉ ጽቡቕን ቅዱስን ተግባራት'ዩ። ብዛዕባ ህዝቢ ዝሓስብ እንኮ ኣካል እንተልዩ ህግደፍ'ዩ። ክንድ ዝኾነ ድማ ብሕትውና ፖለቲካን ቍጠባን ናይቲ ሃገር ብህግደፍ ምኽኑይ'ዩ ይብል።
>
> ህግደፍ ኩሉ'ቲ ንኢትዮጵያ፡ ንኡጋንዳ፡ ንሱዳን፡ ንኮንጎ፡ ነቲ ዞባን ዓለምን ብሓፈሻ ዘርብሕ ነገራት ንሱ ጥራይ'ዩ ኣፍልጦ ዘለዎ። ንኣህጉራውያን

ዘይመንግስታውያን ትካላት ዘርብሑን ዘየርብሑን ነገራት'ውን ንሱ ጥራይ'ዩ መረዳእታ ዘለዎ። ህግደፍ ካልኦት ኣካላት ናይ ገዛእ ርእሶም ረብሓታት ከምዘሳስዩን ንሳቶም ዝጉስጉሱሎም ሓሳባት ከም ዘለዉን መረዳእታ የብሉን። ህግደፍ ናይ ከምዚኦም ዝኣመሰሉ ክውንነታት መረዳእታ የብሉን። ንኽርዳእ ዕቱብ ፈተነ ገይሩ'ውን ኣይፈልጥን።

ብኣተሓሳባ ኢሰይያስን ናቱ መጣፍእትን ህግደፍ ተኸላኻሊ ናይ ሃገራዊ ረብሓ'ዩ ዝብል እምነት ኣለዎም። ህግደፍ፡ ጐብለል ልምዓትን ዳግመ ህንጸት ሃገርን'ዩ። ህግደፍ እቶም ዝበለጹ ሓሳባት ዘሳሲ ውድብ'ዩ። ስነ ሓሳባውያን ህግደፍ ኣርሒቖም'ዮም ዝሓስቡ። ካልኦት ከምዚ ዝኣመሰለ ዓቕሚ የብሎምን። ህግደፍ ጌጋታት ኣይፍጽምን'ዩ፡ ካልኦት ግን ምስ ጌጋታት'ዮም ተፈጢሮም። ህግደፍ ክመርሕ'ዩ ተበጺሑሉ፡ ካልኦት ክመርሑ ዓቕሚ የብሎምን። ሰዓብቲ ክኾኑ ጥራይ'ዩ ዘለዎም።

ህግደፍ ጥራይ'ዩ ብዛዕባ ምስ ኤርትራ ዝዛመዱን ዘይዛመዱን ጉዳያት ናይ ምትርጓም ብልሕን ሓሞትን (ድፍረትን) ዘለዎ። ኣብ ከንዲ ህዝቢ ኤርትራ ኮይኑ ክዛረብ መሰል ዘለዎ ኣካል ህግደፍ ጥራይ'ዩ። ካልኦት መሰል የብሎም። ንሓበሬታን ኣሃዛትን ናይ ምትርጓም መሰል ዘለዎ ህግደፍ ጥራይ'ዩ (Tesfai, 2001)።

ግበታ ሓቂ ከም መመገቢ ጌጋ ሓበሬታ

ፍልልይ ርእይቶታት ምትብባዕ፡ ሕብረተሰብ ንኣዝዮም ዝተሓላለኹ ብድሆታት ንምግጣም ዘኽእሎ ዓቕሚ ንኸማዕብል ይሕግዝዎ። ብኩራት ብዙሓዊ ኣመለኻኽታታት ግን፡ ብኣንጻሩ፡ ንፈጠራነትን ሽግራት ብሓባር ንምፍታሕ ዘማዕበልካዮም ልምድታት የዳኽም። ብሕትውና ሓቂ ንሕብረተሰብ ጌጋ ሓበሬታ ንምምጋብ ዘኽእል ፖለቲካዊ ባህሊ የተኣታቱን የተተባብዕን። ህዝቢ ኣብ ሓቀኛ ሓበሬታ ተመርኲሱ ውሳነታት ንኽገብር ዘሎዎ ተኽእሎ ድማ እናተዳኸመ ይመጽእ።

ግበታ ሓቂ ከም መድቈሲ ኣካዳምያዊ ናጽነት

ንኣካዳምያዊ ናጽነት ብዝጻረር መገዲ ኣብ ዝተፈላለዩ ጉዳያት ሓደ ሓቂ ጥራይ'ዩ ዘሎ ኢሉ ዝምጉት ስነ ሓሳብ'ውን ኣሎ። ። እዚ ንናይ ፖሊሲ መተሓሳሰቢታት ብኣሉታ ክጸሉ ይኽእል'ዩ። ሃይማኖታት ዝሰረተ እምነቶም ኣተሓሳስባታት ናብ ብሕትውና ናይ ሓቂ ክዘዝዉን ንፍልይ ዝበሉ ርእይቶታት ዘሳስዩ ውልቀ ሰባት ድማ ከም መናፍቓን ክጽብጽብዎም'ውን ተራእዮም'ዮም። ክሳዕ ሕጂ'ውን ይርአዩ'ዮም።

ምብሓት ሓቂ ናይ ውልቀሰባትን ሕብረተሰብን ኣተሓሳስባ ብኣሉታ ይጸሉ። ምምቕቓል የተባብዕ። ሓቀኛ ዝኾነ ምይይጥ ንኸይግበር ድማ ዕንቅፋት ይፈጥር። ብዙሓውነት ናይ ኣረኣእያ ነቐፌታዊ ኣተሓሳስባ ንኸምዕብልን ከፉት፡ ሓቛፍን ንቑሕን ሕብረተሰብ ንምፍጣርን ኣገዳሲ ረቛሒ'ዩ።

ኣብ ኤርትራ ሰፊኑ ዘሎ ባህሊ ፖለቲካዊ ትፍንን፡ ምስራዕ ኣተሓሳስባን ምብሓት ሓቅን ናይ ሓዋሩ ሳዕቤናቱን

ልክዕ ከምቲ ኣብቲ ዕግርግር ዝመልኦ ስሳታትን ሰብዓታትን ዝተቐልቀሉ ሓያሎ ሓርነታዊ ምንቅስቓሳት፡ ስነ ሓሳብ ህዝባዊ ግንባር ሓርነት ኤርትራ ማርክስ ለኒንነት'ዩ ነይሩ። ቀንዲ መትከላቱ ምልኪ ሸቃሎ ምርግጋጽ፡ ኣብ መንጎ ደርቢ ሸቃሎን ሓረስቶትን ምሕዝነት ምምዕባል፡ ፍጹም ማዕርነት ዘለዎ ሕብረተሰብ ምምስራት፡ ብሕታዊ ንብረት ምህጋር፡ ምስ ኣብ መላእ ዓለም ዝርከቡ ጸጋማውያን ምንቅስቓሳት ሓድነት፡ ምሕዝነትን ምድግጋፍን ምድንፋዕ ዘጠቓለለ'ዩ ነይሩ። ህዝባዊ ግንባር ሓርነት ኤርትራ ኣዝዩ ምእኩል ዝኾነ ኣገባብ ኣሰራርሓ ኣተኣታትዩ። "ይኣምነሉ'የ" ንዝብሎ ጸጋማዊ ስነ ሓሳብ'ውን፡ ኲሉ ንክኸተሎ ተጽዕኖ ይገብር ነይሩ። እዚ ድማ ነቲ ወተሃደራዊ ባህሉ፡ ኣተሓሳስባኡን ቅኒተ ኣእምሮኡን ዘንጸባርቕ ነበረ።

ኣብ ፖለቲካ ንዝርአዩ ፍልልያት ናይ ምጽዋር ባህሪ ግን ካብ ዓንተብኡ ኣይነበሮን። እዚ ፍልልያት ናይ ዘይምጽዋር ባህሊ'ዚ፡ ኣብ ኣተሓሕዛ ከም ናይ 1973 ዓ.ም. ናይ እረማ ምንቅስቓስ[xxi] ወይ ምንቅስቓስ የሚን[xxii] ተባሂሉ ዝጽዋዕ ጉጅለ ተጋሂዱ። ኣብዚ ከይተሓጽረ ኣብቶም ምስ ጉጅለ ዑስማን ሳልሕ ሳበ[xxiii] ዝደናገጹን ኣብ ልዕሊ ዝተፈላለዩ ጉዳያት ፍልይ ዝበለ ርእይቶታት ዝነበሮም ኣባላት'ቲ ግንባር'ውን የንጸባርቕ ነበረ።

ኣብቲ እዋን'ቲ ካብ ከምዚ ዝኣመሰለ ዓለምለኻዊ ጽልዋ ዝነበሮ ጸጋማዊ ኣተሓሳስባ ከተምልጥ ወይ ናጻ ክትከውን ዘይሕሰብ'ዩ ነይሩ። ንርእሰ ግሉጽ ምኽንያታት። ሃገራዊ ሓርነት ንምውሓስ ኣብ ዝግበሩ ዝነበሩ ምንቅሳቓሳት እወታዊ ግደ ኣይነበሮን

ኢልካ ንምዝራብ’ውን ዝከኣል ኣይመስለንን። ከመይሲ እቲ ንሓርነት ዝግበር ዝነበረ ምንቅስቓሳትን እቲ ጸጋማዊ ኣተሓሳስባን ሓደ ካብቲ ሓደ ፈሊኻ ክትርእየሉ ኣብ ዘይትኽእለሉ ደረጃ በጺሑ ስለ ዝነበረ።

እቲ ጸገም ናይ ሕጂ’ዩ። ኣብዞም ዝሓለፉ ሓምሳ ዓመታት ዓለም ተቐይራ’ያ። ዝሰርሑን ዘይሰርሑን ፖለቲካውን ቊጠባውን ሜላታት ኣብ ባይታ ተመስኪሮም’ዮም። ዓለም ካብ ዝኾነ ይኹን እዋን ንላዕሊ ተቐራሪባ’ያ። ኣብ ሓደ ኩርናዕ ናይ ዓለም ዝኽሰቱ ተርእዮታት ኣብ ሓጺር ግዜ ንኻልኦት ክጸልዉ ዝርአዩሉ ኣብ ዘለዉሉ እዋን ኢና በጽሕና። ካብዚ ኣረኣእያዚ ብምብጋስ ኣብ ሓደ እዋን ዘሰርሑኻ ዝነበሩ ኣተሓሳስባታት፡ ደጋጊምካ ክትጥቀመሎም ምፍታን ንሕጽረት ኣተሓሳስባኻ ካብ ምንጽብራቕ ሓሊፉ ካልእ ክኸውን ኣይክእልን። “ዕብዳን ማለት ደጋጊምካ ሓደ ዓይነት ነገር ጥራይ እናገበርካ ፍልይ ዝበለ ውጽኢት ምጽባይ’ዩ፡” ይብል እቲ ህቡብ ናይ ፊዚክስ ክኢላ ኣልበርት ኣይንሽታይን። ዘይሰርሑ ኣተሓሳስባታት ተጓሒፎም’ዮም። ኣብ ባይታ ክትግበሩ ዘይክእሉ ኣጠማምታታት ተኻዒቦም’ዮም። እቲ ኣብ ኤርትራ ስልጣን ገቢቱ ዘሎ ጕጅለ ግን፡ ንፍሉይ ጸበብቲ ረብሓታቱ ክብል፡ ካብታ ብዓሰርተ ዕጽፊ ዝተቐየረት ዓለም ክመሃር ዘይደሊን ኣብ መበል ዕስራን ሓደን ክፍለ ዘመን ብኣተሓሳስባ ናይ ስሳታት ክምራሕ ዝደልን’ዩ። ገለ ገለ ካብ መለለዪ ባህርያቱ በዚ ዝስዕብ ክግለጽ ይኽእል፡-

ኣብ ባይታ ዘለዉ ሓቅታት

ሕዱር ትፍንን ሓዘል ኣካይዳ

ኣብ ኤርትራ ፖለቲካዊ ትፍንን ዝመለለይኡ ፖለቲካዊ ባህሊ እምነ መሰረት ናይቲ ስርዓት ኮይኑ’ሎ። ምይይጥን ክትዓትን፡ ንፍልልያት ብሃናጺ መገዲ ናይ ምፍታሕ መድረኽን ቦታ የብሎምን። “ምሳና ኢኻ ወይ ኣንጻርና ኢኻ” ዝብል ብሂል ሳዕሪሩ’ዩ። እዚ፡ በቲ ሓደ ወገን ምስቲ ኣብ ኣርብዓታትን ሓምሳታትን ኣብ መንጎ ዝተፈላለያ ኤርትራውያን ፖለቲካውያን ሰልፍታት ዝተራእየ ናይ ትፍንን ባህሊ ስዒቡ ድማ ኣብ እዋን ዕጥቃዊ ቃልሲ ኣብ መንጎ’ተን ብረት ዝዓጠቓ ውድባት ዝተኸስተ ጐነጻዊ ኣገባብ ኣፈታትሓ ውሽጣዊ ግርጭታት ዝተበገሰ ክኸውን ይኽእል’ዩ። ከምኡ ኢሉ ክቕጽል ነይርዎ ማለት ግን ኣይኮነን። ካብ ዝሓለፈ ብዙሕ ስለ እትምሃር። ደቂሰብ ከኣ እናለበሙን፡ ኣተሓሳስብኦም እናወርጸጸን ስለ ዝኸይድ።

እዚ ክስተትዚ ኣብ ውሽጢ ሃገር ጥራይ ከተሓጽረ ንመንግስቲ ይኹን ንዲያስፖራ ዝውክላ ማዕከናት ዜና ብፍላይ ድማ ናይ ዩትዩብ ቻነላት ነዚ ባህሊ’ዚ ከጋውሓ ይርአያ።

ገለ ገሊኦን እሞ ኸአ ምፍልላይን፡ ፖለቲካዊ ጽልኢ ዝዘርኣን ዝነዝሓን መሳርሒታት ካብ ዝኾና ሓጺር ኣይገበራን። ፖለቲካ፡ ጥዑይ ሕብረተሰብ ኣብ ምህናጽ ዘይኮነ ምስ ዕብዳን ብዝዳረግ መገዲ ክስርሓሉ ይርአ። ብዘሕነት ኣረኣእያ ኣብ ክንዲ ዝጽወርን ዝጽንበልን ዜጋታ ክሳብ ብመናፍቕነት ዝኸሰሱሉ ደረጃ ተበጺሑ። ከዳዕ፡ ጠላም፡ ተምበርካኺ፡ ዕሱብ፡ ኣገልጋሊ ናይ ባዕዲ ረብሓታት፡ ሲ.ኣይ.ኤይ.፡ ወይጦ፡ ተለኣኣኺ፡ ኣልማጺ ተረፍ ናይ ደገ ሓይልታት፡ ወዘተ ዝብሉ ቅጽላት ኣብ መዝገበ ቃላት ፖለቲካ ኤርትራ ህቡባት'ዮም። እዚ ኣብ ህዝቢ ንሓዋሩ ዝገድፎ በሰላ ቀሊል ኣይከኸውንን'ዩ። መሬት ወጊሑ ዕርቅን ምትሕድዳግን ንግበር ኣብ ዝበሃለሉ ህሞት'ውን ኣሰሩ ክርአ'ዩ።

ፖለቲካዊ ባህሊ ኤርትራ ንተቓውሞ ምጭፍላቕን ንፍልልያት ብዓመጽ ምህዳእን ይልለ። ናይ ህግደፍ ህላወ፡ ኣብ ምስይጣን ናይቶም ጸላእቲ ኢሉ ዘጠመቖም ኣካላት ዝምርኰስ'ዩ። ተጻብኦ ኣብ ምኽስኻስ ዝተመስረተ'ዩ። ንጽልኢ ከም መሰረተ እምነት መበገሲ ዝገብርን ህላወኡ ኣብ ልዕሌኡ ከም ዝህነጽ ዝገብርን'ዩ።

ብጭርሖ ዝተሰነየ ስነ ኣእምሮኣዊ ቊጽጽር

ኣብ ትሕቲ ስርዓት ህግደፍ ኵሉ ዜጋ ኣብ ሓደ ኣተሓሳስባ ክርዕም ኣለዎ። እዚ ድማ ብመገዲ'ቲ ስርዓት ዝዘርግሖ ዝንቡዕ ትረኻ ይትግበር። ነዞም ኣተሓሳስባታት ዘሰንዩ ጭርሖታት ድማ በብግዜኡ ይፍብረኹ። ኣብ ነፍሲ ወከፍ ዓመት ድማ ብሓደሽቲ ጭርሖታት፡ ኣእዛን ሰማዕቲ ይድንቁር። ገለ ካብቶም ዝሰማዕናዮም፡ "ከም ተኣምር ናጽነት ቅያ ልምዓት ክንሰርሕ ኢና"፡ "ንጹር ራእይ ጽኑዕ መብጽዓ"፡ "ብዘይ ሃገር ክብረት የለን"፡ "ብጒሳት ንወፍሪ ዋርሳይ ይከኣሎ"፡ "ጥሙራት ኣብ ማሕላ ሓንቲ ሰንደቕ"፡ "ዉሁድ ቅኒት ንሃገራዊ ክብረት"፡ "ርብዒ ዘመን ኣብ መኸተን ልምዓትን"፡ "ወትሩ ንኹሉ ድልዋት"፡ "ንያትና ናጻ ሕርያና"፡ "ቅያ ስጡም መስርዕ"፡ "መስመርና ድርዕና" ... ወዘተ ክጥቀሱ ይኽእሉ።

ኣብ ትሕቲ ስርዓት ህግደፍ፡ መንእሰይ ከይተረፈ ስነ ኣእምሮኣዊ ቊጽጽር ክግበረሉ ተበይኑሉ'ዩ። እዚ ክፋል ሕብረተሰብ'ዚ ብመደባት ማሕበራዊ ምህንድስና ህግደፍ ኣቢሉ ከም ሓድሽ ሰብ ክቕረጽ ተፈሪዱ። እቲ ዕላማ ንመንእሰያት ብምስሊ ተጋዳላይ ደጊምካ ምቕራጽን ምምስራሕንን ብዘይካኡ ድማ በቲ ህግደፍ ዝደልዮ መገዲ ክሓስቡን ህግደፍ ዝብህጎን ዝኾስኰሶን ጠባያት ከዘውትሩን ንምግዳድ ወይ'ውን ንክኽተሉ ዝተኣልመ'ዩ። ናይ መወዳእታ ዕላማኡ ድማ ንኣተሓሳስብኦምን ናጽነቶምን ኣብ ትሕቲ ፍጹም ቊጽጽር ትረኻ ህግደፍ ንምእታውን ንዝተፈላለዩ እኵይ ዕላማታቱ ከም ዝግልገለሎም ምግባር'ዩ።

ሓደ ካብኣቶም ብምስምስ ናይ ደገ ስግኣታት ኣደዳ ዓረር ምግባር'ዩ። ብዓቢኡ ድማ ኣብ ክንዲ ነቲ ዘገምታዊ ስግረ ወለዶኣዊ ምትኽኻእን ምትሕልላፍ ትምህርትን ባይታ ዘጣጥሕ ስግረ ወለዶኣዊ ኣተሓሳስባውን ባህላውን ጋግ ከም ዝፍጠር ገይሩ። እዚ ካብ ሕጂ እንተ ዘይተኣልዩ ማሕበራዊ ምፍንጫል ከኸትል ዘይትጽበዮ ኣይኮነን።

ምዕስካር መላእ ሕብረተሰብ

ምዕስካር መላእ ሕብረተሰብ ኣብ ባህሊ ህዝቢ ኤርትራ ተራእዩ ብዘይፍለጥ ናህሪ ተሰሪሑሉ። ህዝቢ፡ ወተሃደራዊ ክብርታት፡ ቅርጽታትን ቀደምትነታትን ብዘርዊ መገዲ ተወዲቡ። ሲቪሊያዊ ህይወቱ፡ ምሕደራኡን ባህሉን ድማ ብኣኡ ይምእዘን። ብምስምስ "ሃገራዊ ድሕነት" ቊጽጽርን ድረታ ሓሳብካ ምግላጽን ዝውቱር ኮይኑ። ባጀት ሚኒስትሪ ምክልኻል ብዋጋ ካልኦት ማሕበራዊ ኣገልግሎታት ሰማይ ተሰቒሉ። ውደሳ ዅናትን ናይ ኲናት ጅግንነትን ሰማይ ዓሪጉ። እዚ ብግዴኡ ኣብ ምስራዕ ኣተሓሳስባ ህዝቢ ኤርትራ ዓቢ ጽልዋ ኣለዎ። ንዘሕብን ታሪኽ ብሓበን ምዝካርን ምውዳስን መዓስ ነውሪ ኣለዎ። እቲ ስርዓት ንጸቢብ ረብሓታቱ ክግልገለሉ ግን ከነፍቅድ የብልናን። ብስም ስዉኣትና ምሽቃጥ'ውን ከምኡ።

ንቕጽጽር ሓበሬታን ፍርሕን ዝረዓመ ወለዶ

እቲ ኣብ ኣስመራ ዘሎ ስርዓት ኣብ ልዕሊ ሓበሬታ ጽኑዕ ቊጽጽር ይገብርን ንኣማራጺ መራኸቢ ብዙሃንን ኣረኣእያታትን ድማ ይድርትን'ዩ። እዚ ድማ ነቲ ሰባት ዝተፈላለዩ ኣረኣእያታትን ትረኻታትን ንምርካብ ዘለዎም ተኽእሎታትን ዕድላትን ብምድራት፡ ነቲ ናይቲ ስርዓት ትረኻ ከም እንኮ ሓቂ ገይሮም ከም ዝቕበልዎ ምግባር፡ እዚ ዘይበሃል ገንዘብን ግዜን የፍስስ። ድምጺ ሓፋሽ ኤርትራ፡ ጋዜጣ ሓዳስ ኤርትራን ኤሪ-ቲቪን ቀንዲ ናይ ፕሮፓጋንዳ መሳርሒታት ናይቲ ስርዓት'የን። መዓስከር ሳዋን እታ ኣብ ናቕፋ እትርከብ ቤት ትምህርቲ ፖለቲካዊ ስነ ፍልጠትን ነዚ ናይ ሓንጐል ሰብ ምሕጻብ ህቀና ብዝተራቐቐ መገዲ የካይድኦ። ነዚኣቶም እቶም ኣብ ፈቐዶኡ ብውዱብ መገዲ ዝካየዱ ኣኼባታት ህዝቢ የሰንይዎም። ከም ሳዕቤን ናይዞም ተግባራት'ዚኣቶም ህዝቢ "ዝበሉኻ ግበረሎም ወይ ዓዶም ግደፈሎም" ኣብ ዝብል ተስፋ ዘቍርጽ ኣተሓሳስባ ወዲቑ ይርከብ። ናይ ሓዋሩ ሳዕቤናት እንታይ ክኾኑ ከም ዝኽእሉ ንመጽናዕቲ ዝግደፍ'ዩ።

ከምቲ ልዕል ኢሉ ዝተገልጸ፡ ትረኻታት፡ ኣብ ዜጋታት ናይ ተመሳሲልካ ምንባር ባህሊ ኣብ ምስራጽ ሓያል ጽልዋ ይገብሩ'ዮም። ቀጻሊ ዝርገሐ ንሕስያ ዘይብሉ ሓሶትን ረቂቕ ምትላልን፡ ውልቀ ሰባት ንናይ ገዛእ ርእሶም ስነ ኣእምሮን ባህርያዊ ትዕዝብትታትን ኣብ ምልክት ሕቶ ከም ዘእትዉ ክገብሮም ይኽእል'ዩ። ሓቅነት ናይቲ ዝጸለዎም ትረኻታት ንምርግጋጽ ከኣ ኣብ ቀጻሊ ነፍሰ ተፍትሽ ይኣትዉ።

ሓደ ቀንዲ ናይዚ ተመሳሲልካ ምንባር ምኽንያት ፍርሒ'ዩ። ካብቲ ኣብ ልዕሌኻ ንኽፍጸም ዝኽእል ናይ ሕነ ምፍዳይ ተግባራት ዝነቐለ ፍርሒ። መብዛሕትኡ ግዜ፡ ሰባት ንድሕነቶምን ንድሕነት ስድራ ቤቶምን ክብሉ ብፍቶት ይኹን ብግዲ ነቲ ናይቲ ስርዓት ትረኻታት ክርዕምዎ ይርአዩ። ምስ ትረኻታት ናይቲ ስርዓት ምስምማዕ ከም ናይ ነፍሰ ዕቀባ ስልቲ ገይሮም ዝወስድዎ ውልቀ ሰባት'ውን ኣለዉ። ንምንታይ'ሲ፡ ቅሬታኻ ምግላጽ ከቢድ ሳዕቤን ዘኸትል ጉዳይ ክኸውን ስለ ዝኽእል።

መደምደምታ

ፖለቲካዊ ትፍንን፡ ናይ ኣተሓሳስባ ምስራዐን ብሕትውና ሓቅን ኣብ ሓደ ሃገር ምስ ዝሰዕርር ሰናይ ምሕደራ ንምትካል ዘሎ ተኽእሎ እናጸበበ'ዩ ዝመጽእ። ትፍንን ኣብ ውሽጢ ሕብረተሰብ ንዘሎ ምምቕቃል መሊሱ የዕሙቖ። ፖለቲካዊ ፍልልያት ብመገዲ ግድድፍ ወይ ግድድፍ ንምእላይ ንዝግበር ጻዕሪ ድማ እናማህመነ ከም ዝኸይድ ይገብሮ። ትፍንን ዝመለልይኡ ፖለቲካ ኣብ ክንዲ ረብሓ ህዝቢ፡ ኣብ ሻራዊ ፖለቲካ ዝተመስረቱ ዓወታት ይጽንብል። ትፍንን፡ ኣንጻር ናይ ፖለቲካ ተቓወምቲ ንዝውሰዱ ዘይተመጣጠኑ ስጉምትታት ምኽኑይ ይገብር።

ምስራዐ ወይ ጥብቂ ስነ ሓሳባዊ ቊጽጽር፡ ንተቓውሞ ስለ ዝጉዕጽጽ ፖለቲካዊ ብዙሕነት ንኸይዕምብብ ቀንዲ ዕንቅፋት ይኸውን። ምስራዐ ናይ ኣተሓሳስባ ምስ ምዅስኳስ ዝውተራ ነቐፌታዊ ኣተሓሳስባ ኣይቃዶን። ንፈጠራውነት ድማ ሓኒቑ ይሕዝ። ከመይሲ እቲ እንኮ ዕላምኡ ተማእዛዝነት ከም ባህሊ ንምስራጽ ስለ ዝኾነ። ምስራዐ ንናጻ ድምጽታት እናዋሰነ ተማእዛዝነት ሱር ከም ዝሰድድ ይገብር። "ንሕናን ንስኻትኩምን" ዝብል ኣተሓሳስባ ንኽተባባዕ ድማ ኣበርቲዑ ይሰርሕ።

ብሕትውና ሓቂ ኣብ ጭብጥን ሓበሬታን ዝተመርኰሰ ዘተታት ንኽካየዱ ኣየፍቅድን። ክንድ ዝኾነ ድማ ዜጋታት ኣብ ትካላት ዘለዎም እምነት እናነከየ ስለ ዝመጽእ ናይ እሂን ምሂን ልምድን ተወኻኺስካ ናይ ምስራሕ ኣመልን ነበርያ ነበረ ይኸውን። ብሕትውና ሓቂ ፖለቲካዊ ክትዓት ስለ ዘዘንብዕ ጐዳእቲ ወይ ትርጉም ዘይብሎም ናይ

ሰመረ ሰሎሞን

ፖሊሲ ውሳነታት ንኽሕንጸጹ ምኽንያት ይኸውን። ናይ ተቓውሞ መንፈስ ንዘለዎም ፖለቲካዊ ኣመለኻኽታታት ድማ የሰይጥን።

ነዚኣቶም ካብ ሕጂ ንምውጋድ ቅድም ቀዳድም ንህላዌኦም ኣፍልጦ ምሃብ ከድሊ'ዩ። ሓላፍነታውን ናጻን ፕረስ ምትእትታው ንኽምዚኣቶም ዝኣመሰሉ ጠባያት ንምግታእ ክሕግዝ ይኽእል'ዩ። ከምዚ ንክኸውን ድማ ንፕረስ ዝከላኸል ግዝኣተ ሕጊ ዝመስረቱ ምሕደራ ክትከል ኣለዎ። ንምልኪ ብመትከል ምቅላስ ድማ ኣማራጺ ዘይርከቦ ኩነት'ዩ። ብቐጻሊ ኣራሚ ስጉምትታት ዘይምውሳድ ሓደ ሕብረተሰብ ኣብ ማዕሙቕ ቅልውላው፡ ምንቁልቋልን ረጽምን ምውዳቑ ዘይተርፍ'ዩ።

ብፍላይ'ቶም ኣብ ደገ እንነብር ኤርትራውያን ምስ መን ወጊንና ብዘየገድስ ሓሳብና ብናጻ ንኽንገልጽ ዕድል ኣሎና። ሕርያና ግን ጭውነት ብዝመልኦ ኣገባብ ኣብ ጠባያትና ምስ እነንጸባርቐ'ዩ እቲ ዝሓሸ። ምክብባር፡ ምጽውዋር፡ ንብዙሕነት ኣረኣእያ ምጽንባል፡ ሓላፍነታዊ ፕረስን መራኸቢ ብዙሃንን ንምፍጣር ጻዕሪ ምግባር፡ ፍልልያትና ብዘየገድስ ስልጡን ብዝኾነ ኣገባብ ምምይያጥ፡ ካብ ምዝንጣል ምቑጣብ፡ ቅጽል ኣስማት ዘይምዝውታር፡ ከም ጸላእቲ ዘይኮነ ከም ናይ ፖለቲካ ተቐናቐንቲ ምርእኣይ፡ ክትዓት ብመትርዖ ደኣ'ምበር ብምዝልላፍ ከተካይድ ዘይምፍታን፡ ወዘተ ዝኣመሰሉ ጠባያት ከነዘውትር ግዴታ'ዩ። ካብ ናይ ጽልኢ ፖለቲካ፡ ነንሓድሕድካ ናይ ምፍንፋን ፖለቲካ፡ ትፍንን፡ ነቲ ሓደ ከም ዘይናትካ ጌርካ ምርኣይ ወዘተ ምውጋድ ከድሊ'ዩ።

ህዝቢ እንኽሰበሉ እንኮ ሜላ ሓሳብካ ብመርትዖ ኣሰኒኻ ናብ ህዝቢ ምቕራብ'ዩ። ብመርትዖ ሃምን ቀልብን ህዝቢ ምኽሳብ'ዩ። ፍልልያትና ብዘየገድስ ሓደ ህዝቢ ኢና። ሓንቲ ማህጸን'ያ ፈርያትና። ሓንቲ መሬት'ያ ኣዕብያትና። መንግስቲ ከያዳይ'ዩ፡ ህዝቢ ግን ኣብ መረበቱ ጸናሓይ'ዩ። ነቲ ዝመጽእ ወለዶ ሓድጊ ክንገደፈሉ ይግባእ። እሂን ምሂን ተባሃሂሉ ሃገሩ ምእንቲ ክሃንጽ።

ምዕራፍ 13

ተስፋታት ቍጠባዊ ዕብየት ኣፍሪቃን ንኤርትራ ዘመሓላልፎ ምህሮን

ኣብ ኣፍሪቃ ምውጋድ መግዛእቲ ካብ ዝጅምር ልዕሊ ስሳ ዓመት ሓሊፉ። ከም ሳዕቤኑ ድማ፡ ብርክት ዝበላ ሃገራት ኣፍሪቃ ከም ልዑላውያን ሃገራት ኣፍልጦ ረኺበን። ይኹን'ምበር፡ እታ ኣህጉር ብዘይ ኢፍትሓዊ ብዝኾነ ኣገባብ "ጸላም ኣህጉር" ተባሂላ ትጽዋዕ ኣላ። ኣፍሪቃ፡ ከሳብ ሕጂ ብድሕረት፡ ድኽነት፡ ሕማም ተላገብ፡ ምልካዊ ምሕደራ፡ ብልሽውና፡ ህዝባዊ ዓመጽ፡ ከምኡ'ውን ብዝውተራ ጽንተት ዓሌት ትግለጽ። ብተወሳኺ፡ ቍጽጽር ዘይብሉ ወሰኽ ቍጽሪ ህዝቢ፡ ዓሶን፡ ከምኡ'ውን ኤችኣይቪ/ኤይድስን ከም መለለዪ ባህርያት ናይታ ኣህጉር ኮይኖም ይቐርቡ። ኣብ ኣፍሪቃ ዝርከቡ ስርዓተ መራኸቢታትን መጐዓዝያን ኣብ ትሕት ዝበለ ደረጃ ይርከቡ። ነዚ ዘብእስ ድማ ብሰነኪ ድኽነት እቲ ብዘይ ጠገለ ካብ ገጠር ናብ ከተማታት ዝውሕዝ ዘሎ ብዝሒ ህዝቢ'ዩ። እዚ ብግዴኡ ንገጠራዊ ልምዓት ብኣሉታ ይጸልዎ።

ብኻልእ ወገን ድማ እታ ኣህጉር ብሰፊሕ ተፈጥሮኣዊ ጸጋታት ሃብታም እያ። እዚ ድማ ልሙዕ መሬት፡ ሩባታት፡ ቀላያት፡ ማዕድናትን ነዳድን ይሓቍፍ። ኣፍሪቃ፡ በቲ ብርቱዕን ጻዕራምን ህዝባ'ውን ትሕበን'ያ። ሃብታም፡ ብዙሕ ዝዓይነቱ፡ ከምኡ'ውን ንኣሽሓት ዓመታት ዝቐጸለ ባህልታትን ያታታትን'ውን ተሳሲ። ዓሚቕ ትርጉም ብዘለዎምን ክዕቀቡ ዝግባኣምን ማሕበራዊ ክብርታት ድማ ሃብታም እያ።[xxiv] እቶም ሰፋሕትን ዘይተተንከፉን ጫካታት ስሕበት በጻሕቲ ሃገር ኮይኖም የገልግሉ። ብተወሳኺ፡ ብርክት ዝበሉ ውሩያት ተመራመርቲ ስነ ሰብ (ኣንትሮፖሎጂስትስ)፡ ኣፍሪቃ መበቈል ደቅሰብ ምዃና ኣረጋጊጾም'ዮም።[xxv] ብተወሳኺ፡ ኣብ ኣፍሪቃ፡ ላዕለዋይ ትምህርቲ፡ ካብ

መበል ዓሰርተ ክልተ ክፍለ ዘመን ከም ዝጀመረ ብመርትዖ ክስነ ዝኽእል ሓቂ'ዩ። እታ ኣብ ናይ ሕጂ ማሊ እትርከብ ታሪኻዊት ማእከል ላዕለዋይ ትምህርቲ ዝነበረት ቲምቡክቱ ከም ኣብነት ምጥቃስ ኣኻሊ'ዩ።[xxvi] ኣብታ ኣህጉር፡ ብሚእታዊት ክርአ እንክሎ፡ ካብቲ ጠቕላላ ብዝሒ ህዝቢ እቲ ዝበዝሐ እቲ መንእሰይ ወለዶ'ዩ።

እዛ ምዕራፍ'ዚኣ፡ ንመሰረታውያን ድርኺታት ቊጠባዊ ዕብየት ኣፍሪቃ ዝምርምር'ዩ። ቅድሚ'ቲ ናይዛ ኣህጉር ደረጃ ቊጠባዊ ምዕባለ ብሓደ ሓደ ቅቡላት ቊጠባዊ መዐቀኒታት ምግምጋም ግን፡ መጀመርያ "ዕብየት" ከም ኣምር ብዝሰፍሐ መልክዑ ምርኣይ ከድሊ'ዩ። ብምቕጻል፡ እዚ ምዕራፍ ንቕጠባዊ ዓቕሚ ኣፍሪቃ ምስ ተመሳሳሊ ማሕበረ ቊጠባዊ ኣቀዋውማን ታሪኻዊ ድሕረ ባይታን ዘለወን ዞባታት ንሓደ ሓደ ቅቡላት ዝኾኑ መመልከቲታት ኣብ ግምት ብዘእተወ መገዲ ከነጻጽር ይፍትን። ሕመረት ናይቲ ክትዕ ንሓደ ኣገዳሲ ጉዳይ ከጕልሕ ይፍትን። እዚ ድማ፡ ብኵራት ሰናይ ምሕደራ መሰረታዊ ዕንቅፋት ንልምዓት ኣፍሪቃ ምኳኑ ጥራይ ዘይኮነስ ንበብእዋኑ ዝርአዩ ናይ ንድሕሪት ምንሽርታት ተርእዮታት'ውን ጠንቂ'ዩ ዝብል'ዩ። ኣብ መደምደምታ፡ እዚ ምዕራፍ'ዚ፡ ኣብ ኣፍሪቃ ንብድሆታት ምሕደራ ንምፍታሕ ይጠቕሙ'ዮም ዝበሃሉ ንፖሊሲ ዝምልከቱ ምሕጽንታታት ከቕርብ ይፍትን። ከመይሲ ሰናይ ምሕደራ ከም ኣገዳሲ ቅድመ ኩነት ንዘላቒ ልምዓት ስለ ዝውሰድ።

ቊጠባዊ ዕብየት እንታይ ማለት'ዩ?

ብርክት ዝበሉ ናይ ስነ ቊጠባ ሰብ ሞያ፡ ቊጠባዊ ዕብየት ሓንቲ ሃገር፡ ነቲ እናወሰኸ ዝኸይድ ቊጠባዊ ድሌታት ህዝቢ ንምምላእ ዝግበር ጻዕሪ ከም ዝኾነን እዚ ድማ ኣብ ምዕባይ ፍርያምነት ምህርቲ፡ ምዕቡል ተክኖሎጂ፡ ከምኡ'ውን ምስኡ ዝኸይድ ትካላውን ስነ ሓሳባውን ምምዕርራይን ከም ዝምርኰስን ይገልጽ።[xxvii] ብኻልእ ኣዘራርባ፡ ቊጠባዊ ዕብየት ብዘላቒ ወሰኽ ናይ ሃገራዊ ምህርቲ ከም ዝግለጽን ምዕባለ ተክኖሎጂ ድማ ንዘላቒ ዕብየት ቅድመ ኩነት ምኳኑን የስምሩሉ።[xxviii] ዓቕሚ ተክኖሎጂ ንምድላብ ድማ ትካላውን ናይ ኣተሓሳስባ ምምዕርራይን ከም ዝጥለቡ ይገልጹ። እዞም ዝተጠቕሱ ሰብ ሞያ፡ ምስ ዕብየት ዝተኣሳሰሩ ሓያለይ ረቛሒታት ከለልዩ ይፍትኑ። ሰብኣዊ ዓቕሚ፡ ደረጃ እቶት ውልቀ ሰብ፡ ደረጃታት ዘቤታዊ ምህርቲ ሃገር (ብተዛማዲ ምስ ዓለማዊ ቊጠባ)፡ ክሊማ፡ ብዝሒ ህዝቢ፡ ተራ ኣህጉራዊ ስደት፡ ተሳትፎን ረብሓን ካብ ኣህጉራዊ ንግዲ፡ ሳይንሳውን ተክኖሎጂያውን ምርምር፡ ከምኡ'ውን ምርግጋእን ምትዕጽጻፍን ፖለቲካውን ማሕበራውን ትካላት ወዘተ የጠቓልሉ።[xxix]

ኣብ ግምት ክኣትዉ ዘለዎም ካልኦት ተወሰኽቲ ረቛሒታት ንጂኦግራፍ፡ መስመራት ንግዲ ባሕሪ፡ ከምኡ'ውን ቅርጺ መንግስቲ ዘጠቓልሉ'ዮም። ካብዚ ሓሊፉ፡ ቍጠባዊ ዕብየት፡ ብዓለም ደረጃ ቅቡላት ዝኾኑ ቍጠባዊ መዐቀኒታት ብምጥቃም ክግምገም ከም ዘለዎም'ውን ይእምቱ። እዚ ድማ ብተለምዶ ከም መጠን ዕብየትን ንነፍሲ ወከፍ ውልቀ ሰብ ካብቲ ሃገራዊ ቍጠባዊ ምህርቲ ዝረኽቦ ብጽሒትን ይሓቑፉ።[xxx]

እዞም ኣብ ላዕሊ ዝተጠቕሱ ንልምዓት ደረኽቲ ዝኾኑ ረቛሒታት፡ ብዓለምለኻዊ ደረጃ ናይ ግድን ተመሳሰልቲ ዘይከኾኑ ይኽእሉ'ዮም። ከንዲ ዝኾነ ድማ፡ ኣብ ኣተረጓጕምኦም ጥንቃቐ ክሓትት'ዩ። ንኣብነት፡ ተመሳሳሊ ኵነታት ክሊማ ዘለወን ሃገራት፡ ኣዝዩ ዝተፈላለየ ደረጃ ቍጠባዊ ዕብየት ከርእያ ይኽእላ'የን። ብተመሳሳሊ መገዲ፡ ድሩት ተፈጥሮኣዊ ጸጋታት ዘለወን ሃገራት፡ ሓሓሊፉ ካብቶም ብዙሕ ጸጋታት ዘለወን ሃገራት ዝያዳ ዝበልጸጋ ክኾና ይኽእላ። ብተወሳኺ፡ ገለ ገለ ካብ ውልቀ ምልካዊ ስርዓት ኣገዛዝኣ ናብ ደሞክራሲ ዝሰጋገራ ሃገራት - ሓደ ሓደ ግዜ ዕብየት ንምርኣይ ብድሆታት የጋጥመን'ዩ። ምኽንያቱ ድማ ሓደ ሓደ ግዜ ተቐናቐንቲ ናይ ረብሓ ጕጅለታት ንቍጠባዊ ምዕባለ ከምቲ ዝድለ ጥጡሕ ሃዋህው ዘይከፈጥሩ ስለ ዝኽእሉ። እዚ ክበሃል እንከሎ ግን፡ ርጉኣትን ደሞክራሲ ከም ስርዓተ ምሕደራ ዘዘውትራ ሃገራት ምስ ምልካውያን ስርዓታት ክነጻጸራ እን ከለዋ ዝሓየለን ዘላቕን ዕብየት ከም ዘውሕሳ ብመጽናዕቲ ዝተረጋገጸ ሓቂ'ዩ።[xxxi]

ቍጠባዊ ዕብየት ኣፍሪቃ

ፖል ኮሊየ ዝተባህለ ውሩይ ናይ ስነ ቍጠባ ተመራማሪ፡ 80% ካብ ህዝቢ ዓለም ኣብተን ብቕልጡፍ ዝምዕበላ ዘለዋ ሃገራት ይነብር ከም ዘሎን እቶም ዝደኸዩ ሓደ ቢልዮን ድማ ኣብ ደው ዝበለ (ዝደስከለ) ወይ እናደኸመ ዝኸይድ ዘሎ ቍጠባታት ተደሪቶም ከም ዝርከቡን ይገልጽ። ኮሊየ፡ ካብዚኣቶም እቶም ዝበዝሑ ኣብ ኣፍሪቃን ማእከላይ ኤስያን ከም ዝርከቡ፡ ብፖለቲካዊ ነውጽታት፡ ሕማም፡ ከምኡ'ውን ሕጽረት ፍልጠትን ብቐጻሊ ከም ዝሳቐዩን ድማ ይሕብር። እዘን ብምዕባለ ጐተት ዝብላ ዘለዋ ሃገራት፡ ኣብቲ ዓውለማዊ ቍጠባ ንኽጽንበራ ዘለወን ተኽእሎ'ውን እናጸበበ ከይመጽእ ሓደጋታት ከም ዘሎ የጠንቅቕ። ምኽንያቱ ድማ እታ ዓውለማዊት ዓለም ብተክኖሎጂን ቅልጡፍ ዕብየትን እናዓበየ ዝኸይድ ምህርትን ደቅሰብን'ያ እትልለ።[xxxii]

ናይ ኣፍሪቃ ትሑት ምዕባለ፡ ብሰንኪ ዝተሓላለኸ ጽንበራ ናይ ዝተፈላለዩ ረቛሒታት'ዩ ዝግለጽ። እዚኣቶም ነዞም ዝስዕቡ ከጠቓልሉ ይኽእሉ፦ መግዛእታዊ

ውርሻታት፡ ኣሉታዊ ሳዕቤን ክሊማዊ ለውጢ፡ በዳሂ ኣቀማምጣ መሬት፡ ከምኡ'ውን ምስ ስፍሓት መሬት ዘይመጣጠኑ ድሩት ገማግም ባሕሪ ዝኣመሰሉ ጂኦግራፊያዊ ኩነታትን። ነዚኣቶም፡ ኤትኒካዊን ዶባዊ ክርክር ዝመበገሲኦም ፖለቲካዊ ዘይምርግጋኣት፡ ህዝባዊ ምልዕዓላት፡ ተደጋገምቲ ዕልዋታት መንግስትን ዝኣመሰሉ ብድሆታት የጋድድዎም።

ሓደ ካልእ ኣብ ቍጠባዊ ዕብየት ኣፍሪቃ ኣከራኻሪ ኮይኑ ዘሎ ጉዳይ ተራ ደገፍ ወጻኢ'ዩ። ነቐፍቲ ናይ ወጻኢ ደገፍ፡ እዚ ክስተት'ዚ (ደገፍ ወጻኢ)፡ ብመዋቕራዊ መንጽር ኣንጻር'ታ ኣህጉር ዝቐንዐን ንዘይምዕሩይ ዓለማዊ ስርዓተ ቍጠባ ዘተባብዕን'ዩ ኢሎም ይምጉቱ።[xxxiii] ብዙሓት ኣፍሪቃውያን መራሕትን ምሁራትን፡ ሱር ናይዚ ጉዳያ'ዚ ኣብ ልዕሊ'ታ ኣህጉር ዝተፈጸሙ ታሪኻዊ በደላት ዝተመስረቱ ምኽኖም ይእምቱ፡ እዚኣቶም ነዞም ዝስዕቡ የጠቓልሉ፦ ስግረ ኣትላንቲካዊ ንግዲ ባሮት፡ መግዛእቲ፡ ጂኦፖለቲካ ዝሑል ኲናት፡ ዘሰንከል ጾር ዕዳ፡ ከምኡ'ውን ፖሊሲታት ኣህጉራውያን ትካላት።[xxxiv] ክስተት ዓውለማዊ ጥርናፈ ንባዕሉ ንቍጠባዊ ዕብየት ኣፍሪቃ ኣብኢስዎ'ዩ ዝብሉ ምሁራት'ውን ኣይሰኣኑን'ዮም።

መግዛእታዊ ተርእዮ፡ ኣብ ኣፍሪቃ ድኹማት ሃገራት ኣብ ምፍጣር ኣበርክቶ ከም ዝገበረ ዘየማትእ ሓቂ'ዩ። እዚ ድማ ሳዕቤን ናይቲ ንዘመናት ዝቐጸለ ምፍጣር ዝተበታተነ ፖለቲካዊ መልክዐ መሬት'ዩ። ብመሰረቱ፡ ናይ መብዛሕትኡን ሃገራት ኣፍሪቃ ፖለቲካዊ ዶባትን ምሕደራዊ ቅርጽታትን ካብቲ ኣብ መበል ዓሰርተ ትሽዓተን ዕስራን ክፍለ ዘመን ዝነበረ ትካላዊ ውርሻታት መግዛእታዊ ምሕደራ ኤውሮጳ ዝምንጨ'ዩ።[xxxv] ኣብታ Africa's Stalled Development: International Causes and Cures፡ ዘርእስታ መጽሓፎም፡ ዴቪድ ኬ ሌናርድን ስኮት ስትራውስን ዝተባህሉ ናይ ታሪኽ ተመራመርቲ፡ መግዛእታዊ ትካላት ብቐንዱ ንውሑዳት ማሕበረሰብ ሰፋሮ ንምግልጋል ዝተሃንጹ ምንባሮም ይምጉቱ። ከምኡ ስለ ዝኾኑ፡ እቲ ቍጠባዊ ዕላማ ናብ ሰደድ ዝቐንዐ ኢዩ ነይሩ።[xxxvi] እዚ ስርዓተ ቍጠባ'ዚ ንመብዛሕትኡ ህዝቢ ኣፍሪቃ ዘይምጥን ምንባሩ ንጹር'ዩ ድማ ይብሉ።

ስግረ ኣትላንቲካዊ ንግዲ ባሮት፡ ንኣፍሪቃ ንሓያለይ ዘመናት ዓቕሚ ሰባ ብዝግባእ ንኸይትጥቀም ሓሪምዋ'ዩ። ብዙሓት ምሁራት እዚ ንነዊሕ እዋን ዝጸንሐ ተርእዮ፡ ዓሚቝ ማሕበራዊ ዘይምርግጋእ ከም ዘስዓበ ጥራይ ዘይኮነስ፡ ኣብ መላእ ኣህጉር ነባሪ ዲሞግራፊያዊ ለውጢ ከም ዘበገሰ ይምጉቱ።[xxxvii]

ዝሑል ኲናት ንልምዓት ኣፍሪቃ ብዓቢኡ ዕንቅፋት ገይሩ'ዩ ዝብሉ ተመራመርቲ'ውን ኣለዉ። ኣብዚ እዋን እዚ፡ ዓለማውያን ልዕለ ሓያላን ሃገራት፡ ንስትራተጅያዊ ረብሓታተን ንምሕላው ክብላ (መገዲ መራኽብ ንምውሓስ፡ ወተሃደራዊ መዓስከራት ንምምስራት፡

ኤርትራ፡ ቀለስቲ ሓሳባት ንሕውየት ሃገር

ከምኡ'ውን ወሰንቲ ማዕድናትን ቀረብ ነዳድን ንምምዝማዝ)፡ ኣብ መላእ ኣህጉር ንዝርከቡ ምልካውያን ስርዓታት ደጊፈንኦም'የን።[xxxviii] ይኹን'ምበር ዝሑል ኲናት ኣብ ምቅልጣፍ ምሕራር ሃገራት ኣፍሪቃ ልዑል ግደ ከም ዝነበሮ ምዝካር ግን ኣገዳሲ'ዩ ይብሉ።[xxxix] ምዝዛም ዝሑል ኲናት፡ ሓድሽ ፖለቲካዊ ዘመን ኣየምጽኣን። እዚ ድማ፡ ዝሑል ኲናት ንባዕሉ ኣብ ቍጠባዊ ደውታ ኣፍሪቃ ርኡይ ጽልዋ ከም ዘይነበሮ'ዩ ዝሕብር።[xl] ብኻልእ ኣዘራርባ፡ ኣብ እዋን ዝሑል ኲናት፡ ኣብ ኣፍሪቃ ዝተራእየ ዝርገሐ ማርከሳዊ ኣገባብ ቍጠባ፡ ኣብ ምንቁልቋል ቍጠባ ሓደ ሓደ ሃገራት ወሳኒ ኣበርክቶ ከም ዝነበሮ ኢሎም ይሙግቱ።

ናይ ወጻኢ ሓገዝ ኣብ ቍጠባዊ ዕብየት ኣፍሪቃ ዘለዎ ጽልዋ- ወይ ደውታ- ሕጂ'ውን ብውዕዉዕ መንፈስ ክትዕ ዝካየደሉ ዘሎ ጉዳይ'ዩ። ተንተንቲ ከም ዝብሉዎ፡ ሓገዝ ናይ ደገ፡ ንሕማም ጽግዕተኛነት ከም ዘዕበዮን፡ ከም ሳዕቤን ድማ ንምዕባለ'ታ ኣህጉር ብኣሉታ ከም ዝጸለዎን ኢሎም ዝካትዑ ሰብ ሞያ ኣለዉ። ንኣብነት ንምጥቃስ፣ ናይ ስነ ቍጠባ ብዓልቲ ሞያ ዝኾነት ዛምብያዊት ዳምቢሳ ሞዮ፡ ነቲ ናይ ደገ ሓገዝ ንድኽነት ከፋኹስ ይኽእል'ዩ ዝብል ሓሳብ ግጉይ ኣመለካኽታ'ዩ ብምባል ትነጽጎ። ሞዮ፡ ኣብታ Dead Aid: Why Aid Is Not Working and How There Is a Better Way for Africa ዘርእስታ መጽሓፍ፡ ናይ ደገ ረድኤት፡ ብሚልዮናት ዝቝጸሩ ኣህዛብ ድኻታት ከም ዝገበሮምን ንሕሰምን ስእነትን ኣብ ከንዲ ዝንኪ ድማ ከም ዘጋደዶን ትገልጽ። ከንዮ'ዚ ብምኻድ፡ ሞዮ፡ ሓገዝ ንመብዛሕትኦን ኣብ ምምዕባል ዝርከባ ሃገራት ኣብ ታሪኽን ከም ዝሃሰየንን ንመጻኢ'ውን ከም ዝሃሰየንን ትእምት። ሓደገኛነቱ ድማ ኣብ ፖለቲካዊ፡ ቍጠባው፡ ከምኡ'ውን ኣብ ሰብኣዊ መዳይ ተራእዩ'ዩ ኢላ ትምጉት።[xli] ብ1981 ዓ.ም. ምሁር ስነ ቍጠባ ፒ.ቲ. ባውር ነቲ ኣንጻር ሓገዝ ዝቐረበ ጉዳይ ብሰለስተ ሓያላት ሓረጋት ኣጠቓሊልዎ፤

> ረድኤት ወጻኢ ንልምዓት ኣገዳሲ'ዩ ዝብል ስነ ሞጐት ኣብ መዋጥር ዘእቱ ኣመለኻኽታ'ዩ። ካብ ርእሰማል ወጻኢ፡ ንልምዓት ዘጣጥሑ ኲነታት እንተ ድኣ ተማሊኦም፡ እቲ ዝድለ ርእሰማል ወይ ኣብ ውሽጢ ዓዲ ክፍጠር ይኽእል ወይ ድማ ካብ ወጻኢ ሃገራት ብመልክዕ ንግዲ ናብ መንግስታት ወይ ንግዳዊ ትካላት ክመጽእ'ዩ። እቲ ዝድለ ኲነታት እንተ ዘይሃልዩ ግን እቲ ዝርካቡ ረድኤት ዘይውጽኢታውን ከንቱን ክኸውን'ዩ (Bauer, 1981)።[xlii]

ናይ ባወር ጥቕሲ ንኣገዳስነት ትካላትን ትካላዊ ኣሰራርሓን'ዩ ዘመላኽት።

ዋላ'ኳ ድሩትነት እንተ ሃለዎ፡ ናይ ወጻኢ ሓገዝ ወሳኒ ተራ ነይሩዎ ኢዩ ዝብሉ ክኢላታት'ውን ኣለዉ። ኣበሃህልኦም፡ ገለ መዳያት ማሕበራዊ ገስጋስ - ከም ንገጠር ንምርኻብ ዝሕግዙ ጽርግያታት፡ መባእታ ኣብያተ ትምህርቲ፡ መደባት ክታበት፡ ኣገልግሎት ውጥን ስድራ ቤት፡ ጽሬትን ዕደላ ጽሩይ ማይን- ብዘይ ደገፍ ወጻኢ ክሳለጡ ኣይምኽኣሉን ካብ ዝብሉ ግምታት ክኸውን ይኽእል።[xliii] ገሊኦም'ውን፡ ደገፍ ወጻኢ ቍጠባዊ ምኽንያት'ውን ኣለዎ ይብሉ። ከም ዓቢ ኣብነት ድማ ነቲ ኣብ 1946 ዓ.ም. ባንኪ ዓለም፡ ዓለማዊ ዕብየት ንግዲ ንምዕባይን ነቲ ብኲናት ዝተሃስየ ቍጠባታት ጀርመንን ጃፓንን ዳግማይ ንምህናጽን ከም ዘገልገለ ይጠቕሱ።[xliv] እዚ ብርግጽ ነተን ድሮ ከምዚ ዓይነት ሓገዝ ናይ ምጥቃም ትካላዊ ዓቕሚ ዝነበረን ሃገራት ዒላማ ዝገበረ'ዩ ነይሩ። ኣብ ከምዚኣን ዝኣመሰላ ድሮ ዘድሊ ቅድመ ኩነታት ኣማሊኣን ዝጸንሓ ሃገራት፡ ዋሕዚ ርእሰማል ንዕብየት ቍጠብኣን ምቹእ ባይታ ፈጢሩ'ዩ።

ንሓገዝ ወጻኢ ዝድግፉ ካልኦት ክኢላታት'ውን፡ ቅድሚ ሰላሳ ዓመት፡ ረብሓታት ሓገዝ ወጻኢ ርኡይ ምንባሩ ይምጕቱ። ከም ኣብነት ድማ ነቲ ኣብ መንጎ 1950ን 1975ን ዓ.ም. ኣብ ድኻታት ሃገራት፡ ዕድመ ሰብ ብዓሰርተ ሓሙሽተ ዓመት (ካብ 35 ናብ 50) ከም ዝወሰኸ፡ መጠን ትምህርቲ ንዓበይቲ ድማ ካብ 30 ሚእታዊት ናብ ልዕሊ 50 ሚእታዊት ከም ዝወሰኸ መርትዖታት ከቕርቡ ይፍትኑ። ኣብቲ እዋን'ቲ፡ ብዙሓት ሃገራት፡ ኣብ ክንክን ጥዕና፡ ትምህርቲ፡ ከምኡ'ውን ዝርጋሐ ጽሩይ ማይን ርኡይ ምምሕያሽ ኣርእየን ኢሎም ይማጐቱ።[xlv]

ኣብታ The Trouble with Africa: Why Foreign Aid Isn't Working ዘርእስታ መጽሓፉ፡ ካልደሪሲ ዝተባለ ውሩያ ናይ ስነ ቍጠባ ክኢላ፡ ታሪኻውን መዋቕራውን ረቛሒታት፡ ስግረ ኣትላንቲካዊ ንግዲ ባሮት፡ መግዛእቲ፡ ዝሑል ኲናት፡ ኣህጉራዊ ትካላት፡ ልዑል ዕዳ፡ ጂኦግራፍ፡ ብዝሒ ብመጠን ግዝፈን ዝልለያ ሃገራት ኣፍሪቃ፡ ከምኡ'ውን ብዝሒ ህዝቢ፡ ብእወታ ይኹን ብኣሉታ፡ ንዕብየት'ታ ኣህጉር ከም ዝጸለዉ ይኣምን። እዚ ግን፡ ኣፍሪቃ ነቶም ኣብ ድሕሪ ናጽነት ዘጋጠማ ብቑጠባ ንድሕሪት ናይ ምንሻርታት ክስተት ምሉእ ብምሉእ ከም ዘይገልጽ ይምጕት። ንሱ፡ ድሕሪ ናይ ነዊሕ እዋን ምንቁልቋል፡ ቍጠባ ኣፍሪቃ ሕጂ ይሓዊ ከም ዘሎ'ኳ እንተ ሓበረ፡ ናህሩ ግን ዘገምታዊ ምዃኑ ይገልጽ።[xlvi] "ስለዚ" ይብል ንሱ፡ "እቲ መሰረታዊ ጠንቂ ቍጠባዊ ደውታ ኣፍሪቃ ኣብ ካልእ ሃሰው ክበሃል ኣለዎ።"

ተስፋታት ቍጠባዊ ዕብየት ኣፍሪቃ

ድኽነት ንምምካት ብጥዑይ ፖሊሲታትን ከምኡ'ውን ኣብ ትምህርትን ጥዕናን ብዝግበር ርኡይ ወፍሪ ዝድገፍ ቀጻሊ ቍጠባዊ ዕብየት ይሓትት። ዕብየት እንተ ዘይሃልዩ፡ ህዝቢ ኣብ መፈንጠራ ድኽነት ይወድቕ።[xlvii] ሓቀኛ ልምዓት ኣሎ ክበሃል፡ ኣብ ህይወት ደቅሰብ ጭቡጥ ምምሕያሽ ክርአ እንከሎ'ዩ። እዚ ድማ ፍትሓዊ ምምቕራሕ ጸጋታት ሃገር ክህሉ እንከሎ'ዩ። ኣብ ናይ መወዳእታ ትንታነ ድማ ትርጉም ዘለዎ ምዕባለ ንምምጻእ፡ ሓፈሻዊ ደረጃ ህይወት ደቅሰብ ንምዕባይን ነቲ ኣብ መንጎ ውሑዳት ሃብታማትን ብዙሓት ድኻታትን ዘሎ ጋግ ምጽባብን'ውን የድሊ።

ኣፍሪቃ ቍጠባዊ ዕብየት ንምውሓስ ተኣምራት ምስራሕ ኣየድልያን'ዩ። እታ ኣህጉር፡ ፍሉያት ባህርያታ ማለት ታሪኻ፡ ባህላ፡ ጂኦግራፊኣ፡ ተፈጥሮኣዊ ጸጋታታ፡ ሰብኣዊ ርእሰማላ ከምኡ'ውን ክሊማኣን - ኣብ ግምት ዘእተወ፡ ተመሳሳሊ ማሕበረ ቍጠባዊ ኩነታት ዘለወን ሃገራት ዝተጠቕማሉን ዝተዓወታሉን ልምዓታዊ ስትራተጂታት ብምርዓም ክትምዕብል ትኽእል እያ።

ከምቲ ቶዳሮን ስሚዝን ኣብ Economic Development ዝብል ድርሰቶም ዘጕልሕዎ፡ ዘላቒ ምዕባለ ስሉጥ ምምቕራሕ ጸጋታት ሃገርን (ብተለምዶ ብዕዳጋ ዝምራሕ) ርጉእ ዕብየት ምህርትን ጥራይ ኣይኮነን ዝሓትት። ሃገራት፡ ደረጃ መነባብሮ ህዝበን ብቕልጡፍን መጠነ ሰፊሕን ደረጃ ንምምሕያሽ ዘድሊ ቍጠባዊ፡ ማሕበራዊ፡ ከምኡ'ውን ትካላዊ መዋቕራት'ውን ከመቻችኣ ኣለወን። እቲ ሕመረታዊ ሕቶ ድማ ንስልጣንን ማዕርነታዊ ኣመቓራርሕኡን ዝምልከት'ዩ። ቍጠባ ኣብ ምንታይ ምዓላ ወይ ረብሓኸ ይውዕል ዝብሉ ሕቶታት ምምላስ'ምበኣር ኣገዳሲ'ዩ (Todaro, 2003)።[xlviii]

ካልእ ቍጠባዊ ዕብየት ኣፍሪቃ ክንምርምር ከለና ኣብ ግምት ክኣቱ ዘለዎ ኣገዳሲ ረቛሒ፡ እታ ኣህጉር ብኣልማማ (ወይ ድማ ፍልልያት ከም ዘይብላ ጌርና) ክንወስዳ ከም ዘይብልና ምሕሳብ ከድሊ ኢዩ። ልዕሊ ሓምሳ ሃገራት ዝሓቍፈት ኣፍሪቃ፡ ነፍሲ ወከፍ ሃገር ናይ ገዛእ ርእሳ ፍሉይ ታሪኽ ኣለዋ። ዝምድናታት ነፍስ ወከፍ ሃገር ምስ ምዕራባውያን ሃገራት፡ ውሽጣዊ ኣፍሪቃዊ ዳይናሚክን፡ ውህበት ተፈጥሮኣዊ ጸጋታተን ከምኡ'ውን ምሕደራዊ ቅርጻን ይፈላለ'ዩ። ንኣብነት ኣብ መንጎ ክልተ ኣፍደገ ባሕሪ ዘይብለንን ብኣልማዝ ዝተዓደላ ሃገራት፡ ማለት ቦትስዋናን ሪፓብሊክ ማእከላይ ኣፍሪቃን፡ ምንጽጻር ክግበር ይከኣል'ዩ። ቦትስዋና ብሰሪ ሰናይ ምሕደራ ናብ ማእከላይ እቶት ዘለዎ ቍጠባ ብዓወት ክትሰጋገር እንከላ፡ ቍጠባዊ ምዕባለ ሪፓብሊክ ማእከላይ ኣፍሪቃ ድማ ብሰንኪ ድኹም ምሕደራ ኣብ ትሑት ደረጃ'ዩ ዝርከብ።[xlix]

ኣብ ኣፍሪቃ፡ ሓባራዊ ስትራተጂታት ቍጠባዊ ዕብየት፡ ብተለምዶ፡ ብዕዳጋ ዝምራሕ ኮይኑ ነዞም ዝስዕቡ ተበግሶታት ከተኰረሎም ይግባእ፣ ውህለላ ዘቤታዊ ርእሰማል፡ ኣብ ልዑል ዓቕሚ ዘለዎም ጽላታት (ሕርሻ፡ ምስናዕ፡ ከምኡ'ውን ኣገልግሎታት) ዝሕንጸጹ ፖሊሲታት ወፍሪ (ናይ ውሽጢ ሃገርን ወጻእን)፡ ቅኑዕ ማክሮ ቍጠባዊ ምሕደራ (ፊስካላውን ገንዘባውን ፖሊሲ)፡ ምምዕባል ሰብኣዊ ርእሰማል (ትምህርትን ጥዕናን)፡ ከምኡ'ውን ዝሓየለ ዞባዊ ምትሕብባር። ሰብኣዊ ዓቕሚ ኩሉ ግዜ ኣብ ዕብየት ወሳንነት ይህልዎ። ሃገራት ኣፍሪቃ፡ ተበጻሕነት ትምህርቲ ምስፍሕፋሕ፡ ዜጋታት ክኢላዊ ዓቕሚ ከም ዝድልቡ ምግባር፡ ናይ ሽቕለት ዕድላት ምርሓው፡ ዋኒናውነት ምትብባዕ፡ ከምኡ'ውን ዕድላት ወፍሪ ምስፍሕፋሕ ከም ቀዳምነታተን ክሰርዕኦ ይግባእ። ከምቲ ፖል ኮሊየ ኣብ ኣስተምህሮኡ ዘስመረሉ፡ ብሓበሬታ ዝተዓጥቀ ህዝቢ ምፍራይ ንዘላቒ ልምዓት ኣገዳሲ'ዩ።[i]

ቍጠባዊ ዕብየታ ንምውሓስ፡ ኣፍሪቃ ምስ ኣህጉራዊ ደንብታት ዝናበብ ድልዱል ቍጽጽራዊ ኣገባብ ክትምስርት፡ ንድኽነት ንምንካይ ዘኽእሉ ኣድማዕቲ ስትራተጂታት ከተተግብር፡ ከምኡ'ውን ንዝተዋሰኑ ክፋላት ናይቲ ህዝቢ ዘገልግል ንዅሉ ዝሓቁፍ ፋይናንሳዊ ጽላት ክተዕብን ኣለዋ። ድልዱላት ትካላት፡ ልዕልና ሕጊ፡ ፊስካላዊ ስነ ስርዓት፡ ከምኡ'ውን ግሉጽ ምሕደራ (ምቍጽጻርን ሚዛንን፡ ብልሽውና ንምምካት ስጉምትታት ምውሳድ፡ ከምኡ'ውን ስሉጥ ምምቕራሕ ጸጋታት) ንርግኣትን ቀጻሊ ዕብየትን ወሰንቲ'ዮም። ክንዮ ትካላዊ ጽገናታት፡ ከም ስድራ ቤታዊ ኣቀዋውማ፡ ባህላዊ ክብርታትን ትምህርትን ዝኣመሰሉ ማሕበራዊ መሰረታት ንፖለቲካዊ ምርግጋእ ኣበርክቶ ይገብሩ'ዮም። እዚኣቶም፡ ቍጠባታት ክስስኑሉ ዝኽእሉሉ ጥጡሕ ሃዋህው ድማ ይፈጥሩ።[ii]

ትሕተ ቕርጺ መሰረት ቍጠባዊ ዕብየት ክኸውን እንከሎ፡ ክኢላዊ ዓቕሚ ሰብ ድማ ከም ዓንዲ ሕቖኡ ኮይኑ የገልግል። ደቂ ኣንስትዮ ቀንዲ ኣንቀሳቐስቲ ዕብየት ቍተባ'የን። ንስድራ ቤታት የሐይላ። ብቑጠባዊ ኣበርክቶአን ድማ ንስድራ ቤታተን ካብ መጻወድያታት ድኽነት ሓራ ናይ ምውጻእ ዓቕሚ ኣለወን። ኣብ ገጠራዊት ኣፍሪቃ፡ ሕርሻ ከም ዓብላሊ ጽላት ኮይኑ ይቕጽል ኣሎ። እዚ ጽላት'ዚ ንሽቕለት ድራኸ ይፈጥር፣ ውሕስነት መግቢ የረጋግጽ፡ ከምኡ'ውን ብተክኖሎጂያዊ ምህዞታት ኣቢሉ ህዝቢ ክሳዕ ሕጂ ዘይተጠቕመሉ ዓቕሚ ንምኽዕባት የኽእል። ይኹን'ምበር ከባቢኻ እናበከለካ ዝመጽእ ምዕባለ ግና ሓደግኡ ብዙሕ'ዩ። ስለ ዝኾነ ድማ ምዕቃብ ከባቢ ልዑል ኣቓልቦ ክወሃቦ ኣለዎ። ዘላቒ ኣገባብ ኣሰራርሓታት ምዝውታር፡ ንነዊሕ ዝጠመተ ቍጠባዊ ምርግጋእ ዘውሕስ ስለ ዝኾነ ክሕሰበሉ ኣለዎ።

ዘላቒ ምሕደራ ጸጋታት ኣከባቢ ንምርግጋጽን ከባብያዊ ቅልውላው ንምክልኻልን፡ ውጽኢታውያን ፖሊሲታት፡ ሕግታት፡ ከምኡ'ውን ቍጽጽራዊ ቅጥዕታትን ክህልዉ ይግባእ።[lii] ሓላፍነታዊ ምሕደራ ኣከባቢ፡ ምስቲ ንልምዓት ዘተባብዕን ዝድግፍን ስነ ምግባራውን ሃይማኖታውን ክብርታት ክወሃሃድ ይግባእ። እታ ብዓልቲ ዝና ዝኾነት ኣፍሪቃዊት ናይ ስነ ቍጠባ ክኢላን ኣብ ናይጀርያ ሚኒስተር ፋይናንስ ነበርን - ንጎዚ ኦኮንጆ-ኢዌላ - ነዚ ሓቂ'ዚ ኣብቲ 'Want to Help Africa? Do Business Here!' ዘርእስቱ መጽሓፉ ነዚ ሓቂ'ዚ ተስምረሉ። ንሳ፡ ንብሕታዊ ጽላት ናይ ዕዳጋ ምትብባዕ፡ ንናጽነት ዕዳጋ ደገፍ ምሃብ፡ ምምሕያሽ ፋይናንስያዊ ምሕደራ፡ ብዝሖ መዳያዊ ቍጠባዊ ምትብባዕ፡ ምትንባይ ዕዳጋን ምውህሃድን ምድልዳልን ስርዓተ ባንክን ኣብ መጀመርታ 2000ታት ንዝሓየለ ቍጠባዊ ኣፈጻጽማ ናይጀርያ ብኸመይ ኣበርክቶ ከም ዝገበረ ተጕልሕ (Okonjo-Iwaele, 2008)።[liii]

ናይዚ ኩሉ ኣብ ላዕሊ ዝተጠቕሰ ቁልፊ ግን ሰናይ ምምሕዳር'ዩ። እንተ ዘይኮይኑ ኩሉ ደው ክብል ይኽእል'ዩ።

ሰናይ ምምሕዳር፡ ናብ ቍጠባዊ ዕብየት ኣፍሪቃ መውጽኢ መገዲ

ከምቲ ኣብ ምዕራፍ 5 ብሰፊሑ ዝተዘተየሉ፡ ሓያል ምሕደራ ንቍጠባዊ ዕብየት ወሳኒ'ዩ። ካብ ምምዝባዕ ፖሊሲን ምንቁልቋልን ድማ የድሕን። ምሕደራ፡ ከመይ'ሉ ጸጋታት ሃገር ከም ዘመሓድር ዝእንፍት መሳርሒ'ዩ። ልምድታትን ትካላትን ከመይ ኢሎም ምምሕዳራት ከም ዝመርጹ፡ ዝተሓንጸጹ ፖሊሲታት ከመይ ኢሎም ከም ዝትግበሩ፡ ከምኡ'ውን ዝምድናታት መንግስትን ዜጋታትን ከመይ ከም ዝኾኑ ይሕብር። ዓለማዊ ባንኪ ሽድሽተ መዳያት ምሕደራ ይዝርዝር። ንሳቶም ድማ፡ ድምጽን ተሓታትነትን፡ ፖለቲካዊ ምርግጋእ፡ ኣድማዕነት መንግስቲ፡ ምቍጽጻር፡ ግዝኣተ-ሕጊ ከምኡ'ውን ቍጽጽር ብልሽውና።

ሰናይ ምምሕዳር ንቕጠባዊ ዕብየት ኣፍሪቃ ኣገዳሲ'ዩ። ካብ ምርኩማሽ ዕዳጋን ውድቀት ፖሊሲን ድማ ከም መከላኸሊ ኮይኑ የገልግል። ከምቲ መዝገበ ቃላት ዌብስተር ዝብሎ፡ ምሕደራ ማለት ናይ ሓንቲ ሃገር ቍጠባውን ማሕበራውን ጸጋታት ንልምዓት ምእንቲ ክትጥቀመሉ ዘኽእል ናይ ስልጣን ኣገባብ'ዩ።[liv] ባንኪ ዓለም (WB) ንምሕደራ ክገልጾ ከሎ፡ ኣብ ሓንቲ ሃገር ስልጣን ዝትግበረሉ ልምድታትን ትካላትን ዝሓቑፍ ኣምር'ዩ ይብል። እዚ ድማ፤ ምምሕዳራት ምምራጽ፡ መስርሕ ምቍጽጻርን ምትኽኻእን ምውሓስ፡ መንግስቲ ቅኑዓት ፖሊሲታት ንምሕንጻጽን

ምትግባርን ዓቕሚ ምድላብ፡ ከምኡ'ውን ኣብ መንጎ ዜጋታትን መንግስትን ዝህሉ ሓድሕዳዊ ምክብባር ይጥርንፍ። ባንኪ ዓለም (WB) ንምሕደራ ኣብ ሽዱሽተ ቀንዲ መዳያት ይውግኖ፤ ድምጽን ተሓታትነትን፡ ፖለቲካዊ ምርግጋእን ብኩራት ዓመጽን፡ ኣድማዕነት መንግስቲ፡ ናይ ምቍጻጻር ጽፈት፡ ልዕልነት ሕጊ፡ ከምኡ'ውን ምቍጽጻር ብልሽውና።[lv]

ፒተር ሮጀርስን መዳርስቱን ኣብታ Introduction to Sustainable Development ዘርእስታ መጽሓፎም፡ ድኹም ምሕደራ ንልምዓት ከም ዝዕንቅፍ፡ ንመስርሕ ልምዓት ከም ዝጥምዝዝን ንድኻታት ድማ ጠገለ ብዘይብሉ ኣገባብ ከም ዝጐድእን የነጽሩ። ሰናይ ምሕደራ፡ ኣብ ተሓታትነት፡ ተሳትፎ፡ ዘይምእከላውነት፡ ተገማትነት፡ ከምኡ'ውን ኣብ ግሉጽነት ይምርኰስ ኢሎም ድማ ይምጉቱ።[lvi] ተሓታትነት፡ ሰበ ስልጣን ንተግባራቶም ተሓተትቲ ምዃኖም የረጋግጽ። ዘይማእከላውነት ንኹሎም ሰብ ብርኪ ኣብ ውሳነታት ንኽሳተፉ ዕድላት ይፈጥር፤ ተገማትነት ድማ ስሩዕ ብዝኾነ ኣገባብ ፖሊሲታት፡ ሕግታት ከምኡ'ውን ስርዓታትን ከም ዝትግበሩ ይገብር። ኣብ መወዳእታ ግሉጽነት ክብሃል እንከሎ ዜጋታት ብዛዕባ'ቲ መንግስቶም ዝወስዶም ስጉምትታትን ፖሊሲታትን ምሉእ ሓበሬታ ክህልዎም ከም ዘለዎ ይጠልብ (Rogers, 2009)።[lvii]

ሓያሎ ሃገራት ኣፍሪቃ፡ ብግዕዙይ ስርዓተ ምሕደራአን ፍሉጣት'የን። መብዛሕትአን ብናይ ሓደ ሰብ ምሕደራ፡ ኣድልዎ ዘመድ ፡ ብብልሽውና፡ ብኩራት ግሉጽነትን ተሓታትነትን፡ ፋይናንስያዊ ኢምሕደራ፡ ግህሰት ሰብኣዊ መሰላት፡ ከምኡ'ውን ብልሽውና ንምምካት ዘኽእል ኣድማዒ ኣገባብ ብዘይምህላው ዝልለያ'የን።

ካውንስል ኦን ፎረይን ሪለሽንስ (Council on Foreign Relations) ዝተባህለ ካብ ሕ.መ.ኣ. ዝዋፈር ናይ ምርምር ውድብ ኣብቲ ብ2023 ዓ.ም. "ናይ ዕድመ ልክዕ መራሕቲ" ኣብ ትሕቲ ዝብል ኣርእስቲ ዝዘርግሖ ሓተታ፡ ብዙሓት ሃገራት ኣፍሪቃ፡ ኣብቶም ቀዳሞት ሓምሳ ዓመታት ድሕረ ናጽነት፡ ስልጣን ንምስግጋር ብድሆታት ከም ዘጋጠመን ይገልጽ። ኣብ ግዜ ሃገራዊ ምንቅስቓሳት ንናጽነት ተፈላጥነት ዝረኸቡ መራሕቲ፡ ሓንሳእ ኣብ ስልጣን ምስ መጹ፡ ብኣኡ ኣቢሎም ንዘይተወሰነ እዋን ኣብ ስልጣን ከም ዝጸንሑ ይትርኽ፤ ካብዚ ብምቕጻል፡ ኣብ 2023 ዓ.ም. ሓሙሽተ መራሕቲ ሃገራት ንልዕሊ ሰላሳ ዓመታት ኣብ ስልጣን ከም ዝጸንሑን ዘለዉን እዚኣቶም ድማ ተዎድሮ ንጉማ ኣብ ኤኳቶርያል ጊኒ፡ ፖል ቢያ ኣብ ካሜሩን፡ ደስ ሳሱ ንጉሶ ኣብ ረፑብሊክ ኮንጎ፡ ዮወሪ ሙሰቨኒ ኣብ ኡጋንዳ፡ ከምኡ'ውን ኢሰይያስ ኣፍወርቂ ኣብ ኤርትራ'ዮም ይብል። ብዘይካዚ፡ ልዕሊ ሽድሽተ መራሕቲ ሃገራት እንተ ወሓደ ንዓሰርተ ዓመታት ኣብ

ስልጣን ከም ዝጸንሑን ኣብ ክልተ ሃገራት (ጋቦንን ቶጎን) ድማ ንልዕሊ ሓምሳ ዓመታት ዝቐጸሉ ስድራ ቤታዊ ስረወ መንግስታት ከም ዝተመስረቱን የስምረሉ። እዚ ትካል'ዚ፡ ሓደ ሓደ መራሕቲ ሃገራት ኣባላት ስድራ ቤታቶም ንስልጣን ክሕብሕቡ ይርአዩ ኢሉ ብምጥቃስ ድማ ንናይ ዚምባብወ ፕረሲደንት - ኤመርሶን ናንጋግዋ - ከም ኣብነት ይጠቅስ። ፕረሲደንት ናንጋግዋ ንኣብነት፡ ንወዱ፡ ወዲ ሓዉ፡ ከምኡ'ውን ብዓልቲ ቤቱ ናብቲ ዝመስረቶ ካቢነ ከም ዝሸሞም ይጠቅስ።[lviii]

እዚ ትካል'ዚ ኣብ ዘውጽኦ ሓተታ፡ እቶም ንነዊሕ ግዜ ኣብ ስልጣን ዝጸንሑ መራሕቲ ኣብዞም ቀረባ ዓመታት ካብ ስልጣኖም ከም ዝእለዩ ከም ዝተገበረ ይገልጽ'ሞ እዞም ዝስዕቡ ኣብነታት ይጠቅስ፡- ኣብ 2017 ዓ.ም. ናይ ኣንጎላ ፕረሲደንት ነበር (ኤድዋርዶ ዶ ሳንቶስ) ድሕሪ ናይ ሰላሳን ሸሞንተን ዓመታት ኣብ ስልጣን ምጽናሕ ካብ ስልጣን ተሰናቢቱ፣ ብተመሳሳሊ መገዲ፡ ናይ ዚምባብወ ፕረሲደንት ነበር (ሮበርት ሙጋበ) ንሰላሳን ሸውዓተን ዓመታት ኣብ ኣብ ስልጣን ድሕሪ ምጽናሕ ብወተሃደራዊ ዕልዋ መንግስቲ ካብ ስልጣን ተኣልዩ፣ ክልተ ዓመት ድሕሪ'ዚ ድማ ሱዳናዊ ዑመር ኣል በሺር ሰላሳ ዓመታት ኣብ ስልጣን ድሕሪ ምጽናሕ ካብ ስልጣን ብሓይሊ ተባሪሩ። ብዘይካ'ዚ እውን፡ ኣብ 2021 ዓ.ም. ንሰላሳ ዓመታት ዝገዝአ ናይ ቻድ መራሒ ነበር ኣብ ዓውደ ውግእ መይቱ ይብል። እቲ ኣዝዩ ዘገርም ሓቂ እቲ ካብ 2020 ዓ.ም. ንደሓር ዝተገብሩ ዓሰረተ ፈተነታት ዕልዋ መንግስቲ'ዮም። እዚእቶም ንቡርኪና ፋሶ፡ ማሊ፡ ከምኡ'ውን ኒጀር የጠቓልሉ። ኣብዚ ቀረባ ግዜ (ነሓሰ 2023 ዓ.ም.) ድማ ናይ ጋቦን ፕረሲደንት ነበር - ዓሊ ቦንጎ ኦንዲንባ - ኣስታት ዓሰርተ ኣርባዕተ ዓመታት ኣብ ስልጣን ድሕሪ ምጽናሕ ቡቲ ሰራዊት ካብ ስልጣን ከም ዝተሰጐ ይሕብር።[lix]

እዚ ምስቲ ፖል ኮሊየ ኣብታ The Bottom Billion እትብል መጽሓፉ ንመራሕቲ ኣፍሪቃ ዝገለጸ ባህርያት ዝሰማማዕ'ዩ - ካብ ሕጊ ወጻኢ ብዝኾነ መገዲ ኣብ ስልጣን ኵድጭ ዝበሉ ውልቀሰባት (Collier, 2008)።[lx]

ካልደሪሲ፡ ቍጠባዊ ዕብየት ክብጻሕ ይኽእል'ዩ ኢሉ ይማጐት። ሓገዝ ወጻኢ ድማ ኣብተን ድሮ ሰናይ ምሕደራ ዘዘውትራ ሃገራት ዝያዳ ውጽኢታዊ ኮይኑ ይርከብ ይብል። እዚ ነዞም ዝስዕቡ የጠቓልል፡- ንጹር ቀዳምነታት ምቕማጥ፡ ጥሙር ፖሊሲታት ምትግባር፡ ከምኡ'ውን ንዘቤታዊ ድሌታትን ባህግታትን ዘማልኡ ትካላት ምሕያል።[lxi] ኮሊየን ጋኒንግን ኣብ The Bottom Billion ብዝብል ኣርእስቲ ኣብ ዝጸሓፍዎ ጽሑፍ፡ ኣብ መብዛሕትአን ሃገራት ኣፍሪቃ ኣብ መንጎ ቍጠባዊ ዕብየትን ሓገዝ ወጻእን ዘይናበብ ዝምድና ከም ዘሎ'ን እዚ ባህርይ'ዚ ድማ ምስቲ ድኹም ናይ ፖሊሲ ሃዋህው ናይተን ተጠቀምቲ ሃገራት ኣፍሪቃ ዝተኣሳሰርን ምዃኑ ይገልጹ (Collier, 1999)።[lxii]

እቲ ውሩይ ናይ ስነ ቍጠባ ብዓል ሞያ - ፖል ኮሊየ - ነዚ ቴማ'ዚ ዝያዳ ንምስፋሕ ኣብቲ ኣብ ሚኒስትሪ ጉዳያት ወጻኢ ሕመኣ ዝሃቦ New Rules for Rebuilding a Broken Nation ዘርእስቱ ኣስተምህሮ፡ ጽፉፍ መንግስቲ ኣብ ምቕራብ ስራሕ ንመንእሰያትን ፍትሓዊ ማሕበራዊ ኣገልግሎታትን ኣብ ምዝርጋሕን ዘለዎ ወሳኒ ተራ ኣስሚሩሉ። ከምዚኣም ዝኣመሰሉ ጽገናታት፡ ካብ "ናይ ዝምታ ፖለቲካ" ናብ ለውጢ ዘምጽእ "ናይ ተስፋ ፖለቲካ" ንምስግጋር ክድርኽ ይኽእል ኢዩ ድማ ይብል (Collier, 2009)።[lxiii]

ትርጉም ዘለዎ ምሕደራዊ ጽገና እንተ ዘይተገይሩ፡ ቍጠባዊ ዕብየት ኣፍሪቃ ዝድንኹ ምኽኑ ብዙሓት መርትዖታት ይሕብሩ። መንግስታት ኣፍሪቃ ካብ ምዕቃብ ጸቢብ ረብሓታት ወጺኣም ንዅሉ ዝሓቍፉ፡ ኣብ ውሽጢ ዓዲ ዝፈረዩ፡ ከምኡ'ውን ምስ ፍሉይ ብድሆታቶም ዝመጣጠኑ ስትራተጂታት ከተኣታትዉ ግዴታ ኣለዎም።

ነዚ ንምዕዋት መጀመርያ ድልዱላትን ግሉጻትን ትካላት ብምህናጽን ንጹር ናይ ኣፈጻጽማ ፖሊሲን ምዝውታር ከድልዮም'ዩ። ንስርዓታዊ ዘይብቑዕነት ድማ ብዘይ ንሕስያ ክቃለሱ ይግባእ። ብልሽውና ካብ ሱሩ ክመሓው ግዴታ'ዩ። ንሞያ ቀዳምነት ዝህቡ ስርዓተ መለክዒታት፡ ለውጢ ንኸምጽእ ድሉው ዝኾነ ሓድሽ ወለዶ ሰብ ሞያ ንኸመርሕ ዕድል ምሃብን'ውን ክስገር ዘይብሉ ጉዳይ'ዩ። እዚ ድማ ንቕየራዊ ለውጢ የተባብዕ። ሲቪልያዊ ማሕበራት፡ ዘይመንግስታውያን ትካላትን ካልኦት ሰብ ብርክን ርትዓዊ ምዕባለ ንምርግጋጽ ኣብ ኲሎም ልዝባት ብንጥፈት ክሳተፉ ኣድላዪ'ዩ።

ሃገራት ኣፍሪቃ ዞባዊ ምትሕብባር ከሐይላን መንግስታት ንዜጋታተን ተሓተትቲ ከም ዝኾና ምግባርን ክደፍኣሉ ኣለወን። ንሕጊ ኣልቦነት ስቕ ኢልካ ምርኣይ ደው ክብል ኣለዎ። ናይ መዛኑ ጸቕጢ ንህዝባዊ ድሕንነት ቀዳምነት ክህብ ይግባእ።

ንምዕራባውያን፡ ንቍጠባዊ ዕብየት ኣፍሪቃ ምድጋፍ ማለት ምጽወታ ምሃብ ማለት ክኸውን የብሉን። ከም ስትራተጂያዊ ግዴታ'ዩ ክርአ ዘለዎ። ከምዚ ዓይነት ምትሕብባር ዓለማዊ ምርግጋእ የዕቢ፡ ቍጠባዊ ምትእስሳር የደልድል ከምኡ'ውን ናይ ሓባር ብልጽግና የሰጉም። እዚ ግን ብመሰረቱ ናይ ጽምዶን ወፍርን ተበግሶታት ምውሳድ ይሓትት። ቍጠባታት ምዕራባውያን ሃገራት ንኣፍሪቃ ከም ሓንቲ ብማዕረ እትርአ ብዓልቲ ብርኪ ገይሮም ኣፍልጦ ምሃብ የድልዮም። ካብ ናይ ወሃብን ተቐባልን ዳይናሚክ'ውን ናብ ሓቀኛ ሽርክነት ክሰጋገሩ ኣለዎም። ሓቀኛ ምትሕብባር፡ ብሓባር ዝተነጸሩ ዕላማታትን ናይ ኣተገባብራ ስትራተጂታትን ዘሳሲ ክኸውን ኣለዎ። ኣብ ሓባራዊ ክብርታትን ኣብ ናይ ነዊሕ ግዜ ራእይ ዝተመስረተ ክኸውን'ውን ተጠላቢ'ዩ። እቶም ዝምድናታት፡ ኣብ

ኣበርክቶን ዓቕምን ነፍሲ ወከፍ ወገንን ሓድሕዳዊ ምክብባር፡ ከምኡ'ውን ትካላዊ ምትእምማንን ምትሕግጋዝን ክምስረቱ ይግባእ።

ቀኊጠባ ኣፍሪቃ ንምሕያል፡ ክንዮ ግዚያዊ ረብሓታት ዝኸይድን ንሓባራዊ ምዕባለ ዘላቒ ባብ ዝኸፍትን ክኸውን ይግባእ።

ምዕራፍ 14

ኣገዳስነት መሰጋገሪ ፍትሒ ኣብ ድሕረ ለውጢ

ኣብ ኤርትራ፡ ብሰንኪ ብኹራት ፍትሕን ግዝኣተ ሕግን፡ ማእለያ ዘይብሎም ዜጋታት ግዳያት ናይ ማእሰርቲ፡ መቕተልቲ፡ ስቓይን ስወራን ኮይኖም ጸኒሖም'ዮም። እዚ ተግባር'ዚ ኣብ ልዕሊ'ቶም ግዳያትን ስድራ ቤታቶምን ዘኸተሎ ስቓይ ብቐሊል ዝርአ ኣይኮነን። ካብዚ ሓሊፉ ፖለቲካዊ ትፍንን ዝጠንቁ ንህዝቢ ዝኸፋፍል ፖለቲካዊ ባህልታት እናሳዕረረ ካብ ዝመጽእ'ውን ሓያለይ ኮይኑ ኣሎ። እዚ ፖለቲካዊ ባህሊ'ዚ ንናጻ ድምጽታት እናዋሰነ ተማእዛዝነት ሱር ከም ዝሰድድ ይገብር። "ንሕናን ንስኻትኩምን" ዝብል ኣተሓሳስባ ንኽተባባዕ ድማ ኣበርቲዑ ይሰርሕ። ነዚ ተርእዮ'ዚ ከሳስዩ ዝርአዩ ብዙሓት ናይ ፖለቲካ ተዋሳእቲ እኳ እንተ ሃለዉ፡ ናይዚ ክስተት'ዚ ቀንዲ መሃንድስ ግን እቲ ኣብ ኤርትራ ስልጣን ገቢቱ ዘሎ ብህግደፍ ዝምራሕ ስርዓት'ዩ። ሰረተ እምነት ናይዚ ውዳበዚ ድማ ካልእ ዘይኮነ ኣብ ትሕቲ ዝኾነ ይኹን ኵነታት ስልጣን ምብሓት ዝብል'ዩ። ንራዕድን ዕፈናን ድማ ከም ቀንዲ መሳርሒ ይጥቀመሉ።

ከምዚ ዝበለ ኣጸያፊ ባህሊ ንኽይቅጽልን ግዳያት'ቲ ዓማጺ ስርዓት ድማ ፍትሒ ዝረኽቡሉ ኵነታት ንምፍጣርን'ምበኣር ሓደ ኣዝዩ ዘተኣማምንን ትካላዊ መስርሕ ዝኽተልን ኣገባብ ምትእትታውን ምትግባርን ከድሊ'ዩ። እዚ ኣገባብ'ዚ፡ ግዳያት ፍትሒ ንኽረኽቡ ዘኽእሎም ዕድላት ዝፈጥርን ክኸውን ይግባእ። ነዚ ጉዳይ'ዚ ብዝግባእ ንምትግባርን ኣብ መዓልቦ ከም ዝበጽሕ ንምግባርን ድማ ሓቛፊ ዝኾነ ኣብ ሰናይ ምሕደራ ዝተመርኰሰ መሰጋገሪ መንግስቲ፡ ናይ መሰጋገሪ ፍትሒ መካኒዝም፡ ቅጡባዊ ጽገና፡ ከምኡ ድማ ኣብ ውሽጢ'ቲ ሕብረተሰብ ናይ ምትእምማን መንፈስ ምዅስኳስን ከድሊ'ዩ። እዞም ስትራትጂታት'ዚኣቶም፡ ናይ ኤርትራ ፍሉይ ታሪኽ፡ ብዙሕነታዊ

ኤርትራ፡ ቀለስቲ ሓሳባት ንሕውየት ሃገር

ባህልን ከምኡ'ውን ኣብ እኹል ኣፍልጦ ባህሪ ናይቲ ነታ ሃገር ዘሳዊ ዘሎ ምልካዊ ስርዓት ዝምርኰሱ ክኾኑ ይግባእ።

ሓደ ካብቶም ኣገደስቲ ዕማማት ናይቲ ንሰናይ ምሕደራ ማእከል ዝገበረ መሰጋገሪ መንግስቲ'ምበኣር፡ ኣብ ውሽጢ ሃገር ዘሎ ምፍልላይ ንምፍዋስ መስርሕ ሕውየትን፡ ተበግሶታት ሰላምን ዕርቅን ምብግጋስን ምትግባርን'ዩ። ነዚ ንምትግባር ድማ ቅኑዕ ስትራተጂን ዓሚቕ ርድኢትን ይጠልብ። ውጽኢታውነት ናይ ከምዚኦም ዝኣመሰሉ ጻዕርታት፡ መብዛሕትኡ ግዜ ኣብ ናይ ኵሎም ሰብ ብርኪ ተወፋይነትን ሰናይ ድሌትን ከምኡ'ውን ኣብ ደገፍ ሰፊሕ ማሕበረሰብ ዓለምን ይምርኰስ። መሰጋገሪ መንግስቲ ኤርትራ'ምበኣር፡ መሰጋገሪ ፍትሒ ንምትግባር ዘኽእሉ ኣገባባት ንምምዕባል ናይ ፍትሕን ዕርቅን ቅርጻ መቓን የርቅቕ። እዚ ንሕሉፍ እከይ ተግባራት ንምሕዋይን ንሃገራዊ ዕርቂ ንምብራኽን ይሕግዝ።

መሰጋገሪ ፍትሒ

ካብ ግጭት፡ ጭፍለቓን ምልካዊ ኣገዛዝኣን ናብ ግዝኣተ-ሕግን ሰላምን ደሞክራስን ኣብ ምስግጋር ዝርከቡ ሕብረተሰባት፡ እቶም ኣብ እዋን ምስግጋር ዘጋጥሙ ብድሆታት ምእንቲ ብዝግባእ ክእለዩ፡ መሰጋገሪ ፍትሒ የድልዮም። መሰጋገሪ ፍትሒ'ምባኣር፡ ንመስርሕን ኣገባብን ኣብ መስርሕ ምስግጋር ዝርከቡ ሕብረተ ሰባት ዝምልከት ኣምር ኮይኑ፡ ንዝተፈጸሙ መጠነ ሰፊሕ ግህሰት ሰብኣዊ መሰላትን ኢፍትሓዊ ተግባራትን ንምፍዋስ እትጥቀመሉ መሳርሒ'ዩ። ኣተገባብርኡ ጥንቁቕ ኣተሓሕዛን ሰፊሕ ተሳትፎ ህዝብን ይጠልብ። ኣብ መንጎ ፍትሒ፡ ዕርቅን ምርግጋእ ናይታ ሃገርን ድማ ሚዛን ምሕላው ይሓትት። ብኻልእ ኣዘራርባ፡ ምስ ኵሉ ድሩትነታቱ፡ መሰጋገሪ ፍትሒ፡ ኣብ ሓደ ሃገር መጠነ ሰፊሕ ዓመጻት ወይ ድማ ኮነ ኢልካ ግህሰታት ሰብኣዊ መሰላት ምስ ዝፍጸም፡ ተሓታትነት፡ ፍትሒ፡ ዕርቅን ትካላዊ ጽገናን ንምውሓስን ኣብ ዝመጽእ ግዜ ድማ ከምኦም ዝኣመሰሉ ክስተታት ንኸይፍጸሙን ንምክልኻል ዝሕግዝ መሳርሒ'ዩ። እዚ ኣገባብ'ዚ ንፍርዳውን ዘይፍርዳውን ስጕምትታት የጠቓልል።

መሰጋገሪ ፍትሒ፡ ንኣብ ባይታ ዘለዉ ፍሉያት ክውንነታት ኣብ ግምት ብዘእቱን ምስ ኣህጉራዊ መትከላትን ደንብታትን ብዝናበብ መገዲ እንተድኣ ተተግቢሩ ድማ ውጺኢታውነቱ ዘላቒ ክኸውን ይኽእል። መሰጋገሪ ፍትሒ፡ ኣብ ክንዲ ኣብ ክልሰ ሓሳብ ጥራይ ዝምርኰስ፡ ሓደ ሕብረተሰብ ክሰርሓሎም ዝጸንሐ ልምድታትን ደንብታትን ምርኵስ ገይሩ ክሰርሕ ተመራጺ ይኸውን። ንምንታይሲ ኣብ ሓደ ሃገር ወይ ሕብረተሰብ

ንመሰጋገሪ ፍትሒ ክሕግዙ ዝኽእሉ ቅቡላትን ምዕቡላትን ልምድታት ክሰርሓሎም ጸኒሖ ክኸውን ስለ ዝኽእል። ነዚኦም እንተ ድኣ ተጠቒምካ ድማ ዝያዳ ኣድማዕቲ ክኾኑን ዝያዳ ተቐባልነት ክህልዎምን ተኽእሎ ኣሎ።

መሰጋገሪ ፍትሒ ነዞም ዝስዕቡ ባእታታት የጠቓልል፦ ድልያ ሓቅን ዕርቅን፣ ተሓታትነትን ፍርድን ገበን ናይ ዝፈጸሙ ሰባት፣ ንዝተፈጸሙ ዓመጻት ንምስናድ ወግዓዊ ምርመራታት ምክያድ፣ ግዳያት፡ ካሕሳ ዝረኽቡሉ ኩነታት ምፍጣር፣ ትካላዊ ጽገና ወይ ድማ ምትዕርራይ ብልሹዋት ወይ ዓመጽቲ ትካላት፡ ከምኡ ድማ ንዝተፈጸሙ ዓመጻት ኣብ መዛግብቲ ታሪኽ ምስፋርን፡ ሓወልትታት ምትካልን ቤተ መዘክራት ምምስራትን።

መስርሕ መሰጋገሪ ፍትሒ ኣብ ትሕቲ ሕጋውነት ዝለበሰ ጽላል ወይ ትካል ክትግበር ኣለዎ። እዚ ማለት ድማ ኣዕጋቢ መንግስታዊ ደገፍ ክህልዎ ኣለዎ ማለት'ዩ። ብዘይካ'ዚ፡ ግምገማ ናይቲ ፍሉይ ኩነታት በብእዋኑ ምግባር ኣገዳሲ ክኸውን'ዩ። መስርሕ መሰጋገሪ ፍትሒ ንብርክት ዝበሉ ሰብ ብርኪ ዝሓቑፍ ወይ ዘሳትፍ ክኸውን እንክሎ ዝያዳ ውጽኢታዊ ይኸውን። ብዘይካ'ዚ፡ እቲ መስርሕ ከም ኣካል ናይ ሓደ ዝሰፍሐ ቅርጺ-መቓን ድኣ'ምበር፡ ከም ሓደ ዝተነጸለ መስርሕ ኮይኑ ክርአ ኣይግባእን። ክንዲ ዝኾነ ድማ ኩለንተናዊ ቅርጺ መቓን ምምዕባል ከድሊ'ዩ። ሓደ ካልእ ኣገዳሲ ሕቶ'ውን ኣሎ። ኩሎም'ዞም ኣብ ላዕሊ ዝተጠቕሱ ዕማማት ሞያውነት ማእከል ዝገበሩ'ሞ ብሰብ ሞያን ሰብ ተመክሮን ክእለዩ፡ ክሳለጡ፡ ከምኡ'ውን ክትግበሩን የድሊ።

መሰጋገሪ ፍትሒ፡ መዓስን ብኸመይን?

ሓደ ሕብረተሰብ፡ ብመጠነ ሰፊሕ ወጽዓ ዝለለ ሕሉፍ ታሪኽ (ሓድጊ) ክህልዎ እንክሎ'ሞ ነዚ ወጽዓ'ዚ ንምትዕራቕ ተበግሶ ኣብ ዝወስደሉ እዋን፡ ተሓታትነት ንምውሓስ፡ ፍትሒ ንምሃብን ናይ ዕርቂ መስርሕ ንምስላጥ ዝሃቀኑ ጻዕርታት ክገብር ኣድላዪ'ዩ። መሰጋገሪ ፍትሒ'ምበኣር ነዚ ንምስላጥ ንበበይኖም መስርሓትን ኣገባባትን ዘጠቓልል ኣምር'ዩ። እዞም ኣገባባት'ዚኣቶም፡ ደረጃ ኣህጉራዊ ኢደ ኣእታውነት ብዘየገድስ ንፍርዳውን ዘይፍርዳውን ኣገባባት፡ ውልቃዊ ክስታት፡ ካሕሳ፡ ድልያ ሓቅን ትካላዊ ጽገናን የጠቓልሉ። እንሓንሳእ'ውን ሕውስዋስ ናይዞም ዝተጠቕሱ ረቛሒታት ክሓቑፉ ይኽእሉ።

ናይ ቀረባ ተመክሮታት ከም ዝሕብርዎ፡ ከምዚኦም ዝኣመሰሉ ዝተሓላለኹ ዕላማታት ንምውሓስ፡ ብሓደ ሃገራዊ ናይ ፍትሒ ውጥን እናተመርሐ ብናጻን ልዑላውያንን ትካላት ወይ ኮሚሽናት ዝእለዩሉ ኩነታት ምስ ዝፍጠር'ዩ። ኣድላዪ ኮይኑ

ምስ ዝርከብ ድማ፡ ናይ ኣህጉራውያን ውድባት ደገፋት ወይ ምትእትታው'ውን ኣብ ግምት ዘእቱ ይኸውን። ነዞም ዝስዕቡ ድማ ከጠቓልል ይኽእል፡-

ሀ) ከምዚኦም ዝኣመሰሉ መስርሓትን ኣካላትን ብኣዕጋቢ ደረጃ ክምወሉ፡
ለ) ሓድሕዳዊ ምወህሃድ ከም ዝህልውዎምን ንኣህጉራውያን መለከዒታትን ደንብታትን ዘማልኡ ከም ዝኾኑ ምግባርን፡
ሐ) እቶም መስርሓት በታ ዝምልከታ ልኡላዊት ሃገር ከም ዝውንኑን ዝእለዩን ምግባር'ዩ።

ዓቕሚ ናይቶም ነዞም መስርሓት ዝኣልዩ ልዑላውያን ኣካላት ንምዕባይ ተበግሶታት ምስ ዝውሰዱ ድማ፡ ንዘላቒ ምምሕያሽ ወይ ጽገና ናይቲ ስርዓተ ፍትሒ ኣበርክቶ ክገብሩ ትጽቢት ይግበረሎም።

መሰጋገሪ ፍትሒ ተደላዪ ኮይኑ ኣብ ዝርከበሉ እዋን፡ እቲ ዝኽተሎም ስትራተጂታት ሹለንተናዊ ክኾኑ ይጥለብ። እዚ ማለት ድማ ንውልቃውያን ክስታት፡ ሕቶ ካሕሳ፡ ድልያ ሓቂ፡ ትካላዊ እረማ፡ ምጽራይን ምስንባትን ገበን ዝፈጸሙ ሰባት ወይ'ውን ሕውስዋስ ናይዞም ዝተጠቕሱ ረቛሒታት ከሳስዩ ይኽእሉ። ዕላማን ዕማማትን መሰጋገሪ ፍትሒ ድማ ብወግዒ ተኣዊጀም ይፍጸሙን ህዝቢ ብሰፊሑ ከም ዝፈልጦምን ይግ

ኮምሽን ሓቂ

ንወጽዓታት ሰብኣዊ መሰላት ንምእላይን ንምፍዋስን ዝሕግዝ ሓደ ካልእ ኣገዳሲ ኣገባብ ምምስራት ኮሚሽን ሓቂ'ዩ። ኮምሽናት ሓቂ፡ ወግዓውያን ግንከ ግዜያውያን ዘይፍርዳውያን ትካላት'ዮም። ሓቅታት ንምእላሽ ድማ ይሕግዙ። ነቶም ኣብ ንውሕ ዝበሉ ዓመታት ዝተፈጸሙ ምስ ሰብኣዊ መሰላት ዝተዛመዱ ወጽዓታት ናይ ምምርማር ሓላፍነት ይስከሙ። ዝኽተልዎ ኣገባብ ንግዳያት ማእከል ዝገበሩ'ዮም። ዕማማቶም ድማ ምስ ምልቃቕ ናይቲ መወዳእታ ጸብጻብ (ተረኽቦታትን ምሕጽንታታትን ዝሓቑፈ ጸብጻብ) ይድምደም። ክሳብ ሕጂ ካብ ሰላሳ ዝበዝሑ ሃገራት ኮምሽናት ሓቂ ቆይሞምን ሰሪሖምን'ዮም። እዚኣቶም ነዞም ዝስዕቡ የጠቓልሉ፡- ኣርጀንቲና፡ ቺለ፡ ደቡብ ኣፍሪቃ፡ ፔሩ፡ ጋና፡ ሞሮኮ፡ ኤል ሳልቫዶር፡ ጓተማላ፡ ምብራቕ ቲሞር፡ ስየራ ልዮን ወዘተ።

ኮሚሽናት ሓቂ፡ ካብ ግጭት በሎ'ኸ ኢሎም ንዝወጹ ሕብረተሰባት ንግህሰት ሰብኣዊ መሰላት ዝምልከቱ ገበናት ሃሰው ኣብ ምባልን ምርግጋጽን፡ ተሓታትነት ኣብ

ምዕባይ፡ መርትዖታት ኣብ ምዕቃብን ገበነኛታት ኣብ ምልላይን ይሕግዙ። ኣብዚ ጥራይ ከይተሓጽሩ፡ ንካሕሳን ትካላዊ ጽገናን ኣብ ዝምልከቱ ጉዳያት'ውን ምሕጽንታታት ኣብ ምቕራብ'ውን ይረድኡ። ዝተፈላለዩ ባይታታት ብምጥጣሕ'ውን፡ ግዳያት ገበንን ዓመጽን፡ ውልቃዊ ዛንታቶም ንምትራኽን ህዝባዊ ክትዕ ንምትብባዕን ኣበርክቶ ይገብሩ። እዚ ድማ፡ ሃገር ምስ ናይ ገዛእ ርእሳ ታሪኽን ሓድግን ንኽትተዓረቕ ይሕግዙ።

ንኣጠቓቕማ ኮምሽናት ሓቂ ዝድርቱ ጸገማት የለዉን ማለት ግን ኣይኮነን። እዚኣቶም ነዞም ዝስዕቡ ከጠቓልሉ ይኽእሉ፦ ድኹም ሲቪላውያን ማሕበራት፡ ፖለቲካዊ ዘይምርግጋእ፡ ናይ ግዳያትን መሰካኽርን ፍርሒ፡ ድኹም ወይ ብልሹው ስርዓተ ፍትሒ፡ ምርመራታት ንኽተካይድ እኹል ግዜ ዘይምህላውን ብኸራት ህዝባዊ ደገፍን እኹል ምወላ ዘይምህላውን። ኮምሽናት ሓቂ፡ ብሃታሃታን ብዘይ ብቑዕ ምቅርራብን ክምስረቱ እንከለዉ ወይ ድማ ፖለቲካዊ መልክዕ ክለብሱ እንከለዉ ድማ ዘይሻራውነቶም የጥፍኡ። እቲ ናይ ኣመራርጻ ኣገባብ፡ ንናይ ህዝቢ ርእይቶ ምስ ዘጣምርን ኣብ እሂን ምሂን ዝተመርኰሰን ምስ ዝኸውን ግን ውጽኢቱ ኣዕጋቢ ክኸውን ዓቢ ተኽእሎ ኣሎ።

ኮምሽናት ሓቂ፡ ስርሖም ንኽሳልጡ ዘኽእሎም ሓያል ናይ መራኸብታት ስትራተጂ'ውን የድልዮም'ዩ። ከምዚ ዝዓይነቱ ግሉጽነት ማእከል ዝገበሩ ናይ መራኸብታት ስትራተጂ፡ ንናይቲ ህዝብን ግዳያትን ትጽቢታት ክርዊ ትጽቢት ይግበረሉ። ብዘይካ'ዚ፡ ንሕቶ ጾታ ዕቱብ ግምት ክህቡን ወጽዓታት ግዳያት ገበንን ዓመጽን ኪዳምጹን ይግባእ። ከምዚኦም ዝኣመሰሉ ኮምሽናት ኣህጉራዊ ደገፍ ክሓቱ ይኽእሉ'ዮም። ክሓቱ'ውን ተራእዮም'ዮም።

ኣገዳስነትን ጥቕምን መሰጋገሪ ፍትሒ

ተሓታትነት ምውሓስ

መሰጋገሪ ፍትሒ፡ ተሓታትነት ንምርግጋጽን ብኢደ ዋኒንካ ንዝተገብሩ ተሓታትነት ዘይብሎም ገበናት ንምውጋድን የኽእሉ። ፖለቲካዊ ቅልውላዋት ኣብ ዝኽሰቱሉ እዋናት'ውን፡ መብዛሕቴኡ ግዜ ብሕጊ ዘይሕተቱ ገበናት (ቅትለት፡ ስቅያት፡ ስወራ፡ ጾታዊ ዓመጽ) ይርአዩ'ዮም። መሰጋገሪ ፍትሒ፡ ክስታት ብምምስራትን ብመገዲ ኮምሽናት ሓቂ ኣቢሉ ገበነኛታት ብምልላይን ኣብ ቅድሚ ሕጊ ብምቕራብን፡ ከምዚኦም ዝኣመሰሉ ተግባራት ኣብ መጻኢ ከም ዘይጽወሩን'ውን ብዘየወላውል መገዲ ይሕብርን ሳዕቤናት ናይ ከምዚኦም ዝኣምሰሉ ተግባራት ድማ ክሳዕ ክንደይ ብሕጊ ዘሕትቱ ምዃኖም ኣብ

ኣእኣምሮ ዜጋታት ከም ዝሰርጽን ይገብር። ንግዝኣተ ሕጊ የንግስን ኣብ መጻኢ ክፍጸሙ ንዝኽእሉ ግህሰታት ሰብኣዊ መሰላት ሳዕቤናቶም ብምምልካት ድማ ይገትእን።

ወጽዓ ግዳያት ገበን ኣፍልጦ ምሃብ

መሰጋገሪ ፍትሒ፡ ናይ ግዳያት ወጽዓ ኣፍልጦ ይህብን ክብረት ደቅሰብ ዳግም ናብ ቦታኡ ንኽምለስ ድማ መቃለሲ ባይታ ኮይኑ የገልግልን። መብዛሕቴኡ ግዜ፡ ግዳያት ድሕሪ'ቲ ኣብ ልዕሊኦም ዝተፈጸሙ ወጽዓታት ይሰናበዱን ይዋሰኑን'ዮም። ከም ዘጽቕጡ'ውን ይግበር'ዩ። መንግስቲ ይኹን እቶም ፈጸምቲ ገበን'ውን ንወጽዓታቶም ይኽሕዱዎ'ዮም። ኮምሽናት ሓቂ፡ ነዚ ሓቂ'ዚ ኣብ ግምት ብምእታው፡ ግዳያት ገበን ዝከሓሱሉ መገዲ ይፈጥሩ። ወግዓዊ ይቕረ ይቕረ ናይ ምብህሃል መስርሕ ንናይ ግዳያት ወጽዓታት ኣፍልጦ ይህብ። ከም ዜጋታት ዘለዎም መሰል ድማ የረጋግጽ። እዚ ተግባር'ዚ ንስነ ኣእምሮኣዊ ሕውየትን ማሕበራዊ ዳግመ ጥምረት ድማ ጠቓሚ ይኸውን።

ምድህሳሳን ምርግጋጽን ሓቅታት

መሰጋገሪ ሓቂ፡ ንሓቅታት ይድህስስን የረጋግጽን። ቅልውላዋት መብዛሕቴኡ ግዜ ብፕሮፓጋንዳ፡ ኣሉ በሃልነትን ምስጢርን ምስ ተጐልበቡ'ዮም። ስድራ ቤታት ብዛዕባ ሃለዋት ቤተ ሰቦም ኣፍልጦ የብሎምን። ሕብረተሰባት፡ ነንሓድሕዶም ዝቀናቐኑ እንሓንሳእ ድማ ኣብ ነንሓድሕዶም ዝጻረሩ ትረኻታት ስለ ዝቃልዑ፡ ብርእይቶ ይከፋፈሉ'ዮም። ኮምሽናት ሓቂ፡ ብወግዒ ግልጺ ከም ዝኾኑ ዝተገብሩ ሰነዳትን፡ ናይ ዝተፈጸሙ ፍጻመታት (ኣበይ፤ ብኸመይ፤ መን ሓላፍነት ከም ዝስከምን ስለ ምንታይ ከም ዝተፈጸሙን) ወግዓዊ ጸብጻባት ንህዝቢ የቕርቡ። እዚ ስጉምቲ'ዚ ንኣሉ በሃልነት ይብድህ፣ ታሪኽ ንምጥምዛዝ ንዝግበሩ ፈተነታት ይእርም፣ ከምኡ'ውን ንስወራ ዝምልከቱ ጉዳያት መዓልቦ ከም ዝረኽቡ ይገብር።

ንዕርቅን ማሕበራዊ ጥምረትን ጥጡሕ ባይታ ምፍጣር

መሰጋገሪ ፍትሒ፡ ንዕርቅን ማሕበራዊ ጥመረትን የመሻሻእ። ካብ ፖለቲካዊ ቅልውላዋት ዝወጹ ሕብረተሰባት ኣዝዮም ዝተመቓቐሉ'ዮም። ብዘይምትእምማን፡ ሓድሕዳዊ ቅሬታን ስንባደን ድማ ይልለዩ። መሰጋገሪ ፍትሒ፡ ንዝተፈጸሙ ገበናት ኣፍልጦ

ብምሃብን ምይይጥ ብምትብባዕን፡ ብዛዕባ ታሪኽ ሓባራዊ መረዳእታ ንምኹስኳስን ምስራጽን ይሕግዝ። ማሕበረ ኮማት ሓድሕዳዊ ዝምድናታቶም ዳግም ንምህናጽ፡ ንናይ ሓባር መጻኢኦም ብሓባር ናይ ምቕራጽ፡ ከምኡ'ውን ብሰላም ማዕረ ማዕረ ንምንባርን ዝሕግዝ ሃዋህው'ውን ይፈጥር።

ንደሞክራሲያዊ ምስግጋርን ትካላዊ ጽገናን ጥጡሕ ባይታ ይፈጥር

መሰጋገሪ ፍትሒ፡ ንደሞክራሲያዊ ምስግጋርን ትካላዊ ጽገናን የመሻሽእ። ቅልውላዋት መብዛሕቴኡ ግዜ ከም ሳዕቤን ናይ ዘይዓዩ ወይ ዝተሰብሩ (dysfunctional)፡ ብልሹዋትን ወጻዕትን መንግስታዊ ትካላት'ዮም ዝቕልቀሉ። መሰጋገሪ ፍትሒ፡ ናይ ምጽራይ መስርሕ ብምትእትታው፡ ገበነኛታት ካብ ቦታ ስልጣን ከም ዝለግሱ ንምግባር ይሕግዝ። ትካላዊ ጽገና፡ ንመሰረታውያን ጠንቅታት ናይቶም ወጽዓታት ንምእላይን ንሰብኣዊ መሰላትን ግዝኣተ ሕግን ዘኽብሩ ትካላት ንምህናጽን ይሕግዝ። እቲ መንግስቲ፡ ዝያዳ ሕጋውነት ዘለዎን ተኣማንን ተቐባልነት ዘለዎን ከም ዝኸውን ድማ ይገብር።

ዓመጽ ንኸይድገም ምክልኻል

መሰጋገሪ ፍትሒ ዓመጽ ንኸይድገም ይከላኸል። ብግቡእ ዘይተፈትሑ ቅሬታታትን ጽገና ዘይተገብረሎም ትካላትን ንኻልኦት ዙርያታት ናይ ጐነጻት ጥጡሕ ባይታ ይፈጥሩ። መሰጋገሪ ፍትሒ፡ ንኹሎም'ቶም ደፋእቲ ረቛሒታት ናይ ጐነጽ ከም ዝእለዩ ብምግባር፡ ካልኦት ዑደታት ናይ ጐነጽ ንኸይፍጠሩ ይገትእ። ተሓታትነት፡ ኣብ መጻኢ፡ ገበናት ንኽፍጽሙ ዝሓስቡ ኣካላት ከም መግትኢ ኮይኑ የገልግል። ትካላዊ ጽገና፡ ነቶም መሰረታውያን ጠንቅታት ናይቶም ወጽዓታት ይእርምን የልግስን። ንቅሬታታት ዝግብኦም ቈላሓታ ብምሃብን መፍትሒታት ከም ዝርከቦም ብምግባርን ድማ ንኽመጹ ዝኽእሉ ናይ ሕነ ምፍዳይ ተግባራት ከም ዝንከዩ ይገብር።

ንዝትከል ፖለቲካዊ ስርዓት ሕጋውነት ምሃብ

መሰጋገሪ ፍትሒ ነቲ ድሕሪ ቅልውላው ዝትከል ፖለቲካዊ ስርዓት ሕጋውነት የውህብ። ድሕሪ ፖለቲካዊ ቅልውላው ዝምስረት መንግስቲ፡ ሕጋውነት፡ ናይ ህዝቢ ተኣማንነት፡ ከምኡ'ውን ህዝባዊ ተቐባልነት የድልዮ'ዩ። ንፍትሒ፡ ሓቅን ትካላዊ ጽገናን ማእከል

ዝገበረ መንግስቲ ምስ ሕሉፍ ታሪኹ ናይ ምብታኽን ኣብ ዜጋታት ዘለዎ ተቐባልነት ንኸዕብን ተኽእሎ ኣሎ።

ፈጸምቲ ገበን ንኽናስሑ ዕድል ምሃብ

ፈጸምቲ ገበን'ውን እንተኾነ፡ እንተ ድኣ ብዝፈጸሙዎም ገበናት ተኣሚኖምን ተናሲሖምን፡ ብመገዲ ማሕበረ ኮም ዝሰረቶም ናይ ዳግመ ጥምረት መደባት ኣቢሎም ምስቲ ዝበደልዎ ሕብረተሰብ ተዓሪቖምን ህይወቶም ብሓድሽ መንፈስ ዝመርሑሉ ኩነታት ናይ ምኽፋትን ሃዋህዎ ይፍጠር።

ኩሉ ክርድኦ ዘለዎ፡ መሰጋገሪ ፍትሒ ብዛዕባ ሕሉፍ ጥራይ ዘይኮነ፡ ንመጻኢ'ውን ዓቢ ወፍሪ'ዩ። ንኽትግበር ብርቱዕ ጻዕሪ ዝሓትት'ኳ እንተ ኾነ፡ ንስምባደን ወጽዓን ንምብዳህን ብፖለቲካዊ ቅልውላው ንዝተዳኸመ ሕብረተሰብ ናብ ዘላቒ ሰላም፡ ደሞክራሲ ከምኡ'ውን ክብረት ደቂሰባት ዳግም ንምምላስ ዘኽእል እንኮ መስርሕ'ዩ። ንሕሉፍ ምጉሳይ ከም ንቑስሊ ጕሲኻዮ ከም ምኻድ ይቕጸር። ክንዲ ዝኾነ ድማ ናብ ዘላቒ ሰላም ከሰጋግር ኣይክእልን። መሰጋገሪ ፍትሒ፡ ንከምዚኦም ዝኣመሰሉ ቍስልታት ብርትዓውን ሃናጽን ዝኾነ መገዲ ንምፍዋስ ዘኽእል ወዋቕር'ዩ።

ሓደ ሓደ ንመሰጋገሪ ፍትሒ ዝምልከቱ ኣብነታት

ደቡብ ኣፍሪቃ

ድሕሪ'ቲ ንኣርብዓን ሽድሽተን ዓመታት (1948–1994 ዓ.ም.) ዝቐጸለ ኣብ ዓሌታዊ ኣድልዎ ዝተመስረተ ስርዓተ ምሕደራ፡ ደቡብ ኣፍሪቃ ነቲ ህቡብ ናይ ሓቅን ዕርቕን ኮሚሽን ብምቛም መጠነ ሰፊሕ ናይ ሕነ ምፍዳይ ክስተት ንኸየጋጥም ዓቢ ጻዕሪ ኣካይዳን ከም ዘይፍጸም ገይራን። ነዚ ንምትግባር ድማ ነዞም ዝስዕቡ ኣገባባት ተጠቒማ፡- ድልያ ሓቂ ከም ዕማም ምትእትታው፣ ገበናት ዝፈጸሙ ሰባት ምስክርነት ከም ዝህቡን ምሉእ ብምሉእ ከም ዝናስሑን ምግባር፣ ስማዊ ዝኾነ ካሕሳ ንግዳያት ዓመጽ ምሃብን መጠነ ሰፊሕ ዝኾኑ ክስታት ዘይምዝውታርን። ምቛም ናይ ሓቅን ዕርቅን ኮሚሽን፡ ሃገራዊ ሕውየት ንምትብባዕ'ኳ እንተ ሓገዘ፡ ሓደ ሓደ ግዳያት ዓመጽ ግን በቲ ድሩት ዝኾነ ተሓታትነት ዕጉባት ኣይነበሩን።

ኣርጀንቲና

ኣብ መንነ 1976-1983 ዓ.ም. ነታ ሃገር ዘመሓድር ዝነበረ ወተሃደራዊ ሁንታ ጠንቂ ስወራን መቕተልትን ናይ ብርክት ዝበሉ ዜጋታት ኮይኑ'ዩ። ድሕሪ ምእላይ ናይዚ ስርዓትዚ፡ ኣርጀንቲና ፍትሒ ንምንጋስ ኣበርቲዓ ተቓሊሳ። ካብቶም ዝተጠቕመትሎም ኣገባባት እዞም ዝስዕቡ ክጥቀሱ ይከኣሉ፡- ንላዕለዎት መራሕቲ'ቲ ወተሃደራዊ ሁንታ ኣብ ፍርዲ ኣቕሪባን ፍርዲ ከም ዝወሃብን ገይራ። እዚኣቶም ጽንሕ ኢሎም'ኳ እንተ ተማሕሩ፡ ኣብ ከባቢ 2000 ዓ.ም. ግን ከም እንደገና ንፍርዲ ከም ዝቐርቡ ተገይሩ'ዩ። እቲ ብሃገራዊ ኮሚሽን ናይ ዝተሰወሩ ሰባት ዝፍለጥ ኣብ 1983 ዓ.ም. ዝተመስረተ ትካል፡ ኣብቲ ህቡብ ኑንካ ማስ (Nunca Más – "ትሩፍ ደጊም") ዝተባህለ ጸብጻብ ንገበናቶም ብዝግባእ ሰኒዱ። ኤስማ (ESMA) ዝተባህለ ቅድም ከም ናይ ስቅያት ማእከል ዘገልግል ዝነበረ ትካል ድማ ናብ ቤተ መዘክር ከም ዝቕየር ተገይሩ። እዚ ቤተ መዘክር'ዚ፡ ኣብ መዝገብ ናይ ዩነስኮ ዓለማዊ ውርሻ (UNESCO World Heritage List) ኣትዩ'ዩ። በዚ ታሪኻዊ ተበግሶ'ዚ፡ ኣርጀንቲና ከም ሞደል ናይ ከመይ ጌርካ ግሃስቲ ሰብኣዊ መሰላት ኣብ ፍርዲ ተቕርብ ኣፍልጦ ረኺባ ኣላ።

ድሕሪ ጽንታ ሩዋንዳ - ኣብያተ ፍርዲ ጋካካ

ድሕሪ'ቲ ሸሞንተ ሚእቲ ሽሕ ሩዋንዳውያን ዝተቐዝፉሉ ህልቀት/ጽንታ፡ ሩዋንዳ፡ ንዝተበደሉ ፍትሒ ንምሃብ ብድሆ ኣጋጢምዋ። ኣህጉራዊ ገበናዊ ቤት ፍርዲ ሩዋንዳ (International Criminal Court for Rwanda) ነቶም ላዕለዎት ወጠንቲ'ቲ ጽንታ ኣብ ቤት ፍርዲ ከም ዝቐርቡ ገይሩ። ኮማዊ ሰረት ዘለዎም ናይ ፍርዲ ቅጥዕታት ብምትእትታው (ኣብያተ ፍርዲ ጋካካ)፡ ኣብ ትሕት ዝበለ ደረጃ ዝርከቡ ፈጸምቲ ገበን ኣምሳያ ኑዛዜ፡ ዝተነከየ መቕጻዕቲ ከም ዝወሃቦም ተገይሩ። ብመንግስቲ ዝተመርሐ ተበግሶ ናይ ዕርቂ ሓደ ካልእ ኣገባብ ነይሩ። እዞም ኮማዊ ዝሰረቶም ኣብያተ ፍርዲ ንብርክት ዝበሉ ጉዳያት'ኳ መፍትሒ እንተ ረኸቡ፡ ኣብ ኣገባብ ኣፈጻጽምኦም ግን ይንቀፉ'ዮም።

ኣህጉራዊ ቤት ፍርዲ መሰጋገሪ ፍትሒ ሩዋንዳ (ICTR)፡ ብባይቶ ጸጥታ ሕቡራት ሃገራት ተመስሪቱ። ዕላምኡ ድማ ኣብ መንጎ ጥሪ 1994 ክሳዕ 31 ታሕሳስ 1994 ዓ.ም. ብጽንተትን ካልኦት ግህሰታት ኣህጉራዊ ሕግን ኣብ ሩዋንዳን ጐደቦን ብሓላፍነት ንዝሕተቱ ሰባት ኣብ ፍርዲ ምቕራብ ነበረ። እቲ ቤት ፍርዲ ኣብ ኣሩሻ (ታንዛንያ) ዝመደበሩ ኮይኑ ኣብ ኪጋሊ (ሩዋንዳ) እውን ኣብያተ ጽሕፈት ነይርዎ። ዘ ህግ

(ነዘርላንድስ) ከም ይግባይ ዝበሃለሉ ትካል ኮይኑ ተመዚዙ። ኣብ 1995 ዓ.ም. ዝተመስረተ ቤት ፍርዲ፡ ን93 ብዕቱባት ግህሰታት ኣህጉራዊ ሕግን ብሓላፍነት ዝሕተቱ ውልቀ ሰባት ገዚዙ። እዚኣቶም ንላዕለዎት ናይቲ ሰራዊት መኮንናትን ሰበ ስልጣን መንግስትን፡ ፖለቲከኛታት፡ ሰብ ዋኒንን መራሕቲ ሃይማኖትን፡ ከምኡ'ውን ሚልሻን ናይ መራኸቢ ብዙሓን መራሕትን የጠቓልሉ።

ድሕረ ዴሳዊት ምብራቕ ኤውሮጳ

ድሕሪ ውድቀት ዴስነት ((1989–1991 ዓ.ም.)፡ ከም ቸክ ረፑብሊክን ፖላንድን ዝኣመሰላ ሃገራት፡ ኣብቲ መንግስቲ ዘገልግሉ ንዝነበሩ ሰበ ስልጣን መንግስቲ (ብፍላይ ድማ ናይ ምስጢር ፖሊስ) ኣብ መንግስታዊ ኣብያተ ጽሕፈት ከይሰርሑ ከም ዝኽልከሉ ተገብረ። ኣብ ፖላንድ ዝመደበሩ ትካል ሃገራዊ ዝኽሪ (Institute of National Remembrance) ንገበናት መርሚሩ።

ድሕረ ግጭት ኮሎምብያ - ናይ ሰላም ውዕል፡

ፍሉይ ሕጋዊ ስልጣን ንሰላም (Special Jurisdiction for Peace - SJP)፡ ኣካል ናይቲ ኣብ 2016 ዓ.ም. ኣብ ኮሎምቢያ ዝተመስረተ ስርዓተ መሰጋገሪ ፍትሒ'ዩ። ዕላምኡ ድማ ኣብ መንጎ መንግስቲ ኮሎምቢያን ፋርክ (FARC) ዝተባህለ ዕጡቕ ተቓዋሚ ምንቅስቓስን ደማዊ ግጭት ኣብ ዝካየደሉ ዝነበረ እዋን ዝተፈጸሙ ገበናት ንምምርማርን ነቶም ብሓላፍነት ዝሕተቱ ሰባት ድማ ኣብ ሕጊ ምቕራብን በቲ ሓደ ወገን፡ በቲ ካልእ ድማ ዕርቅን ዘላቒ ሰላምን ንምውሓስን'ዩ ነይሩ። ብ2018 ዓ.ም. ጸዲቑን ኣካል ናይቲ ስርዓተ ሕጊ ናይታ ሃገር ድማ ከም ዝኸውን ተገይሩ። ንድልያ ሓቂ፡ ፍትሒ፡ ካሕሳ፡ ከምዚኦም ዝኣመሰሉ ገበናት ንኸይድገሙ ድማ ውሕስነት ምሃብን ከም መትከላት ኣስሚሩሉ። እዚ መስርሕ'ዚ ንኹሎም'ቶም ብገበን ብሓላፍነት ዝሕተቱ ኣባላት ፋርክ ነበር፡ ሰበ ስልጣን መንግስትን ካልኦት ኣብ ምምዋል ናይቶም ገበናት ኢድ ዝነበሮም ኣካላትን ይምልከት። ኣብዚ መስርሕ'ዚ፡ ብኣሽሓት ዝቖጸሩ ዕጡቓት ተቓወምቲ ነበርን ናይ መንግስቲ ወኪላትን ናብ ፍርዲ ከም ዝቐርቡ ተገይሩ። ብርክት ዝብሉ ናይቲ ሰራዊት ላዕለዎት ኣዘዝቲ ድማ ምርመራ ተኻይዱሎም። ከም ውጽኢት ድማ ብዛዕባ'ቲ ግጭት ተሓቢኦም ዝነበሩ ሓቅታት ተቓሊዖም። ፍሉይ ሕጋዊ ስልጣን ንሰላም (SJP) ከም እምነ ኩርናዕ ናይ ኮሎምብያ መስርሕ ሰላም ኮይኑ ይፍለጥ።

ሰመረ ሰሎሞን

ኣብ ልዕሊ'ቶም ኣብ ላዕሊ ዝተጠቕሱ ዕላማታት፡ እዚ ትካል'ዚ (ፍሉይ ሕጋዊ ስልጣን ንሰላም)፡ መቕጻዕታውን ኣሕዋይን ኣገባባት ክጥቀም ሓላፍነት ነይርዎ። ንመጠነ ሰፊሕ ኣገባባት ገበናውነትን ግህሰት ሰብኣዊ መሰላትን ፍርዲ ክህቡን መቕጻዕቲ ክውስኑን'ውን ከምኡ። ብዘይካ'ዚ፡ ብመገዲ ንቕሓት፡ ዕርቂ፡ ሕውየትን ኣብ መንጎ ግዳያትን ብገበን ዝተኸሱ ሰባትን ዕርቂ ዝግበረሉ ኩነታት ምፍጣርን ኣቢሎም ኣብ ምሕያል ማሕበራዊ መዋቕር ዘምርሕ መርሓ ጐደና ከም ዘምርሑን ገይሩ።

ንናይ ኮሎምብያ ኩነታት ፍሉይ ዝገበሮ፡ ኮሎምብያ ናይ ባዕላ ካብ ላዕለዋይ ትምህርታዊ ትካላት፡ ክልሰ ሓሳባውያን፡ ጠበቓታትን ናይ ሲቪክ ማሕበረ ሰብ ኣባላትን ዝሓቑፈ ናይ ፍትሒ ክኢላታት ስለ ዝነበርዋ'ዩ። እዚኣቶም ምስ ኣህጉራውያን ክኢላታ ናይ ምምኽኻርን ኣኼባታት ናይ ምምራሕን ዓቕሚ ነይርዎም። እቲ መስርሕ ኣዕጋቢ ውጽኢን ንኽህልዎ ድማ ኣኽኢልዎ።

ምዕራፍ 15

ባህርያት ደምበ ተቓውሞ

መእተዊ

ኣብ ሓደ ሰልፉዊ ኣገዛዝኣ ወይ ኣብ ምልኪ ዝተመስረተ መንግስቲ፡ ሕጋዊ ወይ ውዱብ ተቓውሞ ኣይፍቀድን'ዩ። መብዛሕቴኡ ግዜ እቲ ገዛኢ ሰልፊ እቲ እንኮ ብዓል ስልጣን'ዩ። ዝኾነ ተቓውሞ ከኣ ከም ዘይሕጋዊ ወይ ምስ ሃገራዊ ጥልመት ይጽብጸብ። ምስ ፖሊሲ መንግስቲ ዘይምስምማዕ ወይ ንመንግስቲ ምቅዋም ድማ ብጸጥታዊ መጋበርያ ናይቲ መንግስቲ ይድቈስ። ኣብ ትሕቲ ከምዚኦም ዝኣመሰሉ ስርዓታት፡ ህላወ ተቓውሞ ኣፍልጦ ኣይወሃቦን። ከም ውዳበ ክሰርሕ ኣይፍቀደሉን። እቲ እንኮ ኣማራጺ ድማ ብስቱር ክሰርሕ ወይ ኣብ ስደት ኮይኑ ክንቀሳቐስ ወይ ድማ ስቕታ ብዝመልአ ኣገባብ ተቓውሞኡ ምርኣይ'ዩ። ተቓውሞ ኣብ ውሽጢ ሃገር፡ ከም ፖለቲካዊ ሓይሊ ኣይኮነን ዝንቀሳቐስ እንታይ ደኣ ከም ሓደ "ዲሲደንት"። ተቓውሞ እንተልዩ ድማ ኣብ ግዳም ናይ ምንቅስቓስ ዕድል ጥራይ'ዩ ዘለዎ።

ተቓውሞ፡ ኣብዚ ሕጂ ዘለዎ ኩነታት፡ ዝተበታተነ፡ ዘይተወደበን ከምኡ'ውን ዘይስጡምን ምዃኑ ክግለጽ ይከኣል። ብርክት ዝበሉ ኣካላት ናይዚ ተቓውሞ'ዚ ብዝወሓደ ፕሮግራም፡ ኣብ ትሕቲ ጽላል ስሙር ግንባር ተጠርኒፎም ንኽሰርሑ ብርክት ዝበሉ ፈተነታት'ኳ እንተ ተገብሩ፡ ክሳዕ ሕጂ ግን ዝጭበጥ ውጽኢት ክርእዩ ኣይከኣሉን ዘለዉ። እዚ ከኣ ኣዝዩ ዘተሓሳስብ ጉዳይ ኮይኑ ኣሎ።

ቀኣጽሪ ናይቶም ተቓወምቲ ምንቅስቓሳት ካብ ልሙድ ንላዕሊ'ዩ። እዞም ምንቅስቓሳት ብቐንዶም ካብ ማእከላይ ምብራቕ፡ ኣፍሪቃ (ኣብ ኢትዮጵያ ብፍላይ)፡

ኤውሮጳን ሰሜን ኣመሪካን ይዋፈሩ። ዝተፈላለየ ርእይቶታት ዓለም ከሳስዩ ንቡር'ኳ እንተኾነ፡ ሓደ ናይ ሓባር ዕላማ ግን ኣለዎም። እዚ ድማ፡ ኤርትራ ካብዚ በጺሕዋ ዘሎ ኣደራዕ ምልካዊ ኣገዛዝኣ ምንጋፍ፡ ኣብ ውሽጢ ኤርትራ ለውጢ ምምጻእ፡ ከምኡ'ውን ብመገዲ መሰጋገሪ መንግስቲ ኣቢልካ ቅዋማዊ መንግስቲ ምትካልን'ዩ። ኣብ ድሕሪ ለወጢ ኤርትራ ብኸመይ ትመሓደር፣ ከመይ ዝበሉ ብድሆታት ከጋጥማ'ዩ፣ ንጸጋታታኸ ብኸመይ ትጥቀመሎም፣ ቦታኣ ኣብቲ ተደኩናትሉ ዘላ ዞባን ዓለምን እንታይ ኸከውን'ዩ፣ ወዘተ ዝብሉ ሕቶታት ወትሩ ምስ ኣካትዑ'ዮ። እዚኣቶምን ነዚኦም ዝመሳሰሉን ሕቶታት፡ ኣብቲ ድሕረ ለውጢ ዝትከል መሰጋገሪ መንግስቲ ደሞክራሲያውን ኣሳታፍን ብዝኾነ መገዲ ክትዕ ተኻይዱሎም ዝፍትሑ ምኧኖም ድማ ጥርጥር የልቦን።

ኣብ ውሽጢ'ዚ ዝተፈላለየ መልክዓት ተቓውሞ፡ ገሊኦም ምስ ተጋድሎ ሓርነት ኤርትራ ሱር ዝሰደደ ታሪኻዊ ጸግዒ ወይ ምትእስሳር ዘለዎም ክኾኑ እንከለዉ፡ ገሊኦም ድማ ኣባላት ህዝባዊ ግንባር ዝነበሩ'ዮም። ካልኦት'ውን ካብዞም ያታውያን ውዳበታት ወጻኢ ዝኾነ ጸግዒ ዘለዎም'ዮም።

ውዳበ ናይዞም ተቓወምቲ ኣካላት ብዝተፈላለዩ መልክዓት ዝግለጹ ኮይኖም፡ ገሊኦም ከም ፖለቲካዊ ውድባት፡ ገሊኦም ከም ምንቅስቓሳት፡ ገሊኦም ድማ ከም ናይ ሲቪክ ማሕበራት ኮይኖም ይነጥፉ። እዞም ውድባት፡ ማሕበራዊ መራኸቢ.ታት ብምጥቃም፡ ናይ ፖለቲካ ኣጀንዳኦም ንምዝርጋሕ ይነጥፉ። ሃነጽቲ ዝመስሉ ክትዓት ከካየዱን ሰብ ከኣ ክመሃረሎምን'ውን ይርአዩ'ዮም። እዚ ኣብ ሰማዕቶም ጽልዋ ከም ዘሕድር ዘጠራጥር ኣይኮነን። በቲ ካልእ ድማ፡ እቲ ኣብ መንጎ ነንሓድሕዶም ዝውርወር ዘረባታት መብዛሕትኡ ግዜ ውልቃውን ሓሓሊፉ ድማ መረረታት ዝመልኦ ቃና ዝሓዘን'ዩ። እዞም ማሕበራዊ መራኸቢ.ታት ኣብ መንጎ ዝተፈላለዩ ተቓወምቲ ጕጅለታትን ውድባትን ዘይምስምማዕ ንምዝራእን ምፍልላይ ንምዕባይን'ውን መሳርሒ ኮይኖም ጸኒሖም'ዮም። እዚ ድማ ኣዝዩ ዘሕዝን'ዩ።

ታሪኻዊ መበገሲ

ኣብ ፈለማ እዋን ናይቲ ዕጥቃዊ ቃልሲ ዝጀመረ ፍልልይ ናይ ኣረኣእያታት ብዘሕዝን ኵነታት'ዩ ተዛዚሙ። ምሕቃቕ ናይቲ ብሓራካ ዝፍለጥ ምንቅስቓስ ሓርነት ኤርትራ ኣብ ዞባ ሳሕል፣ እቲ ንኣስታት ዓሰርተ ዓመታት ኣብ መንጎ ተጋድሎ ሓርነት ኤርትራን ህዝባዊ ሓይልታት ሓርነት ኤርትራን (ደሓር ህዝባዊ ግንባር) ዝቐጸለ ትርጉም ኣልቦ ኲናት ሓድሕድን ፖለቲካዊ ረጽምን (ክሳዕ'ቲ ናይ ተጋድሎ ሓርነት ኤርትራ ካብ ኤርትራ

ምውጻእ ዘኸተለ ተርእዮ)፣ ከምኡ'ውን ካብ 1981 ክሳዕ 1991 ዓ.ም. ኣብ መንጎ ህዝባዊ ግንባር ሓርነት ኤርትራን ዝተፈላለዩ ዝተበታተኑ ጉጅለታት ተጋድሎ ሓርነት ኤርትራን ሓሓሊፎም ዝተኻየዱ ወተሃደራዊ ግጭታት ከም ኣብነታት ክጥቀሱ ይኽእሉ። እዚ ኣብ መንጎ ግንባራት ዝተራእየ ፍልልያት'ዚ፡ ኣብ ህዝቢ ኤርትራ (ኣብ ውሽጢ ኤርትራን ወጻእን) ከፋፋሊ ጽልዋ ስለ ዘሕደረ፡ ኣብ መንጎ ናይ ዝተፈላለዩ ውድባት ደገፍትን ተደናገጽትን ወጥሪ ፈጢሩ'ዩ። እዚ ፖለቲካዊ ሳዕቤን ናይቲ ንናይ ኣረኣእያ ፍልልያት ኣብ ክንዲ ብልዝብ ብጐነጽ ምፍታሕ ዝተኸተሎ ፖለቲካዊ መስርሕ'ዩ። ኣብቶም ዝሰዓቡ ዓመታት ድማ ከም ኣሉታዊ መራሕ ተግባር (precedence) ኮይኑ ኣገልጊሉ።

ኢብራሂም ቶቲል[lxiv] ኣብታ ንሕትመት ዘይበጽሐት ጽሑፍ ኢድ ብዛዕባ ታሪኽ ዕጥቃዊ ቃልሲ፡ እቲ ኣብ ክፍላ 1965 ዓ.ም. ኣብ ዒላ ጻዕዳ ኣብ መንጎ ተ.ሓ.ኤን ምንቅስቓስ ሓርነት ኤርትራን (ሓረካ). ዘቔመቶ ዕጡቕ ኣሃዱን ዘጋጠመን ከም ውጽኢቱ ወተሃደራዊ ህላወ ሓረካ ኣብ ሜዳ ኤርትራ ዘብቅዓሉን ወተሃደራዊ ግጭት፣ እቲ ተ.ሓ.ኤ ኣብ 1960 ካብ እትምስረት ኣብ መንጎ ክልቲኡ ውድባት ዝጸንሓ ነዊሕ ፖለቲካዊ ቁርቁስ ናብ ዝለዓለ ጥርዙ ከምዝበጽሐ ዝሕብር ኢዩ ይብል።

ሽግራትን ብድሆታትን ብጐነጽ ምእላይ ብተደጋጋሚ ግዜ ኣብ ውሽጢ ተጋድሎ ሓርነት ኤርትራ'ውን ተኸሲቱ። እቶም ነዚ ዘበገሱ ምንቅስቓሳት ብዝተፈላለዩ ኣስማት ይፍለጡ። ኢብራሂም ቶቲል ነቲ ብ"ኢስላሕ" ዝፍለጥ ናይ እረማ ምንቅስቓስ ብኸምዚ ዝስዕብ ይገልጾ፡-

> *መሰረትቲ ምንቅስቓስ "ምእራም" ገሊኦም ኣብ ውሽጢ ክፍልታት ሰውራዊ መሪሕነት ዝሰርሑ ዝነበሩን ኣብ ጉባኤ ከሰላ ዝተሳተፉን መንእሰያት ክኾኑ ከለው፣ ገሊኦም ከኣ ካብ ወተሃደራውያን ካድራት፣ ብፍላይ ካብ ቐዳመይቲ ክፍሊ ኢዮም ነይሮም። እዞም ገሊኣቶም ካብ ዝተመስረተሉ ኣትሒዞም ኣብ ክፍልታት ሰውራዊ መሪሕነት ዝሰርሑ ዝነበሩ መብዛሕትኦም ኣብ 1966ን 1967ን ዓ.ም. ዝተሰለፉን ብዛዕባ ውሽጣዊ ኩነታት ሰውራዊ መሪሕነት ልዕሊ ኩሉ ዝፈልጡን ምስ ኩነታት ሜዳ ኣመና ዝጠበቑን'ዮም ነይሮም። ስለዚ ብዛዕባ'ቲ ኣብ ልዕሊ ሰውራን ዝተፈላለየ ኣካላቱ ዝፍጸም ዝነበረ ጌጋታት ጥራይ ዘይኮነ፣ እቲ መሪሕነት በጺሑዎ ዝነበረ ናይ ድኽመት ኩነታት ጽቡቕ ገይሮም ይፈልጡ ስለ ዝነበሩ ናይ መኸተ ኣገባባት ንኸውስኑ ኣኸኢሉዎም ኢዩ። (ኢብራሂም ቶቲል፡ ዕለት የብሉን)*

ከም መቐጸልታ ናይዚ ምንቅስቓስ፡ እቶም ብኣኼባ ዓረዳይብን ዋዕላ ኣዶብሓን ዝፍለጡ ኣብ መንጎ 1968–69 ዓ.ም ዝተጋብኡ ኣኼባታት ኣፍልጦ ክወሃቦም'ውን ይግባእ። እዚኣቶም ብቐንዱ ብምዑታትን ገስገስትን ተጋደልቲ ተ.ሓ.ኤ. ዝተበገሱ ኮይኖም ዕላምኦም ድማ ጌጋታት ተ.ሓ.ኤ. ኣሪምካ ንሰውራ ኤርትራ ኣብ ዝበረኸ ቦታ ንምድያብን ጠለባት ህዝብን ተጋደልትን ንምምላስን'ዮም ነይሮም።[lxv]

ኣብዚ ከይተሓጽረ፡ "ሜዳ ኤርትራ ካብ ሓደ ውድብ ንላዕሊ ክጸወር ኣይክእልን'ዩ፡" ብዝብል ምስምስ ኣብ መጀመርያ ሰብዓታት ተ.ሓ.ኤ. ኣብ ልዕሊ'ቶም ብበይኖም ምኽንያታት ካብቲ ውድብ ዝተፈልዩ ሓይልታት - ህዝባዊ ሓይልታት ቀዳማይ ወገን፡ ህዝባዊ ሓይልታት ካልኣይ ወገን፡ ሓይልታት ሓርነት ኤርትራ (ዑበል) - ብቐንጸላ ንምፍታሕ ዝተገብረ ፈተነ ብዝለዓለ መልክዑ ተጋሂዱ። ኣንጻር ቀዳማይ ጸላኢ ክቐንዕ ዝነበሮ ጸጋታት ሰውራ ድማ ባኺኑ። ኣብዚ ጥራይ ከይተሓጽረ፡ ንዓሰርተታት ዓመታት ዝቐጸለ በሰላ ገዲፉ። ኣብዚ ከየተጠቕስ ክሕለፍ ዘይግብኦ እቲ ተ.ሓ.ኤ. ኣብ መፋርቕ 70ታት ኣብ ልዕሊ'ቲ ብፋሉል ዝፍለጥ ምንቅስቓስ ጉነጽ ብምጥቃም ክፈትሖ ዝፈተነት ውሽጣዊ ግርጭት'ዩ። ከም ሳዕቤን ናይዚ ድማ መብዛሕቴኦም ኣባላት ናይቲ ምንቅስቓስ ናብ ህዝባዊ ግንባር ሓርነት ኤርትራ ተሓዊሶም።

ኣብ ውሽጢ ህዝባዊ ሓይልታት ሓርነት ኤርትራ ደሓር ህዝባዊ ግንባር ሓርነት ኤርትራ'ውን እንተኾነ ነቲ ብስም ናይ 1973 ዓ.ም. ዝፍለጥ ናይ ምእራም ምንቅስቓስ ይኹን ካልኦት (ብጉጅለ መልክዕ ይኹን ብውልቂ ዝተራእዩ ምንቅስቓሳት) ንምእላይ ዝተወሰደ ስጉምቲ ጉነጽ ዘማእከለ ብምንባሩ ካብቶም ኣብ ውሽጢ ተ.ሓ.ኤ. ዝተወሰዱ ስጉምትታት ዝፍለ ኮይኑ ኣይንረኽቦን። እዚ ድማ ንሓደ መሰረታዊ ነገር የመላኽት፣ ናይ ኣረኣእያ ፍልልያት ዘይምጽዋር ከም ፖለቲካዊ ባህሊ ሱር ሰዲዱን ሳዕሪሩን ከም ዝነበረ።

ህዝባዊ ግንባር ሓርነት ኤርትራ ብጉነጽ ክጠፍእ ዘይክእል ሓይሊ ኮይኑ ምስ ተረጋገጸ፡ እቲ ኣብ መንጎ'ቶም ክልተ ወሰንቲ ግንባራት ዝነበረ ምትፍናን ቀጺሉ። ክሳዕቲ ተጋድሎ ሓርነት ኤርትራ ብኽብደት ግዳማዊ ጸቕጥታትን (ኲናት ምስ ህግ.ሓ.ኤን ህዝባዊ ወያነ ሓርነት ትግራይን - ህወሓት) ውሽጣዊ ምስሕሓባትን እትበታተንን ሜዳ ኤርትራ ለቒቓ ክሳዕ እትወጽእን (1981 ዓ.ም.) ድማ ኲናት ሓድሕድ ቀጺሉ።

ህዝባዊ ግንባር ሓርነት ኤርትራ ኣብቲ ዉዕዉዕን ርሱንን ፖለቲካውን ወተሃደራውን ኲነታት፡ ኣብ ሜዳ ኤርትራ በዳሂ ዘይብሉ ፖለቲካውን ወተሃደራውን ሓይሊ ኮይኑ ፖለቲካ ኤርትራ ምስ በሓተ ድማ ኣብ ልዕሊ ካልኦት ውድባት ተመሳሳሊ ናይ ዘይተጻዋርነት ፖለቲካዊ ባህሊ ከርኢ ጀሚሩ። ፕረሲደንት ግዝያዊ መንግስቲ ኤርትራ፡ ኣብ መዓልቲ ሰማእታት ኤርትራ ካብ ህዝባዊ ግንባር ወጻኢ ኣብ ኤርትራ ሓሸውየ

ውድባት ኣይከነፍቅድን ኢና ምባሉ ዝለዓለ ወግዓዊ መግለጺ ናይ እምነቱ ምኽኑ ኣረጋጊጹ።

ከም ሳዕቤን ናይዚ መርገጺ'ዚ፡ ተስፋ ናይ ብርክት ዝበሉ ኣብ ህንጸት ሃገር ክሳተፉ ባህግን ሃንቀውታን ዝነበሮም፡ ወጻኢ ካብ ኤርትራ ተደኲኖም ዝነበሩ ፖለቲካዊ ውድባት፡ ምንቅስቓሳት፡ ጉጅለታትን ውልቀ ሰባትን ከም ትኪ በኒኑ። ኣብ ህንጸት ሃገር ኣበርክቶ ክገብር ትጽቢት ዝተገብረሉ ዓቕሚ ተሓሺሹ። ኤርትራ ድማ ከሲራ።

ውሑዳት ዓመታት ድሕሪ ናጽነት፡ ንህዝባዊ ግንባር ብዝኾነ ይኹን መለክዒ ዝዳረን ሓይሊ ኣብ ውሽጢ ኤርትራ ኣይነበረን። ጽልውኡ ኣብ ውሽጥን ደገን'ውን መዳርግቲ ኣይነበሮን። ካብ ውሽጢ ክመጽዎ ዝኽእሉ ሓደጋታት ዳርጋ ኣብ ዝተሓተ ደረጃ ነይሮም እንተ ተባህለ'ውን ከም ምግናን ኣይቍጸርን።

ኣብ መንጎ ህ.ግ.ሓ.ኤን ተ.ሓ.ኤን ዝነበረ ፖለቲካዊ ፍልልያት ንሱ ዘስዓቦ ሰፍ ዘይብል ክሳራን ኣብ ግምት ኣእቲኻ'ምበኣር፡ ህ.ግ.ሓ.ኤ. ነቲ ወጥሪ ዘፋኾስን መስርሕ ሕውየት ዘበጋግስን መሪሕ መትከላትን ኣገባባትን ከርቅቕን ከተግብርን እዋኑ ዝጠልቦ ሕቶ'ዩ ነይሩ። ከመይሲ ጸብለልትነት ኣብ ዝህልወካ እዋን ከም ውርዙይነት፡ ጭውነት፡ ተጻዋርነት፡ ከምኡ'ውን ሓቛፍነት ዝኣመሰሉ መለለዪ ባህርያት ክህሉውኻ ስለ ዝግባእ። እዚ ኣበሃህላ'ዚ ኣብ ድሕረ ናጽነት ኤርትራ ኣብ ግብሪ ክውዕል ተኽእሎ ነይሩ። ህዝባዊ ግንባር ነቲ መስርሕ ሕውየት ብዝሓሸ መገዲ ንምጅማር፡ ጥበብ፡ ጥንቃቐ፡ ኣርሒቕካ ምርኣይ፡ ሓቛፊ ምኽኒ፡ ተጻዋሪ ምኽን ዝኣመሰሉ ጠባያት ከርኢ ዘይሕሰብ ኣይነበረን። እቲ ዘገርም፡ ይትረፍሲ ከምቲ ልዕል ኢሉ ዝተጠቕሰ ኣብ ህንጸት ሃገር ኣበርክቶ ክገብሩ፡ ብርክት ዝበሉ ኣባላት ተ.ሓ.ኤ. ይኹን ካልኦት ውዳበታት ሬሳኦም ናብ ዓዲ ከይኣቱን ንቡር ከይረኽቡን'ውን ተኣጊዶም። ኣብዚ ጥራይ ግን ኣይተሓጽረን።

እቲ ህዝባዊ ግንባር ኣብ ግዜ ቃልሲ ዝኾስኰሶም ባህርያት ናይ ፖለቲካዊ ጭፍለቓ፡ ድሕሪ ናጽነት'ውን ቀጺሉ'ዩ። ከም ኣብነት፡ ኣብቲ ብ1993 ዓ.ም. ዝተኻየደ ናይ ተጋደልቲ ናዕቢ (ንመሰረታዊ ናይ መነባብሮ መሰላት ዝሓተት) እተወስዱ ስጉምትታት፣ ኣብ 1994 ዓ.ም. ኣብ ልዕሊ ናይ ኵናት ስንኩላን ዝወረደ ግፍዒ፣ ኣብቶም ከም ጉጅለ 13 (G-13)[lxvi] ዝተወስደ ናይ ምግላል፡ ኣብ ልዕሊ'ቲ ብስም ጉጅለ 15 (G-15)[lxvii] ዝፍለጥ ዝበጽሐ ኣደራዕን ማእሰርትን፣ ኣብ ልዕሊ ኣብያተ እምነት ዝተወስደ ስጉምትታት፣ ኣብ ልዕሊ'ቶም ነቲ ናይ ኣኽርያ ቤት ትምህርቲ ምንቅስቓስ መሪሖምዎ ተባሂሎም ዝተኣስሩ ከም ብዓል ሓጅ ሙሳ ዝኣመሰሉ ኣቦታት፡ ከም ብዓል ቢተወደድ ኣብርሃን ብርሃነ ኣብርሀን ዝኣመሰሉ ውልቀ ሰባት፡ ከምኡ'ውን ኣብቶም መንግስቲ ንምዕላው ዝዓለመ ብናዕቢ ፎርቶ ዝፍለጥ ናይ ጥሪ 2013 ዓ.ም. ምንቅስቓስ

እተሳተፉ ላዕለዎትን ማእከሎትን ኣባላት ሲቪልያዊ ኣገልግሎት፡ ተዋጋኢ ሰራዊት፡ ከምኡ'ውን ኣባላት ህግደፍ ዝተወስዱ ስጉምትታት ክጥቀሱ ይከኣል። ኣባላት ተጋድሎ ሓርነት ኤርትራ ነይሮም፡ ምስ እስላማዊ ጥሩፍነት ጸግዒ ኣለኩም ብዝብል ምስምስ ካብ ፈቐዶኡ ተኣርዮም ኣብ ፈቐዶ ኣብያተ ማእሰርቲ ክሳዕ ሕጂ ተዳጒኖም ዘለዉ ዜጋታት'ሞ ኣዴኦም ትቑጻሮም።

ኤርትራ ናጻ ፕረስ ዘይሳሰየላ ሃገር'ያ። እቲ መንግስቲ ኣብ ልዕሊ ኲሎም ዘቤታውያን መራኸቢ ብዙሓን ፍጹም ቊጽጽር ኣለዎ። እዚኣተን ከም ኣፈኛታት ናይቲ መንግስታዊ ፕሮፓጋንዳ ኮይነን የገልግላ። እዚ ሕጂ ኣብ ስልጣን ዘሎ ስርዓት ዓቢ ማህሰይቲ ዘውረደሉ ክፋል ናይቲ ኣብ ውልዶ ኤርትራ ክዕምብብ ዝጀመር ባህሊ ናይ ናጻ ፕረስ'ዩ። ብምስምስ ሃገራዊ ጸጥታ ኣብ 2001 ዓ.ም. ናጻ ፕረስ ከም ዝኽልከል ተገይሩ። ኲለን'ተን ሽዑኡ ዝነጥፋ ዝነበራ ጋዜጣታት ድማ ተዓጽየን። ምስዚ ድማ ዓሰርተ ሓደ ጋዜጠኛታት ኣብ ቀይዲ ኣትዮም። ብመሰረት ጸብጻብ ኮሚተ ንምክልኻል ጋዜጠኛታት (Committee to Protect Journalists)፡ ኤርትራ ካብ መላእ ዓለም እታ ኣዝያ ሰንሱር ዝግበረላ ሃገር ምዃናን ኣብ ትሕተ ሳሃራ ኣፍሪቃ ድማ ዝለዓለ ብዝሒ ናይ ጋዜጠኛታት ኣብ ቀይዲ ዘእተወት ሃገርን ምዃና ትጥቀስ።[lxviii]

ኩነታት ተቓውሞ ኣብዚ ሕጂ እዋን

ነዞም ኣብ ላዕሊ ዝተጠቕሱ ባህርያት ናይቲ ኣብ ስልጣን ዘሎ ስርዓት ኣብ ግምት ኣእቲኻ፡ ኣብ ደገ ዝርከባ ተቓወምቲ ውድባት ኤርትራ ኣብ ሓደ ንኹለን ብማዕርነት ዘሳሲ ፖለቲካዊ ባይታ ወይ ዝወሓደ ፕሮግራም ተጠርኒፈን ንምልኪ ክብድሃን ኣብ ንውሕ ዝበለ እዋን ድማ ከም ኣማራጺ ፖለቲካዊ ውዳበ ኮይነን ዝርኣያሉ ኩነታት ክፈጥራን ምተገብአን። ነዚ ንምግባር ድማ ስትራተትጂአን ከነጽራ ዓቕምታተን ኣወሃሂደን ድማ ክሰርሓን ምተደልየ። ብድሆታት ደምበ ተቓውሞ ምስቲ ዝገዝእ ዘሎ ስርዓት ኣመዛዚንካ ክርአ እንከሎ፡ ብርክት ዝበለ'ዩ። እዚኣቶም ዋሕዲ ጸጋታት፡ ምስ ግዜ ካብ ክውንነት ናይቲ ሃገር እናረሓቕካ ምኻድ፡ ስልጣታት'ቲ ገባቲ ስርዓት ኣብ መሳርዓተን፡ ጂኦግራፊያዊ ምፍንታት፡ ጒድለት እዝን ቊጽጽርን ወዘተ ከጠቓልሉ ይኽእሉ። ነዚ ኣብ ግምት ብምእታው፡ ተቓውምቲ ሓይልታት ምስ ዝቀያየር ኩነታት ተዓጻጻፍነት ናይ ምርኣይ ባህሊ፡ እቲ ቃልሲ ውረድ ደይብ ከም ዘለዎ ተረዲአን ወዲቐን ቀልጢፈን ክትንስኣ ዘኽእለን ሓሞት ወይ ድፍረት ምጥራይ፡ ውሑድ ጸጋታተን ብዝለዓለ ደረጃ ምጥቃም ዝኣመሰሉ ባህርያት ክጥርያ ይግባእ ነይሩ።

ደምበ ተቓውሞ'ምበኣር ብመንጽር'ዞም ኣብ ላዕሊ ዝተጠቕሱ መምዘኒታት (indicators) ክምዘኑን ክግምገሙን ይግባእ። እዚኣቶም ነዞም ዝስዕቡ ከጠቓልሉ ይኽእሉ፡- ተቓውሞ ኣብ ከመይ ዝኣመሰለ ደረጃ ውዳበ ይርከብ፤ ጽርየት ዕላማኡን ዕምቈት ኣተሓሳስባኡን ብኸመይ ይግምገም፤ ዝተሓንጸጸ ስትራተጂ ክሳዕ ክንደይ ኣድማዒ'ዩ፡ ደሞክራሲያዊ ሃዋህው ናይ ምፍጣርን ምኹስኳስን ዓቕሙ ብኸመይ ይርአ፤ ዓቕምታት ናይ ምጕስጓስ ክእለቱ ኣበየናይ ደረጃ ኣሎ፤ ወዘተ። ነዚኣቶም'ስከ በብሓደ ንርአዮም።

ውዳበ

ኣብ ደገ ዘለዋ ናይ ተቓውሞ ውዳበታት ኣብ ትሕቲ ሓደ ጽላል ንምምጻእ ክሳዕ ሕጂ ዝተወስዱ ተበግሶታት ብርክት ዝበሉ'ዮም። ኣብ በበይኖም እዋናት፡ ሕጅስ ተስፋ ዝተረኽቦ ይመስል እናተባህለ ዘይተዘርበሉ'ውን ኣይኮነን። ተቓወምቲ ውድባት፡ ነቲ ኣብ ኣስመራ ዘሎ ስርዓት ናይ ምቅዋም ሓባራዊ ዕላማ'ኳ እንተ ሃለወን፡ ኣንጻር'ቲ ኣብ ስልጣን ዘሎ ስርዓት ስሙር ፖለቲካውን ዲፕሎማስያውን ግንባር ኣዋዲደን ክሰርሓ ኣይራያን። ኣብ ክንድኡ መብዛሕትኡ ሓይለን ውሽጣዊ ግርጭታተን ኣብ ምብኣስ ከም ዘተኰራ፡ በቲ ኣብ ልዕሊ ነንሕድሕደን ዘካይዳኦ መጥቃዕትታት ክግለጽ ይከኣል። ንስርዓት ኣስመራ ንምምካት ሓባራዊ መድረኽ ዘይምህላው፡ ንብቕዓት ናይዘን ጕጅለታት ዝዕንቅፍ ኮይኑ፡ ገሊኣን ብዘይ ፍላጥ ነቲ ሰፊሕ ዕላማ ለውጢ ካብ ምጥቃም ንላዕሊ ነቲ ተቓውሞ ጕድኣት ከብጽሓሉ ይረአያ። ካብዚ ሓሊፉ፡ ብዙሓት ኣካላት ደምበ ተቓውሞ፡ ካብቲ ልሙድ ኣሰራርሓታት ክወጹ ኣይደለዩን። እዚ ድማ፡ ነቲ ምንቅስቓስ፡ ምስ ዝምዕብሉ ለውጥታት ተዓጻጻፍነት እናኣርኣዩ መድረኽ ዝጠልቦም ዕማማት ንኸይፍጽሙ ዕንቅፋት ይኾኖም።

ካብ ብመትከልን ዕላማን ብውልቃዊ ቒምን ጽልእን ዝምራሕ ምንቅስቓሳት'ውን ውሑድ ኣይኮነን። ናይ ታሪኽ ውርሻ'ውን ሓደ ርእሱ ዝኽኣለ ዕንቅፋት ኮይኑ ጸኒሑ'ዩ። እዚ ከምዚ እናኾነ እንከሎ፡ ውሑዳት ማሕበራዊ መራኸቢታት፡ ከምዚ ዓይነት ዘይምስምማዕ ዘኸትሎ ሃሳዪ ሳዕቤን ብምግንዛብ፡ ኣብ መንጎ ተቓወምቲ ምንቅስቓሳት ዝያዳ ስልጡን ዝኾነ ዘተን ምትእስሳርን ንምስፋሕ ይጽዕራ'የን። እዚ ከኣ ኣዝዩ ዘተባብዕ ምዕባለ'ዩ።

ሰመረ ሃብተማርያም ኣብቲ ብዕለት 31 ነሓሰ 2025 ንኮነታት ደምበ ተቓውሞ ኣመልኪቱ ኣብ ዓወተ ዶት ኮም ዝለጠፎ ሓተታ፤ እቶም ልፍንታት ንምህናጽ ወይ

ምምስራት ዝተወሰዱ ተበግሶታት - ንኣብነት ከም ኤርትራዊ ደሞክራስያዊ ምሕዝነት ኣብ 2011 ዓ.ም. ከምኡ'ውን ኣብ 2014 ዓ.ም. ኤርትራዊ ሃገራዊ ዋዕላ ንደሞክራሲያዊ ለውጢ - ንኹሎም ውድባት ኣብ ሓደ መኣዲ/ፕላትፎርም ንምስሓብ ወይ'ውን ሰፊሕ መሰረት ዘለዎ ደገፍ ንምርግጋጽ ኣይተዓወተን ይብል። ኣስዒቡ "ጸጋታትና ኣብ ክንዲ ነቲ መንግስቲ ንምምካት እንጥቀመሉ፡ ኣሎ ዝብሃል ዓቕምና ኣብ ጽሬት ኣተሓሳስባና ምቕጽጻር ከነውዕሎ ንርአ ኔርና። ሓድነት ንምርግጋጽ እንገብሮ ፋሕተርተር ድማ ዘይጭበጥ ኮይኑ ተሪፉ።" ይብል።[lxix]

ሰመረ ሃብተማርያም ከም ኣብነት ነቲ ንሱ ብዓቕሙ ከም ኣካል ናይቲ ዝተዳኸመ ብ"መድረኽ" ዝፍለጥ ውዳበ፡ ዝተፈላለዩ ጒድለታት ኣብ ሓደ ንምምጻእ ብዙሕ ከም ዝጽዓረን ድሕሪ ምግላጽ፡ ኣብዚ'ውን እንተኾነ ከም ዘይተዓወቱን የብርህ። ብኣገላልጻ'ዚ ጸሓፊ ጻዕርታቶም ኣብ ግድድፍ (compromise) ዝተመስረቱ ምንባሮምን (ወይ ድማ ንነዊሕ ዝጠመቱ ዘይምንባሮም) ከም ዕምቈት፡ ዕቱብነት፡ ቅንዕና፡ ከማኡ'ውን መዋቕራዊ ጭውነት ዝኣመሰሉ መድረኽ ዝጠልቦም ባእታታት ዝቦኾርዎም ከም ዝነበሩን ይገልጽ። ኣስዒቡ ድማ እዚ ተመክሮ'ዚ ሓደ ነገር ከም ዝመሃሮ ብምጥቃስ፡ ጽቡቕ ድሌት ጥራይ ኣኻሊ ከም ዘይኮነ ይትንትን። ኣብ መወዳእታ፡ ጸሓፊ፡ "ብዘይ መዋቕር ወይ ቅርጺ፡ ምትእምማን፡ ከምኡ'ውን ሓባራዊ ራእይ ወላ'ውን እቶም ኣዝዮም ቅኑዓት ዝመስሉ ተበግሶታት ካብ ደርበስበስ ኣይሓልፉን'ዮም" ይብል።[lxx]

"ከም ውጽኢት" ይብል ሰመረ "ዝጠፍአ ተኣማንነት፡ ዘይተጠቕምናሎም ዕድላት፡ እናዓሞቐ ዝኸይድ ስቓይ ናይቲ ንውክለካ ኢና እንብሎ ህዝቢ ኮይኑ።" ሓደ ከፋል ዝርዝር ናይተን ዝተመስረታን ዝተሸርባን ልፍንታዊ ጻዕርታት ድማ የቐርብ፡ "UL-ELF-O (1989), EDLF (1991), ENPA (1992), DUE (1996), AENF (1999), ENA (2002), Four+One, ENDF (2004), ENSF (2004), EDF (2005) ካልኦትን።" ሰመረ ኣብ መጨረሽታ ሓደ ሓደ ልፍንትታት ጌና ህያዋን ምዃነን'ኳ እንተ ኣተንብሀ፡ ኣድማዕነተን ግን ከምቲ ዝድለ ከም ዘይኮነ ይጠቅስ።[lxxi]

ስልኪ ስርዓት ህግደፍ ኣብ መሳርዕ ተቓውሞ

መርበባት ስለያዊ መጋበርያታት ህግደፍ ኣብ ውሽጢ'ቶም ተቓወምቲ ውድባት ሰሊኹ ብምእታው ኣብ ውሽጦም ብዓሌት፡ ወገን፡ ሃይማኖት፡ ካብኡ ሓሊፉ'ውን ብኣውራጃ ብምክፍፋል ከዳኽሞም ፈተነታት ከም ዝገብር ናይ ኣደባባይ ምስጢር'ዩ። እዚ ስለያዊ ስልኳ'ዚ ንኣድማዕነቶምን ሓድነቶምን ዝብርዝ ዓቕሚ ክህልዎ ከም ዝኽእል ምግንዛብ

ኣገዳሲ ክኸውን'ዩ። ደምበ ተቓውሞ፡ ኣፍልጦ ናይ ምልክታትን ሜላ ኣሰራርሓ ናይቲ ስርዓትን ይጐድሎ። ደምበ ተቓውሞ ነዚ ክስተት'ዚ ብዝግባእን ርቀት ብዝመልኦ ኣገባብን ክብድህ ኣይተራእየን። ኣይርአን'ውን።

ኣብ መንጎ ብዕድመ ዝደፍኡን መንእሰያትን ዝርአ ፍልልያት

ካልእ ምንጪ ምፍልላይ ድማ እቲ ኣብ ውሽጢ ደምበ ተቓውሞ ኣብ መንጎ ብዕድመ ዝደፍኡ ዜጋታትን መንእሰያትን ዘሎ ጋግ'ዩ። እዚ ናይ ወለዶ ጋግ'ዚ ኣብ ምስራዕ ቀዳምነታትን ኣብ ምቕያስ ስትራተጂታትን ፍልልይ ከም ዝመጽእ ገይሩ'ዩ። ከምዚ ኮይኑ ግን ብርክት ዝበሉ ግዱሳት ደለይቲ ፍትሒ ኣብ መንጎ'ዞም ወለዶታት ተመክሮ ንምትሕልላፍ ዘኽእሉ ዕድላት እናፈጠሩ'ዮም። ከመይሲ ምትሕልላፍ ተመክሮ ኣገዳሲ መዳይ ናይቲ ቃልሲ ስለ ዝኾነ።

ናይ ደገ ጽልዋታትን ጸቕጥታትን

ደምበ ተቓውሞ ምስ መንግስታት ኢትዮጵያ ዝጸንሖ ናይ ስራሕ ዝምድና ንናጽነቱ ዘተባብዕን ንዕብየቱ ዘበርኽን ኮይኑ ኣይጸንሐን። ስርዓታት ኢትዮጵያ፡ ብተደጋጋሚ ግዜ ንደምበ ተቓውሞ ክፈጥሩሉ ዝነበሮም መቃለሲ ባይታ ኣየበርከቱሉን። ብኣንጻሩ፡ መሳርሒ ናይ ፖለቲካዊ ሕልምታቶም ክኸውን ኣብ ትሕቲ ቍጽጽሮምን ጽልዋኦምን ከእትውዎ ተደጋጋሚ ፈተነታት ገይሮም። እዚ ኵነት'ዚ ምስ ድኻማት ናይቶም ኣበየ መድረኹ ዝቕልቀሉ ዝነበሩ ልፍንትታት ተደሚሩ ነቲ ቃልሲ ኣይሓገዘን።

ኣብ ርእሲ'ዚ፡ ኣብ ውሽጢ ኢትዮጵያ ኣብዘን ዝሓለፉ ሽውዓተ ዓመታት ዝተኸስተ ቅልውላውን ኣብ ልዕሊ ናይ ተቓውሞ ውዳበታት ብዙሕ ሕልኽላኻት ፈጢሩ ከም ዝነበረን ዘሎን ምጥቃስ፡ ምሉእ ስእሊ ንምሃብ ስለ ዝሕግዝ ኣገዳሲ'ዩ።

ሓያሎ ኣባላት ደምበ ተቓወሞ (ውድባት፡ ጉጅለታት ይኹኑ ውልቀ ሰባት)፡ ኣብቲ ሸንክርክር ዝበለ ወተሃደራውን ፖለቲካውን ምዕባለታት ኢትዮጵያ ብምጥሓል ነቲ ዓቢ ስእሊ ዝረስዑዎ መሲሎም ተራእዮም። ገሊኦም ምስ ቀዳማይ ሚኒስተር ኣብይ ወይ ምስቲ ተቓናቓኒኡ ሓይሊ (ህወሃት) ክደናገጹ ተራእዮም። ብኣንጻሩ ድማ ገሊኦም እቲ ኵናት ካብ ፖለቲካዊ ፍልልያት ናይቶም ተቐናቐንቲ ሓይልታት ዝመንጨወ ውሽጣዊ ግርጭት ስለ ዝኾነ ብሰላማዊ መገድን ብልዝብን ክፍታሕ ዝነበሮ ጉዳይ'ዩ ዝብል መርገጺ ወሲዶም። እዚ ዳሕረዋይ ጉጅለ'ዚ፡ እቲ እንኮ መፍትሒ ኣብ ዲፕሎማሲ

ከም ዘሎ ይኣምን፣ ኣብ ሰደቓ ልዝብ ኮፍ ኢልካ ክጅመርን ክዛዘምን ዝነበሮ ጉዳይ'ዩ ኢሉ ድማ ይምጉት። ብተወሳኺ፡ ኤርትራ ሓዊስካ፡ ናይ ግዳም ሓይልታት ኣብቲ ኲናት ክሳተፉ ነይሩዎም ድዩ ወይስ ኣይነበሮምን ኣብ ዝብል ሕቶ'ውን ዘይምስምማዕ ተፈጢሩ'ዩ። ገሊኦም፡ ከምዚ ዓይነት ምትእትታው ነቲ ኵነታት ዘጋድዶ ጥራይ ዘይኮነስ ብወገን ስርዓት ህግደፍ ዝተወስደ ስጉምቲ ዘይሓላፍነታዊ ምኺኑ ከምጉቱ ጸኒሖም። ከም ወተሃደራውን ፖለቲካውን ዕንደራ ገይሮም ድማ የቕርብዎ።

ካልኦት፡ ንህወሓት "ካብ ገጽ መሬት" ንምጽራግ ብዝብል ምስምስ ኣብ እተኻየደ ወፍሪ፡ ምስ ዕጡቕ ሓይልታት ኤርትራ ወይ ድማ እቲ ስርዓት ተኣማንነቶም ኣዊጆም። እዞም ተጋራጨውቲ ኣረኣእያታት'ዚኦም፡ ተቓወምቲ ነቲ ንቕልውላው ኢትዮጵያ ዝምልከት ውሁድን ኣድማዕን ስትራተጂ ንምፍጣር ክህሉዎም ዝነበሮ ተበግሶን ዓቕምን ዝያዳ የተሓላልኾ። ውሽጣዊ ጉዳያት ኢትዮጵያ፡ ብኢትዮጵያውያን ጥራይ ክፍታሕ ዘለዎ ዘቤታዊ ፖለቲካዊ ዘይምርድዳእ ወይ ግርጭት'ዩ። ንኤርትራ፡ ወይ ንካልእ ጐረቤት ሃገር ዝምልከት ግደ እንተድኣ ነይሩ ድማ ሃናጺ ክኸውን ነይሩዎ። ንኣብነት፡ እቲ ጉዳይ ብልዝብ ንኽድምደም ንምምችቻው ንኽልቲኡ ወገን ጸቕጢ ምግባር። ሰራዊት ኤርትራ ኣብ ኢትዮጵያ ዘካየዶ ዘይምኽኑይ ወተሃደራዊ ምትእትታውን ኣራግጽን ድማ ብዘየወላውል መገዲ ክኹነን ይግብኦ።

ብፍሉይ ዝግለጽ ምንቅስቓስ መንእሰያት ኤርትራውያን ኣብ ወጻኢ - ሰማያዊ ማዕበል ወይ ብርጌድ ንሓመዱ

እናኸፍአ ዝመጽእ ዘሎ ፖለቲካዊ ኵነታት ኤርትራ፡ ጠንቂ ናይ ብኣማኢት ኣሽሓት ዝቖጸሩ መንእሰያት ናብ ስደት (ዝሓሸ ፖለቲካውን ቍጠባውን ማሕበራውን ህይወት ንምስትምቓር) ናይ ምምራሕ ተርእዮ ኮይኑ። ገደብ ዘይብሉ ሃገራዊ ኣገልግሎት፡ ብኵራት ሕግን ተሓታትነትን፡ ፖለቲካዊ መሰላት ምዕፋን፡ እናንቈልቈለ ዝኸይድ ዘሎ ቍጠባዊ ኵነታት፡ ጃምላዊ ማእሰርቲ፡ ወዘተ ገለ ካብቶም ናይ ስደት ርኡያት ጠንቅታት'ዮም። እቲ ዘሕዝን ድማ፡ ብሰሪ'ዚ ግጉይ ኣከያይዳ መንግስቲ፡ ናይ ኤርትራ ምርግጋእ ኣብ ዘተሓሳስብ ኵነታት ወዲቑ ምህላዉ ኢዩ።

እዚ ክስተት'ዚ ኣብ መንእሰያት ብስጭትን ነድርን እኪቲሉ። ንከም ብርጌድ ንሓመዱ ወይ ሰማያዊ ማዕበል ዝኣመሰሉ፡ ካብ መንግስቲ ለውጥን ተሓታትነትን ዝጠልቡ ምንቅስቓሳት ድማ ፈጢሩ'ዩ። እዚ ምንቅስቓስ'ዚ ኣብ 2021 ዓ.ም. ዝጀመረን ብዓብላሊ መልክዑ ብመንእሰያት ዝምራሕ ኮይኑ፡ ብዙሓት ካብቶም ኣባላቱ፡ ኣባላት

ሃገራዊ ኣገልግሎት ዝነበሩ'ዮም። ቅሬታኦምን ዘይዕግበቶምን ኣብቲ ስርዓት ካብቲ እቲ ስርዓት ኣብ ልዕሌኦም ዘውረዶ መጠነ ኣልቦ ግፍዕን ብመጻኢኦም ዝተጣልዖ ጸወታን'ዩ ዝምንጨ።

መንእሰያት ካብ መጻወድያ ዘይውዳእ "ሃገራዊ ኣገልግሎት" ግዱድ ጉልበት ስራሕን ንኽእለዩን፡ ከምኡ'ውን ካብቶም ርህራሄ ዘይብሎም ናይ ጸጥታ ኣካላትን ወተሃደራትን ንምህዳምን እዮም ነታ ዝፈትዉዋን መዳሕንቶም ዝተቐብረላን ሃገር ራሕሪሖም ንወጻኢ ዝኸዱ ዘለዉ። ካብዚኣቶም ድማ ዝበዝሑ ሃገር ለቒቖም ክወጹ ዝወሰኑሉ ቀንዲ ምኽንያት እቲ ዝካየድ ዘሎ ገደብ ኣልቦ ሃገራዊ ኣገልግሎት ምዃኑ ይጠቕሱ።

መብዛሕቲኦም ካብ ገደብ ኣልቦ ሃገራዊ ኣገልግሎት ንምምላጥ ዶብ ኤርትራን ሱዳንን ከምኡ'ውን ዶብ ኤርትራን ኢትዮጵያን ክሰግሩ እንከለዉ ብጥይት ዝተሳሕቱ፡ ናይ ሓዋሩ መዕቈቢ ንምርካብ ምድረ በዳ ሰሃራ እናሰገሩ እንከለዉ ንግፍዕታት ሸፋቱ ዝተቓልዑ፡ ገሊኦም ድማ ማእከላይ ባሕሪ እናሰገሩ እንከለዉ ህይወቶም ኣብ ሓደጋ ዘእተዉ የጠቓልሉ። እዞም ደቂ ተባዕትዮን ደቂ ኣንስትዮን መንእሰያት፡ ኣብ ልዕሊ'ቲ ንእስነቶም ዘባኸነ ስርዓት ክቱር ጽልኢ ኣለዎም። በቲ ስርዓት ዝተጠልሙ ኮይኑ ድማ ይስምዖም። ልዑል ፖለቲካዊ ስምዒት ዘለዎም ኮይኖም፡ ምዑታት'ውን እዮም። እዚኣቶም ብዕድመ ንኡሳን ኮይኖም፡ እቲ ኣጕሃሂሮምዎ ዘለዉ ምንቅስቓስ፡ ሓደ ካብቲ መንግስቲ ኣብ ኤርትራውያን ዲያስፖራ ንዘሕደሮ ፍርሒ ዝሓምሸሸ ተበግሶ ኮይኑ ኣሎ።

እዚ ብሰማያዊ ማዕበል ዝፍለጥ ኤርትራዊ ምንቅስቓስ ሓደ ዝተነጸለ ተርእዮ ኣይኮነን። እንታይ ድኣ፡ ኣካል ናይቲ ዕምጸጻን ጸቕጥን ዝበድህን ዝብድህ ዘሎን ምስ ግዜ ዘይሃስስን ዓውለማዊ ምንቅስቓስ መንእሰያት'ዩ። ካብ ጽድያ ዓረብ ጀሚሩ ኣብዚ ቀረባ ግዜ ኣብ ነፓል፡ ኬንያ፡ ማዳጋስካር፡ ሞሮኮ ከምኡ'ውን ጆርጂያ ዝተራእዩ ናይ መንእሰያት ምንቅስቓሳት፣ ኣብ ኢትዮጵያ ብስም ቄሮ ዝፍለጥ ናይ መንእሰያት ምንቅስቓስ፣ ካልኦትን ንብልሹዋትን ዓመጽትን መንግስታት ኣብ ምውዳቕ ከም ናይ ለውጢ ሓይሊ ኮይኖም ኣገልጊሎም'ዮም። ኣብ ታሪኽ ኤርትራ'ውን እንተኾነ መንፈስ እምቢታ ናይ መንእሰያት ዓቢ ቦታ ኣለዎ።

ኣብ ኣርብዓታት፡ ሓምሳታት፡ ከምኡ'ውን ኣብ እዋን ብረታዊ ቃልሲ፡ ኤርትራውያን መንእሰያት ከም መሪሕን ዓንዲ ሕቘን ናይቲ ንናጽነት ዝተገብረ ወፍሪ ኮይኖም ኣገልጊሎም'ዮም። ጻማ ናይቲ ዝኸፈልዎ ከቢድ መስዋእቲ ድማ ናይ ኤርትራ ልኡላውነት ተረጋጊጹ'ዩ። ናይ ሎሚ መንእሰያት፡ ወረስቲ ናይዚ ውርሻ'ዚ እዮም። ግንከ ኣብ ፍልይ ዝበለ ኩነታት ዝግበር ዘሎ ጥምጥም። ኣንጻር ወረርቲ ሓይልታት ምብዳህ ዘይኮነስ ኣንጻር'ቲ መብጽዓ ጠሊሙ ሃገር ኣብ ሕንፍሽፍሽ ኣእትዩ ዘሎ ኣብ ኤርትራ

ዝርከብ ዓማጺ ስርዓት። ኣንጻር'ቲ ወለዱ መስዋእቲ ንዝኸፈሉሉ ዕላማታት ደው ኢሉ ዝምክተና ዘሎ ስርዓት።

ምረት፡ ቀጥዐ፡ ነድሪ፡ ከምኡ'ውን ብስጭት መንእሰያት፡ ብስም ሰማያዊ ማዕበል ዝፍለጥ ካብ መንግስቲ ለውጥን ተሓታትነትን ዝጠልብ ምንቅስቓስ ፈጢሩ። እዞም ምንቅስቓስ'ዚ ንዘይዕግበት ዝውክል'ዩ። እዚ ምንቅስቓስ'ዚ ኣብ 2021 ዓ.ም. ዝጀመረን ብዓብላሊ መልክዑ ብመንእሰያት ዝምራሕ ኮይኑ፡ ብዙሓት ካብቶም ኣባላቱ ኣባላት ሃገራዊ ኣገልግሎት ዝነበሩ'ዮም። እቲ ዓሚቕ ዘይዕግበቶም፡ ነቲ ስርዓት ብመጻኢኦምን ብናይታ ሃገር መጻኢን ከም ዝተጻወተ ጌሮም ካብ ምርኣይ ዝመንጨወ'ዩ።

እቲ ምንቅስቓስ፡ ሓደ ካብቲ መንግስቲ ኣብ ኤርትራውያን ዲያስፖራ ንዘሕደሮ ፍርሒ ንኽሕምሽሽ ኣስተዋጽኦ ዝገበረ ምንቅስቓስ'ዩ። ብናይ ከባቢ ጉጅለታት ወይ ጨናፍር ተወዲቡ ዝሰርሕን ዓለማዊ ሽፋን ዘለዎን ኣብ መንጎ ዝተፈላለዩ ጨናፍራቱ ብመጠኑ ምውኽኻስ ዘዘውትርን'ውን እዩ። ኣብ ሓያሎ ከፋላት ዓለም፡ ጀርመን፡ እስራኤል፡ ሆላንድ፡ ሽወደን፡ ዴንማርክ፡ ሰሜን ኣመሪካ፡ ካናዳ፡ ስዊዘርላንድ፡ ኢትዮጵያ፡ ዩጋንዳን ካልኦትን ተዘርጊሑ ድማ ንጥፈታቱ ከካይድ ይርአ።

እቲ ምንቅስቓስ ክብገስ እንከሎ ዝተጠቐመሎም ጉነጻዊ ኣገባባት ክንቀፍ ዘለዎ መዳይ ናይቲ ምንቅስቓስ'ዩ። ካልኦት ድኽመታት'ውን ኣይሰኣንዎን'ዮም። ነቲ ምንቅስቓስ ከኣ ዓቢ ዋጋ ኣኽፊልዎ'ዩ። ከምኡ ኮይኑ ግን እቲ ምንቅስቓስ ከምቲ ስርዓት ህግደፍ ዝብሎ ዘይኮነ ብናይ ገዛእ ርእሱ ውሽጣዊ ተበግሶ ቃልሱ ዝቐለሰን ንናይ ደገ ሓይልታት ምትእትታው ዕድል ዘይሀበን'ዩ ነይሩ። ከምዚኦም ዝኣመሰሉ ብመንእሰያት ዝምርሑን ዝውነኑን ምንቅስቓሳት ባህርያዊ ሳዕቤናት ናይ ዘይፍትሓውያንን ዓምጸጽትን ስርዓታት'ዮም። እቲ ኣብ ኤርትራ ዘጋጠመ ተርእዮ'ምበኣር ካብዚ ተነጺሉ ዝርአ ኣይኮነን።

ኣብዚ እዋን'ዚ፡ ካብቲ በቲ ስርዓት ዝመጽእ ግዳማዊ ጸቕጢ ንላዕሊ እቲ ኣብ ውሽጢ ሰማያዊ ማዕበል ዝርአ ዘሎ ፍልልያት ዝያዳ ሓደገኛ ኮይኑ ዝመጽእ ዘሎ ይመስል። እቲ ዘገርም ድማ እቶም ፍልልያት ኣብ መሰረታውያን ዕላማታት ናይቲ ቃልሲ ዝተመርኰሱ ዘይምኻኖም'ዩ። እቶም ዘይምርድዳኣት ኣብ ዙርያ ኣገባብ ቃልሲ፡ ኣመዳድባ ናይቲ ቃልሲ፡ ተራን ግቡኣትን ናይተን ኣብ ዝተፈላለየ ኩርንዓት ዓለም ዝነጥፋ ዘለዋ ጨናፍር ናይቲ ምንቅስቓስ፡ ዓይነትን ዕምቈትን ናይቶም ዝምስረቱ ዘለዉ ፖለቲካዊ ሽርክነታት/ ኪዳናት ወዘተ ዘጠቓለሉ'ዮም።

ነቲ ዘሎ ወጥሪ ግላዊ ወይ ጕጅላዊ ረብሓታትን ባህግታትን ዘጋድዶ'ኳ እንተኾነ፡ እቲ ዓቢ ብድሆ ኮይኑ ዘሎ ግን ኣብ ልዕሊ'ቲ ውልዶ ምንቅስቓስ ከስዕቦ ዝኽእል ሃስያ ሰፍ ዘይብል ክኸውን ከም ዝኽእል ዘሎ ተኽእሎ'ዩ። ከመይ ጌርካ ነዚ ብድሆ'ዚ ገጢምካ ነቲ ምንቅስቓስ ናብ ዝለዓለ ደረጃ ተሰጋግሮ'ምበኣር ቀዳምነት ዝወሃቦ ጕዳይ ክኸውን'ዩ። ኣብ መወዳእታ እቲ ዘሎ ሕርያ እንታይ'ዩ ክኸውን፧ ነቲ ግርጭት ምቕጻልዶ ወይስ ምፍታሕ፧ ከም ዝብእስ ምግባርዶ ወይስ ከም ዝረጋጋእ ምግባር፧

ምቕጻሉ'ሞ ፈጺሙ ዘየዋጽእ'ዩ። ኤርትራ፡ ነዚ ናህሪ ንኽድልብ ረዚን ዋጋ ዝተኸፍሎ ቃልሲ ንድሕሪት ንኽጐተት ከተፍቅድ ኣይትኽእልን'ያ። ጻዕሪ ናይዞም መንእሰያት፡ ክሕሸሽ ዘይግብኦ ክቡር ሃገራዊ ጸጋ'ዩ። ንፍልልያት ብልዝብ ካብ ምፍታሕ ሓሊፍካ ድማ ካልእ ዝኾነ ኣማራጺ የለን። ንምግናን ዘይኮነ ኣብ ከምዚኦም ዝኣመሰሉ ባህርያት ዘለዎም ምንቅስቓሳት ግዝያውያን ቅልውላዋት ከጋጥሙ ንቡር'ዩ። እቲ ቁም ነገር ልቦና ብዝመልአ ኣገባብ ፍታሓት ሃሰው ምባል'ዩ።

ምንቅስቓስ ሰማያዊ ማዕበል ኣድማዒ ምእንቲ ክኸውን፡ ኣብ ዓሚቝ ነፍሰ ድህሰሳ ክጽመድ፡ መኣዝን ግስጋሰኡ ክነጽር፡ ከምኡ ድማ ባህርያዊ ብዝኾነ መገዲ ክፈልቕን ይግባእ። ኵሎም ሰዓብቲ ናይዚ ምንቅስቓስ ዘልዕልዎም ዘለዉ ሕቶታት'ምበኣር ከም ህጹጻት መጸዋዕታታት ንዕርቂ፡ ምርድዳእ፥ ከም ጭውነት ክውሰዱ ይግባእ። ሰማያዊ ማዕበል ነዞም ዝስዕቡ ጕዳያት ቀዳምነት ሂቡ ክሰርሓሎም ድማ ይሕተት፡-

- ምስ ባህግታት ናይ ኵሎም ደለይቲ ፍትሒ ኤርትራውያን መንእሰያት ዝናበብ ኣብ ዙርያ መሰረታውያን ዝኾኑ ዕላማታት ቃልሲ ምዕሳል፣
- ምስ ኣብ ውሽጢ ኤርትራ ዝነጥፉ ዘለዉ ደለይቲ ለውጢ ድልዱል ድንድል ምምስራት፣
- ብድምጾምን ተግባራቶምን እሙናት መሻርኽቲ ናይቶም ኣብ ውሽጢ ኤርትራ ኮይኖም ዝቃለሱ ዘለዉ ዜጋታት ከም ዝኾኑ ምምስካር፣
- ኣብ ምብዳህ'ቲ ስርዓት ዝዝርግሖም ፈላለይቲ ዝኾኑ ትረኻታት፡ ክንዮ'ቲ መልሰ ተግባራዊ (reactive) ስትራተጂ ምኻድን ቅድመ ንጡፍ ስጕምትታት ምውሳድን፣
- እቲ ስርዓት ኣብ ልዕሊ'ቶም ኣብ ደገ ዝነብሩ ዜጋታት ብኣስገዳድ ዝእክቦ 2% ግብሪ መደልደሊ ስርዓቱ ስለ ዝኾነ ኣበርቲዕካ ምምካት፣
- ናይቲ ስርዓት ግፍዕታትን ኣብ ዘይምርግጋእ ናይቲ ከባቢ ዘለዎ ግደን ብልሓት ብዝመልአ ኣገባብ ዓለም ከም እትፈልጥ ምግባርን

- ምስ ኣብ ዓለም ዝርከቡ ደሞክራስያውያን ሓይልታት ኣብ መትከላት ሽርክነት ዝተመስረቱ ጽምዶታት ምእታው።

እዚ ስትራትጅያዊ ኣተሓሳስባን ጥርናፈን ምልክት ናይ ድኽመት ዘይኮነ ናይቲ ምንቅስቓስ ምልክት ምስሳንን ብስለትን'ዩ። እዚኣቶም ነቲ ሱር ዝሰደደ ተጻባኢ ንምብዳህ ዘገልግሉ ቀንዲ መቐውማት'ዮም።

እዚ ናይ ቃልሲ ጉዕዞ'ዚ፡ ትዕግስቲ፡ ርእሰ ዳህሳስ፡ ከምኡ'ውን ዓሚቕ ፖለቲካዊ ልቦና ከጠልብ'ዩ። ተሃዊኽን ይኽዕውኦ ተደቢረን ይሓፍስኦ ከይከውን ነገሩ ካብ ታህዋኽ ምቁጣብ ከድሊ'ዩ። እቲ ምንቅስቓስ ንእኡ ዝምእምኦ ኣገባብ ክመርጽ ሓላፍነቱ'ዩ። ግንከ ብዘይ ንጹር መምርሒ ክኸውን የብሉን።

ኣብ ዲያስፖራ ዝርከቡ ብዕድመ ዝጸገቡን ናይ ቃልሲ ተመክሮ ዝደለቡን ዜጋታት ኣብ ውሽጢ'ቲ ምንቅስቓስ ንዝተኸስተ ግዝያዊ ቅልውላው ኣብ ምፍታሕ ከም ኣሳለጥቲ ኮይኖም ንዘተ ከም መሳርሒ ክደፍኡሉ ግዴታ ኣለዎም። እዚ ግን ብዘይ ጸቕጢ ክኸውን ኣለዎ። ኣብ መጠረሽታ እቲ ዕላማ፡ ናይ ሓባር፡ ንኹሉ ዘሳትፍ፡ ከምኡ'ውን ሓቛፊ ዝኾነ ፖለቲካዊ ጽላል ምቛም'ዩ። ንመትከላት ልዝብን ምጽውዋር ፍልልያት ናይ ኣረኣእያን ማእከል ዝገበረ ክኸውን ድማ ይግባእ። እቲ ሓባራዊ ፖለቲካዊ ጽላል ነዞም ዝስዕቡ ሰለስተ መሰረታውያን ዕላማታት የሳሲ፡-

- ሕቶ ልኡላውነት ኤርትራ ኣብ ዋጋ ዕዳጋ ዘየእቱ ናይ ስርዓት ለውጢ፣
- ምቛም ሓደ ሓቛፊ መሰጋገሪ መንግስትን
- ብቕዋም እትመሓደር ኤርትራ ምምስራት።

ኵሎም'ቶም ኣብ ትሕቲ ምንቅስቓስ ሰማያዊ ማዕበለ ተጠርኒፎም ዘለዉ ሰብ ብርኪ፡ ጒጅላዊ ወይ ግላዊ ረብሓታት ንጐኒ ገዲፎም ንረብሓ ህዝብን ቃልስን ቀዳምነት ክህቡ ኣለዎም። መንእሰያትና ዕቱባትን በላሕትን'ዮ። ኣሉታዊ ሳዕቤን ናይቲ ኣብ ውሽጢ'ቲ ቃልሲ ተኸሲቱ ዘሎ ምክፍፋል ካብ ሰቦም ንላዕሊ ንሳቶም ዘለዎም ግንዛበ ይዓቢ። እቲ ስርዓት ንኽተኣታትዎ ዝፈተነ ናይ ፍርሒ ሃዋህው ንምስባር ዘርኣይዎ ሓሞት 'ኣደ ወሊዳ ትምከን' ዘብል'ዩ። ኣብዚ ሰዓት'ዚ ድማ ሓድነቶም ንምዕቃብ ልቦና ከርእዩ ኣለዎም። ሓይሎም ኣብዚ ባህሪ'ዚ ዝተመርኰሰ'ዩ። እቲ እንኮ ለውጢ ኣብ ምምጻእ ዝሕግዝ መሳርሒ ድማ ንሱ'ዩ። ሰማያዊ ማዕበል እናሰወደ'ምበር እናሰሓወ ዝኸይድ ምንቅስቓስ ክኸውን ከነፍቅድ የብልናን።

ሳዕቤናት ድኹም ተቓውሞ

ድኹም ተቓውሞ ንሰዓብቱ ቅብጸት ንመቀናቕንቱ ድማ መስተርሆት ይፈጥር። ኣማስይኡ ዝህሰ ድማ እቲ ብምልካዊ ኣገዛዝኣ ዝሳቐ ዘሎ ህዝቢ'ዩ። እዚ ኣብ ደምበ ተቓውሞ ተኸሲቱ ዘሎ ሕንፍሽፍሽ፡ ደላይ ፍትሒ መኣዝኑ ንኸጥፍእ ወይ ደንበርበር ንኽብል ሓጊዙ'ዩ። ደላይ ፍትሒ ኣብ ደምበ ተቓውሞ ዝነበሮ ተስፋ ከም ዝምህምን ኣበርኪቶ ገይሩ'ዩ። ናይቶም ስቕ ዝመረጹ ብዙሓን ቍጽሪ እናዓበየ ከም ዝመጽእ'ውን ገይርዎ'ዩ። ብዙሓት ላንጋ ላንጋ ዝነበሩ ዜጋታት ብህግደፍ/ኤምባሲታት ኤርትራን ዝውድብዎም ፈንጠዝያታት ክሕወስዎን ከዳምቑን'ውን ይርአዩ ኣለዉ። ገለ ገሊኦም'ውን ኣብ ምስዳዕ ደረጃ በጺሖም። ፍርሒ ዝመንቀሊኡ ነፍሰ ሜማ ከም ባህሊ ተኣታትዩ። ኣብ ደገ ወጺኦም ንዝዛረቡ ኣብ ደገ ዝርከቡ ዜጋታት "ኣንታ መን ጠዊቕዎም'ዮም ዝዛረቡ፡ ከም ሰቦም ስቕ ኢሎም ናብርኦም ዘይገብሩ" ምባል ድማ ልሙድ ኮይኑ። ንሓሳብካ ምግላጽ ከም ዕሽነት፡ ንምጽቃጥ ድማ ከም ልቦና ተቘጺሩ።

እዚ ኣብ ተቓወምቲ ዘሎ ውሽጣዊ ምፍልላይ፡ ኣብ ውሽጢ ሃገር ኣብ ዝነብሩ ኤርትራውያን ዘይነዓቕ ቍጥዐ፡ ብስጭት፡ ሓድሓደ ግዜ ድማ ናይ ተስፋ ምቝራጽ ስምዒት ከይተረፈ ኣለዓዒሉ'ዩ። ህዝቢ ዘርእዮ ዘሎ ተመሳሲልካ ናይ ምንባር ባህሪ ወይ ድማ ዘይምቅዋም፡ ብኸፊል በቲ ኣብ ውሽጢ ደምበ ተቓውሞ ዝተፈጥረ ቅልውላውን ውሽጣዊ ምፍሕፋሕን ዝተጸልወ ክኸውን ይኽእል'ዩ። ምኽንያቱ ድማ ዘድምዕ ተቓውሞ እንተ ዘየሎ፡ እቶም ኣማራጺታት እናነከዩ'ዮም ዝኸዱ። ምስቶም ኣንጻር እቲ ስርዓት ዝቃለሱ ኮይኖም ናይ ሓባር መቃለሲ ባይታ ንኸይምስርቱ ድማ ይዕንቅፎም።

ኣብ ደገ ዝርከብ ማሕበረ ኮማት ኤርትራውያን ብተተፋናኒ ፖለቲካ ተጸልዩ ከም ማሕበረ ኮም ክገብርዎ ካብ ዝግብኦም ግዴታታት ቦኺሮም'ዮም። ኣብ ውሽጢ ዘሎ ዜጋ ኣብ ደምበ ተቓውሞ ዝነበሮ ትጽቢት እናማህመነ መጺኡ። ከካብ ጁባኻ ኣውጺእካ ምዝራብ ንርዝነት ተቓውሞ ኣማህሚኑ።

ፈተውቲ ህዝቢ ኤርትራ ዝኾኑ ሃገራትን ውድባትን'ውን እንተ ኾኑ፡ ኣብ ደምበ ተቓውሞ ዘለዎም ርእይቶ ከም ሓደ ዓቕሚ ዘለዎ ኣማራጺ ዘይኮነስ ከም ሓደ ኣብ ንሓድሕዱ ክናቖት ዝውዕል ኣካል ገይሮም ይቘጽርዎ። ብኻልእ ኣዘራርባ ማሕበረ ሰብ ዓለም ንተቓውሞ ከም ሓደ ዕቱብ ፖለቲካዊ ኣማራጺ ወይ ትካል ኣይርእዮን። ብትኾብ ትኾብ ዝግበር ዲፕሎማሲ ሓደሓደ ግዜ ውጽኢት ዝርከቦ'ኳ እንተኾነ፡ ከምቲ ዝድለ ከድምዕ ግን ኣይከኣለን። ጸጋታት ተዘርዮም። ከም ዘየድምዑ ኮይኖም። ኣብ ዘየድሊ ንጥፈታት ክውዕሉ'ውን ይርአዩ።

ናይ ተቓውሞ ድኽመት ነቲ ብህግደፍ ዝመሓደር ስርዓት ኣብ ደገ ከም ድላዩ ንኽዕንድር ባይታ ፈጢሩሉ። ናይ ጣዕሳ ወረቐት ምምልእ ብዝብል ምስምስ ንብርክት ዝበሉ ዓዲ ክመላለሱ ዝደልዩ ዜጋታት ከም መስድዒ ኮይኑ የገልግል ኣሎ። እቲ ካብ ደገ ንውሽጢ ዝኣቱ ክእገድ ዝነብሮ 2% ንስርዓት ህግደፍ መደልደሊ ኮይኑ። ንዝተፈላለዩ ኣጋጣምታት ምኽንያት ብምግባር ብስርዓት ኣስመራ ዝውደቡ ፈስቲቫላት ብዓይነቶምን ዓቐኖምን እናዓበዩ ክመጹ ንርኢ ኣለና።

ኣብ ደገ ዝርከቡ ኤርትራውያን ከም ዜጋታት፡ ካብ ክረኽብዎም ዝግብኦም ኣገልግሎታት'ውን ይሕረሙ። እንተላይ ሬሳኦም ኣብ ዓዲ ከይኣቱ። ብዘይካ'ዚ ኣብ መንጎ ደገፍትን ተቓወምትን'ቲ ስርዓት ሓሓሊፉ ጐነጻዊ ግጭት የጋጥም'ዩ። ክሳዕ ናብ ሞት ዝበጽሑ ኣጋጣሚታት'ውን ኣለዉ። ኣብ እስራኤል ኣብ መንጎ ደገፍቲ መንግስትን ተቓወምትን ዘጋጠመ ዘሕዝን ኵነታት ከም ኣብነት ክጥቀስ ይከኣል። ደምበ ተቓውሞ ነዚ'ውን ደው ከብሎ ኣይከኣለን።

ኣብዚ ሕጂ እዋን፡ ኤርትራውያን ዲያስፖራ ኣብ ክልተ ዓበይቲ ጕጅለታት ዝተገምዑ'ዮም። ገሊኦም ደገፍቲ'ቲ ስርዓት፡ ገሊኦም ድማ ተቓወምቲ። ኣብ መንጎ'ውን፡ "ስቕታ ዝመረጹ ብዙሓን" ዝፍለጡ ኤርትራውያን ኣለዉ። እቲ ኣብ ኤርትራ ስልጣን ብሒቱ ዘሎ ውድብ ህግደፍ፡ ነዚ ኣብ መንጎ ኣብ ደገ ዝነብሩ ዘለዉ ኤርትራውያን ተፈጢሩ ዘሎ ምምቕቓል ኣበርቲዑ ይሰርሓሉ። ናይ ፖለቲካዊ ትፍንን መልክዕ ከም ዝሕዝ'ውን ገይሩ'ዩ። መንግስቲ ኤርትራ፡ ኣብ ልዕሊ ማሕበረሰብ ዲያስፖራ ጥብቂ ምክትታል ይገብር። ዜጋታት፡ ነቲ ስርዓት ምስ ዝነቕፉ፡ ኣብ ልዕሌኦም ናይ ምፍርራሕ ስጕምቲ ይወስድ። እዚ ስግረ ዶባዊ ዓመጽ ኢልና እንጽውዖ ክስተት'ዩ።

መልክዕ ተቓውሞ ኣብ ድሕሪ ለውጢ

ኣብ ድሕሪ ለውጢ እንጽበዮ መልክዕ ናይ ተቓውሞ ብዝበለጸ ኣብ እዋን መሰጋገሪ መንግስቲ ተዘትዩሉ ከም ሕጊ ዝጸድቕ ትጽቢት ዝግበረሉ'ኳ እንተኾነ፡ ብዛዕባ ሓደሓደ ጠቓምቲ ዝመስሉ መርሓ ሕንጻጻት ንምዝራብ ግን ዘይከኣል ኣይኮነን። እዚ ድማ ብቐንዱ ምስቲ ንባህግን ረብሓን ህዝቢ ኤርትራ ዝውክል ዓይነት ፖለቲካዊ ስርዓት እንታይ ክኸውን'ዩ ዝብል ሕቶ ዝተኣሳሰር'ዩ። ከምቲ ኣብ ምዕራፍ 1 ብዝርዝር ተጠቒሱ ዘሎ፡ ናይቲ ኣብ ኤርትራ ዝትከል ዓይነት ቅዋማዊ መንግስቲ ኣብ እዋን መሰጋገሪ መንግስቲ'ዩ ኣብቲ ግዝያዊ መሰጋገሪ ባይቶ ክዝተየሉ'ዩ። እዚ ባይቶ'ዚ ንካብ መላእ ህዝቢ ኤርትራን ኣብ ደገ ዝነብሩ ዜጋታትን ዝውክል ኮይኑ፡ ኣሳታፊ ብዝኾነ መገዲ፡

ምስ ናይ ኤርትራ ማሕበረ ቍጠባዊ ኣከናውና ዝናበብ፡ ባህግን ረብሓን ህዝቢ ኤርትራ ዘቐድም፡ ኣብ ደሞክራሲያዊ መትከላት ዝተመስረተ ሰናይ ምሕደራ ንኸቐውም ይውስን። ተቓውሞ'ምበኣር ኣብ መቓን ናይ ከምዚ ዝኣመሰለ ሰፊሕ መዋቕር ክርአ ይግብኦ።

ተቓውሞ ከም ኣምር ሕመረት ናይ ደሞክራሲ'ዩ። ከም ጸላኢ ወይ ሓደጋ'ውን ክውሰድ ኣይግባእን። እንታይ ደኣ፡ ከም ሓደ ዘይንጸልን ሕጋውን ኣካል ናይ ሓደ ፖለቲካዊ ስርዓት።

ቀዳማዊ ዕማም ናይ ተቓውሞ'ምበኣር ንተግባራት፡ ፖሊሲታት፡ ከምኡ'ውን ሕጋጋት ናይቲ ኣብ ስልጣን ዘሎ ፖለቲካዊ ሰልፊ ይኹን መንግስቲ ምቍጽጻር'ዩ። ነቶም ነቲ ስርዓት ዘይድግፉ ዜጋታት ወኪሉ ድማ ስክፍትኦምን ረብሓኦምን ከም ዘስምዑን ኣብ ቃልዕ ባይታ ድማ ከትዓት ከም ዝካየደሎምን ይገብር። ሓደ ዝእመን ናይ ተቓውሞ ውድብ ኣማረጽቲ ፖሊሲታትን ራእይን የማዕብልን ንዜጋታት የቕርብን። እዚ ድማ መረጽቲ ንጹር ሕርያ ብዛዕባ መጻኢ ምርጫታት ከም ዝህልዎም ይገብር። ባይቶኣውን ህዝባውን ክትዓት ከም መሳርሒ ብምጥቃም'ውን መንግስቲ ንመብጽዓታቱ፡ ወጻኢታቱ፡ ከምኡ'ውን ጌጋታቱ ተሓታትነት ከም ዘርኢ ይገብር። ተቓውሞ'ምበኣር ንሓደ መሰረታዊ ዝኾነ ሓቂ የረጋግጽ፣ ናብ ስልጣን ምድያብ ክጸዓረሉ ዘለዎ ስራሕ ደኣ'ምበር ከም ውሁብ ክውሰድ የብሉን።

ተቓውሞ ብኣድማዒ መገዲ ግቡኣቱ ክፍጽምን በቲ ሓደ ወገን፡ በቲ ካልእ ድማ ደሞክራሲ ትንፋስ ክዘርእን ዘላቕን ምእንቲ ክኸውንን ብወገን መንግስቲ ይኹን ተቓውሞ ክእምነሎም ዘለዎም መሰረታውያን መትከላት ክህልዉ ኣገዳሲ'ዩ። ክልቲኦም ኣብ ቅዋምን መንግስትን ክኣምኑ ክኽእሉ ኣለዎም። ተቓዋሚ ሓይሊ ነቲ ኣብቲ እዋንቲ ኣብ ስልጣን ዘሎ ፖለቲካዊ ሰልፊ ደኣ'ምበር ነቲ መንግስቲ ይኹን ቅዋም ወይ'ውን ነቶም ደሞክራስያውያን ሕግታት ናይቲ ኣሰራርሓ ክቃወም የብሉን። ዕላምኡ ድማ ብጐነጽ ዘይኮነ ብቅዋማዊ መገዲ ኣቢሉ ናብ ስልጣን ምምጻእን መንግስቲ ምትካእን'ዩ።

ተቓውሞ ንመንግስቲ ክነቅፍ መሰሉ'ዩ። እቲ ነቐፌታ ግን ሃናጺ ወይ ምእንቲ ሃገራዊ ረብሓ ክኸውን ኣለዎ። መንግስቲ ዝፍጽሞም ጌጋታት ኣብ ምምልካት ጥራይ ከይተሓጽረ ዝሓሹ ፍትሓት ናይ ምእማም ሓላፍነት'ውን ኣለዎ። ደይመደይ ኢልካ ዝግበር ምትሕንኳል ነቲ ፖለቲካዊ ስርዓት ብመላኡ ከዳኽም ስለ ዝኽእል። ህዝባዊ ምትእምማን'ውን የማህምን። ብዘይካ'ዚ ተቓውሞ ኣብ ምርጫ ተሳቲፉ ኣብ ዘይስዕረሉ እዋን ስዕረቱ ብዘየወላውል መገዲ ክቕበልን እቲ ካልእ ሰዓሪ ወገን መንግስቲ ንኸምስርት ከፍቅደሉን ኣለዎ። ኽልቲኦም ወገናት ኣብ ደሞክራሲያዊ ደንብታት ዘለዎም እምነት'ውን ብዘየወላውል መገዲ ክገልጹ ክኽእሉ ኣለዎም። እዚእቶም ነዞም ዝስዕቡ ከጠቓልሉ

ይኽእሉ፡- ባይቶኣዊ ኣገባባት፡ ናጽነት ናይ ሓሳብካ ምግላጽ፡ ከምኡ'ውን ከም ስርዓተ ፍትሕን መራኸቢ ብዙሓንን ዝኣመሰሉ ትካላት።

ተቓውሞ ዝነጥፈሉ ኣገባባት ካብ ስርዓት ናብ ስርዓት ክፈላለ ይኽእል'ዩ። እዚኣቶም ነዞም ዝስዕቡ ከጠቓልሉ ይኽእሉ፡- ኣብ ባይቶኣዊ ክትዓት ብምስታፍን ሓሳባትካ ምግላጽን፡ ንሓለፍቲ ዝተፈላለዩ ሚኒስትሪታት ሕቶታት ምቕራብ፡ ንመንግስታዊ ዕማማት ኣብ ዝቈጻጸሩ ባይቶኣውያን ሽማግለታት ምስታፍ፡ ብመንግስቲ ናብ ባይቶ ዝቐርቡ እማመ ሕግታት ምቅዋም ወይ ምምሕያሽ። እዞም ኣብ ላዕሊ ዝተጠቕሱ ዕማማት ኣብ ውሽጢ ባይቶ ኳንካ ዝፍጸሙ ኮይኖም፡ ወጻኢ ካብ ባይቶ ተቓወምቲ ክነጥፉሎም ዝኽእሉ ዕማማት'ውን ኣለዉ። እዚኣቶም ነዞም ዝስዕቡ ከጠቓልሉ ይኽእሉ፡- ብመጽናዕቲ ዝተደገፉ ናይ ፖሊሲ እማመታት ምርቃቕ፡ ናይ ህዝቢ ርእይቶ ንምጽላውን ምኽሳብን ዝዓለሙ ዋዕላታት (ኣኼባታት) ምውዳብ፡ ምስ መራኸቢ ብዙሓን ምርኻብን እማመታትካ ንህዝቢ ምግላጽን፡ ከምኡ'ውን ብማሕበራዊ ብዙሓን ኣቢልካ ናይቲ መንግስቲ ጕድለታት ንህዝቢ ምቕራብን ሓደስቲ ሓሳባት ምቕራብን። ተቓውሞ ኣብዚ ጥራይ ከይተሓጽረ ብመገዲ ቤት ፍርዲ ኣቢሉ ዘይቕዋማዊ ኮይኖም ዝተሰምዕዎም መንግስታዊ ተግባራት ናይ ምምካት ወይ ምብዳህ መሰል'ውን ኣለዎም።

ጥዕና ናይ ሓደ ደሞክራሲ ብጥዕና ናይቲ ተቓውሞ'ዩ ዝምዘን። ዉዕዉዕ፡ ዘይድፈር፡ ከምኡ'ውን ኣድማዒ ተቓውሞ ምልክት ናይ ሓደ ኣብ ርእሱ ዝተኣማመን ደሞክራሲያዊ ስርዓት'ዩ። ተቓውሞ ኣብ ዝዋሰነሉ፡ ብጸቕጢ መንግስቲ ዝእደበሉ ወይ ድማ ብዘይሕጋዊ ዝኾነ መገዲ ኣብ ዝድቈሰሉ እዋን፡ ምልክት ናይ ሓደ ንድሕሪት ዘንሸራትት ዘሎ ደሞክራሲ'ዩ። ሚዛኑ ዝሓለወ መንግስቲ ናይ ምምሕዳር መሰል በቲ ሓደ ወገን፡ በቲ ካልእ ድማ ተቓውሞ ንመንግስቲ ናይ ምንቃፍ መሰል ክልቲኦም ክእመነሎም ዘለዎ መሰረታውያን መትከላት'ዮም። እዚ ድማ ክልቲኦም ወገናት ኣብ መሰረታውያን ዝኾኑ ደሞክራሲያዊ መትከላትን ደንብታትን ሓባራዊ ዝኾነ ተወፋይነት ምስ ዘርእዩ'ዩ።

መደምደምታ

ራእይ ሓዳስ ኤርትራ

ምእላም ፈትልታት ሓዳስ ኤርትራ

ገጻታ ሓደ ድሕሪ ሓደ ብምግንጻል ናይዛ መጽሓፍ ጉዕዞ ክትጅምር እንከለኻ እቲ ትሕዝቶ ምጽረያውን ተላባውን ኮይኑ ዝቐረበ ክመስል ይኽእል'ዩ። እዛ መጽሓፍ'ዚኣ ነቲ ኤርትራ ከም ሃገር ኣጋጢምዋ ዘሎ ዓሚቕ ብድሆታት ብደቂቕ ንምምርማር ሃቐነ ትገብር። ከም ትዕዝብቲ ናይ ሓደ ዓና ሰብ ዘይኮነ ግን፡ ንሓንቲ ብልጽግትን ልኡላውነታ ዘረጋገጸትን ኤርትራ ንምምስራት ህይወቱ ዝሃበ ተጋዳላይ መጠን መሰረት ዝኸውን እማመ ንምቕራብ'ዩ። ዕላማ ናይዛ “መደምደምታ” ዘርእስታ ምዕራፍ'ምበኣር፡ ነቶም ኣብ ዝተፈላለዩ ምዕራፋት ቀሪቦም ዘለዉ ክትዓት ጽማቕ ንምቕራብ ኣይኮነን። እንታይ ድኣ፡ ነቶም በበይኖም ግንከ ዝተወሳሰቡ ቴማታት ኣብ ሓደ ስሉም መንጸፍ ከም ዝእለሙ ምግባር'ዩ። ተተግባርን ባህግታት ህዝቢ ዘንጸባርቕ ራእይን ናይ ድሕረ ለውጢ ወይ ሓዳስ ኤርትራ።

ካብዚ ኣብ ላዕሊ ዝተጠቕሰ ሕጡብ ጽሑፍ ዝቕልቀል ሕመረታዊ ሰረተ ሓሳብ እቲ ንሰብኣዊ ድሕንነትን ከም ናይ መጠረሽታ ሃገራዊ ረብሓ ዘቐድም ኣምር'ዩ። እዚ ተራ ጭርሖ ኣይኮነን፡ እንታይ ድኣ ኤርትራ እትህነጸሉ መሰረተ ዓንዲ'ዩ። ከምቲ ብተደጋጋሚ ኣብ ኩለን ምዕራፋት ናይታ መጽሓፍ ብኸትዕ መልክዕ ቀሪቡ ዘሎ፡ ልኡላውነት፡ ናይ ኩሎም ዜጋታት መነባብሮ ኣብ ምምሕያሽ ዘይንግልገለሉ እንተ ድኣ ኾይኑ፡ ትርጉመ ኣልቦ ሓረግ ጥራይ ኮይኑ'ዩ ዝተርፍ። ቍጠባዊ ምዕባለ፡ ብጥዕና፡ ትምህርቲ፡ ከምኡ'ውን ክብረት ናይ ነፍሲ ወከፍ ዜጋ ክዕቀን ዘይክእል እንተ ኾይኑ'ውን ከም መኻን ፍጡር'ዩ

ዝጽብጸብ። ብተወሳኺ ሃገራዊ ድሕነት ኣብ ንጡፍ ተሳትፎ ህዝቢ ዘይተሰረተን ምስቲ ህዝቢ ዝኣምነሎም መንግስታዊ ቀዳምነታት ዘይናበብን እንተ ኾይኑ ተሰባሪ ክኸውን ዘለዎ ዕድል'ውን እናዓበየ'ዩ ዝመጽእ።

ምጽማር (synthesizing) ሕመረት ክትዕ

ትንተናና፡ ብህልዊ ኵነታት ሃገር ይጅምር። እዚ ኣገዳስን ዕቱብን ገምጋምዚ ንህጹጽነትን መጠንን ናይቲ ዝጽበየና ዘሎ ዕማም የጕልሕ (ምዕራፍ 1)። ካብዚ መሰረተ ሕንጻጽ (baseline) ተበጊሱ፡ እዛ መጽሓፍ ንሓደ ኣሻቓሊ መላግቦ ወይ መጻኢ ፖለቲካዊ መሰጋገሪ ትምርምር። ዕማማትን ግድነታዊ እጃምን ናይቲ መሰጋገሪ መንግስቲ ድማ ትትንትንን ትእምምን (ምዕራፍ 2ን 13ን)። ናይዚ ኣካል'ዚ (መሰጋገሪ መንግስቲ) ተልእኾ፡ ናይ በበይኖም ርእይቶታት ዘለዎም ኤርትራውያን ድምጺ ከሳሲ ዝኽእል ፖለቲካዊ ሃዋህው ብምፍጣር ዘላቒ ዕብየትን ምርግጋእን ንምውሓስ'ዩ (ምዕራፍ 14)።

ኣብ ምዕራፍ 3ን 4ን ብዝርዝር ቀሪቡ ዘሎ ናይ ቍጠባዊ ልምዓት መርሓ ጐደና፡ ልምዓት ሰብኣዊ ድሕንነት ዘማእከለ ክኸውን ኣለዎ ኢሉ ይማጐት። እዚ ማለት ድማ ወፍሪ ኣብ ትምህርቲ፡ ጥዕና፡ ከምኡ'ውን ውሕስነት ምግቢ ከም ቀዳምነታት ምስራዕ ማለት'ዩ። ከም ካልኣዊ ሻቕሎት ዘይኮነ ድማ ከም ቀዳማዊ ድርኺት ናይቲ ንነዊሕ ዝጠመተ ቍጠባዊ ዕብየት ገይሩ ይርኢ። እቲ ደቂሰባት ማእከል ዝገበረ ሞደል ናይ ልምዓት፡ ምስቲ ኣብ ምዕራፍ 5 ብሰፊሑ ተዘሪቡሉ ዘሎ ተመጋጋቢ ዝምድና ኣብ መንጎ ቍጠባዊ ልምዓትን ሰናይ ምሕደራን ዝተኣሳሰረ'ዩ። ልምዓታዊ ወፍርታት፡ ብዘይ'ተን ንብልሽውና ዝምክታ፡ ግዝኣተ ሕጊ ዘቕድማ፡ ከምኡ'ውን ናይ ተገማትነት ሃዋህው (ንዜጋታትን ኣውፈርትን) ዘተባብዓ ብግሉጽነትን ተሓታትነትን ዝልለያ ትካላት ክዕወት ኣይክእልን'ዩ። ሰናይ ምሕደራ፡ ቍጠባዊ ፖሊሲታት ናብ ድሕንነት ደቂሰባት ዝትርጐሙሉ መተሓላለፊ መስመር ኮይኑ ክግለጽ ይከኣል።

መንግስቲ ንህዝቢ ከገልግል እንክሎ ከም ምንጻፍ ከውሒ ናይ ሃገራዊ ልኡላውነት ኮይኑ ክምሰል ይከኣል (ምዕራፍ 6)። ዓቕሚ ዝደለቡ፡ ጥዕና ዘለዎም፡ ከምኡ'ውን ኣብ ሓባራዊ መጻኢኦም ተወፋይነት ዘርእዩ ዜጋታት እትውንን ሃገር፡ ልዑላውነታ ኣውሒሳ ማለት'ዩ። ንኽፍጠሩ ዝኽእሉ ነውጽታት ድማ ተጻዋሪትን በዳሂትን ክትከውን ትኽእል። እዚ ውሽጣዊ ሓይሊ'ዚ፡ ነቲ ኤርትራ እትውንኖ ሃብታም ባህላዊ ውርሻን (ምዕራፍ 7) ኣብ ፈቐዶኡ ተዘጊሑ ዘሎ ኤርትራዊ ዲያስፖራን ምስ ዝውሰኾ ድማ ዝያዳ ይብርኽ ወይ ይድልድል (ምዕራፍ 8)። ባህሊ፡ ብግቡእ እንተ ድኣ ተጠቒምናሉ ስነ ምግባራዊ ብሶላ ናይ

ቍጠባዊ ልምዓት ኮይኑ ከገልግል ይኽእል'ዩ። ማሕበራዊ ጥምረትን ሃገራዊ ሓበንን ኣብ ምድንፋዕ ድማ ልዑል ኣበርክቶ ይገብር። በቲ ካልእ ወገን ድማ፡ ኣብ ዲያስፖራ ዝርከብ ኤርትራዊ ከም ሓደ ሰፊሕ ሓጽቢ ናይ ክኢላዊ ዓቕሚ ሰብ፡ ርእሰማል፡ ከምኡ'ውን ምንጪ ዓውለማዊ መርበባት ኮይኑ የገልግል። እዚ፡ ንሃገራዊ ዳግመ ህንጸት ወሳኒ'ዩ።

ኣብ ዘቤታዊ ልምዓት ትኹረት እትገብር ሃገር፡ ስትራተጅያዊ፡ ብዋጋ ዘዋጽእ፡ ከምኡ'ውን ዝእመን ምክልኻላዊ ቀኑመና ክህልዋ ይጥለብ። ኣብ ምዕራፍ 9 ተዘርዚሩ ዘሎ ናይ ግትኣት ሰረተ እምነት፡ ወተሃደራዊ ባህሪ ንምልባስን ንምትብባዕን ዝግበር ፈተነ ኣይኮነን። እንታይ ድኣ ልምዓት ብዘይ ሓደ ዕንቅፋት ምእንቲ ክትግበር ውሑስ ሃዋህው ምፍጣር ዝዓለመ'ዩ። ከምቲ ኣብ ምዕራፍ 10 ተጠቂሱ ዘሎ፡ እቲ ምክልኻላዊ ዋልታ ብውሕልነት ዝእለ ናይ ወጻኢ ፖሊሲ ይስነ ማለት'ዩ። ነዞም ዝስዕቡ ባእታታት ድማ የጠቓልል፡- ስትራተጅያዊ ጽምዶ፡ ዘይሻራነት፡ ከምኡ'ውን ቍጠባዊ ዲፕሎማሲ ፖሊሲ። እዚ ኣቀራርባ'ዚ ንኤርትራ ካብ ናይ ተነጽሎ ቀኑመና ናብ ብርእሰ ምትእምማን ዝልለ ሽርክነት የሰጋግራ። ዕላምኡ ድማ ኣብ ክንዲ ዘየቋርጽ ትፍንን ሕድሕዳዊ ረብሓ እትጐናጸፈሉ ተፈዳዳዪ ሃዋህው ምፍጥራ'ዩ።

ብወሳንነት፡ እታ መጽሓፍ እትእምሞ ዘላ ናይ ፖሊሲ ወጻኢ መርገጺ ነቲ ኣብ ምዕራፍ 11 ብዝርዝር ቀሪቡ ዘሎ ናይ ፖሊሲ ለውጢ ንኽግበር መገዲ የጣጥሕ፣ ካብ ምርኰሳ ኣብ ናይ ወጻኢ ደገፍ ናብ ልኡላውነት ዘቕደመ ልምዓታዊ ምትሕብባር። ነዚ ንምዕዋት፡ ኤርትራ ምስ ኣህጉራውያን መሻርኽቲ ኣብ ጽምዶ ኣብ እትኣትወሉ'ውን ቀደምትነታታ ከተቕድም ይግባእ። ብዝለዓለ ደረጃ ድማ እቲ ዝሕሰብ ዘሎ ምትሕብባር ምስ ናታ ሃገራዊ ልምዓታዊ መርሓ ጐደና ዝናበብን ንእኡ ዘውሕስን ክኸውን የግባእ። ነዚ ጻዕሪ ንምውሓስ ኣብ እትወስዶ ተበግሶ፡ ኣፍሪቃ ኣብዚ መዳይ'ዚ እተበርከቶ ምህሮታት (እወታውን ኣሉታውን) ምውካስ ኣገዳሲ ክኸውን'ዩ (ምዕራፍ 13)። ካብ ናይ ካልኦት ሃገራት ተመክሮ ብምምሃር፡ ኤርትራ ካብቶም ኣብ ልምዓታዊ ጉዕዞኣ ከጋጥምዋ ዝኽእሉ ህጉማት ክትድሕንን ብሉጻት ልምድታት ክትርዕምን ተኽእሎ ኣሎ። ከምዚ ብምግባር ድማ ከም ሓንቲ ንጥፍቲ ኣባል ናይቲ ኣፍሪቃዊ ማሕበረ ሰብ ተቖጺራ ፍሉይ ኣበርክቶ ናይ ምግባር ዓቕሚ ክትድልብ'ያ።

እቲ ውሁድ ራእይ፡ ኣዕጋቢ ዓንኬል ግስጋሰ

ኲሎም'ዞም ኣብ ላዕሊ ዝተጠቕሱ ባእታታት ውህደት ኣብ ዝፈጥሩሉ እዋን፡ ሓደ ሓያልን መንቀብ ኣልቦን ናይ ልምዓታዊ ጉዕዞ ዓንኬል ክፍጠር ተኽእሎ ኣሎ። ሰናይ ምሕደራ

ንድሕንነት ደቂሰባት ማእከል ዝገበረ ቍጠባዊ ልምዓት የበራብር። እዚ ብግዴኡ ንሃገራዊ ልኡላውነት የሕይል። ሓንቲ ልዑላዊትን ብልጽግትን ሃገር ድማ ሓደ ተቐባልነት ዘለዎን ዘተኣማምንን ምክልኻላዊ ዓቕሚ ተማዕብል'ሞ ኣብ ርእሰ ተኣማንነት ዝምርኰስ ፖሊሲ ወጻኢ ንምክያድን ንልምዓታ ወሳኒ ዝኾነ ሰላም ንምውሓስን ትበቅዕ። እዚ ልምዕዓታዊ ውህደት'ዚ ብኣብ ውሽጥን ወጻኢን ብዝርከብ ኤርትራዊ ክኢላዊ ዓቕሚ ሰብ ይሕብሓብ። ብሓደ ንኹሉ ዘሕብር ባህላዊ መንነት ድማ ይምራሕ።

ተራ ፖለቲካዊ ተቓውሞ ኣብ ሓዳስ ኤርትራ (ምዕራፍ 14) እምበኣር ነቲ መንግስቲ ካብ ሱሩ ንምምሓው ኣይኮነን። እንታይ ድኣ ኣብቲ መንግስቲ ትንፋስ ንምዝራእ'ዩ። ኣብ ሰናይ ምሕደራ ማእከል ዝገበረ ስርዓት፡ ንተቓውሞ ከም ሓደጋ ዘይኮነ ከም ሓደ ኣገዳሲ መሳርሒ ናይ ተሓታትነት፡ ምህዞ፡ ከምኡ'ውን ምውርጻጽ ፖሊሲን ገይሩ ይሪኦ። ከም ሓደ ንድሕንነት ህዝቢ ኤርትራ ዘገልግል ኣማስያኡ ድማ መንግስቲ ነቲ ዝተበገሰሉ ቅኑዕ ዕላማ ክሰርሕ ከም ዘለዎ ዝገብር ሓርበኛዊ ተበግሶ ገይሩ ድማ ይሕብሕቦ።

ናይ ሕልናን ተግባርን መጸዋዕታ

ኣብዛ መጽሓፍ'ዚኣ ተኣሚሙ ዘሎ መርሓ ጐደና ብዘይ ጥርጥር ተመጣጣሪ'ዩ። ክንዲ ዝኾነ ድማ መሰረታዊ ዝኾነ ዳግመ ምእዘና ናይቲ ኣብ መንጎ መንግስትን ዜጋታትን ዘሎ ዝምድና ይጠልብ። እዚ ድማ ካብ ኵሎም ክፋላት ናይቲ ሕብረተሰብ ትብዓት፡ መስዋእቲ፡ ከምኡ'ውን ዓሚቝ መንፈስ ናይ ሓባራዊ ሓላፍነት ይሓትት። ካብ መራሕቲ ናይቲ መሰጋገሪ መንግስቲ ክሳዕ'ቶም ዝትክእዎም መንእሰያት፣ ካብቲ ተራ ሓረስታይ ክሳዕ'ቲ ኣብ ዲያስፖራ ዝርከብ ብዓል ሞያ፣ ካብ መራሕቲ ሃይማኖት ክሳዕ ልምዳውያን መራሕቲ፣ ካብ ደቂ ንስትዮ ክሳብ ደቂ ተባዕትዮ ወዘተ።

እቶም ብድሆታት መወዳእታ የብሎምን። ከምኡ'ውን እቶም ዕድላት። ኤርትራ ሓደ ሓያልን ተጻዋርን ህዝቢ፡ ስትራትጂያዊ ኣቀማምጣ፡ ከምኡ'ውን ዘይተበርበሩ ጸጋታትን እትውንን ሃገር'ያ። ካብ ኵሉ ንላዕሊ ድማ፡ መዘና ዘይብሉ ናይ ቃልሲ ታሪኽን ሓባራዊ ተበግሶ ናይ ምውሳድ ዓቕምን። እቲ ንሓርነት ዘውሓሰ ናይ ቃልሲ መንፈስ ናብ ፕሮጀክት ሃገራዊ ዳግመ ህንጸት ክቐንዕ ኣለዎ።

እዚ መደምደምታ'ዚ እምበኣር ናይ መወዳእታ ዘይኮነ ከም መበገሲ'ዩ ክውሰድ ዘለዎ። ነቲ ብሕጂ ዝካየድ ወሳኒ ቃልሲ መጸዋዕታ ደወል'ዩ። ሰላምን ፍትሕን ዝሰፈናን ብልጽግትን ኤርትራ ንምውሓስ ዝግበር ቃልሲ። ከቢድ መስዋእቲ ዝተኸፍላ ኤርትራ ብሓወልትታት ጥራይ ክትጽንበል ዘይኮነስ፡ ናይ ሕጂን ዝመጽእ ወለዶን ህይወት

እተመሓይሽ ኤርትራ ክትክውን ኣለዋ። እቲ ትንታነ ምሉእ፡ እቲ ራእይ ድማ ንጹር'ዩ። እቲ ዝመጽእ ምዕራፍ ብቐለም ዘይኮነስ ደይመደይ ኢልካ፡ ብትብዓት፡ ከምኡ'ውን ብሓባራዊ ተበግሶን ተግባራትን ህዝቢ ኤርትራ ክጽሓፍ ኣለዎ። እቲ ሓላፍነት ናትና'ዩ። እቲ ግዜ ሕጂ'ዩ።

ማህደረ ቓላት (Glossary)

ሀ

ሃምን ቀልብን (hearts and minds)

ሃሳስ ለባም (hypothesis)

ሃዋህው (environment)

ሃገረ መንግስታት (nation-states)

ሃገራዊ ድሕነት (national security)

ሀቀና (venture)

ህዝባዊ ርእይቶ (public opinion)

ህዝባዊ ርከባት (public relations)

ህዝባዊ እምነት (public trust)

ህዝባዊ ጽምዶ (public engagement)

ህዝባዊ ጽምዶን ልዝብን (public engagement and discourse)

ህዝባውነት (ንረብሓ ዜጋታት ከም ዝቖመ ገይሩ ዝሰብኽ ዓይነት ፖለቲካ) (populism)

ህድና (persecution)

ለ

ልሂቃን/ጐባልል ፖለቲካ (political elites)

ልሉይ (distinctive)

ልሙድ ኣሰራርሓ (comfort zone)

ልምዓታዊ ምትሕብባር (development cooperation)

ልምዓት (development)

ልምዳዊ (traditional)

ልኡላዊ (sovereign)

ልዑል ጽልዋ (high impact)

ልዕለ ዋጋ (overhead)

ልፍንቲ (coalition)

ልፍንቲ ፍቓደኛታት (Coalition of the Willing)

ሐ

ሓላፍነት (mandate)

ሓቀኛ/ኣማን (genuine)

ሓቛፍነት (inclusiveness)

ሓበሬታ (intelligence)

ሓባራዊ ስምምዕ (consensus)

ሓባራውነት (collectivism)

ሓዋላ (remittance)

ሓደጋ (threat)

ሓድሕዳዊ ምትእምማን (interpersonal trust)

ሕንፍጽፋጽ (mix)

መ

መሃንድስ (architect)

መልሰ ተግባር (reaction)

መልዕሎ (benefit)

መራሕ ተግባር (precedence)

መርበብን (network)

መሰጋገሪ ፍትሒ (transitional justice)

መሰል ዋንነት ንብረት (property right)

መቓን ግዜ (timeframe)

መቕጻዕታውን (retibutive)

መቈጻጸሪ ሃዋህው (regulatory environment)

መተሓውስቲ (ingredient

መተባብዒ (incentive)

ሰመረ ሰሎሞን

መናፍቕ (heretic)
መኸተኣዊ (defensive)
ወዋቕር (structure)
መዋቕራዊ ጽገና/እረማ (structural reform)
መዋቕራዊ ጭውነት (structural integrity)
መዋጽኦ (resort)
መዓልበ (closure)
መዓስከር (base)
መዘከርታት (memorialization)
መዳይ (dimension)
መጓዕዝቲ (travel companions)
መግትኢ መሳርሒ (deterrence tool)
መጠነ ንኡስ (small scale)
መጣፍእቲ (cronies)
መጨፍለቒ (coercive)
መጻኢ (fate)
መፋጥርቲ (inherent)
መፍትሒ ግድል (formula)
ማሕበራዊ ምህንድስና (social engineering)
ማሕበራዊ ምፍንጭጫል (social fragmentation)
ማሕበራዊ ስኒት (social harmony)
ማሕበራዊ ስጥመት (social cohesion)
ማሕበራዊ ቅየራ/ምስጋግር (social transformation)
ማሕበራዊ ብዙሓን (social media)
ማሕበራዊ ጥምረት (social integration)
ማሕበራዊ ዳግመ ጥምረት (social reintegration)
ማሕበራዊ ውሕስነት (social security)
ማዕበል (ternd)
ምልኪ (dictatorship)
ምሕላቕ (advocacy)
ምሕየሻ (amendment)
ምሕደራ (management)
ምሕደራ ጐሓፍ (waste management)
ምሕደራዊ እረማ (governance reform)
ምምስሳል (conformism)
ምምኽኻር (consultation)
ምምዕባል ሰብኣዊ ዓቕሚ/ጸጋታት (human resource development)
ምስሊ (image)
ምስምስ (pretext)
ምስራዕ (regimentation)
ምስቓይ/ግፍዒ (torture)
ምስናዕ (manufacturing)
ምስይጣን (demonization)
ምሽመሻ/ብርሰት ትካላውነት (institutional deterioration)
ምሽዳድ (bullying)
ምሾት (luxury)
ምቍራጽ (outage)
ምቕናይ (fine-tuning)
ምንዳፍ (design)
ምንጻር (definition)
ምንጻፍ ከውሒ (bedrock)
ምትኽኻእ ስልጣን (succession)
ምእንጋድ (entertain)
ምእኩል (centralized)
ምእዙዝነት (obedience)
ምዝዋር (manipulation)
ምውሳን (marginalize)
ምዕሩይነት (equity)
ምግላስ (deviation)

ኤርትራ፡ ቀለስቲ ሓሳባት ንሕውየት ሃገር

ምጽረያዊ (diagnostic)

ምፍልላይ ስልጣን (separation of powers)

ምፍሳስ (injection)

ምፍጣር ሸቕለት (job creation)

ሞያዊ ሰራዊት (professional army)

ሞያዊ ጭውነት/ዘyተመራሓስነት (professional integrity)

ሰ

ሰላማዊ እብየ (civil disobedience)

ሰረተ ሓሳብ (thesis)

ሰረተ እምነት (doctrine)

ሰብ ሰርሖ ብልሒ (artificial intelligence)

ሰብ ኪዳን (allies)

ሰብ ዝና (celebrities)

ሰብኣዊ ርእሰማል (human capital)

ሰብኣዊ ድሕንነት (human welfare)

ሰናርዮ (scenario)

ሰንሰለት እዚ (chain of command)

ሰጓሚ (advanced)

ሳይበራዊ ጸጥታ (cyber security)

ስልታዊ ረብሓ (tactical advantage)

ስምዒት ኣባልነት (belongingness)

ስርዓት (order)

ስርዓት ሕጊ (legal system)

ስርዓት ምቍጽጻር (regulatory mechanism)

ስርዓት ቍጽጽር (checks and balances)

ስርዓት ቅጥዕታት (standards of practice)

ስርዓት ዓጽሚ (caste system)

ስርዓት ፍሳስ (sewage system)

ስርዓታዊ (systematic)

ስቕታ ብዙሓን (silent majority)

ስትራተጂ መራኸቢታት (communications strategy)

ስትራተጅያዊ ግዴታ (strategic imperative)

ስነ መጐት ዋኒን (business logic)

ስንባደ (trauma)

ስወራ (disappearance)

ስግረ ወለዶኣዊ (intergenerational)

ስግረ ዶባዊ ዓመጽ (transnational repression)

ሸ

ሻርነት (partisanship)

ሽርክነተ መንግስታውን ብሕታውን ጽላታት (public private partnership)

ረ

ርቀት (sophistication)

ርእሰ ቕትለታዊ (suicidal)

ርእሰ ዕቑባ (self-preservation)

ርድኢት (perception)

ቀ

ቀጥታዊ ወፍሪ ወጻኢ (foreign direct investment)

ቀጽሪ (block)

ቍልፊ ትካላት (key institutions)

ቍጠባዊ ረብሓታት (economic gains)

ቍጠባዊ ወቕዒ (economic shock)

ቍጠባዊ ጥምረት (economic integration)

ቍጠባዊ ጽገና (economic reform)

ቅርጻ መቓን (framework)

ቅንጸላ (liquidation)
ቅዋማዊ እረማ (constitutional reform)
ቅየራዊ (transformative)
ቅጥዕታትን (norms)

በ

በሃራት/ልሂቃን ፖለቲካ (political elites)
ባህለ ተኣፋፊ (culturally sensitive)
ባህላዊ ተሃድሶ (cultural renaissance)
ባእታ (element)
ባይታ (platform)
ብሂላት (rhetoric)
ብልሽውና (corruption)
ብሕታዊ ጽላት (private sector)
ብሕትውና ሓቂ (monopoly of truth)
ብመደብ (systematically)
ብሰላም ብሓባር ምንባርን (peaceful co-existence)
ብሶላ (compass)
ብርሃን ተስፋ (beacon of hope)
ብርሰት (depeletion)
ብቕዓት (merit)
ብኣካል ኣብ ፍርዲ ናይ ምቕራብ መሰል (habeas corpus)
ብኾራት (absence)
ብወግዒ ግልጺ ዝተገብሩ (declassified)
ብዘይ መቕጻዕቲ (with impunity)
ብዙሐ መዳይዊ ቍጠባ (diversified economy)
ብዙሐ ገጻዊ (multi-faceted)
ብዙሐ ጐድናዊ ወዳበታት (multi-lateral organizations)
ብዙሓውነት (pluralism)

ተ

ተላባዊ (prescriptive) telabawi
ተልእኾ (mandate)
ተመላሳይነት (resilience)
ተመራመርቲ ስነ ሰብ (anthropologists)
ተመጋገቢ (symbiotic)
ተመጋገቢ ዝምድና (symbiotic relationship)
ተመጣጣሪ (ambitious)
ተማእዛዚ (compliant)
ተሰባሪ (fragile)
ተሰባርነት (fragility)
ተሳጣሕነትካ (vulnerability)
ተረባሒ (beneficiary)
ተበጻሕነት (access)
ተበጻሕነት ኢንተርነት (internet access)
ተበጽሓነት ዕዳጋ (market accessibility)
ተነባይነት (predictability)
ተንቀሳቓሲ ርኽክብን (mobile connectivity)
ተንቀሳቓሲ ስርዓተ መርበብ (mobile network)
ተንቀሳቓሲ ስርዓተ ክፍሊት (mobile payment system)
ተንኳዪ (aggressive)
ተኣማንነት ንኩባንያ (company loyalty)
ተዋሲኖም (marginalized)
ተዋሳእቲ (players)
ተዓዋቲ ሓይሊ (victor)
ተደጋጋሚ/ስሩዕ ባጀት (recurrent budget)
ተገማትነት (predictability)
ተገማቲ (predictable)

ተጋራጫዊ/ዘይሳነብ (inconsistent)
ተጻብኦ (hostility)
ትሕቲ መስመር ድኽነት (below poverty line)
ትረኻ (narrative)
ትንሳኤ (rise)
ትካላዊ ጭውነት (institutional integrity)
ትካላዊ ጽገና (reform)
ትውልዲ ዓዲ (place of origin)

ነ

ነቐፌታዊ ኣተሓሳስባ (critical thinking)
ነዳያት/ዘይርኹባት (underserved)
ነጠፍቲ (activists)
ነፍሰ ሜማ (self-censorship)
ነፍሰ ምሕየሻ (self-improvement)
ናብ ሓደ ወገን ዝዘዘወ/ዝቖነነ (biased)
ንቡርነት (normalcy)
ንኡሳን ምምሕዳራውያን ኣሃዱታት (statelets)
ንጡፍ ጽምዶ (active engagement)

አ

ኢምሕደራ (mismanagement)
ኢቅዋማዊ (unconstitutional)
ኢደ ኣእታውነት (involvement)
ኢፍትሓዊ ተግባር (injustice)
ኣሃዛዊ መድረኽ ክፍሊት (digital payment platform)
ኣህጉራዊ ደገፍ (foreign aid)
ኣሉ በሃልነትን (denial)
ኣሕዋዪ (restorative
ኣማላድነት (lobby)

ኣማረጽቲ (alternative)
ኣማን (ሓቀኛ) (genuine)
ኣስተንትኖ (reflecton)
ኣሻቓሊ (critical)
ኣራባሒ ጽልዋ (multiplier effect)
ኣርከናዊ (hierarchical)
ኣበርዓኒ (pre-emptive)
ኣበዋዊ (ancestral)
ኣብ ውሽጢ ሃገር ዝማዕበሉ (homegrown)
ኣታዊ (revenue)
ኣንፈት/መኣዝን (dimension)
ኣአንጋዲት መንግስቲ (host government)
ኣከባብያዊ ሓደጋ (environmental threat)
ኣከናውና (formation)
ኣካል/ኣሃዱ (interest section)
ኣካይዳ (systems)
ኣካዳሚ ቋንቋ/ታት (language academies)
ኣዋጻኢ (cost-effective)
ኣድልዎ ዘመድ (nepotism)
ኣገልግሎታት (services)
ኣገባብ ኣሰራርሓ (code of conduct)
ኣገባባት (mechanism)
ኣፈላላይ (distinction)
ኣፍራይነት (productivity)
ኤለክትሮኒካዊ ንግዲ (e-commerce)
እሙን (credible/reliable)
እምነ ምዕራፍ (milestone)
እምነ/ውራቕ ጽሑፍ (inscription)
እምነት (trust)
እረማ/ጽገና (reform)
እታው (import)

ከ

ኵለንተናዊ (comprehensive)

ኵሉ ዝረብሓሉ ፍታሕ (win-win solution)

ክኢላዊ ዕዮ (skilled labor)

ክፍሊት (fee)

ወ

ወተሃደራዊ ሁንታ (miliatary junta)

ወተሃደራዊ ዘመተ (expedition)

ወግዒ (ritual)

ወጻኢታት (expenditures)

ውሕሉል (smart)

ዉዕዉዕ (vibrant)

ዋኒናውነት (entrepreneurship)

ዋዕላ ንሃገራዊ ልዝብ (Conference for National Dialogue)

ውሕስነት መግቢ (food security)

ውስስእ (interaction)

ውርሻ (legacy)

ውሽጣውያን ተመዛበልቲ (Internally Displaced Persons)

ውክልና (proxy)

ውክልና (representation)

ውደሳ (glorification)

ውገና/ምውጋን (exclusion)

ዐ

ዓቕሚ (potential)

ዓቕመ ምውጋይ (bargaining power)

ዓንኬል ግስጋሰ (cycle of progress)

ዓውለማውነት (Globalization)

ዕምጸጸ (coercion)

ዕስክርና ሕብረተሰብ (militarization of society)

ዕቃበ ኣከባቢ (environmental protection)

ዕብየት (growth)

ዕንጋሎ ቍጠባ (subsistence economy)

ዕንወት (destruction)

ዕዳጋ ሸቐለት (labor market)

ዕዳጋ ኣክስዮን (stock market)

ዕጫ (destiny)

ዘ

ዘቤታዊ (local)

ዘተኣማምን/እሙን (reliable)

ዘዋጽእ (ብዋጋ) (cost-effective)

ዘየወላውል/ዘየማትእ (categorical)

ዘይላገብ/ተጋራጫዊ (inconsistent)

ዘይርጉእነት (instability)

ዘይብስለት (immaturity)

ዘይእዋኑ (untimely)

ዘይዓዩ/ዝተሰብሩ (dysfunctional)

ዘይጭበጥ (elusive)

ዚንጎ (zinc)

ዝላ እንቍርዖብ (leapfrogging)

ዝምቡዕ ሓበሬታ ምዝርጋሕ (disinformation)

ዝተመጠ/ዝተዘርግሐ (extended)

ዝተረብረበ (layered) ግትኣት

ዝና (ስማ) (reputation)

ዝእመኑ ዝመስሉ (plausible)

ዝተኣደቡ - ብሓይሊ (silenced)

ዝተፈተነ (sound)

ዝወሓደ ፕሮግራም (minimum program)
ዞባውያን ሰብ ብርኪ (regional stakeholders)
ዞባዊ ጥምረት (regional integration)

የ

ያታዊ (traditional)

ደ

ደራኺ (ደፋኢ) ሓይሊ (catalyst)
ደንቢ ስራሕ (code of ethics)
ደንብታት (norms)
ደወል መጠንቀቕታ (wake-up call)
ደይ መደይ ኢልካ (deliberately)
ዲዛይን (design)
ዳግመ ምብርባር (resurgence)
ዳግመ ጥየሳ (rehabilitation)
ድልያ ሓቕን ዕርቅን (truth-seeking and reconciliation)
ድሕነት (security)
ድምጺ-ተዓቕቦ (abstention)
ድሩትነት (limitation)

ጀ

ጅመራ (startup)
ጃምላዊ ዘቤታዊ ምህርቲ/ፍርያት (Gross Domestic Product)
ጃምላዊ ፍልሰት (mass migration)

ገ

ገነታዊ/ምንዮታዊት (utopia)
ጉጅላዊ ሓላፍነት (group responsibility)
ግምት (consideration)
ግትርነት (arrogance)
ግዕዝይና (corruption)
ግትኣት (deterrence)
ግዝኣተ ኣብዝሓ (majority rule)
ግድነታዊ (mandatory)
ግድድፍ (compromise)

ጐ

ጐነጽ (violence)
ጐይታቲ (patronizing)

ጠ

ጥምረት (combination)
ጥረ ንዋት (raw material)
ጥሩፍነት (extremism)
ጥዕና (wellbeing)

ጨ

ጭፍለቃ (coercion)

ጸ

ጸወታ ዜሮ ድምር (zero-sum game)
ጸጥታዊ መልከዐ መሬት (security landscape)
ጸጋ (asset/resource)
ጽላሎት (spectre)
ጽሑፍ ኢድ (manuscript)
ጽምዶ ሰልፋዊ (bipartisan)
ጽምዶ ዲያስፖራ (diaspora engagement)
ጽምዶ (engagement)
ጽንበራ (combination)

ሰመረ ሰሎሞን

ጽንታ (ህልቀት) (genocide)
ጽድያ ዓረብ (Arab Spring)
ጽገና/እረማ (reform)

ፈ
ፋይናንስያዊ ኢምሕደራ (financial (mismanagement)
ፍሉይ ስልጠና (specialized training)
ፍርያምነት (productivity)
ፍትሓዊ ምቅራሕ (fair distribution)

ፐ
ፖለቲካዊ ባዶሽ (political vacuum)
ፖለቲካዊ ብዙሕነት (political pluralism)
ፖለቲካዊ መልክዐ መሬት (political landscape)
ፖለቲካዊ ግርሳመ/ሕጽረት ኣረኣእያ (political myopia)
ፖለቲካዊ ቍጠባ (political economy)
ፖለቲካዊ ትፍንን (political polarization)
ፓራዳይማዊ ለውጢ (paradigm shift)

ENDNOTES

ድሕረ-ጽሑፋት

i ካብቶም ኣገደስቲ ብሃገራውያን ዝተጻሕፉ ጽሑፋት፡ ከም ኣብነት፡ ኣብ ታሕቲ ተጠቒሶም ኣለዉ። ብዘይካዚ'ኦም ብቛንቋታት እንግሊዝን ዓረብን ብ ኤርትራውያንን ወጻእተኛታትን ዝተጻሕፉ ብርክት ዝበሉ፡ ብዛዕባ ኣሰካፊ ፖሊቲካውን ማሕበራውን ጉዳያት ኤርትራ ዝሕብሩን ዝትንትኑን ካልኦት ከምዘለው'ውን ዘክር። Welde Giorgis, Andebrhan. Eritrea at a Crossroads: A Narrative of Triumph, Betrayal and Hope. Strategic Book Publishing & Rights Agency, 2014; Mesfin Hagos, and Awet T. Weldemichael. An African Revolution Reclaimed: A Memoir of Eritrean Freedom Fighter Mesfin Hagos. Red Sea Press, 2023; "Where is your Brother?"--Pastoral Letter of the Catholic Bishops of Eritrea, 2014); Various articles and series podcasts by Saleh "Johar" Gaddi, Awate.com; https://awate.com/author/admingadi/

ii ሰመረ ሰሎሞን ኣብ ምዕራፍ ሓደ ናይዛ መጽሓፍ፡ ብመሰረት ሰነዳት ሕቡራት ሃገራት፡ ኣብ 2024 እቲ ቍጽሪ ክሳዕ 663,085 ከምዝበጽሐ ይሕብር።

iii ዕላል ምስ ከብርኣብ ይመስገን፡ 29 ነሓሰ 2025

iv UN Human Rights Council (2025) UN Rights Council Rejects Bad-Faith Bid to End Eritrea Scrutiny | Human Rights Watch)

v ኣብ ሓንቲ ሃገር ምርግጋእ ኣሎ ዝበሃል ምሕደራኣ ኣብ ግዝኣተ ሕጊ፡ ተሓታትነት፡ ግሉጽነት፡ ውሽጣዊ ፖለቲካዊ ፍልልያት ብልዝብ ናይ ምፍታሕ ባህሊ፡ ከምኡ'ውን ኣብ ምቍጽጻር ዝተመርኰሰ ምስ ዝኸውን'ዩ። ምርግጋእ ሓንቲ ሃገር ኣብ ምፍልላይ ስልጣን ኣብ መንጎ'ቶም ሰለስተ ኣዕኑድ መንግስቲ (ሓጋጊ፡ ፈራድን፡ ከምኡ'ውን ፈጻሚ ኣካል) ዝምርኰስ'ዩ። ናይ ሽቕለት ዕድላት፡ ንዜጋታተን ከነባብር ዘኽእል እቶት፡ ምምሕያሽ መነባብሮ፡ ቅሳነት፡ ምኽባር ሰብኣዊ መሰላት፡ ምኽባር ልምድታትን ወግዕታትን ሕብረተሰብ፡ ወዘተ ኣብ ዘይህልወሉ እዋን፡ ሃገር ብዕምጻጻ ጥራይ ኣብ እትመሓደረሉ እዋን ምርግጋእ ኣሎ ክበሃል ኣጸጋሚ'ዩ።

vi UNDP Eritrea – 2024 Annual Report UNDP Eritrea Annual Report 2024

vii የኢትዮጵያ ህዝባዊ ኣብዮታዊ ደሞክርሲያዊ ግንባር

viii What is the Red Sea crisis, and what does it mean for global trade? The Guardian, January 03, 2024 https://www.theguardian.com/world/2024/jan/03/what-is-the-red-sea-crisis-and-what-does-it-mean-for-global-trade

ix Al Majala, Why do so many foreign powers have military bases in Djibouti? London, March 21, 2023 https://en.majalla.com/node/288091/politics/why-do-so-many-foreign-powers-have-military-bases-djibouti

x Addis-Djibouti Corridor to Get Major Upgrade That is Key to Unlocking Connectivity and Trade for Ethiopia and the Horn of Africa, The World Bank, July 20, 2023 https://www.worldbank.org/en/news/press-release/2023/07/20/addis-djibouti-corridor-to-get-major-upgrade-that-is-key-to-unlocking-connectivity-and-trade-for-ethiopia-afe-hoa

xi "Thus as far as authoritarian leadership dynamics in concerned, an overwhelming majority of dictators lose power to those inside the gates of the presidential palace rather than the masses outside. The predominant political conflict in dictatorships appears to be not between the ruling elite and the masses but rather among regime insiders." (Svolik, Milan, (2012) The Politics of Authoritarian Rule, Milan W. Svolik, Cambridge, London.

xii ዶክተር ናታሻ ኤዝሮው ኣብ ዩኒቨርሲቲ ኤሰክስ ናይ ምሕደራ መምህር እያ። ኣብዚ ቀረባ እዋን "ፍሹላት ሃገራትን ትካላዊ ምብስባስን" ዘርእስታ ሓዳስ መጽሓፍ ኣሕቲማ ኣላ፣ ኣብ 2011 ድማ ክልተ መጻሕፍቲ ብዛዕባ ምልኪ ኣሕቲማ። "ውልቀ መለኽትን ውልቀ መላኽነትን"

ብዝብል ኣርእስቲ ዝተሓትመት መጽሓፉ ከም መእተዊ ነቲ ኣርእስቲ ተገልግል፡ "ፖለቲካ ናይ ምልኪ" ድማ ንምልካዊ ስርዓታት ዝምልከት መጽናዕታዊ ጽሑፍ'ዩ።

xiii ንቡርነት ምርግጋጽ ቅሱንን ውሑስን ንጡፍን ሕብረተሰብ ዘጠቓልል ኮይኑ፡ መለለይኡ ድማ፥ ልዕልና ሕጊ፡ መሰረታውያን ኣገልግሎታት ምሃብ፡ ዜጋታት ብራዕድን ብፖለቲካዊ መጽቀጥትን ከይተሻቐሉ መዓልታዊ ህይወቶም ክመርሑ ዝከእሉሉ ሃዋህው ምፍጣር ማለት'ዩ። እዚ፡ ንቡርነት ምርግጋጽ፡ ቍጠባዊ ምርግጋእ፡ ሰላምን፡ ምብርባር ዓቕሚ ህዝብን ይሓትት፣ ዜጋታት መሰረታዊ ድሌታት ከም ዝረኽቡ ምግባር ድማ ይጠልብ። ብተወሳኺ፡ እዚ፡ ህጻናት ብፖለቲካዊ ትረኻታት ከይተበከሉ፡ ንእስነቶም ዘስተማቕሩሉ፡ መንእሰያት ተስፋ ዘለዎ መጻኢ ዝምነዩሉን ትምህርቶም ዝዛዝሙሉን ስራሕ ዝረኽቡሉን፡ ስድራ መስሪቶም ኣባይቶም ዝውንኑሉን፡ ንደቆም ብውሕስነት ዘዕብዩሉን ሃዋህው

ምፍጣር ማለት'ዩ። ኣብ ከምዚ ዝበለ ሃዋህው፡ ሓረስቶት ብዘይሓደ ዕንቅፋት መሬቶም ክሓርሱ፣ ሰራሕተኛታት ስድራ ቤቶም ንምድጋፍ ውሑስ መነባብሮ ክረኽቡ፣ ወለድን ኣቦታትን ሰላም ዝሰፈኖ ናይ ጥሮታ ግዜኦም ከስተማቕሩ ክኽእሉ ማለት'ዩ። እዚ፡ ንኣብያተ እምነት ኣኽብሮት ምርኣይን ንማሕበረሰብ ብዘይ ዕንቅፋት መንፈሳዊ ኣገልግሎት ክህባ ምፍቃድን'ውን ዘጠቓልል'ዩ። እዚ ድማ ከባቢያዊ ልምድታት ምኽባር ማለት'ዩ። እዚ ለውጢ'ዚ፡ ኣብቲ ሕብረተሰብ ሰላም፡ ምርግጋእን ብልጽግናን ዘተኣታቱ ሓሳብ ጥራይ ዘይኮነስ፡ ብተግባር ዝግለጽ ክኸውን ይግባእ።

xiv ሃገራዊ ቻርተር፡ ነዞም ዝስዕቡ ባእታታት ከጠቓልል ይኽእል፡-

- መእተዊ፡ እዚ ሓጺር መግለጺ ንኣገዳስነት ናይ ከምዚ ዝኣመሰለ ቻርተር መብርሂ ይህብን ናይ መሰጋገር መንግስቲ ራእይን የጠቓልልን። ብዘይካ'ዚ ሕመረታውያን ክብርታት፡ ባህግታትን ታሪኻዊ ኣመጻጽኣ ናይታ ሃገርን ከጠቓልል ይኽእል።
- ዕላማታትን መትከላትን - መምርሒ መትከላት ከም ደሞክራሲ፡ ፍትሒ፡ ሰብእዊ መሰላት፡ ማሕበራዊ ፍትሒ፡ ቁጠባዊ ልምዓት ወዘተ ከጠቓልል ይኽእል፣
- ምምሕዳራዊ ቅርጺ፡- ምፍልላይ ናይ ሰለስቲኦም ዓንድታት ናይቲ መንግስትን (ሓጋጊ፡ ፈራዲ፡ ፈጻሚ) ናይ ምርጫ ኣገባባትን ከጠቓልል ይኽእል፣
- መሰላትን ናጽነታትን፡ ሲቪካዊ፡ ፖለቲካዊ፡ ቁጠባዊ፡ ማሕበራዊ፡ ባህላዊ መሰላት ናይ ዜጋታት ከጠቓልል ይኽእል፡ ከምኡ'ውን ማዕርነት ኣብ ቅድሚ/ትሕቲ ሕጊ፣
- ግቡኣት ዜጋታት፡- ሲቪካዊ ግቡኣት ዜጋታት ንሃገሮም፡ ሕጊ ምኽባር፡ ኣስተዋጽኦ ንማሕበረ ሰቦም የነጽር፣
- ናይ ተሓታትነት ኣገባባት፡- ተሓታትነት መንግስትን ናይ መንግስቲ ሰበ ስልጣንን፡ ቸክስ ኣንድ ባላንስስ፡ ግሉጽነት፡ ህዝባዊ ጽምዶ፣
- ኣፈታትሓ ናይ ኣረኣእያ ፍልልያትን ምፍሕፋሕን፡- ኣብ መድረኽ ናይ ፖለቲካ ፍልልያት ከህልዉ ንቡር'ዩ። ንዘይምርድዳኣት ንምፍታሕ ዝኽእሉ ኣገባባት ምንጻር - ልዝብ፡ ኣማላድነት፡ ካልኦት ኣገባብት ናይ ኣፈታትሓ ግርጭታትን የጠቓልል፣
- ምትዕርራይ ኣብ ዝድለየሉ እዋን ቅጥዕታት ምንጻር፡- ምስ ዝምዕብሉ ኩነታት ቻርተር ንምምዕርራይ ኣብ ዝድለየሉ'ውን እንታይ ዓይነት ኣገባብ ትኽተል፣
- መትከላትን ዕላማታትን ሃገራዊ ቻርተር ከመይ ገይሮም ተተግበርቲ ከም ዝኾኑ ኣገባባት/ደንብታት ምንጻር እንተላይ ፍርዳዊ ኣገባባት፣
- ሃገራዊ ሓድነትን ስጥመትን፡- ምጽውዋር፡ ኣብ መንጎ ዝተፈላለዩ ጉጅለታት ምርድዳእ ከም ዝህሉ ንምግባር ዘገልግል ስትራተጂ ምርቃቕ ምኹስኳስን፣

- ኣህጉራዊ ግቡኣት ሃገር ምንጻር፦ ምስቲ ቻርተር ዝሳነ ናይታ ሃገር ኣኽብሮትን እምነትን (ተወፋይነትን) ንኣህጉራዊ ሕግታት፡ ውዕላትን ስምምዓትን ወዘተ

xv Eritrea, Demographic and Health Survey, 2002 National Statistics and Evaluation Office Asmara, Eritrea ORC MacroCalverton, Maryland, US - May 2003 https://dhsprogram.com/pubs/pdf/FR137/FR137.pdf Accessed on October 22, 2023

xvi ትሑት ኣታዊ ዘለዎም ውልቀ ሰባት ወይ ጒጅለታት ነቲ ልምዳውያን ባንክታት ንኽትልቃሕ ከም ቅድመ ኩነት ዘቕርብኦ መምዘኒታት ከማልኡ ዓቕሚ ናይ ትሕጃ የብሎምን። ማይክሮ ፋይናንስ ሓደ ዓይነት ፋይናንስያዊ ኣገልግሎት ኮይኑ፡ ዕላምኡ ነቶም ትሑት ኣታዊ ዘለዎም ውልቀ ሰባት ወይ ጒጅለታት ልቓሕ ወይ ካልኦት ናይ ባንኪ ኣገልግሎታት ምሃብ'ዩ። ከምዚ ዝዓይነቱ ስርርዕ፡ ንንኣሽቱ ሰብ ዋኒንን ዝተዋሰኑ ማሕበረ ኮማትን ፋይናንስያዊ ጸጋታት ብምቕራብ መነባብሮኦም ዘመሓይሹሉ ኩነታት ይፈጥር። እዚ ኣገባብ ልቓሕ'ዚ ኣብ ብርክት ዝበላ ኣብ ምምዕባል ዝርከባ ሃገራት ልሙድ'ዩ።

xvii እዚ ኣምር'ዚ ነተን ምስተን ኣዝየን ዝሰጐማ ሃገራት ከወዳደራ እንከለዋ ኣብ ትሕት ዝበለ ደረጃ ቍጠባዊ ምዕባለ፡ ኢንዱስትርያውነትን ሰብኣዊ ድሕንነትን ዝርከባ ሃገራት የጠቓልል። ድኽነት፡ ዝተደረተ ትሕተ ቕርጺ፡ ብደረጅኡ ትሕት ዝበለ ትምህርትን ድኹም ስርዓተ ኣገልግሎት ጥዕናን ቀንዲ መለለዪ ባህርያት ናይ ከምዚኦን ዝኣመሰላ ሃገራት'ዮም።

xviii ጠቕላላ ዘቤታዊ ፍርያት ሓንቲ ሃገር ገንዘባዊ ወይ ዕዳጋዊ ክብሪ ናይ ኩሎም'ቶም ሓንቲ ሃገር ኣብ ሓደ ዝተወሰነ ናይ ግዜ ገደብ (ኣብ ርብዒ ዓመት ወይ ዓመታዊ) ዘፍረየቶም ኣቕሑትን ኣገልግሎታትን የጠቓልል። ሓደ ካብቶም ንጥዕና ቍጠባዊ ዕብየት ሃገር ንምዕቃን ዘገልግሉ መዐቀኒታት ከኣ'ዩ።

xix Eritrea Education Sector Plan - 2018, https://www.globalpartnership.org/node/document/download?file=document/file/2018-01-eritrea-education-sec-tor-plan.pdf Accessed on June 29, 2024

xx https://www.mei.edu/publications/djibouti-needs-plan-b-post-guelleh-era

xxi ናይ 1973 ዓ.ም. ምንቅስቓስ ኣባላት ብቐንዶም ምሁራት ወይ ተማሃሮ ነበር እዮም ነይሮም። መሰረታዊ ጠለባቶም፡ ምኽባር ዲሞክራስያዊ መሰላት ኣባላት ግንባር፡ ምትእትታው ምቍጽጻርን ሚዛንን፡ ተሓታትነት፡ ምልካዊ ኣሰራርሓ ምእላይ፡ ሓሳብካ ናይ ምግላጽ ናጽነት፡ ገለ ገዳይም ተጋደልቲ ነቲ ኣብ ልዕሊ ሓደስቲ ዝተመልመሉ ኣባላት ግንባር ዘካይዱዎ ስልጣንካ ብዘይ ግቡእ ናይ ምጥቃም ተግባራት መወዳእታ ከግበረሉን ወዘተ ዝብሉ

ነበሩ። እቲ ምንቅስቓስ ተዘሊፉ፡ ቀንዲ መራሕቱ ተኣሲሮም፡ ድሒሮም ድማ ሓቒቖም። እቲ ምንቅስቓስ "ኣድሓርሓሪ"፡ "ዝምቡል"፡ "ኣዕናዊ"፡ "ከፋፋሊ" ካልእን ዝብሉ ቅጽላት ተዋሂብዎ ነይሩ። መፍትሒኡ ድማ ምጽናቱ (liquidate) እዩ ነይሩ። ገለ ካብቶም ፍሉጣት መራሕቲ ናይቲ ምንቅስቓስ'ሞ ብሞት ከቕጽዑ ዝተበየነሎም ሙሴ ተስፋሚካኤል፡ ዮሃንስ ስብሃቱ፡ ታረቀ ይሕደጎ፡ ሃብተሰላሰ ገብረመድህን፡ ኣፍወርቂ ተኽሉ፡ ደበሳይ ገብረሰላሴ፡ ዶክተር ርእሶም፡ ገብረኣምላኽ ኢሳቕ፡ ዶክተር ሚካኤል፡ ግርማይ በርሀ፡ ተወልደ ኢዮብ፡ ደሃብ ተስፋጽዮን፡ ኣበራሽ መልከ፡ መሲሕ ርእሶም፡ ሚካኤል በረኸትኣብ፡ ሳሙኤል ገብረድንግል፡ ኣለም ኣብርሃ፡ ተኽለ ገብረክርስቶስ፡ ጎይትኦም በርሀ፡ ከምኡ'ውን ሃይለ ዮሃንሶም ክጥቀሱ ይከኣሉ።

xxii ብኢሳይያስን መሻርኽቱን "የሚን" ወይ "የማናውያን" ተባሂሎም ዝጽውዑን ድሒሮም ከኣ ኢሳይያስብዝወሰዶበይናዊውሳነብዓሊስዒድዓብደላብዘይኣፍልጦካልኦትኣባላትፖለቲካዊ ቤት ጽሕፈት ዝተረሸኑን፡ ምሁራትን ሓረስቶትን ዝሓቘፈ ጉጅለ ኣባላት ህዝባዊ ግንባር ነይሩ መስፍን ሓጎስ ኣብ መጽሓፉ ይጠቅሶ። (Hagos M., 2023)። ንኣብነት፡ ኢዮብ ገብረልኡል - ኣብ ሕብረት ሶቭየት ብስነ ምድሪ ዝተመረቐ ምሁር ኣብ መንጎ ተጋድሎ ሓርነት ኤርትራን ህዝባዊ ግንባርን ስነ ሓሳባዊ ፍልልይ ከም ዘየለ ብምሕባሩ ተዘሊፉ። በብሓደ ቅድሚ ምልቃምን ኣብ ቤት ማእሰርቲ ምድጓንን፡ ነታ ጉጅለ ንምጽላምን ንምክፋእን፡ ተመሳሳሊ ሜላ - ሰፊሕ ናይ ምጽላም ወፍሪ - ተኻይዱ። ካብዚኣቶም፡ መሓሪ ግርማጽዮን፡ ገብረሚካኤል መሓርዝጊ፡ ኢዮብ ገብረልኡል፡ ሃይለ ጅብሃ፡ ሰሎሞን ወልደማርያም፡ ኣርኣያ ሰመረ፡ ኪዳነ ኣቤቶ ይርከቡዎም።

xxiii ዑስማን ሳልሕ ሳበ ካብ መወዳእታ ሓምሳታት ክሳብ ጊዜ ሞቱ ንናጽነት ኤርትራ ዝተቓለሰን፡ ንምስሊ ቃልሲ ኤርትራ ኣብ ኣህጉራዊ መድረኽ ዜቕረበ ተጋዳላይ'ዩ። ዑስማብ ሳልሕ ሳበ ምስ ባዓል እድሪስ ማሓመድ ኣድምን ዑስማን ግላውድዮስን ኮይኑ ከም ኣባል ላዕለዋይ መሪሕነት ባይቶ ኮይኑ ንብርክት ዝበሉ ዓመታት ኣገልጊሉ። ኣብ ምምስራት ህዝባዊ ሓይልታት ቀዳማይ ወገን'ውን ተራ ነይርዎ። ኣብ ፈረቓ 70ታት ምስ መሪሕነት ህዝባዊ ግንባር ብዘጋጠመ ዘይምርድዳእ ቃልሱ ብኻልእ መገዲ ቀጺሉ።

xxiv *Africa Environment Outlook: Past, present and future perspectives*, GRID-Arendal and UNEP, http://www.grida.no/publications/other/aeo/

xxv http://www.bbc.co.uk/worldservice/specials/1624_story_of_africa/page92.shtml

xxvi Shamil Jeppie and Souleymane Bachir Diagne (eds). *The Meanings of Timbuktu*, CODESRIA/HSRC, 2008, 416 p., http://www.codesria.org/spip.php?article643&lang=en

xxvii Simon Kuznets, *Modern Economic Growth: Findings and Reflections,* American Economic Review 63, 1973, 247-258.

xxviii Michael P. Todaro and Stephen C. Smith, *Economic Development*-8th ed. (Boston: Addison Wesley, 2003), 85.

xxix Ibid. 91-99

xxx Michael P. Todaro and Stephen C. Smith, *Economic Development*-8th ed. (Boston: Addison Wesley, 2003), 15

xxxi Ibid. 98

xxxii Paul Collier, *The Bottom Billion* (New York: Oxford University Press, 2007), 3-4.

xxxiii Robert Calderisi, *The Trouble with Africa, Why Foreign Aid is not Working* (New York: Palgrave Macmillan, 2006), 14.

xxxiv Ibid. 7

xxxv David K. Leonard and Scott Straus, *Africa's Stalled Development: International Causes and Cures* (Colorado: Lynne Reinner Publishers, 2003), 8.

xxxvi Ibid. 10

xxxvii Ibid. 8

xxxviii Robert Calderisi, *The Trouble with Africa, Why Foreign Aid is not Working,* (New York: Palgrave Macmillan, 2006), 26.

xxxix Ibid. 27

xl Ibid. 27

xli Dambisa Moyo, *Dead Aid: Why Aid is not Working and How There is a Better Way for Africa,* (New York: Farrar, Straus and Girous, 2007), xix.

xlii P. T. Bauer, *Equality, the Third World, and Economic Delusion,* (Cambridge: Harvard University Press, 1981), 100.

xliii Robert Calderisi, *The Trouble with Africa, Why Foreign Aid is not Working* (New York: Palgrave Macmillan, 2006), 160.

xliv Ibid. 156

xlv World Bank, *World Development Report,* pp. 33-35

xlvi Robert Calderisi, *The Trouble with Africa, Why Foreign Aid is not Working* (New York: Palgrave Macmillan, 2006), 14.

xlvii http://www.yara.com/sustainability/global_trends/growth/index.aspx

xlviii Michael P. Todaro and Stephen C. Smith, *Economic Development*-8th ed. (Boston: Addison Wesley, 2003), 23.

xlix Paul Collier, The Bottom Billion (New York: Oxford University Press, 2007), 53-58.

l Paul Collier, *On the Bottom Billion*, TEDGlobal, May 2008 http://www.ted.com/speakers/paul_collier.html

li CIDA, *Stimulating Sustainable Economic Growth*, http://acdi-cida.gc.ca/INET/IMAGES.NSF/vLUImages/EconomicGrowth/$file/Sustainable-Economic-Growth-e.pdf

lii Ibid.

liii Ngozi Okonjo-Iweale, *Want to Help Africa, Do Business Here*, TEDGlobal, 2008 http://www.ted.com/talks/ngozi_okonjo_iweala_on_doing_business_in_africa.html

liv Webster's II *New Riverside University Dictionary*, (Boston: The Riverside Publishing Company, 1984)

lv http://info.worldbank.org/governance/wgi/index.asp

lvi Peter P Rogers, Kazi F Jalal, and John A Boyd, *An Introduction to Sustainable Development* (London: Earthscan, 2009), 62.

lvii Ibid. 63

lviii Council on Foreign Relations Africa's 'Leaders for Life' | Council on Foreign Relations September 2023

lix Ibid.

lx Paul Collier, *The Bottom Billion*, (New York: Oxford University Press, 2007), 4. Polity IV Project, *Political Regime Characteristics and Transition, 1800-2006*, at http://www.systemicpeace.org/polity/polity4.htm

lxi Robert Calderisi, *The Trouble with Africa, Why Foreign Aid is not Working* (New York: Palgrave Macmillan, 2006), 160.

lxii Paul Collier, *The Bottom Billion*, (New York: Oxford University Press, 2007), 4.

lxiii Paul Collier and Jan Willem Gunning, "Explaining African Economic Performance." *Journal of Economic Literature 37*, no. 1 (1999): 64-111.

lxiv ኢብራሂም ቶቲል ኣብ ገድሊ ሓደ ካብቶም ላዕለዎት ሓለፍቲ ተጋድሎ ሓርነት ኤርትራ ዝነበረ ኮይኑ፡ ብ 1987'ዩ ኣብቲ፡ "ሓድነታዊ" ተባሂሉ ዝፍለጥ ጉባኤ ህዝባዊ ግንባር፡ ምስቲ ብሳግም ዝጽዋዕ ዝነበረ ንሜዳ ዝኣተወ ውድብ ናብ ህዝባዊ ግንባር ተጸንቢሩ ቃልሱ ንናጽነት ቀጺሉ። ድሕሪ ናጽነት ሓላፊ ዞባ ሰሜናዊ ቀይሕ ባሕሪ ኮይኑ ተመዚዙ'ኳ እንተነበረ፡ ንሓያለ ዓመታት ብምልካዊ ስርዓት ኢሳይያስ ደስኪሉ ተመኪሮኡን ፍልጠቱን ከባኽን ከምዝጸንሐ ይፈልጥ። ኣብ ለካቲት 8, 2013 ምስቲ ብምቅስቓስ ፎርቶ ዝፍለጥ ምልዕዓል ተሳቲፎ ነይርዎ ብዝብለ ምስምስ ኣብ ቀይዲ ኣትዩ። ዛጊት ድማ ኣብ ቤት ማእሰርቲ'ቲ እቲ ስርዓት ይርከብ።

lxv ዝኸሪ መስከረም ካብ ካይሮ ከሳብ ኣዶብሓ፡ ጋዜጣ ሓዳስ ኤርትራ፡ መስከረም 23, 2025

lxvi ብጉጅለ 13 (G-13) ዝፍለጥ ምንቅስቓስ ብ13 ፍሉጣት ኣብ ዲያስፖራ ዝርከቡ ኤርትራውያን ምሁራት ዝቖመ ኮይኑ ኣብ ሕዳር 2000 ናብ ፕረሲደንት ሃገረ ኤርትራ ኣቶ ኢሳይያስ ኣፍወርቂ ደብዳብ ልኢኾም። እታ ደብዳበ ንውልቀ-ምልካዊ ኣገዛዝኣ ስርዓት ህግደፍን ንግጉያት ኣተሓሕዛ ዝተፈላልዩ ጉዳያትን እትነቅፍ ነበረት።

lxvii ብ18 መስከረም 2001፡ ላዕለዎት ሓለፍቲ ኤርትራ ዝነበሩ ፖለቲከኛታት፡ ሃገራዊ ባይቶ ኣብ ዝተመደበሉ እዋን ከእከብን ቅዋም ክትግበር፡ ንፕረዚደንት ኤርትራ ኣቶ ኢሳይያስ ኣፈወርቂ ድሕሪ ምሕታቶም ኣብ ቀይዲ ካብ ዝኣትው ልዕሊ 20 ዓመታት ኰይኑ'ሎ። ዝበዝሑ ካብቶም ብጉጅለ-15 ዝፍለጡ ላዕለዎት ሓለፍቲ ነበር፡ ኣብ እዋን ሰውራ ኤርትራ ኣባላት ማእከላይ ሽማግለን ኣባላት ፖለቲካዊ ቤት ጽሕፈትን ህዝባዊ ግንባር ዝነበሩ'ዮም። ካብቶም ሕቶ ዘቕረቡ፡ ኣባላት 'ጉጅለ 15' እቶም ዓሰርተ ሓደ፡ 18 መስከረም 2001 ኣብ ቀይዲ ከኣትዉ እንከለዉ፡ ካልኦት 4 ኣባላት እቲ ጉጅለ ግን ናብ ስደት ከምርሑ ዝተገደዱ እዮም። ሓደ ካብኦም፡ ኣምባሳደር ኣድሓኖም ገብረማርያም ግን ኣብ ለካቲት 2021 ብሞት ተፈልዩ። እቶም ኣብ ስደት ብሂወት ዝርከቡ ሰለስተ ድማ፡ ሚኒስተር ምክልኻልን ኣመሓዳሪ ዞባ ደቡብን ዝነበረ ኣቶ መስፍን ሓጎስ፡ ኣመሓዳሪ ከተማ ደቀምሓረ ዝነበረን ገዲም ተጋዳላይ ሰውራ ኤርትራን ኣቶ መሓመድ ቡርሃን ብላታን፡ ከምኡ'ውን ኣብቲ እዋን ኣምባሳደር ኤርትራ ኣብ ሕቡራት ሃገራት ዝነበረን ንነዊሕ እዋን ላዕለዋይ በዓል ስልጣን ሕቡራት ሃገራት ኰይኑ ዘገልገለን ኣቶ ሃይለ መንቀርዮስን እዮም። https://www.bbc.com/tigrinya/articles/c6pznjz67ywo Accessed on December 01, 2025

ኤርትራ፡ ቀለስቲ ሓሳባት ንሕውየት ሃገር

lxviii https://www.hrw.org/world-report/2020/country-chapters/eritrea
lxix   The Eritrean Opposition's Double Bind Posted on August 31, 2025 by Semere T Habtemariam in Perspective 13
lxx   Ibid
lxxi   Ibid

መወከሲታት

ምዕራፍ 1

African Development Bank. Eritrea Economic Outlook | African Development Bank Group

Council on Foreign Relations, Al Shabaab, December 6, 2022

The Economist Intelligence. Eritrea Economy, Politics and GDP Growth Summary - The Economist Intelligence Unit

The Economist Magazine. Somalia's state-building project is in tatters The Economist Magazine, July 24th 2025

Human Rights Concern Eritrea, Eritrea: Hajji Ibrahim Younus Dies in Custody, February 6, 2019, https://hrc-eritrea.org/eritrea-hajji-ibrahim-younus-dies-in-custody/

UN Human Rights Council (2025) UN Rights Council Rejects Bad-Faith Bid to End Eritrea Scrutiny | Human Rights Watch)

UNDP Eritrea – 2024 Annual Report UNDP Eritrea Annual Report 2024

UNHCR (2023) – Eritrea Country https://www.unhcr.org/countries/eritrea

ምዕራፍ 2

Ezrow, Natasha M., and Erica Frantz, Dictators and Dictatorships— Understanding Authoritarian Regimes and their Leaders, Bloomsbury, London, 2011

Authoritarian breakdown -- how dictators fall | Dr. Natasha Ezrow | TEDxUniversityofEssex, https:// www.youtube.com/watch?v=6ECTcaSXeI1 Accessed on October 7, 2023

Brownlee, J. (2012). Democracy Prevention: The Politics of the U.S.-Egyptian Alliance. Cambridge University Press.

Doyle, M. W., & Sambanis, N. (2006). Making War and Building Peace: United Nations Peace Operations. Princeton University Press.

Geddes, B., Frantz, E., & Wright, J. (2018). How Dictatorships Work: Power, Personalization, and Collapse. Cambridge University Press.

Huntington, S. P. (1991). The Third Wave: Democratization in the Late Twentieth Century. University of Oklahoma Press.

International Crisis Group (ICG). (2021). Mali's Transition: A Fragile Path to Democracy. CrisisGroup.org (https://www.crisisgroup.org)

Kotkin, Stephen, Modern Authoritarianism and Geopolitics: Thoughts on a Policy Framework, Stanford CDDRL, April 11, 2022

Linz, J. J., & Stepan, A. (1996). Problems of Democratic Transition and Consolidation: Southern Europe, South America, and Post-Communist Europe. Johns Hopkins University Press.

Nordlinger, E. A. (1977). Soldiers in Politics: Military Coups and Governments. Prentice-Hall.

O'Donnell, G., & Schmitter, P. C. (1986). Transitions from Authoritarian Rule: Tentative Conclusions about Uncertain Democracies. Johns Hopkins University Press.

Paris, R. (2004). At War's End: Building Peace After Civil Conflict. Cambridge University Press.

Slovik, Milan W., The Politics of Authoritarian Rule (Cambridge Studies in Comparative Politics) Cambridge University Press, September 17, 2012

Solomon, Semere, ረዚን ዋጋ ዝተኸፍሎ ናጽነት ኤርትራ ንዝተጠልመ መብጽዓን፡ ብኣረኣእያ ሓደ ገዲም ተጋዳላይ፡ IngramSpark Publishers, La Vergne, TN, 2024

Syria's Transitional Government: Challenges, Policies, and Prospects Syria's Transitional Government: Challenges, Policies, and Prospects - Arab Center Washington, DC May 22, 2025 Arab Center Washington, DC

United Nations Development Programme (UNDP). (2012). Tunisia's Transition: One Year After the Revolution. UNDP Reports https://www.undp.org

U.S. Institute of Peace (USIP). (2004). Establishing the Rule of Law in Afghanistan. USIP.org https://www.usip.org

ምዕራፍ 3

African Development Bank, https://www.afdb.org/en/countries/central-africa/gabon/gabon-economic-outlook Accessed on March 5, 2025

Agence des Participations de l'État (APE). (2022). Annual Report. Retrieved from [https://www.economie.gouv.fr/agence-participations-etat/rapports-annuels]

Amsden, A. H. (1992). Asia's Next Giant: South Korea and Late Industrialization. Oxford University Press.

Beacon, C. (2018). "Mobile Money and Financial Inclusion in East Africa." Yale Global Online. Retrieved from [Yale Global](https://yalebooks.yale.edu/yale-global-online/mobile-money-and-financial-inclusion-in-east-africa)

Burnside, C., & Dollar, D. (2000). "Aid, Policies, and Growth." American Economic Review, 90(4), 847-868.

Calderisi, Robert. (2006) The Trouble with Africa, Why Foreign Aid is not Working, New York, Palgrave Macmillan

Chen, S., & Yang, R. (2020). "Digital Economy Empowering Rural E-commerce Development in China." Computers in Human Behavior, 108, 105147. doi:10.1016/j.chb.2020.105147

Defense Advanced Research Projects Agency (DARPA). (2024). FY 2025 President's Budget Request. https://www.darpa.mil/sites/default/files/attachment/2024-11/darpa-2024-afr-final.pdf

Easterly, W. (2006). The White Man's Burden: Why the West's Efforts to Aid the Rest Have Done So Much Ill and So Little Good. New York: Penguin Press.

Financial Times (2025). "Development is how we compete, grow and stay secure Private investment flows only where the right conditions exist and where there's a clear probability of return" by Ajay Banga https://www.ft.com/content/3e5d55bb-0c0d-40e6-a15c-5187c8a021b2

Gouvernement.fr. (n.d.). France 2030: A 10-year plan to innovate, invest and industrialise. Retrieved from [https://www.gouvernement.fr/en/france-2030]

Hudson, A. (2000). "Foreign Aid: A Key to Development?" International Development Review, 42-43.

International Monetary Fund. (2023). World Economic Outlook Database. Retrieve data on government finances, including tax revenues. Available at: [IMF World Economic Outlook] (https://www.imf.org/en/Publications/WEO)

Kharas, H. (2011). "Trends and Issues in Development Aid." Global Economy & Development Working Paper 1. Brookings Institution.

Kharas, H. (2008). "Measuring the Effectiveness of Development Assistance." World Bank Policy Research Working Paper 4664. Washington, DC: World Bank.

Mercy Corps. (2020). "The Importance of Foreign Aid and Development Assistance in Responding to Humanitarian Crises". Available at: https://www.mercycorps.org/research/global-aid

Morris, M., & E. J. W. V. D. (2016). "The Role of International Trade in Sustainable Development: A Review of the Literature." Journal of International Trade and Economic Development.

Moyo, D. (2009). "Dead Aid: Why Aid Is Not Working and How There Is a Better Way for Africa." New York: Farrar, Straus and Giroux.

Nigeria Bureau of Statistics, Nigeria launches its most extensive national measure of multidimensional poverty, Press Release, 17 November 2022 – Abuja

Norges Bank Investment Management (NBIM). (2023). Government Pension Fund Global Annual Report 2022. Retrieved from [https://www.nbim.no/en/publications/reports/2023/annual-report-2022/]

OECD (2018). Development Cooperation Report 2018: Joining Forces to Leave No One Behind. Paris: OECD Publishing.

OECD (2011). The Busan Partnership for Effective Development Cooperation. Paris: OECD Publishing.

OECD Development Assistance Committee (DAC). (2020). "Beyond the Tipping Point: The future of development assistance". Available at: https://www.oecd.org/development/dac/

OECD. (2023). Revenue Statistics 2023. This publication provides comprehensive data on tax revenues among OECD countries. Available at: [OECD Revenue Statistics](https://www.oecd.org/tax/revenue-statistics-26121331.htm)

OECD. (2011). Corporate Governance of State-Owned Enterprises in Asia: An Overview. Chapter on Singapore. Retrieved from [https://www.oecd.org/corporate/ca/corporategovernanceofstate-ownedenterprises/48444832.pdf]

OECD Guidelines on Corporate Governance of SOEs: This is a key international standard advocating for the very principles in your text: clear mandates, professional management, transparency, and equitable treatment with the private sector.

OECD. (2015). OECD Guidelines on Corporate Governance of State-Owned Enterprises, 2015 Edition. OECD Publishing, Paris. https://doi.org/10.1787/9789264244160-en

Riddell, R. (2007). Does Foreign Aid Really Work? Oxford: Oxford University Press.

Riddle, L. (2014). "The End of Aid? How Development Cooperation Is Changing the Game." Global Policy, 5 (4), 477-486.

Rogers, Peter P, Kazi F Jalal, and John A Boy. (2009) An Introduction to Sustainable Development, London, Earthscan.

Runde, Daniel, (2023) The American Imperative, Reclaiming Global Leadership through Soft Power, New York · Nashville, Post Hill Press

Solomon, Semere (2024). "Eritrea's Hard-won Independence and Unmet Expectations". USA, KDP

Solomon, Semere (2003) "Being Responsive to Locally Led Development: Beyond Channeling Funds to Local Organizations". Creative Associates International. USA.

Solomon, Semere (2022) "U.S.-Africa Leaders Summit: How Can the US Contribute to Africa's Development?". Creative Associates International. USA.

Temasek. (2023). Temasek Review 2023: The Resilient Dawn. Retrieved from [https://www.temasek.com.sg/en/our-financials/temasek-review-2023]

The Economist (2025). "The Demise of Foreign Aid Offers an Opportunity - Donors Should Focus on What Works. Much aid currently does not." The Economist.

The Economist (2025). "Aid Cannot Make Poor Countries Rich." The Economist.

The Economist (2025). "Why Some Africans See Opportunity in Foreign-aid Cuts." The Economist.

Todaro, Michael P. and Stephen C. Smith (2003). Economic Development- 8th ed. Boston: Addison Wesley,

UNCTAD. (2023). Investment Policy Reviews and other related publications. Offers insights into tax policies in developing countries. Available at: [UNCTAD Publications](https://unctad.org/webflyer/world-investment-report)

UNESCO. (2020). *Education and the Digital Revolution: How technology can support learning*. Retrieved from [UNESCO](https://en.unesco.org/themes/education-and-digital-transformation)

UNDP (2011), "Human Development Report 2011, Sustainability and Equity: A better Future for All"

United Nations Development Programme (UNDP). (2019). UNDP Strategic Plan 2018-2021: Priorities and Programmatic Approaches for Development Cooperation.

United Nations Office for the Coordination of Humanitarian Affairs (OCHA). (2021). "Global Humanitarian Overview". Available at: https://www.unocha.org/global-humanitarian-overview

World Bank. (2012). World Development Report 2012: Gender Equality and Development. Washington, DC: World Bank Group.

World Bank. (2021). "The Role of Foreign Aid in Global Development". Available at: https://www.worldbank.org/en/topic/aid

World Bank. (2016). Digital Dividends: World Development Report 2016". Retrieved from [World Bank] (https://www.worldbank.org/en/publication/wdr2016)

World Bank. (2023). World Development Indicators. Data on tax revenue as a percentage of GDP. Available at: [World Bank Data] (https://data.worldbank.org/indicator/GC.TAX.TOTL.GD.ZS)

World Bank. (2022). Tax Revenue (% of GDP). Access and view tax revenue statistics by country. Available at: [World Bank Tax Revenue] (https://data.worldbank.org/indicator/GC.TAX.TOTL.GD.ZS)

World Bank. (2020). China - Deepening Reform of State-Owned Enterprises for Sustainable Growth. Retrieved from [https://www.worldbank.org/en/country/china/publication/china-deepening-reform-of-state-owned-enterprises-for-sustainable-growth]

World Bank. (1993). The East Asian Miracle: Economic Growth and Public Policy. Oxford University Press. (Chapter 6 specifically discusses Korea's coordinated industrialization).

ምዕራፍ 4

Cypher, James M. and James L. Dietz, (2004). The Process of Economic Development, New York, Routledge.

Daly, Herman E. (1996). Beyond Growth, Bacon Press.

Daly, Herman E. and Joshua Farley. (2009). Ecological Economics: Principles and Applications, Island Press.

Easterlin, R. (1974). Does Economic Growth Improve the Human Lot? NBER Chapters. https://mpra.ub.uni-muenchen.de/111773/1/MPRA_paper_111773.pdf

Milanovic, B. (2019). Capitalism, Alone: The Future of the System That Rules the World. Harvard University Press.

Nussbaum, M. (2013). Creating Capabilities: The Human Development Approach. Harvard University Press.

OECD. (2020). How's Life? 2020: Measuring Well-being. https://www.oecd.org/statistics/better-life-initiative.htm

Solomon, S (2024). Eritrea's Hard-won Independence and Unmet Expectations: From the Perspective of a Veteran Freedom Fighter, Ingramspark.

Solomon, S. (2025. Prospects for Economic Growth in Africa: Lessons for Eritrea. Prospects for Economic Growth in Africa: Lessons for Eritrea – Semere

Solomon, S. Redefining Assistance: Moving from Foreign Aid to Development Cooperation. https://www.semeresolomon.com/post/redefining-assistance-moving-from-foreign-aid-to-development-cooperation

Stiglitz, J., et al. (2018). Beyond GDP: Measuring What Counts for Economic and Social Performance. OECD.

Todaro, Michael P. and Stephen C. Smith. (2003). Economic Development-8th ed. Boston: Addison Wesley.

UN. (2015). Transforming Our World: The 2030 Agenda for Sustainable Development. https://docs.un.org/en/A/RES/70/1

United Nations, "What is the Rule of Law?" (UN.org) UNDP (2020). Human Development Report 2020: The Next Frontier – Human Development and the Anthropocene. http://hdr.undp.org/en/content/human-development-report-2020

UNDP. (2022). Human Development Report. https://hdr.undp.org/

World Bank (2020). World Development Report: Trading for Development in the Age of Global Value Chains. https://www.worldbank.org/en/publication/wdr2020

ምዕራፍ 5

African Development Bank, https://www.afdb.org/en/countries/east-africa/eritrea/eritrea-economic-outlook Accessed on June 21, 2024

Calderisi, Robert. The Trouble with Africa, Why Foreign Aid is not Working, New York, Palgrave Macmillan, 2006, p. 160

Central Intelligence Agency, https://www.cia.gov/the-world-factbook/field/real-gdp-per-capita/countrycomparison/ Accessed on June 21, 2024

Collier, Paul and Jan Willem Gunning. "Explaining African Economic Performance, Journal of Economic Literature 37, no. 1, 1999, p. 64, 111

Collier, Paul Collier. New Rules for Rebuilding a Broken Nation, TED Global, 2009

Guled, Ahmde. Djibouti needs a Plan B for the post-Guelleh era, Middle East Institute, July 20, 2021, https://mei.edu/publications/djibouti-needs-plan-b-post-guelleh-era Accessed on May 24, 2025

Rogers, Peter P, Kazi F Jalal, and John A Boyd. An Introduction to Sustainable Development, London, Earthscan, 2009, p. 62

Solomon, Semere. ረዚን ዋጋ ዝተኸፍሎ ናጽነት ኤርትራን ዝተጠልመ መብጽዓን, Jan. 2025, USA

Tazebew, Tezera, Ethiopia's Quest for Utilizing the Port of Berbera, Somaliland, since 2010: Drivers, Processes, and Challenges, JES Vol LVI, No. 1 (June 2023)

The Economist, Vietnam's diaspora is shaping the country their parents fled – As well as sending remittances, many are returning to their homeland, May 22, 2025|

TradeEconomics, https://tradingeconomics.com/country-list/gdp-per-capita-pppp?continent=africa Accessed on June 21, 2024

United Nations Economic and Social Commission for Asia and the Pacific, https://www.unescap.org/ttdw/ppp/ppp_primer/51_functions_of_a_regulator.html Accessed on September 25, 2023

Webster's II New Riverside University Dictionary, Boston, The Riverside Publishing Company, 1984

World Bank, https://data.worldbank.org/indicator/NY.GDP.PCAP.CD Accessed on June 21, 2024

World Bank, Worldwide Governance Indicators, A global compilation of data capturing household, business, and citizen perceptions of the quality of governance in more than 200 countries and territories, http://info.worldbank.org/governance/wgi/index.asp Accessed on October 11, 2023

ምዕራፍ 6

Acemoglu, D., & Robinson, J. A. (2013). Why Nations Fail: The Origins of Power, Prosperity, and Poverty. Crown Business.

Anderson, B. (2026). Imagined Communities: Reflections on the Origin and Spread of Nationalism, Verso.

Chang, H.-J. (2002). Kicking Away the Ladder: Development Strategy in Historical Perspective. Anthem Press.

Fukuyama, F. (2014). Political Order and Political Decay: From the Industrial Revolution to the Globalization of Democracy. Farrar, Straus and Giroux.

International Court of Justice (ICJ) – Cases on State Sovereignty. https://www.icj-cij.org/

Gellner, E. (1983). Nations and Nationalism, Cornell University Press.

Krasner, S. D. (1999). Sovereignty: Organized Hypocrisy. Princeton University Press.

Milanovic, B. (2019). Capitalism, Alone: The Future of the System That Rules the World. Harvard University Press.

Philpott, D. (2001). Revolutions in Sovereignty: How Ideas Shaped Modern International Relations. Princeton University Press.

Rodrik, D. (2011). The Globalization Paradox: Democracy and the Future of the World Economy. W.W. Norton & Company.

Sen, A. (1999). Development as Freedom. Oxford University Press.

Smith, A. D. (1993). National Identity, University of Nevada Press.

Solomon, S (2024). Eritrea's Hard-won Independence and Unmet Expectations: From the Perspective of a Veteran Freedom Fighter. Ingramspark.

Solomon, S. (2025). Prospects for Economic Growth in Africa: Lessons for Eritrea. Prospects for Economic Growth in Africa: Lessons for Eritrea – Semere

Solomon, S. Redefining Assistance: Moving from Foreign Aid to Development Cooperation. Redefining Assistance: Moving from Foreign Aid to Development Cooperation – Semere

Stiglitz, J. E. (2007). Making Globalization Work. W.W. Norton & Company.
United Nations Charter (1945). Article 2(1) – Sovereign Equality of States. https://www.un.org/en/about-us/un-charter

United Nations, "What is the Rule of Law?" (UN.org) UNDP (2020). Human Development Report 2020: The Next Frontier – Human Development and the Anthropocene. http://hdr.undp.org/en/content/human-development-report-2020

Waltz, K. N. (1979). Theory of International Politics. Addison-Wesley.

WHO. (1948). Constitution of the World Health Organization. https://www.who.int/about/governance/constitution

World Bank. (2021). Poverty and Shared Prosperity Report. https://www.worldbank.org/en/topic/poverty

ምዕራፍ 7
Pollera, Aleberto, (1935) La Popolazione Indgine Dell'Eritrea, E. Cappelli, Editore, Bologna,

Negash, Ghirmai. (2017), መገዲ ዓድና (Megedi Adinaa: The Road to the Land). SP.

ምዕራፍ 8
Cohen, R. (2008). Global Diasporas: An Introduction (2nd ed.). Routledge.

International Organization for Migration (IOM) (2021). Diaspora Engagement in Development: Policy Perspectives

Kapur, D. (2010). Diaspora, Development, and Democracy: The Domestic Impact of International Migration from India. Princeton University Press.

Levitt, P. (2001). The Transnational Villagers. University of California Press.

Migration Policy Institute (MPI) (2022). "Beyond Remittances: The Role of Diaspora in Poverty Reduction." https://www.migrationpolicy.org/sites/default/files/publications/Beyond_Remittances_0704.pdf

Solomon, Semere (2024). ረዚን ዋጋ ዝተኸፍሎ ናጽነት ኤርትራን ዝተጠለመ መብጽዓን (Eritrea's Hard-won Independence and Unmet Expectations). Ingramspark.

The Economist, Vietnam's diaspora is shaping the country their parents fled – As well as sending remittances, many are returning to their homeland, May 22, 2025 https://www.economist.com/ https://www.economist.com/asia/2025/05/22/vietnams-diaspora-is-shaping-the-country-their-parents-fled

UNHCR (2023) – Eritrea Country https://www.unhcr.org/countries/eritrea

World Bank Group/KNOMAD Remittances Slowed in 2023, Expected to Grow Faster in 2024 Migration and Development Brief 40 June 2024 World Bank Document https://documents1.worldbank.org/curated/en/099714008132436612/pdf/IDU-a9cf73b5-fcad-425a-a0dd-cc8f2f3331ce.pdf

ምዕራፍ 9

Aldrich, R. J. (2010). GCHQ: The Uncensored Story of Britain's Most Secret Intelligence Agency. HarperCollins.

Betts, R. K. (2009). Enemies of Intelligence: Knowledge and Power in American National Security. Columbia University Press.

Biddle, S. (2006). Military Power: Explaining Victory and Defeat in Modern Battle. Princeton University Press.

Byman, D. (2011). A High Price: The Triumphs and Failures of Israeli Counterterrorism. Oxford University Press.

Freedman, L. (2004). Deterrence. Polity Press.

Freedman, L. (2017). The Future of War: A History. PublicAffairs.

Freilich, C. D. (2018). Israeli National Security: A New Strategy for an Era of Change. Oxford University Press.

Gabriel, R. A. (1990). The Culture of War: Invention and Early Development. Greenwood Press.

George, A. L., & Smoke, R. (1974). Deterrence in American Foreign Policy: Theory and Practice. Columbia University Press.

Gray, C. S. (1999). Modern Strategy. Oxford University Press.

Gray, C. S. (2011). The Strategy Bridge: Theory for Practice. Oxford University Press.

Horowitz, M. C. (2010). The Diffusion of Military Power: Causes and Consequences for International Politics. Princeton University Press.

Ikenberry, G. J. (2000). After Victory: Institutions, Strategic Restraint, and the Rebuilding of Order After Major Wars. Princeton University Press.

Jervis, R. (1976). Perception and Misperception in International Politics. Princeton University Press.

Kroenig, M. (2020). The Logic of American Nuclear Strategy. Oxford University Press.

Lieber, K. A., & Press, D. G. (2020). The Myth of the Nuclear Revolution: Power Politics in the Atomic Age. Cornell University Press.

Luttwak, E. N. (1987). Strategy: The Logic of War and Peace. Harvard University Press.

Mazu TV "ንሓጎስ ክሻ ተኸታቲልናዮ" | "ኮምፒዩተር ኢሳያስ ነቢል ይቈጻጸራ" | ምስጢራት ሳይበር ህግደፍ የቃልዕ... | ምስ ኮሎነል ቢኒያም ተወልደ | Muza Tv March 30, 2025

Mearsheimer, J. J. (2001). The Tragedy of Great Power Politics. W.W. Norton. https://samuelbhfaure.com/wp-content/uploads/2015/10/s2-mearsheimer-2001.pdf

Morgan, P. M. (2003). Deterrence Now. Cambridge University Press.

Nye, J. S. (2017). The Future of Power. PublicAffairs.

Pomerantsev, P. (2019). This Is Not Propaganda: Adventures in the War Against Reality. PublicAffairs.

Schelling, T. C. (1960). The Strategy of Conflict. Harvard University Press.

Snyder, G. H. (1997). Alliance Politics. Cornell University Press.

Solomon, S. (2024) ረዚን ዋጋ ዝተኸፍሎ ናጽነት ኤርትራን ዝተጠልመ መብጽዓን (Eritrea's Hard-won Independence and Unmet Expectations). Ingramspark.

Solomon, S. (2025) ልኡላውነት፡ ድሕንነት ደቅሰብ (human welfare) ዘማእከለ ክኸውን ይግባእ፡ ዳህሳሳዊ ሓተታ ብዛዕባ ኤርትራ www.semeresolomon.com

Tan, A. T. H. (2007). Singapore's Defence: Capabilities, Trends, and Implications. Marshall Cavendish.

Walt, S. M. (1987). The Origins of Alliances. Cornell University Press.

ምዕራፍ 10

Acharya, A. (2018). Constructing Global Order: Agency and Change in World Politics. Cambridge UP.

Allison, Graham (2017). Destined for War: Can America and China Escape Thucydides's Trap? Boston: Houghton Mifflin Harcourt.

Barston, R. P. Modern Diplomacy. 3rd Edition, Pearson Education Limited, 3rd Edition, Harlow. 2006.

Charap, Samuel, and Timothy J. Colton (2017). Everyone Loses: The Ukraine Crisis and the Ruinous Contest for Post-Soviet Eurasia. London: Routledge (for the International Institute for Strategic Studies).

Cooper, A. F., & Shaw, T. M. (Eds.). (2009). The Diplomacies of Small States: Between Vulnerability and Resilience. Palgrave Macmillan.

Hey, J. A. K. (Ed.). (2003). Small States in World Politics: Explaining Foreign Policy Behavior. Lynne Rienner.

Ikenberry, G. John, Michael Mastanduno, and William C. Wohlforth, eds. (2009). International Relations Theory and the Consequences of Unipolarity. Cambridge: Cambridge University Press.

Kissinger, Henry, Diplomacy. Simon and Schuster. New York. 1994.

Muldoon P. James, Joann Fagot Aviel, Richard Reitano, and Earl Sullivan. Multilateral Diplomacy and the United Nations Today. Westview Press. Cambridge, MA, USA. 2005.

O'Neill, Jim (2001). "Building Better Global Economic BRICs." Global Economics Paper No: 66, Goldman Sachs.

Panke, D. (2010). Small States in the European Union: Coping with Structural Disadvantages. Routledge.

Porter, Patrick (2018). "Why America's Grand Strategy Has Not Changed: Power, Habit, and the U.S. Foreign Policy Establishment." International Security

Solomon, Semere (2024), ረዚን ዋጋ ዝተኸፍሎ ናጽነት ኤርትራን ዝተጠልመ መብጽዓን, Ingramspark.

Solomon, Semere (2024). Eritrea's Hard-won Independence and Unmet Expectations: From the Perspective of a Veteran Freedom Fighter. KDP.

Stent, Angela E. (2019). Putin's World: Russia Against the West and with the Rest. New York: Twelve.

Teschke, Benno (2003). The Myth of 1648: Class, Geopolitics, and the Making of Modern International Relations. Verso Books.

The U.S. Department of Defense. (Annual). Military and Security Developments Involving the People's Republic of China* (Report to Congress).

Thorhallsson, B. (2018). "Small States in the UN Security Council: Means of Influence?". Hague Journal of Diplomacy. Small States in the UN Security Council: Austria's Quest to Maintain Status in: The Hague Journal of Diplomacy Volume 16 Issue 1 (2021)

Watson, Adam. Diplomacy: The Dialogue between States. Routledge. New York. 1991. Questia, Web, 9 June 2011.

http://unfccc.int/files/press/news_room/unfccc_in_the_press/application/pdf/int-01sep02.pdf (accessed June 11, 2009)

http://assembly.coe.int/Documents/AdoptedText/TA03/ERES1318.htm (accessed June 09, 2011).

Zakaria, Fareed (2008). The Post-American World. New York: W.W. Norton & Company.

ምዕራፍ 11

African Development Bank, https://www.afdb.org/en/countries/central-africa/gabon/gabon-economic-outlook Accessed on March 5, 2025

Beacon, C. (2018). "Mobile Money and Financial Inclusion in East Africa." Yale Global Online. Retrieved from [Yale Global https://yalebooks.yale.edu/yale-global-online/mobile-money-and-financial-inclusion-in-east-africa)

Burnside, C., & Dollar, D. (2000). "Aid, Policies, and Growth." American Economic Review, 90(4), 847-868.

Calderisi, Robert.(2006) "The Trouble with Africa, Why Foreign Aid is not Working." New York, Palgrave Macmillan

Easterly, W. (2006). "The White Man's Burden: Why the West's Efforts to Aid the Rest Have Done So Much Ill and So Little Good." New York: Penguin Press.

Mercy Corps. (2020). "The Importance of Foreign Aid and Development Assistance in Responding to Humanitarian Crises". Available at: https://www.mercycorps.org/research/global-aid

Morris, M., & E. J. W. V. D. (2016). "The Role of International Trade in Sustainable Development: A Review of the Literature." Journal of International Trade and Economic Development.

Moyo, D. (2009). "Dead Aid: Why Aid Is Not Working and How There Is a Better Way for Africa." New York: Farrar, Straus and Giroux.

Nigeria Bureau of Statistics, Nigeria launches its most extensive national measure of multidimensional poverty, Press Release, 17 November 2022 – Abuja https://www.mppn.org/nigeria-launches-its-most-extensive-national-measure-of-multidimensional-poverty/

OECD (2018). Development Cooperation Report 2018: Joining Forces to Leave No One Behind. Paris: OECD Publishing. https://www.oecd.org/content/dam/oecd/en/publications/reports/2018/12/development-co-operation-report-2018_g1g92803/dcr-2018-en.pdf

OECD (2011). The Busan Partnership for Effective Development Cooperation. Paris: OECD Publishing. https://www.oecd.org/content/dam/oecd/en/publications/reports/2011/12/busan-partnership-for-effective-development-co-operation_29eb4a17/54de7baa-en.pdf

Riddell, R. (2007). Does Foreign Aid Really Work? Oxford: Oxford University Press.

Riddle, L. (2014). "The End of Aid? How Development Cooperation Is Changing the Game." Global Policy, 5 (4), 477-486.

Solomon, Semere (2024). "Eritrea's Hard-won Independence and Unmet Expectations". KDP.

Solomon, Semere (2024). "ረዚን ዋጋ ዝተኸፍሎ ናጽነት ኤርትራን ዝተጠልመ መብጽዓን". Ingramspark

Solomon, Semere (2003) "Being Responsive to Locally Led Development: Beyond Channeling Funds to Local Organizations". Creative Associates International. USA. Being responsive to locally led development: Beyond channeling funds to local organizations | Creative Associates International

Solomon, Semere (2022) "U.S.-Africa Leaders Summit: How Can the US Contribute to Africa's Development?". Creative Associates International. USA. U.S.-Africa Leaders Summit: How can the U.S. contribute to Africa's development?

The Economist (2025). "The Demise of Foreign Aid Offers an Opportunity - Donors Should Focus on What Works. Much aid currently does not." The Economist. https://www.economist.com/leaders/2025/03/06/the-demise-of-foreign-aid-offers-an-opportunity

TheEconomist(2025). "AidCannotMakePoorCountriesRich." TheEconomist. https://www.economist.com/finance-and-economics/2025/03/06/aid-cannot-make-poor-countries-rich

The Economist (2025). "Why Some Africans See Opportunity in Foreign-aid Cuts." The Economist. https://www.economist.com/middle-east-and-africa/2025/03/06/why-some-africans-see-opportunity-in-foreign-aid-cuts

UNESCO. (2020). "Education and the Digital Revolution: How technology can support learning." Retrieved from UNESCO https://en.unesco.org/themes/education-and-digital-transformation

United Nations Development Programme (UNDP). (2019). UNDP Strategic Plan 2018-2021: Priorities and Programmatic Approaches for Development Cooperation. file:///C:/Users/Semere%20Solomon/Downloads/UNDP--EN--Strategic-Plan-2018-2021-N1733496-20171128.pdf

United Nations Office for the Coordination of Humanitarian Affairs (OCHA). (2021). "Global Humanitarian Overview". Available at: https://www.unocha.org/global-humanitarian-overview

World Bank. (2012). World Development Report 2012: Gender Equality and Development. Washington, DC: World Bank Group. https://openknowledge.worldbank.org/bitstreams/ff4bacaa-5fca-5875-b704-ef8418c40b72/download

World Bank. (2021). "The Role of Foreign Aid in Global Development". Available at: https://www.worldbank.org/en/topic/aid

World Bank. (2016). "Digital Dividends: World Development Report 2016." Retrieved from [World Bank](https://www.worldbank.org/en/publication/wdr2016)

ምዕራፍ 12

Ali, Zeineb (2002). A decade since 1991: Life under PFDJ, Asmarino.com.

Arendt, H. (1973). The Origins of Totalitarianism.

Barr, M. D. (2013). The Ruling Elite of Singapore: Networks of Power and Influence.

Bernays, Edward (2004). Propaganda. Ig Publishing

Byman, D., & Lind, J. (2010). Pyongyang's Survival Strategy: Tools of Authoritarian Control in North Korea. International Security, 35(1), 44-74.

Corrales, J., & Penfold, M. (2015). Dragon in the Tropics: Venezuela and the Legacy of Hugo Chávez.

Dahl, R. A. (1991). Democracy and Its Critics. Yale University Press

Dikötter, F. (2011). Mao's Great Famine: The History of China's Most Devastating Catastrophe, 1958-1962.

Foucault, M. (1995). Discipline and Punish: The Birth of the Prison.

Fukuyama, F. (2014). Political Order and Political Decay: From the Industrial Revolution to the Globalization of Democracy. Farrar, Straus and Giroux.

Gentzkow, M. (2016). Polarization in 2016. Stanford University Working Paper. https://web.stanford.edu/~gentzkow/research/PolarizationIn2016.pdf

Herman, Edwards and Naom Chomsky (2002). Manufacturing Consent: The Political Economy of the Mass Media. Knopf Doubleday Publishing Group

Kornai, J. (1992). The Socialist System: The Political Economy of Communism.

Iyengar, S., Lelkes, Y., Levendusky, M., Malhotra, N., & Westwood, S. (2019). The Origins and Consequences of Affective Polarization in the United States. Annual Review of Political Science, 22, 129-146. https://www.annualreviews.org/content/journals/10.1146/annurev-polisci-051117-073034

Lewandowsky, S., Ecker, U. K. H., & Cook, J. (2017). Beyond Misinformation: Understanding and Coping with the "Post-Truth" Era. Journal of Applied Research in Memory and Cognition, 6(4), 353-369. https://research-information.bris.ac.uk/ws/portalfiles/portal/152516154/Pages_from_JARMAC_2017_59_Revision_1_V1.pdf

Levitsky, S., & Ziblatt, D. (2018). "How Democracies Die." Crown.

McCoy, J., Rahman, T., & Somer, M. (2018). Polarization and the Global Crisis of Democracy: Common Patterns, Dynamics, and Pernicious Consequences for Democratic Polities. American Behavioral Scientist, 62(1), 16-42.

Mounk, Y. (2018). The People vs. Democracy: Why Our Freedom Is in Danger and How to Save It. Harvard University Press.

Nathan, A. J. (2003). Authoritarian Resilience. Journal of Democracy, 14(1), 6-17.

OECD (2020). Governance in the 21st Century: Overcoming Polarisation and Gridlock. https://www.oecd.org/gov/governance-in-the-21st-century-3d1a6f3e-en.htm

Oreskes, N., & Conway, E. M. (2010). Merchants of Doubt: How a Handful of Scientists Obscured the Truth on Issues from Tobacco Smoke to Global Warming. Bloomsbury Press.

Pew Research Center (2022). Political Polarization in the American Public. https://www.pewresearch.org/politics/2022/03/10/political-polarization-in-the-american-public/

Scott, J. C. (1999). Seeing Like a State: How Certain Schemes to Improve the Human Condition Have Failed.

Sen, A. (2000). Development as Freedom. Anchor.

Solomon, Semere (2024). ረዚን ዋጋ ዝተኸፍሎ ናጽነት ኤርትራን ዝተጠለመ መብጽዓን. Ingramspark

Sunstein, C. R. (2017). Republic: Divided Democracy in the Age of Social Media. Princeton University Press.

Svolik, M. (2019). Polarization Versus Democracy. Journal of Democracy, 30(3), 20-32.

Tesfai, Tedros. (2001). Where did things go wrong for the "party of the people? Asmarino.com.

Trouillot, Michel-Rolph (2015). Silencing the Past: Power and the Production of History. Beacon Press.

V-Dem Institute (2023). Democracy Report: Defiance in the Face of Autocratization. https://www.v-dem.net/documents/29/v-dem_dr2023_lowres.pdf

Zuboff, Shoshana (2019). The Age of Surveillance Capitalism: The Fight for a Human Future at the New Frontier of Power. PublicAffairs.

Zubok, V. (2007). A Failed Empire: The Soviet Union in the Cold War from Stalin to Gorbachev. The University of North Carolina Press.

ምዕራፍ 13

Africa Environment Outlook: Past, present and future perspectives, GRID-Arendal and UNEP, http://www.grida.no/publications/other/aeo/

Bauer, P. T. Equality, the Third World, and Economic Delusion. Cambridge: Harvard University Press, 1981.

BBC, http://www.bbc.co.uk/worldservice/specials/1624_story_of_africa/page92.shtml

Calderisi, Robert. The Trouble with Africa: Why Foreign Aid is not Working. New York: Palgrave Macmillan, 2006.

CIDA, "Stimulating Sustainable Economic Growth," http://acdiida.gc.ca/INET/IMAGES.NSF/vLUImages/EconomicGrowth/$file/Sustainable-Economic-Growth-e.pdf

Collier, Paul. The Bottom Billion, New York: Oxford University Press, 2007.

Collier, Paul and Jan Willem Gunning. "Explaining African Economic Performance". Journal of Economic Literature 37, no. 1. 1999. 64-111

Collier, Paul. "On the Bottom Billion," TEDGlobal, May 2008 http://www.ted.com/speakers/paul_collier.html

Collier, Paul. "New Rules for Rebuilding a Broken Nation," TEDGlobal, 2009 at http://www.ted.com/talks/paul_collier_s_new_rules_for_rebuilding_a_broken_nation.html

Council on Foreign Relations Africa's 'Leaders for Life' | Council on Foreign Relations September 2023

Daly, Herman E. and Joshua Farley. Ecological Economics: Principles and Applications. Washington: Island Press, 2009.

Jeppie, Shamil and Souleymane Bachir Diagne (eds). The Meanings of Timbuktu, CODESRIA/HSRC, 2008, 416 p., http://www.codesria.org/spip.php?article643&lang=en

Kuznets, Simon. Modern Economic Growth: Findings and Reflections. American Economic Review 63, 1973.

Leonard, David K. and Scott Straus. Africa's Stalled Development: International Causes and Cures. Colorado: Lynne Reinner Publishers, 2003.

Mayo, Dambisa. Dead Aid: Why Aid is not Working and How There is a Better Way for Africa. New York: Farrar, Straus and Giroux, 2007.

Okonjo-Iwaele, Ngozi. "Want to Help Africa, Do Business Here," TEDGlobal. 2008. http://www.ted.com/talks/ngozi_okonjo_iweala_on_doing_business_in_africa.html

Polity IV Project, "Political Regime Characteristics and Transition, 1800-2006," at http://www.systemicpeace.org/polity/polity4.htm

Rogers, Peter P, Kazi F Jalal, and John A Boyd. An Introduction to Sustainable Development. London: Earthscan, 2009.

Todaro, Michael P. and Stephen C. Smith, Economic Development 8th ed. Boston: Addison Wesley, 2003.

Webster's II New Riverside University Dictionary. Boston: The Riverside Publishing Company, 1984.

World Bank, World Development Report, pp. 33-35)

World Bank, http://info.worldbank.org/governance/wgi/index.asp

Yara, http://www.yara.com/sustainability/global_trends/growth/index.aspx

ምዕራፍ 14

Akhavan, P. (2001). "Beyond Impunity: Can International Criminal Justice Prevent Future Atrocities?" American Journal of International Law, 95(1), 7–31.

Colombia | International Center for Transitional Justice

de Greiff, P. (Ed.). (2006). The Handbook of Reparations. Oxford University Press.

ኤርትራ፡ ቀለስቲ ሓሳባት ንሕውየት ሃገር

ESMA Museum and Site of Memory

Former Clandestine Detention, Torture and Extermination Center ESMA Museum and Site of Memory | Argentina.gob.ar

Gibson, J. L. (2004). Overcoming Apartheid: Can Truth Reconcile a Divided Nation? Russell Sage Foundation.

Hayner, P. B. (2011). Unspeakable Truths: Transitional Justice and the Challenge of Truth Commissions (2nd ed.). Routledge.

International Center for Transitional Justice (ICTJ). (2023). "What is Transitional Justice?" ICTJ Official Website

Killean, Rachel & Elizabeth Newton (Published online: 13 May 2025) THE INTERNATIONAL JOURNAL OF HUMAN RIGHTS. University of Sydney Law School, Sydney, Australia. https://doi.org/10.1080/13642987.2025.2502561

Méndez, J. E. (1997). "Accountability for Past Abuses." Human Rights Quarterly, 19(2), 255–282.

Orentlicher, D. F. (1991). "Settling Accounts: The Duty to Prosecute Human Rights Violations of a Prior Regime." Yale Law Journal, 100(8), 2537–2615. https://digitalcommons.wcl.american.edu/cgi/viewcontent.cgi?article=2717&context=facsch_lawrev

Robinson, N. (2022). Conceptualising historical legacies for transitional justice history education in postcolonial societies. History Education Research Journal, 19(1), 10. https://doi.org/10.14324/HERJ.19.1.10

Seth, Shivangi. (2025). Global South States and Transitional Justice: Beyond Politicization. The International Journal Of Transitional Justice, Vol. 00, 2025, 1–18 doi: https://doi.org/10.1093/ijtj/ijaf015

Sikkink, K. (2011). The Justice Cascade: How Human Rights Prosecutions Are Changing World Politics. W.W. Norton & Co.

Sriram, C. L. (2007). "Justice as Peace? Liberal Peacebuilding and Strategies of Transitional Justice." Global Society, 21(4), 579–591.

Solomon, Semere (2024. ረዚን ዋጋ ዝተኸፍሎ ናጽነት ኤርትራን ዝተጠልመ መብጽዓን, Ingramspark

Solomon, Semere (2024). Eritrea's Hard-won Independence and Unmet Expectations: From the Perspective of a Veteran Freedom Fighter. KDP.

Teitel, R. G. (2000). Transitional Justice. Oxford University Press.

The ICTR in Brief | United Nations International Criminal Tribunal for Rwanda The ICTR in Brief

United Nations. (2010). Guidance Note of the Secretary-General: United Nations Approach to Transitional Justice. UN Report https://www.un.org/ruleoflaw/files/TJ_Guidance_Note_March_2010FINAL.pdf

UN Security Council, The rule of law and transitional justice in conflict and post-conflict societies Report of the Secretary-General https://docs.un.org/en/S/2004/616

ምዕራፍ 15

Cabinet Office. (2011). The Cabinet Manual. (1st ed.). https://assets.publishing.service.gov.uk/media/5a79d5d7e5274a18ba50f2b6/cabinet-manual.pdf

Dahl, R. A. (1971). Polyarchy: Participation and Opposition. Yale University Press.

Inter-Parliamentary Union (IPU). (2019). Parliamentary Oversight: Parliament's Power to Hold Government to Account.

Levitsky, S., & Ziblatt, D. (2018). How Democracies Die. Crown.

Linz, J. J. (1990). The Perils of Presidentialism." Journal of Democracy, 1(1), 51–69. https://muse.jhu.edu/article/225694/pdf

Norton, P. (2005). Parliament in British Politics. Palgrave Macmillan.

Schattschneider, E. E. (1942). Party Government. Holt, Rinehart and Winston.

Scheppele, K. L. (2018). "Autocratic Legalism." The University of Chicago Law Review, 85(2), 545–583.

Solomon, Semere. (2025). ሰማያዊ ማዕበል ኣብ ቀራና መገዲ. ሰማያዊ ማዕበል ኣብ ቀራና መገዲ

The Concept of "Her Majesty's Loyal Opposition"

The Venice Commission (European Commission for Democracy through Law).

www.ingramcontent.com/pod-product-compliance
Lightning Source LLC
Chambersburg PA
CBHW051623010526
44119CB00040B/485/J
* 9 7 9 8 2 1 8 9 0 3 8 7 9 *